국민이 갈망하는

# 인공지능정부

한세억

박영사

"행정은 사랑이다." 확 와 닿지 않는다. 마치 액자 속 구호처럼. 이렇듯 흔히 현장감 떨어지는 상황을 빗대 교과서 같다고 한다. 행정학 교과서야말로 전형적인 교과서 아닐까. 그 안에 이론, 원리, 지침으로 충만하다. 유행 따르듯 그때그때 교과서내용이 변했고 축적된 지식양도 방대하다. 일찍이 1592년 Bacon은 "지식은 힘"이라 했다. 하지만 행정지식은 현실과 괴리감 크다. 일례로 지난 2004년부터 10년간 정부용역연구에 1조 1577억이 투자되었는데 절반은 폐기 처분될 정도였다. 문제해결의 응용과학임에도 불구하고 처방성이 약하다. 저출산, 고령화, 청년실업, 양극화 등 행정현장에 문제가 넘친다. 그럼에도 시원한 해법은커녕 문제에서 헤어나질 못하는 듯하다. 오죽하면 1981년 1월 21일 당시 레이건 대통령은 취임사에서 "정부는 문제의 해결책이 아니다. 정부자체가 문제다"라고 설파했겠는가. 미국만의 얘기일까?

게다가 디지털 전환에 따른 급속한 환경변화와 비동시화로 부적응과 불확실성이 고조되고 있다. 똑똑한 인재들이 모였다는 정부에 잔뼈 굵은 수십 년 관록의 관료들도 즐비하다. 어디 이뿐인가. 온갖 정보가 넘치고 권한도 막강하며 예산도 많다. 부족함이 전혀 없지만 행정퍼포먼스엔 감동이 없다. 지식 정보가 집약된 정책, 제도, 법률에선 늘 창조성이 목마르다. "과학자 창의성 죽이는 과학행정, 창조성 저해하는 교육정책, 창업 가로막는 규제 등"이 그 파편들로 얼추 정리된다. 왜 그럴까? 창조성이 메말랐기 때문이다.

이런 정부를 국민은 얼마나 정확히 알고 있을까. 한국 국민은 수치계산에 밝다. 하지만 숫자에 담겨있는 가치인식 및 이해는 어둡다. 특히, 정부인식과 이해는 거의 낙제 수준 아닐까. 대한민국이 건강하려면 정부에 대한 무지와 편견이 깨져야 한다. 기기를 잘 알아야 그 활용을 극대화할 수 있듯 정부의 현주소를 알아야 그 존재의미, 가치, 역량을 활용할 수 있다. 물론 정부를 직시하면 불편한 진실을 목도한다. 그림에서 보듯 갈수록 가성비가 떨어지는 고비용 저효율 정부의 실상을 단적으로 드러낸다. 부패, 비효율, 불공정, 낭비 등

| 다음은 무엇에 대한 숫자인지 그 의미와 합을 구하시오. | |
| --- | --- |
| 1년 살림살이(2017:조) | 400.7 |
| 정원(2016천명) | 1,029.5 |
| 빚(2017:조) | 669.2 |
| 정책결정 및 집행의 효율성(2017) | 49 |
| 국가경쟁력 중 정책관련 제도적 요인(2014) | 82 |
| 국가별 부패인식지수(2016) | 52 |
| 국민 행복수준(2017) | 56 |
| **2,338.4** | |

| 다음은 무엇에 대한 숫자인지 그 의미와 합을 구하시오. | |
| --- | --- |
| 1년 살림살이(2022:조) | 607.7 |
| 정원(2020천명) | 1,131.7 |
| 빚(2022:조) | 1,068.3 |
| 정책경정 및 집행의 효율성(2017) | 49 |
| 국가경쟁력(IMD) 중 회계투명성(2021) | 37 |
| 국가별 부패인식지수(2020) | 33 |
| 국민 행복수준(2020) | 60 |
| **2,986.7** | |

일그러진 모습에서 누굴 위한 정부인지 의구심을 자아낸다. 그래서 자칫 정부나 공직자에 대해 알면 알수록 불만, 불신, 분노 게이지가 상승하지 않을까 염려된다. 정녕 그들만의 정부가 아닌 우리들의 정부로 바로 세우려면 정부에 대한 올바른 인식과 이해, 관심과 질책이 필요하다.

정책, 아트가 될 수 없을까? 꿈같은 얘기다. 정작 미술도 음악도 상처받은 맘 치유하고 꽃으로 만든단다. 일종의 공공재다. 그런데 의당 공공재여야 할 정책으로 인해 상처받는다면 어찌할까. 이런 현실의 우둔한 행정에 대한 분노를 사랑으로 승화시키기 위한 문제인식에서 집필되었다. 동서고금의 행정학자들은 행정은 과학이며 예술이라 했다. 허언에 그치지 않으려면 정부에 창조성이 샘솟아야 한다. 필자는 왜, 정부에 창조성이 메말랐는지 그 원인을 찾다 사랑을 만났다. 정부의 고질병 치유를 위한 솔루션을 찾아 헤매다 인공지능을 만났다. 행정이 예술처럼 감동적이길 바라는 마음 한 쪽, 필자의 표현능력 부족을 메꾸려는 심산에서 시인과 화가의 힘을 빌렸다. 글이 나타내지 못하는 덧없음을 시화(詩畵)가 보여줄 것이다. 우주만물과 자연, 그리고 인간을 창조하신 여호와를 경외하며.

2022년 5월

한 세 억

## – 팔불출 국민이 되고 싶다* –

원래 팔불출(八不出)이란 제달 다 채우지 못하고 여덟 달 만에 낳은 아이, 즉 팔삭동(八朔童)에서 비롯되었다. 흔히 좀 모자란, 덜 떨어진, 약간 덜된 행동이나 그런 짓을 하는 사람을 뜻한다. 예컨대 마누라 자랑하기, 자식 자랑하기, 저 잘났다고 뽐내기, 어느 학교의 누구 후배라고 내세우기 같은 것들이다.

작금의 한국 상황에서 팔불출의 하나로 '제 정부(政府) 자랑하기'를 넣으면 어떨까. 못났다는 소릴 듣더라도 자랑하고픈 아내와 자식을 갖고 싶은 것이 인지상정이듯 누구에게라도 당당히 내세우고 싶은 잘난 정부를 갖고 싶은 것이 오늘을 사는 한국인들의 소망이다.

어디. 이런 정부 없습니까? "네 편 내 편 없이 잘 통하고 쓴 소리에 귀 기울이는 박기후인(薄己厚人) 정부, 긴박한 시류와 상황 간파하고 여론을 떠받드는 겸손한 정부, 말보다 실천 앞세우고 주어진 권한 챙기기보다 책무감당에 여념 없는 여망(興望)부응 정부, 엄정한 법집행으로 공정하고 투명한 정부, 재해예방 등 유능한 정부, 위기상황에서 전략적 행동과 선제적 대응에 민첩한 정부, 부동산정책·경쟁규제·조세행정 등에서 창조적 해법 찾기에 최선 다하는 정부, 협치(協治)와 유연한 행태, 언행일치로 신뢰받는 반듯한 정부." 물론 여기서 그치지 않는다.

"모든 정책과정에서 민의수렴과 공감대형성으로 일관하는 정부, 불확실성과 경기하락 위험성에서 방향설정이 명확하고 가치창출에 탁월한 정부, 홍보보다 실천으로 제 구실하며 나라 곳간 불리기에 분주한 정부, 세련된 문제해결능력으로

---

* 2006. 8. 8일자 조선일보 [시론] '팔불출 국민'이 되고 싶다.

국민심기 풀어주는 정부, 소득·계층·지역·세대·이념 간 통합과 조화를 실천하는 정부, 국민 눈치 잘 살피며 국익과 공공 관심사만 추구하고 미래와 다음세대를 위한 고민하는 정부, 깨끗하고 투명한 정부…" 만일 국민들에게 인식된 정부모습이 이렇게 느껴진다면 행정은 예술처럼 느껴지지 않을까.

그런데 아직까지는 꿈같은 희망사항이다. 그렇게 쉽게 이루어질 수 없어 보이는 까닭이다. 역대정부의 고질 때문이다. 사실인즉 자신이 하고 싶은 것만 추구하는 이른바 근시안적 자기애의 YOLO 정부가 보여준 민낯들이 불편하지만 실화다. 그래서 오늘의 한국사회를 살아가는 많은 국민들은 마치 정부와 썸 타는 관계처럼 확신이 약하다. 정부인 듯, 정부 아닌, 정부 같은 느낌이랄까. 정부에 대한 국민 불신이 반증한다. 여기에 Wellbeing 정치의 부끄러운 앙상블이 국민 골병들게 한다. 주권자인 국민을 옥죄는 모습은 교자불민(驕恣不敏)하며 무사안일(無事安逸)한 권부에서 연유한 것임을 과연 아는지 모르는지.

하지만 답 없는 문제없다. 정부의 고질병 치료하려면 비방(祕方)을 찾아야 한다. 가까운 곳에 있다. 바로 사랑이라는 묘약(妙藥)이다. 여기에 디지털 전환시대의 중추기술로서 인공지능기술이 정부문제의 솔루션이다. 동시대에 같은 하늘 아래서 애민정부를 실천한 열방(列邦)의 국민들은 대조적 삶을 살아간다. 이른바 행복한 나라(덴마크/핀란드), 창업국가(이스라엘), 편안한 정부(부탄), 부드러운 엄마(싱가포르 정부), 효성스러운 자식(호주 정부), 컨설턴트(핀란드 지방정부 울루 시)처럼 봉사하는 마음과 자세가 국민 마음을 움직이는 정부다. 정부에 의해 사랑과 섬김 받는 그네들의 삶이 하염없이 부럽다. 그들처럼 사랑스런 정부를 내놓고 자랑하는 팔불출 국민이 되고 싶다. 진심으로.

# 차례
Contents

## 제1장 정부는 죽었다-사회적 부검

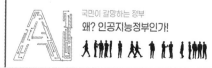

제4장

# 왜, 인공지능정부인가?

## 제7장   청렴성 증강모델

## 제10장  누굴 위한 인공지능정부인가?

국민이 갈망하는

# 인공지능정부

한세억

박영사

국민이 갈망하는 정부
## 왜? 인공지능정부인가!

> ❝ 창조는 괴로움의 구원인 동시에 삶의 위로인 것이다. 그러나 창조하기 위해서는
> 그 자신의 괴로움이 따르면서 많은 변화를 요구한다.
>
> — Friedrich Wilhelm Nietzsche(1844~1900) — ❞

## 제1장

# 정부는 죽었다-사회적 부검

# Chapter 01

## 정부는 죽었다 - 사회적 부검

### Nietzsche에게 띄우는 편지

Nietzsche 선생님께

저는 철학도도 Nietzsche 전문가도 아닙니다. 하지만 선생님의 의지, 용기, 광기 어린 열정에 전율을 느꼈습니다. 가장 위험한 곳에 뛰어들어 가장 힘 센 존재에게 항변했지요. 치열하게 사유하고 장엄하게 번민하며 남긴 그 흔적에 제 마음을 빼앗겼습니다. 솔직히 부끄러움과 부러움을 느꼈습니다. 가끔 정의로운 척하며 때론 불의에 질끈 눈 감고 살아왔던 제게 <신은 죽었다>는 천둥소리를 들려주었습니다. 선생님의 손에 들린 망치를 저도 잡아보고 싶습니다.

1883년에 차라투스트라의 입으로 절규한 <신의 죽음>은 종교의 부조리와 불필요성을 드러내면서 유럽대륙을 넘어 천지를 진동시켰지요. 서구지성에서 가장 자유로웠던 사람, 오만하게 느껴질 정도로 당당한 절규들이 많은 이들의 마음을 송두리째 흔들었습니다. 거꾸로 주어진 사회를 가장 답답한 구속으로 느꼈기에 살아 있는 존재가 억압, 구속, 위축되는 것을 고통스럽게 아파하셨습니다.

선생님은 초인사상과 힘에의 의지에서 자본주의사회의 허위와 죄악을 폭로하고, 신은 죽었다며 과거의 모든 우상과 전통을 철저하게 배격하셨습니다. 관념적이며 이상적인 철학을 현실의 삶으로 투영시키며 가슴으로 느끼고 행동하는 철학으로 실천하였지요. 오로지 희미한 불빛을 따라 미몽의 동굴을 빠져나가려는 필사적인 사상의 모험가였습니다. 하지만 안타깝게 무신론과 다윈의 진화론이 결합되어 인류에 엄청난 비극을 초래했습니다. 심지어 히틀러는 자기가 초인(超人)이라 착각했지요.

신을 대체한 근대 이후 황금만능시대에서는 가난을 죄인 취급합니다. 지갑이 가벼울수록 무거운 짐을 지는 인생인 게 서글프고 쓸쓸하네요. 돈 벌려고 건강을 희생하고. 그러고는 건강을 되찾으려 돈을 희생하죠. 미래 걱정에 현재를 즐기지 못해 결국, 현재는커녕 미래도 살지 못합니다. 절대 죽지 않을 것처럼 살다가 제대로 살아보지도 못한 채 죽음을 맞이하는 인생이 참 모순적이고 부조리하지요. 그런데 말입니다. 부조리와 모순덩어리이면서 신을 흉내 내는 존재가 있더군요. 바로 정부입니다.

Leviathan(괴물)로 불리면서 어쩌면 신보다 더욱 가까이서 사람에게 영향을 줍니다. 공익수호자니 정의의 사도니 마치 약자를 구해줄 것처럼 나타났는데 새빨간 거짓말이었습니다. 강자에게 한 없이 약하고 약자에게 강한 정부에게서 견딜 수 없는 무책임, 무능력, 무감각, 무기력함을 느낍니다. 정부관련 뉴스를 보면서 '세상이 어찌 이럴 수가! 신이 있다면 어찌 이럴 수가!'라는 한탄이 잦습니다.

정부로 인한 고통에 함몰된 채 살아가는 이들을 보면 믿었던 만큼 부아와 울화가 치밀어 오릅니다. 이런 정부라면 차라리 없었으면 좋겠습니다. 만일 선생님께서 문헌학자, 철학자, 시인이 아닌 행정학자라면 정부를 어떻게 인식, 행동했는지 궁금합니다.

선생님께서 그토록 꿈꿨던 초인, 필요한 고난을 견뎌낼 뿐 아니라 그 고난을 사랑하는 사람이라고. 고난을 사랑하는 게 기쁨만은 아닐 텐데요. 저도 초인(超人)의 등장을 고대합니다. 그러나 요원하게 느껴집니다. 선생님도 인정하셨듯이 예수밖에 없지요. 죽었다 다시 살아나신 그분. 세상에 유일한 초인을 죽인 빌라도, 바리새인들이 득실거리는 곳이 있습니다. 이런 정부를 보십시오. 도대체 이게 나라인지, 그래서 촛불이 타올랐지요. 나라를 전면적이며 근본적이고 본질적으로 개혁하라고.

그런데 전혀 변하지 않았습니다. 아니 오히려 이전보다 심하지요. 약속과 미래를 져버리며 현재를 파탄내고 과거까지 왜곡했습니다. 이전에 경험하지 못했던 최악의 정부를 경험하게 해주었지요. 두고두고 반면교사 삼아야 할 이런 정부를 바라보는 것이 곤욕이었습니다. 몰지각하며 타락한 정부에 의지하지 않고 스스로의 능력과 힘으로 살아갈 방법은 없을까요. 인간에 의한 정부인데 너무나 비인간적인 정부. 그래서 세상의 약한 이들, 세상이 감추려는 이들, 분명히 존재하는데도 끊임없이 존재가 무너지고 지워지는 이들이 고달픈 세상입니다. 장차 어떤 정부가 이어갈지 기대보다 우려가 앞섭니다. 매번 선거때마다 정부와 여야 대선 후보, 정치권을 막론하고 장기적 안목을 갖춘 정책은 보이지 않고, 여전히 돈 풀기 등 단기성, 표심경쟁에만 몰두하는 게 안타깝습니다. 차라리 선량한 양심과 도덕적 기준과 원칙을 갖춘 인공지능에 의해 운영되는 정부를 고대합니다. 정부가 존재 그 자체로 인정받고 서로 존중되는 삶과 사회를 실현하기 위해 지금과 분명히 다른 정부를 갈망합니다. 소망컨대 당신의 영혼을 행정이념과 철학, 그리고 현장으로 소환하고 싶습니다. 저는 망치대신 도끼를 잡으렵니다. 허무한 분노에 묻혀있지 않고 어리석은 관리주의, 형식적 능률성, 탐욕적 관료제의 족쇄에 얽매인 모든 기득권, 가치를 모조리 때려 부수면서 행정학자로서 <정부는 죽었다>고 외치고 싶습니다.

한국에서 지난 2017~2018년 1,000만 명을 훨씬 넘은 영화 <신과 함께>가 인기몰이였습니다. 영화제목이 제목으로만 읽히지 않는 게 현실재판을 못 믿으니 저승에 가서라도 공정한 재판을 받고자 하는 염원을 현실화했지요. 죽은 정부를 위로하거나 슬퍼하는 마음은 추호도 없습니다. 가난한 자, 고립된 자들이 한국에서 어떻게 취급되었는지 밝히면서 공권력에 의한 악의적 무시, 침묵, 도발이 유죄임을 드러낸 고발장을 죽은 자들의 심판자인 신께 외치고 싶습니다. 정부는 환생 불가능한 죄악을 범했습니다. 왜, 그렇게 무능하고 무기력하게 죽었는지 그 책임을 추궁해달라고. 아직도 죽은 정부 안에서 꿈틀거리는 영혼 없는 관료들에게 충고하렵니다. 죽은 정부의 외피를 찢어버리고 자주적 의지와 힘으로 공직자로서 삶을 조각하라고. 마치 예술가처럼. 창조, 그것은 반항이며 반항, 그것은 창조입니다.


## 제1절  견딜 수 없는 정부의 나약함


### 1. 정부의 부재: 실종된 정부를 찾습니다.

정부가 안 보인다. 백주대낮에 조폭이 시민을 위협하는 절박한 상황에서 찾고 또 찾았건만 공권력이 보이질 않았다. 바다 속에서 숨넘어가는 비명소리를 내며 구조요청을 부르짖고 또 부르짖었는데 응답이 없었다. 코로나19 상황이나 부동산 불안정 등을 해결한다고 공권력이 확대되어 왔지만 정작 국민의 고통이나 문제를 명쾌하게 해결하지 못하고 있다. 국민의 위기와 고통에 아랑곳 않는 정부

는 정녕 어디에 있는가? 실로 정부의 부재이
자 실종이다. 보다 근본적으로 공직자의 공
공마인드 부재다. 여기서 부재는 비존재가
아닌 존재감 상실이다. 어쩌면 정부를 찾느
니 차라리 마른 지푸라기 붙잡는 게 낫지 않
을까. 정부에 기대느니 실낱같은 희망을 부

여잡는 게 든든하다면… 이런 정부가 정말 필요한 걸까. 차라리 없느니만 못하다.

"시간아 멈추어라!, 너는 참 아름답구나!"라는 낙관의 말을 하는 순간 지옥
으로 끌려가야 했던 파우스트와 반대로, "정부는 원래 그래"라는 비관적인 말은
국민을 절망과 지옥으로 끌고가는 주문과도 같다. 세상은 이치에 맞지 않게 돌아
가는 경우가 십중팔구다. 특히 정부가 그렇다. 그래서 더 이상 정부가 왜 있는가
는 중요하지 않다. 이제 무엇을 위해 존재하는지 따져 묻고 싶다. 존재에도 급(級)
이 있다. 그저 그런 존재들은 존재의 본질을 잃어버린 채 비 본래적(uneigentlich)
삶을 살아간다. 쉽게 말해 본래적 가치를 잃어버린 채 자신이 가진 고유한 가치를
구현하려 않고 비굴한 세상이 시키는 대로 살아간다.

실상 대한민국 정부는 국민에 의해 선출, 임명되는 민주공화정체제다. 하지
만 결코 국민을 위한 정부로 작동하지 않았다. 피, 땀, 눈물 흘리는 국민에 대한
모독이며 배신이다. 유독 자기이익과 권력에의 의지가 강한 정부이건만 부정, 부
패, 부조리에 참으로 나약하다. 특히, 공·사 구분 못하는 고위공직자의 의식과 행
태가 실망스럽다. 왜 그럴까. 공직자가 선의, 선행, 가장 근본적인 책무에 무기력
했기 때문이다.

미국의 전직 대통령 Barack Obama는 정부의 존재이유를 국민보호와 공공
복지에 있다고 피력했다. 그런데 만일 국민보호는커녕 공공복지를 이루지 못한다
면 정부로서 존재가치는 물론 다른 모든 것도 잃은 것과 다름없다. 그런데 참 염
치없게도 그들만을 위한 권력에의 욕망, 충동, 생존, 삶에의 의지는 강했다. 강해
질수록 추한 양상을 드러냈다. 능력에 버겁게 너무나 많은 일을 하면서 예산을
불리고 인원을 늘려왔다. 그런데 그 모습은 점점 야위어 간다. 정부정신은 앙상하

국민이 갈망하는 인공지능정부

고 영혼은 초라하다. 이런 나약한 정부에 언제까지 의존해야 하는가.

정부스스로의 자각과 자주적 변화는 가능한 일일까? 더 늦기 전에 시민 스스로 자신의 힘에의 의지를 되찾는 게 오히려 바람직하다. 의지력은 근육처럼 훈련함으로써 강화할 수 있지만, 자주 쓰면 사라진다. 따라서 의지력을 아낄 수 있는 가장 좋은 방법은 습관으로 만드는 것이다. 그런데 어찌하랴. 선량한 의지력 약한 정부의 권위와 공적 가치가 흐릿해졌다. 시민을 위해 존재하는 정부는 실종됐다. 공적 가치의 소멸 앞에서 바짝 정신 차려야 한다.

죽은 정부에 영혼 없는 공무원이 득실거린다. 어떤 것에도 얽매이지 않는 자유로운 영혼의 공직자는 성숙하고 스스로 만족할 줄 알며 건강한 자존감을 가지고 있다. 타인이 자신을 어떻게 볼지 의식하기보다 스스로 솔직하게 이야기할 수 있어야 한다. 다른 것 의존하지 않고 사랑하는 방법을 알며, 완전하다고 느끼면서 스스로의 장점을 최대한 발휘한다. 하지만 실상은 어떤가? 정권이 바뀔 때마다 영혼 없는 공무원은 대세에 순응한다. 권력 앞에 무기력한 존재로서 진정한 자아를 상실한다. 비판적 사고가 마비된 수동적 삶 속에서 살아가면서 무력함과 불행의 구렁텅이로 내몰린다. 이들이 판치는 공직사회 현실이 절망적이다.

독일의 사회학자 Max Weber는 개별적 인격이 아닌 제도적 합리성과 전문성으로 움직이는 것을 근대 관료제도의 특징으로 선언했다. 그런데 정권이 바뀌면 거의 예외 없이 공무원의 영혼이 도마에 올랐다. Weber가 말한 제도적 합리성과 전문성을 의심케 하는 관료집단의 태도변화 탓이다. 새로 들어선 정권의 뜻에 따라 이전 정부의 정책을 손바닥 뒤집듯 바꾼다. 자신의 무사안일을 위한 생존기제다. 공무원의 정치적 중립과 전문성을 강조한 본연의 뜻을 거슬러 자리보존과 정권입맛에 따라 처신하는 공무원들로 가득하다. 양심에 따라 행동하고 자신의 행동에 책임을 지는 공무원을 찾기란 하늘의 별따기처럼 어렵다.

중국의 작가 루쉰(魯迅)은 「눌함(喊)」에서 오늘날 관료에 대한 공격이 유행처럼 되어 있다고 했다. 관료 역시 태어날 때부터 특별한 종족이 아니라 평민이 변화한 것뿐이라며 하였다. 그렇다. 하지만 공직자로 변화한 순간 자신의 관점, 세계관, 인식의 틀은 달라야 하지 않을까. 다른 대우, 보장을 받기에 의무와 책임도

달라야 한다. 공직자로서 공적 가치와 서비스 제공을 위해 강건한 도덕성은 기본이며 신뢰할 만한 전문성을 갖춰야 한다. 부단한 자기연마와 새로운 환경에 상응한 전문역량 갖추는 게 공직의 본질이다. 끝임 없는 교육훈련의 본질이 학습이며 전문성 역시 학습의 결과다. 하찮은 것이라도 상관없다. 죽음이 찾아오기 전에 가치 있고 의미 있는 뭔가로 만들어야 한다. 더 이상 머뭇거리지 말고 행동하라!

철학자이며 시인인 Friedrich Wilhelm Nietzsche(1844-1900)는 인생의 목적은 끝임없는 전진이라 했다. 밑에는 언덕이 있고 냇물도 있고 진흙도 있다. 걷기 평탄한 길만 있는 게 아니다. 먼 곳을 항해하는 배가 풍파를 만나지 않고 조용히만 갈 수는 없다. 풍파는 언제나 전진하는 자의 벗이다. 차라리 고난 속에 인생의 기쁨이 있다. 풍파 없는 항해, 얼마나 단조로운가! 고난이 심할수록 가슴은 뛰어야 한다. 과연 공직자들의 가슴도 그러한가?

정말 영혼이 있는 공무원이라면 역사의식을 소유한다. 영혼 없는 사람으로 만들지 않기 위해 무엇보다도 그 수장(首長)이 정당해야 한다. 시대정신과 공동선에 합치되고, 국가백년대계와 국리민복에 합당한지 심사숙고하면서 신중하게 지시해야 한다. 비록 상명하복이 강한 풍토일지라도 상사의 명령에 싫으면서도 싫은 내색조차 하지 못한 채 끌려가는 복종이 아니라 자기 스스로에게 명령하는 사람이어야 한다. 양심의 명령에 따라 살아야 한다. 공직자의 양심을 넘어서 인간의 양심을 행동으로 옮겨야 한다.

Martin Heidegger(1889~1976)는 누구든 진리를 구하기 위해 할 일은 머리 쓰는 게 아니라, 존재 스스로 목숨을 드러낼 수 있도록 존재 앞에서 자신을 낮추어야 한다고 역설했다. 맹목적으로 믿는 가치들에 대해 끝임없이 회의하면서 대안적 가능성을 탐구해야 한다. 그게 바로 양심이다. 공무원들은 규정에 따른 일처리가 양심과 다른 결론이라면 규정을 기계적으로 적용할 것이 아니라 자신의 양심을 믿고 적극적으로 행동하는 것이 보람 있고 가치 있게 만드는 자세가 아닐까. 자신에게 명령만 내릴 뿐 복종하지 않는다면 누구든 의지박약자다.

실상 개인은 물론 조직, 사회를 짓누르는 규칙이나 규범들이 정당한지, 매순간 묻고 따져야 한다. 문명탄생 이래 인간을 억누르는 도덕적, 윤리적 잣대에 인

국민이 갈망하는 인공지능정부

간 스스로 갇혀 사는 것은 아닌지 끊임없이 회의해야 한다. 당초 규정이나 도덕은 관습과 유용성에서 도구로 시작되었다. 하지만 어느 순간 그 기원은 망각되고 그 자체로 신성한 것인 양 변질되었다. 급기야 삶을 옥죄면서 신성불가침의 신(神)이 되어버린다. 규칙, 도덕이 인간에게 주인노릇을 하는 본말전도의 그릇된 삶이다. 인간이 만든 도구가 인간을 억압하는 수단으로 작용한다. 삶을 잘 살기 위해 만들어진 규칙이나 규범을 고정불변의 진리로 착각하지 말아야 한다.

공직자를 얽어매는 규정과 지침들이 수다하다. 사실 공무원은 규정을 무시할 수 없다. 그런데 만일 어떤 민원을 접했는데 규정을 그대로 적용할 때 민원인이 억울하게 느낀다면, 그때 민원인의 억울한 사정은 잘 알겠지만 규정 때문에 어쩔 수 없다고 설명하는 게 최선일까. 무릇 법이나 규정이 국민에게 불편이나 해악을 끼치려고 만들어 놓은 것은 없을 터. 공무원의 양심에 따를 때에도 민원인이 억울하다는 느낌이 든다면 해당사안에 대한 규정이 없는 것으로 가정하고, 그에 적용할 적절한 규정을 찾아야 한다. 다른 규정을 검토해 비슷한 사안들은 어떻게 처리되는지 살펴보고 유추해 적정한 해결책을 찾아야 한다. 물론 그 해결책이 무조건 맞다고 주장할 순 없다. 당연히 신중히 검토하면서 상사와 협의해 처리하는 게 바람직하다(매일경제신문, 2018년 7월 13일자). 이처럼 업무와 관련한 작은 일상부터 변해야 한다.

인간의 위대함은 어디서 오는가. 무엇이 위대하게 보이게 하는가. 비록 사소하지만 상식, 원칙, 기본에 의해 움직일 때 가치를 발하게 된다. 아마 그것은 자기 자신에 대한 성실함을 일생동안 변함없이 보여주는 것이다. 즉 의미 있는 일을 찾아 매일 매일 반복하는 것에서 유래한다. 그것이 위대하게 만들고, 위대하게 보이게 한다. 공직자는 그러한가? 물론 그런 사람이 있고 그렇지 못한 사람이 있다. Nietzsche는 위대한 인간이란 역경을 극복할 줄 아는 동시에 그 역경을 사랑할 줄 아는 사람이라고 말했다.

그런데 어찌된 일인지 위대해야 할 공직자, 정부가 왜소하다. 영혼이 쪼그라들기 때문이다. 영혼이 풍성하게 살아야 한다. 영혼이 살아있다는 것은 상처와 아픔에 예민하게 느끼는 것이다. 그러기 위해 정부는 낮은 곳에 있어야 한다. 그곳에서 약한 것들, 아픈 것들에 대해 연민과 애정을 지녀야 한다. 그것도 맨정신과 맨발로, 맨살로 느껴야 한다. 그러한 아픔이 아픔으로 끝나지 않도록 하며, 아픔이 반복되지 않는 길을 만들어야 한다. 물론 아픔이 길이 되기도 어렵지만, 아픔 없이 어떤 한 자락의 길도 닦여지지 않는다.

아픔을 느끼는 몸은 스스로 말하지 못하고, 때로 인지하지 못하는 상처까지도 기억한다. 몸의 정직성 때문이다. 물고기 비늘에 바다가 스미듯 인간의 몸에는 자신이 살아가는 사회의 시간이 새겨진다. 그래서 삶과 사회적 환경은 동전의 양면과 같다. 사회적 시선과 개인의 의식세계는 긴밀하게 이어져 있다. 삶은 그 사회를 살아가는 환경의 영향에서 자유로울 수 없다. 위험사회의 불안과 문제들은 그 사회를 살아가는 사람들의 몸속으로 스며든다. 그 스며듦이 몸과 마음에 어떤 흔적을 남긴다. 가령 낙인과 차별의 정서가 쌓이면 우울증과 자살률로 이어지고 심근경색 같은 돌연사의 병증으로 악화된다.

공직자는 어떤 형태든 고통당하는 약자들과 잇대어진 사회적 환부에 고민하고 아파해야 한다. 차별, 혐오, 폭력, 고용불안, 가난, 질병을 겪는 사람들의 사회적 상처가 어떻게 개인의 몸과 마음을 아프게 하는지 살펴야 한다. 개인의 몸과 마음에 사회가 어떻게 투영되는지도 함께 진단해야 한다. 사회적 환경과 완전히 단절되어 진행되는 병이란 존재할 수 없다. 사회적 원인을 가진 질병은 사회적 해결책이 필요하다. 가령 신약이 출시되고 최첨단 의료기술이 생겨난다 하더라도 차별적 사회구조 변화 없이 개인은 건강해질 수 없다. 약이 있어도 가난 때문에 죽어야 한다면 개인의 책임으로만 돌릴 수 있을까? 아픔과 고통이 길이 되려면 사회적 환경에 대한 고려와 함께 개인적 고통에 대한 공동체의 책임이 한층 요구된다.

또한 가난, 해고노동자, 낙태, 직업병 소송당사자, 참사유족, 재소자 등 사회적 이슈들과 관련하여 아픈 사람들을 위해 번민하고 행동하면서 힘들어 해야 한다. 뿐만 아니라 장애우, 환자, 도시빈민, 비정규직노동자, 자영업자 등 그들이 겪는 아픔을 진정으로 공감해야 비로소 그들은 사회적 존재로 회복될 수 있다. 더구나 제도가 존재를 부인하거나 무시할 때, 사회적 약자의 몸과 마음은 아프다. 사회적 경험은 자칫 살갗을 넘어 뼛속까지 스미어들기 때문이다. 말하지 못한 상처도 몸은 기억한다. 아픈 사람들은 할 말이 많다. 하지만, 그들이 어떤 희망과 공포를 품고 있는지 듣게 되는 경우는 드물다. 통증 속에 살아가는 삶이 어떤 느낌인지, 아픈 사람이 자신의 고난을 어떻게 이해하는지, 그리고 죽을 수도 있다는 사실을 어떻게 생각하는지, 거의 들어보기 어렵다. 심지어 사고, 고통, 질병 등으로 죽음의 문턱으로 향해야 하는 이들의 삶은 위험하다. 하지만 일종의 모험이고, 경이를 발견하고 배우는 과정이며, 다른 삶의 가능성들과 맞닿아 있다. 그렇기 때문에 일종의 "위험한 기회"다. 원래 삶은 위험과 기회, 고통과 축복, 위기와 새로 얻은 삶 등 모순되는 요소들이 엮이면서 이루어지는 것이 아닐까(김승섭, 2017). 고통받고 아파하며 그늘 속에서 신음하는 자들을 돌보고 치유하는 데 힘쓰는 게 정부의 본질이다. 더구나 공익수호자로서 공무원은 무혼(無魂) 공무원이 아니다. 항상 살아있는 영혼의 소유자여야 한다. 법률상 권력자가 아닌 국민을 위해 봉사하도록 공무원신분을 법으로 보장하고 있다. 스쳐 지나가는 권력에 휘둘리지 않고 자기소신과 자리를 지키라고 마련해준 것이 공무원의 신분보장이다.

하지만 정권이 바뀔 때마다 정책뒤집기는 참을 수 없는 정책의 가벼움을 극명하게 보여주었다. 이를테면 노무현 정부는 DJ 정부의 대북 송금을 뒤졌다. 박근혜 대통령은 이명박 정부의 4대강 사업, 자원외교를 털었다. 노무현 사람은 써도 이명박 사람은 외면했다. 이념보다 증오요, 분노다. 심지어 외교·안보마저 까발리고 뒤집는다. 나라의 무게가 가볍기 짝이 없다. 5년마다 역사를 뒤집고, 부수고, 단절하는 일을 반복한다. 물론 정권변동 시 새 정부의 기조에 맞춰 기존 정책을 수정, 보완하는 작업은 공무원으로서 당연한 책무 중 하나다. 그런데 중요한 건 수정의 범위를 미세조정 수준으로 최소화해 정책수요자들에게 예측 가능한 환경을 제공해야 한다. 또한 정부가 바르게 존재하기 위해서는 정부의 세계관이 잘 정립되어야 한다. 결국, 공직자 한 사람 한 사람의 세계관이 바르게 정립되어야 한다.

실상 통치권자의 국정과제가 5년마다 바뀌는 마당에 관료의 신념과 철학·강단을 드러내기 어려운 환경이다. 지금껏 역대 정부는 마치 종교에서 염원하는 천상과도 같은 목표를 제시하였다. 선진사회, 정의사회, 창조사회, 행복국가, 포용국가 등 미래지향의 가치를 추구하였다. 그동안 정부는 행복한 미래를 이야기했다. 하지만 번번이 미래는 다가오지 않았다. 가령 이명박 정부에서 꿈같은 747(7%성장, 소득 4만 달러, 7대 경제대국) 공약이 허풍이었음이 드러나자 국민의 실망감이 복지갈증으로 폭발했다. 미래를 위해 현재가 희생되었다. 이제 그 시선을 현재, 지금으로 돌려야 한다. 부패, 비리에 참으로 나약한 정부, 국민의 공복이어야 하건만 물질의 노예로 타락한 공직자가 사라지지 않는 현실을 직시해야 한다. 정당한 소유는 인간을 자유롭게 하지만 지나친 소유는 그 자체가 주인이 되어 사람을 노예로 만든다.

죽은 영혼이 깃든 몸은 시체다. 아무것도 하지 못한 채 그대로 썩어간다. 흥미, 가치, 감동 따위는 없으며 그 자체로 나쁘다. 주변을 오염시키며 힘을 약화시킨다. 나쁜 것은 나약함에서 비롯된다. 자신의 이기주의 때문에 현실을 외면하고 인간의 권리와 존엄을 지키는 일을 등한시하는 것만으로도 이미 나쁜 것이다. 그러면 좋은 것은 무엇인가? 힘의 느낌, 힘에의 의지, 인간 안에서 힘 그 자체를 증대시킨다. 가령 행복이란 힘이 증대된다는 느낌, 저항이 극복되었다는 느낌이다. Nietzsche가 말했던 '힘에의 의지(Wille zur Macht)'는 누군가를 억압하는 권력욕이 아니다. 무엇인가를 창조하고 표현할 수 있는 생산력, 혹은 쾌활한 삶의 생명력을 의미한다. 인간을 포함하여 살아 있는 모든 것들이 자신의 생산력과 생명력을 억압하는 일체의 구속과 저항을 극복하는 것이다(프리드리히 빌헬름 니체·장희창, 2004).

## 2. 죽은 정부의 사회: 야만과 상실의 시대

부재로 인해 실종된 정부, 만일 돌아오지 않는다면 어떻게 해야 할까? 사망선고 내려야한다. 정부사망은 막연한 개연성에 그치는 것이 아닌 현실이다. 죽은 정부가 지배하는 사회는 생명력이 소실된 사회다. 정부는 공기처럼 국민이 필요로 하는 곳,

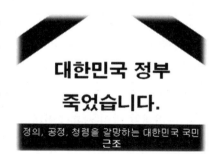

대한민국 정부 죽었습니다.

정의, 공정, 청렴을 갈망하는 대한민국 국민 근조

국민이 갈망하는 인공지능정부

어디든 존재해야 한다. 엄밀하게 있어야 할 곳에 있고, 없어야 할 곳엔 없어야 한다.

초 위험사회로 인식된 대한민국 땅덩어리에서 살아가면서 집중호우, 홍수, 태풍, 폭설 등 자연재난과 화재, 교통사고, 폭발 및 붕괴사고 등 인적 재난으로 인한 피해가 끊임없다. 자연재해든 인재든 사회적 약자의 피해가 유독 컸다. 그 까닭은 그들은 재난으로부터 벗어날 수 있는 기회와 수단이 적었기 때문이다. 그렇다면 주민대피 수단으로 다양한 교통수단이나 도구를 활용할 방법을 고려했어야 했다. 하지만 가난하고 늙고 병들어 대피하지 못한 주민들은 당국자들의 관심권 밖에 있었다. 그것은 사회적 거리가 초래한 계획의 실패였다. 선진국에서는 재난 발생 시 재난약자들을 우선적으로 대피시키도록 교육하고 있지만 한국에서는 사전적 개념에 머물러 있다. 존재를 무시당해 투명인간처럼 살아가는 사회적 약자들이 고통 속에서 정부를 찾을 때 정부는 그곳에 존재해야 한다. 그곳에서 만져지고 느껴져야 한다. 그래야 제대로 작동하는 정부다.

하지만 어떤가? 정부의 존재를 느낄 수 없다. 그래서 한국사회는 Plato이 설파했던 자연 상태와 같다. 천연의 아름다움을 간직한 자연 상태? 그게 아니라 서로 살기 위해 먹고 먹히는 끝임없는 투쟁장소다. 어느 누구도 긴장 없이 살 수 없는 곳, 약육강식의 무법천지, 강한 힘을 소유한 동물 역시 늙고 병들면 언제든지 다른 동물에게 잡혀 먹히는 그런 야만의 사회다. 왜냐하면, 공의로운 정부가 죽었기 때문이다. 외력에 의한 사망이 아니다. 스스로 땅을 파고 묻었다. 살 길은 하나다. 스스로 무너뜨린 신뢰와 권위를 다시 쌓아 올려야 한다.

안타까운 사실은 정부만 죽은 게 아니란 점. 정치는 이미 죽은 지 오래다. 학습된 무능, 무책임, 무기력으로 진즉 사망했다. 무궁화를 낮잡아도 곤란하지만, 무궁화를 가꾼다고 애국은 아니다. 태극기 흔든다고 꼭 애국이 아닌 것처럼. 나라 위해 어떻게 일하는 가로 따지는 게 옳다. 국회의원 배지를 빛내는 무궁화가 안쓰럽다. 불행하게 여기서 그치질 않는다. 공동체 존립의 보루인 사법부 역시 정치판결을 거래나 흥정수단으로 삼으려는 흔적들을 남기며 사망했다. 주권자인 국민이 부여한 재판독립, 법관독립이라는 헌법적 장치를 사법부 자신이 부인했다는 점에서 스스로 그 존재근거를 붕괴시켰다. 불행히도 상당수 법관들은 국민이 느끼는 충격과 분노, 절망을 공감하지도, 이해하려 하지도 않는다. 자체 진상규명 실패의 귀결인 검찰수사를 부당한 침해로 여기기도 한다. 진심 어린 반성도 없다. 공정한 심판자여야 할 사법부가 이기적 존재로 전락했다. 어설픈 상고법원추진 실패 이후 이유도 적시하지 않는 심리 불속행 기각 늘리기를 대책이라고 내놓은 그 무지한 이기심 말이다. 헌법이 명하고 국민이 기대한 사법부도 죽었다(한국일보, 2018년 8월 3일자).

그래서 대한민국 민생은 고해(苦海)다. Nietzsche도 그랬다. 삶이란 심연 위에 걸쳐 있는 밧줄처럼 건너가기도, 돌아서기도, 멈춰 있기도 힘들다고(이진우, 2018). 약자들 삶은 더욱 힘들다. 게다가 죽은 정부의 사회에서는 사악한 강자들이 독식한다. 누군가의 사회적·실존적 죽음을 전제로 굴러가는 불평등한 세상, 누군가의 삶만을 위해 존재하는 부조리한 구조가 지배하는 세상이기에 허망하고 무의미하다. 야만에 의한 상실의 시대다. 권선징악(勸善懲惡)해야 할 공권력이 제구실을 못하기에 사악한 강자들의 갑질이 횡행한다. Hobbs가 말한 '만인의 만인에 대한 투쟁'이 오늘의 한국인 삶의 현장에서 벌어지는 중이다. 정부가 국민을 위해 제 역할 못하면 있으나마나한 존재다. 투명정부랄까. 무기력한 정부는 무시당할 수밖에 없다. 그럴수록 약육강식이 지배한다. 비인간적 정부에 의한 사회는 한마디로 지옥이다.

존속(尊屬)살인 세계 1위, 자살률 세계최고, 출산율 세계최저 수준 등 충격적이지만 한국사회의 현주소다. "이 나라는 마약중독자, 멋대로 되라 주의 노동자, 노조경찰, 혁명적 고위관료, 미혼모, 몽유병자 대통령, 팝아트 성직자, 빈정대는 저널리스트, 백만장자 외국인, 공산주의자 관료, 난교 부추기는 성(性)의학자, 재앙만 예견하는 미래학자, 너무 관대한 판사 그리고 이혼한 부모들의 수중에 들어갈 것이다." 1981년 프랑스의 유명만화가 Wolinski의 비평이 제정신 아닌 한국사회를 아프게 꼬집는다.

지옥과 같은 야만상태에서 국민행복이란 기대난망이다. 인간문명을 바탕으로 한 이성의 세계, 건강한 시민사회(civil society)를 건설해야 한다. 눈앞의 이익을

국민이 갈망하는 인공지능정부

위해 움직이는 동물의 세계, 야만의 세계에 머물러서선 안 된다. 장기적으로 모든 사람이 행복하게 살 수 있는 질서를 이성의 힘으로 창조해야 한다. 만인의 행복이라는 목표 달성을 위해 인간이성으로 국가를 재건해야 한다. 보통 사람들은 자신의 이익, 눈앞에 보이는 단기적 이익부터 추구한다. 악마의 유혹에 넘어가기 쉽고, 나쁜 것에 물들기 쉽다. 일시적으로 중요한 문제를 현명하게 판단할 수 있지만 지속하기는 어렵다. 그만큼 인간은 나약하고, 옳고 그른 것에 대한 경험적 지식을 쌓기 어렵기 때문이다. 모든 사람의 장기적 행복을 위해 국가를 건설, 유지하는 것은 결코 쉽지 않다. 개인이익을 위해 전체의 이익을 버리고, 단기이익에 집착하여 장기적 행복을 놓치는 어리석은 존재가 바로 인간이기 때문이다(박희봉, 2016).

한국사회의 비정상성은 매우 심각하다. 예전에 KBS의 『강연 100℃』〈약자에 대해 말하다〉 방영 중 한국인 대상으로 설문조사를 했다. 8명의 승객을 태운 버스가 사고로 절벽에 반쯤 걸쳐졌다. 이들 중 한 명이 떨어지면 승객 전부 살 수 있다. 누구를 떨어트리겠습니까?라는 질문에 무려 80%가 가장 약하거나 아픈 사람인 사회적 약자라는 충격적인 결과가 나왔다. 한국사회는 언제든지 가장 약한 사람들을 희생시킬 준비가 되어있는 사회라는 방증이다.

약자들의 희생을 당연시하는 사회일수록 부조리하고 험악하기에 각종 범죄가 많이 일어난다고 한다. 그래선지 실제로 대한민국사회는 슬프게 해서 술을 푸게 하는 세상이다. 법·제도의 언어가 굼뜨게도 포착하지 않으려 하는 사회구성원들의 감수성은 강자에게만 유리하게 집행되는 법질서로 운영되는 억압적 사회로의 변화를 요청하고 있다. 이 땅의 장삼이사(張三李四)치고 "더러운 세상"을 푸념하며 술을 푼 기억이 없는 이가 있을까. 달리 1등만 기억하는 더러운 세상이다. 극단적 경쟁과 승자독식 구조에서는 2등도 패배자로 여겨질 수밖에 없기에 1등이 아니면 패자라는 생각은 오래된 습관처럼 사람들 머리에 박혀있다.

이처럼 지옥에서 약자의 삶은 더욱 고달프다. 그렇기에 정부는 약자를 배려하는 인간적 정부여야 한다. 이런 정부가 약자를 보호, 대변해야 한다. 약자는 취업하고 싶어도 못 하거나 일자리 잃을 위험이 높다. 사회적 약자와 기득권 조직 근로자 간의 이해상충 문제를 직시하고 약자 편에 서는 것은, 이념을 초월하여 정부에 부여된 최대과제였다. 그러나 한국은 이러한 고민에서 한참 비켜나 있다. 삼성전자의 어느 사장은 대한민국 젊은 사람들의 미래를 생각하면 등골이 오싹할 정도로 일자리문제가 심각하고 구휼(救恤)이 된 지 오래인데도 정부는 아직 지난 수십 년간 민심은커녕 구조변화와 세계적 정책흐름을 읽지 못하고 있다며 번민했다.

어떤 나라든 정부보다 강한 조직은 없다. 권력과 힘에의 의지가 강하다. 바람직한 권력의지는 살아있는 모든 것이 발전적 존재가 되려는 순수한 욕구여야 한다. 물론 권력이나 힘은 사용방법에 따라 발전적인 힘으로 해석될 수 있고 비열한 권력이 될 수 있다. 출세지향의 관료가 많으면 더욱 강경해진다. 죽음으로 가는 길은 강하고 굳세게 보인다. 하지만 경직되고 강제적 체제와 환경일지라도 스스로 주인의식을 찾아가는 의지가 강해야 희망적이다. 양심의 소리에 귀 기울이는 내면적 권력에의 의지를 갖고 진정한 자신으로 살아야 한다.

Heidegger는 의미 있는 존재로 살아가기 위해 일상성에서 벗어나야 한다고 강조한다. 여기서 일상이라는 단어는 자신이 삶의 주인이 아닌 채 사회나 타인이 시키는 대로 사는 수동적인 삶의 모습을 상징한다. 타인의 지배에 놓인 일상세계로부터 떨어져 나온 유한하고 고독한 세계, 그곳이야말로 본래의 세계이며 그곳에서 비로소 존재의미를 찾을 수 있다. 그리고 자신의 삶으로 돌아가기 위해 죽음이라는 단어에서 그 가능성을 찾았다. 죽음은 자기 자신 이외에는 어느 누구도 대체할 수 없는 구체적이고 유일한 극적 상황이다.

죽음을 회피하지 않고 자각하는 자만이 실존을 회복할 수 있다고 말했다. 죽음을 자각함으로써 스스로 유한한 존재라는 것을 깨닫고 진정한 자기 삶을 살 수 있다는 것이다. 죽음을 통해 생명의지를 노래했던 시인, 김수영(1921~1968)은 죽음에 대한 남다른 인식으로 일상의 피상적인 경험의 갈래를 좇아 허우적거리지 않고 여러 경험의 의미를 근본에서 꿰뚫어 보았다. 즉 죽음을 삶으로 바꾸는 시적 사유를 감행하면서 죽음은 삶을 비추는 거울인 동시에 삶은 죽음을 사는 것과 동일시했다.

죽은 영혼의 공직자, 군인은 사회와 자유를 질식시킨다. 자신들의 그릇된 자

국민이 갈망하는 인공지능정부

유를 위하여 진정한 자유를 억압한다. 그릇된 자유는 무분별한 욕구를 추구하면서 원하는 것만 자행한다. 마치 Spinoza(1632~1677)가 제시한 Conatus라고 할까. 인간을 비롯한 모든 유한한 사물이나 양태들의 본질을 의미한다. 그 무엇도 외적 원인이 없으면 파괴될 수 없듯 Conatus의 일반적 원리가 존재했다. 인간이나 사물이 행하는 자기보존노력으로서 물체가 존속하는 한 Conatus도 존속한다(Spinoza, 2005). 자신의 욕망과 충동안에서 존속하기 위해 시종일관했던 노력이 관심의 법칙이 되면서 인간(정부)이 어떻게 그럴수 있을까 라는 무도한 일을 서슴없이 드러냈다.

　　그 동안 정부는 욕망, 충동, 생존, 삶에의 의지만 충실했다. 하지만 진정한 자유를 위해 욕망, 충동에 분명한 선을 긋고 되려 하지 말아야 할 것은 하지 않았어야 했다. 비인간적 정부에 득실거리는 죽은 영혼이 권력에의 의지를 충족시키기 위해 야기된 사건과 사고들, 한국사회의 몸에 난 사악한 종기들로 인해 사회는 신음했다. 민주적 정부의 존립근거에 대한 근본적 의문이 제기됐다. 사회적 상처와 폐허를 응시해야 한다. 정부에 의해 저질러진 사건, 사고를 통해 낱낱이 드러내야 한다. 역사학자 Theodore Zeldin은 미래를 예측하기 위해 가장 먼저 들여다봐야 할 것은 과거라고 말했다. 진짜 빛을 보고 느끼기 위해선 어둠 속으로 들어가야 하듯 과거의 역사를 호출해 어떻게 미래로 나아가야 하는지를 보여준다.

　　1980년 광주민주화운동 당시 광주시민들은 신군부 퇴진과 계엄령 철폐를 외치며 민주화에 헌신했다. 보안사령관이었던 전두환은 계엄군과 함께 공수부대까지 투입했고 학생, 노인, 어린이를 막론하고 무차별적으로 학살했다. 광주민주화운동을 광주학살로 표현하는 이유다.

　　1987년 박종철 고문치사 사건의 중심에 경찰이 있었다. 대학교 3학년이었던 박종철은 1987년 1월 13일 하숙집에서 치안본부 대공분실 수사관에게 연행됐다. 그리고 남영동 대공 분실에서 폭행·전기·물고문을 당하다 사망했다. 1991년 4월 강경대 학생은 경찰이 휘두른 쇠파이프에 맞아 사망했다. 이후 며칠 간격으로 경원대 천세용, 전남대 박승희, 안동대 김영균이 노태우 정권 퇴진을 외치며 분신자살을 했다. 1991년 5월 8일 어버이날 아침. 전민련에서 시민사회운동을 하던 김기설도 노태우정권 퇴진을 외치는 유서를 남기고 분신자살했다. 이처럼 가난하고, 힘없고, 약한 삶에 가해진 공권력에 의한 살인 비극이 아직도 끝나지 않았다.

또한 한시적 특별법으로 태어나 정권유지의 도구로 악용돼온 국가보안법, 공안이라는 허울의 가치에 몸과 마음 재산을 훼손당한 사람들, 국가폭력 고문피해자들, 진실이 진실임을 증명하기 위해 이들이 힘겹게 싸우며 족적을 이어왔다. 이처럼 국가기구를 이용한 범죄행위는 뇌물범죄와 차원을 달리한다. 북한공작에 온 힘을 기울여야 할 정보기관이 댓글 팀을 만들어 선거에 개입하고 유명인들의 SNS를 샅샅이 들여다보고 자유민주주의 기본질서를 흔들고 부정한 범죄행위다. 왜곡과 은폐를 서슴지 않았다. 사악한 영혼은 죽은 영혼보다 나쁘다.

또한 유명무실한 존재도 죽은 것과 다름없다. 경제검찰로 불리는 공정거래위원회, 부당한 공동행위 및 불공정 거래행위를 규제하여 공정하고 자유로운 경쟁 촉진이 주요 업무다. 하지만 공정위는 기업을 상대로 무소불위의 권한을 행사했다. 엄격하고 높은 도덕성이 요구되지만 갑질을 서슴지 않았다. 마치 산하조직 다루듯 민간 기업들에 직원을 꽂아 넣었다. 심지어 행정고시출신 퇴직자의 경우 2억 5,000만 원 안팎, 비고시출신은 1억 5,000만 원 안팎으로 연봉가이드라인까지 만들었다. 이렇게 입사한 공정위 퇴직자들은 별다른 업무를 맡지 않았고 제대로 출근도 하지 않았다. 실로 공정위의 슈퍼 갑질은 충격적이다(국민일보, 2018년 8월 1일자). 또한 공정위 퇴직자들은 대기업이나 대형로펌에 재취업해 로비스트로 활동하고, 현직자들은 곧 다가올 자신들의 미래를 위해, 혹은 선배들과의 인연을 뿌리치지 못해 공정하지 못하게 사건을 처리하게 된다는 것이 그동안 공정위와 대기업간 유착 의혹의 핵심이다. 공정하지 못한 공정거래위원회, 유명무실함이 참으로 뻔뻔하고 무치하다.

이런 죽은 영혼의 공직자와 정부를 어찌해야 하나. 죽은 영혼의 정부가 지배하는 사회에서는 타인의 고통이 나의 기쁨으로 느끼는 사악한 쾌락이 만연한다. 모든 인간관계가 다 틀어졌고, 서로 물어뜯지 못해 안달인 게 사람은 다른 사람에게 늑대다(homo homini lupus). 이제 죽은 정부의 사회에서 벗어나 자신의 힘에의 의지에 따라 살아야 한다. 미래나 내세가 아닌 현재와 현세에서 힘에의 의지를 되찾아야 한다. 현재를 무기력하게 희생하는 게 아니라 스스로의 힘으로 살아야

국민이 갈망하는 인공지능정부

한다. 종교는 죽음 이후를 걱정하느라 현재를 번민하게 만들고, 세속적 자본주의는 퇴직 이후를 걱정하게 하느라 지금을 힘들게 한다. 이처럼 삶의 의미의 소멸 앞에서 바짝 정신 차려야 한다. 반복되는 억압은 더 큰 악업을 불러올 뿐이기에. 그래서 주권자 이름으로 죽은 영혼의 정부를 향해 준엄하고 분연히 질책해야 한다. "우리가 의(義)를 들어 여기에 이르렀음은 그 본의가 결코 다른 데 있지 아니하고, 창생을 도탄 중에서 건지고 국가를 반석 위에다 두자 함이라. 안으로는 탐학한 관리의 머리를 베고…."[1]

세상은 나아졌는가? 희망이 있는가? 주리(主理)와 주기(主氣)로 한 백 년쯤 싸우고, 3년 복을 입느냐 1년 복을 입느냐로 몇십 년 다투는 사이에 수많은 목숨이 스러지고 정권의 향배가 갈렸다. 그리고 나서는 인성과 물성(物性)이 같은가 다른가로 또 한 백년을 싸웠다. 그게 그렇게 시급하고 중요한 문제인가? 도와 리(理)는 백성들의 삶과 아무 상관이 없었다. 당시 실록에는 굶주린 백성이 자식을 바꿔 잡아먹었다는 기사가 실리고 있었다. 가뭄 끝에 홍수 나고, 홍수 뒤에 전염병이 돌았다. 추수할 것도 없는 빈 들판 너머에서 한파가 몰아닥쳤다. 그 와중에도 위정자들은 황구첨정(黃口簽丁)과 백골징포(白骨徵布)의 수탈에만 혈안이었다. 백성의 안위는 안중에도 없었다. 이게 나라냐? 예나 오늘이나 변함없는 정부.

지금 시대는 분노도 많고 긴장도 심하다. 이곳저곳에서 권리가 충돌하고 욕망이 들끓는다. 하지만 혼란의 한가운데서도 정부는 희망을 가꾸고 지키며 품고 희망을 전해야 한다. 정부 스스로 뭘 하는 존재인지 모르는 상태, 헛되고 허무하다. 가령 위안부 문제와 관련 김ㅇㅇ할머니는 "자다 생각해도 억울하고 분하고요. 대한민국이 이렇게 허무하나, 이런 것 하나 해결지어 주지 못하는 정부를 어떻게 믿고 살 수가 있겠느냐"며 반응했다.[2]

Nietzsche는 목표가 결여된 상태를 허무주의라 했다. 왜, 사는지 답할 수 없

---

1) 부패한 관리를 엄벌하고 나라를 바로 세우려던 전봉준장군의 격문이다.
2) 대통령도 여가부 장관도 못 믿어… 취임 1년 지났는데 바뀐 게 전혀 없다는 김복동 할머니 (일본군 위안부 피해 생존자/93세)의 인터뷰 내용이다. -2018년 8월 15일(수요일) 12:20~14:00 KBS 1라디오, 오태훈의 시사본부.

다면 허무주의에 빠져있는 것이다. 지금까지 최고로 여겼던 가치가 사라지거나 모든 가치가 전도되는 것. 바로 한국사회는 정부로 인해 허무주의가 일상이 되었다. 정부에 만연한 학습된 무기력증과 불의하고 무기력한 정부에 대한 체념과 포기로 인한 기대난망이 허무주의를 강화시키고 있다.

Nietzsche의 말을 빌린다면 현재의 삶을 다시 한 번, 그리고 무수히 반복해서 다시 갖기를 원하는가? 지금 생이 다시 돌아온다고 해도 열렬히 맞이할 수 있는가? 지금 이 순간 무엇을 해야 하는가? 살다보면 시간의 찰나성을 간과하고 살아가고 있다. 순간순간 살아가지 못하고 있는 셈이다. 의미 있는 일로 만들기 위해 기존의 부조리, 무능, 모순을 극복해야 한다.

공무원, 그들도 국민이기에 표현의 자유가 존중되어야 한다. 진정 바른 공무원은 시키면 시키는 대로 하는 영혼이 없는 공무원이 아니라 잘못된 정책에 대해 당당히 아니(No)라고 말할 수 있어야 하지 않을까. 잘못된 정책에 침묵만하고 자신의 이익만을 위해 쫓는 공무원을 국민들은 원하지 않는다. 게다가 자승자박(自繩自縛), 표리부동(表裏不同), 이율배반(二律背反), 자가당착(自家撞着), 자기모순(自己矛盾) 등 대한민국 법과 제도는 이중적인 게 참으로 부조리하다. 부조리(不條理)는 불합리하며 이치에 맞지 않고 부정의하고 부도덕하다. 그 사전적 정의는 불합리·배리(背理)·모순·불가해(不可解) 등을 뜻한다.

법과 제도는 국민 삶을 180도 바꿀 정도로 영향력이 크다. 주먹구구식 법령·행정규칙 운영의 피해는 고스란히 국민의 몫이다. 한 번이라도 더 현장의 목소리를 듣고, 찾아야 빈틈이 발생하지 않는다. 아무리 좋은 정책도 방법이 서툴면 인정받지 못하며, 작은 빈틈에서 정책에 대한 불신이 발생한다는 점을 기억해야 한다. 올바른 법과 제도만으로 굽은 것은 펴고, 울퉁불퉁한 곳을 고르게 할 수 있을 텐데 어찌된 것인지 삶 속에서 정의나 법치가 원리로 작동하지 않는다. 오히려 법·제도가 강자에 너그럽고 약자에 엄한 게 모순적이다. 유전무죄 무전유죄의 또 다른 모습이다. 국민에게 정치적 표현의 자유를 인정하면서 공무원에게 허용하지 않는다. 공무원의 신분과 정치적 중립은 법률이 정하는 바에 의해 보장된다고 규정한 헌법 7조 2항과 이에 기반을 둔 국가공무원법과 지방공무원법 등은 공무원

입에 재갈물리는 족쇄로 작용하곤 한다.

　　창조경제를 추구했던 2015년 한때 지방선거를 앞두고 당시 박근혜 전 대통령과 새누리당을 비난했다는 이유로 말단공무원은 당시 사무총장으로부터 고발당했다. 자신의 페이스북에 올린 글이 공무원선거운동을 금지한 공직선거법을 위반했다는 것이다. 내용인즉 "대통령 하나 바뀌면 많이 엄청 많이 바뀐다. 시장이 오세훈에서 박원순으로 바뀌니 많이 바뀌더라. 예를 들면 편지를 썼더니 오세훈은 한 번도 답장 안하더라. 그런데 박원순은 꼬박꼬박 한다. 늦은 밤에 또는 이른 새벽에 하더라." 서울시 7급 공무원이었던 김민호. 그는 확정판결 이후 대법원 앞에서 공무원에게 표현의 자유를 인정하라는 내용의 팻말을 들고 시위를 벌였다.

　　반면 같은 해 8월 당시 정종섭 행정자치부 장관은 새누리당 연찬회에서 총선을 외치면 필승을 외쳐 달라고 건배사를 했는데, 선거관리위원회는 선거법 위반이 아니라고 판단했다. 정 장관은 이듬해 장관직 사퇴 후 총선에 출마해 국회의원이 됐다. 이렇듯 불공정한 대한민국의 법 잣대는 고위직에 관대하고 하위직에 엄격하다. 이런 모순되고 부조리한 것 깨트리는 게 창조다. 공무원에게 표현의 자유가 보장됐으면 최순실 사태도 없었을 터, 정권에 눈치 보지 않고 말할 수 있기 때문이다.

　　대통령국정농단 시 최초로 문제를 제기했던 유진룡 장관은 쫓겨났다. 최순실이 권력서열 1위라고 폭로한 박관천 경정도 묵살 당했다. 공직사회의 그릇된 행패와 문화는 정부가 바뀌어도 심하면 심했지 변함이 없다. 무조건 참는 게 미덕이 아니다. 당당한 철옹성 같던 세상과 부딪혀 목소리 내야한다. 권위와 통념에 대해 회의적 시각을 견지하는 비판적 사고의 공직자가 넘쳐야 한다. 입신을 위해 말하고 행동하기보다는 자신이 생각하는 바를 솔직히 말하는 것에 우선순위를 두는 사람이어야 한다. 부당한 것은 부당하다고 말하는 용기를 이 시대의 모든 공직자들이 갖기를 소망한다. 공직사회에서 내부자의견이 자유롭게 표출돼야 국민의견 반영될 수 있다. 안 그러면 독재사회와 다름없다. 공정이니 포용이니 소통이니 외쳤던 문재인 정부 촛불의 염원을 저버린 죽은 정부였다.

과거에 있었던 그리고 현재 진행 중인 사건, 사고, 현상에 대한 엄정한 가치판단과 의미부여가 필요하다. 사물에 부여한 가치는 새로운 해석체계, 혹은 새로운 관점을 말한다. 원래 사람들은 자신의 보존을 위해 사물이나 현상에 가치를 부여해왔다. 사물에 그 의미를, 일종의 인간적 의미를 부여했다. 그리고 스스로 가치를 평가하는 존재라고 불렀다. 가치평가, 그것은 곧 창조행위다. 창조하는 자들에게 평가된 모든 사물에게 가치평가는 소중하다. 평가를 통해 비로소 가치가 존재한다. 평가가 없다면 현존재라는 호두는 빈껍데기에 불과하다.

Nietzsche는 인간을 본질적으로 가치평가를 수행하는 자, 창조자로 정의하였다. 오직 창조자만이 자신의 삶을 보존할 수 있다. 그렇게 하려면 기존의 해석체계를 끊임없이 파괴할 수밖에 없다. 일반 사람들의 눈에는 기존 가치를 부정하기 때문에 창조자가 현실을 부정하는 허무주의자로 보일 것이다. 그렇지만 Nietzsche는 허무주의자란 자신이 힘에의 의지가 약화되는지도 모르고 기존의 해석체계를 답습하는 일반 사람들이라고 반문한다(프리드리히 빌헬름 니체·장희창, 2004).


## 3. 견딜 수 없는 나약함

발아래서 끊임없이 돌아가는 속박된 공간, 아무리 질주해도 아무 곳으로 가지 못하는 단조로운 곳, 바로 Running Machine이다. 그 위를 달릴 때 순간 헛디디면 실족한다. 그래서 긴장의 고삐를 놓치지 않고 주의를 기울여야 한다. 하지만 산보할 땐 한 걸음 엉키거나 한 눈 팔아도 괜찮다. 가는 길이 한번 뿐이기에 느슨하다. 다람쥐가 쳇바퀴 돌리려면 흐름을 타고 오차 없이 일관되게 쳇바퀴를 돌려야 한다. 하지만 쳇바퀴에서 벗어난 다람쥐는 매 순간이 다르다. 일정하지도 일관되지도 않게 정해지지 않은 곳을 향해서 질주한다. 정부도 제 갈길 제대로 가고 제 기능 제대로 작동해야 한다. 단, 그 방향은 국리민복을 향해야 한다.

Henry Hazlitt(1894~1993)은 자유시장의 경제 원리에 맞지 않는 정부개입은 필연적으로 시장왜곡과 국민고통 증가로 이어진다고 경고했다. 이런 정책들이 나오는 배경은 자유 시장경제체제 오류 때문이 아니라 단기성과에 집착하는 정부와 대중의 조급증(躁急症)과 이를 악용하는 정치권의 합작품이라고 갈파했다. Hazlitt은 정책실패를 인정하지 않는 정치가 가장 큰 정책 risk라고 지적했다. 그럼에도 대중은 어떤 문제가 터질 때마다 '도대체 정부는 무엇을 했느냐'고 아우성친다. 오늘날 사회가 직면한 문제는 비단 경제적인 것이 아니라 정치적인 것이다. 그럼에도 시장개입 정책들이 대중에게 인기를 끌고 있다는 사실을 부인하기 어렵다. 불행히도 합리적 근거와 주장도 정책인기를 약화시키기 어렵다. 경제가 결딴나도 자신들의 과오를 인정하지 않는 경우가 많다. 정부의 시장개입은 정책실패를 교정하려는 또 다른 개입으로 이어진다." 이러한 시장개입의 원인을 Ludwig von Mises(1881~1973)는 정치 과잉이라 진단했다. 이념, 가치 등이 끼어들면서 경제가 왜곡되고 있다고 설명했다. 그래서 경제문제를 분석하고 해석하려면 이념과 가치로부터 자유로워야 한다.

경제문제를 경제문제로만 보는 게 경제적 분석이다. 대중의 인기를 얻기 위한 가격통제 조치들은 시장기능을 마비시킨다. 시장파괴뿐 아니라 시장경제를 조정하는 힘까지 빼앗는다. 서민과 노동자를 위한다는 정책이 결과적으로 그들을 곤궁하게 만들 뿐이다. 감정을 자극하는 구호와 선전문구가 궁핍, 실업, 불황을 해결해준다면 지구상에 가난한 국민도, 빈곤도 존재하지 않을 터. 경제문제를 풀기 위해서 경제의 탈(脫)정치화가 시급하다. Mises는 시장경제가 제대로 작동하기 위해서 기업가의 역할과 경제적 자유가 존중돼야 한다고 역설했다. "이윤을 추구하는 기업가의 행위는 시장경제의 주요한 동인(動因)이다. 경제적 자유는 개인과 기업가의 활동을 보장하는 전제 조건이다. 기업가정신과 개인의 창의성을 부추기는 국가들이 선진국이 된 것은 이런 이유 때문이다(미제스, 루트비히 폰(1999))."

정부가 오지랖 넓게 할 일 못할 일 가리지 않고 온갖 사안에 개입하면서 한편으론 정부에 대한 불만과 요구가 많아지고, 다른 한편으론 기대치가 높아졌다. 무슨 문제가 있을 때마다 정부에 해결책을 요구하는 게 한국 사회의 특징 중 하나라고 했다. 그래서 정부 부처들이 민원 업무 처리에 몸살을 앓고 있다. 실제로 문재인 대통령 취임 이후 1년 동안 청와대에 접수된 민원이 4만 8,177건으로 지난 정부의 같은 기간보다 45%나 늘어났다고 한다. 정부 부처들도 대부분 사정이 비슷하다. 민원이 많은 것은 오랜 관존민비(官尊民卑) 사상의 영향으로 풀이할 수 있다. 한국사회는 사적인 문제까지 정부에 의존해서 해결하려는 경향이 강하다. 외국과 비교해 유난히 고소·고발이 많은 것도 이와 관련된다. 인구 1만 명당 고소·고발 건수가 일본의 60배를 넘는다는 분석도 있다(조선일보, 2018년 8월 28일자).

만능정부를 요구하는 대중과 이를 시장개입의 명분으로 악용하는 정부와 정치 탓이다. Hazlitt은 자본주의 근간인 시장경제와 자기책임 원칙을 중시해야 왜곡된 사회문제들을 해결할 수 있다고 강조했다. 정부역할은 시장을 지원하는 데 머물러야 한다고 덧붙였다. "알렉산드로스 대왕과 철학자 디오게네스의 일화는 자유 시장경제를 표방하는 정부역할이 어떠해야 하는지를 알려준다. 대왕이 '무엇을 해드릴까요?'라고 물었을 때 디오게네스는 '햇빛을 가리지 않도록 조금만 비켜주십시오'라고 답했다. 시민과 기업가는 정부에 이렇게 요구할 권리가 있다(헨리 해즐릿·강기춘, 1999)."

정부든 기업이든 국민이든 반복적 삶을 살아간다. 마치 쳇바퀴 삶일지라도 누구든 살아가는 순간순간이 중요하다. 더구나 공직자로 살아가면서 크고 작은 수많은 선택과 결정을 해야 한다. 사람기질에 따라 다르겠지만 피할 수 없는 결정은 고민, 사유, 성찰의 결과여야 한다. 하지만 교육, 원전 등 정책에서 공론화라는 이름의 책임회피가 전 부처에 걸쳐 광범위하다. 공론 (公論)을 공론(空論)으로 만들어버린 정부의 결정 장애는 경계해야 한다. 공직입문부터 자신의 선택에 의한 것이기에 일종의 운명적 선택이다. 하지만 어쩔 수 없는 업으로 여기며 마지못해 살아간다면 비극이다. 사는 게 무거운 짐이지만, 짐 없는 삶도 존재하지 않는

내 운명은 나의 것, Amor Fati

다. 마치 하데스에서 언덕 정상에 이르자마자 굴러 떨어지는 무거운 돌을 다시 정상까지 계속 밀어 올리는 형벌을 받은 Sisyphos처럼.

Albert Camus(1913~1960)는 에세이 〈Sisyphus의 신화〉에서 "Sisyphus는 신들을 부정하고 바위를 들어 올리는 고귀한 성실을 가르쳐준다. 그도 또한 모든 것은

좋다고 판단한다. 이제부터 주인이 없게된 이 우주가 그에게는 불모지나 하찮은 것이 아닌 듯하다. 이 바위의 부스러기 하나하나, 어둠으로 가득 찬 이 산의 광물의 빛 하나하나가 유독 그에게는 하나의 세계를 형성한다. 산꼭대기를 향한 투쟁 그 자체가 인간의 마음을 만족시키기에 충분하다. 우리는 행복한 Sisyphus를 상상해야만 한다."고 했다.

끝없이 반복되는 일상, 마치 주물로 주조한 듯 느껴지기도 한다. 그러나 매일이 똑같다는 어처구니없는 생각이, 다 안다는 터무니없는 생각이 우리의 눈을 가리고 마음이 문을 닫게 하는 건 아닐까. 그런 까닭에 눈을 뜨고 있어도 못 본 것이 많다. 아니, 들으려 하거나 보려 하지 않은 것이 많다. 자세히 들여다보면 1년 365일은 단 하루도 같은 날이 없다. 어떤 시각으로 보느냐에 달렸다. 세상에는 매일 보면서도 알아채지 못하고 그냥 지나치는 아름다움이 얼마나 많은가, 세상의 아름다움을 그저 스쳐 지나갈 뿐이며 흘깃 그 일부만을 바라볼 뿐이다. 무색의 얼음 속에서도 반짝이는 무지개의 빛깔에 황홀할 수 있으리라.

이처럼 영감을 얻기 위해서 규율과 연습이 필요하다. 예술이나 스포츠세계에서 쉽게 확인되는 현상이다. 하지만 행정이나 정치현장에서도 적용이 가능하다. 스스로 반복적으로 수행하여 영감을 얻을 수 있는, 예술의 경지에 오르고 싶은 기술이 있는가? 아니면 자신의 욕망과는 상관없이 직장에서 시키는 일만 반복적으로 하고 있는가? 예술적 삶의 가능성은 어떤 마음으로 살아가느냐에 따라 가치가 다르다.

Rainer Maria Rilke(1875~1926)는 〈두이노의 비가 중 9장〉에서 한 번의 소중함, 절박함, 유일성을 절규했다. "한번, 모든 것은 단 한번 존재할 뿐, 한번 그리고 다시는 오지 않는다. 한번. 우리도 단 한번 존재 하노니, 결코 다시 시작되는 것은 없다. 이렇게 한번 존재한다는 것. 오직 한번, 지상에 존재 했다는 사실을 되돌릴 수 없으리라." 이렇게 모두는 소중한 존재이다. 즉 타인이 나의 반응에 다시 반응하는 존재라는 사실을 인정할 때 비로소 우리는 타인을 존중하게 되며, 나를 존중하는 타인을 통해 나 자신을 다시 존중하게 된다. 이처럼 존재 그 자체를 목적으로 대하는 사회에 대한 갈망이 한 뼘이라도 실현된다면 그것은 장애인, 소외계층 등 사회적 약자뿐만 다른 여러 방식으로 차별받고 실격당한 사람들에게 새로운 삶의 지평이 열리는 순간이 된다(김원영, 2018).

그렇다 대부분 삶과 일은 정도가 다를 뿐 유사함의 반복이다. 매일 반복하는 일상의 지루함은 인간에게 견딜 수 없는 형벌과 같다. 하지만 그것을 감내해야 한다면, 인생을 살만한 것으로 느끼려면 어떻게 해야 할까? 우선 일상을 재정의해야 한다. 일상이 무언가를 위한 수단이 되는 순간, 형벌이다. 최대한 피하고 싶은, 굴리기 싫은 돌이 돼버린다. 삶이 무의미한 까닭은 하루를 돌이켜보는 시간조차 갖지 않거나 주변 사람들과 일 또는 사물에 의미를 부여하는 일을 게을리 했기 때문이다. Nietzsche의 표현을 빌리면 현실에 안주하면서 권력욕에 물든 인간 말종(Der letzte Mensch)처럼 살아간다면 무의미한 삶이다.

그래서 일상을 의미 있는 목적으로 삼아야 한다. 공직이 생존을 위한 수단이 아닌 자아실현의 장으로 삼아야 한다. 공익·공정의 가치실현을 위한 삶 그리고 일상에서 경이로움이 익숙함이나 싫증이 되지 않도록, 그리고 자신의 성장이 멈춘 것은 아닌지 자각, 경계해야 한다. 지금 주어진 평범한 일상이 나에게 허용된 유일한 길이요, 목표라고. 그러면서 운명을 그대로 따르지 말고 긍정적으로 수용하면서 사랑하는 태도를 가져야 한다.

사랑하는 사람에게는 역동적 에너지가 솟아오른다. 감성적으로 독특한 느낌을 만들어 낼 수 있을 뿐 아니라 매사를 긍정적으로 사고하는 경향이 강하다. 우스갯소리처럼 들리겠지만 "사랑에 빠졌을 때 가장 좋은 글이 나온다."는 노벨문학상 수상자인 Ernest Hemingway(1899~1961)는 아내가 바뀔 때마다 새 작품을 썼다. 사랑은 단순히 생존을 넘어 탈아(脫我)의 가치를 극복하고 순간순간 새것을 생성시켜야 나약함에서 벗어날 수 있다.

Rilke가 묻는다, 우리 사랑의 '첫' 순간에 대하여, 세상이 온통 그대뿐이던 '처음'에 대하여… "함께 거닐던 〈첫〉 산책, 단 한 번뿐이던 그 정원에서의 산책을 견뎌 냈을 때, 연인들이여, 그때에도 너희들은 〈영원한〉 연인으로 남아 있을 것인가?"[3]

---

3) Rainer Maria Rilke, 「두이노의 비가」의 「제2비가」 중에서.

공직자로서 운명을 사랑하는 것, 이는 사랑이라는 보편적 언어로 나약하게 만들려는 게 아니다. 정부의 나약하고 고약한 근성을 만천하에 퍼뜨리기 위함이다. 공직자는 현실의 불의와 싸우되 나약함과 무기력으로 인한 공포를 면하고 책임과 이상적 자아실현을 위해 기꺼이 노예(공복)의 길을 택해야 한다. 역대정부에서 통치이념은 지배계급의 이념이 아니라 피지배계급의 보편적 사유와 감각으로부터 나왔다. 마치 믿음, 소망과 사랑처럼 도저히 거부할 수 없는 덕목들을 통해서 말이다. 그 동안 외쳐왔던 정의사회 구현, 경제민주화와 비정상의 정상화, 사람이 먼저인 것처럼. 하지만 사회부조리, 경제적 불평등이나 격차, 비정상은 심화되고 사람은 경시되고 있는 게 마치 지옥으로 빠져드는 형상을 드러냈다.

남들은 다 잘 지내는 것처럼 보이는데 나만 되는 일이 없는 것 같아 삶이 초라하게 느껴지는가? 아니다 아무리 행복해 보이는 사람이라도 그 마음속을 두드려보면 어딘가에서 슬픈 소리가 들린다. 인간은 누구든 자신만의 지옥이 있다. 부러운 타인의 삶에도 폐허가 있다. 그렇기에 비록 보잘 것 없는 삶일지라도 숨은 천국이 있음을 깨달아야 하지 않을까. 인명재천이니 안분지족을 강조하기보다 빛과 어둠, 희망과 절망, 생명과 죽음 등 삶이 지닌 양면성부터 인정해야 한다. 그 누구에게도 삶의 무게를 견디는 일이 쉽지 않다. 눈에 보이지 않을 뿐, 우린 모두 크고 작은 갈등과 상처, 불안에 흔들리며 살아가고 있으니까. 더구나 사랑의 유한성을 떠올리면 세상은 정말 헛된 것이며 지옥이라 느껴지게 된다. 사랑은 유한한데, 세상이 사랑으로 가득차길 바라는 것 자체가 너무나도 고통스러운 모순이다.

낭만주의음악의 거장 Franz Liszt(1811~1886)는 불후의 교향시 〈전주곡〉에서 그 뜻을 다음과 같이 밝혔다. "인생이란 죽음에 의해 그 엄숙한 첫소리를 연주하는 알 수 없는 노래의 전주곡이다. 사랑은 모든 삶의 매혹적인 예명이다. 그러나 이 환희와 행복 위에 폭풍우가 쏟아져 아름다운 환상과 희망의 제단이 파괴당하지 않을 사람이 있으리오."라고 말이다.

그래서 우연이든 운명이든 자신에게 주어진 것을 수용하며 헤쳐가야 한다. 지금의 삶이 천만 번 반복되더라도 기꺼이 받아들이고 삶의 반복에 정면으로 대응하며 살아가는 삶의 자세가 필요하다. Nietzsche는 혹시 안락한 삶을 살고 싶다면 항상 군중 속에 머물러 있으라고 강변했다. 그리고 군중 속에 섞여 자신을 잃어버리라고 경고했다.

현명한 개인도 군중 속에선 바보가 된다. 군중 속에서 쌓여가는 것은 지혜가 아니라 어리석음과 광기라고 일갈했던 Everett Dean Martin(1880-1941)은 "군중시대는 독특하고 섬세하며 은인자중하는 모든 개인을 질식시켜 버릴 것이다. 이토록 진보한 시대에도 개인은 어디에 살든 비속해질 수밖에 없고, 그런 자신의 비속함을 망각하기 위해서라도 거창한 위안거리들을 찾아 헤맬 것이며, 지배정당의 깃발을 몸에 휘감고 다닐 것이 분명하다. 그는 '100% 군중인간'이 되고 말 것이다." Martin은 "군중은 개인 안에 존재하는 또 다른 자아"라고 규정했다. 또한 "군중 속에서 개인은 자신이 믿고 싶은 것만 믿으며, 진리를 알려고 하지도 않는다. 개인은 군중에 자신을 일체화시킴으로써 다른 인격체로 행동한다. 군중 일원으로 행동함에 따라 책임소재는 불분명해지고 책임성이 결여되면서 감정적으로 흐르기 쉽다(에버릿 딘 마틴·김성균, 2012)"고 역설했다.

세상을 살아가려면 누구든 여러 가지 법칙 속에서 살아가게끔 운명 지워졌다. 마음에 들지 않는다고 법칙을 벗어날 수도 없는 노릇이다. 주변 사람들이 모두 법칙 속에서 살아가고 있고, 그 법칙에 어느 정도 익숙해져 가고 있다. 이런 상황에서 할 수 있는 일은 딱 하나, 어차피 똑같이 반복될 인생이라면, 그런 삶을 그냥 긍정하면서 '오냐, 그래!'하는 자세로 더 멋지고 세련되게 살아가야 한다.

하루하루가 전혀 다르지 않는 그래서 마치 쳇바퀴처럼 돌아가는 삶이야말로 눈에 보이는 영원회귀의 삶 아닐까. 물레방아인생처럼 돌고 도는 영원회귀 맥락에서 삶이 반복된다면 한 번의 실수는 다음 생에서 반복되기에 살아가는 순간의 몸짓 하나하나가 견딜 수 없는 짐을 떠맡게 된다. 거꾸로 반복되지 않고 한 번으로 끝나는 인생이라면 어떨까? 애당초 없는 것과 같기에 발걸음이 가벼울 수 있다. 마치 끝이 보이는 직선형의 시간을 살아가듯. 이처럼 직선과 순환처럼 느껴진다. 하지만 실제 시간은 직선으로 흐르거나 순환하지 않는다. 나선을 그리면서 종착지를 향한다. 다만, 시간흐름을 자각하는 근대적 이성은 직선형의 시간개념처럼, 그를 자각하지 않는 경우는 순환적 시간을 갖는 정도의 차이다. 그래서 가벼

국민이 갈망하는 인공지능정부

우면서 무겁기도 한 모순적 삶의 모습이다.

만일 자기 주변을 둘러싼 모든 것들이 참을 수 없이 가벼운 존재임을 깨닫는다면, 자신의 어깨를 짓누르고 있는 무거운 짐들을 조금이나마 내려놓을 수 있다. 하지만 모든 것들을 멸시할 수 있더라도 서글픈 운명에서 완전히 벗어날 수 없다. 죽음을 택하지 않는 한, 영원히 전심전력으로 산꼭대기로 돌을 밀어 올려야 한다. 무한 반복되는 영원회귀의 삶에서는 버텨야 한다. 영겁의 형벌을 받는다면 버틸 수밖에 없다. 그런데 버티다 못 버티면 부러진다.

강한 게 결코 강한 것이 아니다. 끊임없이 반복하려면 모질어야 한다. 모질게 견뎌야 한다. 만일 한 번뿐이라면 유연해야 한다. 부드러운 게 약한 게 아니다. 예부터 국민은 풀(草)로 비유되었다. 풀은 인간의 근본적 삶을 표현하거나 민초의 상징이다. 민초는 풀처럼 약하다. 바람 부는 방향으로 이리저리 눕는다. 하지만 결코 부러지거나 굽지 않는다. 강한 게 긍정적이고 약한 게 부정적이지 않다. 하지만 인간의 실제 모습은 강하지만 약하고, 약하지만 강한 모순적 존재다.

## 풀

풀이 눕는다. 비를 몰아오는 동풍에 나부껴 풀은 눕고 드디어 울었다.
날이 흐려져 더 울다가 다시 누웠다.
풀이 눕는다. 바람보다도 더 빨리 눕는다.
바람보다도 더 빨리 울고 바람보다도 먼저 일어난다.
날이 흐리고 풀이 눕는다. 발목까지 발밑까지 눕는다.
바람보다 늦게 누워도 바람보다 먼저 일어나고
바람보다 늦게 울어도 바람보다 먼저 웃는다.
날이 흐리고 풀뿌리가 눕는다.

- 김 수 영

어떤 삶이든 하루하루가 점철되는 일종의 무한반복이다. 자칫 무사안일로 빠져들 수 있다. 안전과 확실성의 추구는 사실인즉 알려진 것에 대한 집착이라는 뜻이다. 알려진 것이란 무엇인가? 그것은 우리의 지난날이다. 알려진 것은 지난날의 조건이 만들어 놓은 감옥(監獄) 이외의 아무 것도 아니다. 집착이 아집과 이기가 집단화되면 무서운 불신의 무기가 되기도 한다. 이런 상황에서 발전이란 있을 수 없다. 절대로 없다. 그리고 발전이 없는 곳에는 정체, 부조리, 무질서, 부패뿐이다.

공직은 고인 물처럼 변화가 미미하다. 그래서 공직은 무책임, 비리, 무능의 아이콘으로 인식되면서 불신이 깊다. 현실에서 공정과 정의를 부르짖는 정부를 못 믿겠다며 정부에 실망하고 배신감 느끼는 국민이 늘어간다. 끝없는 정권교체와 권모술수만이 판치는 정치는 국민

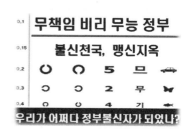

들로 하여금 아무도 믿지 못하는 사회를 만드는 원흉이다. 어쩌다 정부불신자가 되었는가? 이제 안전한 믿음을 부수고, 불안한 진리를 찾아 떠나야 한다.

누구보다 공직자는 하루하루의 공직 삶에 충실해야 한다. 내가 헛되이 보낸 오늘은 어제 죽은 이의 갈망하던 내일이라는 사실을. 오늘 보낸 하루는 내일 다시 돌아오지 않는다. 비인간적 정부에 똬리를 튼 공직자의 무사안일과 나약함은 하루하루 거친 삶 사는 민초들에겐 견딜 수 없는 고통이며 사치다. 나약함은 추함을 넘어 죄악이다. 견딜 수 없는 공직자의 나약함은 국민에게 더 없는 수치이자 고통이다. 나약한 정부와 공직자는 스스로 경멸하고 지체 없이 자멸해야 한다.

진정 공직사회가 살고자 한다면 무책임, 무능에 의해 학습된 무기력증과 나약함에서 탈피해야 한다. 아인슈타인이 그랬다. 매번 똑같은 행동을 반복하면서 다른 결과를 기대하는 것은 미친 짓이라고. 제대로 미친 짓 저질러야 한다. 영원히 반복되는 삶이지만 매일 새롭게 살 수 있다. 내일 죽어도 좋은 하고 싶은 일을 스스로 선택하고 내 안에서 찾아야 한다. 그 결정을 내리는 순간 앞으로 만날 사람, 생각할 것들, 관계와 흐름이 모두 바뀌게 된다.

인간은 내일이 불안하고 불확실한 존재다. 그러면서 모든 것을 분류하며 나누고 흘러가는 시간을 24시간으로 만들었다. 매 시간은 다음날 반복되고, 매 계절

이 반복된다고 주장하며 앞날을 예측한다. 그래야 불안하지 않으니까. 하지만 예측 가능한 삶이야말로 고루하고 지루하다. 효율은 사람을 메마르게 만든다. 여유가 게으름으로 치부되는 삶. 매일 반복되는 삶. 하루는 언제나 다르다. 한 순간도 같지 않다. 누구나 매 순간을 살아야 한다. 어떤 마음가짐과 태도로 살아가야 하는가? 고귀하고 설레고 벅찬 삶 살아야 한다. 마치 높은 이상을 품은 석공처럼. 사람을 만나든 일을 하든 이런 마음은 어떨까. Nietzsche가 외쳤다. 눈을 떴을 때 오늘 단 한 사람에게라도 좋으니 그가 기뻐할 만한 무슨 일을 할 수 없을까, 누구든 하루의 생활을 이렇게 시작하면 좋겠다. 그렇다면 순간이 달라지지 않을까.

## 세 석공의 이야기

이탈리아 정신과 의사 Roberto Assagioli의 비유다. 어떤 사람이 14세기의 대성당을 짓는 석공에게 인터뷰를 했다. 첫째 석공에게 "지금 무슨 일을 하고 있느냐?"고 물었더니 보면 모르겠냐는 듯 짜증 섞인 목소리로 대답했다. "가로 50cm 세로 30 cm의 돌을 자르고 있소" 지친 표정으로 이어 말했다. "나는 이 일을 몇 년간 계속해서 했소, 앞으로도 죽을 때까지 할 것 같소."

둘째 석공에게 같은 질문을 했더니 다르게 대답했다. 그는 미소를 지으며 "돌을 직사각형으로 자르고 있소. 내 사랑하는 가족들을 위해 일을 하고 있지요. 비록 힘들지만 덕분에 내 가족은 그럭저럭 먹고 살기에 부족함이 없지요." 셋째 석공에게 같은 질문을 했다. 이 사람의 대답은 달랐다. 그는 벅찬 감동의 표정으로 말했다. "저는 천년동안 거룩한 빛을 발하게 될 대성당을 짓는데 동참하고 있소. 큰 영광입니다." 세 석공 모두 똑 같이 돌을 자르고 힘든 일을 하고 있지만, 자신들이 하는 일의 의미를 전혀 다르게 생각하고 있다는 사실이다. 일 자체보다 그 일을 어떻게 생각하고 있는지 어떤 의미를 지니고 있느냐에 따라 우리의 삶이 달라진다. 일을 하면서 그 일의 의미를 발견한다면 단순히 성취감 이상의 어떤 것을 얻게 될 것이다.

## 제2절 참을 수 없는 정부의 무책임

### 1. 무능한 정부의 오만과 편견

누군가를 좋아하고 그 감정을 사랑으로 승화시켜 오랫동안 지속하고 싶다면 어떻게 해야 할까? 가장 먼저 오만과 편견을 버려야 한다. 오만은 자만과 교만, 거만함을 넘어선 수준이다. 오만불손한 사람은 제어하기 힘들다. 지금 한국은 돈과 권력만 있으면 세상의 모든 것 이룰 수 있으며, 그것만이 행복의 조건으로 여기고 있다. 침 불편하고 부조리한 세상이다. 그 실체가 세월호 침몰사건에서 확연하게 드러났다. 그 동안 정부, 관료가 국민들에게 오만했던 것들이 너무나 많았고 학생들 죽음의 애도까지 정치적으로 악용하려 했다는 사실이다. 국가정보원은 청해진해운에 세월호 취항을 1년 전부터 반대했다. 하지만 회사는 보안강화각서를 쓰고 부실운행을 했다. 이후 국정원은 한 차례도 세월호의 문제점을 점검하지 않았다. 국민을 기만한 정부와 오만한 기업의 합작품이다.

자신감 과잉과 겸손함의 결핍, 이게 근자감 정부의 문제다. 역대 정부에서 보여준 통치권자의 오만은 인사, 정책 등에서 드러났다. 이런 대한민국에서 살아가는 삶이 갈수록 삭막하고 각박하다. 진영논리에 빠진 정부와 보고 싶고 듣고 싶은 것만 고집하는 국민 간 불신의 골을 깊어간다. 사랑이 메말라가고 있기 때문이다. 영국작가 Jane Austen(1775~1817)은 「오만과 편견(Pride and Prejudice)」에서 "편견은 내가 누군가를 사랑하지 못하게 하고 오만은 누군가가 나를 사랑할 수 없게 만든다."는 구절이 가슴깊이 와 닿는다.

분열증상의 정부, 소통하지 못하는 정치, 나아가 대한민국 사회가 오만과 편견의 덫에서 빠져나와야 한다. 정·관계의 엘리트라는 자부심은 '나는 늘 옳다'는 오만이 되고, 관료사회는 우물 안에서 사회와 소통하지 못하는 환경은 편견으로 이어졌던 셈이다. 심지어 공직전문성에의 압박은 하나밖에 모르는 바보로 만드는 것과 다르지 않을 정도다. 깊이에의 집착이 오만, 협소한 시각, 의심스러운 신빙성, 예측력 부족 등 치명적 위험을 야기하였다.

오만은 자부심과 자기애, 자기착각, 비판에 대한 거부감이 합쳐져 탄생한다. 이것이 조직이나 기관, 혹은 집단문화에 침투하면 우리가 제일 잘 안다는 확신이 퍼지면서 온갖 오류와 실수를 저지른다. 무능한 정부의 오만과 편견은 그 사례를 열거하기 어렵다. 그 중 1997년의 IMF국가부도는 아픈 상처를 소환한다. 1997년 11월 초만 해도 정

출처: IMF 구제금융 공식 요청을 보도한 1997년 11월 22일자 조선일보.

부는 한국경제의 위기상황을 우려하는 외신보도에 강한 불만을 표시했다. 오히려 한국경제는 근본적으로 건전하기 때문에 동남아 통화위기와 같은 일은 발생하지 않을 것이라고 강변했다. 그런 정부가 느닷없이 국제통화기금에 긴급지원금융을 요청했다. 도대체 무엇이 잘못되었는가.

외형적으로는 금융기관들의 부실과 대기업 연쇄도산으로 인해 국제금융시장에서 신인도가 급속하게 떨어지면서 대외채무운영이 경색되어 나타난 결과다. 그러나 사태악화를 초래한 근본적 이유는 정부·금융기관·기업이 모두 개발시대의 인식과 형태에서 벗어나지 못함으로써 급변하는 경제여건에 대응하지 못한 데 있다. 다시 말해 개방경제의 환경변화를 제대로 파악하지 못하고 개발시대의 성공에 대한 오만과 폐쇄경제시대의 편견에 사로잡힌 인식과 행태가 자초한 결과이다.

정부는 외견상 모험과 다양성과 새로움으로 가득 찬 것처럼 보인다. 늘 그랬듯이 겉모습은 뻔지르르했다. 하지만 껍질을 한 꺼풀 벗기고 보면 모험보다는 안정, 다양성보다는 획일성, 새로움보다는 친숙함에 대한 욕구가 강렬하다. 권태의 시대에 죽은 관료의 공직사회 아닌가. 이런 후패하고 고루한 정부에 썩 어울리지 않지만 그래도 정부의 주인입장에서 경고한다면 공직사회가 절박하고 긴장하면서 기존의 낡은 가치를 철저하게 해체해야 한다. Nietzsche가 그랬듯 새로운 가치를 창조해야 한다. 창조하는 자는 목표를 창조하고 대지에 의미와 미래를 부여하

는 자다. 예술가처럼 모험적이어야 한다. 자칭 권선징악의 화신으로서 부끄럽지 않으려면 왜소함과 무기력에서 벗어나야 한다. 또한 좋아하면서도 나쁜 점을 살필 수 있고 미워하면서도 아름다운 점을 알아야 한다(대학: 大學, 제8장). 그래야 편견에서 벗어날 수 있다. 보통 자기가 속한 집단에 관대하다. 잘못이 있어도 덮어주고 오판을 내려도 합리화한다. 내부의 문제점들도 직시하지 않는다. 그러면서 상대편 집단에는 엄격하다. 어떻게든 잘못을 끄집어내 확대 해석하고 장점이나 좋은 점은 외면한다. 그러다 보면 이쪽은 무조건 옳고 저쪽은 무조건 그르다는 도식이 만들어지는데 이 과정에서 갈등은 더욱 심화된다. 또한 타자와의 관계 속에서 갈등이나 불화를 겪을 때 우리는 흔히 그 원인을 바깥에서 찾는 경우가 많다. 내 안의 고르지 못한 생의 바닥을 탓하기 전에 상대가 내게로 와서 까닭 없이 분란을 일으킨다고 생각한다. 하지만 내 생의 바닥을 늘 고르게 한다면 타자가 아무리 자주 다녀간들 소리가 요란하지 않을 것이다.

지금 우리 앞에는 저 출산과 고령화, 저성장과 소득의 양극화 등 어느 하나 쉽게 해결될 수 없는 난제들이 산적해 있다. 문제 상황이 결코 녹록하지 않다. 이로 인해 서민생활은 점점 더 팍팍하다. 도무지 개선될 기미를 보이지 않는 가계부채, 취업난으로 몇 년씩 백수로 지내고 있는 젊은이들, 등골이 휘도록 쏟아 부어야 하는 사교육비 등 상황에 따라 차이가 있지만 요즘의 가정들은 이 중 몇 개씩을 짊어진 채 힘겹게 살아간다. 막대한 세금으로 공무원과 국회의원들을 먹여 살리면서도 일반인들은 상상도 못할 특권을 그들에게 부여하는 것은 사회적 난제들을 슬기롭게 풀어나갈 막중한 책무도 함께 부여했기 때문이다. 그런데 막상 보게 되는 것은 오만한 정부의 무능이며 편견에 얽매인 정치권의 무책임이다.

국민과 사회에 대해 지속적인 권력을 행사해 온 정부는 국민과 사회에 대해 엄중한 책임을 갖는다. 공권력의 지나친 행사와 강화는 정부 자신을 위태롭게 할 수 있다는 철저한 인식이 요구된다. 책임의 영역을 정부, 공직자, 사회, 국민으로 확장시켜야 한다. 그래야 국민은 비로소 존재의 타당성을 확보할 수 있다. 사회와 국민에 대한 정부의 정책결정이 최고의 선을 획득하기 위해서가 아닌 최고의 악을 회피하기 위해서 이루어져야 한다. 스페인작가 Gracián(1601-1658)의 지적처럼 공직자는 자신의 부주의로 생겨난 잘못은 즉시 책임져야 한다. 특히, 위계질서가 강조되는 공조직에서 지위가 높으면 책임도 크다는 사실을 명심해야 한다. 자신의 권리와 행복을 먼저 생각하지 말고 자신의 의무를 먼저 완수해야 한다. Max Weber지적처럼 책임과 권위는 동전의 양면과 같다. 권위가 없는 책임이란 있을 수 없으며 책임이 따르지 않는 권위도 있을 수 없다(한스 요나스·이진우, 1995).

하지만 현실은 어떤가? 국민은 민주와 자유와 인권이 보장받기는커녕 국민으로서 생명조차 보장받지 못하는 불행한 처지에 놓였다. 참사와 참극에서 정부무능과 무책임의 민낯을 드러냈다. 가령 2015년 중동호흡기증후군(MERS: 메르스) 사태의 처리과정에서 정부의 모습은 우왕좌왕했고 갈팡질팡했다. 당시 많은 국민들이 정부에 실망했던 것은 그 사태의 발생 책임이 전적으로 정부에 있다고 믿었기 때문이 아닐 것이다. 사건과 사고는 선진국이든 후진국이든 늘 있어 왔다. 차이는 그것을 통해 무언가를 배우고 그 교훈을 얼마나 제도 개선으로 연결했는가에 있다. 하지만 한국에서는 늘 그랬듯 말의 성찬뿐이었다. 실제로 국민안전을 위한 제도의 정비로 이어지고 있다는 느낌을 받았던 국민은 그리 많지 않다. 정부의 부실대응을 통해 반복적으로 드러났다. 한국정부가 소에게서 배워야 할 게 있다. 그것은 반추(反芻, 되새김)하는 것이다. 보고서 대신 국민의 아우성이 들리는 현장부터 챙겨야 한다.

사회적 약자를 보호한다는 선의로 시행한 정책이 나쁜 결과로 이어진 사례가 적지 않다. 비정규직, 시간강사, 시간제보호를 위한 법제도가 이들을 울렸다. 최저임금제 등이 대표적이다. 급격한 인상으로 인해 최하위계층이 고용시장에서 가장 먼저 탈락하는 일이 빈번하게 일어났다. 업종특성과 현장을 도외시한 탁상행정이다. 이뿐 아니다. 도로교통법 개정안(고속도로뿐만 아니라 일반 도로에서 전 좌석 안전띠 의무화, 자전거 이용 시 보호장구 헬멧 착용, 6세 미만 영유아는 차량탑승 시 카시트착용 등), 대형마트규제, 수도권 광역버스 입석금지 대란, 지난 2016년 유치원지원금 대란 등도 대표적 탁상행정이다. 현장목소리를 들었다는데 도대체 어디서 들었는지. 5살 아이를 데리고 대중교통을 이용하는 국토교통부 관계자, 자전거를 타고 집 앞 시장에 장을 보러 가는 국회의원, 취업준비로 허덕여 본 일자리위원회 위원,

국민의 삶을 조금이나마 이해하는 입안자를 찾는 게 너무 어렵다. 그들의 절규를 외면해서는 안 된다. 국민의 실정을 모른 채 이뤄지는 정치와 행정은 좋은 결과를 불러올 수 없다. 화려한 수사나 추상적인 선의 실현보다 구체적 악을 제거하는 데 주력하라는 Karl Popper의 조언을 새겨야 한다. 정책에서 중요한 것은 의도보다 결과다.

역사와 사건은 반복되면서 정부의 무책임은 삶의 현장 곳곳에서 드러난다. 노동자로 설움을 삼키고 살아가는 이들이 안중에도 없다. "정규직과 똑같은 일을 하면서도 임금은 그들의 절반밖에 못 받는 신세. 이곳저곳을 떠돌다가 일자리를 다시 얻지 못하면 실업자로 전락하는 삶. 노동자인데도 노동자권리를 주장하지 못하는 노동계의 이등시민…." 「노동의 종말」로 살 알려진 미래학자 Jeremy Rifkin은 "매일 자신의 죽음을 경험하는 수백만의 노동자. 그들은 해고 통지서를 기다리거나 깎인 보수에 시간제로 일해야 하며 복지수당을 받아야 하게끔 밀려나고 있는 사람들이다. 그들은 새로운 국제적 상업과 무역세계에서 소모품처럼 취급되면서 마침내 사라져버릴 것이다"고 예언했다.

한국에서는 IMF가 발생한 1997년 이후 사회적 이슈로 제기된 비정규직 문제이다. 대통령부터 정치인, 노동계뿐만 아니라 기업대표들까지 나서 문제를 해결해야 한다고 목소리를 높였다. 하지만 정치권의 직무유기와 무책임, 정부의 오불관언(吾不關焉)식 무대책과 무기력한 행태에 의해 희생양이 된 비정규직 노동자 문제는 해결되지 못하고 있다. 어쩌면 어떤 문제 하나를 해결하지 못한 이유가 그것이 해결 불가능해서가 아니라 해결책이 관습에서 벗어나야 할 필요가 있었기 때문이라는 사실을 깨달아야 한다.

한국역사에 권위주의적 거대 국가의 관행이 깊게 뿌리박혔다. 정부가 일방적으로 설정한 정책이 허구적 탁상공론에 불과하다는 사실이 드러났다. 암울한 경제현실이 무능한 정부를 더욱 도드라지게 했다. 권력오남용과 정책실패는 정부비판의 소구력을 높인다. 정부가 국민위에 군림하는 반민주적 정부는 사라져야 한다. 정부가 경제와 사회를 좌지우지하는 정부중심주의도 극복되어야 한다. 모든 정부가 나쁜 건 아니다. 정의와 유능함을 함께 갖춰야 정부다운 정부다. 경제와 안보가 결여된 정의는 공허하며, 정의가 부재한 경제와 안보는 맹목적이다. 시장과 시민사회와 동행하면서 제 구실하는 정부의 중요성을 강조하는 합리적 정부는 정당하다. 힘과 도덕을 통합한 민주적이며 이성적 정부는 강력히 옹호되어야 한다.

무능한 정부가 오만에서 벗어나려면 무엇이든 할 수 있다는 정부만능주의를 깨트려야 한다. 크고 작은 문제가 터지면 결론은 정부대책이 필요하다고 아우성이다. 정부 역시 뭔가 해야 한다는 강박을 갖는다. 정부가 다 할 수 있다거나 다 해야 한다는 강박관념이 시장 활력을 빼앗고 숱한 부작용을 낳는다. 정부가 민간과 시장영역에 간섭하는 정부만능주의는 전 방위적으로 벌어지고 있다. 국민 노후자금인 국민연금을 동원해 기업경영에 간섭하고, 금융당국은 금융사들과 전쟁까지 선포하면서 금리를 내리라 압박한다. 이어 먹방(먹는 장면을 보여주는 방송)을 규제하겠다고 나서기도 했다. 정부만능주의의 실패는 과거 동유럽 사회주의 국가의 몰락과 남미 베네수엘라와 볼리비아 경제의 황폐화에서 얼마든지 확인할 수 있다. 물론 국민이 어려움을 호소할 곳이 정부 외엔 없으니 정부에 기대는 건 이해가 된다.

정부역량과 무관하게 정부 만능주의는 정부에게 부담인 동시에 즐거운 일이다. 영향력을 키울 수 있기 때문이다. 그러나 정부가 온갖 일을 다 하게 되면 결국 개인의 의존심도 커져 경제 활력은 떨어진다. 국민은 정부가 뭐든 다 해줄 것으로 기대하고, 정부는 그에 편승하여 힘과 자리를 늘리는 국가에선 활력을 기대할 수 없다. 한국에선 정부가 슈퍼맨이다. 어떤 일이든 정부가 해결사로 나선다. 그러나 이젠 아니다. 정부가 나서면 민간의 창의만 꺾기 십상이다. 가령 중국 팬들의 천송이코트 쇼핑을 가로막은 액티브X 공인인증서가 대표적이다. 그러므로 정부가 뭐든 다 해야 하고, 할 수 있다는 정부만능주의 환상부터 깨야 한다. 그래야 정부가 어떤 일을 해야 하는지 보인다.

아직도 주제파악은 물론 정신 차리지 못한 정부를 보노라면 헛헛할 뿐이다. 마치 종교에서 설파했던 도덕이나 구원의 믿음이 설득력을 잃은 상태와 진배없다. 신의 죽음으로 표현했던 Nietzsche의 심경과 다르지 않다. 신의 죽음은 근대인의 문화적·정신적 상황을 단적으로 보여준 시대적 진단이다. 마찬가지로 정부의 죽음은 한국사회 현실적·실존적 상황을 극명하게 보여주는 상황적 진단이다. 이처럼 세계 안에서 자신의 운명을 스스로 창조하는 과정, 즉 자기극복과 자기실현 과정에서 최종적으로 자기 자신의 진정한 주인이 되는 것을 자유로 생각해야 한다. 즉 사색적 삶의 부활이다. 마구 밀고 들어오는 자극에 대한 저항을 수행하며, 시선을 외부의 자극에 내맡기기보다 주체적으로 조종할 수 있어야 한다. 그래도 운명은 바뀌지 않으니까 순간을 헐뜯거나 평가절하하지 말고 순간을 제대로 살아야 한다.

정부의 무능으로 야기된 일상적 허무의 시대에 어떻게 살아야 할 것인가? 지금껏 정부를 바라보고, 의지하고, 기대했다면, 이제는 정부를 의지하지도, 탓하지도 말고, 각자 스스로 자기 삶의 주인이 되어야 한다. 운명의 주인이 되고 운명을 사랑해야 한다. 정부는 시민을 의존적 인간으로 만들지 말아야 한다. 선심성 정책으로 국민을 나약한 인간, 치사한 존재로 만들어서는 곤란하다. 공직자도 시민도 깨어야 한다. 필요한 일을 견디며 나아갈 뿐 아니라 그 고난을 사랑하는 사람으로. 자신의 약점이나 자신이 겪은 고통과 고난까지도 자기발전의 계기로 승화시킬 수 있어야 한다.

나아가 오만과 편견에 사로잡힌 정부의 무능을 탈피하려면 마치 삶을 조각하는 예술가, 삶을 변화시키는 예술처럼 공직자와 행정이 거듭나야 한다. 문학과 예술은 사회의식을 반영하는 특수한 형식 중의 하나다. 문학은 형상을 통하여 현실을 반영한다. 예술형상은 비록 생활형상과 같지 않다 할지라도, 현실생활과 유리되지 않는다. 현실생활은 형상의 유일한 원천이다.

영국의 국민화가 Joseph Hallord William Turnner(1775-1851)가 그린 〈눈보라(Snow Storm)〉는 눈 폭풍이 몰아치는 어느 날 밤 위태롭게 흔들리는 작고 희미한 한 척의 증기선이 바다에 떠 있고 높은 파도와 밤하늘의 잿빛 구름이 소용돌이처럼 증기선을 위협하는 장면이다. 화가 자신이

William Turnner의 〈눈보라〉, 1842년

직접 겪은 조난경험을 토대로 하였다. 〈눈보라〉를 통해 삶의 혼돈을 긍정했던 Turnner는 자신을 비난하는 이들에게 이렇게 응수했다. "이 그림은 이해받기 위해 그린 것이 아니라 당시 상황이 어땠는지를 보여주기 위함이다. 폭풍을 관찰하기 위해 선원들에게 나를 돛대에 묶게 했고, 4시간 동안 살아남을 수 있다는 기대는 전혀 가질 수 없었다. 그러나 할 수만 있다면 이 상황을 기록하고 싶다는 생각에 가슴이 설렜다." 당시 그의 나이 87살이었다. 생사가 걸린 급박한 상황 속에서 화가로서 임무를 또렷이 의식하고 있었다. Turnner의 그림이 오늘날에도 여전히 감동을 주는 건, 이미 이룬 성공에 만족하지 않고 혁신적 예술을 위해 끊임없이 도전하고 실험했던 행위의 결과물 때문이 아닐까.

독일영화감독 Florian Henckel-Donnersmarck의 〈타인의 삶: Das Leben Der Anderen, 2006〉은 음악이 어떻게 사람을 바꿔 놓을 수 있는지 보여준 감동적인 영화다. 베를린장벽이 무너지기 5년 전, 국가와 자신의 신념을 맹목적으로 고수하던 냉혈인간(인간기계)이자 비밀경찰인 비즐러는 동독최고의 극작가 드라이만과 그의 애인이자 인기여배우 크리스타를 감시하는 임무를 맡는다. 그런데 오히려 드라이만과 크리스타의 삶으로 인해 감동받고 사랑을 느끼며 변화하기 시작한다. 그러던 어느 날, 드라이만은 오랫동안 연출을 금지 당했던 유명연출가가 자살했다는 전화를 받고 비통해한다. 그리고 그 연출가를 생각하며 그에게서 선물로 받았던 소나타악보(베토벤의 〈아름다운 영혼의 소나타〉)를 피아노로 연주하기 시작한다. 영화가 재현할 수 없는, 상상 속의 음악이 흐른다. 도청장치의 헤드폰을 통해 그 음악을 듣는 비즐러의 얼굴에 전에 볼 수 없던 표정이 떠오른다. 인간기계에서 인간으로 바뀌는 순간이다. "인간적인 것을 이념적인 것 위에, 감정을 원칙 위에, 사랑을 엄격함 위에 놓는" 음악의 힘 때문에 가능한 일이다.

비열한 국민성도 바뀌어야 한다. 사람은 자기 뜻대로 하는 자유를 좋아하는 것 같지만 사실은 굴종을 택해 조직이나 체제 속에서 안주하려는 심리도 있다. 자신보다 우월한 사람에게는 복종하고 열등한 인간에게는 모멸과 멸시를 주는 권위주의체제에서 길들여진 기계적 복종인간에서 벗어나야 한다. 심지어 자유를 포기하고 절대적 권력에 자신의 자유를 의탁하면서 안정을 얻고자 한다. 개인이 무력감과 불안을 피하기 위해 자아를 다른 권위에 종속시키는 행위다(에리히프롬·김석희, 2012). 일종의 자발적 복종인데, 스스로 권위에 복종해 그 상태를 편안함의 일종으로 받아들이고, 자신이 복종하고 있다는 사실조차 잊어버리는 상태에 빠질 수 있다.

다큐멘터리영화 〈어느 독일인의 삶(2016년)〉4)에서 폼젤의 항변은 일관되고 단순했다. 자신을 "시대의 소용돌이에 휘말린 평범하고 무지하며 나약한 인간일 뿐"이라고 당당하게 말한다. 아무리 생각해도 자신은 잘못한 게 없단다. 그러니 져야 할 책임도 없다는 거다. 혹시 나치가 정권을 잡는 데 결정적인 역할을 한 독일민족 전체에게 책임을 묻는다면 그건 어쩔 수 없단다. 그건 모두가 그랬기 때문이라고. 그러나 의도했든 의도하지 않았든 정치·사회적 상황에 대한 무지, 무관심은 곧 죄다. 이처럼 나치의 최종목표에 무관심하면서 맹목적으로 지지했던 외면(外面)이 독일국민에게 깊게 뿌리박혀 있었다. 자신의 이익만을 좇은 이기적인 태도는 현재를 살아가는 우리 속에서도 수없이 재발견되고 있다. 깨어있는 시민의식이 사라질 때 민주주의가 말살될 수 있음을 경고한다. 따라서 군중속의 바보, 즉 군중심리에서 벗어나려면 개인들이 인문주의에 바탕을 둔 냉철한 이성과 논리로 무장해야 한다. 인문주의의 길을 가는 것은 고독하지만, 그 결과는 용감하고 자유로운 개인을 양산해 군중행동에 의해 변질된 민주주의의 가치를 회복할 수 있게 할 것이다(에버릿 딘 마틴·김성균, 2012).

하지만 오늘의 악은 더 이상 평범한 악이 아니다. 악도 진화하고 있다. 선과 악의 경계를 알고 있지만 그에 대한 생각을 포기하거나 도덕적 양심을 외면하는 그런 의지적인 악이 아니다. 오늘 우리의 현실을 암묵적으로 지배하는 악은 선악의 경계가 지워진 악, 양심 자체가 이익을 따라 선과 악의 경계를 자유로이 넘나드는 부드러운 악이다. 공적 권력과 사적 축재 사이를 넘나들었던 전임 대통령, 고위공직자 등의 사례들이 이 시대의 새로운 악, 유연하고 부드러운 악의 전형적인 얼굴이다. 세상이 빠르게 변하듯 악들도 빠르게 변한다. 랭보의 선언처럼 사유

---

4) 1942년부터 나치의 선전장관 요제프 괴벨스의 여비서로 일했던 브룬힐데 폼젤의 이야기다. 2017년 1월 그는 106세의 나이로 사망했다.

국민이 갈망하는 인공지능정부

는 세상의 속도보다 더 빨라야 한다. 그래야 세상 안에 팽배한 악의 세력들과 그나마 겨우 맞설 수 있지 않을까.

비겁함, 원망과 분노를 품거나 노예근성에서 벗어나야 한다. 누구든 삶의 무대에서 초인이 되어야 한다. 자기 자신을 초월하되, 자기를 부정하고 넘어서는 것을 통해 보다 나은 자기를 창조하는 자이다. Nietzsche는 그랬다. 자기책임을 방기하려 하지 않으며, 또한 그것을 타인에게 전가시키려 하지도 않는 것은 고귀한일이다. 진정한 자유란 자기책임에 대한 의지를 갖는 것이다. 즉 복종이나 권위에의존하는 것이 아니라 자발적이고, 능동적으로 자아를 실현시킬 수 있는 것이 적극적인 자유다. 이런 자유는 개인의 독자성을 충분히 긍정한다. 독자적인 개인의자아보다 더 높은 힘은 존재하지 않는다. 개인이 그의 삶의 중심이고 목적이어야한다(에리히프롬·김석희, 2012).


## 2. 책임과 신뢰상실로 인한 죽음

책임은 규범적 요청에 근거해 누군가에게 의무를 귀속시키는 일이다. 누군가에게 책임을 묻는 일은 그의 행동의 자유와 그가 주변 세계에 끼치는 영향력을인정하는 일이기도 하다. 그리고 이것은 행위자가 스스로의 결정에 의거하여 다르게 행동할 수도 있었을 것이라는 것을 전제한다. 군이나 관료집단에서처럼 엄격한 의무이행이라는 미명하에 타인이 정한 명령에 복종하는 사람들이 자신의 행동에 대해 책임을 지지 않아도 되기 때문에 느끼는 경솔과 천진난만을 행복이라고부르는 Nietzsche의 언명에는 경멸과 아이러니가 담겨져 있다(프리드리히 니체·최성환, 2004: 177). 여기서 의무란 무엇일까. Marcus Tullius Cicero(기원전 106~43)는 의무란 의미로 오피치움(officium)이란 단어를 사용했다. 인간이 자신에 속한 공동체안에서 자신에게 알맞은 고유한 임무를 의미한다. Cicero는 아들에게 어떤 일을수행하기 전에, 세 가지를 숙고하라 충고했다. 첫째, 그 일이 명예스러운가? 둘째,그 일이 유익한가? 셋째, 명예와 유익이 상충할 경우, "의무를 준수하는 것이 삶의 명예이고, 그것을 무시하는 것이 수치다."고 전했다. Immanuel Kant (1724~1804)는 의무를 다하는 것과 그것을 함으로써 얻는 기쁨은 서로 별개라고 했다. 비록 우리 자신의 의무를 기쁨과 한데 섞으려 한다하더라도 의무는 의무 나름의 법칙이 있기 때문에 각기 분리된다고 강조했다.

지난날 반면교사로 삼아야 할 부끄러운 편린(片鱗) 가운데 2011년 8월 17일 중앙공무원교육원 장차관 워크숍에서 이명박 대통령은 나라가 온통 썩었다며 비리 투성이라고 토로했다. 이뿐 아니라 2018년 7월 경제상황에 대해 경제부총리의 입에서 의지 보다는 걱정이 더 많이 나왔다. 경제상황에 대한 인식을 국민들에게 솔직하게 전달하고 이해를 구하는 것이 당연하다. 하지만 국정을 펼치고 경제정책을 이끌고 나가는 책임자라면 이러 저러한 정책으로 돌파해 나갈 수 있다는 자신감을 보여야 한다. 어렵다는 현실인식에 그쳐서는 곤란하다.

나아가 국민들이 정부정책을 믿고 따라가다 보면 조금씩이라도 상황이 개선될 것이라는 확신을 심어줘야 한다. 걱정과 경고에 비해 그것을 해결하는 솔루션이 빈약하거나 국민 공감을 이끌어내지 못하면 자칫 걱정과 경고는 자신감만 잃게 하는 독이 될 수 있다. 정부가 목표를 달성할 수 있는 능력이 있는 정부냐 아니면 목표에 미달하면서 환경을 탓하는 정부냐는 매우 중요한 차이가 있다. 국민들이 정부를 신뢰하고 자신감을 가져야 투자나 소비하기 때문이다. 책임 있는 정부가 해야 할 가장 급한 일은 정책에 대한 신뢰도를 높이면서 할 수 있다는 근거 있는 자신감을 갖게 하는 것이다.

Nietzsche가 생각하는 정신적 귀족과 강자를 돋보이게 하는 특성은 증가하는 힘에 비례하여 책임의 영역을 확장하는 것에서 찾을 수 있다. "권력의 감정이 증대하면, 그에게 호의적인 충동이 증가한다. 그의 기쁨과 더 큰 책임은 훌륭한 행위들을 찾아 나서게 만든다."(프리드리히 니체·최성환, 2004: 406). 지도층에게는 더 건강하고 고상한 인류와 문화에 책임을 느끼는 자들은 이제 다른 무대와 강바닥, 더 견고하고 엄격한 다른 규율을 필요로 한다. 지나친 부끄러움과 뻔뻔하고도 염치없는 일이 아닌, 하늘을 우러러 한 점 부끄럼 없어야 한다. 그렇게 하려면 늘 자신을 투명한 상태로 반추해야 하고 그래서 잎새에 이는 바람에도 괴로워하는

국민이 갈망하는 인공지능정부

윤리적인 삶이 아닐까. 이것이야말로 우리 안의 짐승을 넘어서는 길이다.

온갖 욕망이 뒤엉킨 혼탁한 세상에서 자신과 가족을 위해 하루를 연명하듯 살아간다. 누구든 일상인의 처지에서 과잉윤리와 몰(沒) 윤리 간 거리는 그리 멀지 않다. 그 간격의 균형을 맞추려 때론 이를 악물고 결백을 주장하며, 때론 상세하게 해명하고, 더러는 구차하게 변명한다. 그게 인간모습이다. 하지만 정부, 고위공직자는 책임지는 자리다. 해당 분야에서 현상에 대해 걱정하거나 경고하는 자리가 아니다. 부패척결이든 경제든 책임지는 자리는 어렵다는 현실인식에 머물면 안 된다. 그 역할은 연구자들이 하면 된다. 공직자 해결책을 제시해야 하는 임무가 있다. 문제 상황에 대한 해결책을 적용하면서 상황을 타개할 책임이 있다.

하지만 문재인 정부를 비롯하여 역대정부마다 문제가 불거지면 환경을 탓하거나 지난 정부를 탓했다. 과거 정권의 정책이 전부 잘못되지는 않았을 텐데, 잘된 것은 살리고 잘못된 부분에만 손대는 게 맞는 행동이다. 집권당은 과거 정권이 산업전반의 구조개선을 소홀히 했다고 주장한다. 하지만 자신들이 지적하는 과거 정권의 잘못을 똑같이 반복하는 것은 아닌지 묻고 싶다.

따뜻한 온도에서 가슴이 무너지는 느낌, 그렇게 무너져서 어디론가 사라질 것만 같은 느낌. 세월이 흐르면 기억은 흐려지고 사랑과 미움도 바래간다는 것을, 손끝 하나 움직이지 않고도, 말 한마디 하지 않고도 상처를 입힐 수 있다. 눈빛 하나에도 손짓 하나에도 땅이 꺼지고 하늘이 무너져 내릴 수 있다. 국민에게 상처를 주지 않는 무해한 정부를 갈망한다.

국민이 정책효과를 자연스럽게 체감할 수 있다면 굳이 홍보할 필요가 있겠는가. 그런데 정책체감이 곤란한 상황에서 자꾸 홍보 얘기를 하며 과거 정권을 탓하는 것은 국민이 현 정부정책을 체감하지 못함을 스스로 인정하는 것이다. 스스로를 돌아봐야 한다. 과거정권 탓, 홍보부족 탓으로 과거로 현재와 미래를 덮는 데는 한계가 있다. 도대체 책임행정과 책임정치는 무엇인가. 어느 정권이든 정부출범 이후 발생한 모든 것에 책임져야 한다. 과거정권 잘못 때문에 지금 모든 게 안 돌아간다는 식으로 말한다면 정권존립 이유가 없다. 국민이 정권을 선택한 이유는 과거 정권 잘못을 탓하라는 게 아니라 과거 잘못을 딛고 앞으로 잘하라는 의미다. 지금 상황이 과거 정권 탓이라고 책임전가만 한다면 자신을 선택한 국민에 대한 도리가 아니다. 이건 책임행정은 물론 정치도 아니다.

한때 국민의 관심사항 1순위, 미세먼지 주범이 중국임을 알고 있다. 그런데도 정부가 중국 눈치 보느라 애꿎은 고등어를 희생시켰다. 고등어를 범인으로 지목했을 때 그 여파를 전혀 고민하지도 않았다. 고등어 값이야 떨어지든 말든, 고등어를 잡는 어민들이나 팔아서 생계를 유지하는 상인들 혹은 식당주인들이 밥을 굶든 말든, 전국의 고등어애호가들이 고등어 먹기가 불편해지든 말든 신경 쓰지 않았다. 그렇지 않아도 미세먼지걱정에 마스크를 끼고 다니는 국민들에게 고등어를 구울 때 미세먼지가 많이 나온다고 겁을 주면, 과연 어느 가정주부가 용감하게 집안에서 고등어를 구울 수 있겠나.

왜 하필 고등어였을까? 구워 먹는 생선이 고등어 하나뿐일까? 정부발표를 곧이곧대로 믿어 버린 순진한 국민들도 바보지만, 미세먼지의 근본원인제공인 중국으로부터 국민시선을 돌리기 위해 고등어를 끌어들인 환경부의 무책임하고 근시안적 발표는 이해하기 어렵다. 중국과 관계를 고려했던지, 중국에 미세먼지 대책을 요구하지 못했던 겁쟁이 정부에 면피 기회를 주고자 고등어를 제물로 삼았다. 이처럼 영혼 없이 일하는 공무원들의 무신념이야 하루 이틀이 아니라 이해해보려고 해도, 마치 무뇌아처럼 일하는 꼴이 울화통을 터뜨린다.

더욱 가관인 것은 욕하면서 닮는다고 역대정부에서 대학입시정책에서 에너지정책까지 정부가 결정해야 할 국가정책을 급조(急造)한 각종 위원회에 떠넘기면서 책임정부는 사라지고 위원회정부가 곳곳에서 판치고 있다. 언제까지 촛불혁명, 촛불정신하며 촛불의 명령만 받을 것인가. 대통령이 받들어야 할 것은 헌법정신뿐이다. 국민은 맑은 공기를 마시고 싶다.

동서고금 공히 위기상황에서 정부의 좋고 나쁨(善惡)이 국민의 행·불행을 갈랐다. 그래서 어느 정부나 국민이든 좋은 정부를 갈망한다. 역대정권마다 좋은 정부를 추구했다. 그러나 국민은 고달팠다. 외환위기, 카드대란, 국정혼란, 국정논

국민이 갈망하는 인공지능정부

단, 국정무기력 등에서 보았듯 지금껏 정부는 Pain이 고창했듯 자칭 최상의 정부였을지 몰라도 국민에겐 늘 고통이었다. 이 가운데 정부비효율은 국가경쟁력 걸림돌이요, 정부신뢰 역시 생면부지 낯선 사람보다 낮았고 끝없는 정부부패가 국민눈살 찌푸리게 한다. 뿐만 아니라 문재인정부의 핵심 국정과제인 일자리사업의 비효율은 심각했는데 일자리정부에서 일자리가 쪼그라드는 기막힌 현상이 나타났다.

## 비효율 끝판 왕, 일자리사업

한 해 예산 20조 원에 육박하는 정부 일자리사업, 그 사업의 종류만 전체 183개에 이른다. 일자리 예산이 해마다 급증했는데도 지금껏 제대로 된 구조조정이 없었다니 당국의 무신경이 놀랍다. 사업평가 보고서를 보면 정부의 비효율성이 얼마나 심각한지 새삼 확인된다. 나랏돈으로 직업훈련 등에 참여한 취업 희망자 가운데 실제 일자리를 찾는 데 성공한 비율은 절반에도 못 미쳤다. 그나마 취업한 경우에도 반년을 못 채우고 퇴사하는 사람이 10명 중 4명꼴이었다. 개별사업을 뜯어보면 더 기가 막힌다. 예산을 배정해놓고 한 푼도 집행하지 못한 사업이 있고 명칭만 다를 뿐 대동소이한 사업도 한두 개가 아니다. 한 부처에서도 유사한 사업을 중복 추진한 대목에 이르면 어이가 없을 지경이다. 부처 간 조율 없이 마구잡이로 추진되거나 일단 예산부터 받아놓고 보자는 부처 이기주의가 초래한 폐단이다. 늦은 감 있지만 전체 183개 일자리사업 가운데 15개를 전면 재조정하기로 했다. 하지만 개편방안을 보면 일자리사업 구조조정 의지가 있는지 의심스럽다. 전체 183개 사업 가운데 폐지나 통폐합 대상에 오른 것은 고작 8%에 불과하다. 예산액 기준으로 본다면 1%도 채 안 된다니 시늉만 하는 느낌도 든다. 사정이 이런데도 정부와 여당은 내년에도 일자리 예산을 대폭 증액할 태세다. 사상 최악으로 치닫는 고용대란의 심각성을 본다면 재정지출을 늘려야 할 필요성이 없는 것은 아니다. 하지만 과감한 구조조정이 선행돼야 설득력을 가질 수 있다. 지금처럼 부처마다 각개 약진하는 중구난방이라면 10년 동안 100조 원이 넘는 혈세를 퍼붓고도 실패한 출산정책을 답습할 수 있음을 유념해야 한다(서울경제신문, 2018년 8월 1일자).

Macaulay는 좋은 정부란 국민 복리를 위해 존재한다고 밝혔다. 통치목적이 국민행복에 있다는 Locke의 정치사상과 통한다. 그러면 한국인은 얼마나 행복할까? 지난 2012년 미국갤럽이 세계 148개국의 국민행복도 조사결과, 한국은 97위였다. 2020년 영국 신경제재단(NEP)이 3년마다 발표하는 행복지수(HPI) 순위는 63위였다. 보건사회연구원이 OECD국가를 대상으로 한 행복지수 비교조사결과(2018~2020), 34개국 중 32위로 나타났다. 이후 UN산하 SDSN의 〈2022 세계행복보고서〉에 따르면 한국의 행복지수는 전 세계 146개국 중 59위이다. 최근 5년 사이 가장 낮은 순위다(YTN, 2022년 3월 19일자). 이렇듯 우리 사회에서는 누구도 행복하지 않은 것 같다. 모두 서로 시기하고 증오한다. 왜, 어디서부터, 어떻게 풀어야 할지 정확한 진단이 어렵지만 한 가지 짚고 넘어간다면, 정부정치권이 경쟁적으로 증오를 부추겨서는 안 된다. 자신만 정의롭고 상대방은 악(惡)이라는 위선에서 정책, 정치행위를 한다면 몇 년 후 똑같은 보복 사태를 겪을 것이다. 행복요인은 워낙 복잡다단하기에 콕 짚어 단정할 수 없지만 정부가 국민행복에 존재이유가 있다는 사실은 자명하다.

흔히 국민행복을 경시하는 나쁜 정부에선 Rousseau가 일갈했듯 국민의사가 지배하지 않는다. 마치 자신욕망과 야망을 위해 거침없이 질주하는 나쁜 남자처럼. 그래서 누구도 정부를 좋아하지 않고 국사에 관심도 없다. 제 아무리 국민지지를 받고 태생된 정부일지라도 국민들이 삶의 일부로 생각하지 않는 순간, 정부는 존재의미를 잃는다. 그래서 정부는 이전 정부의 오류를 반면교사 삼아 끊임없이 개량해야 한다.

역대정부마다 이전 정부를 코드인사, 자화자찬홍보 등을 비판하더니 어느새 판박이가 됐다. 스스로 최고 중 최고라던 이명박 정부는 출렁거린 국정지지율에서 진면목을 찾기 어려웠다. 글로벌 경제위기 극복, 국가신용등급 상승 등 수치경제는 호전되었지만 여전히 실업, 전세, 물가 등 서민체감경기는 차가웠다. 싸늘한 민심을 의식한 듯 친서민중도실용의 국정코드전환으로 인기영합주의로 흘렀다. 원래 친서민은 좌·우 초월한 국정뿌리다. 순수한 애민정신의 발로가 아니라 상황에 떠밀린 정치적 산물로 비쳐졌기 때문이다.

줄곧 소통과 상생, 통합을 표방했지만 단절, 양극화, 분열의 골은 깊었고 가끔 그럴듯한 통계로 아전인수하는 낙관적 해석이나 현장과 따로 노는 대책들은 딴 세상이었다. 분열과 갈등은 타자를 전혀 인정하지 않을 뿐 아니라 부정하고 모욕하고 능멸한다. 적대적 감정으로 사회의 에너지를 소비하였다. 정책현장 곳곳에 반목, 해이, 비효율 등 후진적 잔상들이 너저분했다. 이명박 정부는 역대 가장 도덕적 정권이라 자부했지만 변함없이 특혜, 반칙, 비리, 부패, 편법이 잘 통했기에 법치니 공정사회니 도무지 가슴에 와 닿지 않았다. 정권막바지 여론까지 무시하고 단행된 특별사면은 잘못된 관행을 깨지 못한 구태정권의 한계를 드러냈다.

국민상식과 동떨어진 모습에서 좋은 정부란 기대난망이다. 좋은 정부되기란 좁은 문 들어가듯 어렵다. 그러나 국민은 행복해야 한다. 정부 역시 존재이유가 필요하다. 목하 좋은 정부란 유능함은 기본이며 깨끗하고 신실해야 한다. 이런 정부가 진심으로 섬길 때 국민 누구라도 행복할 것이다. 어떤 정부든 국민행복시대를 열어가야 할 새 정부, 전임 정부를 반면교사 삼아야 한다.

정부와 권력의 책임성을 확보하는 일, 어느 것보다 시간이 촉박하다. 생각만 하고 담론만 일삼고 있기에는 정부 위기가 너무 심각하다. Hans Jonas(1903－93)는 〈책임의 원칙〉에서 사람은 행하는 것이 적으면 적을수록 책임질 것도 그만큼 적다고 말했다. 실존적 상황에서 인간은 책임을 회피하기만 하면서 살 수 없다. Johann Wolfgang von Goethe는 "각자가 자기의 문 앞을 쓸어라. 그러면 거리의 온 구석이 청결해진다."고 했다. 각자 자기책임을 감당해야 사회는 할 일이 없어진다는 말이다. 사회구성원이 된다는 것은 책임이 무엇인지 아는 것이다. 자기할 일을 저 버리지 않고 남에게 짐을 넘기지 않을 때 믿을만한 사람이 된다. 질서의 기본은 책임에 있다. Nietzsche도 "자기의 책임을 방기하려 하지 않으며 또한 그것을 타인에게 전가하려 하지도 않는 것은 고귀하다"고 했다. 삶은 책임의 연쇄로 이뤄지기 때문이다. 책임이란 말을 빼버리면 인생은 아무 의미도 없다는 Paul Reinhold Niebuhr(1892－1971)의 고백과 잇대어진다. 그래서 무슨 일이 일어나더라도 책임은 모두 자신에게 귀속된다는 사실을 명심해야 한다. Lev Nikolaevich

Tolstoy(1829~1910)가 설파했듯 공직자로서 의무에는 한계가 없다. 특히, 공직자에게 주어진 가장 중요하고 우선되는 의무는 공동체 구성원의 삶과 다른 사람의 삶을 위하여 살아가는 것이다.

## 3. 정부는 죽었다. 아니 제대로 죽어야 한다: 죽은 정부에 필요한 사회적 부검

하늘아래 신을 닮으려는 존재가 있다면 바로 정부 아닐까. 정부는 신 다음으로 전지전능하다. 정보력, 물리적 강제력, 권력은 사람과 조직의 생사를 좌우한다. 그런데 신을 흉내 내는 정부에 혼이 없다. 정권이 바뀔 때마다 제기된다. 가령 원전(原電) 건설에 앞장서 온 산자부가 정권이 바뀌자 원전폐쇄에 앞장서는 것을 보면서 공무원은 영혼이 없어야 한다는 말이 당연한 것처럼 들린다.

정부를 믿기 이전에 정부를 구석구석 꼼꼼하게 살펴야 한다. 그런데 어찌된 건지 정부를 알면 알수록 실망스럽다. 안전하지도 계몽적이지도 공평하지도 않다. 무기력한 정부, 무감각한 정부, 무책임한 정부, 살아있는 것 같은데 죽은 것 같다. 차라리 정부의 죽음은 정부의 무능, 부조리, 무책임으로 인해 상처받고 고통 받은 사람들에 대한 선물이다.

비록 숨 쉬고 살아있지만 죽은 것과 같은 영적인 상태 곧 사회적 죽음을 의미한다. 모든 영혼들은 저마다 고유한 무게와 밀도 그리고 색감과 진동의 주파수를 갖는다. 하지만 제도화된 사회나 조직은 존재자들의 다성적 특질들을 쉽게 용인하기 어렵다. 모든 것을 고스란히 포용하기 위해선 결코 만만치 않은 에너지가 필요하다. 쉽게 말해 비효율적이다. 따라서 현실은 관리의 용이성을 제고하기 위해 표준화나 획일화 전략을 동원한다. 이러한 작업을 수행하는 대표적 기구가 바로 관료시스템이다. 그런데 관료체제가 과연 효율적인가? 우리는 불확실성이나

국민이 갈망하는 인공지능정부

불안 때문에 삶을 규칙적으로 만든다. 면밀하게 계획을 세우고 그 계획에 삶을 맞춘다. 삶을 반복적이고 규칙적으로 움직이게 해서 가장 효율적인 시스템이 인간 삶을 지배하게 만든다. 습관과 규칙의 힘으로 살아가는 삶이다. 비록 똑같은 삶이지만 죽기 전에 기억할만한 멋진 날이 있다면 그것만으로 효율적인 삶 아닐까(김언수, 2006).

인간은 고귀한 생존을 위해 발버둥 친다. 고귀한 생을 위해 필요한 삶의 분위기란, Nietzsche가 그랬듯 대지와 대기를 사랑으로 채우는 삶이다. 생철학의 목적으로서 사랑이라는 아름다운 아우라가 삶 전체를 감싸 안을 때 모든 것은 황홀경으로 바뀔 수 있다. 그때는 모두가 디오니소스가 되어 노래하고 춤을 춘다. 생명력 넘치는 아름다운 울림과 움직임이 자기 자신을 지배하고 있음을 직감하면서. 최고의 순간이 정신과 육체를 영원 속으로 옮겨놓을 것이다. 순간에서 영원으로. 그래서 Nietzsche는 Memento Mori에서 벗어나 Memento Vivere를 강조했다. 죽음이 아닌 현재의 삶을 선택했다. 영생이 아닌 현실을 받아들였다. 하지만 Nietzsche는 강조했다. 삶에는 용기가 필요하다는 사실을, 한 치 앞 내다볼 수 없는 게 인생이다. 내일을 모르는 게 산다는 것이다. 살아갈수록 등이 서늘해지고 무거워진다. 마치 우중에 아무리 말려도 날아가지 않는 습기처럼, 말릴수록 젖어가는 옷자락처럼, 더욱 무거워지는 등짐과 같다. 삶이 팍팍할 때, 끊임없이 물어봐도 시원한 답을 찾을 수 없다. 결국, 물음표로 가득 찬 세상을 젖은 채로 짊어진 채로 껴안고 감내하며 살아내야 한다. 그럼에도 미래세계로의 비상을 가능하게 하는 용기로 삶에 임해야 한다. 새로운 식목, 대담한 시도, 자유로운 욕망으로 살아야 한다. 이런 자유에는 용기가 필요하다(이동용, 2016).

또한 끝없는 일의 악순환에 빠지지 않고 쉼과 균형을 유지하며 진정으로 기쁘게 하는 일은 사랑으로 하는 일이다. 사람을 사랑하고 섬기기 위해 일하라는 뜻이다. 왜 일의 동기와 목적이 사랑이어야 할까. "사랑 없이 하는 일은 결국 나를 위한 일이고 남을 힘들게 하는 일이 될 것"이기 때문이다. 사랑은 사람을 남긴다. 사랑으로 일하면 사람을 살리고 변화시킨다. 이것이 일의 동기이자 목적이다. 일을 보는 관점이 생계의 수단, 또는 내 욕망을 채우고 자아를 실현하기 위한 수단에서 사람을 사랑하고 사람의 가치를 높이기 위한 수단으로 바뀌면 일을 하면서 느끼는 불안감이나 시기심, 빨리 인정받고자 하는 조급증, 짜증이 사라진다. 사랑은 자유롭고 자발적일 때 성장하며 의무라고 생각하는 순간 죽는다.

Milton Friedman(1912~2006)은 "만약 자유인이라면 무엇보다 자유를 보호하기 위해 정부를 통해 무엇을 할 수 있는지 물을 것이다. 그리고 정부가 자유를 파괴하는 프랑켄슈타인이 되지 않게 하려면 어떻게 해야 하는지 질문을 덧붙일 것"이라고 말했다. 자유에 대한 가장 큰 위협은 권력집중이라는 것을 우리들의 이성이 말해주고, 역사가 확인한다고 강조했다.

자유로운 욕망이 없거나 살아있어도 소통할 수 없다면 죽은 것이나 다름없는 관계적 난절이다. 죽음이란 곧 관계의 단절이다. 다시 말해 숙음이란 국민과의 단절, 공의와의 단절이다. 정부가 무감각, 무감동, 무기력하다면 산송장과 같다. 반면 삶이란 관계의 회복이다. 다시 회복될 수 없다는 사실이 가장 절망스럽다. 그 어떤 존재보다도 정부는 정의롭고 공정해야 한다. 특히, 공익이라는 불특정다수의 이익을 위해 사활을 걸어야 한다. 특정 기업이나 특정인의 이익과 편의를 봐주는데 익숙한 정부는 올바른 존재가 아니다.

Plato가 그랬다. 국가는 한 사람의 행복을 위해 존재하지 않는다고, 국가는 전체 구성원 모두의 행복을 위해 존재해야 한다. 현실의 완고한 관성에 복종하는 무기력에서 벗어나야 한다. 나쁜 공기처럼 퍼진 정부실패, 무능, 비효율, 부패를 청산해야 한다. 죽으려면 제대로 죽어야 한다. 날마다 사랑, 희생, 책임, 정의, 청렴, 공의 안에서 살아야 한다. 무능, 무책임, 부조리, 비효율 정부가 죽어야 한다. 그래야 정말로 사는 것이다. 죽어서 죽는 게 아니라 살아서 죽어야 한다.

살아있는 정부는 국민의 편에서 국민생명과 재산을 보호하기 위해 존재한다. 하지만 가끔 누굴 위한 정부인지 헷갈리게 한다. 불특정다수의 국민의 편이 아니라 특정이익을 추구하는 이익단체, 업자의 기득권을 보호하는 엉뚱한 모습을 보여주었다. 가령 일반의약품을 편의점 슈퍼마켓 등 소매점에서 판매하는 안전상비의약품제도는 세계적 추세다. 미국, 일본, 호주 캐나다, 영국 등 많은 국가에서 시행하고 있다. 일본은 의사 처방이 필요 없는 일반의약품 중 95%를 소매점에서

국민이 갈망하는 인공지능정부

판매하고 있다. 미국 소비자들도 3만여 종에 이르는 안전상비약을 편의점 슈퍼마 켓 마트 등에서 자유롭게 구입할 수 있다. 이처럼 편의점에서 살 수 있는 의약품 확대를 원하는 소비자의 거센 요구에도 불구하고 제때 제대로 결정을 내리지 못 했다. 약사들 기득권에 무기력하게 굴복한 셈이어서 결정 장애에 빠진 정부를 질 타하는 목소리가 컸다.

Volkswagen의 디젤게이트, IKEA 서랍장에 이어 BMW차량 화재사건이 빈발 하는 동안 정부가 보인 대응은 안이하고 한심했다. 주무기관인 국토교통부는 BMW코리아의 자체 조사보고를 느긋하게 기다리다 언론의 질책이 있고서야 뒤 늦게 사고원인을 규명하겠다고 호들갑 떨며 우왕좌왕했다. 대한민국 소비자만 봉 취급을 당하고 있다. 문제가 터질 때마다 뒷북대책으로 허둥지둥하더니 피해가 발생했을 때 보상규모도 큰 차이를 드러냈다. Volkswagen은 디젤게이트 사건으 로 한국 소비자들에게는 100만 원짜리 쿠폰을 제공했다.

반면 미국에선 피해고객에게 17조 원이 넘는 배상금을 지급하기로 합의했다. 특히 'Goodwill Package'라는 이름으로 AudiVolkswagen 채널에서 사용할 수 있 는 500달러 상당의 카드와 500달러 상당의 현금카드도 지급했다. 여기에다 징벌 적 손해배상제도에 따라 미국에서는 소비자 1인당 최대 1,150만 원(1만 달러), 캐나 다에서도 1인당 최대 530만 원(5,950 캐나다달러) 등 막대한 현금 보상이 추가로 이 뤄졌다. 법체계에 따라 소비자들이 받는 보상의 차이가 상당한 컸다.

도대체 한국의 정부는 누굴 위한 정부인가? 정권이 바뀌어 변함없는 무능한 정부, 과연 국민을 위한 존재인지 의문스럽다. 이러고도 국민의 공복이라고 말할 수 있겠는지 묻고 싶다. 리콜관련 법·제도를 소비자입장에서 대폭 강화해야 한 다. 속 타는 국민과 소비자보다 재벌이나 기업이익에 중시하는 정부는 정의 및 공의에 무기력하다. 더구나 리콜은 즉각적이고 공개적으로 단행하도록 해야 한 다. 1990년 프랑스 페리에 생수에서 유독 물질인 벤젠이 다량 검출된 적이 있었 다. 페리에는 철저히 감추고 비밀리에 리콜을 단행했다. 사건 발생 후 불과 일주 일 동안 전 세계에 걸쳐 1억6000만 병을 거둬들였다. 그러나 결국 언론이 알게 됐다. 자연의 순수함이라는 브랜드 이미지를 전면에 내세웠던 페리에는 궁지에 몰렸다. 즉각적인 리콜을 단행하였지만 소비자에게 숨겼다는 것이 문제가 됐다. 소비자의 분노와 의심은 쉽게 풀리지 않았다. 소비자를 보호하고 올바른 시장 질서를 유지해야 하는 정부역할을 견지함은 물론 공공서비스에 대한 리콜 역시 동일한 맥락에서 실행해야 한다.

 ## 도대체 누굴 위한 정부인가? 정의와 공의에 무기력한 정부

> 진 에어와 아시아나 항공에 이어 화물전용항공사인 에어인천도 외국인이 등기이사를 지낸 사실이 드러났다. 국적항공사들이 항공법상 외국인 임원금지 조치를 어긴 것은 변명의 여지가 없는 명백한 잘못이다. 항공사 면허취소에 해당하는 중대 범법사실인데도 주무부처인 국토교통부는 이를 몰랐다고 한다. 과연 항공사 관리·감독을 제대로 하고 있는 것인지 의문이다. 국토교통부는 진 에어와 아시아나의 불법사례를 파악하지 못했다고 하더니 에어인천 사례에도 역시 똑같은 해명이다. 같은 잘못이 세 번이나 드러났다. 중앙부처 행정의 현주소가 이것밖에 안 된다는 것인가. 일각에서 묵인·방조 의혹이 제기되는 이유다. 관세청의 업무 태만도 국토부에 뒤지지 않는다. 한진그룹 조양호 회장일가의 세관무사통과로 밀수와 탈세 의혹이 불거진 바 있다. 그런데 금호아시아나 박삼구 회장과 가족들이 공항을 이용할 때도 가방에 별도 표시를 하는 방법으로 세관을 그냥 지나갔다고 한다. 관세청이 책임을 저버리고 항공사 오너 일가의 무사통과를 눈감아 준 것 아니냐는 비난이 쏟아지는 건 당연하다. 대한항공과 아시아나항공 오너 일가의 갑 질과 불법, 비리는 면밀히 조사해 엄중 처벌해야 마땅하다. 그것과는 별개로 관리·감독 부실, 뒷북행정, 봐주기 의혹 등 국토부와 관세청의 무책임하고 안일한 업무행태를 따지되 감사 및 수사를 통해 항공사와의 유착여부를 철저하게 규명해야 한다(이데일리, 2018년 7월 12일).

　　교육은 어떠한가? 사회전체의 지형도와 짜임새 있게 맞물려 돌아가는 거대하고 정교한 기계구조로 치환하려는 현실원리의 욕망과 그 기계도식 속에서 중심적 위치를 차지하는 핵심 부속들을 생산해내고자 하는 교육의 욕망은 긴밀하게 맞아떨어진다. 이중의 욕망 속에서 마치 샌드위치처럼 낀 채 청소년들은 자신의 본연한 존재다움을 잃어가고 있다. 적성을 성적으로 바꿔 읽는 교실에선 자기에게만 허락된 독특한 '있음'의 차원은 무엇이 '되기'의 차원 속으로 떠밀려 사그라지고 있다.

적확하게 짜인 틀 속에서 명확히 위치 잡힌 지식의 형질들만 오랜 시간에 걸쳐 흡수하고 익히는 동안, 자신의 본모습은 사라진다. 어느덧 가면을 쓰고 있는 모종의 역할들만 남게 된다. 그렇기에 거부하며 항거하고 싶어도 그 방법을 모른다. 그러니 소극적인 반항의 자세를 취할 수밖에 없다. 본래의 내 모습을 깊이 들여다본 적이 없기에, 그것을 돌려달라고 외칠 수도 없다. 마치 예술작품의 풍부한 생명을 말소시킨 채 그것을 낱낱의 부분들로 분절하여 인식, 이해하는 철저히 기계화된 예술교육을 시행하는 것 역시, 혹여나 영혼의 목소리를 자각하게 될까 우려하는 모습과 전혀 다를 바 없다(남유랑, 2018). 틀에 박힌 삶을 강요받는 학생들에게 영감을 불어넣는 교육이 산교육이다.

정부가 죽었다는 사실은 다음과 같다. 첫째, 공익의 보루로서 존재이유가 소멸했다. 국민생명과 재산을 보호하고 위험과 불안의 위협으로부터 자유롭게 해주어야 할 가장 근본적인 역할조차 제대로 감당하지 못했다. 국민은 자기를 떠받치고 이끌어 줄 아무 것도 바랄 수 없게 된다. 둘째, 정부의 무기력과 불신이 휩쓸고 있다. 강한 정부는 국민을 압제, 구속하고 약한 정부는 문제해결에 무기력하다. 모든 국가의 역사적 운명 가운데에서 일어나는 움직임을 직시한 것이다. 셋째, 국민 스스로의 삶에서 풍부한 창조를 누릴 수밖에 없다. 국민이 창조자가 되려면 정부의존에서 벗어나야 한다. 그리고 정부가 없는 세계에서 국민은 스스로 능력자가 되어야 한다. 인간은 의도적으로 감정을 일으킬 때 일상에서 특별한 순간을 창조할 수 있다. John F. Kennedy(1917~1963) 대통령은 취임사에서 "국가가 당신에게 무엇을 해줄 수 있는지 묻지 말고, 당신이 국가를 위해 무엇을 할 수 있는지를 물어보라"고 했듯 국가와 시민의 관계에서 시민이 보다 능동적이어야 한다. 국가와 사회를 위한 사명과 역할은 어느 누구도, 다른 사람들, 다른 세대와 그 사명과 역할을 바꿀 수 없다. 열정, 신뢰, 헌신을 통하여 국가에 봉사하면서 솟아나는 불빛이 진실로 세상을 밝혀야 한다.

인생의 중요한 순간은 기다리는 게 아니라 적극 만들어내야 한다. 결정적 순간의 창조를 위해 관찰-통찰-심취-행동이라는 요소가 필요하다. 인간만이 지닌 고유한 기능, 관찰은 감각기관을 통해 인식하고 느끼는 것이다. 통찰은 사고

작용을 통해 불현듯 진실을 깨닫는 순간이다. 심취는 깊이 빠져드는 것으로 선택, 몰입하여 즐기는 것이다. 달리 미치는 것이다. 행동은 실천으로 옮겨야 한다. 부처마다 관할영역의 정책을 위해 치열하게 고민하고 혹독하게 노력해야 하건만 도대체 무엇을 하는 정부인지 존재이유를 망각한 정부로 인식된다.

　　Socrates가 그랬다. 성찰하지 않는 삶은 살 가치가 없다고, 인간은 자신의 과거 경험을 반성하면서 앞으로 나아가야 한다. 기업도, 정부도 마찬가지다. 특히, 정부가 왜 존재하는지, 무엇을 추구해야 하는지를 끊임없이 묻고 답해야 한다. 또한 공직자는 스스로 항상 옳은가? 라는 질문을 스스로 던져야 한다. 나는 항상 옳은지 더구나 "상대방은 항상 틀리다"라고 주장하는 공직자나 조직은 스스로 독재자가 아닌지 반성해야 한다.

　　정책적 오류 중 흔히 저지르는 실수가 정부의 시장개입이다. 가령 높은 세금, 과도한 신용, 노동조합, 관세, 수출촉진, 평형가격, 가격통제, 임대료 규제, 최저임금법, 인플레이션, 소비촉진 등 의도가 선하면 좋은 정책이라고 생각하는 무지(無知)가 시장개입을 부른다. 자유 시장경제원리에 맞지 않는 정부개입은 필연적으로 시장왜곡과 국민고통 증가로 이어진다. 이런 정책들이 나오는 까닭은 자유 시장경제체제의 오류 때문이 아니라 단기성과에 집착하는 정부와 대중의 조급증(躁急症), 그리고 이를 악용하는 정치권의 합작품이다. 심지어 대중은 어떤 문제가 터질 때마다 도대체 정부는 무엇을 했느냐 아우성친다. 오늘날 사회가 직면한 가장 중요한 문제는 경제적인 게 아니라 정치적인 것이다. 전능(全能)한 정부를 요구하는 대중과 이를 시장개입의 명분으로 악용하는 정치 탓이다(헨리 해즐릿·강기춘, 1999).

 ## 도대체 무얼 하는 정부인가? 존재이유를 망각한 정부

　　교육부가 학교생활기록부(학생부) 개선안을 발표하면서 시민정책참여단 결정에 따랐다고 발표했다. 시민 100명이 지난 1박 2일 합숙토론을 한 뒤 학생부에서 어떤 항목을 빼고, 어떤 내용을 더할지 투표로 결정했다는 것이다. 학생부는 입시를 둔 수백만 명의 학생과 학부모, 2,300여 개 고교 교사 모두에게 민감한 문제다. 그걸 시민 100명이 모여 최종적

국민이 갈망하는 인공지능정부

으로 결론낸 것이다. 또한 시민 550명이 지역별로 모여 토론회를 열고 2022년 대입(大入) 제도를 논의한 후 2박 3일 합숙토론을 통해 결론을 도출한다. 입시정책을 시민 수백 명이 불과 보름 만에 결론 내는 것이다. 주무 부서인 교육부는 모든 결정과 책임에서 빠져 있다. 이뿐만이 아니다. 하반기엔 유치원·어린이집 방과 후 영어정책을 시민이 모여 결정한다고 한다. 2018년 초 <방과 후 영어금지>를 무리하게 밀어붙였다가 학부모들 반대로 혼쭐이 난 교육부가 이번엔 아예 뒤에 숨어버렸다. 학생부 <학교폭력 기재방안>도 하반기에 시민들이 결정한다고 한다. 2018년 7월 13일 발표한 수능 EBS연계율 등 입시정책도 교육부가 국가교육회의에 떠넘겼었다. 교육부의 행태는 정부가 왜 있는지를 의심케 한다. 때론 나라와 미래를 위해 반대여론을 뚫고 정책을 추진해야 하는 경우도 있지만 교육부 식이면 원천적으로 불가능하다. 교육부는 직원 600명이 한 해 68조 원이 넘는 예산을 주무르는 부처다. 정책결정은 떠넘기면서 1만 개가 넘는 학교에는 예산과 감독권으로 갑질하고 있다. 국민 세금으로 이렇게 편하게 사는 사람들이 있다(조선일보 2018년 7월 14일).

제 목숨 챙기자고 다른 사람을 희생시킨 정부를 믿을 수 있겠나. 이런 정부를 어찌할꼬? 유명무실하거나 무익한 존재는 없는 게 낫다. 차라리 죽여야 한다. 그렇다고 권총으로 빵 쏘아 죽이는 그런 게 아니다. 마음속에서 죽이는 것이다. 사랑하기를 멈추는 거랄까. 그러면 언젠가 죽는

출처: 2014년 4월 23일자 JTBC 뉴스 일부.

다. 이렇게 정부를 죽여야 한다. 그러나 마땅히 죽어야 할 정부가 연명하는 게 비극적이다. 박근혜정부에서 발생한 최순실 국정농단사건으로 인해 한국의 혼란상은 글로벌 이슈였다. 특히 의혹과 함께 주술적 연관성 등을 흥미 위주로 전하면서 한강의 기적과 IT강국 등으로 알려졌던 한국이미지가 모래성처럼 무너졌다.

사건 직후 영국의 파이낸셜타임스(FT)는 최순실에 대해 한국의 스벵갈리(최면술사), 박근혜 대통령의 샤머니즘 조언자라는 표현을 쓰면서 집중 보도했다. 워싱턴포스트(WP) 역시 고 최태민씨가 한국의 라스푸틴(주술사이자 괴승)으로 불린다며 21세기 한국형 라스푸틴의 재림에 빗댔다. 그리고 박대통령을 신비주의자나 샤먼

에 빠진 지도자 중 한 명으로 언급하였다. 이로 인해 국가브랜드가 실추됐고 정부 권위와 리더십이 추락하였다. 단적으로 보여준 게 당시 도널드트럼프 미국 대통령당선자 측의 상황인식이었다. 트럼프 정권인수위원회와 가까운 공화당 인사는 한국정부의 고위직인사가 트럼프 새 정부 핵심인물과의 면담을 주선하려 했지만 반응이 싸늘했다. 당시 트럼프캠프인사들의 반응을 압축하면 "한국의 죽은 정부"와 상대할 필요가 있겠냐며 다음 정권이 들어서면 보자는 식이었다.

## 제3절 봐줄 수 없는 정부의 무감각

### 1. 통감하지 못하는 감각상실

살아있기에 아프다. 청춘만 아픈 게 아니다. 모든 국민이 아프다, 사회도 아프다. 하지만 정부만 아파하지 않는다. 감각을 상실한 정부를 어찌해야 할까? 왜 아픔을 모를까. 정부는 가진 게 너무 많기 때문인가. 부족함 전혀 없는 정부, 거머쥔 권력, 정보, 돈 등 결핍이 없기에 간절함이 없다. 간절해야 느낄 수 있다. Nietzsche는 아무 것도 버릴 수 없는 자는 아무 것도 느낄 수 없다고 역설했다. 신을 닮은 유일한 존재로서 정부의 막강한 권한과 강제력은 생명과 재산을 좌지우지할 정도다. 신이 자연을 창조했다면 정부는 사회를 창조한다. 하지만 정부의 창조력은 갈수록 미약하다. 그 이유는 감각능력의 쇠퇴에다 사랑이 메말랐기 때문이다. Nietzsche가 그랬듯 인간은 오직 사랑 속에서만, 사랑의 환상의 그늘에 숨어서만 창조된다.

사람의 감각은 참으로 신비롭다. 그 원천은 외부 대상의 실제 유무나 강도이다. 여기에 기존 지식과 기대 등이 더해져 감각이 형성된다. 우리는 세상을 있는 그대로 보는 게 아니라 자기에게 유용한 방식으로 지각한다. 자신의 안전을 해칠

환경과 대상에 대한 역치5)는 민감할 수밖에 없다. 위협요인을 무엇보다 크게 의식하는 게 본능이기 때문이다.

독일의 위험사회학자 Ulrich Beck(1944~2015)은 한국을 초 위험사회라 진단했다. 압축 성장에 따른 재난재해에 노출되었다. 유독 슬픈 사건들이 많았다. 그런데 어이없다는 점에서 허망케 한다. 기억하는가. 2010년 3월 26일에 백령도근처 해상에서 벌어진 대한민국해군의 초계함(PCC-772)이 피격사건. 해군장병 40명이 사망했고 6명이 실종되었다. 21세기에 첨단장비로 무장했을 법한 해군함정이 허무하게 침몰하고, 또 구조에 허술할 줄 몰랐다. 몇 시간 안에 구조돼 사고가 마무리될 줄 믿었다. IT 강대국의 능력을 너무 믿은 것이 잘못인가. 영국 경제일간지 파이낸셜타임스는 4월1일자에서 천안함정 침몰사건 이후 한국정부의 대응을 영화 〈괴물〉에 비유했다. 어떤 부분은 숨기고, 어떤 부분은 왜곡하고…. 이런 과정 속에서 정부는 국민들이 오해하고 있다고 강변했다. 제발 "병사를 살려 달라"는 실종자가족들의 안타까운 요구에 대해 도대체 국가가 한 게 무엇인가?

또한 2014년 4월 세월호 사건과 2015년 메르스 사태에 이어 2016년 옥시가습기 살균제사건이 수많은 생명을 앗아갔다. 산업현장이나 시민의 삶의 현장에서 아직도 현재 진행 중이다. 이런 위험요소들이 반복되었기 때문인지 사람들이 만성에 빠져들고 있다. 그래서 아무리 큰 위기가 닥쳐도 감각역치에 미치지 못하게 되는 듯하다. 감각순응은 사람이 기존 자극에 방해받지 않도록 하는 장점이 있다. 하지만, 위기무감각에 빠지는 오류를 낳을 수 있다. 감각은 항상 우리에게 그 신비로운 능력으로 준 이득만큼의 대가를 치르게 한다는 사실을 잊지 말아야 한다.

정부와 국민이 미망에서 벗어나는 첩경은 반복행동과 인지다. 당국은 만약의 사태를 상정한 실전대피계획을 세우고, 국민은 훈련에 적극 참여해야 한다. 그래야 상황을 매번 새롭게 인식할 수 있다. 아울러 의식적 혼란에 영향을 별로 받지

---

5) '절대 역치(閾値)'이다. 인간이 어떠한 자극을 50% 확률로 탐지하는 최소 자극 값을 말한다. 외부 강도와 이를 감지하는 인간 능력의 상관성을 나타내기에 상황에 따라 상대적인 수치로 나타난다.

않는 잠재의식적 기억도 만들게 된다. 이처럼 국민안전은 인간심리까지 꿰뚫는 지혜를 요구한다. 설마 뒤에는 항상 악마가 도사리고 있다. 모든 적폐는 그렇게 시작됐다(부산일보, 2017년 10월 19일자).

정부의 무감각은 안이함을 드러낸다. 2018년 6월 통계청이 발표한 〈산업 활동 동향〉에 따르면 설비투자는 5월 대비 5.9% 감소했다. 2018년 3월부터 4개월 연속 내리막이다. 설비투자가 4개월간 움츠러든 것은 2000년 이후 18년 만이다. 산업생산 역시 −0.7% 역 성장했다. 설비투자 위축은 시차를 두고 일자리 감소로 이어지기 때문이다. 실제 2000년 9~12월 동안 4개월 연속 설비투자가 뒷걸음질 치자 이내 일자리가 증발했다. 그해 11월부터 이듬해 2월 사이에 취업자 수는 110만 명이나 감소했다. 상황이 이런데도 정부판단은 안일하기만 했다.

기획재정부는 〈최근 경제동향〉에서 "우리경제는 산업생산이 2개월 연속 증가하는 등 회복흐름이 이어지는 모습"이라고 분석했다. 오판이었다. 4, 5월 증가세였던 산업생산은 6월에 다시 곤두박질쳤다. 경제사령탑인 기획재정부가 한 치 앞을 제대로 내다보지 못하고 낙관론을 펼쳤다(중앙일보, 2018년 8월 1일자). 또한 경제협력개발기구(OECD)의 한국 경기선행지수에서도 2017년 3월 101로 정점을 찍은 뒤 15개월 연속 하락했다. 100을 밑돌면 앞으로 경기가 가라앉을 것임을 뜻한다. 나라 밖에서 경보음 울려대는데 정부는 괜찮다며 "경제가 회복 중"이라는 입장에서 한 발자국도 움직이지 않고 있다. 안이하기 이를 데 없었다.

한국에서 무딘 것 중의 하나가 안전 불감증이다. 산업에서 안전 불감증은 OECD회원국 중 산재사망률 1위라는 꼬리표를 달고 산업안전의 후진국의 실상을 드러낸다. 생활에서의 불안전성이 안전 불감증의 시작이다. 고용노동부가 2017년 산업재해자료의 발표를 미뤄왔지만 2012년부터 2016년까지의 5년간 평균 재해자수는 9만 1,155명이었고, 산업재해로 인한 사망자수는 1,846명이었다. 지난 5년간 매일 249.74명이 산재사고를 당하였고, 매일 5.06명이 산재사고로 사망했다는 뜻이다. 2022년 1월 27일부터 중대재해처벌법이 시행되었지만 만시지탄이다. 이처럼 산업발전의 뒷면에 산업재해라는 어두운 현실이 존재한다. 한 사람의 죽음은 비극이지만 수백 만 명의 죽음은 통계에 불과하다. 감각이 무뎌지고 마침내 마비되는 상황에 이르게 된다. 마치 죽은 것이나 다름없다. Nietzsche는 어느 정도 깊이 괴로워하느냐 하는 것이 인간의 위치를 결정한다고 역설했다. 노동행정이 괴로워야 노동자 삶이 존중받을 수 있다.

지난 2015년 8월28일, 「국립공원위원회」(위원장: 정연만 환경부 차관)의 설악산 오색케이블카 사업추진 결정은 2012년, 2013년 '케이블카 사업 검토기준에 부합되지 않는 점'을 들어 2번이나 부결됐던 사업임에도 불구하고, 대통령의 정치적 발언에 힘입어 다수결로 밀어붙인 결과였다. 당시 결정은 내용적

타당성·절차적 정당성이 결여되었을 뿐만 아니라, 국민여론을 무시한 지극히 정치적인 결정이었다. 동 사업은 정부와 전경련이 강력하게 추진하고 있는 '산악관광활성화 정책'과 연계하여 '국립공원 고속개발'을 부채질하는 시발점이 될 가능성이 매우 높았다. 4대강에 이어 국립공원도 죽이는 환경부였다.

이 뿐이랴. 2018년 4월 1일 터진 재활용쓰레기대란은 예고된 몸살이었다. 속으로 곪을 대로 곪은 상황이었다. 환경보호에 대한 무감각, 의도적인 인지 회피에다 정부의 안이한 인식, 탁상행정까지 겹쳤다. 시간문제였을 뿐 언젠가는 터질 참사였다는 의미다. 언제 치유될 수 있는지 막막하다는 게 문제다. 4월 2일 환경부가 수도권지역의 폐비닐·폐스티로폼 등 재활용쓰레기 수거거부사태와 관련해 민간업체들과 협의해 정상수거가 이뤄질 수 있도록 했다고 했지만, 현실은 뜻대로 움직이지 않았다. 현장의 혼란은 쉽사리 가라앉지 않았다. 청와대 청원사이트에는 재활용 정상화를 요구하는 시민들의 글이 닷새 만에 230건이 게재됐다. 청원 글에는 외국 플라스틱수입을 금지해야 한다. 과대포장 문화를 바꿔야 한다. 올바른 재활용방법을 널리 알리고 인식 개선의 기회로 삼아야 한다는 등 자성과 정책제안이 쏟아졌다.

지난 정부가 세월호를 그토록 불온시하고 덮으려 했지만, 정부가 무감각하고 무능하다는 의심과 불신이 깊어지는 것을 막지 못했다. 세월호 침몰과 구조실패가 대통령 탄핵사유가 되기에는 적합하지 않았더라도 탄핵을 용인하는 분위기를

형성하기에 충분했다. 그러나 세월이 흘렀어도 미진하다. 지금까지 거론됐던 침몰 원인도 확정적이지 않다. 화물과적과 평형수문제도 결정적 원인일 수 없다는 게 현재까지의 조사결과란다. 이제는 외부 충돌 가능성까지 확대 조사해야 한다고 했다. 당일 방송을 통해 보았던 국민들의 마음에 구조에 관한 의문은 여전하다. 삼키기 어려운 슬픔과 비탄의 와중에 한 가닥 희망을 보았다. 세상 모두의 꿈이 아니라 자기들만의 꿈을 꾸었던 정권이 물러난 자리에 들어선 문재인 대통령은 세월호 참사 피해자들을 청와대로 불러 한 맺혔던 얘기를 듣고 또 안아 주었다. 그런가 하면 일본군 위안부 문제에 뜨뜻미지근한 미국의 트럼프 대통령을 옆에 세워두고 위안부피해자 할머니에게 허리를 숙여 포옹하였다. 그리고 5.18 희생자 유족을 감싸 안았다.

일부에선 보여주기 쇼라 폄하했다. 하지만 이전에 볼 수 없었던 모습이 아니었던가. 지도자의 포옹은 단순히 알고, 이해하는 수준을 넘어 느끼는 단계가 아닐까. 말하지 않는 것까지도 더 깊이 느낄 수 있는 그런 것. 누군가를 깊이 감싸 안아준다는 것은 그의 존재를 있는 그대로의 모습과 향기 그대로 온전히 받아들이는 것이다. 행여 권력자의 의전

위로와 배려의 포옹

출처: 청와대사진기자단

이나 정치적 이벤트로서 사회적 품격을 연출하거나 강화하기 위한 의례적 포옹이 아니길 바란다. 대신 타자를 목적으로 대하는, 그러나 대하는 행위 자체를 유감없이 드러내는 것이 아니라, 겸손하고 조심스럽게 심지어 무신경하게 배려하는 행동이길 원한다. 존재 그 자체를 목적으로 대하는 깊고 따스한 포옹이어야 한다. 그래야 이성의 장벽을 뛰어넘어 감성의 차원으로까지 관계의 가능성을 확장시킨다. 이런 위로, 배려와 존중의 포옹이 더 많아져야 한다. 사람과 사람의 껴안음을 오해하지 않는 그런 보편적 따스함의 공감대가 형성되었으면 좋겠다. 포옹의 순간은 사랑이 퍼(번)지고 스미며 피어나고 타오르는 순간이 아닐까. 죽은 줄만 알았던 싸늘한 정부에게서 생명의 온기를 느낄 수 있었다.

자기 자신과 세계를 이해하려거나 일의 속사정을 궁금해 하면서 의문을 제기

한다면 예민한 사람이다. 감수성 높고 예민한 성향은 특별한 재능이다. 예민함은 타인에게 해를 끼치는 나쁜 성격이 아니고 고쳐야 할 습관도 아니다. 인간이라는 존재에게 부여된 재능이다. 높은 감수성으로 인해 더 많은 것을 보고 듣고 느낄 수 있다. 일상적 변화에 민감하면 위험이나 위기를 더 빨리 감지하거나 피할 수도 있다. 그렇기에 예민하고 감수성이 높은 것은 결코 괴로움으로 작용하는 것은 아니다. 예민한 사람들 중 어떤 사람들은 삶을 힘들게 하는 요인으로 경험하는 반면, 어떤 사람들은 이런 성향의 장점을 이용하고 누린다. 민감성을 장점으로 발전시키기 위해서는 자신의 신체와 신경의 경계를 분명히 인지하면서 자신에게 집중해야 한다. 타인이 아니라 자신을 중심에 놓는 훈련이 중요하다(롤프 젤린·유영미, 2018).

## 2. 둔감한 분별력, 마비된 공·사구별

오락가락, 오리무중, 갈팡질팡, 우왕좌왕, 좌충우돌. 국민생명과 재산을 위협하는 절박한 상황에서 드러난 정부행태의 수식어다. 더 이상 방치할 수 없는 무감각증이다. 세상에 온갖 희소한 질병이 있다. 그중에 심각한 것은 통증을 느끼지 못하는 무감각이다. 감각을 상실했거나 감각이 전달되는 신경세포, 뇌의 이상으로 무감각하게 되는 병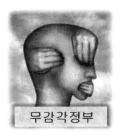

무감각정부

으로 열에 의한 뜨거움이나 물리적 자극, 가려움, 저림 등을 전혀 느끼지 못한다. 감각을 느끼지 못한다는 것은 죽은 것이나 다름없다. 만일 눈을 비빈다면 아픔을 모르기 때문에 피가 날 정도까지 비빈다. 혀의 감각이 없어 뜨거운 음식을 먹고 화상을 입는다. 어떤 사람은 배고픔을 느끼지 못하기 때문에 그냥 방치되어 굶어 죽는다.

육체뿐만 아니라 정신적 무감각도 있다. 방탕함과 주취, 생활의 염려가 사람을 무감각하게 만든다. 영적 무감각도 있다. 상황과 지혜를 알지 못하며 악을 행하거나 지각이 있지만 선의 행함에서 무지함이다. 또한 성경에서 예시되듯 피리를 불어도 춤추지 않고 슬피 울어도 가슴을 치지 않는 무정한 사람들이 가슴 아프게 한다. 상한 갈대를 꺾지 않는 연민의식, 꺼져가는 등불을 끄지 않는 측은지심, 작은 신음을 크게 들어주는 배려감각이 필요하다. 즉 아름다움을 보면서 웃음 지을 수 있는 능력과 가슴 아픈 일을 대하면 눈물을 흘릴 수 있는 능력, 그리고 그 경험을 이야기를 넘어 정책, 법제도에 담아낼 수 있는 능력을 갖춘 공직자에 의해 움직이는 정부여야 하지 않을까.

국가와 정부는 왜 존재할까? 17세기 영국의 철학자 토머스 홉스의 〈리바이어던〉이란 책을 보면, 국가가 없던 시절 개인은 절대적 자유를 누렸다. 하지만 만인의 만인에 대한 부쟁을 벌이며 생존해야 했기에 결국, 개인들은 사유를 일부 포기하고 대신 국가라는 괴물을 섬기며 안위를 택한다. 국가의 존재는 개인의 안위를 보장함으로써 성립, 성장, 유지된다. 그러므로 개인의 안위를 보장치 못하는 국가와 정부는 도전을 받는 게 당연하다.

Nietzsche는 국가를 인간을 억압하고 감시하는 존재로 본다. 공동체의 모든 제도를 독점하면서 인간을 규제, 억압하는 모습을 비판적 시각에서 보았다. 국가와 시민의 관계는 일방적인 지배 복종의 관계가 아니다. 그런데 정부가 가지는 권력의 양이 많을수록 개인은 자유롭지 못하고 문화는 퇴보할 것이다. 주류적 사고에서 볼 때 역사는 항상 진보해왔고 자유도 확장돼 왔다고 인식한다. 하지만 실상은 은밀하고 새로운 종류의 억압과 통제가 심화되어 왔다. 이를테면 근대화와 합리화의 과정을 입체적으로 살펴야 한다. 빠른 속도로 진화하는 디지털장치가 자칫 거대한 통제장치로 전락할 수 있음을 간과해서는 안 된다. 어쨌든 정부가 갖는 통제성은 정부가 여러 가지 제도를 갖고 소속된 사람들을 통제한다. 다양한 제도들은 정부가 국민을 통치하기 쉽게 만든다. 정부는 국가의 모든 제도를 장악하고, 제도적 장치를 통해 강자를 약자로 만들고 사람들을 평준화시킨다. 군대와 학교가 대표적 장치다.

교육의 평준화는 정의에 대한 진정한 의미를 왜곡한다. 동등한 자에게 평등을, 동등하지 않은 자에게 불평등해야 한다. 모든 존재가 자기만의 권리를 지녀야

국민이 갈망하는 인공지능정부

한다. 특별하거나 더 나은 존재를 부정하는 평등주의는 자칫 개인을 획일화, 집단화, 표준화시키면서 개인의 잠재력, 창조성을 억압하거나 하향평준화를 야기할수 있다. 부조리한 군대와 학교가 자유와 창조성을 억압하는 기구로 전락하였다. 물론 이스라엘군대와 학교처럼 예외도 있다. 정부는 비판을 금하거나 민감한 반응을 보인다. 이처럼 자신에 대한 비판을 꺼리거나 제거하려는 것은 자신의 건강성을 제거하는 것이며 자신의 생명과 영위에 대한 의지박약의 근거다.

정부도 불완전한 존재이기에 비판이 필요하며 그것을 통해 삶의 의지로서 공동체 삶을 긍정할 수 있다. 위계질서가 중시되는 정부조직에서 위계에 따른 가치와 탁월성이 달라야 한다. 위계질서는 진정한 능력주의(meritocracy)의 산물로서 위로 갈수록 책무가 강화되어야 한다. 이러한 위계질서 속에서 각자의 위치에 따라그 위치에 맞는 완전성을 추구해야 온전하고 건강한 정부가 가능하다. 정부나 사회가 전체로서 건강하려면 무차별적 획일성 속에 있거나 저마다 자기만을 생각하며 흩어지는 것이 아니라 권한(명령)과 책임(복종)을 포함하는 어떤 통일적 질서가필요하다. 그런데 현실은 어떤가. 정부조직은 위계질서에 의해 운영됨에도 불구하고 능력이나 역량에 있어서 획일화, 평준화라는 기이한 양상을 보여준다. 위계에 따른 차이, 차원, 차별이 존중되어야 한다. 창조적 발현의 주체성 확보를 위해!

돌이켜보면 지난 2008년 이명박 정부시절의 광우병파동으로 촛불이 타올랐다. 국민 무시하는 정부무감각이 화를 자초했다. 미국산 쇠고기 수입재개를 발표했을 때 국민들이 분노한 것은 왜 검역주권 행사를 포기하며 일본 등 다른 나라가하지 않는 굴욕적인 조건의 협상을 그것도 부시 대통령을 만나기 몇 시간 전에서둘러서 해야 했느냐는 것이다. 국민적 자부심에 상처를 받았다. 정부의 책임 있는 설명을 원했지만 설명이 제대로 제공되지 않았다. 정부는 국가적 자부심의 문제가 아니라 순전히 확률의 문제로 다루는 실수를 범했다.

광우병이 한국으로 옮겨질 가능성이 적다는 말만 되풀이 했다. 정부실수는여기에 그치지 않는다, 한국인들이 미쳐 추가협상의 결과가 그들의 자존심에 미치는 영향을 되짚어 볼 겨를도 없는 상태에서, 단 며칠 만에 미국산 쇠고기고시를강행하고 한국시장에 출시시켰다. 이렇게 국민감정을 무시하고 몰아치는 자칭 최고자전 정부의 무감각에 국민은 분노했다. 국민과의 소통을 외면한 이명박 정부의 일방통행이었다. 대통령이 국민감정에 무감각하고 무관심하다고 느끼고 정부로부터 무시당했다고 생각했다. 이것이 한국에 촛불이 오래 타오른 진짜 이유다.

재난 한국의 상징인 세월호 참사가 발생하자 모두가 안전한 대한민국을 구호로 외치며 냄비 끓듯 했을 뿐 아직도 우리사회에 만연한 안전 불감증은 전혀 달라진 게 없다. 2017년 말 일어난 인천 영흥도 낚싯배 사고와 용인 타워크레인 사고, 29명의 안타까운 목숨을 앗아간 제천 스포츠센터 화재 참사, 광교신도시의 오피스텔 공사장 화재, 광주 화정동 아파트 붕괴 등 모두가 반복되고 있는 안전 불감증에 의한 판박이 재앙으로 이것이야말로 안전 한국의 현주소가 아닌가 싶다. 그동안 정부는 어디에 있었는지. 그늘 눈앞에 있었나. 그들의 손이 닿는 곳에 있었나. 그들의 목소리가 들리는 곳에 과연 있었는지 각성해야 한다.

심각한 문제는 참사를 겪고도 아무런 교훈을 얻지 못하는 무감각한 고질병이다. 근본적 반성이나 치유 없이 대형 참사 때마다 구호로만 외치는 안전한국은 공허한 메아리에 불과할 뿐이다. 각종 위험으로부터 국민의 생명과 재산을 지켜내는 안전대한민국은 정부와 국민이 함께 할 때 가능하다. 아무리 작은 사고라 하더라도 대책을 소홀히 하면 언제든지 대형사고로 번질 수 있다. 국민의 안전의식을 근본적으로 바꾸지 않으면 대형 참사는 언제든지 우리의 주변에서 발생할 수 있으며 끊임없이 국민생명을 위협할 것이다.

현대사회에서 위험이나 위기는 피할 수 없는 속성을 지니고 있다. 크고 작은 사고나 이로 인한 위기는 어느 국가, 어느 조직에서나 일어나게 마련이다. 현대사회를 살아가는 시민이라면 누구나 잘 아는 사실이다. 문제는 충분히 예방할 수 있는 일을 예방하지 못했거나 호미로 막을 수 있는 것을 가래로도 막지 못했을 때 일어난다. 지난 2018년 5월에 발생한 라돈방사성 침대사태가 바로 그러하다. 비록 과거 정부에서 잉태된 문제라 할지라도 지금의 정부가 이를 파악해 사건·사고가 터지지 않도록 하지 못했다면 분노의 화살을 지금 정부에게 돌리게 마련이다. 이전 정부에서 라돈방사성침대 사건을 일찍 발견할 수 있었음에도 그렇게 하지 못했다. 문제는 문재인 정부 들어서도 이를 파악하지 못했다는 사실이다. 자녀안전에 아주 특별한 관심을 지녔던 어느 학부모의 우연한 발견으로 이른바 라돈 방사성 침대사건이 터졌다.

　라돈방사성 침대 소용돌이 한복판에 원자력안전위원회가 있다. 사태의 책임은 오롯이 원자력안전위원회에 있다고 해도 지나치지 않을 정도로 라돈 방사성 침대 사태에 대한 원안위의 책임은 크고 무겁다. 하지만 사태 발발 한 달이 넘게 지나면서 라돈 침대 사용으로 인한 피폭자들과 국민, 환경·소비자단체들이 느끼는 자괴감은 매우 컸다. 생활방사선 안전 문제에 소홀해오다 이번 사태가 터졌음에도 이에 대처하는 원자력안전위원회 간부들과 강정민 위원장의 자세와 대응을 보고 만약 핵발전소에서 중대사고가 터졌을 때 원자력안전위원회가 제대로 된 위기관리 능력을 보여줄 수 있을 것인가를 의심케 했다.

　세계에서도 유례가 없는, 방사성침대라는 희대의 사건이 터졌음에도 두문불출에 가까운 은둔 행보를 보인 것에 대해 일각에서는 조용한 성격 탓으로 돌렸다. 어이없는 동정이다. 생활방사선에 대해 아예 관심 없거나 무지하기에 사태의 중요성에 대한 무감각 때문 아닌가. 그 어떤 이유가 됐든 그의 위기관리 능력은 이번에 낙제점이라는 것이 드러났다. 하지만 어쩌나 라돈침대 파문이 채 가시기도 전에 또다시 베개에서도 라돈이 검출되었다. 라돈침대 사태 이후 3달여 가까이 방사성 물질 관리를 위해 도대체 무얼 했는지 묻지 않을 수 없다. 소비자들의 관련제품 전수조사 요구를 귓등으로 흘리고 직무를 유기한 것이나 다름없다. 원자력안전위원회는 미숙한 일처리로 불신을 키웠다는 지적을 받고 있다. 처음 대진 침대 라돈 문제가 불거지자 1차 조사에서는 안전하다고 했다가 닷새 만에 조사결과를 180도 뒤집은 게 대표적이다. 수거한 라돈 방출 매트리스 1만 7000개를 사전 동의도 구하지 않고 당진항 야적장에 쌓아 놓은 것도 그렇다. 주민들의 반발에 밀려 여태까지 해체작업을 시작도 못하고 있다(프레시안, 2018년 6월 7일자; 이데일리, 2018년 8월 1일자).

　위험(위기) 소통의 원칙에서 중요한 것 가운데 하나가 조직이든 개인이든 실수나 잘못은 솔직하게 인정하고 앞으로 바르게 교정하겠다고 약속한 뒤 그 약속을 잘 지키는 것이다. 생활방사선 안전은 국민의 일상생활 속에서 벌어지는 것이라 원전 못지않게 관심을 쏟아야할 문제이다. 이런 무기력하고 무책임한 정부에 대한 과잉의존이 우려된다. 어쩌면 어디에 하소연 할 수 없는 자들의 구원의 요청일지도 모른다. 그런데 가끔 George Orwell(1903~1950)의 소설 「1984년」에 나오는 Big Brother가 보인다. 모든 문제 해결을 왕에게 기대는 왕조시대 신민처럼 모든 것을 정부에 의존하려는 국민들의 생각이나 행태도 경계해야 한다.

청와대 청원은 국정과 관련되어야만 한다. 그 이외의 것들, 특히 민간 부문에서 해결해야 할 문제까지 청원하는 것은 국민 스스로를 정부와 국가에 예속시키는 행위다. 그럴수록 정부는 점점 더 국민 삶에 개입하고 간섭한다. 정부권력은 갈수록 커지고, 결국엔 국민 개개인이 아니라 정부가 주인이 되며 국민들은 정부 명령을 받는다. 정부와 국가권력이 커지면 사회가 정치화돼 개인의 자유가 줄어든다. 정치권력이 개인과 사적 결정에 영향을 미치고, 사람들의 의사결정은 정치적으로 돼 가면서 선택의 범위가 좁아진다.

초연결시대의 네트워크상에서 사람은 데이터로 간주된다. 인간으로서 존엄성은 악성댓글 에 무방비상태로 노출되며, 사회 곳곳은 각종 갑(甲)질 횡포로 멍들고 있다. 국가가 적극 보호해야 할 존엄성은 윤리·철학적으로만 설명되는 인권이 아니다. 외부의 다양한 요구와 강요 속에서 인간 자신을 잃지 않도록 하는 내적 나침반이다. 인간을 자유로운 주체로 고양하고, 존엄성을 인식함으로써 타인을 객체로 평가절하하지 않도록 노력해야 한다.

역사를 보더라도 국가발전의 정도는 개인의 자유에 달려 있다. 자유가 많은 국가일수록 발전하며 잘살고 국민들이 행복했다. 여기서 자유란 정부권력으로부터의 자유다. 대한민국을 잘살고 국민이 행복한 국가로 만들기 위해 국가와 정부권력의 팽창을 끊임없이 경계해야 하고, 가능한 한 줄여야 한다. 국가와 정부의 권력이 커지면서 개인의 자유를 제한하도록 놔둔다면 차츰 창의성과 역동성이 떨어져 장래는 결코 밝지 않을 것이다.

정부의 무감각은 그렇다 치자. 국민 스스로도 살아가기 위해 깨어 있어야 함을 망각하는 것은 아닌지. 중앙정부와 지자체에서 재난문자를 보냈다. 국민안전처에서 2017년 10월 2일 20시 53분 경북 경주시 남남서쪽 10km 지역에서 규모

3.0 지진이 발생했으니 여진 등 안전에 주의하라는 내용이었다. 9월 12일 규모 5.8 지진 이후 경주지역은 수백 차례 여진이 계속되고 양산에서도 수차례 여진이 이어지면서 긴급재난문자가 여러 번 발송됐다. 그런데 어느새 긴급재난문자를 스팸문자 취급하고 있다. 정부에서 아무런 대책을 내놓지 않는다고 열변을 토한 지 얼마 지나지 않았는데 지진에, 아니 긴급재난문자에 무감각하다. 안전의 가장 큰 위험은 무감각이다. 긴급재난문자를 받은 시민 가운데 상당수는 비슷한 반응 또는 더 무감각한 반응을 보였을 것이다. 그런데 무심히 흘려보낸 재난문자가 대형 재난을 예고하는 것이었다면? 위험이 일상이 되면 무감각, 무신경으로 이어진다. 무방비 상태에선 작은 충격도 치명적일 수 있다. 잊지 말자. 한국에서 위험은 아직 끝나지 않은 현재진행형이라는 사실.

촛불로 인해 부조리한 정부가 무너지면서 허무함을 느꼈을 것이다. 국민이 기대를 상실하고 좌절과 실망을 느꼈을 때 그리고 사회적, 경제적 어려움으로 인해 허무주의는 여전히 만연하고 있다. 하지만 허무주의는 삶의 회의나 인생무상과 같은 정서가 아니며 아무것도 존재하지 않는다거나 모든 것이 끝장난 상태를 말하지 않는다. 미래를 위해 현재의 한계를 인식하는 것이다. 그리고 그 극복에 대한 열망에서 허무주의가 시작되며 희망을 품고 미래를 열어가는 것이다. 그런데 희망이 나만의 것이 아니라 타자의 것, 우리 모두의 것이라는 사실은 꿈의 권리가 주장될수록 기억되어야 한다. 그럴 때에야 희망은 비로소 세상의 희망이 되고 더불어 나의 희망이 될 것이기 때문이다. 그리고 자연스레 사회가 성숙해지지 않을까.

지금 젊은이들이 느끼는 허무주의는 사회적 요인이 크다. 추구해야 할 목표가 뚜렷하고 지향할 가치가 분명하면 허무주의에 빠지지 않는다. 하지만 지금은 아무리 노력해도 취직이 안 되고, 늦게까지 일해도 사회적 계층이동이 어렵다. 개천에서 용 나는 사회는 이미 요단강을 건너갔다. 그래서 허무주의에 빠지기 쉽다. 허무주의는 삶의 이정표가 없는 상태에서 뭔가 탐색하는 과정에서 생긴다. 그러나 믿었던 대상이 신뢰를 저버릴 때 야기하기도 한다. 그것도 공공성을 상실한 공인이나 공조직에 대한 실망은 상실감이 크다. 공공성에 대한 인식은 지역과 시대에 따라 다르고, 좋은 나라가 무엇인지에 구성원 의견도 상이하고 분분할 수밖에 없다. 한 가지 분명한 사실은 명백한 공공성을 사유화하는 곳은 나쁜 나라다.

2014년 4월 16일 오전, 위기의 순간, 청와대는 구조팀에게 대통령을 위한 영상을 찍어 보내라고 명령한다. 오직 최고 권력을 위해 서비스제공을 요구했다. 구조인원이 예상보다 적자, 절박함이나 안타까움보다 대통령에게 잘못 브리핑했다는 것을 걱정했다. 세월 호 참사의 경제학적 이유는 바로 이거다. 마땅히 공공재여야 할 서비스를 정부 관료들이 사유화했다. 이뿐인가. 아이들 생사도 확인하지 못한 상황에서 청와대홍보수석은 KBS보도국장에게 전화를 걸어 해경 및 정부비판을 자제하라고 압력을 넣었다. 대통령은 구조실패의 책임을 묻기 위해 해경을 해체했지만, 당시 해경의 책임자들은 모두 승진했다. 수년이 흘렀지만 아직도 사건의 원인조차 명확하게 해명하지 못했다(NEWSM, 2016년 7월 2일자). 2016년 국정농단사태에서 저질러진 불법과 탈법의 내용도 경악과 충격 그 자체였다. 한낱 사사로운 인연에 흔들려 권력을 물 퍼주듯 남용하고 농단을 눈감았는지 기가 찰뿐이다. 이를 은폐하고 왜곡하려는 시도 또한 국민적 반감과 공분을 샀다. 어디 이뿐일까. 대한민국의 역대 대통령 중 존경받으며 청와대를 나선 사람이 아무도 없었다, 김영삼 대통령 이후 모든 대통령이 친인척 비리로 황망하게 국정관리능력을 상실했다는 것은 권력의 사유화라는 점에서 동일하다.

## 권력의 사유화란?

"지금 VIP(대통령) 보고 때문에 그러는데, 영상으로 받은 거 핸드폰으로 보여줄 수 있느냐"
"사진 한 장이라도 빨리 보내 달라" "(현장) 영상 갖고 있는 해경 도착했느냐"
"아, 그거 좀 쏴 가지고 보고 좀 하라고 하라니까, 그거 좀"
"166명이라고, 큰일 났네. 이거 VIP까지 보고 다 끝났는데"
"아까 (진도 행정선이) 190명 구조했(다고 전달받았)을 때 너무 좋아서 VIP님께 바로 보고 했거든. 완전 잘못 브리핑된 거네. 이거 여파가 크겠는데."

현실과 열망 사이의 간극을 좁히기 위해서 애쓰는 사람들. 필시 그 시도들이 패배로 점철되면서 마음이 부서지고 무너져서 그들은 언제나 비통했다. 그런데 미국의 사회운동가 Parker J. Palmer는 〈비통한 자들을 위한 정치학〉에서 상처받는 자, 비통한 자, 즉 마음이 부서진 자들에 의해서 민주주의, 정부는 진보한다고 설파했다. 다만, 마음이 부서진 자들의 고통, 애통, 비통함이 정치사회적으로 느껴져야 한다.

삶의 방식에는 두 가지가 있다. 하나는 최후의 인간(인간 말종)으로 살아가는 것이며, 다른 하나는 초인으로 살아가는 것이다. 인간 말종은 성취하려 하지 않고, 극복하려고도 하지 않고, 주어진 것에만 만족하고 매일 노예같이 살아간다. 남들이 하니까 열심히 일하고, 성공하려고 하고, 돈을 많이 가지려고 하는 사람이다. 반면에 초인은 이제까지의 삶의 방식을 극복하는 인간이다. 예를 들어 돈의 노예가 되지 않고 돈을 지배해 무엇을 할 것인가를 꿈꾼다면 그건 초인의 삶의 양식이다. Nietzsche는 최후의 인간에 머물지 말고 초인이 되라고 한다. 이렇듯 정부도 말종 정부가 있고, 초월적 정부가 있다. 필요한 일을 견디며 나아갈 뿐 아니라 그 고난을 사랑하는 공직자에 의해 움직이는 정부이며, 자신의 약점이나 자신이 겪은 고통과 고난까지도 자기발전의 계기로 승화시킬 줄 아는 공직자에 의해 움직이는 초월적 정부가 국민에게 존중받는 정부다.


## 3. 영혼의 소환: 강한 정부를 위한 위대한 공직자

"진정 정부는 더 좋아질 수 있을까?" Ludwig Feuerbach(1804~1872)는 우리의 희망이나 소망을 종교가 아닌 정부에서 찾아야한다고 주장했다. 즉, 종교가 아닌 국가에 자신을 대상화시켜야한다고 보면서 정부야 말로 즉자로 돌아올 수 있다고 믿었다. 하지만 정말 그럴까. 정부가 그럴 자격이나 역량이 있는 것인가? 실망스럽게 한국사회에서 정부는 절망의 근원이었다. 5년마다 개선장군처럼 등장했지만 추한 모습으로 사라졌다. 아니 국민심판을 받아 사망선고를 받았다. 모두 혹시나 시작했지만 역시나 로 끝났다. 눈에 보이는 정부에 대한 믿음은 사라진지 오래다.

죽은 정부를 어떻게 살릴 것인가? 한 가지 방법밖에 없다. 거듭나야 한다. 과거, 현재와 철저하게 달라야 한다. 그러기위해 위험하게 살아야 한다. Nietzsche는 안정지향이 사람과 조직을 부패시킨다고 역설했다. 공익, 정의, 공동선 등 목표성취는 편안하고 쉬운 방법으로 불가능하다. 처절하게 갈망하고 투쟁해야 한다. 정부에 뿌리 깊은 편견과 오만의 뒤집어진 거울부터 깨트리고, 편견을 가리는 가면이나 차별을 은폐하는 차단막도 제거해야 한다.

정부 스스로 선량한 강자가 되기 위해 지독하고 치열하게 엄격해야 한다. 부정, 불의, 부조리에 가차 없는 강자가 되어야 한다. 하지만 연민, 애통, 양심에는 한 없이 약해져야 한다. 아니 사랑으로 무너져야 한다. 원하는 가치를 찾기 위해 스스로 고통을 선택하라. 그래야 새 생명 얻을 수 있다. 또 다른 괴물로 부활하지 않으려면 교만함과 미지의 영역에의 기대나 환상을 깨트려야 한다. 보이지 않는 관념적인 부분에 지나치게 의존하지 말고 현재 주어진 삶에 충실해야 한다.

책상머리에서 턱을 괴고 생각하는 사상은 진정하지 않다. 번민 끝에 불현 듯 찾아오는 사상이 진정하다. 진짜보다 가짜가 판친다. 진리보다 우상이 많은 세상에서 우상과 허구를 만들어내는 것은 자기중심적 권력에의 의지다. 공직자는 정책이 삶이고 삶이 정책이어야 한다. 기존의 진리이며 절대적이라고 믿었던 이념, 가치를 철저하게 부정해야 한다. 기득권, 통념, 가치를 깡그리 부숴야 한다. 사회 곳곳에 Nietzsche의 영혼이 살아 숨 쉬어야 한다.

국내외 환경의 불확실성이 증대하고 있다. 삶은 피폐해지고 불안감은 커지고 있다. 이런 상황을 관리하고 국민에게 희망과 대안을 제시하는 것이 정부의 일차적 책임이다. 그러나 그 동안 정부는 이를 방치하고 악화시켰다. 자신들이 무엇을 잘못하는지 인식조차 못했다. 정말 무능하고 무책임했다. 이런 정부를 바라보면 국가란 무엇인지, 국가의 존재이유를 회의하게 된다. 국민을 위해 존재한다는 너무도 당연한 명제가 허망하게 무너졌다.

보통 국민들은 국가 안에서 태어나고 죽는다. 태어나면서부터 국가가 있었다. 국가를 경영하는 것은 정부다. 정부는 국가와 국민 삶과 동일시된다. 정부는

어떤 존재인가? 무조건 믿고 따라야 하며 복종과 희생해야 할 대상이라고 말했다
간 의아한 눈초리와 비웃음을 사기 쉽다. 부패, 불의, 부조리에 무기력하고 나약
하게 무너져 죽었기 때문이다. 아래를 내려다보지 않는 권력자, 지도층이 현실조
차 제대로 몰랐기에 시정조치나 행동을 하지 않거나 느렸다. 온 국민이 울부짖고
있을 때, 아이들의 생명을 지켜내는 것은 정부가 제공해야 하는 공공서비스다. 진
상규명, 책임자처벌도 마찬가지로 공공재다. 그런데 공허한 상태로 방기되었다.

   사람이 먼저인 사회란? 자신의 인간성을 인정하고, 인간성을 감추거나 회피
하지 않는 사회다. 사회가 허술하지 않다는 것, 생명의 가치를 소중히 여긴다는
것, 내 가족의 생명도 지켜줄 것이라는 사실을 확인시키는 일이기 때문이다. 국민
들은 안전하게 일상의 삶을 살아가기를 원하며, 경제적으로 어느 정도 여유를 갖
고, 자유롭게 자기의 생각을 표현하고 행동할 수 있기를 원한다. 이런 바람은 인
간으로서 갖는 기본적인 욕구다. 이러한 국민들의 욕구를 제대로 충족시켜주지
못한다면 그런 정부는 존재할 이유가 없다.

   정부가 국민에게 살아있는 존재로 느껴지려면 그늘진 곳, 보이지 않는 곳, 사
각지대에서 소리 없이 묵묵히 실제로 움직여온 수많은 투명국민들을 위해 작동할
때 존재이유와 의미를 확인할 수 있다. 그동안 정부는 있었지만 보이지 않는 투명
정부나 다름없었다. 국민에게 봉사하고 공복이라고 목소리 높여 외쳤지만 정작
그들이 필요로 할 때 손에 닿는 거리에 없었다. 존재했지만 보이지 않는 정부, 투
명정부. 그것이 이제까지 대한민국 정부의 모습이었다. 그래선지 정부의 존재이
유는 시민의 안전과 생명을 지키는 것이라며 시민의 안전을 위해서는 늑장대응보
다 과잉대응이 답이라는 서울시장의 응답이 가슴에 와 닿았다.

   Nietzsche는 「우상의 황혼(Götzen Dämmerung)」에서 국가를 현대성이 만들어
낸 우상 중 한가지로 규정하며 국가를 인간을 억압하고 감시하는 존재로 보았
다. 즉 국가에 대한 비판적 관점을 견지하며 계속해서 강자를 위한 사유를 말한
다. 강자를 보호하고 강자가 자신의 강함을 자연스럽게 표출하도록 국가의 억압
과 감시 그리고 제도의 독점을 비판하였다. 여기서 자기 자신에 대한 강한 신뢰
이다. 자기 자신에게 가지고 있는 근본적인 확신이다. 망각의 능력과 동시에 기

억력을 가지고 자신의 발언이나 약속(Versprechung)을 확신하며 그것에 책임 (Verantwortlichkeit)을 지는 자, 바로 이러한 강자는 자신에 대한 확고한 믿음, 바로 능동적 성질에 의해 강자로서 존재할 수 있다. 가장 긍정하기 힘든 자기 자신의 최고의 고통을 긍정하기 위해서는 힘들의 종합이 절실하다. 자신을 극복하고 삶을 살아내려는 투쟁, 즉 권력의지는 무한히 반복되는 것을 긍정하려는 사유가 필요하다. 삶의 가장 낯설고 가장 가혹한 문제들에 직면해서도 삶 자체를 긍정한다. 자신의 최상의 모습을 희생시키면서 제 고유의 무한성에 환희를 느끼는 삶에의 의지가 강하다. Nietzsche가 『비극의 탄생』에서 말했던 비극적 인간은 강자와 연결된다. 삶의 비참함을 보며 그것을 긍정할 수 있는 인간, 그 참혹할 정도로 처참한 삶을 보며 다시 삶을 살아갈 수 있는 인간, 이것이 바로 강자이면서 비극적 인간이다. 자신에 대한 강한 긍정 속에서 자신이 가지고 있는 최고의 것을 포기하는 순간에도 다시 삶을 살아갈 수 있는 비극적 인간은 곧 강자가 된다.

Nietzsche는 외쳤다. 삶의 예술가가 되라고. 그것이 최고의 행복이라 했다. 자신의 힘에 대한 불신을 극복하고 한 곳에 머무르지 않고 늘 새로워지려는 힘, 그리고 창조의 기쁨을 위해 파괴의 고통을 긍정해야 한다. 그가 차라투스트라를 통해 웅변했듯 자기의 극복은 단 한번으로 끝나는 것이 아니라 매 순간 자기극복을 통해 영원회귀에 이르는 것처럼 고위공직자에게 한층 절실하다.

실상 오늘날 Global Standard라는 표준화 시대에서 각인에게 주어진 유일하고 진정한 삶의 과제는 "나 자신이 되라(Be myself)"아닐까. 이 과업은 끊임없이 "나는 누구인가?"라는 질문의 토대 위에서만 수행될 수 있다. 인간은 불완전하기에 후회와 허무가 인생에 끼어들기 마련이다. 하지 말아야 할 것을 하거나 해야 할 것을 하지 않아서 후회하곤 한다. 그래서 수시로 나는 누구이고 무엇을 하는 사람인가를 자문해야 한다. 이런 과정에서 자신이 만들어진다. 창조적 존재로서 개인이 해야 하고, 또 할 수 있는 일은 끊임없는 자기갱생의 노력과 분투 속에서 끊임없는 자기 확증이다. 훌륭한 삶의 예술가를 위해 내적으로 독창적이어야 하며 영원히 살아남으려면 항상 뭔가 새로운 요소를 만들어야 한다.

누구든 각자의 삶은 하나의 이야기이며 소설이다. 다양한 서사가 담겨있다.

이런 면에서 삶의 이야기를 어떻게 써 나갈 것인가? 마치 초고처럼 삶에서의 다양한 시도가 아닐까? 초고를 써 놓고 수도 없이 보완, 수정한다. 그 과정에서 조금씩 자기가 원했던 진짜 방향을 찾아 간다. 소설의 주인공처럼, 자기 삶에서 주인공으로 살기 위해서는 자신의 욕망이 무엇인지 깨달아가는 과정이 필요하고, 그것이 공직자로서 자신이 하는 일과 어떤 연관이 있는지 살펴볼 필요가 있다. 이렇듯 삶은 다양한 시도 속에서 조금씩 자신만의 욕망과 삶을 찾아야 하지 않을까. 마치 꽃처럼 자신이 뿌리 내린 그 자리에서 자신이 타고난 그 빛깔과 향기로 최선을 다해 피고 지듯 그렇게 살아야 한다. 어쩌면 각 개인이 자신의 삶을 자신이 원하는 대로 추구함으로써 얻어지는 개별성이 인간을 인간답게 만드는 핵심 요소이자 행복의 원천이다. 관용과 타협이 설 자리를 잃고, 정의, 국민의 뜻이라는 이름하에 생각·표현·학문의 자유를 억압하고 획일성을 강요하지는 않는지 스스로 경계해야 한다. Bertrand Russell(1872~1970)이 그랬듯 보편적이지 않은 의견을 갖는 걸 두려워하지 말아야 한다. 지금 보편적으로 널리 받아들여지는 의견들도 처음 나왔을 때에는 별난 것이었다.

공직자는 저마다 내면에 깊이 유폐되었던 영혼에 시(詩)적 광채가 부대끼도록 서사적 삶을 살아야 한다. 이미 창조성을 상실한 채 단단하게 굳어버린 정제된 지식이 공직자 머릿속에 주입되는 일일랑 거부하고 배격해야 한다. 공직자의 몸과 맘, 그러니까 생생한 경험지평 속으로 시적인 것을 호명해 들이는 늑진한 체험의 현장으로 뛰어들어야 한다. 나아가 물화된 사고와 정해진 체계에 가둬져 포섭되지 않으려는 새로움의 투쟁을 끊임없이 이어가야 한다. 이것이야말로 시적인 것을 간직하고 계속해서 일깨우는 본령이다. 더불어 공직자들이 서로 영혼의 다양한 모습을 비춰보도록 응원함으로써, 시적인 것의 넉넉한 포용력과 또 무한한 열림으로의 가능성을 지각하도록 독려해야 한다. 부디 공직사회를 얽매는 틀 속에 갇혀 죽은 영혼에게 생명을 되돌리는 시의 임재(臨在)가 이루어지길 갈망한다(남유랑, 2018). 시를 위시하여 문학의 본령이 타자들을 감싸 안는 부드러움과 너그

러움에 있다는 것을 도외시하지 말아야 한다. 그래야 영혼 있는 관료와 죽은 정부의 부활에 의미가 부여될 것이다.

한국에서 많은 젊은이들이 공무원을 지망하고 있다. 나랏일 자체에 열정과 사명감을 갖기보다 정년보장에다 예측가능한 안정적 직업이라는 점이 커다란 유인동기다. 대부분 공직에서 독창성을 찾기 어렵고 반복적 업무위주의 따분한 생활을 짐작하면서도 그저 타협하는 셈이다. 또한 때론 동조과잉을 넘어 부조리와 불의에 대한 침묵을 강요한다. 수상한 침묵을 강요하며 일방적 훈계와 지시가 타자의 입을 막는 사회에서 발명과 창의가 발생할 수 없다. 어떤 상황이나 형태로든 심지어 전체 인류 가운데 단 한 사람이 다른 생각을 가지고 있다고 해서 그 사람에게 침묵을 강요하는 것은 옳지 못하다. 이는 그 사람이 자기와 생각이 다르다는 이유로 나머지 사람 전부에게 침묵을 강요하는 것만큼이나 용납될 수 없다. 그렇다면 정말 정부 일이 따분하고 활기가 없을까? 그렇지 않다. 용기와 상상력, 그리고 지속적인 노력만 있다면 정부조직 안에서 얼마든지 변화와 도전을 실현할 수 있다.

그러한 시대가 과연 있었을까? 그래서 가끔 타임머신을 타고 과거로 갈 수 있다면 어느 시대로 갈 것인지 상상한다. 과연 가고 싶은 시기가 있는 것일까. 역사지식이 일천한 탓이기도 하지만 과거에 대한 부정적 교육을 받아온 때문도 있을 터. 하지만 필자는 주저함 없이 조선시대 세종대왕 시절이라고 답하고 싶다. 백성을 사랑하는 지도자가 있었기에 민초로서 행복하지 않았을까? 라는 생각 때문이다. 사실 한국은 창조적이면서 효과적인 정책을 펼쳐온 전통을 갖고 있다. 가령 세종대왕의 통치철학은 도덕원리에 충실한 윤리적 행정시스템에 기반을 뒀다. 지루하고 비효율적인 집단이라 비판을 받지만 그래도 본질에서는 민생과 공공이익에 전념하였다.

정부에 새 피를 수혈해야 한다. 변화를 갈망하는 젊은이들이 공직에 입문하여 저 출산, 일자리창출, 빈부격차 등 도전적 과제를 해결하려면 공직문화를 바꿔야 한다. 비록 가장 낮은 지위에 있더라도 잘 조직된 젊은이들이라면 정부운영방식을 바꾸고 쇠퇴한 공동체정신을 되살릴 수 있다. 죽은 세포를 그대로 두면 새살은 결코 돋지 않는다. 불합리한 관행과 절차를 깨트리는 것만으로 공직사회의 획기적 변화를 위한 긍정적 압력이다.

　정부조직 및 행정현장에서 부조리, 비리, 비능률은 전례(前例) 또는 관행(慣行)이라는 이름으로 합리화된다. 오래전부터 해오던 일을 그대로 한 것이라는 뜻이다. 그렇기에 무엇이 잘못인지에 대한 인식조차 없다. 일종의 도덕관념의 마비다. 물론 어느 조직이건 어떤 일에 대해 으레 그렇게 하는 방식이 있다. 누구나 용인할 뿐만 아니라 아무도 잘잘못을 따지지 않는다. 그게 일하기도 쉽고, 조직이나 개인에게도 이익이 되기 때문이다. 이런 관행들은 적게는 수년, 많게는 수십 년 동안 해오던 방식이다. 그렇다 보니 문제의식이 점점 사라져 결국에는 한 줌의 거리낌조차 남아 있지 않게 된다. 누군가 잘못됐다고 느끼더라도 일부러 외면해 버리게 된다. 이제 관행을 끝내야 할 때다. 뿌리부터 잘라야 한다.

　정부를 구성하는 세포는 공무원이다. 개별 공무원이 건강하고 건전해야 정부가 건강하다. 먼저 젊은이들이 사회변화에 실질적으로 참여할 수 있는 공론 장을 마련해야 한다. 정책, 기술, 인구통계 및 기타 업무관련 주제를 스스로 탐구하도록 장려해야 한다. 철학, 역사학, 윤리학이나 문학 읽기를 포함한 인문학적 교육을 공무원의 중요 일과로 삼도록 배려해야 한다. 윤리적 인식과 지적 정보를 겸비한 인재양성에 노력해야 한다. 젊은 공무원의 업무시간이 고위공무원을 지원하는 업무로 채워져서는 곤란하다.

　보건복지부장관이나 건설교통부장관, 행정안전부장관, 소방방재청장 때문에 행복해하기보다는 사회복지사, 버스기사, 경찰관, 소방공무원 때문에 기쁨과 행복을 느끼는 사람이 더 많다. 그들도 국민이기에 행복해야 한다. 일선공무원이 업무과중으로 인한 사기저하는 막아야 한다. 실례로 2013년에 복지최전선의 사회복지전담 공무원 4명이 잇달아 자살했다. 기초노령연금 1,119명, 장애인 1,039명, 양육수당 447건, 일반보육료 517세대, 유아학비보조 385세대. 자살한 공무원 1명이 담당했던 업무량이다. 엄밀히, 동료와 같이 국민기초생활수급자 2,405세대도 담당했다. 행복한 삶을 의미하는 복지인데, 죽은 공무원은 시민행복을 위해 힘썼지만, 정작 자신의 삶은 행복하지 않았다. 한국복지의 슬픈 민낯이 드러난 사건이다.

## 존중받아야 할 현장 공무원

임용된 지 2개월 된 경남 김해시 소속 사회복지사 공무원이 자신이 살고 있는 아파트에서 뛰어내려 중태에 빠졌다. 유서형식의 메모에는 "지옥 같은 출근길"이라는 내용이 담겨있었다. 사회복지사로 2018년 4월초 임용돼 김해지역 한 주민센터로 발령받아 2개월가량일 해왔다. 그는 사고 당일 하루 특별휴가를 받은 상태였다. 집에 있던 가방 안에서 발견된메모장에는 "지옥 같은 출근길. 사람마다 속도의 차이는 있는데 냉정한 사회는 받아들여주질 않는다. 사랑하는 엄마 미안해. 사회복지사의 인권보장이 시급하다"라는 유서가 있었다(경향신문, 2018년 5월 31일자).

또한 청년층 목소리가 국가정책 결정과정에 스며들어야 한다. 개혁을 성공적으로 수행하는 게 쉽지 않다. 하지만 도덕을 중시하는 정부에서 젊은 공무원들의 혁신적 잠재력을 일깨운다면 분명 기회는 있다. 또한 상처받은 사람들, 비통한 사람들이 강력한 시민공동체를 만들어 공적 세계로 나가야 한다. 이러한 공적 세계는 소신을 갖춘 공인을 필요로 한다. Socrates는 "나 자신과 불일치하는 것보다는 전 세계와 불화하는 것이 더 낫다"고 했다. 이처럼 가능한 한 신념과 소신, 원칙과 옳음의 기준에 따라 행동하는 공직자가 득세해야 한다. 실력있는 리더, 똑똑한 개인보다 공공의 이익을 우선시하는 용기를 갖춘 공인으로 충만해야 한다.

진실에 직면하고 명랑하게 살기. 운명을 사랑하면서, 무매개적인 기쁨으로, 어린아이처럼 살기. 그러나 운명을 사랑하라는 것은 순종과 굴종을 의미하지 않는다. 운명을 사랑하며, 춤추며 사는 삶, 자기 삶의 끝까지 쫓아가서 그 심연의 무시무시한 디오니소스적 고통을 온 몸으로 살아내는 인간, 찢기고 찢기지만 계속 부활(생성)하는 인간. 그러니까 계속 생성하는 인간은 운명을 사랑할 만한 것이되도록 구성하는 인간이기도 하다. 가볍게, 경쾌하게.

현대 민주주의 사회에서 강자로서 힘의 표출은 커다란 위험성을 내포한다. 강자가 힘을 표출할 때, 혹은 강자가 자신의 지배의 권력을 소유하려고 할 때, 본의 아니게 희생이 발생할 수 있다. 이러한 희생이 사회와 약자들을 위한 것이라는 것, 즉 인간의 총체적인 발전에 도움을 줄 수 있다는 정당성이 확보되지 않는 한 강자가 자신의 힘을 발휘하려고 할 때 수많은 저항에 직면할 수 있다. 정부에 만연한 획일화, 표준화, 코드화에 대한 저항은 인류 평등에 대한 표준화에 대한 저항이다. 그리고 인간에게 동등한 권리가 있다는 획일화에 대한 저항이지 모든 코드화에 대한 탈 코드화는 아니다(박성진, 2006).

개인이든, 정부든, 사회든 서로 타인의 도움을 필요로 하는 나약한 존재다. 전능함과 완전함의 추구가 공적·사적 측면에서 많은 불행을 초래해 왔다. 어쩌면 인류는 이상이나 모형으로 세운 완벽한 인간성, 한 치의 빈틈도 허락하지 않는 이상사회를 전제하고서 이에 결핍된 자, 어떤 정상성에 부합하지 않거나 표준에 어울리지 않는 자를 선별하여 낙인찍고 추방하면서 불행을 자초했는지 모른다. 한계와 불완전성을 인식하고 과도한 완벽주의 경계해야 한다. 한 사람의 경험 속에는 때때로 이해할 수 없고 가닿을 수 없는, 익명인 채로 남아 있는 감정이 있다. 그 사람은 자신이 실제로 그 순간에 어떤 느낌인지, 무엇을 필요로 하는지 모른다. 그럴 때는 단순히 그 내면의 신비를 존중해주는 것이 지원일 수도 있다. 달리 도울 방법을 찾을 수 없기 때문이다. 그럼에도 어쩔 수 없이 강자의 도움과 지원이 필요하다.

진정한 강자란, 타인을 억압하여 자기의사를 관철하는 자가 아니다. 책임의식을 갖고 부조리, 무책임, 비리, 불의 등에 대한 강한 저항과 반발, 반동의 힘과 의지가 충만한 자다. 강한 정부는 공익, 정의, 공의를 지키려는 의지가 충만한 정부다. 여기서 강함이란 스스로의 강인함과 강고함을 갖고 선의를 끝까지 지켜내는 힘이다. 누구든 세상에 태어났을 때 주어진 책임은 무엇일까. 자아실현 또는 자기완성이다. 궁극적으로 인격의 완성으로 이어지기 위해 끊임없이 배우고 많은 일을 해야 한다. 또한 주어진 책임은 누구에게나 있다. 게으르거나 삶의 가치를 모르는 사람은 그것을 고생이라고 여긴다. 하지만 인간됨을 사랑하고 값있는 인생을 원하는 사람은 그것을 즐거운 인생의 의무라고 생각한다. 더 강한 사회와 정부를 만들기 위하여 위대한 공직자가 포함되어야 한다. 결코 평탄하거나 쉽지 않다. 그 위험성을 넘어야 한다. 강자는 강자로서 강자의 고귀함을 유지하는 것에 대한 의무를 감당해야 한다.

이것은 통치자, 고위공직자에게 요구되는 책임감이며 Fredrick Appel(1999)는 Noblesse Oblige에 견주었다. 고귀한 신분에 상응한 윤리적 의무와 책임이다. 귀족은 귀족답게 행동해야 한다는 도덕적 규범이 담긴 프랑스속담으로, 명예(Noblesse)만큼 의무(Oblige)도 다해야 한다. 마치 Leonardo da Vinci(1452~1519)의 고백처럼 고귀한 책임의식이 감동적이다. 그는 "내가 해 온 일이 내가 할 일에 못 이르렀기 때문에 나는 신과 인류에게 죄를 졌다"고 술회하였다. 미술, 건축, 과학, 의학 등 여러 방면에서 탁월한 업적을 내며 르네상스의 꽃을 피웠음에도, 당위적 책임의 원칙에 비추어 여전히 행위가 돼야 할 많은 것을 행하지 못했다는 책임감이 돋보인다.

무릇 공동체의 지도자에게 누구보다 강한 용기, 희생정신, 무거운 책임감이 요구된다. 특히, 한국에서 제왕적 대통령을 정점으로 한 정부는 행정의 관료화·비대화를 해소하고, 공공서비스와 정책의 품질과 품격을 높이는 데 역량을 쏟아야 한다. 이와 더불어 약자에 대한 책임도 요구된다. 공·사 구분 못하고 성숙한 시민정신이 결여된 공직자들은 공동체이익과 질서유지를 위해 강력하게 처벌해야 한다. 또한 폭염 속에 공공재인 119구급차를 악용하는 악성신고자들처럼 공동체이익보다는 공짜를 바라는 천민근성의 시민의식도 사라져야 한다.

## 사라져야 할 천민근성의 시민의식

2017년 7월 전남 보성소방서에 다급한 목소리로 "배가 너무 아파요. 빨리 좀 와주세요." 119신고가 들어왔다. 벌교 119안전센터에서 하나밖에 없는 구급차가 출동했다. 신고자 김씨는 구급차에 탑승하더니 한사코 "전남대병원으로 가야한다."고 주장했다. 1시간 이상을 내달려 전남대병원 응급실에 데려다줬다. 병원에 도착하더니 "이제 배가 아프지 않은 것 같다"고 하더니 시내로 사라졌다. 시외(市外)에 나가기 위해 119를 콜택시처럼 이용했다. 이 외에도 서울지역의 소방서상황실 관계자는 "출동할만한 상황이 아니라고 타일러도, 생떼를 쓴다."며 막무가내로 '나 지금 죽는다.'면 어쩔 수 없이 출동할 수밖에 없다"고 말했

국민이 갈망하는 인공지능정부

다. 거절할 경우, 되돌아오는 보복민원도 소방관들을 위축시킨다. 소방청에 따르면 2017년 기준 4만 8,137명의 비(非)응급환자가 119에 신고했다. 위급한 상황이 아닌데도 공짜라는 이유로 구급차를 부른 것이다(조선일보, 2018년 8월 2일자).

정책이란 필요성이 제기될 때 실행가능성을 우선 검토해보고 당장 추진할 여건이 안 되면 채택하지 않을 수 있다. 하지만 검토조차 하지 않는 것은 너무 안이했다. 헌법 제10조에 모든 국민은 행복을 추구할 권리가 있다고 규정돼 있다. 정부가 폭염에 치이고 전기요금에 가슴 졸이는 국민들을 생각했다면 전기요금인하 문제를 경제논리가 아닌 에너지복지 차원에서 접근해야 했다. 많은 국민은 전기요금 폭탄을 우려해 에어컨을 켜지 않고 폭염을 견뎌야 했다. 지난 2018년의 폭염은 111년 만에 최고 기온을 기록할 정도로 재난에 가깝다. 당연히 정부도 예년과 달리 모든 가능성을 열어 놓고 특별대책을 강구했어야 했다. 에어컨을 켜는 게 사치가 아니라 생존을 위한 필수다. 비슷한 폭염에 시달린 일본은 오히려 정부가 국민들에게 돈 아끼지 말고 에어컨을 켜라고 당부하고 있지 않은가. 똑같은 정부인데 왜 그렇게 다른가.

재난을 포함해 위기대응의 핵심은 타이밍이다. 정부가 폭염을 예상하고 미리 대책을 마련하지 못했다. 많은 사망자와 온열질환자를 내고 난 뒤 한낮 작업 중지, 전기료 누진제 제한적 폐지 또는 완화, 긴급 공공피난처 마련, 폭염에 대한 자연재난 규정 등의 뒷북대책을 내놓았다. 폭염이 몰고 올 파장을 간과했다는 방증이다. 폭염이 한반도를 습격하기 전에 최악의 폭염이 닥칠 것을 예측하지 못했다. 예측을 하지 못했더라도 적어도 최악의 상황 발생에 대비해 관련 부처와 기관들이 각각, 그리고 합동으로 대응해야 했지만 그러지 못했다.

물론 1등 국가 미국의 손꼽히는 대도시 시카고에서도 폭염에 의한 사회적 참사가 발생했다. 1995년 7월 기온이 41도까지 치솟고 체감온도는 52도에 달했으니 푹푹 찌는 날씨이긴 했다. 하지만 더워서 700여명이 숨진 건 말도 안 되는, 어처구니없는 일이었다. 우선 폭염으로 어떤 사람이 죽었는지부터 알아봤다. 몇 개의 키워드가 도출됐다. 1인 가구, 노인, 빈곤층이다. 당시 시카고를 비롯한 미국 전역에 독거노인 수가 급증하던 터였다. 이들 대부분 노인 임대주택이나 원룸주거시설에 살았다. 냉방장치는 노후하거나 부실했다.

　　수많은 사람이 잇따라 목숨을 잃는 상황에서 정부는 뭘 했을까. 정치적 이익 좇기에 동분서주했다. 폭염기간에 응급환자를 수송할 구급차와 구급대원이 부족했지만 시 정부는 제때 인력과 차량을 지원하지 않았다. 노인문제전담경찰제도 역시 제대로 작동하지 않았다. 이러한 실패는 1990년대 시카고시가 추구한 〈기업가적 정부모델〉의 영향이 컸다. 효율성을 중시하며 시민을 소비자로 대하고, 공공분야를 민간에 Outsourcing했다. 시는 저소득층 에너지지원예산을 삭감하고, 주민들이 능동적으로 신청해야만 혜택을 받을 수 있는 서비스전달체계를 만들어 수동적이고 고립된 취약계층을 방치했다. 대응실패에도 불구하고 시는 홍보캠페인을 통해 폭염기간 및 폭염이후 책임회피에 급급했다. 책임을 면하고 대중의 분노를 다른 곳으로 돌리기 위해 데일리시장은 정전사태를 초래한 전력공급 기업을 비난했다. 또한 폭염피해의 심각성을 가볍게 취급하거나 사망자수가 과장되었다고 선전했다. 시카고 수석검시관 에드먼드 도너휴가 폭염초과 사망자수를 보고하자 시 당국은 "과장하지 말라"며 늑장 대응했다. 심지어 한 관료는 죽음의 책임을 사망자 개인에게 떠넘기는 발언으로 물의를 빚었다. 시 정부의 폭염사태에 대한 부인과 침묵의 태도는 폭염이후에 재난상황에 대한 정확한 조사와 분석을 할 수 없게 만드는 부작용을 낳았다(에릭 클라이넨버그·홍경탁, 2018).

　　비록 1995년에는 실패했지만 미국 시카고의 대응은 굼뜬 한국의 중앙 및 지방정부와 달랐다. 폭염을 자연재해로 규정한다는 방침을 내린 즈음, 폭염을 극복한 시카고정부와 시민들의 이야기가 눈길을 끌었다. 비록 정도의 차이는 있지만, 1995년 시카고와 지금의 한국 상황은 닮은 구석이 많다. 도시외피를 벗겨내 폭염기간에 어떠한 제도적 장기가 고장 났는지 판단하기 위해 사회적 해부가 필요하다.

　　　　　　　　　　　　　　　　　　국민이 갈망하는 인공지능정부

## 폭염대응실패에 대한 시카고의 반성

1995년7월 폭염으로 739여 명이 사망한 시카고에 2년 뒤인 1999년이었다. 그해 사망자 수는 110여 명으로 대폭 감소했다. 시카고 폭염재난 이후의 연구결과로 사망자들은 대부분 사회적으로 고립된 사람들임을 알아냈다. 또한 그 지역의 불안한 치안문제가 고립의 주된 원인임을 파악했다. 준비된 사람들에게 자연재해는 더 이상 속수무책의 재난이 아니었다. 시카고에 폭염이 다시 찾아왔을 때 34곳의 Cooling Center를 설치하고 Cooling Center까지 운행하는 무료 셔틀버스를 시민들에게 제공했다. 이동이 불편한 사람들을 일일이 가정방문해 건강상태를 확인했다. 폭염의 사회적 원인을 찾아 대책을 마련한 행정기관과 이에 협조한 시민들이 이룬 값진 성과였다.

Heidegger는 말했다. 죽음에 대한 자각만이 실존을 회복할 수 있다고. 정부는 죽음의 자각으로 스스로 유한한 존재임을 깨닫고 진정한 정부의 삶을 살아야 한다. 죽음은 자신 이외에는 누구도 대체할 수 없는 구체적이고 유일한 극적 상황이다. 인간사 모든 일이 불확실하지만 단 한 가지 확실한 것은 누구든 언젠가는 죽는다는 사실이다. 하지만 대부분 사람은 죽음에서 벗어나려 한다. 이 때문에 자기 삶의 주인이 되지 못한다.

불의, 비효율, 무능의 지배에 놓여 있는 세계로부터 떨어져 나온 유한하고 고독한 세계, 그곳이야말로 본래 정부가 지향해야 할 세계이며 그곳에서 비로소 정부의 존재의미를 찾을 수 있다. 죽음에 용기 있게 맞서면서 본래의 가능성을 자각하는 것이 정부실존을 찾는 길이다. 정부를 구성하는 세포, 공직자는 현실적이되 비관에 매몰되지 않고, 인간적이지만 지나친 긍정에 도취되지 않는다. 분별력 있고 현실적이면서 친절을 잃지 않으며, 가진 것에 안정감을 느끼고 즐겁게 살며 자신과 주변을 꼼꼼하게 살펴야 한다.

Ken Wilber가 〈무경계〉에서 통찰했듯 사실 지금 이외 다른 시간이란 결코 존재한 적이 없으며 결코 존재하지도 않는다. 무경계의 시간을 자각하는 순간, 지금 이 순간은 시작도 끝도 없이 영원한 하나로 펼쳐진다. 영원한 현재, 그 하나로 존재하고, 미래와 과거의 대립이 사라지는 자유를 얻는다. 그리고 지금 살고 있는 삶을 죽는 그날의 나, 마지막으로 세상을 바라보는 내가 되어 바라본다면 진정한 삶의 풍경들이 되살아나지 않을까. 그러면 지금 살고 있는 현재의 순간에 최선을 다할 수밖에 없다. 미래의 꿈이라는 불확실한 목적 때문에 순간을 잃어버리고 생을 망칠 순 없다. 또한 진정한 사랑이란 누구나 할 수 있는 아는 이들에 대한 사랑이 아니다. 그 한계를 벗어나 모르는 타인을 사랑할 때 실현되는 것 아닐까.

진정한 관계의 본질은 두말 할 나위 없는 사랑이다. 삶은 곧 사랑이라고 해도 과언이 아니다. 따라서 사랑을 잃어버린 삶은 살아 있어도 죽은 것, 영적 죽음이다. 반대로 죽음 같이 절망적인 삶도 사랑으로 되살아날 수 있다. 정부를 덮고 있는 영적 부감각, 무감동, 무기력으로부터 어떻게 벗어날 수 있을까? 사랑을 만날 때 가능하다. 접촉(Touch)에서 치유가 시작된다. 손을 댈 때 마음을 열 때 막혔던 관계가 열리고 소통이 시작된다. 관계를 통한 치유랄까. 사랑은 손을 맞잡고 상대의 아픔을 함께 나눈다. 모든 관계의 회복은 소통에서 시작되며 소통은 공감에서 비롯된다. 아프고 가난하고 외롭고 서러운 사람들의 편에서 행정서비스와 정책을 펼치며 위로해야 한다. 다름 아닌 사랑으로. 스스로 부서지지 않고는 아무도 사랑할 수 없다. 사랑도 제 맛이 들게 참고 기다리는 법을 배우고 익혀야 한다.

### 배추 속 같은 12월

"하얀 배추 속같이/ 깨끗한 내음의 12월에/ 우리는 월동 준비를 해요// 단 한 마디의 진실을 말하기 위해/ 헛말을 많이 했던/ 우리의 지난날을 잊어버려요// 때로는 마늘이 되고/ 때로는 파가 되고/ 때로는 생강이 되는/ 사랑의 양념// 부서지지 않고는/ 아무도 사랑할 수 없음을/ 다시 기억해요// 함께 있을 날도/ 얼마 남지 않은 우리들의 시간// 땅속에 묻힌 김장독처럼/ 자신을 통째로 묻고 서서/ 하늘을 보아야 해요// 한겨울 추위 속에/ 제 맛이 드는 김치처럼/ 우리의 사랑도 제 맛이 들게/ 참고 기다리는 법을 배워야 해요."

- 이 해 인

한국에서 쌍 천만으로 관객 몰이했던 〈신과 함께〉라는 영화의 저승 법에 의하면, 모든 인간은 사후 49일 동안 7번의 재판을 거쳐야만 한다. 살인, 나태, 거짓, 불의, 배신, 폭력, 천륜 7개의 지옥에서 7번의 재판을 무사히 통과한 망자만 환생하여 새로운 삶을 시작할 수 있다. 그런데 어쩌나 7가지 모든 것에서 자유롭지 못한 정부, 과연 무엇으로 환생할 수 있을까? 바로 사랑 아닐까. 진정한 사랑은 종교에서 경험하듯 고통과 고난을 감수하고 감내한다.

그래서 Karl Marx(1818~1883)는 〈헤겔법철학 비판서문〉에서 이렇게 썼다. "종교적 고난은 현실적 고난의 표현인 동시에 현실적 고난에 대한 항의다. 종교는 억압받는 피조물들의 한숨이며, 심장 없는 세상의 심장이고, 영혼 없는 상황의 영혼이다. 종교는 인민의 아편이다." 사악한 통치자들이 우민화(愚民化)를 위해 투약하는 마약이 아니다. 오히려 Marx는 가난하고 핍박받는 사람들에게 종교가 드리워주는 거룩한 위안의 의미를 깊이 새겼다. 그래서 Francis Wheen은 〈마르크스평전(Karl Marx: A Life)〉에서 국가가 그들의 눈물과 탄원을 들어주지 못하는 상황에서 국가보다 더 큰 권위자인 신에게 호소하는 것이라고 강변했다.

하지만 Albert Camus(1913~1960)가 〈안과 밖〉에서 결론 내렸듯 어처구니없는 상황에서 벗어나기 위해 인간적이지 못한 신의 구원을 기대하는게, 미래나 영원에 대해 희망이나 기대를 갖지 않는 것보다 차라리 낫겠다. 다만 나는 바로 지금, 바로 여기의 삶에 충실할 것이다. 삶에 대한 절망이 없이는 삶에 대한 사랑도 없다. 사랑하는 것에는 한계가 없다. 전체를 다 포용할 수만 있다면 껴안는 방법이 서투른들 어떠랴. 비록 거칠고 고단한 삶이지만 물집과 굳은살들의 시간이 모여 사랑이 다져지고, 뒤척이고 훌쩍이는 밤들이 모여 인생을 만드는 거라고. 인간이든 정부든 연민과 예의, 용서가 없는 단죄는 또 다른 악(惡)을 불러올 뿐이다. 더구나 무관심은 최악의 태도다. 분노할 일에 분노해야 한다. 단, 거룩하고 정확하게 표현해야 한다. 그래서 그 어떤 권세를 누리고픈 자가 무시하고자 해도 결코 무시할 수 없는 당연한 질서를 만들어야 한다. 바위라고 해서 물로 구멍을 뚫을 수 없는 건 아니다. 한두 방울의 물이라면 바위 사이사이에 나 있는 조그만 틈에 고이는 정도겠지만, 그 물방울들이 오랜 시간을 거쳐 물줄기를 이룬다면 바위는 틀림없이 처음과는 다른 생김새가 될 것이다. 깎여나가고, 바뀔 것이다(김승희, 2014; 한겨레신문, 2018년 8월 23일자[6]).

 ## 솟구쳐 오르기 l

> "억압을 뚫지 않으면/억압을/억압을/억압을// 악업이 되어/ 악업이/ 악업이/ 악업이// 두려우리라// 절벽 모서리에 뜀틀을 짓고/ 절벽의 모서리에 뜀틀을 짓고/ 내 옆구리를 찌른 창을 장대로 삼아/ 하늘 높이/ 장대높이뛰기를 해보았으면// 눈썹이 푸른 하늘에 닿을 때까지/ 푸른 하늘에 속눈썹이 젖을 때까지// 아, 삶이란 그런 장대높이뛰기의 날개를/ 원하는 것이 아닐까,/ 상처의 그물을 피할 수도 없지만/ 상처의 그물 아래 갇혀 살 수도 없어// 내 옆구리를 찌른 창을 장대로 삼아/ 장대높이뛰기를 해 보았으면/ 억압을 악업을/ 그렇게 솟아올라/ 아, 한 번 푸르게 물리칠 수 있다면"
>
> - 김 승 희

사랑의 말은 발화되지 않으면, 바람이 없을 때 죽는 바람개비처럼 고개를 숙이고 쿨쿨 잠잘 뿐이다. 사랑한다는 말이 사랑을 비로소 현실로 만든다. 사랑한다는 말은 이미 있는 현실 속의 사랑을 묘사하는 말이 아니라, 사랑을 창조해 내는 말이다. 사랑의 말도 말해지는 순간 비로소 현실이 된다. 현실이 된다는 것은 무슨 뜻인가? 바로 말하는 사람을 구속하는 법으로서 효력을 지닌다는 뜻이다. 사랑의 말 역시 그렇다. 사랑한다는 말은 말하는 자에게 사랑에 전념하는 자가 될 것을 약속하라고 강요한다. 장롱 안에서 쿨쿨 잠자며 안전하게 보관된 금 덩어리 같은 것이 아니다. 오로지 입 위에 올려놓을 때 사랑은 비로소 현실이 된다. 사랑은 죽기 쉬운 생명체인 듯 끊임없이 발화로 숨결을 불어넣어 주어야만 살아 있다. Nietzsche는 그랬다. 사랑하고 있을 때 사람들은 다른 어떤 때보다도 훨씬 더 잘 견디어 낸다. 즉, 사랑이라는 이름으로 모든 것을 감수하는 것이라고.

20세기 최고의 역사가 Will Durant(1881~1981)는 신은 낮은 곳에 있어야 한다

---

6) 양경언의 시동 걸기, 억압을 푸르게 물리칠 시간.

고 믿었다. 그렇다. 정부도 행정학도 역시 낮은 곳에 있어야 한다. 탁상이나 상아 탑 속의 정책이나 지식이 아니라 모든 사람들이 읽을 수 있고 이해하며 느낄 수 있어야 한다. 공직자마음은 그늘진 곳의 약자에게로 가서 닿아야 한다. 가끔 그들에게 삶은 심한 안개처럼 한 치 앞 보이지 않는다. 도로의 화살표를 살피며 "어디로 가야 할까?" 마치 흑백사진처럼 인생의 기로, 고비에 서는 날들 수없이 많다. 하지만 정부가 함께여서 두렵지 않은 것, 그게 사랑으로 느껴지도록 다가가야 한다. 메마른 정부에게 사랑이 절실하다. 세상에 사랑만큼 아름다운 게 어디 있을까. 셰익스피어는 그랬다. 사랑의 힘은 태산보다 강하고 황금보다 빛난다고. 사랑은 짐승을 인간으로 만들기도 하나, 인간을 짐승으로 만드는 것도 사랑이라고.

왜, 신은 불의와 악을 즉각 심판하지 않는가? 왜, 인생의 고통은 빨리 제거되지 않는가? 그 이유는 악이나 고통을 허용함으로써 인간이 돌이킬 수 있는 기회를 제공하기 위함이 아닐까. 악과 고통은 역설적으로 신을 만날 수 있는 계기를 제공한다. 잘못할 때마다 즉시 처벌한다면  돌이킬 기회가 없다. 신은 때때로 악하고 고통스러운 일을 통해 돌이킬 수 있는 기회를 주신다. 인간에게 고통이 없다면 신을 찾지 않는다. 어려움과 고난이 있다는 것은 신을 만날 수 있는 기회라고 볼 수 있다. 나아가 악을 허용함으로써 인간을 성숙하게 만든다.

포스트모더니티의 선구자 Nietzsche는 국가와 시민사회, 과학과 교육 그리고 기독교 등에 대한 근본적이며 철저한 비판과 대안을 모색하였다. 근대세계는 정치적, 경제적 그리고 사회적 삶의 영역이 예술과 문화영역을 예속, 지배함으로써 거리와 고귀함의 파토스에 기초한 귀족주의적 개인주의 대신 데카당스하고 허무적 인간과 행위유형이 만연하였다고 일갈했다. 중요한 것은, 근대세계와 인간주체의 해체가 아니다. 합리주의적이고 계몽주의적인 근대세계와 왜소해진 근대적 주체를 디오니소스적이고 미학적인 세계와 주체로 대체하고자 했다. 그의 철학은 근대세계의 디오니소스적－미학적 갱생을 지향하는 지적 모험이다. 철저한 부정인 동시에 긍정이며, 철저한 가치비판이며 파괴인 동시에 철저한 가치정립이자 창조였다.

흔히 시인이나 예술가의 아름다움과 위대함은 무엇 때문일까? 무생물에게 생명을 불어넣기 때문이다. 그 생명은 언어나 형태로 재탄생한다. 그리고 예술가는 왜 예술가인가? 관념세계를 그림으로, 조각으로, 노래로 현 실태가 되도록 창조하기 때문이다. 예술작품을 창조하는 예술가까지는 아니더라도 삶의 예술가는 될 수 있다. 삶의 예술가란, 매 순간 도취라는 고양된 기분 속에서 삶과 세계를 아름답고 충만한 것으로 경험할 수 있는 사람이다. 삶을 예술가처럼 산다는 것은 아무에게나 허락되지 않는 희열이며 대가이다. 최선을 다해 어떤 경지를 추구하며 자신만의 색깔과 개성으로 자신이 꿈꾸는 수준과 경지를 향해 날마다 부단히 노력하는, 그렇게 순수하게 매달리는 삶이다(양영은, 시사저널, 2018년 8월 31일자).

예술작품을 창조하는 예술가들 역시 진정한 예술가가 되기 위해 끊임없이 노력한다. 그래서 숙달(mastery)과 통달(artisanry), 그리고 예술가적 경지(artistry)에 이른다는 의미 아닐까. 가령 음악가에게 연습이란, 무의식적 연주상태에 이르는 과정이다. 궁극에는 4차원의 세계에 접선하는 것 같은 희열감을 느끼는 상태에의 도달이다. 달리 말해 미치는 상태다. 완전히 무의식적으로 이루어지는 부분이다. 행복이라는 봉우리만큼 고독과 극기(克己)라는 골짜기도 깊지만 아름다운 것이다. Nietzsche 역시 살아가는 데 고독이 아무런 문제가 되지 않으며, 오히려 사람은 고독할 때 가장 깨어 있고 충만한 정신을 가질 수 있다고 말했다.

예술가 삶에서 도드라지는 숭고하고도 처절한 열망의지가 범인(凡人)들의 마음으로 전해질 때 저마다 삶을 대하는 자세와 노력을 되돌아보게 한다. 인생을 얼마나 소중히 대하고 아끼며 매 순간을 정련(精練)하여 살아가야 하는지. 비단 예술가는 아니더라도 누구든 예술가처럼 사는 삶이란 주어진 환경과 재능에 한정되지 않는다. 공직자로서 삶의 예술가로 살아가는 것이란, 공직 삶을 사랑할 뿐만 아니라 사랑하며 살아가는 것이다. 공직을 천직으로 여기며 살아가는 공직자들의 삶이 정부모습에 투영될 때 행정이든 정책이든 예술처럼 느껴지지 않을까.

국민이 갈망하는 정부
## 왜? 인공지능정부인가!

" 창조의 뼈대는 사랑이다.

— Walt Whitman(1819~1892) — "

# 정부, 사랑 그리고 창조

# Chapter 02

# 정부, 사랑 그리고 창조

## 문제의식과 초점

정부와 국민 사이에 가장 절실한 게 무엇일까? 사랑 아닐까. 행정은 사랑으로 실천하되 공명·정대해야 한다. 환경, 국방, 치안서비스 등은 마치 햇살, 산들바람, 공기처럼 생존에 필수적이기에 누구에게든 차별 없이 아낌없게 제공되어야 한다. 하지만 주택, 교육, 복지서비스는 공급이 제한되어 있어 공정해야 한다. 공적 가치는 반드시 수요-공급 원리에 의해 움직이지 않는다. 공공서비스 수요자의 만족에 의존한다. 행정서비스와 정책현장은 인술(仁術)이 펼쳐지는 장(場)이다. 소위 인공지능이 범접하지 못하는 판단과 창의의 영역이다. 또한 정책은 심리다. 정책에 의해 심리가 살아나지만 냉각되기도 한다. 공직자심리가 정책에 커다란 영향을 미친다. 정책가치에 관료와 참여국민의 욕구가 반영되기 때문이다. 가령 17세기 네덜란드의 튤립파동, 1929년 미국의 대공황, 2000년 정보기술(IT) 버블붕괴 등이 대표적 사례들이다. 인간 활동이 반드시 합리성에 기초하지 않음을 드러냈다. 특히 경제주체의 심리가 특정사건에 좌우되면 시장이 왜곡될 수 있다. 거꾸로 심기나 심리가 정책을 움직인다. 고위층이나 다수국민이 기대하는 방향으로 정책이 결정되거나 중단, 폐기되기도 한다. 정책수요자 심리가 수용적이어야 정책순응이 높아지고 의도한 정책효과를 얻을 수 있다. 하지만 정책에 대한 반발이나 거부심리가 강하면 정책집행이 좌절된다. 의도한 정책성과와 가치창출을 도모하고 싶거들랑, 공직자여, 민심을 묘파(描破)하라. 리얼하고, 민감하게.

## 제1절 행정, 사랑이 먼저다.

### 1. 진심에 꽂히는 민심: 행정의 참뜻

해마다 5월이 되면 하얀색 편지봉투가 어김없이 배달된다. 가정의 달 또는 사랑의 달 5월이라 그런지 맘 설레게 한다. 나를 잘 아는 데서 보낸 서신이다. 내 신상은 물론 일거수일투족 지난날 내가 무엇을 했는지 꿰뚫을 정도로 관심도 많다. 심지어 나에게 존경하고 책임지겠다며 아름답단다. 일종의 구애편지에 가깝다. 도대체 뭘까? 다름 아닌 '정직하고 성실한 납세로 사랑을 실천해 달라'는 국세청발신의 〈개인종합소득세신고 안내장〉이다.

편지를 받는 순간 설렜던 기분이 개봉하면서 씁쓸하다 못해 불쾌하다. 발신자인 국세청은 지난 3년간(2017~2019) 청렴도 하위권(국민권익위원회의 18개 조사대상 기관 중 17~18위)에다 세무조사 권력을 악용하며 비리로 얼룩진 모습을 지녔다. 사랑한다고 말하기 전에 사랑스런 존재로 거듭나는 게 먼저 아닐까.

사랑. 인간이 숨 쉬는 곳, 어디든 있다. 마치 공기처럼. 누구나 사랑을 들이쉬고 내쉬듯 살아간다. 하지만 진정한 사랑을 아무나 할 순 없다. 사랑이란? 한마디로 규정하기 어렵다. 아무것도 아닌 게(nothing) 아니라 모든 것(everything)이다. 쉬운 듯 어렵고 편한 듯 힘들며 기쁜 듯 아프기 때문이다. 하지만 많은 사람의 사랑을 받는 가곡 〈사랑〉에 담겨있듯 애타는 마음 아닐까. 사랑만큼 우리가 간절히 원하면서도 그 실체가 뭔지 정확히 알지 못하는 게 또 있을까. 흔하디흔하게 넘치는 사랑이건만 국민 삶의 공간 중 하나인 행정현장에선 사랑이 희박하다. 홍수에 물이 넘치지만 정작 마실 물 없는 것처럼.

국민이 갈망하는 인공지능정부

## 사랑이란?

"탈대로 다 타시오 타다 말진 부디 마소. 타고 다시 타서 재 될 법은 하거니와 타다가 남은 동강은 쓸 곳이 없소이다. 반 타고 꺼질진대 이제 타지 말으시오. 차라리 아니 타고 생나무로 있으시오. 탈진대 재 그것조차 마저 탐이 옳소이다."

- 이 은 상

정부와 국민 간 관계는 가족처럼 비유될 정도로 사랑이 절실하다. 가령 민초가 사랑에 빠지면 목숨까지 바친다. 나라 위해 목숨 던진 애국선열의 사랑은 단박에 느껴진다. 정부가 국민생명과 재산보호에 안간힘 쓴다면 어느 누구라도 나라 위해 생명을 초개(草芥)처럼 던지지 않을까. 이러한 애국심은 국난 시 참여의향이나 납세에 대한 반응으로 알 수 있다. 가장 흔하고 연약하지만 끈질긴 생명력을 지닌 풀에 비유되는 민초에서 정책영감을 캐야 한다. 서로 겹쳐 무성한 초록을 만드는 풀잎은 짙은 그늘을 드리우듯 사람끼리의 감정도 자꾸 엉키고 덧대어지면서 정이 붙는다. 자신을 넘어 타인, 지역, 국가를 위해 정을 쏟아낸다.

만일 한반도에서 전쟁이 발발한다면 어떻게 할까? 국민의 72.1%가 나라를 위해 싸우겠단다.[1] 50대에서 83.5%로 가장 높았고, 60대 이상이 81.5%로 뒤를 이었다. 진정 그럴까? 가정이나 사회에서 점점 힘을 잃으며 심각한 삶 사는 5~60대다. 혹여 욱하는 마음에 이렇게 살 바에 차라리 전쟁터나 가겠다는 웃기며 슬픈 현실도 감춰져 있지 않았을까. 반면 20대는 50.7%, 30대는 59.6%로 나타났다. 젊은이들의 병역기피는 박약해지는 애국심을 반영한다.[2]

사랑하면 가진 재물 아끼지 않는다. 간혹 면피용이나 둔갑용으로 재산국가헌납이 운운됐다. 하지만 국난 때 나라를 사랑했던 민초들은 목숨과 재산을 아낌없

---

1) 국가보훈처가 2015년 11월 전국 15세 이상 남녀 1천 명을 대상으로 <2015 나라사랑 의식지수> 설문조사 결과임.
2) 끊임없는 공직사회의 불협화음과 추문, 꼴불견. 특히, 신성한 국방의무를 다하기 위한 남의 귀한 자식을 머슴 부리듯 한 망동을 보면 헬 조선 외치며 세상을 리셋하고 싶어 하는 젊은이가 늘어가는 상황이 반드시 젊은 세대 탓으로만 돌릴 수 없다.

이 던졌다. 어느 나라 역사나 마찬가지이듯, 결국 나라를 지키는 건 왕이나 위정자가 아닌 민중들이었다. 의병활동, 독립운동, 국채보상운동, 금모으기운동, 국산품애용운동, 독립군군자금 등에 사재를 털었던 영웅들이 그들이다. 물질 있는 곳에 마음 있다고 나라사랑은 납세로 투영된다.

한국현실은 어떤가? 국민 10명 중 6명은 증거자료가 없는 현금매출이 생기면 굳이 과세당국에 신고하지 않겠다고 응답했다.[3] 2012년 조사 때 10명 중 5명에서 한 명 가량이 늘어났다. "납세는 국민의무이기에 전부 낸다."는 국민은 40.6%로 역시 2012년의 64.8%보다 크게 낮아졌다. 납세순응도가 급속도로 내리막길이다. 물론 세금만족도 설문조사에서도 세금을 흔쾌히 낸다는 비율은 10%를 넘지 않는다.[4] 이유인즉 "낸 세금에 비해 나라에서 받은 혜택이 적다"는 응답이 79.3%로 나타났다. 즉 내가 낸 세금이 낭비되고 나에게 돌아오지 않는다는 인식이 강하다. 내가 낸 세금이 나의 안전과 이익, 공익적 가치를 위해 사용돼야 하는데 특권층과 특정인의 이익을 위해 사용돼 낭비되고 있다는 정부에 대한 불신감이 강하게 작용하고 있다.

또한 근로소득자 중 세금 한 푼 내지 않는 비율이 40% 정도로 높아졌다. 전반적으로 사회가 공정하다고 인식될수록 자발적 납세행동이 증가하지만 감세, 탈세나 절세와 같은 납세회피 행동도 증가하는 것으로 나타났다. 납세라 쓰고 정부는 나라사랑이라 읽지만 국민은 세금폭탄으로 읽는 현실이다. 뒷걸음치는 납세의식 멈추기 위해 납세윤리만 강조하는 건 궁색하다. 세금납부에 대한 보람과 긍지를 심어주는 게 시급하다.

한국과 좋은 대조를 이루는 나라, 이스라엘은 병역의무에 남녀노소 가리지 않는다. 갑 질 판치는 한국군대와 천양지차다. 이미 알려진 이야기다. 미국의 한 하숙집에 이스라엘·이집트유학생이 하숙 중이었다. 중동전쟁이 발발하자 모두 사라졌다. 알고 보니 이스라엘청년은 전쟁가담을 위해 귀국했고, 이집트학생은

---

3) 한국조세재정연구원이 2015년 11월 23일~12월 16일 2,399명을 대상으로 <우리나라 국민들의 납세의식조사>결과임.
4) 한국납세자연맹 매년 실시하는 납세만족도 조사의 결과임.

징집을 피해 도망갔다. 당시 이스라엘 인구는 300만이고 이집트는 1억이 넘었는데 이집트상공에 이스라엘전투기가 항상 떠있었다. 어느 날 아랍곡사포가 이스라엘비행기를 격추시켰다. 놀랍게도 추락된 비행기조종석에 만삭의 임산부가 있었다. 결국, 이집트는 항복했다. 게다가 이스라엘은 자진납세율도 가장 높다.

오늘의 이스라엘은 어떤가? 세계에서 가장 창조력이 강한 창업(創up)국가다. 그 비결은 애민정신과 애국심의 결합에 있다. 이스라엘정부는 자국민을 끔찍이 아낀다. 국민보호를 위해서라면 망설임 없이 군사력을 움직인다. 국민정신력 못지않게 국가가 국민을 위해 할 일을 다 한다. 국민 목숨은 끝까지 책임진다. 테러에 자국민이 희생되면 꼭 보복을 감행하고, 승객이 납치되자 엔테베작전을 벌여 구출했다. 죽은 포로나 간첩의 유골까지도 반드시 조국으로 데려오겠다는 이스라엘 정부의 집념은 용감한 국민들에 대한 국가의 당연한 보호책임일 뿐이다. 정부와 국민이 서로 사랑한 결과, 순전히 자신들의 피로써 국가를 건설하고 황무지를 옥토(沃土)로 바꿨다. 이스라엘 국민에게 국가란 관념이 아니라 창조적 실체다.

한국의 모습은 어떤가? 돌이켜보면 1·21 청와대습격, 육영수여사암살, 아웅산 테러, KAL858편 폭파, 천안함 폭침, 연평도포격, 금강산 박왕자씨 피격, 서해상 공무원 피살 등 선전포고의 사유에 준하는 공격을 당하고도 북한에 대해 총한 방 쏴보지 못했다. 1987년에 납북된 동진호 선원이나 1994년 5월에 납북된 우성호 선원에 대해서도 마지못해 관심 정도만 보였다. 이러한 나약한 정부와 무기력한 국가에 목숨 아끼지 말라는 애국심을 요구하는 것은 무리가 아닐까.

나라를 사랑하는 마음, 애국심은 정부하기에 달렸다. 국민을 위한 국가지도자와 공직자의 마음가짐, 국가를 위한 국민의 마음먹기에 따라 개인과 나라의 발전과 운명이 결정된다. 어떤 마음 갖느냐에 달렸다. 진정 국민을 위하는 지도자나 관료의 마음이 국민마음에 전해질 때 창조적 역사(役事)가 일어난다. 매우 드물지만 이스라엘, 덴마크, 핀란드, 싱가포르에서는 현실이다. 하늘아래 모든 국가의 민초들이 꿈꾸는 국민행복은 공직자의 마음가짐에 달렸다. 공직이 인생의 목표가 아니라 의미 있는 일을 수행하기 위한 도구로 인식해야 한다.

거꾸로 국민마음에 따라 국가흥망도 결정된다. 국가에 의해 보호받지 못한다고 느끼는 순간, 국가를 향한 국민마음은 굳게 닫히면서 분노가 표출된다. 심지어 국가를 등지기도 한다. 실제로 1999년 11월 18일 대한민국이 버려졌다. 올림픽국가대표로 가슴에 태극기를 달고 뛰었던 ○○○씨는 "이 나라에 더 이상 기대가 없다. 둘째라도 온전히 키우고 싶다"는 말을 남기고 뉴질랜드로 떠났다. 그의 큰 아들이 〈씨 랜드〉 화재사건[5] 희생자로 1999년 6월 30일 세상을 떠났다. 당시 대부분 인솔교사들은 먼저 빠져나와 목숨을 건졌다. 사고조사과정에서 인·허가비리와 탈법운영이 드러나 업자·공무원 16명이 구속됐다.

심각한 문제는 어처구니없는 사고가 반복되고 있다. 사고가 터질 때마다 우왕좌왕, 해결되는 것은 하나 없고, 오락가락하며 갈팡지팡하는 정부모습도 예나 오늘이나 변함없다. 씨 랜드 화재, 대구지하철 참사, 충남태안 사설해병대캠프사고, 경주 마우나오션리조트 체육관 붕괴사고, 제천스포츠센터 참사 등 한국사회에 충격을 준 재난의 유가족들은 예외 없이 "우리 때와 너무 똑같다."고 말했다. 그들은 〈세월호 참사〉에 한탄하고 분노했다.

억울한 죽음이 반복되며 슬픔이 재현되고 의문도 되풀이됐다. 초기구조의 난맥, 관리·감독부실, 비리, 진상규명 불신, 허위, 정부약속 불이행…. 재난은 지나간 과거가 아니라 삶에서 현재진행 중이다. 이처럼 고질적 안전 불감증을 비롯하여 자녀교육, 취업난 등에 더하여 최악의 대기오염과 저조한 정부신뢰(연합뉴스, 2018년 1월 7일자)로 인해 한국에서 더 이상 못살겠다는 탈출행렬이 증가추세다. 이민정책연구원의 2017년 국정감사자료에 따르면 지난 10년간 대한민국국적 포기자(22만 3,611명)는 국적 회복자(2만 2,974명)의 10배가 넘는다.

이처럼 슬픔과 불신의 악순환을 끊기 위해 더 이상 똑같은 실수와 실패는 반복하지 말아야 한다. 재난은 습관적이고 제도화된 행동양식을 중단시키고 사람들을 사회적·개인적 변화에 따르게 하는 일종의 사회적 충격을 낳는다고 하는데,

---

5) 경기도 화성군의 청소년 수련시설 <씨 랜드>에서 불이 나 유치원생 19명 등 23명이 숨졌다.

국민이 갈망하는 인공지능정부

왜 한국에서는 신선한 충격을 주지 못하는 것일까. 또한 어린아이도 아픈 다음 약아진다는데 그토록 많은 슬픔을 삼켰지만 한국의 재난행정은 우둔한 옛 모습 그대로다. IT강국이라며 정부조직 신설하고 재난시스템 구축하면서 많은 세금이 들어갔지만 국민에게 돌아온 것은 허무했다.

그 동안 사건이 터질 때 마다 진상규명, 피해보상, 명예회복을 요구했다. 이는 당연하건만 지금껏 문제 해결의 일부분에 그쳤을 뿐 삶을 근본적으로 변화시키지 못한다. 오히려 가해자인 국가권력이, 다시 문제해결자로 등극하는 어이없지만 어쩔 수 없는 상황에서 권력의 최종심급으로서 국가의 위상을 강화하는 행위가 반복되어 왔다. 도대체 누굴 위한 정부, 무엇을 하는 국가인지 모를 정도다.

19세기 초에 활약했던 영국 시인 Samuel Taylor Coleridge(1772~1834)의 〈늙은 선원의 노래(The Rime of the Ancient Mariner)〉라는 시의 마지막 구절 "다음날 아침 그는 더 슬프지만 더 지혜로운 사람이 되어 일어났다." 대한민국은 언제 지혜로운 정부와 공직자를 볼 수 있을까. 물론 시대가 바뀌면서 예전에 비해 공무원들은 많이 달라졌다. 그런데 진심 배려에서 나온 것인지, 곱지 않은 눈초리 비롯된 것인지 잘 모르겠다. 나라를 등진 국민은 뉴질랜드 영주권자로 아직까지 대한민국 국민이다. 해외거주 국민에 대한 보호도 정부의 주요 임무다. 그런데 한국 공무원들은 동포에 대한 보호의식이 약한 것으로 인식된다.

뉴질랜드 정부는 외국 거주 자국민에게 문제가 생기면 정부부처가 똘똘 뭉쳐 신속히 대응하건만 한국은 늘 대처가 늦단다. 국민 보호의식의 수준이 다르게 느껴진다. 그래서 아직도 한국정부에 대한 원망도 사그라지지 않았다.[6] 법가사상을 집대성한 한비자(韓非子)는 〈한비자〉에서 '민원즉국위(民怨則國危)'라 했다. 백성이 원망하면 나라가 위험하다는 뜻이다. 이처럼 정부와 공직자의 태도에 실망하고 상처받은 민심을 가장 우선적으로 치유해야 한다.

---

6) 취업포털 잡코리아가 2017년 성인 4,802명을 대상으로 이민관련 설문조사를 한 결과, 응답자의 70.8%는 '기회가 된다면 외국으로 이민을 갈 의향이 있다'고 답했다. 그 이유(복수응답)는 '치열한 경쟁사회에서 떠나 여유로운 삶을 살고 싶다'는 답변이 51.2%로 가장 많았다. 이어 '부정부패된 정부에 가망이 없어서(24.8%)' 등으로 나타났다(동아일보, 2017년 1월 11일자).

지금까지 참사로 애꿎은 국민생명과 재산을 잃을 때 마다 정부책임론이 등장했다. 대통령 책임을 묻는 여론도 그치지 않았다. 하지만 항상 문제의 핵심을 비껴갔다. 단순히 책임자 문책이나 개각단행, 조직신설의 선에서 유야무야하며 땜질 처방했다. 공무원들의 무능과 무책임, 무사안일 업무처리라든가 대통령이 최선을 다했는지 묻고 따져야 했다. 나라를 뒤흔드는 재난을 겪어도 공무원들은 대부분 책임지지 않았다. 오히려 국가재난을 자기들 조직 키우기나 예산 늘리며 승진파티를 즐기는 기회로 반전(反轉)시키는 일을 되풀이했다.

이처럼 도돌이표 재난행정으로 인한 정부불신에서 치안·복지·질병 예방·환경 보호 등 공공서비스가 제대로 돌아갈 수 없다. 그럴수록 국민은 더 불안해진다. 과연 누구에게 내 목숨을 맡길 것인지 믿을 데가 없다. 정부는 본분을 게을리한 공무원은 지위고하 막론하고 철저하게 형사책임을 물어 흐트러진 공직자기강 바로 세워야 한다. 정치권도 명확한 책임과 의무를 부여할 평가시스템을 만드는데 협력해야 한다. 그러지 않으면 누가 정권을 잡아도 공무원무능과 무책임으로 인해 국민이 피해자가 될 수밖에 없다(조선일보, 2016년 5월 16일자).

국민생명과 재산을 보호하는 최소한의 정부역할이다. 제발 인재(人災) 또는 관재(官災)가 재발되지 않도록 근본처방이 요구된다. 물론 전능한 정부가 아니기에 불완전성은 인정한다. 하지만 부주의나 실수, 무감각과 무책임으로 인해 상처 주는 일은 없어야 한다. 언제까지 소를 잃어야 외양간을 제대로 고칠 것인가. 사후약방문식의 위로나 보상은 어느 정도 공감은 가능할지언정 치유는 불가능하다. 사실 제대로 된 공감도 쉽지 않다. 마음 알아주는 공감을 계몽, 훈계, 물질적 지원 등으로 착각해선 곤란하다. 남의 상처가 내 것이 될 수 없다.

상처는 그저 흉터가 아니다. 상처는 고통의 집이다. 그곳에 통증이 살고 있다. 통증으로 인해 상처는 살아 있다. 모든 상처는 낫고 싶어 한다. 그러나 상처는 제 고통을 쉽게 드러내지 못한다. 드러낼 때마다 처음의 통증과 공포를 다시금 겪어내야 한다. 상처가 입을 열려면 바깥에서의 두드림과 응원이 필요하다. 그 입에서 흘러나오는 아픈 말들을 경청할 귀한 귀들이 필요하다. 상처는 악몽에 에워싸여 있다. 그러므로 더불어 앓는 마음만이, 꿈처럼 부드럽고 조심스런 마음만이 상처의 집을 두드릴 수 있다.

원래 마음이란 생태계처럼 복잡해서 뇌 속에 많은 생각과 느낌이 존재한다. 게다가 순간마다 변화하기에 자신조차 자기 맘 모른다. 그런데 어떻게 타인이 나를 알 수 있을까. 따라서 상처를 대할 때 겸손하고, 조심해야 한다. 공공의 손은 상처 보듬고 치료하는 게 본분이다. 그러나 자신만이 그 상처를 치유할 수 있다고 교만해지는 순간 본분을 잊게 된다. 심지어 타인의 아픔과 상처를 정략적으로 이용하면 상처가 깊어진다. 진심은 감성을 끌어당기는 가장 큰 중력이다. 진심만이 민심 얻을 수 있다. 민심 stealer 공직자, 보물찾기보다 어렵다. 하지만 선조·광해군·인조 3대에 걸쳐 영의정을 지낸 이원익(李元翼, 1547~1634)은 능력과 인품, 청렴한 삶으로 온 나라의 존경을 받았다. 방패를 베고 군막에서 잠들었으며 병사들과 똑같은 밥을 먹었다. 전투가 벌어지는 현장, 백성이 고통 받는 현장을 지키며 그들을 위해 할 수 있는 일, 해야 할 일을 했다. 그 진정성을 백성도 알았기 때문이다. 그렇다. 민심은 본질상 공직자의 진심 깃든 마음과 진심어린 태도로 변화될 정도로 연하고 여리다.[7]

민심을 얻기 위해 행정의 참뜻을 알아야 한다. 오늘날 혼탁한 국정의 주체는 정치와 행정이다. 하지만 안타깝게도 정치엔 공인정신 박약한 정치꾼만 득실거리고 행정엔 관원으로 가득하다. 흔히 가정에 비유할 때 정치·행정은 부모, 국민은 자식에 비유된다. 자식은 부모의 세월을 갉아먹으며 자란다. 부모라는 존재는 정녕 자신의 몸이 재가 되는 순간까지도 오로지 자식 생각뿐인가. 도대체 자식이 뭐 길래. 문자적으로 봐도 정치든 행정이든 올바른 아비(政)[8]가 담겨있다. 상실한

---

7) 원래 민(民)자는 눈물에 젖은 또는 눈 먼 사람을 가리킨다. 그 배경에는 전쟁의 먹구름이 드리워 있다. 날카로운 꼬챙이 같은 것으로 전쟁포로의 눈을 찌르는 모습을 나타낸 글자다. 도망치지 못하도록 앞을 못 보게 해버린 인위적 시각장애인이다. 훗날 백성·국민의 뜻으로 의미가 바뀌었다. 이처럼 국민은 애처로운 존재다.

8) 한자 정(政)은 바를 정(正)과 칠 복(攵)으로 구성된다. 여기서 칠 복(攵)자를 자전에서는 '등글월 문'이라 하는데, 등을 돌리고 있는 글월 문(文)자와 비슷하다고 해서 이렇게 부를 뿐, 글월 문(文)자와는 전혀 상관없는 글자이다. 또한 칠 복(攵)자는 아비부(父)자의 상형문자를 보면 거의 구분되지 않는다. "손으로 막대기나 무기를 들고 두드리거나, 때리거나, 친다."는 뜻을 가진 글자에 들어간다. 더구나 교육의 목적이 사람을 고치거나 변하게 만드는 것이며, 이런 목적을 위해 매로 때리는 것이 가장 효과적이라고 옛 중국 사람들은 생각

공인의식, 부성에서 되찾아야 한다.

모성에 비해 다소 약해보이지만 〈가시고기〉, 〈아비〉, 〈아버지의 마음〉, 〈도가니〉 같은 작품 속에 투영된 부정은 강렬하다. 동물세계에서도 부지불식간 새끼가 사라지면 아비 새는 어쩔 줄 몰라 둥지를 오르내리며 목젖이 찢어져라 울어댄다. 남극신사 펭귄은 암컷이 알을 낳으면

수컷은 온 몸으로 알을 품고 부화할 때까지 2달 이상 아무것도 먹지 않고 영하 40도 강추위와 시속 40km의 강풍을 버틴다고 한다. 이것이 올바른 아비모습이다.

참 아비노릇은 버겁다. 배신당해도 참고 또 품어야한다. 누구나 가르칠 수 있지만 오랫동안 참으며 보듬고 기다리는 게 자식사랑이다. 그렇기에 1만 스승 있되 올바른 아비는 흔치 않다. 이런 아비가 가정너머에도 있어야 한다. 정치(政治)라는 말뜻엔 바른 아비모습이 마치 물 흐르듯 자연스러워야함을, 행정(行政)은 곧 올바른 아비의 행함이다. 정(政)에 새겨진 참 아비의 모습은 이렇다. 웃거나 잠든 아이를 보면 사랑스럽다. 아이를 바라보는 순간 세상에서 가장 행복한 사람이 된다. 하지만 애가 넘어져 상처 나면 아비마음도 파인다. 아이가 울면 무척 쓰라리다. 하물며 죽어가는 새끼 바라만 봐야했던 아비심정 어땠을까.

천금보다 아까운 새끼 바다에 묻고, 가혹행위로 쓰러져 간 아들의 죽음에 망연자실하는 국민에게 정치도 행정도 아무것도 못했다. 정녕 내 아이였다면 네 탓 공방으로 허송했을까. 내 새끼였다면 구조와 예방에 미적거렸겠나. 이제라도 모든 공직자는 올바른 아비심정으로 국민을 살펴야 한다. 공직선택의 순간, 부여된 사명이다. 나랏일 이전에 제 몸 추스르고 가정 바로 세우라는 수신제가(修身齊家)의 가르침도 깊이 되새기며 실천해야 한다.

---

하였고, 몇천 년이 지난 최근까지도 그리 달라진 것이 없다. 가르칠 교(敎)에서 둥글월 문(攵) 부분은 攴가 변한 모양이며 父(부)라는 글자는 손에 회초리를 들고 있는 모양을 본떠 만들었다고 일컬어진다. 이것은 결국 때때로 회초리로 때리면서 자식들을 가르치고 이끌어 왔다는 옛 아버지의 모습을 상징한 것이라고 할 수 있다. 아버지가 자식을 때릴 때는 긴 작대기를 두 조각내어 때렸다는 뜻의 글자가 바로 父라고 한다(중앙일보, 1997년 5월 2일자).

국민이 갈망하는 인공지능정부

시대는 바뀌어도 아비존재는 변함없다. 아비다워야 한다. 그래야 가정이 바로 설 수 있다. 나라도 다름없다. 1,240여 년 전, 당시 신라는 불국사, 석굴암, 에밀레종 등 최고의 문화융성기였다. 하지만 백성들 삶은 도탄에 빠졌다. 오늘날 총리격인 시중마저 왕을 비난하며 궁을 떠났고 백성들도 정든 땅 등질 정도였다. 백성을 다스려 편안하게 할 노래를 지어달라는 경덕왕 요청에 충담사가 지은 안민가 "임금은 임금답게, 신하는 신하답게, 백성은 백성답게 할지면 나라가 태평할 것입니다."라는 구절에 국가개조비책이 담겼다. 제구실 똑바로 하라는 울림이 오늘날 국민이 나라걱정에 아비노릇까지 해야 하는 거꾸로 한국사회를 일깨운다.

누구든 맡은 일에 혼신을 다해 선한 영향력을 끼칠 때 명망가라 칭한다. 분야마다 예술가, 기업가, 문학가가 수두룩하다. 하지만 우리네 정치·행정엔 정치가도 행정가도 드물다. 잘난 정치인과 똑똑한 관료는 많지만 국민 삶은 불안하고 곤고하다. 머슴이네 공복이네 립 서비스보다 참 아비모습 바로 새긴 공직자를 보고 싶다. 국가개조네 혁신입네 요란하다. 타락한 공인정신 회복이 먼저다. 못난 아비 만나 고생한다며 자책하는 아비심정을 행동으로 보이라. 정(政) 떨어진 정치·행정의 신뢰는 실추했고 가정에서 아버지권위도 무너져 간다. 참 아비노릇 바르게 하라는 신호다.

## 2. 정부의 존재근거: 국민사랑

만약 나라를 잃으면 어떻게 될까? 한마디로 인간답지 못한 비참한 삶을 살아야 한다. 망국의 슬픔과 설움에 무시와 멸시, 모욕, 학대의 고통을 감내할 수밖에 없다. 1910년 8월 29일 한국이 그랬다. 망국민의 한(恨)이 가슴 깊은 상처로 새겨진 위안부 문제에 고스란히 서려있는 일화다. "경찰에 끌려가지 않으려고 산속에 숨어 있다가 호랑이에 물려 죽

었다는 등 많은 이야기를 한국에서 들었습니다만 가장 비참한 이야기는 경기도 지방의 한 사례였지요. 어머니가 딸을 산골짜기에 숨겨놓고 '내가 밥을 날라다 줄 테니 여기 꼼짝 말고 있으라.' 당부했는데, 어머니가 그만 경찰에 붙잡혔답니다. 조사받는 동안에 어머니는 병에 걸려 걸을 수조차 없게 되었고 겨우 겨우 풀려 나자마자 산속의 딸을 찾아 갔더니 딸은 이미 굶어 죽어 백골로 변해 있더라는 거죠."[9] 유린된 삶이 얼마나 치욕스러웠는지 감히 상상도 할 수 없는 위안부문 제, 과연 누구책임인가? 지도자와 국가가 져야 할 책임을 나약한 여성이 짊어진 것 아닌가. 파렴치한 가해국에 배상을 요구하기 전에 늦게라도 위정자책임을 묻 고 우리예산으로 위로하는 게 떳떳한 모습 아닐까. 이런 망국의 설움을 폴란드, 이스라엘도 겪었다. 덕혜공주, 쉰들러리스트, 피아니스트, 군함도, 아이 캔 스피크 등 나라의 소중함을 일깨운다. 그렇기에 미우나 고우나 국민울타리로서 나라가 유지되려면 부강해야 한다. 영국의 Winston Churchill수상은 히틀러의 침공을 앞 두고 "평화를 구걸한다고 평화가 보장되지 않는다. 전쟁을 막기 위해서는 평화를 지켜낼 수 있는 힘이 전제돼야 한다."고 역설했다.

그러면 어떤 국가와 정부가 강자일까? 군대, 경찰, 재정 등 물리력에 의해 유 지되는 국가일까. 결코 아니다. 동서고금의 역사를 통해 보더라도 개방성, 관용, 수용, 유연한 기질과 문화를 갖춘 국가가 강자였다(이주희, 2014). 여기에 더하여 국 민으로부터 신뢰받고 사랑받는 정부가 진정한 강자다. 전국시대 유가사상가 순자 (荀子)는 〈순자: 의병(議兵)〉편에서 백성을 사랑하는 나라는 강하고, 백성을 사랑하 지 않는 나라는 약하다(愛民者强, 不愛民者弱)했다. 국민사랑을 받으려면 국민이 원하 는 것을 하되 원치 않는 것은 하지 말아야 한다. 먼저 국민들이 싫어하는 비호감 은 무엇일까? 즉 공무원이 가장 먼저 타파해야 할 관행[10]으로 조사대상 1,527명 중 713명이 공무원 "특유의 무표정한 민원응대 및 통화 때 귀찮아하는 목소리 등

---

9) 한국과 동남아지역에서 8년 동안 광범위하게 위안부 문제를 탐사했던 일본의 르포 작가 센 다가쿠오는 조선 땅에서의 위안부사례를 이렇게 증언했다(프레시안, 2017년 8월 18일자).
10) 서울시는 지난 2016년 9월 23일부터 10월 14일까지 3주간 서울시민 1,527명을 대상으로 조 사하였다.

국민이 갈망하는 인공지능정부

불친절한 태도"를 가장 많이 지적했다. 다음은 국외연수 간다며 관광으로 세금 낭비하는 행위가 꼽혔다. 이어 수차례 민원제기에도 처음과 같은 답변만 되풀이하는 경우였다. 이 외에도 민원전화 돌리기 및 부재중 연락처를 남겨도 회신 없음, 자세한 설명 없이 관련 규정만 고집하는 행위, 산하기관 또는 공사·용역업체 직원을 하대하는 갑질 태도, 현장에서 보완 가능한 민원서류도 무조건 반려하면서 다시 제출하라는 행위, 업무파악이 안 돼 민원인에게 제대로 설명 못 하는 것 등이 뒤를 이었다(조선일보, 2016년 10월 20일자).

한국에서 살아가는 국민이라면 한번쯤 경험한 게 아닐까. 무표정, 무성의, 무감각, 무책임한 공무원이야말로 국민 비호감이다. 국민을 사랑하는 정부란 배려하고 세심하게 정성을 다하는 정부 아닐까. Emily Dickinson(1830~1886)이 그랬다. 사랑이란 세상의 모든 것이며 죽은 이도 소생시킬 수 있는 것이라고. 고로 국민을 사랑하는 정부보다 강한 정부는 없다. 하지만 현실은 어떨까. 거창한 것을 바라지 않는다. 작은 것 하나라도 반듯하게 처리하여 억울함을 없애야 한다. 하지도 않은 잘못으로 황당하게 과태료처분을 받는다면, 게다가 알리바이(현장부재 증명)가 없어 이의신청을 거부당한다면, 그런데 이런 일이 반복된다면 어떤 심정일까.

자타가 공인하는 IT강국이라는 명성에 부끄럽게 국민의 개인 정보가 유출된 나라, 신분도용범죄가 만연한 한국사회의 단면을 단적으로 보여준다. 무고한 신분도용 피해를 줄여야 하는 당국의 노력은 충분치 않다는 비판을 피하기 어렵다. 단속직원은 위반자가 적은 연락처가 맞는지 현장에서 확인해야 했다. 이의 제기했을 때는 최소한 단속직원을 대질하거나 필적 감정처럼 단순한 검증을 시도해야 했건만 누락하거나 간과했다. 이처럼 동일한 실수와 실패를 반복하는 얼렁뚱땅 무감각행정이 민심을 성나게 한다.

역대정부를 돌이켜보면 우연한 사건, 돌발사고 등으로 인해 문제 또는 위기 상황에 직면하였다. 이 경우, 국민으로부터 사랑받는 정부는 살아남았지만, 그렇지 않은 정부는 지탄을 받으며 교체됐다.[11] 정부든 정책이든 성공열쇠는 국민사

---

11) 순자는 "임금은 배이고 백성은 물이다. 물은 배를 띄우기도 하지만 뒤엎기도 한다(君者舟也 庶人者水也 水則載舟 水則覆舟)"고 했다. 민본의 중요성은 매월당 김시습의 산문 <애민의

랑이다. 위기 앞에서 자신을 돌보지 않고 아무리 힘들고 어려운 일이라도 자원해 떠맡는 공직자행동은 시민뿐 아니라 동료, 지도자, 국민의 사랑을 끌어낼 수 있다. 국민의 사랑은 홍보나 SNS보다 강력하다. 기업들은 이러한 사실을 일찌감치 깨달아 실천하고 있다. 제품이나 서비스에 마음과 사랑을 담아 소비자에 구애(求愛) 중이다. 그래서 소비자는 좋아하는 회사의 신제품이 출시될 때 애인 기다리듯 고대하며 구매대금 역시 아깝지 않게 지불한다. 이처럼 정부가 국민사랑을 받으려면 믿음, 소망, 사랑 세 가지가 필요하다. 여기서 믿음이란 참된 것에 대한 열림이요, 희망은 그러한 여정 속에서 확고부동함이라는 준칙이고, 사랑은 그러한 여정을 보편화하는 실질성이다.

 **세상에 이런 얼렁뚱땅 행정 또 없습니다.**

서울 동대문구에 사는 김○○(32)씨는 2010년 1월 담배꽁초 무단투기로 과태료처분통지를 받았다. 강남구는 '폐기물관리법을 어겼으니 5만원을 내라'며 고지서를 보냈다. 당시 취업준비생이던 김 씨는 거의 집에서만 지냈다. 그런데 알리바이를 공인해줄 제3자가 없었다. 어머니 안○○(57)씨는 현장에서 작성하는 위반확인서를 보여달라 했다. 담배꽁초를 버린 사람이 자필로 적었다는 이름과 주민등록번호는 아들 것과 일치했다. 하지만 필적이 달랐고 주민번호 마지막 네 자리도 잘못 적었다가 줄을 긋고 고친 흔적이 있었다. 주소·휴대전화번호도 틀렸다. 확인서 상 주소는 '삼성동 16-3'으로 강남구청 앞 도로다. 전화번호는 어떤 중년여성이 수년째 사용하고 있었다. 이의제기했지만 법원은 받아들이지 않았다. 같은 해 9월 11일 오전 10시 10분 담배꽁초를 버렸다는 이유로 강남구에서 두 번째 과태료고지서가 날아왔다. 장소는 또 선릉역 쪽이었다. 당시 김○○씨는 경기도 부천의 한 회사에 다니고 있었다. 9월 11일이 토요일이었지만 선릉역 근처엔 간 적이 없었다. 위반자가 쓴 주민번호는 이번에도 한 차례 고쳐져 있었다. 글씨체는 첫 번째 위반확인서와 같았다.

---

(愛民義)>에도 잘 나타나 있다. 매월당은 전국을 돌아다니며 민생의 모습을 보고 다음과 같이 적었다. "대체로 보아서 군주는 백성들이 추대하고 그것으로 살아간다. 비록 임금에게 의지한다 하더라도 임금이 왕위에 올라 부리는 것은 진실로 오직 서민들이다. 민심이 돌아와 붙으면 만세 동안 군주가 될 수 있으나, 민심이 떠나서 흩어지면 하루가 못 가 필부가 된다(大抵民之推戴而以生者 雖賴於君 而君之? 御以使者 實惟民庶 民心歸附則可以萬世而爲君主 民心離散則不待一夕而爲匹夫)."-황종택의 新온고지신, 세계일보, 2014년 6월 9일자.

국민이 갈망하는 인공지능정부

김〇〇씨 명의를 도용한 게 같은 사람이라는 얘기다. 확인서에는 연락처가 없었다. 주소는 맞지만 단속직원이 주민번호를 조회해 적었다. 구청과 다퉈보기 전에, 내지 않고 있던 첫 번째 고지서로 착각하고 과태료를 납부했다. 구청직원은 "이미 낸 과태료는 돌려받을 수 없다"고 했다. 억울하지만 잊기로 했다. 그런데 2014년 8월 세 번째 과태료 고지서가 날아왔다. 그달 13일 오전 8시 58분 서울 테헤란로 64길 18 스타벅스 앞 배수구에 담배꽁초를 버린 것으로 돼 있었다. 위반확인서에는 같은 필적으로 김〇〇씨 이름과 주민번호가 적혀 있었다. 휴대전화번호는 다른 사람 것이었다. 주소는 '부천시 송내구 한천로'로 돼 있는데 부천에 송내구는 없다. 한천로는 서울에 있는 도로다. 한천로 이하 주소는 단속직원이 추가로 적은 것이었다. 확인서에 '(위반자가) 키 157cm에 왜소하고 안경을 썼다'고 적혀 있었다. 김〇〇씨는 키 164cm, 몸무게 70kg이다. 2010년 라식 수술을 한 뒤로 안경을 끼지 않는다. 무엇보다 담배꽁초를 버렸다는 날에 중국톈진 출장 중이었다. 3차례 위반확인서에 위반자가 작성한 인적사항과 서명은 모두 같은 필체였다. 김〇〇씨의 이름과 주민번호를 아는 누군가가 담배꽁초를 버리다 적발되자 김〇〇씨 인적사항을 댄 것이다. 안〇〇씨가 아들의 출입국사실 증명서를 들이밀자 강남구는 과태료처분을 취소했다. 하지만 앞서 낸 과태료는 돌려받을 수 없었다. 행정소송 제기기간(6개월)이 지난 뒤였다. 안〇〇씨는 강남 구청장을 상대로 서울중앙지법에 200만원의 손해배상을 청구했지만 패소했다. 이처럼 신분을 도용당해 억울하게 과태료를 무는 사례는 곳곳에서 벌어지고 있다(국민일보, 2015년 2월 16일자).

첫째, 믿음 주는 정부여야 한다. 사람들은 신뢰를 귀보다 눈으로 판단한다. 말이 아닌 행동으로 보여야 한다. 유가 사상가 순자(荀子)는 정책에 믿음이 있는 나라는 강하고, 정책에 믿음이 없는 나라는 약하다(政令信者强, 政令不信者弱) 했다. 요즘처럼 모바일이 발달하고 소셜미디어(SNS)를 통해 정보가 실시간으로 확산되는 시대에서 신뢰는 한층 중요하다. 점점 투명해지는 세상에서 믿음은 소중한 자산이다. 더구나 갈등공화국에 갇힌 한국에서 누구보다도 정부가 국민에게 믿음을 주어야 한다. 공직자의 마음, 생각, 말과 태도, 정책에 진정성과 일관성이 담겨야 신뢰감 줄 수 있다. 동화 속의 행복한 나라 덴마크처럼 국민은 정부를 신뢰하고 정부는 국민을 믿어야 행복한 나라다.

둘째, 소망 주는 정부여야 한다. 허황된 정책공약으로 희망고문 아닌 실현가능한 정책으로 희망을 주어야 한다. 약속은 말이 아닌 행동이다. 정부가 출산, 보육, 교육부터 일자리, 주거 등 부처마다 해법을 내놓았지만 허울뿐인 정책과 허수 가득했다. 정부가 할 수 있는 정책이 아니라 국민이 원하는 정책을 펼쳐야 한다. 즉 문제해결이나 가치창출에 적절하며 효과적이어야 한다. 공공서비스가 공짜가 아닌 이상 최소한 받은 만큼 돌려주는 게 도리다. 저비용 고품질서비스로 가격대 비성능을 높여야 세금 아깝게 생각하지 않는다. 다만, 공공서비스의 질은 제공과 정이나 결과에 이르기까지 유용성과 편익, 후생으로 평가되어야 한다.

셋째, 사랑 주는 정부여야 한다. 사랑은 헌신이나 책임으로 나타난다. 아티스트가 작품에 헌신하듯 공직자는 공공봉사와 사회공헌에 헌신하는 데 1분 1초 아깝지 않아야하지 않을까. 정부가 공동체를 위해 책임지고 애쓰고 있다고 인식되어야 한다. 원래 공직자는 시민의 수탁자요 대리인이다. 선량한 관리자로서 주의와 관리적 책임성(accountability)을 확보하는 게 국민에 대한 최소한의 의무다. 여기서 의무를 이루는 옳을 의(義)는 고대에서 제사의 희생제물인 양(羊)과 나를 뜻하는 아(我)로 구성되었다. 즉 자기 확신에 근거하여 스스로 희생양이 되려는 결단이다. 그리고 자신의 손(手)에 창(戈)을 드는 행위다. 종용이나 강요가 아니다. 억지로 강요된 일은 신명나지 않으며 그 결과 역시 구태의연하다. 또한 힘쓸 무(務)는 창(矛)을 들고 힘껏(力) 내리치는(攵) 간절함이 담겨있다. 그런즉 의무는 임무 완수를 위해 스스로 희생양이 되어 기꺼이 보여주는 거룩한 행동이다. 이런 의무가 공직자에게 희소한 까닭은 스스로 희생양이 될 만큼 숭고하게 느끼지 못했기 때문이 아닐까.

자칫 관리적 책임성을 강조한 나머지 공직자가 정책과정에서 절차와 규정준수에 집착한다면 정작 국민이 원하는 문제 해결은 어렵다. 공직자가 국가적 난제를 해결할 책무(responsibility)가 있다는 국민여망에 호응해야 한다. 국민 기대치에 맞추는 게 지도층의 책임이다. 그 기대치를 깎아내릴 때 국민들의 분노가 폭발한다. 그렇기에 공직자들이 몸을 던져 믿음, 소망, 사랑의 자세로 책임지는 모습을 보여줘야 한다. 그럼 셋 중 뭣이 가장 중할까? 제일은 역시 사랑이다. Rilke가 설파했듯 "사랑하는 것, 이는 모든 일 중 가장 어려운 일이고 궁극적인 최후의 시험이자 증명이다. 그 외의 모든 일은 이를 위한 준비일 뿐이다." 사랑을 실천하는 정부야말로 국민사랑을 받을 수 있다.

이젠 상황이 변했다. 애국심은 교육이나 강요로 이루어지지 않는다. 정부와 공직자의 국민사랑에 달렸다. 공직자의 표현이 중요하다. 2018년5월 공개된 사법행정권 남용의혹문건 속에 등장하는 표현들이 너무 단호하고 때론 폄하하는 느낌을 갖게 했다. 국민을 이기적인 존재로 표현했다거나 대상을 어떤 상황의 주체로 보지 않고 철저히 변수와 종속변수 등으로만 바라보았다. 고위공직자 언행은 신중하고 품격 있어야 한다.

언어는 장전된 총과 같다. 한 번 나가면 어딘가에 깊이 박혀 다시 돌아오지 않는 화살과 같다. 그렇기에 가능한 한 좋은 언어, 햇빛 같은 치유의 언어로 사랑의 온도를 채워야하지 않을까. 국민을 비하하거나 우습게 여기는 언행12)은 상처와 불신을 넘어 분노를 낳는다. 무

따뜻한 언어가 필요한 공직사회

심코 던진 말이 타인에게는 새벽 같은 빛이거나 캄캄한 어둠이 될 수 있다. 어찌 함부로 말 할 수 있겠는가. 지난 2018년 9월 청와대 정책실장은 "모든 국민이 강남에 살 이유는 없다"고 하였다. 이른바 〈강남발언〉은 정치권을 넘어 사회적으로 거센 후폭풍을 일으켰다. 실질적인 경제정책설계자의 발언에 국민들은 주목할 수밖에 없는 상황에서 국민 마음을 제대로 헤아리지 못한 언행은 나날이 오르는 서울 아파트 가격에 박탈감과 희망 상실로 절망하는 국민 마음을 제대로 이해하지 못한 매우 부적절한 발언이었다.

나라다운 나라, 정책이든 공직자의 언어든 따뜻해야 한다. 이게 진정한 나라다. 나라다운 나라의 공직자 언어는 어떤 언어일까? 따뜻한 정감을 전해주는 언어가 아닐까. 공직자의 언어 역시 무기나 흉기가 될 수 있음을 공직자 스스로 경계

---

12) 전직 고위 관료. 국민을 개돼지라고 한 망언으로 공분을 사고 파면이 의결되었으며, 2017년 7월 최악 수해 속 외유 떠난 충북도의원 "국민들 레밍같다."는 설치류 비유 논란으로 물의를 일으켜 상임위원장직을 사퇴하였다.

하고 살펴야 하지 않을까. 공직자언어와 정책지식이 빚어내는 아름다운 하모니 속에서 끊임없이 국민의 삶과 합체시킬 최고의 문장을 찾는 과정의 기쁨을 추구해야 한다. 무기로서의 언어는 적대감이 없는 선량한 타인조차 박멸의 대상으로 만들고, 선물로서의 언어는 아무리 절박한 상황에서도 결국 진심 어린 소통의 길을 찾아낸다(서울경제신문, 2017년 12월 8일자).

Guy de Maupassant(1850~1893)이 그랬다. 우리가 말하려는 것이 무엇이든 그것을 표현하는 데는 한 말밖에 없다. 그것을 살리기 위해선 한 동사 밖에 없고, 그것을 드러내기 위해선 한 형용사밖에 없다. 그러니까 그 한 동사, 그 한 형용사를 찾아내야 한다. 그 찾아 내려는 곤란을 피하려 아무런 말이나 갖다 대용함으로 만족하거나 비슷한 말로 맞춰버린다는가, 그런 날의 요술을 부려서는 안 된다.

또한 사람이 먼저인 사회에 기여하는 정책이란, 국민이 힘들 때마다 민생을 지켜주는 정책이 아닐까. 그런데 가끔 어떤 정책에 담긴 행정언어나 공직자의 말투는 화살처럼 칼처럼 내면을 뚫고 들어가 지울 수 없는 상처를 남긴다. 반면에 어떤 정책이나 공직자 언어는 빗물처럼 음악처럼 오래오래 가슴을 적시며 힘들 때마다 내면의 빛과 소금이 되어준다.

무릇 언어란 창이나 칼보다 끔찍한 무기가 될 수 있다. 더구나 많은 사람들이 모인 자리에서 무방비상태로 당한 수모를 주는 언어라면 더 오랫동안 뼈아픈 trauma로 각인된다. 평생 가슴 속에 지워지지 않을 참혹한 흉터로 남을 무기로서의 언어가 있는가 하면, 지극히 간단하고 단순하지만 즉각 마음의 온도를 높여주는 선물로서의 언어도 있다. 인사말, 친근한 호칭, 따스한 부름. 이런 언어야말로 화려한 수사학 없이도 삶을 가치 있게 만들어준다. 인류학자인 Edward Spair(1884~1939)와 언어학자인 Benjamin Whorf(1897~1941)에 따르면 우리가 쓰는 언어가 생각하는 방식은 물론 사물을 바라보는 시각조차 바꾼다고 주장했다. 즉 사람이 세상을 이해하는 방법과 행동이 그 사람이 쓰는 언어의 문법적 체계와 관련이 있다는 것이다. 언어 상대 가설(言語相對假說)에 따르면 언어가 인간의 사고나 사유를 반영할 뿐만 아니라 그 언어를 쓰는 사람들의 사고방식에 영향을 미친다. 이것은 언어가 어떤 사람의 됨됨이 즉, 인격 형성에 커다란 영향을 줄 수 있음을 암시

국민이 갈망하는 인공지능정부

한다. 즉, 고운 말을 쓰면 그 사람의 됨됨이도 훌륭해지고 거친 말을 쓰면 그 사람의 됨됨이 역시 좋지 않게 된다.

### 좋은 언어

외치지 마세요, 바람만 재티처럼 날려가 버려요.
조용히 될수록 당신의 자리를 아래로 낮추세요. 그리고 기다려보세요.
모여들 와도 하거든 바닥에서부터 가슴으로 머리로 속속들이 굽어 돌아 적셔보세요.
하잘것없는 일로 지난날 언어들을 고되게 부려만 먹었군요.
때는 와요. 우리들이 조용히 눈으로만 이야기할 때
허지만 그때까진 좋은 언어로 이 세상을 채워야 해요.

- 신 동 엽

국민의 사랑받는 나라다운 나라, 올곧고 바른 정부에 달렸다. 반듯한 정부는 ① 시민의식과 희생·봉사의 강한 공동체의식을 키우고 ② 시장이 할 수 없는 사회적 행위와 도덕적 한계를 정립하며 ③ 불평등과 양극화 해소에 의한 열린 공동체 구현 ④ 도덕적 정치를 통하여 공동선을 실현하는 정부다(마이클 샌델지음, 2014). 이러한 정부는 국정의 바른 길 가면서 행정을 곧게 펼친다. 그 길의 목적지는 치국안민(治國安民)과 국태민안(國泰民安)이다.

그 비결은 무엇일까? 앞서 충담사는 안민가(安民歌)에서 밝혔듯 군주답게 신료답게 민초답게 제구실해야 한다. 이는 〈논어〉의 '君君臣臣父父子子(임금은 임금답고 신하는 신하답고 아비는 아비답고 자식은 자식다워야 한다)는 구절을 원용한 것이다. 누구보다 자애로워야 하는 아버지는 국가로 치면 최고지도자다. 전쟁 이끌고 사법정의 세우는 플라톤식 국가라기보다는 사람을 사랑하는 것이다. 국민을 제대로 알고 이해하고 존중하고 책임지는 것이다. 위정자답게 크게, 넓게, 정성으로 사랑해야 한다. 이른바 인(仁)의 정치로 행복한 나라를 지향하되 정의를 바르게 펼쳐나가야 한다(황태연, 2015; 중앙일보, 2015년 1월 14일자). 다만, 정의구현을 위한 시각과 행동의 불완전성, 이중 잣대의 판단을 경계해야 한다. 자신의 정의만 절대시할 때 다른 형태의 폭력이며 불의의 반복으로 전락할 수 있기 때문이다.

사랑이 결핍된 채 분노에 뿌리를 둔 정치, 분노에 가득 찬 정권, 분노 표출하는 정부, 분노를 담은 정책은 어떤 것이든 위험한 해악이다.[13] 분노가 더 깊은 분노를 낳듯 사랑은 더 큰 사랑을 낳는다. 고위공직자야말로 국민에게 사랑의 leadership이 절실하다. 당대의 백성뿐만 아니라 오늘날 국민도 사랑으로 존경하는 국정지도자 세종은 나라와 백성, 약자를 사랑했다. 노비에게도 출산휴가를 줬고 소통을 중시했다. 민초를 사랑했던 신하들도 무수하다. 이원익, 이순신, 정약용, 허준, 문익점 등 행정가들은 자신영역에서 애민정신을 실천하여 유용한 성과를 창조했다. 특히, 실학자 우하영이 정조에게 제출한 농정개혁 보고서의 울림이 크다. 그는 〈천일록(千一錄)〉에서 "비옥한 땅에선 소출이 줄고, 척박한 땅에선 소출이 느는 것을 수없이 봤다. 가장 큰 이유는 땅에 투여하는 마음과 정성에 달린 것"이라 했다. 이렇듯 공직자야말로 정책이나 제도에 지극정성 담아야 한다. 절대적으로 여겨졌던 정의·복지국가를 넘어 사람존중의 사랑·행복국가의 꿈을 잘 그리고 비전을 추구해야 한다.

음악가는 음표, 화가는 색깔, 과학자는 사실을, 신학자는 사명을 좇듯 공직자는 공익과 국민행복을 좇아야 하지 않을까. 그런데 현실은 정부로 인해 불쾌한 것들이 너무 많다. 행복을 그린 화가, Pierre-Auguste Renoir(1841-1919)가 "일상 속에서 친구, 가족, 연인과 함께 한가롭고 꿈같은 시간을

Château에서 뱃놀이를 하는 젊은이들

즐기는" 작품처럼 정책을 통해 한국의 젊은이들이 "즐겁고 유쾌하고 예쁜 것"을 느끼게 해주어야 나라다운 나라다. 즉 능력 있는 행동, 진실 되게 믿을 만한 행동, 서로 연결되어 있음을 보여주고 지속적으로 믿을 만한 행동을 드러내야 정부다운

13) 연암 박지원의 「洇陽雜錄」 가운데 "오직 분노가 가장 통제하기 어렵다. 일에 임해 성을 내면 마음이 흔들리고 식견이 어두워져, 일 처리가 마땅함을 잃고 만다. 관직에 있는 자는 갑작스러운 분노를 가장 경계해야 한다(惟怒最難制. 臨事而怒, 則心動而識昏, 處事乖當. 居官者, 宜先以暴怒爲戒.). -조선일보, 2017년 8월 31일자.

국민이 갈망하는 인공지능정부

정부다. 제대로 된 아비로서 감당해야 할 부양책임 아닐까. 아이와 청년들이 실패를 두려워하지 않고 미래를 꿈꾸고 성공할 수 있다는 희망을 품게 하는 정부가 좋은 정부다. 한국이 가장 소중히 여겨야 할 자원은 청년이다. 이생망이니 N포세대니 절망에 빠진 청년에 희망주고 기를 살리는 투자야말로 공동체미래를 위해 가장 가치 있고 확실한 창조적 투자다(KBS명견만리제작팀, 2016).

프랑스는 16~25세 사이의 NEET청년[14]을 대상으로 청년보장수당, 그리고 Mission Locale이라는 지역 센터를 통한 프로그램 지원을 병행하는 〈프랑스청년보장〉을 시행하고 있다. 이들 정책의 목표는 소득보장과 조기 개입을 통해 청년이 NEET상태를 벗어나도록 하는 것이다. 이를 위해 사회적 대화와 관련 이해관계 집단인 국가, 사용자단체, 노동조합, 학교, 훈련기관, 민간단체 등과 협력체계를 구성하고 제도적 틀 형성에 힘을 기울이고 있다. Mission Locale은 유럽연합이 청년보장을 시행하기 훨씬 이전인 1982년, 61개소를 시작으로 청년지원을 시작했다. 2004년부터는 Mission Locale을 노동법에 근거를 마련하여 청년지원 프로그램을 노동정책의 일환으로 공식화 하였다. 2007년에는 전국 420개소로 확대하고, 2013년에는 유럽연합의 권고로 청년보장 시범사업을 시행했다. 2017년부터는 442개소(직원 약 1만3,000명)가 전국적으로 청년보장수당과 동반프로그램을 시행하였다.

한국은 지방정부와 청년그룹, 지방의회의 협력으로 청년기본조례를 제정, 민관협력체계 구성을 위해 노력 중이다. 그러나 지방정부의 예산, 정책집행 권한의 한계를 넘어서기 위해 프랑스의 청년보장과 같이 노동부를 넘어서는 종합지원체계가 요망된다. 이를 위해 노동, 주거, 복지, 교육, 문화 등 각 부처마다 배치된 청년지원 정책을 종합하는 관련 부처나 위원회 등 실행구조를 마련해야 한다. 특히, 장기적으로 학교와 연계는 청년NEET에 대한 조기 개입에서 매우 중요하다. 아울러 청년들이 처한 상태와 상관없이 안전하게 사회에 진입할 수 있도록 청년지원을 종합하는 기본법 제정이 시급하다(프레시안, 2017년 11월 9일자).

---

14) NEET(Not in Education, Employment or Training)는 학교, 직장, 사회 그 어디에도 소속되지 않은 청년이다.

청년은 물론 노인까지 행복한 나라, 과연 있을까? 이런 나라가 하늘아래 존재한다. 정부라 쓰면 신뢰라 읽는 행복지수 1위 국가, 덴마크다. 더불어 잘 사는 덴마크를 꽃피운 자양분은 신뢰다. 국민은 정부를 믿고, 이웃이 서로 믿는다. 세금 허투루 쓰이지 않는다는 믿음이 강해 복지가 탄탄하다. 연대가 단단하니 협동조합이 강해지고 노사관계도 평화롭고 경제도 성장했다. 두 사람만 모이면 협동조합을 만든다는 덴마크엔 아직 협동조합법이 없다. 신뢰가 있기에 법이 필요 없다.

### 프랑스의 청년정책: Mission Locale

Mission Locale은 프랑스에 특유한 모델로, 12개월간 건강, 심리, 주거, 교육, 고용 등 청년들의 다양한 욕구를 상담하고 필요한 자원을 적극적으로 연결한다. 청년보장 계약을 체결한 청년은 집단프로그램에 정기적으로 참여해야 한다. 15명 내외로 구성된 집단을 2명의 전문가가 담임처럼 담당하면서 개별 상담과 집단상담, 시민교육, 고용훈련 등을 수행한다. 2016년 한 해 동안 140만 명의 청년과 접촉하였다. 2~4주 동안의 집단프로그램, 기업과 연계된 견습 과정, 시민교육 과정 등의 과정에 참여한 청년에게 매월 480유로(한화로 약 64.5만 원)의 청년보장수당을 지급한다. 동반프로그램에의 참여를 도우면서 지역접근성을 높이기 위해 각 Mission Locale마다 더 작은 규모의 안테나(지부와 같은 성격)를 운영한다.

또 다른 예로 물질은 풍요롭지 않지만 지도자와 국민이 서로 사랑하는 국가 부탄이다. 부탄에는 걸인과 담배와 교통신호등 3가지가 없단다. 반면 무상의료와 무상교육, 그리고 전 국민 주택보급 3가지 혜택이 있다. 행복의 기본요건을 갖춘 셈이다. 국민 97%가 행복하다고 믿기에 많은 부자나라의 연구대상이다.[15] 보이는 게 다는 아니지만 이들 나라는 국민의 자랑거리다. 이처럼 나라 자랑하는 팔불출국민들이 부러움 대상이다.

---

15) 2011년 행복도 조사에서 1위를 기록했던 부탄이 2019년 조사에서 95위로 곤두박질쳤음. 국가행복도의 추락이유로 부탄에서 인터넷과 SNS 등의 보급확대로 인해 자국의 가난함을 안고 다른 나라와 비교를 하면서 순위가 하락된 것으로 해석됨.

국민행복을 모든 정책의 최우선 가치로 삼는 부탄, 국내총생산(GDP)보다 국민총행복(GNH)을 더 중시하는 정책기조의 뿌리는 1700년대 초반으로 거슬러간다. 당시 <부탄법전>은 백성을 행복하게 하지 못하는 정부는 존재이유가 없다고 만천하에 선언했다. 1970년대 초에 설정된 국민총행복 정책은 네 가지로 이뤄져 있다. 첫째, 지속가능하고 공평한 사회적·경제적 발전, 물질주의와 소비주의에 휩쓸리지 않는 성장과 발전을 중시한다. 둘째, 문화보전과 증진, 공동체적 유대를 강화한다. 셋째, 생태계 보전은 환경보존과 사회경제적 발전 사이의 균형과 조화를 추구한다. 넷째, 굿 거버넌스는 중앙정부든 지방정부든 투명한 정책을 수행하고 대중 참여를 적극 수용한다. 부탄의 왕들은 검소한 생활을 솔선한다. 5대 왕이 거처하는 왕궁은 부탄의 정부종합청사 옆에 있는 조그만 건물로 장관사택보다 작다. 왕은 백성들과 소통하기 위해 1년에 몇 차례씩 지방을 순시하는데 왕과 왕비가 묵는 숙소 역시 상상을 초월할 만큼 소박하다. 20시간 이상 험한 산길을 넘고 14시간 동안 비를 맞으며 찾아온 왕과 왕비를 국민들이 존경하고 사랑한다. 특히, 3대 국왕은 농노해방과 함께 자신 소유의 땅을 가난한 사람들에게 나눠줬다. 4대 국왕도 아버지노선을 따라 자연보호와 점진적 성장을 추구하면서 국민총행복을 선언했고, 2008년 절대군주제를 포기하고 입헌군주제로 전환했다. 정치적 혁명이나 군사적 무력 없이 왕이 스스로 권좌에서 내려온 것은 세계사에 없는 초유의 일이다. 또한 선대왕처럼 가난한 사람들에게 자신 땅을 나눠줬다. 이러한 정책은 5대 국왕 지그메 케사르 남기엘 왕추크가 보다 체계적이고 섬세하게 폈다. 국왕은 아무 때나 면담신청으로 만날 수 있다. 궁궐을 국가에 헌납하고 작은 집에서 살고 있는 국왕은 가끔 학교를 찾아 어린 학생들과 축구를 즐긴다. 이처럼 스스럼없어야 국가지도자가 국민사랑을 받는다. 역대 부탄 국왕들의 사랑, 지혜와 안목이 돋보인다. 부탄에서는 교육비와 원비가 무료다. 의사는 공무원이라 월급만으로 생활하기에 쓸데없는 돈벌이에 관심 없다. 교육비는 외국으로 유학을 가도 국가가 책임진다.

## 3. 집단적 협력활동으로서 행정

정부는 공직자의 총합이다. 공직자는 개인이기에 앞서 국가와 국민에 대한 봉사자로서 책임이 요구된다. 공직의 본질은 큰 사랑과 사명을 갖고 크고 작은 일들을 한다. 자신의 일뿐만 아니라 함께 일하는 사람에게 전심으로 사랑을 보이는 업(業)이다. 흔히 세상을 바꾸는 일은 고독한 작업이 아니다. 여럿이 함께 벌이는 작업이다. 같은 비전을 가진 공직자들이 힘을 합칠 때 세상을 좀 더 평등하고 풍요로운 곳으로 바꿀 수 있다. 고위공직자일수록 아랫사람들을 일정한 방향으로 움직이는 명령이 아니라 선의를 베풀어야 한다.

자신보다 더 똑똑한 사람들로 하여금 성과를 내게 하려면 관심 갖고 보살펴주면서 자발적 헌신을 유도해야 한다. 이러한 예는 소싯적 이솝 우화 〈해님과 바람〉가 들려주었다. 하늘의 해가 사람들에게 사랑을 받자 바람은 누가 힘이 더 센지 내기를 제안했다. 길 가던 나그네의 외투를 벗기는 쪽이 승자. 바람은 외투를 날려버리기 위해 강력한 바람을 내보냈지만 나그네는 옷깃을 더 단단히 여몄다. 따뜻한 해살이 내리쬐자 나그네는 스스로 외투를 벗었다. 이렇듯 자발적으로 행동하게끔 하는 일의 위력이 훨씬 강력하다.

또한 자신을 들여다보는 내면 성찰이 있어야 생각과 인품이 향기로워질 수 있다. 마치 나무처럼. 독일의 숲 전문가 Peter Wohlleben은 〈나무 수업〉이라는 책에서 인간의 손길이 닿지 않은 너도밤나무 숲에서 매우 특별한 사실을 발견했다. 원래 숲이란 어디선가 날아든 씨앗이 그 땅에 뿌리 내리고 허공에 선을 그으며 자라나 다시 씨를 뿌리는 과정이 얼기설기 반복되면서 땅이 숲이 되었을 거다. 숲을 이루는 나무는 굵기와 상관없이 각 나무의 잎이 광합성으로 생산하는 당의 양이 비슷하다는 것. 다시 말해 모든 나무가 동일한 성과를 올리도록 서로서로 보폭을 맞춘다는 주장이다. 이런 균형과 조절은 지하의 뿌리에서 일어난다고 한다. 그곳에서 활발한 네트워크를 이용해 가진 자는 주고, 가난한 자는 친구의 도움을 받는 원활한 분배가 이루어진다. 이렇게 그들은 개별 구성원의 삶과 자신의 삶을 분리하지 않는다.

고위층일수록 치열하고 간절하게 번민하며 결정하고 책임을 져야 한다. 마치 온몸의 시학처럼 창작하듯 행정도 그래야 한다. 그런데 현실은 그렇지 못하다. 오죽하면 봉건시대보다 못하다할까. 조선시대에서 부처의 장관 격인 판서(判書)는 판단, 결정하고 책임까지 졌다. 판서가 제일 높은 자리였던 것은 책임졌기 때문이

　　　　　　　　　　　　국민이 갈망하는 인공지능정부

다. 세종이 명군(名君)으로 추앙받는 건 자신의 발언은 삼가면서 신하들이 판단할 수 있게 했기 때문이다. 판서를 포함한 신하들을 신뢰하고 그들의 결정을 밀어줬다. 그랬기에 황희 같은 정승이 나올 수 있지 않았을까.

### 흔들린다.

> 나무는 최선을 다해 중심을 잡고 있었구나. 가지하나 이파리 하나하나까지 흔들리지 않으려 흔들렸었구나. 흔들려 덜 흔들렸구나. 흔들림의 중심에 나무는 서 있었구나. 그늘을 다스리는 일도 숨을 쉬는 일도 결혼하고 자식을 낳고 직장을 옮기는 일도 다 흔들리지 않으려 흔들리고 흔들려 흔들리지 않으려고 가지 뻗고 이파리 틔우는 일이었구나.
>
> - 함 민 복

오늘날 대한민국 장관은 판서역할을 하는 자리다. 부처를 총괄하며 대통령을 보좌해 국정을 책임진다. 어떤 정책을 시작할지 그만둘지, 확대할지 축소할지 결정한다. 국가가 장관에게 힘을 부여하는 건 매 순간 결정을 해야 하는 중책을 수행하기 때문이다. 국민이 100% 찬성하는 정책은 세상 어디에도 없다. 그런데 언제부턴가 장관 존재가 희미해졌다. 심지어 청와대 비서 아래 직급이 됐다는 인상이 짙다.

민감한 정책결정은 미루고, 책임은 아래로 옆으로 떠넘긴다. 일례로 정부개헌안을 청와대 수석이 발표하는 어이없는 일이 벌어져도 법무부장관은 유구무언이다. 장관 스스로 책무를 반납한 결과다. 교육부장관은 100개 넘는 입시제도안(案)을 던져놓고 전문가들이 결정해 달라고 했다. 국민의 참여와 숙의를 거치기 위함이라 둘러대지만 실은 욕먹고 책임지기 싫어서라는 걸 세상이 안다. 이처럼 결정과 책임을 피하고 권세만 누린다면 장관자리는 얼마나 편하고 쉬운 자리인가.

모든 고위공직자는 최고의사결정자(chief decision maker)가 아닌 최고실험가(chief experimentor)가 돼야 한다. 대부분 고위층은 아이디어를 판단하는 것에 익숙해져 있다. 경험이나 상식에 기반을 두고 한다와 안 한다(go, no-go)식 의사결정을 내린다. 하지만 의사결정 대신 아이디어 성공가능성을 테스트하고 실험하는 문화를 이끌어야 한다. 직관에 의존한 결정과 함께 실험결과가 불확실한 미래를 꿰뚫는 힘이 될 것이다. 물론 실험에 필요한 인재와 기반구조, 환경을 갖추는 투자를 아끼지 말아야 한다. 왜냐하면 제한된 경험에 의지하다 보면 쉽게 일반화해서 틀린 결론을 낳을 수 있기 때문이다. 근거 없는 직관과 신념 또는 소신은 미신과 다를 바 없다. 평생 하얀 백조만 본 사람이 흑조(Black Swan)을 어떻게 인정할 것이며, 음이온이 건강에 좋다고 무조건 믿는 사람이 라돈침대의 위험성을 어떻게 꿰뚫어 보겠는가.

여기서 공직의 참 의미와 목적을 찾은 뒤 구성원과 국민에게 공직본질과 사명을 선사하는 것이다. 갈수록 다양하고 복잡한 이해, 가치가 복합적으로 작용하는 정책현장에서 합법적, 능률적, 효율적 판단만으로는 한계에 봉착하게 된다. 공직자는 효율성, 합리성을 뛰어넘는 관심과 사랑을 베풀어야 한다. 손익을 초월하는 핵심적인 신념과 가치관에 매진해야 하지 않을까. 나아가 국민들의 삶 전체를 보살피는 원칙에 따라 사랑과 선의를 베풀어야 한다.

2020년 12월 30일 기준 한국의 공무원(공무원연금법 적용대상)은 1,221,322명이다. 공직사회는 한 나라에서 가장 규모가 큰 power그룹이다. 공직자들에 의해 펼쳐지는 행정은 집단적 협력활동이다. 그러면 똑똑한 사람들이 많이 모였다는 공직사회에서 이루어지는 선택, 결정은 과연 현명할까? 안타깝게 그렇지 않다. 공무원 개개인은 지성과 성실함을 갖추었을지언정 팀으로는 오합지졸인 조직이 많다. 팀 성과가 각자 능력의 총합보다 훨씬 적다. 집단적 어리석음은 집단문제이며 구성원 각자의 지능과는 거의 상관없다. 이러한 악순환은 잘못된 목표에서 시작한다. 수치로만 제시된 목표는 조직원을 열정 없는 부품으로 전락시키고, 겉치레 성과에만 신경을 쓰게 한다. 반면에 좋은 목표는 조직원의 자발적인 동기를 이끈다. 숫자 대신 조직원의 머릿속에 그림이 그려지도록 목표를 세운다. 가령 케네디 대통령은 1961년 연설에서 "10년 안에 사람을 달에 보내 무사히 돌아오도록 할 것"이라는 비전을 제시했다. 그러자 프로젝트 집행기관(NASA)은 조직의 장부터 청소일하는 구성원까지 비전을 공유, 공감, 동참한 결과, 당초 일정을 앞당긴 1969년에 닐 암스트롱이 탄 아폴로 11호를 달에 착륙시켰다.

공직사회가 집단지성을 발휘하려면 국민을 위한, 국민이 원하는 일을 해야한다. 일방적 정책은 실효성이 약하다. 여민(與民)행정으로 현장에서 이해당사자와 함께 정책을 만들어야 현실이 제대로 반영된다. 번지르르 세팅된 무대가 아닌 잘 안 풀리고 시끄럽고 거친 현장을 자주 찾아야 한다. 그렇지 않으면 헛바퀴 돌고 헛 북치고 헛돈만 쓰게 된다. 사실 중앙부처 공무원의 근무강도는 빡세다. 하지만 공공을 위한 서비스라기보다는 일을 위한 일만 하는 것으로 지적된다. 마치 규율과 전통에 얽매인 바리새인[16]같이 느껴진다. 이들은 규정, 규칙, 전례에 성실하고 철두철미하다. 하지만 지나친 규율이 통제장치로 오용된다면 곤란하다. Michel Foucault(1926~1984)가 경고했듯 현대사회에서 권력의 다양한 감시기법은 모세혈관처럼 뻗어나가 사회 전 영역을 관통한다. 감옥(監獄)뿐만 아니라 군대, 학교, 병원, 공장, 회사 등 모든 장소에서 몸을 효과적으로 통제하기 위해 일련의 기법을 동원한다고 봤다. 길들여진 몸을 만드는 여러 기법과 전술을 통틀어서 규율이라고 명명했다. 구성원들을 규율하는 사회, 나아가 그들의 정체성과 자화상 자체를 창출하는 장소로 전락하였다(미셸 푸코 지음·오생근 옮김, 2011). 또한 Oscar Wilde가 성실함은 위험한 것이며, 과도한 성실함은 치명적이리만큼 위험하다고 설파했듯 업무에 대한 지나친 열의는 경계해야 한다.

특히, 한국의 공직사회에서 드러난 불편한 현실을 보면 첫째, 업무량이 많다. 흔히 생각하는 공무원 칼 퇴근은 서울 및 세종청사에서 근무하는 공무원에게는 거의 해당되지 않는다. 2017년 1월 보건복지부의 워킹 맘 공무원의 심장질환 사망사례가 이를 방증한다. 국회시즌에는 거의 모든 건물이 새벽까지 환하다. 그런데 실적과 성과위주로 일 처리하는 기업인과 달리 어긋난 열심 있는 공무원들은 정책모양새와 예산집행에 더 관심을 보인다. 보여주기 식의 헛일이 아니라 가치 있는 일을 해야 한다. 다들 쥐어짜듯, 있는 힘껏 모드로 산다. 지구에서 살아남기 위해 지구력이 필요한 걸까. 정녕 필요한 것은 자기열정에 도취된 열심이 아니라

---

16) 관료의 교만, 배타성, 규칙주의, 전례 및 관행중시, 획일성의 추구 등 자신에게 주어진 소명 (재능, 열정 등)을 기본 값으로 삼아 다른 사람들을 평가하는 것 등을 경계해야 한다.

선의와 공익을 이루는 차분한 열심 아닐까.

둘째, 사업 가짓수가 헤아릴 수 없을 정도로 많다. 일자리사업의 경우, 2016년 11개를 통폐합했다는데 여전히 185개나 된다. 특히, 박근혜정부는 청년실업난을 해소하겠다며 10회의 대책을 쏟아냈다. 일을 열심히 하다 보니 선진국에 있는 정책은 어김없이 한국에 다 있다. 심지어 공무원들은 어떤 제안을 받으면 '우리도 다 해봤다'는 식의 반응을 보일 때가 많다. 그런 식이라면 돈을 많이 들여도 효과를 체감하기 어렵다. 문제해결을 위해 수박 겉핥는 식이 아닌 문제의 본질을 정확히 진단하고 현상을 파악한 후 뿌리부터 해결하는 개선조치가 과감하게 실행되어야 한다. 가령 청년실업과 관련하여 한국은 대학진학률이 높고, 학교교육과 산업현장이 따로 논다. 대학졸업 후 회사에 취직하면 3년 정도 재교육해야 제대로 일할 수 있는 게 현실이다. 대학이 지역, 산업과 연계된 특성화를 강화하고, 4차 산업혁명으로 진화하는 복합형 산업구조에 맞추어 융·복합형 학부제 운영 등 맞춤형 학사구조로 개편해야 한다. 대기업선호와 대학을 나와야만 취업이 된다는 인식개선과 학벌이 아닌 능력기반문화를 만드는 게 문제해결의 본질이다.

셋째, 도대체 일을 왜 하는지 대부분 국민들은 모른다. 역대정부마다 핵심정책을 전투하듯 속도전을 벌였다. 민심의 방향과 속도에 아랑곳 않고 조급증에 빠진 채 과속하였다. 박근혜정부의 창조경제정책의 창업지원 사업은 7개 부처에 62개 사업이나 된다. 창업하려는 사람이 정부지원을 받으려면 일단 정책부터 공부해야 한다. 오죽하면 '정부지원금을 받으려면 컨설팅창업이 가장 유망하다'는 농담이 나올 정도다. 조급증과 분주한 공직사회에서 공직자들은 잠시 일에서 벗어나 자신이 어디에 있고 어디로 가고 있는지, 현재의 자신의 사회적 역할이 그 목표와 부합하는지 확인하고 변화지향의 생각할 시간이 필요하다.

넷째, 업무량 투입에 비해 효과가 적다. 시대의 화두가 된 저 출산과 일자리 문제만 봐도 그렇다. 지난 10년 동안 저 출산 문제해결에 150조 원이 넘는 예산이 투입됐고, 일자리 사업에도 최근 수년간 해마다 15조~17조 원이 들어갔지만 효과는 아시다시피 '꽝'이다. 오죽하면 차라리 그 돈을 N분의 1로 나눠줬으면 더 효과가 났을 것이란 자조(自嘲)적 냉소가 강하다(매일경제신문, 2017년 3월 29일자). 이것

국민이 갈망하는 인공지능정부

저것 짜깁기해 내놓는 재탕, 삼탕 대책은 필요 없다. 또한 경제적 지원만 갖고서
는 해결할 수 없다. 경제적 대책에 교육, 문화, 사회, 환경 등 총체적 접근을 해야
한다. 출산이나 일의 의미에 대한 성찰과 가치관의 재정립도 필요하다. 내 돈 같
았으면 아껴 쓸 돈을 예산을 함부로 써대는 나쁜 버릇부터 고쳐야 세금 아깝다는
말 들리지 않을 것이다. 눈먼 돈 붙잡기 위해 엘리트 역량이 탕진되는 몹쓸 현상
도 사라져야 한다.

## 청년실업 없는 싱가포르

대졸취업률 90% 웃돌고 실업률 2%대의 완전고용 국가, 싱가포르는 1997년만 해도 한
국과 1인당 국내총생산(GDP)이 비슷했다. 지금은 6만 달러가 넘고 활력에 차 있다. 그 비결
은 무엇일까. 교육과 산업의 매칭에 있었다. 싱가포르는 한국처럼 죽어라 대학까지 가고 보
자는 시스템이 아니다. 초등학교 졸업 후 PSLE(Primary School Leaving Examination)
시험을 통해 중등교육으로 진학한다. 이때부터 개인적성과 수학능력, 사회수요를 고려해 교
육기관이 배정되며, 일반대학 또는 기술교육중심 전문대학(Polytechnic), 취업목적의 기술
교육원(ITE)으로 진학한다. 어떤 계통이든 졸업 후 취업걱정이나 사회적 차별도 없다. 초등
학교 4학년을 마친 후 아이의 진로를 결정하는 독일방식과 흡사하다. 대학진학률이 38%인
독일도 청년들이 완전고용에 가깝다. 싱가포르는 경제 환경에 맞춘 교육이다. 경제는 금융,
무역, 관광 등 서비스산업 중심이다. 산업특성에 따라 필요한 수준의 교육이 있고, 맞춤화된
교육만 받으면 취업할 수 있는 제도와 문화가 형성돼 있다. 이처럼 경제 환경과 산업 특성에
적합한 맞춤형 교육제도 운영이 중요하다(매일경제신문, 2017. 2. 9).

이렇듯 공직사회의 비효율, 무능력 등은 어제 오늘의 일이 아니다. 한 집단이
무언가를 할 때, 인원수가 많을수록 개인당 공헌도는 떨어지는 현상으로 링겔만
효과가 있다. 그 반대가 시너지 효과다. 독일의 심리학자 Maximilien Ringelmann
은 줄다리기 실험에서 한번에 100의 힘을 내는 사람 여럿이 잡아당긴다고 해서
그 합이 200이 되는 것이 아니라 했다. 둘이서 할 때는 164, 셋이서 할 때는 222
이 되는 식으로 한 사람이 내는 힘의 크기가 줄어드는 것을 발견했다. 이후 이

현상은 링겔만 효과라고 이름 붙여졌다. 이 효과는 나중에 한 다른 실험에서도 재현되었다. Latane & Harkins(1979)는 한 실험에서 참가자들에게 소리 지르거나 손뼉 치도록 했는데, 측정 결과 참가자들은 둘을 짝지었을 경우 혼자일 때의 82%, 셋 이상이면 74% 정도만 소리를 냈다. 이러한 현상이 벌어지는 원인은 간단하다. 여러 사람이 하니까 나 하나쯤이야 덜 노력해도 괜찮겠지 라는 생각 때문에 벌어지는 현상이다.

공직이 집단지성의 힘을 발휘하려면 공직자 서로가 이해하고 협력하며 존중하고 책임지는 풍토를 갖추되 위부터 솔선수범해야 한다. 상위자와 하위자 간 수직적, 동료 간 수평적 사랑으로 연결되어야 한다. 개별 구성원에게 간섭을 줄여 원하는 방식대로 일하되 구체적인 공통 목표를 위해 노력하는 게 열쇠다.

사랑은 자유롭게 하면서 관심으로 지켜보고 창조적 역량이 발휘되도록 돕는다. 작은 실수 하나하나에 민감하게 반응하여 사사건건 지적하거나 감정을 다스리지 못해 성질낸다면 기대했던 성과를 이끌어 내기는커녕 직원들 스스로 주저하게 만들 것이다. 그러나 가만히 둔다고 해서 돌보거나 간섭하지 않고 제멋대로 내버려 두는 방임의 의미는 아니다. 지도자는 조직원들이 스스로 할 수 있도록 분위기를 조성하고 창조성을 발휘할 수 있는 공간을 만들어야 한다(군터 뒤크 지음/ 김희상, 2016). 감정조절과 관리를 위해 감정을 알아차리며 거리 두기로 자신과 감정 사이에 안전거리를 만들어 감정의 에너지와 소통할 심리적 공간을 조성해야 한다. 그리고 감정을 명확하게 바라보아야 한다. 감정과 감정을 둘러싼 환경을 보는 것이다. 그리고 내려놓아야 한다. 운동, 긴장의 이완, 깨어 있음 등을 통해 감정에너지의 스트레스를 풀어야 한다(족첸 뾘롭 린뾰체·이종복, 2018). 구글에서 조사한 바에 따르면 동료에 대한 신뢰가 두터운 곳일수록 창의성과 업무 효율성이 높게 나왔다고 한다. 서로 견제하거나 배척하지 않고 함께 문제점을 찾아보고 실현 가능한 것으로 발전시켜나갈 때 그 조직은 안정적 성장을 도모할 수 있다. 집단적 협력활동인 행정조직구성원들간 신뢰와 공감은 아무리 강조해도 지나치지 않을 것이다.

## 제2절  정책, 심리를 탐하라.

### 1. 위민행정의 뿌리: 배려

문재인 정부의 핵심키워드는 사람이었다. 사람을 중시하고 사람의 가치를 강조했기에 늦었지만 다행스러웠다. 그래선지 사람중심의 4차 산업혁명 구현(과학기술정보통신부), 사람이 있는 문화(문화체육관광부), 사람이 먼저인 세상을 만들기 위해 앞장(행정안전부), 사람중심의 콘텐트 산업으로 생태계를 재편(한국콘텐츠진흥원), 사람중심의 산림자원 순환경제 구축(산림청), 사람중심의 스마트고속도로 건설(한국도로공사) 등에서 알 수 있듯 사람이 넘친다. 하지만 사람이 일시적 유행이 아닌 실천과 공감으로 느껴져야 한다.

원래 사람은 고귀하다. 세상 어디에나 있지만 똑같은 물방울은 단 한 개도 없다. 이렇듯 유일무이한 존재인 인간은 철저히 독자적이며 부서지기 쉬워 더욱 존귀하다. 근대계몽주의자들은 인간으로서 향유해야 할 기본권은 하늘이 내려주었다는 천부(天賦)인권을 제기했다. 누구든 태어나면서부터 자유롭고 평등한 인격과 스스로의 행복추구권을 가진다는 이론이다.

어디 그뿐인가. 사람은 하늘과 땅의 중심일 정도로 고귀하고 존엄하기에 사람이 곧 하늘(人乃天)이라 했다. 그렇기에 서로 '내가 저런 처지라면…'하고 애틋함 지녀야 한다. 명심보감에서 남의 흉한 일을 민망히 여기고, 남의 좋은 일에 즐거워하라(悶人之凶 樂人之善), 남의 위급함을 보면 도와주고, 남의 위험을 보면 구해주라(濟人之急 救人之危)는 가르침의 울림이 크다. 물론 쉽지 않지만 위급한 사람 도와주는 제인지급(濟人之急)의 심정, 행동으로 옮겨야 한다. 동정심보다 무거운 감정은 없다. 자신의 고통도 다른 누군가가 상상력 등으로 인해 느끼는 고통만큼 무겁지 않다. 즉 사랑하는 사람이 고통 받는 것보다 고통 받는 것을 보는 것이 때로 더 고통스럽다. 이런 배려가 행정에 절실하다(세계일보, 2018년 4월 19일자).

세상만사 모든 게 사람에 달렸다. 첨단 과학기술기반의 4차 산업혁명시대라고 해도 인간의 생각과 행동에 의해 일의 성패가 갈린다. 가정, 기업, 국가에 이르기까지 사람을 잘 써야 한다. 그래서 선출직은 유권자선택이 중요하고, 임명직은 인사권자의 혜안이 필요하다. 정치든 행정이든 사람에게 달려 있다(爲政在人). 올곧은 자를 세워서 여러 생각이 바르지 않고 능력 없는 자들 위에 두면, 잘못된 자를 곧게 할 수 있다. 사람을 올바로 알아보는 것이 참된 지(知)다.

인간을 이롭게 한다는 홍익인간의 정신이 정책은 물론 국민생활 철학과 습관에도 영향을 미쳐야 한다. 가령 인간가치를 중시한 프랑스혁명의 3대 정신(자유, 평등, 박애)이 정책은 물론 시민들의 철학과 생활습관에 스며야 한다. 인간을 손중히 여기는 습관은 인간애로서 박애정신으로 이어질 수 있다. 그런데 현실은 어떠한가? 각종 사고가 터지면 빠지지 않는 만능해법이 CCTV설치다. 어린이집에서 아이들을 때리거나 살충제계란 파동이후 닭

아름다운 선율도 이웃에게는 고통이 됩니다(kobaco, 2013)

장관리 강화를 위해 CCTV 확충부터 외쳤다. 물론 예방효과가 크고 범죄행위의 적발이 용이하다는 장점이 있다. 같은 사건이라도 프랑스에선 신중하다. 끊임없는 테러에 CCTV설치가 증가하지만 개인사생활을 침해하는 행정편의주의 발상이라는 반론이 여전히 거세다. 인간을 믿지 못할 잠재적 범죄자로 여기는 처사로서 심리적 반감도 크다. 한국의 강점인 빠르고 효율적인 것도 좋다. 하지만 그 속에서 인간의 고유한 존엄성이 사라져 가는 건 아닌지, 인간으로서의 동질감 대신 불신이 쌓여 가는 건 아닌지 돌아보아야 한다. 끊임없는 재벌오너 일가의 갑(甲)질 행태, 관존민비 등은 아직도 사람을 무시하는 부끄러운 자화상이자 무례가 좀먹은 사회를 단적으로 드러낸 예다. 서로의 존재감을 인정하고 높여주며 배려하는 사회, 그래야 사람이 먼저인 사회가 가능하다. 이러한 갈망의 윤리적 원천은 "너 자신과 다른 모든 사람의 인격을 언제나 동시에 목적으로 대우하도록 행위하라"는 칸트의 정언명령이다. 이러한 풍토에 뿌리내린 위민행정이 올바른 정부다.

Hammurabi 법전서문에 "정의를 온 나라에 퍼트리고, 사악한 자들을 없애며, 강한 사람이 약한 사람을 괴롭히지 못하도록, 과부와 고아가 굶주리지 않도록, 평

민이 악덕관리에게 시달리지 않도록~"이라는 구절이 있다. Hammurabi 왕이 직접 밝힌 제정 의도는 시공을 초월해 진정한 법정신이 무엇인지 되돌아보게 한다. 특히, 196조의 '눈에는 눈'의 동해보복형(同害報復刑)처럼 잔인해도 농민에게서 소를 압류하지 못하도록 하는 조치에서 보듯 생존권보장의 애민정신이 담겨있다. 판결에 실수를 저지른 공직자는 벌금뿐 아니라 판사석에서 영원히 퇴출시켰다. 오늘의 공직자나 법조계 종사자들에게 사심 없이 공정하게 법적용과 판결에 임해야 하는 자세를 되새기게 한다.

또한 민유방본 본고방녕(民惟邦本 本固邦寧)[17]이란 백성은 오직 나라의 근본이니 근본이 튼튼해야 나라가 편안하게 된다는 뜻이다. 백성이 국가의 뿌리임을 밝히는 민본(民本)사상이다. 백성이 행복하도록 북돋아야 지도자를 부모처럼 따르고 나라를 뒤엎지 않는다는 뜻이 담겨 있다. 국민이 국가의 뿌리라는 민본이야말로 애민행정의 기본이다. 국민을 사랑하기 위해 공직자는 연민(compassion)의 마음을 품어야 한다. 연민은 아픔, 상처, 고통, 시련 등 그늘진 삶 살아가는 사람에 대한 긍휼심이다. 마치 의사처럼 공직자는 사회의 병리를 진단, 치유하는 인술(仁術)을 펼쳐야 한다.

조선시대의 이지함은 과거를 포기하고 대부분 삶을 유랑했다. 민초의 삶을 위한 노력은 물론 국부(國富) 증대와 민생안정을 위해 농업, 수공업, 어업, 염업과 같은 산업개발을 추진했다. 노숙인 재활을 위해 걸인청(乞人廳)까지 설치하였다. 가난한 사람과 어울리며 고민을 들어주고 해결책을 제시하였다. 특히, 점술이나 관상비기(觀象秘記)에 능했다는 기록에서 보듯, 앞날을 예견하는 능력은 그에 대한 신뢰를 크게 하였다. 훗날 그에 대한 기억과 명성은 후대까지 이어졌으며 <토정비결>로 나타났다. 백성들의 앞날을 걱정하고 구체적으로 그 고민을 해결해 주었던 애민(愛民) 정신이 고스란히 반영되어 있다(세계일보, 2018년 1월 18일자).

이처럼 공직자는 소외되고 상처받은 사람들의 선한 이웃이 되어야 한다. 좌

---

17) <서경(書經)>에 있는 구절로서 핵심덕목은 위민(爲民), 곧 백성을 위하는 것이다. 이는 조선개국의 설계자이자 조선의 최고법전인 <조선경국전(朝鮮經國典)>을 편찬한 정도전이 추구했던 사상이기도 하다. 그는 백성의 마음을 얻는 방법은 낙생(樂生)에 있다고 했다.

표 없이 세상에 던져져 갈피없이 헤매는 다음세대, 강도만난 이웃, 억울한 이웃, 좌절한 이웃을 보살피고 애타는 마음을 정책, 법, 제도 등에 담아야 국민 마음 속 타는 일 없을 것이다. 미국 최초의 흑인대통령인 Barack Hussein Obama가 일리노이주 상원의원이던 2004년 행한 연설에 연민의 감정을 극대화하였다. 그는 "나는 형제와 자매를 지키는 사람이라는 기본적인 믿음이 미국을 움직이는 원동력이라 믿는다."고 강조하며 미국인의 마음을 사로잡았다. 사랑의 시작은 타인을 배려하는 마음에서 비롯된 배려와 섬김이며 이는 곧 공직자의 힘이다.

국민을 위한 사랑의 실천, 위민은 국민안녕을 최우선으로 여긴다. 그리고 생각을 행동으로 옮긴다. 부모가 자식을 배려하는 마음과 같다. 누구든 죽고 못 사는 연인이 생기면 앉으나 서나 그 사람만 생각하지 않던가. 관심이 있고 자신이 좋아하는 대상이 생기면 빠져들 듯 공직자는 자신의 분야에서 정책대상으로서 노인이나 어린이, 가난한 사람, 병에 걸린 사람이나 장애인 등 사회적 약자에게 특별한 관심을 갖고 보살펴야 한다. 가령 가난한 국민이 부모상(喪)을 제대로 치르지 못할 경우 경비를 대어 장례를 치르게 해 주고, 장애인이나 병이 위독한 사람은 세금이나 부역을 면제해 주어야 한다. 이처럼 눈앞의 국민이 아플 때 내가 아플 수 있는 능력으로, 공직자가 갖춰야 할 가장 중요한 요건이다.

모든 예술가가 그렇듯 Wolfgang Amadeus Mozart(1756~1791)가 천재이든 노력파이든 간에 한시도 음악과 떨어져 지낸 적 없는, 음악에 심취한 작곡가였다. 말로 형용하거나 풀어낼 수 없는 우주만물의 오묘한 조화와 신비로운 아름다움, 인간사의 희로애락까지 오선지에 거침없이 담아낼 수 있었던 것은 머릿속을 쉼 없이 떠다니는 악상에 취해 살았기 때문이다.

모든 행정이 그래야겠지만 특히, 복지행정은 배제와 배척, 배타 아닌 포용과 배려가 절실하다. 남을 진정으로 알고자 하는 마음이 기독교의 사랑이고 불교에서 자비라 한다. 가령 연민에 관한 이야기로 트로이전쟁 당시 트로이의 왕 프리아모스가 아들 헥토르의 시신을 돌려받기 위해 적장인 아킬레우스와 만나는 장면이 대표적이다. 아킬레우스는 애인 파트로클로스를 잃고 헥토르의 시신을 마차에 끌고 다니지만 아들의 시신을 돌려달라며 애원하는 프리아모스의 모습에 자신의 아버지를 떠올리며 시신을 내주며 프리아모스를 끌어안고 운다. 이렇듯 상대방을 위해 울 수 있는 동고동락의 문화, 이런 바탕에서 르네상스 미술과 음악이 꽃필 수 있었다(중앙일보, 2013년 4월 2일자).

사막과 같은 행정은 삭막하다. 그만큼 감성이 메마른 곳처럼 느껴진다. 공직자는 빈들의 마른 풀처럼 건조하고 무미하다. 행정에 창조성이 빈곤한 근본 이유이다. 이런 행정에 비바람이 몰아쳐야 한다. 사랑은 고요한 정적의 바다가 아니다. 갈등의 파도, 고통과 상처의 폭풍이 무시로 몰아친다. 이렇듯 건강한 불안과 요동, 생산적 긴장과 갈등, 창조적 분노로 흔들리고 뒤집어져야 한다. 그래야 사막에 꽃이 피듯 행정에 창조성이 만개할 수 있다. 국민사랑, 즉 애민으로 사막을 적셔야 한다. 민본행정은 말로 이루어지는 것이 아니다. 공직자마다 국민을 배려하는 생각, 마음, 말, 행동을 갖추어야 한다. 국민이 있기에 정부가 존재하고 공직이 작용할 수 있다. 그러므로 공직자 사명에 국민존중이 우선되어야 한다. 원래 인간은 신이 각별한 미션(임무)을 주고 하늘에서 데리고 온 존재인 만큼 남을 위해 희생하는 게 최고의 인생이다. 봉사와 희생이 공직의 본질이요 본연의 역할이다.

민본행정은 공직자 한 사람이 어떤 의식을 갖고 어떻게 처신하느냐에 따라 국가적 위기도 해소될 수 있다. 지난 2015년 3월 Mark William Lippert 미국대사 피습사건은 공직자의식에 새삼 주목케 하였다. 공직자로서 국가의 저력과 품격을 드러냈다. 어떤 위기에도 이성을 잃지 않고 침착하게 대응하는 문화, 감정과 조화로운 합리적 사고, 시민의식과 애국심이 체질화된 국가적 토양 등은 국가보유 Soft Power자산이다. 2017년 5월 8일 Emmanuel Jean−Michel Frédéric Macron 프랑스 대통령은 당선 일성으로 "제게 보여준 신뢰를 저버리지 않고 사랑으로 봉사하겠습니다."고 하였다. 사랑으로 봉사하는 공직자 마음은 국민을 향한 배려에 있다. 그러기 위해 행정은 자상하고 섬세해야 한다. 그런데 행정은 너무 거창하고 거시적이며 거칠다. 그래서 Detail에 약하다. 소외된 국민의 작은 신음소리도 귀 기울여 경청해야 한다. 작은 것이 만드는 완벽함은 결코 사소한 일이 아니다. 실제로 디테일이 강하다는 것은 그만큼 상대방을 배려하는 대인 민감도가 높다는 의미다.

# 배제와 배척, 배타 아닌 배려 절실한 복지행정

혼자서 일상생활이 어려운 장애인을 돕기 위한 장애인활동 지원제도라는 게 있다. 주로 활동 보조인을 지원받는다. 그런데 만 65세가 넘어 장애를 갖게 된 어르신은 아무 혜택을 받을 수 없다. 경기도에 사는 76살 문○○씨는 7년 전 1급 시각장애인이 된 후, 50년 넘게 해왔던 운전 일을 하지 못하고 생활고에 시달리고 있다. 그러던 중 장애인의 생활을 지원하는 제도가 있다는 말을 듣고 국민연금공단을 찾았는데 황당한 답변을 들었다. 만 65세가 넘어 장애인이 됐으니 지원받을 수 없다는 것이다. 활동 보조인 지원을 받을 수 있는 장애인활동 지원제도는 만 65세 미만에만 적용되기 때문이다. "활발하게 활동하다가 갑자기 이렇게 됐는데, 65세 넘으면 안 된다. 이건 당해보지 않은 사람은 모르는 거죠. 죽고 싶은 심성이시니…." 65세가 넘으면 노인 장기요양 보험제도를 이용할 수 있지만, 이 경우 장애가 아닌 노인성질환 여부로 지원이 결정된다. 노인성 질환이 없는 문○○씨는 결국 두 제도 모두 지원받지 못한다. 문 씨처럼 1급 장애를 가졌지만, 노인성 질환이 없어 지원받지 못한 65세 이상 장애인은 2016년에만 3천 명이 넘는 걸로 추정되고 있다. 반면, 만 65세 이전에 장애인활동지원을 받은 경우 65세가 넘어도 그대로 지원을 유지할 수 있다. 보건당국은 제도적 허점을 인정하면서도 정작 제도개선에는 나서지 않고 있다. 허술한 제도 속, 늦은 나이에 장애를 얻은 어르신들은 복지 사각지대에서 힘겨운 삶을 이어가고 있다(MBN, 2017년 8월 3일자).

공직자는 현장의 보이지 않는 언어와 소리들에 귀 기울여야 한다. 겉으로 드러난 표현뿐 아니라 미처 전달되지 않는 것들, 가령 침묵이나 여백 속에 존재하는 망설임들, 언어로서 차마 표현되지 못하는 타인의 슬픔까지도 헤아려 보듬는 마음 챙김이 필요하다. 그래서 슬픔을 다치게 하지 말아야 한다. 어린 시절에 아이가 슬퍼서 엄마 무릎에 와서 목 놓아 충분히 울 수 있게 해주면 그 아이는 다 운 뒤에 뛰어나가서 놀 수 있단다. 그런데 그 슬픔을 막으면 아이는 억압 때문에 오히려 엇나갈 수 있다고 한다.

한 사람의 가치는 타인과의 관계로 측정될 수 있다. 공직자야말로 그늘진 삶 살아가는 사람들의 안타까운 눈빛이나 망설임의 몸짓에서 발화되지 못한 언어의 흔적을 발견하는 몸부림이 필요하다. 이러한 공직 삶이 서로를 이해하고 존중할 수 있는 희망이 아닐까. 상대방을 이해하라는 것이 무조건 그 쪽 의견에 동의하거나 누가 틀리고 누가 옳다고 말하라는 게 아니다. 그 사람의 말과 행동을 인격적으로 존중하라는 뜻이다. 상대방의 입장, 그 사람이 옳다고 믿고 있는 사실을 충분히 그럴 수 있다고 귀 기울이고 받아들이라는 것이다. 세상이 각박해질수록, 언어도 신호도 없이 오직 마음속으로만 비명을 지르는 사람들이 많아진다. 들리지 않는 목소리로 참을 수 없이 아프다고 절규하는 존재들의 슬픔에 귀 기울이는 정부가 되었으면 좋겠다. 그래서 더 춥고 더 외로운 존재들이 소리도 없이, 언어도 없이 외치는 마음의 신음소리를 들을 수 있는 따뜻한 마음의 귀가 살아나는 사회가 되기를 소망한다.

독일의 유명건축가 Ludwig Mies van der Rohe(1886~1969년)는 detail 속에 신이 있다고 역설했듯 작고 숨겨진 것에 철학이 담겼다. 아무리 거대한 규모의 건축물이라도 사소한 부분까지 최고의 품격을 지니지 않으면 결코 명작이 될 수 없다. 공직자의 일거수일투족과 정책에 자상함과 섬세함이 묻어나야 한다. 일례로 2014년 4월 16일 발생한 〈세월호 참사〉의 처리과정에서 공직자의 무감각한 처신과 대응으로 인해 상실감 컸다.

공직자에게 사랑이 없다면 어떠한 염려, 걱정, 판단, 비판도 소모적이며 사치스러운 위선에 불과하다. 위선을 막으려면 선으로 끝까지 나아가려고 하는지 묻고, 도중에 이전 상황으로 되돌아가지 않을 것인지 묻고, 함께 문제를 해결할 수 있다고 믿는지 물어야 한다. 끊임없이 되묻고 이전을 부정하지 않는다면 앞으로 나아갈 수밖에 없다. 공정사회 구현이니 정의로운 나라를 건설이니 해도 사랑이 없으며 시끄러운 꽹과리소리와 다름없다. 정의는 힘이 아닌 사랑으로 세워야 한다. 사랑 없는 정의는 끊임없는 다툼, 갈등, 투기를 일으킨다. 반면에 사랑이 있다면 염려도 비판도 필요하다. 다만, 바르게 표현되어야 한다. 위선과 가식이 아닌 진정한 표현이 필요하다. 비판하되 적개심은 없어야 하며, 물러서지 않았지만 상대를 모욕하지 말아야 한다.

그 동안 정책현장에서 많은 표현이 넘쳤고 정치권에선 난무했다. 그래서 민심이 힘들었다. 가령 관존민비에 묶여 국민과 비교를 통해 자신을 높이려 한다.

고위공직자들은 잘 따라오지 못하는 사람을 은근히 무시하고 귀찮아한다. 스스로 헌신한다면서 엘리트주의 격식과 원칙주의 담장을 높이 세운다. 하지만 담장이 높다고 생각하지 않는다. 자신들이 믿는 바와 조금이라도 다를 경우, 쉽게 배제하면서 획일성을 추구한다. 심지어 나는 선(善)이고 너는 악(惡)이라고 자신들의 소명이 최고의 경지인 양 착각한다. 이런 공직사회 빗나간 열정은 위험하다(래리 오스본, 2013). 그래서 앞으로 국민이 경계해야할 악은 선의의 탈을 쓰고 위선을 행하는 무리다. 민주주의가 후퇴하고 재벌과 가진 자의 횡포가 극심한 사회에서는 선의의 탈을 쓰고 사기를 칠 수 있기에 끝까지 싸워야 한다.

정책결정자나 정책에 대한 불신이 사회경제적 불안으로 전이된다. 역대정부에서 크고 삭은 사건·사고의 처리과정에서 정부가 진정으로 국민을 보호한다는 확신을 주지 못했다. 오죽하면 하루 세 끼 먹는 나라보다 두 끼를 먹어도 안전하고 행복한 나라에서 살고 싶다고 했을까.18)「이틀간 조문기간 중 적지 않은 정치인들이 다녀갔다. 직책만 대면 알 정도의 저명인사들이다. 어떻게 그렇게 지체 높은 분들이 바쁜 와중에 소시민이었던 조카장례식장에 왔을까 의구심 든다. 대부분 위로의 말씀과 함께 앞으로 이런 참사가 재발되지 않도록 확실하게 정책을 수립·집행하겠다고 약속했다. 처음 한두 분의 말씀에는 공감이 가고 고맙게 느껴졌다. 이번 참사로 국민안전과 행복을 최우선하는 나라로 탈바꿈된다면 조카의 죽음은 결코 헛되지 않으리라 생각하니 슬픔도 잠시 가라앉는 듯했다. 그러나 연이은 조문객말씀이 천편일률적이고 6·4지방선거를 앞두고 생색내기 조문인 것 같아 불쾌한 마음이 들기 시작했다. 조문 중 어느 정치인에게 말했던 "이게 대한민국의 현주소입니다"라는 형님 말이 귀에 울린다. 말로만 안전! 안전! 일만 터지면 사후 약방문－땜질식 처방만 하지 말고 근본적 정책을 수립, 집행하길 관계당국에 강력히 호소한다.」 사실 문제는 안전의식인데 안전대책만 뜯어고쳐 왔다. 이처럼 문제해결은커녕 갈팡질팡하며 문제를 심화시키면서 정부신뢰가 실추되었다. 문제해결이 아닌 문제로 존재하는 정부, 정부가 외부의 문제를 해결하기에 앞서

---

18) 2014년 4월 21일 세월호 침몰사고로 숨진 채 발견된 단원고 2학년 9반 담임교사 최혜정씨의 당숙 최형규씨가 부모 대신 상주역할을 하면서 경향신문에 보냈던 편지내용이다.

국민이 갈망하는 인공지능정부

정부 자체의 문제를 인식, 해결해야 한다. 무엇보다 공직자의 각성이 요구된다.

## 문제해결이 아닌 문제로 인식되는 정부에게

마음속의 풀리지 않는 문제들에 대해 인내를 가지라. 문제 그 자체를 사랑하라.
지금 당장 해답을 얻으려 하지 말라. 그건 지금 당장 주어질 순 없으니까.
중요한 건 모든 것을 살아 보는 일이다.
그러면 언젠가 먼 미래에 자신도 알지 못하는 사이에
삶이 너에게 해답을 가져다 줄 테니까.

- Rainer Maria Rilke(1875~1926)

정책에 쓰이는 상징으로서 단어는 사람 숫자만큼 이해관계가 각인된다. 모든 사회갈등은 언어위에서 이루어진다. 가령 대통령언어가 국민과 다르고 정부에 대한 믿음이 사라지면 국민은 정부에 기대를 버리고 무관심으로 체념한다. 이러한 상황에서 경제주체는 각자도생하며 스스로 살 궁리를 자각한다. 또한 역대정부의 고위공직자 인사청문회에서 드러났듯, 개인의 도덕성이 공직사회 전체를 멍들게 했다. 공직사회에 만연한 5무 타령(예산, 인력, 전례, 규정, 담당자)이 공직사회의 무사안일과 나태를 조장하였다.

오늘의 공직자들은 왜선 330척을 맞아 전선 12척과 병사 120명으로 수습하여 세계 해전사상 유례없이 대승을 거둔 이순신장군을 본받아야 한다. 위기감과 긴장감으로 공직을 수행해야 한다. 자원이나 여건을 탓하지 말라. 1961년 7월 미국 Idaho주 Ketchum에서 엽총으로 자살한 Hemingway가 묘비에 남긴 마지막 메시지를 새겨볼 만하다. "지금은 그대가 무엇을 가지지 못했는지를 생각할 때가 아니다. 그대가 가지고 있는 것으로 무엇을 할 수 있는지를 생각하라."

공직자 자신이 만드는 기획안, 보고서 등 공문서 작성이나 발언이 어떻게 전달될지에 대해 고민하며 수없는 고쳐 쓰기의 결과가 언론에 보도되거나 국민에 접하는 순간까지 마음이 놓이지 않아 설렘 혹은 긴장감 같은 흥미로운 느낌들을 즐기고 있는가. 지능정보시대를 살아가면서 수많은 정보의 홍수 속에 노출돼 있다. 그중 많은 부분은 공직자의 말과 글에 기반을 두고 있다. 이런 과도한 정보 속에서 국민의 눈과 귀를 묘하게 끌 수 없을까.

감동적인 순간이 되도록 행정현장에서 발현된 말과 글의 의미, 가치들이 생활 속에서 여운으로 길게 남아야 한다. 마치 아주 잘 자란 나무처럼 충분한 영양소를 기반으로 한 정책이거나, 예술가의 피땀 어린 고찰과 숙련된 기술로 빚어낸 예술작품 같은 결과물로서 공공서비스여야 한다. 이런 정성스런 언어, 즉 단어 혹은 문장으로 버무려진 정책이나 서비스를 만나면 참으로 마음이 따뜻해질 것이다. 때로는 따뜻함을 넘어 울림을 준다. 그 울림에 의해 민심이 움직인다.

흔히 말은 생각을 담는 그릇이다. 무의식적으로 툭 내뱉는 말을 다듬을 필요가 있다. 음식의 양과 종류에 따라 담을 그릇을 선택하는 것처럼 생각을 구체화해야 말도 형태가 그려진다. 말은 습관이고, 경험을 통해 누적되면 힘의 근원이 된다. 말과 삶을 분리하지 말고 언제나 함께 갈고닦아야 한다. 모든 말에는 지식과 경험, 그리고 인품이 정직하게 투영되어 자신을 타인에게 비춘다. 이러한 세 가지가 골고루 쌓여 격조 있는 말이 완성된다. 유창한 말보다 진심을 담아 상대를 존중하는 자세가 훨씬 강력한 힘을 발휘한다.

하지만 배려 없는 무심한 행정은 불신과 분노를 낳는다. 지난 2016년 1월 어느날 〈세월호〉 참사유가족에 징병검사통지서가 날아들었다. 1997년생 실종남학생들에게 일괄 발송되었다. 아들시신 찾지 못해 가슴 허전한 가족은 통지서를 손에 들고 밤새 울었단다. 사실인즉, 병무청은 참사가 발생한 2014년 7월과 2015년 10월에 단원고와 국무조정실에 실종자명단을 요청했다. 하지만 국무조정실은 개인정보보호법을 근거로 명단을 제공하지 않았다. 사망신고가 되지 않아 통지서가 발송됐다지만, 비난을 피할 수 없다. 사건발생 2년이 지나도록 사고피해자명단을 확인하지 못한 것은 궁색한 변명이다. 문제가 불거지자 병무청은 국무조정실과 협의해서 명단을 확보했고 더 이상 통지서 발송을 막았다. 처음부터 할 수 있었던 일을 하지 않았다.

권력을 가진 조직이 일할 땐 타인이 상처받지 않도록 배려해야 한다. "아무

국민이 갈망하는 인공지능정부

도 내게 알려주지 않았어요, 제 소관 아니잖아요."라는 말은 상처받은 이에게 또 다른 고통을 준다. 안타깝게도 행정현장에서 배려가 부족하거나 없는 게 문제다. 오히려 배려가 아닌 면피용 안내문구가 악용돼 문제를 일으키기도 한다. 법이나 규정은 사회를 유지하는 가치와 상식을 명문화한 결과다. 설령 관련법이 없더라도 상식에 벗어나지 않아야 하고, 규정이 있다고 악용해서도 안 된다. 하물며 문구하나를 이유로 상식 벗어나는 행동을 해서는 더욱 안 된다.

정부는 국민을, 기업은 소비자를, 경영진은 직원을 의식해야 한다. 무서워하지는 않을지라도 함부로 여겨서는 안 된다. 새집 지을 때 옥상난간을 설치하는 마음으로, 정책이나 사업을 펼 때 누가 어떤 영향을 얼마나 받을지 생각하는 세심한 배려가 필요하다(한국경제신문, 2016년 1월 29일자). 헬퍼스 하이(helper's high·다른 사람을 도울 때 느끼는 만족감)라고 타인에 대한 배려를 통해 느낄 수 있는 쾌감은 마음의 건강을 넘어 심장까지 튼튼하게 지켜 준다고 한다. 타인에 대한 배려가 결국, 자신에게 돌아오는 보약(補藥)인 셈이다.


## 2. 애민정책의 첫걸음: 간섭이 아닌 관심

사랑하면 상대방에게 관심을 갖는다. 더 나아가면 호기심과 호감을 느낀다. 그 첫걸음인 관심은 마음과 마음이 잇대어져 있다는 표시다. 마음이 맞닿으면 행동한다. 한 발짝 가까이 가서 살피며 말하고 챙겨주고 배려한다. 이렇듯 정책도 현장에 다가가 마음을 기울여야 한다. 사랑과 관심은 하나다. 그래서 사랑이 없으면 관심도 없어지고 사랑도 시들해진다. 관심이 없어지면 아무리 가까이 몸을 맞대도 싸늘한 냉기가 돌지만, 관심만 있으면 아무리 멀리 있어도 훈훈한 온기가 서로의 몸과 마음, 영혼까지 따뜻하게 덥혀준다. 정책을 세우기 전에 민생에 관심 갖고 탁상을 떠나 현장의 민생에 촉각을 세우며 눈과 귀를 기울여야 한다.

민생스펙트럼은 다양하다. 애초 삶의 그릇 크기가 천차만별이기 때문이다. 게다가 대부분 타인과 얽혀있기에 복잡하며, 삶의 문제들은 예고 없이 불쑥 일상을 깨뜨린다. 심지어 지나친 관심은 불편한 오지랖이나 폭력일 수 있다. 더구나 지극한 개인주의와 이기주의 탓에 타인의 관심은 불편함을 넘어 불쾌감으로 여긴다. 하지만 갈수록 살기가 고단하고 팍팍하다. 이럴 때 서로가 서로에게 힘이 돼준다면 삶에 대한 두려움은 크게 줄일 수 있다. 우리는 타인과의 관계 속에서 자신을 확인하고 살아갈 수밖에 없는 사회적 존재이다. 그러니 타인이 겪는 당장의 시련이나 아픔은 온전히 타인의 것일 수만은 없다.

언젠가 내게 닥쳐올 수 있는 시련이기도 하다. 진심 깃든 안부 인사나 표정이 그만큼 따뜻하다. 힘들 때 따뜻한 말, 공감을 전제로 한 위로의 한마디 아닐까. 말 한마디로 천 냥 빚 갚는다고, 따뜻한 말, 손길, 눈길만으로 누군가의 마음이 움직인다. 상대의 아픔을 진심으로 공감한다면 굳이 말이 필요 없다. 아픔의 전이로 함께 아파한다. 주위에 관심이 필요한 사람이 많다. 남는 밥과 김치가 있다면 나눠달라는 메모를 남긴 채 세상 떠난 젊은이, 마지막 월세와 세금을 놓고 세상 등진 모녀가정 역시 이웃의 관심만으로 살 수 있었을 것이다. 혼자가 아니라고 느꼈을 때 큰 위로를 받을 수 있고 행복감을 느낀다. 쓸쓸히 생을 마감하는 고독사와 학대로 무참히 희생되는 아이들 역시 막을 수 있지 않았을까.

누구나 타인과의 관계 속에서 자신을 확인하고 살아간다. 오고 가면서 잇고 맺는 관계는 서로의 마음에 난 길이다. 그런데 편견, 오해로 막힌 길은 건너기 어렵다. 상대방과의 길 뿐만 아니라 나와 나 사이에도 오해로 막힐 수 있다. 각자의 삶을 꿈꾸기 전에 관계에 대한 고찰이 필요하다. 타인이 겪는 당장의 시련이나 아픔은 온전히 타인의 것일 수만은 없다. 언젠가 내게 닥쳐올 시련이기도 하다. 하지만 시련은 우리를 단련시켜 더 강하게 만들어준다. 창백한 얼굴의 연약했던 한 인간은 삶의 시련을 거치며 운명의 무게 속에서도 자신을 가볍게 만드는 법을 익혀왔다. 세상을 향한 분노의 무거움을 온유함의 가벼움으로 바꾸어가는 지혜를 깨우쳐가고 있다. 인간은 그렇게 스스로를 극복해가며 새로 태어난다. 그러니 훈훈한 말 한마디라도 건네고 안부라도 물으며 형편을 살핀다면 삶은 그만큼 더 따뜻하고 안전해지지 않을까. 더불어 세상을 살아갈 힘도 생기는 법이다. 공동체는 스스로 모두가 함께 만들어가는 것이다. 서로의 삶을 살피고 짐을 나누면서 살아

국민이 갈망하는 인공지능정부

가야하지 않을까.

한국리서치의 조사(2018년 4월 18~20일) 결과에 따르면, 응답자의 26%가 항상, 자주 외로움을 느낀다고 답했고 외로움을 느끼지 않는다는 응답은 23%에 불과했다. 외로움 문제도 이제 남의 문제가 아니다. 사회적 관계망 속에서의 유대와 결속력이 인간의 외로움 정도에 중요한 영향을 미친다. 이제 우리도 영국처럼(체육·시민사회장관을 외로움 문제를 담당할 장관(Minister for Loneliness)으로 겸직 임명) 외로움과 사회적 단절문제를 사회적 문제로 인식하고 정부가 개입해 적극적인 해결을 모색하는 노력이 필요하지 않을까.

한국사회의 음지와 낭떠러지에서 살아가는 민초들 삶은 고통스럽다. 이들의 삶은 사는 게 사는 것이 아니라 버틴다, 견딘다는 게 낫다. 안타깝게도 인구절벽, 고용절벽, 육아절벽에서 한계상황을 견디지 못해 자신의 삶을 파괴하는 자살률은 15년째 OECD국가 중 부동의 1위다. 최근에는 우울증과 불안장애가 증가하고 있다. 그 이유는 사회적 불안을 야기하는 사건·사고의 다발, 취업난, 주택난, 낮은 혼인율, 높은 이혼율, 상대적 빈곤 등이다.

언제 터질지 모르는 재해, 참혹한 과거사, 양극화된 노동조건, 혐오범죄로 희생된 타인과 함께하는 삶이 어려운 이유는 일상적 인식 때문 아닐까. 내 몸 밖에서 일어난 사건을, 어쩌면 당장은 무관한 일을 어떻게 내 일처럼 계속 의식하고 살 수 있겠는가. 이제부터라도 한국사회에서 혐오와 수치심이라는 감정 또는 시선만은 충분히 논박되어야 한다. 타자를

공격, 배척하는 데 쓰이기 때문이다. 인간은 불완전하고 취약한 존재다. 서로를 존중하고 배려해야 한다. 그러나 현실에서 혐오가 배제의 화살이 되고 수치심이 차별의 낙인이 되어 증오범죄까지 서슴지 않는 상황이 발생한다.

위기를 알리는 사이렌소리가 멀리 어딘가에서 자꾸 들린다. 누군가의 불행을 알리는 소리. 차츰 가까워진다. 내가 아는 누군가가 불행할지도 모른다는 소리다. 이렇듯 매순간 위기의 삶 속에서 살아가는 민생에 정부는 비상구가 되어야한다.

정부에 국민생명과 안전을 지켜야 할 책무가 부여되어있다.

늦었지만 2018년 2월부터 복지부에 자살예방정책과를 신설, 운영중이지만 여전히 미흡하다. 중앙 및 지방 간협조체제와 함께 부처의 유기적 협력의 바탕에서 정책역량 결집과 일관된 노력이 요망된다. 자살률이 낮은 미국은 캘리포니아를 비롯하여 주정부의 정신건강국에 자살예방상담 무료전화가 설치돼 있다. 자원봉사자들이 24시간 상담하며 다양한 언어의 홍보물도 제공한다. 심지어 검찰이나 경찰에 소환됐거나 수감됐던 재소자들에게 투약, 심리상담 등을 제공한다. 자살 관련 각종 정보는 정부뿐만 아니라 민간단체, 교육기관 등이 공유해 자살예방정책의 수립, 시행에 활용한다.

## 일본의 자살예방정책

1998년 이후 해마다 자살자가 3만 명을 웃돌았던 일본. 2006년부터 범정부 차원의 총리가 주도하는 자살 종합대책회의를 설치했고, 해마다 관련 예산을 7,800억 원씩 투입했다. 한국의 80배 규모다. 그 결과, 지난 10년간 자살자 수는 2007년 3만 3천여 명에서 2016년 2만 1천여 명으로 30% 이상 줄었다. 자살을 개인의 문제로 보지 않고 국가와 지역사회의 공동책임이라는 인식전환을 통해 자살률을 끌어내렸다. 의료 현장에만 맡겨서는 해결이 안 되기 때문에 국가 전체를 컨트롤하는 리더십이 필요하다고 판단했다. 민간 참여도 적극 유도해 2018년 3월부터는 SNS 자살상담을 위한 업체 6곳을 선정해 매달 우리 돈으로 최대 1억 원까지 지원하고 있다. 투신자살을 막기 위해 지하철역에는 심리 안정에 도움이 되는 푸른빛 조명을 설치하고, 초등학교 때부터 자살예방교육을 실시하는 등 일본에서는 자살을 막기 위한 노력이 일상화돼 있다.

실상 한국인의 요람이 가벼워지고, 무덤은 허물어지고 있다. 비극적 죽음을 맞이하는 사람들이 늘어만 간다. 세계에서 가장 높은 자살률의 불명예가 자존심을 옥죈다. 2시간마다 3명씩 스스로 목숨을 끊는 나라, 세 모녀가 반 지하방에서 누구의 도움도 받지 못한 채 만성질환과 생활고에 시달리다 번개탄 피워 삶을 마감한 나라, 그래서 자살의 비극이 익숙한 나라가 되었다. 2014년 세월 호 사고로

300여명의 아이들을 차디찬 바다 속에서 죽음으로 몰아넣었다. 안타까운 죽음을 들여다보면 사회모습이 보인다. 분야별 수많은 복지가 있다. 아동, 청소년, 장애인, 여성, 가족, 심지어 동물복지에 이르기까지 삶과 밀접한 영역이 곧 복지다. 나라다운 나라란 잘 살다가 잘 죽을 수 있는 나라. 물음표, 말줄임표, 쉼표가 아니라 느낌표로 삶을 마감할 수 있는 나라, 죽음이 삶의 끝이 아닌 완성이 될 수 있도록 도와줄 수 있는 나라가 아닐까. 잘 죽여주는 나라가 진정한 복지국가 아닐까 (프레시안, 2016년 12월 22일자).

## 정부관심이 절실한 자살민생(民生)

지난 2003~2017년까지 15년째 OECD국가 가운데 자살률 1위다. 2015년 한 해 자살 사망자만도 만3513명으로 하루에 44명꼴로 목숨을 끊은 셈이다. 인구 10만 명당 자살률은 평균 28.7명으로 2위 헝가리 19.4명보다 월등히 높았다. 같은 기간 노인자살률은 54.8명으로 OECD평균 18.4명의 3배에 달했고 청소년자살도 2016년 108명으로 2015년 93명보다 16%나 증가했다. 노인층자살이 높은 것은 공적연금 같은 사회안전망이 취약한데다 핵가족화로 인한 고립감, 질병부담 등이 심해졌기 때문으로 풀이됐다. 또 성공지상주의와 과도한 경쟁, 청년실업률 증가, 준비 없는 중장년층 퇴직 등이 높은 자살률의 원인이다. 부동의 1위라는 불명예에도 정부차원의 자살예방대책은 극히 부실하다. 전문가들은 자살예방의 핵심은 관심과 투자인데 2017년 복지부의 자살예방예산은 99억 원으로 7500억 원의 일본과 비교가 되지 않는 수준이다. 자살은 감염성이 높아 자살시도자나 사망자의 유가족이나 친구 등을 중심으로 국가 차원의 집중적인 관리가 필요하다(YTN, 2017년 8월 3일자). 2017년에 OECD에 가입한 리투아니아가 1위를 한 이후 2018년부터 다시 1위가 되었다.

국민들이 필요로 하고 원하며 바라는 것을 충족시키지 못하는 정책은 국민의 지지를 받기 어렵다. 정책은 심리다. 심리적으로 기(氣)와 풀이 죽고 신바람이 사라진 한국현실에서 정부는 하루속히 국민의 기를 살리고 신바람이 나도록 여건과 분위기를 만들어야 한다. 그렇지 않고서는 그 어떤 정책도 실패하기 쉽다. 국민의 심경, 기업인의 마음을 살리기 위해선 국민, 기업인, 근로자들에게 희망과 용기, 자신감과 긍지 그리고 미래에 대한 확고한 비전과 확실성을 심어주는 정치와 정책을 펼쳐야 한다. 그래야 국민이 체감할 수 있다.

공자가 설파했듯 "무릇 사람 마음은 험하기가 산천보다 더하고, 알기는 하늘보다 어렵다. 하늘에는 봄, 여름, 가을, 겨울 사계절과 아침, 저녁 구별이 있지만, 사람은 꾸미는 얼굴과 깊은 감정 때문에 알기가 어렵다." 가령 정부가 제도를 개선할 때 형식상의 규제개선이 아니라 정책수요자들의 마음을 파고들 수 있는 대책을 강구해야 한다. 옛말에 "열길 물속은 알아도 사람 마음 한 길 속은 모른다."고 하듯 민심을 헤아리기는 어렵다. 이런 민심을 간파하여 정책에 담아내는 게 애민행정으로 향하는 첫 걸음이다.

정책은 자기만족이나 자기과시가 아니라 국민만족과 공감을 지향해야 한다. 공직자가 머슴 노릇을 충실하게 하고 있다고 여길지 모르지만, 주인은 머슴이 잘 하고 있다고 생각하지 않을 수 있다. 왜 그런가. 문제는 진정성이다. 진정성은 말과 행동이 일치할 때 확보된다. 그러나 공직자의 말과 행동은 아직도 따로 논다.

성공과 행복의 비밀은 똑똑한 머리보다 따뜻한 마음에 있다. 피 흘리지 않고 정권을 교체할 수 있다면 누가 통치하느냐는 중요하지 않다. 언제라도 전복될 수 있음을 아는 정부는 국민만족을 위해 강한 동기를 부여받는다. 그러나 쉽게 쫓겨나지 않는다는 것을 아는 정부와 공무원

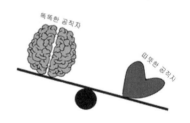

은 이미 대국민서비스 동기를 상실하고 만다. 역대정부마다 실현 불가능한 목표를 제시하였다. 그 결과는 실망을 안겨주었다.

철학자 Karl Raimund Popper(1902~1994)는 역사의 종착역, 즉 유토피아를 상정하는 사상은 필연적으로 권위주의적 독재와 〈닫힌 사회〉를 낳는다고 경고했다. 유토피아적 사회공학이 오히려 인간창의를 시들게 하고 개인의 자유의사를 묵살하는 닫힌 사회를 만든다고 역설했다. 〈열린사회와 그 적들(The Open Society

　　　　　　　　　　　　　　　　　국민이 갈망하는 인공지능정부

Enemies)〉에서 삶은 곧 문제해결의 연속이며, 유토피아가 닫힌 사회라는 역설적 사실의 인식을 강조하며 열린사회만이 점진적 사회공학의 지름길이라 주장했다.

개인, 조직, 국가를 움직이는 핵심 동력은 헌신, 신뢰, 도전, 애국심 같은 가치다. 정부(부처) 차원에서 왜, 존재하는가(사명), 무엇을 중요하게 생각하며 일할 것인가(핵심가치), 미래에 어떤 정부가 될 것인가(비전), 이 세 가지 답, 즉 가치관이 제대로 돼 있으면 그것은 공직자들에게 강력한 동기와 열정을 불러일으킨다. 인간은 자신이 믿는 가치를 추구할 때 보람과 의미를 느끼며 자부심을 갖는다. 다른 동물과 달리 때로 목숨까지 바친다. 그러므로 국민이 원하는 가치를 담아내는 정책이 요구된다.

올바른 공직자라면 물질, 권한보다 가치에 의해 더 자발적, 열정적으로 움직여야 한다. 개개인의 국민도 마찬가지다. 어쩌면 인간의 삶은 세 가지 질문에 대한 답을 찾는 과정이다. 그것은 왜 사는가(why), 어떻게 살 것인가(how), 미래에 무엇이 될 것인가(what)라는 질문이다. 이러한 질문들은 사람이 느끼는 의미와 보람, 동기를 좌우하기 때문이다. 동시에 인간이 내리는 모든 주요 결정에 결정적 영향을 미친다. 정부가 직면한 상황이 어려워질수록 가치를 지향해야 한다. 즉, 건전한 정부, 건강한 공직자를 만드는 동시에 국민에 대한 관심, 이해, 배려를 강화해야 한다.

William Shakespeare는 사랑은 눈으로 보지 않고 마음으로 보는 것이라 했다. 〈대학(大學)〉의 정심수기(正心修己) 편에도 "심부재언(心不在焉)이면 시이불견(視而不見)하고 청이불문(聽而不聞)하고 식이부지기미(食而不知其味)니라."는 구절이 있다. 즉, 마음이 없으면 보아도 보이지 않고 들어도 듣지 못하며 먹어도 그 맛을 모른다는 의미다. 한마디로 무관심과 무감각이다. 심부재언(心不在焉)에서 마음(心)은 바로 애심(愛心)이다. 사랑하는 마음이 없으면 아무것도 이룰 수 없다. 사랑은 배려하는 마음에서 나온다. 사랑하는 마음을 위해서 옴파로스 증후군(Omphalos syndrome)을 경계해야 한다. 세상을 자신이 속한 세계를 중심으로 판단하려는 사고, 태도로서 자기가 세상의 중심이라는 편협한 생각을 버려야 한다. 공직사회에 팽배한 엘리트의식이나 우월주의나 메시아콤플렉스에서 기인한다. 내가 최고이고 남의 능력을 비하하는 태도는 결국 의사소통의 단절, 갈등조장, 불신초래, 안티국민을 낳으면서 끝내는 효율성과 효과성을 저하시키는 아픔을 초래한다. 심지어 공직자가 자기가 맡은 분야에만 역할을 다할수록 총체적 삶에 무능해지곤 한다. 무능과 무지는 필연적으로 무례와 불통을 낳는다. 행정이든 정책이든 짓는(造)이의 심정에서 인생스토리 위에 자신과 국민이 느끼는 고충과 보람의 내용이 포개지는 구성을 띠어야 한다.

흔히 나쁜 위정자의 상징어로 쓰이는 관료(官僚)의 본래 의미는 본받을 만한(官) 예쁜 종(僚)이다. 그런데 관료를 국가권력을 잡고 국민의사에 반하여 독선적·획일적으로 일 처리하는 고위공직자로서 자신들의 특권유지 급급한 특성을 비판하는 말로 쓰인다. 누구보다 고위공직자에게 책임이 크다. 기업문화 전문가 Craig J. Cantoni는 〈기업의 잡초〉에서 관료주의(Copocracy: Corporate bureaucracy)를 잡초인 민들레에 빗대어 "뿌리째 뽑지 않으면 다시 자라난다."고 비판했다. 변화, 속도와 성장의 시대, 기업도 관료화하여 시대변혁에 대응하지 못하면 일종의 관료병리현상(Bureaupathology)인 대기업병에 걸린다고 한다.

기업이 이럴진대 공직사회는 더욱 심하다. 자신의 이익과 권한유지에 관심을 기울이면서 민심에 무관심한 관료주의는 위민의 걸림돌로서 사라져야 할 공직사회의 고질병이다. 특히, 고위공직자에게 억측, 고집, 나만 옳다고 여기는 행태는 경계해야 한다. 진실한 전문직업인으로 지도를 받고 훈련된 사람으로서 전문적 능력, 인격적 자세로 공직을 영위해야 한다. 이런 자세야 말로 자신과 세상을 향한 책임이다.


## 3. 여민행정의 나침반: 정책(행정)심리지수

행정은 숫자세기다. 그래서 자고이래로 국민, 수입, 지출 등 통계의 정확한 추계를 위해 행정력을 동원하였다. 행정자료를 바탕으로 현실을 정량화하고 주먹구구나 지레짐작으로 판단하지 못하도록 결과를 정량화하는 지수화 작업에 노력

중이다. 한치 앞도 분간할 수 없는 소용돌이 상황에서 나아가야할 방향을 알려주는 방향타의 중요성은 무엇과 비교할 수 없다. 나아가 심리지수를 나침반 삼아 바람직한 방향의 준거로 삼아야 한다. 흔히 계량이나 정량화를 통해 숫자로 나타내면서 공직자 스스로를 성과주체로 바라본다. 여기서 관료주의적 방법을 경계해야 한다. 즉 인간을 마치 사물처럼 관리하고, 수량화와 관리를 보다 쉽고 값싸게 하려고 정책대상을 질적 관점이 아닌 양적 관점에서 관리하는 방법이다.

관료주의적 방법은 통계적 데이터에 의해 시행된다. 즉, 관료주의자들은, 그들의 눈앞에 서 있는 살아 있는 인간에 대한 책임에 기초를 두고 결정을 내리지 않고, 통계적 데이터로부터 나온 고정된 규칙을 기초로 결정한다. 하지만 자신이 무엇을 이루었는지 성찰의 시간이 중요하다. 설령 세더라도 무엇을 세느냐에 따라 가치가 달라진다. 국민 이마의 주름살 세는 것, 국민 마음의 근심거리를 헤아리는 것, 그리고 자신이 무엇을 잘못했는지 셈하는 것 비록 슬프지만 소중한 일이다. 이러한 맥락에서 가장 아름다운 계산하기란 별 헤는 게 아닐까. 별 헤는 일은 예부터 국정의 중요 관심사였다.

고려, 조선 등 조상들은 천문관측에 목숨을 걸었을 정도다. 자고이래로 하늘의 성변을 제대로 관측하는 것은 하늘과 백성의 마음을 제대로 읽는 통치권자의 능력이었다. 민심은 곧 천심이며, 하늘의 조화를 제대로 파악하는 것이 곧 백성의 마음을 제대로 읽는 것이라 믿었다(경향신문, 2017년 9월 20일자). 국민이 배고프고 춥지는 않은지, 아픔이나 억울함은 없는지 민정을 구석구석 헤아려야 한다. 그것이 천하태평 사회로 가는 길이다. 그러므로 마치 별을 하나씩 헤아리며 추억, 사랑, 쓸쓸함을 떠올리다가 어머니가 떠오르자 별 헤는 몸짓이 저절로 멈춰지듯 세는 것을 넘어 자신도 모르게 불현 듯 잊어버리게 만드는 것을 찾아내듯 국민을 생각하는 그 순간을 소중하고 기쁘게 여겨야 한다. 하늘아래 살아가는 우리는 지상에 묶인 존재이다. 그럼에도 불구하고 별을 바라보듯 믿음을 꿈꾸는, 아니 꿈꿔야 하는 게 사람 아닐까.

별이 빛나는 창공을 바라보며 길을 찾던 시대는 지나갔다. 밀려드는 정보의 홍수 속에서 악머구리 끓는 목소리에 홀려 길을 잃지 않기 위해서는 자기만의 지도를 만들어야 한다. 함부로 함께 가자고 손을 내밀 수 없다. 누구도 쉽게 따라갈 수 없다. 회색의 것들에 대한 의심과 더불어 Nietzsche의 말대로 신념은 스스로의 감옥임을 잊지 말아야 한다. 아는 것이 병이 되고 모르는 것조차 약이 되지 않는다. 온몸으로 온몸을 밀어 가는 일이 외롭지만 걸음걸음마다 필요하다.

## 별 헤는 밤

계절이 지나가는 하늘에는 가을로 가득 차 있습니다.
나는 아무 걱정도 없이 가을 속의 별들을 다 헤일 듯합니다.
가슴 속에 하나 둘 새겨지는 별을 이제 다 못 헤는 것은 쉬이 아침이 오는 까닭이요,
내일 밤이 남은 까닭이요, 아직 나의 청춘이 다하지 않은 까닭입니다.
별 하나에 추억과 별 하나에 사랑과 별 하나에 쓸쓸함과 별 하나에 동경과 별 하나에 시와
별 하나에 어머니, 어머니,
어머님, 나는 별 하나에 아름다운 말 한마디씩 불러봅니다. ~
나는 무엇인지 그리워 이 많은 별빛이 나린 언덕 위에
내 이름자를 써보고, 흙으로 덮어 버리었습니다.
딴은 밤을 새워 우는 벌레는 부끄러운 이름을 슬퍼하는 까닭입니다.
그러나 겨울이 지나고 나의 별에도 봄이 오면
무덤 위에 파란 잔디가 피어나듯이 내 이름자 묻힌 언덕 위에도 자랑처럼 풀이 무성할 게외다.
삶이 너에게 해답을 가져다 줄 테니까.

- 윤동주(1917~1945)

행정이나 정책현장의 문제가 갈수록 꼬여가면서 복잡한 양상이다. 문제는 변하는데 정부의 문제해결방식은 역대정부가 대동소이하다. 그래선지 언제부턴가 정책이 매가리가 없고, 변죽만 울리다 만 것처럼 지리멸렬하다. 솔직히 말해 민심의 폐부를 확 찌를 만한 자신감이 점점 줄어들고 있다. 공직자들이 쏟아내는 막말은 국민품성은 물론 국어품격까지 심각하게 훼손한다. 정책에 반대하는 논리 중

에는 이성과 상식의 한계를 시험하는 것도 많다. 이제 달라져야 한다.

그 동안 경제발전과 함께 IT, 빅 데이터, 인공지능 등 기술혁신이 거듭했다. 그런데 정부방식이나 수법은 동일하며 심지어 정책대상을 적대시하는 게 판박이 그대로다. 국민이 정부를 믿게 하려면 빅 데이터 시대에 맞게 각종 지수 및 지표(Index, Indicator)를 개발해 문제 상황의 원인을 간파하여 사전에 예방해야 한다. 실제로 소셜미디어 상 텍스트 데이터를 통해 경기상황, 전망 등에 대한 경제주체의 심리파악이 가능하다. 궁극적으로 진정한 정책성공은 정책당국이 정책대상의 생리와 지모(智謀)를 앞서 정곡을 찌르고 사회전체가 플러스 효과를 내도록 물꼬를 돌려야 한다.

한강의 기적, 아시아의 네 마리 용(Four Asian Dragons), IT강국으로 불렸던 한국이 벤치마킹 모범국가에서 정책실패의 반면교사국가로 전락하였다. 특히, 한국은 세계 최저의 출산율과 세계 최고의 고령화 진행국가다.[19] 부인할 수 없는 정책실패에 철저히 반성해야 하지 않을까. 왜, 정책이 실패하는지 번민해야 한다. 아마도 국민마음을 얻지 못했기 때문이 아닐까. 마음은 창(窓)을 닮았다. 마음이 열리면 세상을 향해 개방되지만 닫히면 단단한 벽이 된다. 여러 겹의 창문으로 꽁꽁 숨겨진 민심을 읽어내는 통찰력이 진정한 공직역량 아닐까.

 ## 베트남서 조롱거리 된 「한국 저출산대책」

2015년 초 베트남정부에 비상이 걸렸다. 1970년 6.45명에 달하던 합계출산율(여성 1명이 평생 낳을 수 있는 평균자녀수)이 2014년 인구유지 마지노선인 2.1명 아래(2.09명)로 추락했기 때문이다. 위기감을 느낀 베트남 정부는 유엔인구기금(UNFPA)에 정책컨설팅을 의뢰했다. UNFPA와 베트남이 교훈사례로 선정된 나라가 한국이었다. 한강의 기적으로 후발개발도상국들의 성공모델이었던 한국이 어느새 닮고 싶지 않은 반면교사 1순위로 전락했다. 실상 베트남은 인구 면에서 위기경보를 울릴 단계는 아니다. 인구구성은 매력적이

---

19) 영국 Oxford대의 David Coleman교수는 '저출산 및 고령화'를 Korea Syndrome이라 명명하면서 이로 인해 사라지는 세계 최초의 국가가 될 것이라 말했다.

다. 중위연령이 27세에 불과해 44세인 한국보다 한참 낮다. 소비성향이 높은 20~30대 인구가 3,300만 명에 달해 노동생산성과 내수시장 성장잠재력이 매우 높다. 세계기업들이 베트남에 러브콜을 보내는 이유다. 선제적 대응에 나선 베트남과 달리 한국은 저 출산·고령화에 신음하는 일본을 수십 년 동안 옆에서 지켜보고도 교훈을 얻지 못했다. 1983년에 이미 합계출산율이 인구유지선인 2.1명 아래로 떨어졌지만 1970년대부터 이어져온 산아제한정책을 계속 유지하는 바람에 골든타임을 놓쳤다. 2006년에야 뒤늦게 저 출산 대책을 세우고 11년간 152조 원을 쏟아 부었지만 밑 빠진 독에 물 붓기 수준이다. 하지만 한국의 정책실패를 지켜본 베트남의 대응은 빨랐다. 범정부 차원에서 2020년을 목표로 저 출산 대비 마스터플랜 수립에 나섰다. 특히 컨트롤타워인 복지부의 인구국은 이름만 국(局)일 뿐 전국 63개 지부에 1,000명이 넘는 인력을 거느린 거대기구다. 원래 독립부처에다 가족계획이 마무리되면서 복지부 산하로 편입됐지만 장관급 기관의 위상을 보유하고 있다. 이미 청출어람의 조짐도 보인다. 2015년 1월 한국보다 26년 늦게 전 국민 건강보험제도를 도입했지만, 아직 한국도 규제 장벽에 막혀 넘지 못한 원격의료 도입에 박차를 가하고 있다. 한국의 실패를 답습하지 않고, 농촌 의료복지를 강화해 도시로의 인구유입을 늦추겠다는 전략이다. 한국의 실패에서 배운 베트남은 단순히 출산율 제고에 그치지 않고 헬스 케어, 건강보험, 요양제도 등을 포괄하는 통합형 모델을 수립하고 있다. 한국도 출산율에 매몰된 정책에서 벗어나 종합적인 인구계획을 수립해야 한다(매일경제신문, 2017. 2. 27일자).

사실 사람 마음은 정처 없다. 각각 얼굴만큼 각양각색 마음은 매순간 수 만 가지 생각이 떠오르는 바람과 같기에 마음 머물게 하는 게 세상에서 가장 어려운 일로 인식된다. 그렇다 해도 민심이 무엇인지 무지하거나 무시하고 무심하다면 정책실패는 불 보듯 빤할 것이다.

정책 세우기 전에 민심부터 꿰뚫어보는 능력이 필요하다. 그렇다고 관심법 쓰란 게 아니다. 민심을 올바로 이해해야 의도한 방향으로 움직일 수 있다. 국민 입장에서 문제를 바라보고, 헤아리고, 뜨거운 마음으로 안간힘 써야 한다. 가령 4대 지옥(결혼/출산/육아/차별)에서 벗어나도록 저 출산정책에 간절함이 묻어나야 한다. 꿈을 접은 채 생존을 위해 발버둥치는 젊은이들이 바라는 것은 2000만 원 이상의 추가전세대출금이 아니다. 열심히 일하면 내 집을 가질 수 있다는 상식적 기대, 내 자식이 지옥 같은 입시경쟁에 내몰리지 않는 교육체계, 고용불안과 야근 지옥에서 자유로운 근로환경 등이 진정한 대책이다. 정책으로 믿음을 줘야 결혼도 하고 애도 낳지 않겠는가.

국민은 머리만 쓰는 똑똑한 공직자보다 마음 쓰는 따뜻한 공직자를 원한다. 민심은 합리적이고 경제적 원리에 의해서만 작동하지 않는다. 심리적, 사회적, 문화적 원리에 따라 행동한다. 따라서 국민행동을 예측할 수 있는 심리사회적 변인을 검토하고 이를 총체적 시각에서 이해, 접근해야 한다. 그리고 계량화를 바탕으로 현상을 넘어 통찰(Insight)을 제공하는 정책 및 행정활동의 나침반 삼아야 한다. 나아가 정량적 자료뿐 아니라 경험과 직관에서 나오는 정성적 판단을 통해 민심과 상황을 꿰뚫고 미래를 상상하는 Foresight도 필요하다.

흔히 정책현장에서 Lucas함정(The Lucas Critique)을 경계해야 한다. 1995년 〈합리적 기대가설(rational expectations)〉로 노벨경제학상을 수상한 Lucas는 정부가 어떤 효과를 기대하고 정책을 펼 경우, 실제 경제현실은 예측한 방향으로 움직이지 않는 것을 말한다. 이는 정책이 과거자료를 가지고 만든 것인 반면, 사람들은 그러한 정책이 몰고 올 변화까지 예측하여 반응하기 때문에 의도하거나 과거 자료를 분석한 결과가 나오지 않는다는 것이다.

민심을 제대로 파악하지 못하면 정책거부나 무관심 등 엉뚱한 반응이 나타난다. 문제해결을 위한 미봉책은 예상치 않은 부작용의 초래나 사태를 악화시키는 일종의 코브라역설(cobra paradox) 현상이 나타난다. 즉 19세기 영국이 인도를 지배할 당시 독사인 코브라 개체수가 늘어나자 이를 해결할 방법으로 코브라를 잡아오면 보상금을 지급했다. 그런데 보상금을 노린 인도인들이 코브라를 집집마다 키우면서 개체수가 더 늘었다는 역설에서 유래했다. 이와 유사한 일이 베트남 하노이에서도 일어났다. 프랑스가 베트남을 통치하고 있을 때, 하노이 시내에 쥐를 줄이기 위해, 쥐를 잡아서 꼬리를 가져오면 인센티브를 주는 정책을 시행했다. 많은 사람들이 인센티브를 받기 위해 쥐의 꼬리를 잘라서 가져왔다. 시간이 지나자 이상하게도 하노이시내에 꼬리 없는 쥐들이 나타나기 시작했다. 조사결과, 사람들이 쥐를 잡아서 꼬리만 자르고 쥐는 시궁창에 다시 풀어났다고 한다. 쥐들이

번식해서 개체수가 늘어나야 꼬리를 더 많이 잘라갈 수 있고, 인센티브를 더 받을 수 있기 때문에 쥐를 살려주었다고 한다. 이처럼 제도의 취지와 달리 정책대상이 편법을 쓰면서 역효과가 나타났다.

어떤 형태든 정책이나 제도는 사람들을 움직이는 힘이 있다. 그런데 올바른 방향으로 유도하려면 인센티브만 생각하고 단기적인 시야를 갖게 하는 부작용이나 편법을 미리 예상해야 한다. 정책이나 제도를 설계할 때 부작용도 고려하지 않는다면 자칫 돈은 돈대로 쓰면서 순기능보다 부작용이 많아지는 역효과를 초래할 수 있기 때문에 신중한 접근이 필요하다. 이처럼 정책은 의도한 결과만을 낳지 않는다. 한국의 정책현장에서도 쉽게 드러났다. 가령 국가 R&D(연구개발)와 벤처 육성정책의 핵심은 퍼주기가 아니라 선택과 집중이다. 문제는 단기성과만 내려는 조급증에서 엉뚱한 헛발질만 되풀이되고 있다. 과거부터 현재진행형이다.

 ## 실속 없는 창업열풍과 중구난방 R&D

김대중 정부시절 정부의 대대적인 벤처지원책은 벤처거품이라는 부작용을 낳았다. 벤처로 돈이 몰리면서 1999년 9,402억 원이었던 벤처 신규투자가 이듬해 두 배가 넘는 2조 211억 원까지 늘어났다. 코스닥지수도 2000년 3월 사상 최고치(283.44)를 기록하는 등 불과 1년 5개월 만에 4배 이상 치솟았다. 그러자 벤처기업가들이 머니게임에 몰두하면서 서울 강남의 유흥가는 젊은 벤처사업가들로 득실댔다. 교육부 대학공시시스템(대학 알리미) 분석결과, 대학(원) 내 창업기업 수는 2014년 294개에서 2016년 4월 말 기준 747개까지 급증했다. 창조경제 기치를 내건 이후 확연히 달아오른 창업열기를 방증한다. 하지만 창업기업당 매출액은 2014년 2,429만원에서 2016년 4월 기준 1,112만원으로 급락했다. 747개 창업 기업 중 매출액이나 고용창출 없는 깡통 기업은 272개에 달했다. 거품만 잔뜩 낀 셈이다. 어떻게든 눈먼 정부 돈을 타내려는 모럴 해저드(도덕적 해이)가 넘쳤다. 또한 '국가 R&D사업예산 및 과제 수 추이'를 분석한 결과 연구비총액은 2002년 4조 6,984억 원에서 2015년 18조 8,747억 원으로 4배 증가했다. 같은 기간 과제건수도 2만 3,116개에서 5만 4,433개로 2배 이상 증가했다. 물가상승률을 감안할 경우 과제당 연구비는 지난 13년간 2억 300만 원에서 2억 8,500만 원으로 늘어나는 데 그쳤다. 정부가 R&D를 육성한다면서 예산을 집중적으로 늘렸지만 결국 '나눠 먹기'에 그쳤다는 분석이다.

국민이 갈망하는 인공지능정부

그 많은 돈을 쏟아 붓고도 국가 잠재성장률에서 기술경쟁력이 기여하는 부분은 오히려 추락했다. 이렇다 보니 기술무역수지는 2012년 이후 줄곧 50억 달러 이상 적자다. 대학생창업실태는 더욱 심각하다(매일경제신문, 2016. 10. 14.일자).

본래 정책이란 다차원의 복잡한 변수가 작용하기에 동일한 문제와 현상에 대하여 상반된 시각과 접근이 존재한다. 관료, 이해관계자, 정책대상자마다 심리가 다르다. 특히, 시장과 언론은 대통령을 비롯하여 관료의 인식과 언어(표현)에 민감하다. 상황에 따라 심리가 달라진다. 가령 김대중 정부시절 경제정책을 둘러싸고 위기론관련 보도가 잇따르자 당시 진념 재정경제부장관은 "경제는 심리다. 이런 식으로 써대면 멀쩡하던 경제도 죽는다."고 하소연했다. 그런데 박근혜 정부시절 최경환 경제부총리는 "한국이 일본의 잃어버린 20년을 닮아간다. ~디플레이션 초기단계에 와 있다."며 우울한 진단과 전망으로 위기감을 퍼뜨렸다. 진 전 장관의 논리를 적용하면 경제를 살려야 할 정부가 경제를 죽인 셈이다. 본심은 지속적 물가하락을 의미하는 디플레이션을 우려한 일종의 경기부양수단 총동원을 위한 압박용이었다. 사실인즉 한국은행엔 추가 금리인하를, 국회엔 경기부양관련 법안 통과를 촉구하는 rhetoric 성격이 짙었다. 그만큼 과장이 섞여 있지만 터무니없는 경고인 것만도 아니다.

이처럼 정책은 상황과 여건에 맞는 인식, 상징, 언어의 구사가 절묘한 요구된다. 그래서 공직자는 3차원 능력이 요구된다. 지금껏 정부야말로 형식과 외양을 중시했다. 물론 이런 것은 중요하다. 20세기 초 미국 마천루를 이끌었던 시카고파의 대표적 건축가 Louis H. Sullivan(1856~1924)은 "형태는 기능을 따른다(Form follows function)"고 했다. 그렇다고 외모 지상주의는 아니다. 아름다운 형태에 끌리는 감성이라는 기능(본능) 때문이다. 정부는 외양 못지않게 기능이 중요하다. 오늘의 지구촌은 시차가 전혀 없는 초연결의 지능시대다. 연결이 심화될수록 상징을 통해 다채로운 공감각을 이끌어내는 능력이 중요하다. 생명 없고 의미 없는 실제 모습들에 마치 예술가의 눈처럼 합쳐져서 새 생명, 새 형태, 새 색깔이 돋아나게 해야 한다. 소리의 바다로부터 음악의 삶이 샘솟고, 말들의 진흙탕에서 의미의 불명확성, 근사적 생각과 느낌을 대신한 말들로부터 완전한 말의 질서, 그리고 주문(呪文)의 아름다움이 솟아나도록 예술적인 기질이 요구된다. 나아가 과학적이면서 철학적 기질이 묻어나야 한다. 즉 예측하고 조절하는 위력과 함께 근본적이며 본질적 가치를 지향해야 한다.

역대정부마다 초기에 새로운 사회변화와 소통, 그리고 화합을 중시하면서 정부의 leadership에 대한 국민적 신뢰감을 높였다. 상황에 맞춘 발 빠른 대응으로 드러난 자신감은 사회경제 전망에 대한 낙관적 기대심리를 징표로 나타냈다. 하지만 시간이 지나면서 초심으로 온데간데없고 불통과 오기로 인해 불신을 심화시켰다. 흔히 시장에서 소비자의 미래전망이 좋아지고 불확실성이 제거되면 가계시출이 증가하면서 시장이 활황을 이룬다. 기업 측면에서도 미래에 대한 불안감 해소로 투자가 증대되면서 경기회복의 순환구조가 작동될 수 있다. 특히, 위기상황에서 대통령을 비롯한 정책결정자가 문제해결에 대한 확고한 의지표출 및 언행을 통해 암울한 사회경제분위기를 밝게 할 수 있다. 실례로 미국 32대 루스벨트대통령은 경제공황 시 매일 저녁마다 라디오방송을 통해 전 국민들에게 미래를 향한 희망과 소망의 메시지를 불어 넣었다. 물론 메시지에 진정성이 담겨있었다.

행정이나 정책에서 곡진함이란, 간절한 정성으로 삶을 긍정적으로 바꾸는 영향력이다. 정부가 지지를 바탕으로 정책을 성공시키려면 세분화된 국민욕구와 정서, 감정까지 파악해야 한다. 정책현장에서 국민의견조사는 단순한 반응뿐 아니라 미세한 심리변화까지 추적하고 이를 데이터화해 장기 전략까지 수립할 수 있어야 한다. 달리 말해 국민감정도 계량화할 수 있어야 한다. 그렇다고 문재인 정부의 1호 공약이었던 일자리 상황판처럼 상황판 숫자만으로 현상을 단정해서는 곤란하다. 또한 2017년 계란파동에서 계란이 부족하다면서 몇 개 생산됐는지 모른다는 식은 더욱 곤란하다. 정책대상과의 깊은 대화나 삶의 궤적을 숫자 속에 담긴 의미에서 찾아야 한다.

양과 함께 질적 가치와 의미가 중시되어야 한다. Nussbaum은 저서 〈시적 정의〉에서 감정의 힘을 역설했다. "공리주의적 계산으로만 세상을 보려는 경제학

　　　　　　　　　　　국민이 갈망하는 인공지능정부

적 사유는 맹목적이다. 이런 태도는 세계의 질적 풍성함, 인간 존재의 개별성과 내면적 깊이, 그리고 희망, 사랑, 두려움 같은 걸 본다. 또한 인간으로 삶을 산다는 것이 어떤 것인지, 의미 있는 삶은 어떤 것인지 등을 알지 못한다."

Nussbaum은 세상을 숫자로 보지 말고 감정으로 보자고 말한다. 이성중심의 서양철학에 감정을 입히자는 것이다. 단, 감정을 중시하면서도 혐오와 수치심이라는 감정은 배제돼야 한다고 주장한다. 약자를 차별하고자 하는 폭력성에서 기인한 것들이기 때문이다. 예를 들어 대중이 가난한 사람을 혐오하는 것은 자신이 가난해질지도 모른다는 공포에서 벗어나기 위한 폭력성에서 비롯된 것이다. 사실 가장 아름다운 지성은 감정과 결합한 지성이다. 인간의 얼굴을 한 지성이 요구된다. 합리성, 계량화에 경도된 정책도 마찬가지가 아닐까.

민생을 둘러싼 정책현장을 둘러싸고 우려와 기대가 교차한다. 가령 소득주도성장, 저 출산, 탈 원전 등에 대한 찬반논쟁이 뜨거웠다. 각각의 정책여건과 상황에 대한 우려를 보여주는 정보는 곳곳에서 나온다. 정책불안은 사회구성원의 심리적 불안을 야기한다. 일상생활에 소요되는 비용이 이전보다 많아지면 불안을 느낀다. 뿐만 아니다. 인간에게 중요한 소득, 결혼, 에너지의 변동과 부침이 심할 때 불안감이 강해진다. 특히 짧은 기간 비상식적 변화에 따라 크고 작은 스트레스가 야기된다. 정책에 대해 아쉬워하는 사람이 있는가 하면 반대하며 저항하는 사람도 있다. 때로 정책집행을 둘러싸고 갈등이 초래되기도 한다. 이념적 갈등을 비롯해 세대갈등, 노사갈등, 남녀갈등 등 사회의 고질화된 편 가르기가 여지없이 반복되는 모양새다. 심지어 정책에 대한 기대와 희망을 아예 포기하는 사람도 있다. 이러한 갈등 상황은 구성원의 마음에 부정적인 영향을 줄 수밖에 없다. 좌절이나 불안감으로 인해 사회적 활동이 위축될 수 있으며, 부정적 영향이 증폭된다. 사람들은 불안과 좌절감을 입증해주는 통계치나 소문, 편파적 정보에 더 민감해지고 그런 식으로 인식하고 믿게 된다.

일련의 악순환을 보면 정책에도 인간의 심리가 작동함을 알 수 있다. 그렇다면 정책문제를 합리성이나 논리로만 해결하지 말고 긍정심리를 활성화시켜 보면 어떤가. 긍정심리 가운데 희망은 사람들로 하여금 처한 상황을 다르게 인식하게 만든다. 상황이 안 좋더라도 희망 수준이 높으면 어려운 문제의 원천을 제거하는 전략을 도출하면서 긍정적 분위기를 유지할 수 있다. 비록 현실이 고통스러워도 그 끝자락에 희망이 있을 때 난국을 헤쳐 나갈 수 있다. 비록 정부가 바뀔 때마다 실망감이 느껴졌지만 그래도 실망을 절망이나 체념이 아닌 희망으로 바꿔야 한다. 희망과 가능성을 심어주는 비전과 실천전략이 필요하다. 적절한 정책수립과 집행은 기본이다. 이에 더해 진실한 청사진을 보여주면서 근거기반의 합리적 설득으로 희망을 제시해야 한다. 정책은 심리이기 때문이다.

정책이 바르게 작동하려면 행정심리지표나 정책신뢰지수가 필요하다. 지표는 일종의 나침반 구실을 한다. 다만, 정확하고 객관적이며 신뢰할 수 있어야 한다. 마치 경제정책수립 시 활용되는 경제심리지표처럼 현상에 내한 정확한 이해, 설명, 예측을 위해 과학적 활동이 요구된다. 경제주체들의 심리는 통상 소비자나 기업을 대상으로 한 설문조사결과로 산출한다. 대표적인 경제심리지표로 한국은행의 월별 소비자동향지수와 소비자심리지수, 기업경기실사지수, 경제심리지수가 있다. 여기서 경제심리지수는 소비자와 기업을 포함한 민간의 경제 상황에 대한 심리의 종합적 파악을 위해 소비자동향지수와 기업경기실사지수를 합성한 심리지표다. 경제심리지표들은 경기예측을 위해 많은 정보가 담겨있다. 예를 들어 미국의 소비자신뢰지수가 상승하면 한국의 수출기업들은 미리 생산을 늘리거나 투자를 확충할 준비를 할 수 있다. 이런 차원에서 소비자심리지수를 국민신뢰지수라고 표현해도 될 듯하다. 정책신뢰지수, 행정신뢰지수 등 민심을 헤아리고 파악하기 위한 과학적 접근과 노력이 한층 요구된다.

정부는 모든 현상을 냉엄하게 인식하고 냉철하게 세상을 직시해야 한다. 하지만 정책현장에서 관료는 장밋빛 일색이다. 긍정지표만 나열하며 '문제없다(No Problem)' 타령만 일삼는다. 그 실상은 문제가 될 만한 것은 감추고 보기 때문에 문제가 없는 것 아닌가. 그래선지 국민이 체감하는 위기수준과 동떨어진 상황 인식을 갖고 있는 셈이다. IMF 구제금융 신청 전날 경제기획원장관은 외신기자들에게 한국경제의 기초는 튼튼하다고 말했을 정도였다. 정부의 장밋빛 경제전망과 대조적으로 국민의 체감경기는 잿빛이었다. 이런 동상이몽 상황에서 경제정책이

국민이 갈망하는 인공지능정부

효과를 발휘하기 어렵다. 어떤 좋은 일이 일어날지라도 그것은 영원하지 않다는 비관과, 헛된 희망에 속아 넘어가지 않는 태도가 중요하다. 또한 정권에 따라 공직사회를 흑백(黑白)으로 구분 짓는 것도 폭력이다. 공직자들이 이념에 물들지 않게 흑백보다 큰 세계인 회색지대로 머물게 해야 한다. 그래야 국민신뢰의 회복과 기대를 확립할 수 있다. 신뢰감만 있다면 국민은 정부를 믿고 어두운 터널을 헤쳐 나갈 수 있다. 책임지려는 온기를 가진 시선으로 세상을 본다면 정부와 함께한다는 확신과 함께 국민은 정부를 신뢰할 것이다.

국민들은 누구를 믿을까. 2017년 사회통합실태조사를 보면, 의료기관 신뢰도가 58%로 가장 높다. 지방자치단체(45%)가 중앙정부(41%)보다 높고, 정부기관 중 검찰(31%)이 바닥이다. 국회는 그 절반도 안 되는 15%다. 시민단체(46%)와 비교해도 3분의 1밖에 안 된다. 국민으로서 자긍심은 4점 만점에 2.7점으로 2013년의 3.0점보다 낮아졌다. 국민행복감을 높이고 삶의 만족도를 높이기 위한 정책적 배려가 필요하다. 신뢰인식, 청렴성, 공정성, 소통·협력성 인식도 전반적으로 낮게 나타나므로 적극적 대안 마련이 요청된다(한국행정연구원, 2017).

정책이 형성되거나 집행되는 곳, 공공서비스가 제공되는 공공기관은 시민이 언제든 이용할 수 있도록 접근성과 편의성을 높여야 한다. 물리적 거리감뿐만 아니라 심리적 거리감도 줄여야 한다. 공무원은 서비스대상과 면밀한 상담, 간담회, 시민Profiling 등 정밀한 진단을 통해 불만과 고충의 원인을 정확히 찾고, 그에 따른 적합한 해소책을 제시해야 한다. 행정기관이라는 공간은 대부분 불만이 있거나 어딘가 불편한 사람들이 찾아온다는 공간의 특성상, 심리적으로 겁을 먹거나 위축된 사람이 많다. 이들과 심리적 거리감을 줄이기 위해서 상담을 많이 실시하고 편안한 분위기를 만드는데 힘써야 한다. 방문자들이 불편이나 문제를 해결하고자 하는 의지를 갖는 것, 이 같은 마음을 먹게 하는 심리상태를 만드는 것이 일선 공직자들의 역할이다. 시민과의 관계를 최우선으로 생각하는 소통과정에서 무엇이 문제이고 어떤 것이 불편한지 정확히 알아내고 책임감을 가지고 공공서비스를 실천해야 한다.

가령 미세먼지 감소대책 중 가장 큰 헛발질은 2016년 봄 발표된, 일명 고등어사태가 아닐까. 당시 정부는 정확한 통계는 대지 않은 채 고등어를 구울 때 미세먼지가 가장 많이 발생한다고 발표했다. 이내 여론의 뭇매를 맞았다. 고등어조리나 삼겹살 구울 때 연기가 미세먼지 농도를 증가시키는 건 맞다 하지만, 단지 실내공기의 질에 악영향을 미칠 뿐이다. 잘 알지도 못하면서 미세먼지 발생의 주범으로 몰린 고등어는 그해 판매량이 급감했고, 관련 업계 종사자들의 삶만 팍팍해졌다. 미세먼지는 다양한 요인에 의해 발생한다. 그래서 어떤 이는 중국을 탓하고, 다른 사람은 국내 발생요인도 적지 않다고 말한다. 미세먼지 발생원인은 한·중 합작이다. 지난 수세기의 세월 동안 삶의 터전이었던 갯벌을 매립하고 거기에 화력발전소를 가득 채워 놓은 것이다. 근본적 원인은 탐욕적 인간 행위의 결과다(박병상, 2017).

지금까지 정책현장에서는 관료중심의 공급자위주의 정책이 지배하였다. 이젠 인간, 서비스 중심의 혁신을 시작해야 한다. 가령 정책이나 공공서비스를 대할 때 인간의 뇌가 어떻게 반응하느냐는 의문에서부터 탐구를 시작해야 한다. 가령 시장에서 애플 같은 기업이 소비자들을 열광시킨 것도 이 같은 근본적 질문에서 출발한 덕분이다. 끊임없는 의문이나 물음이 있는 곳에 혁신 있다. 모든 공공서비스는 인간의 요구를 만족시키고 가치를 제공하는 것이 중요하다. 왜, 언제, 무엇 때문에 정책 및 공공서비스, 기술을 수용하는지 민심에 대하여 심층적 연구가 필요하다.

## 제3절   창조성 궁핍한 창조자, 정부

### 1. 심술(心術): 국민마음을 새롭게 치유하라!

행정은 휴먼서비스이면서 마음의 기술이다. 정책으로 국민마음을 움직여야
한다. 그런데 국민마음은 쉽게 움직이지 않는다. 정책에 대한 생각이나 시각에 다
르기 때문이다. 그렇다고 낙관도 비관도 금물이다. 냉철(Cool)하되 예리하고 예민
해야 한다. 정책은 심리이기 때문이다. 정책에 대한 신뢰가 낮거나 불안하면 지
지, 요구, 투자를 철회하기 십상이다. 가령 박근혜정부초기에 경제팀은 3월 28일
경제정책방향 발표를 시작으로 4월 1일 부동산대책, 4월 16일 추가경정예산안 및
경제민주화입법, 5월 1일 투자활성화대책, 5월 15일 벤처활성화 대책, 5월 30일
노사정일자리 대타협, 5월 31일 공약가계부 발표까지 보름에 한 번꼴로 분야별
경제대책을 내놓았다. 심지어 문재인 정부는 부동산 대책을 27차례나 내놓았다.
그러나 실물경제에 영향력이 미치지 못했다. 민심을 움직이지 못했다. 문제를 해
결한다고 경제관련 대책들이 쏟아졌지만 경제주체의 심리를 잡지 못했다. 이는
그만큼 행정이 민심을 헤아리지 못했다는 방증이다. 사실 한국은 선진국에 비해
사회적 신뢰가 크게 낮다. 특히 국회와 정당, 정부, 법원, 경찰, 군대 등 국가기구
에 대한 국민신뢰는 바닥 수준으로 낯선 사람보다 저조하기에 심술(心術)부리기
어렵다.[20]

그 동안 미덥지 못한 정부에게 피 같은 돈을 뺏긴 심정으로 살아가는 국민들
적지 않다. 그런데 실제로 아직도 세금을 대놓고 안 내는 사람들이 의외로 많다.

---

[20] 지난 2006년 기획예산처가 한국개발연구원(KDI)에 의뢰해 국민 1500명을 대상으로 면접
조사한 <사회적 자본 실태종합조사>보고서와 2015년 8월 경제협력개발기구(OECD)의 '한
눈에 보는 정부 2015'(Government at a Glance 2015)에 따르면 2014년 기준 한국정부에
대한 국민신뢰도는 34%로 조사대상 41개국에서 중하위권인 26위에 머물렀다. 갤럽이 국가
별로 국민 1천명을 대상으로 한 설문조사결과, 한국정부에 대한 신뢰도 34%는 국민 10명
중 약 7명이 정부를 믿지 않는다는 뜻이다. 이는 OECD평균 정부신뢰도 41.8%보다 낮았
다. 특히, 2017년 삶의 질 조사에서도 정부에 대한 낮은 신뢰도가 위험 요소로 꼽혔다.

문재인 정부의 청와대민정수석 모친이 이사장으로 있는 학교법인이 세금 2,000만 원을 체납했다고 야당에서 공격했다. 하지만 세금체납문제로 시비 건 야당의원 부친이 운영하는 사학법인도 법정부담금 24억 원을 미납한 것으로 드러났다. 이에 대해 "해당사항은 권고조항으로 법적 효력이 없기에 문제될 것 없다"는 입장을 밝혔지만 세금체납에 도진개진인 지도층을 보는 국민마음이 씁쓸하다. 심지어 지난 2012년 전체 국회의원의 17%에 해당하는 51명이 10만원 미만의 소득세를 납부한 것으로 밝혀졌다. 소득세를 1원도 내지 않은 국회의원도 37명(12%)에 달했다(한국경제신문, 2013년 8월 17일자). 말로는 국가와 국민을 위한다는 지도층의 탁월한 세테크능력이 화나게 한다.

세금인식에 관한 유머다. "네덜란드인이 미국인에게 국기의 빨강, 하얀, 파란색에 대해 설명했다. 우리나라 국기는 세금을 상징한다네. 세금얘기 할 때 얼굴이 붉어지고, 세금고지서를 받으면 얼굴이 하얘지고, 세금을 내면 파래진다네. 그러자 미국인이 우리는 별도 보인다는 게 다르지 않나." 이처럼 조세에 대한 인식은 부정적이다. 하지만 죽음과 함께 피할 수 없는 게 세금이다. 시장에서 지불하는 거의 모든 요금에 세금이 붙는다. 직장인이든 자영업자든 절세상품을 찾고 연말정산과정에서 절세를 위해 고민한다. 세테크에 능한 사람을 절세미인(節稅美人)이라고 일컬을 정도다. 만약 내가 납부한 세금이 주먹구구행정에서 줄줄 새거나 눈먼 돈으로 취급된다면 누구도 세금내기가 달갑지 않으리라. 실제로 납세회피 및거부행위가 만연하고 있다.21) 기업들은 조세피난처에 자산을 빼돌리고, 개인들은 소득내역 일부를 고의로 누락한다. 이 모든 게 세금이 제대로 쓰이지 않고 자신한테 이득 되는 일이 없기에 마치 깡패에게 삥 뜯기는 심정에서 나타나는 반작용이 아닐까. 그런데 이런 느낌을 갖는 국민이 부지기수다.

더군다나 만약 부당한 공권력으로 평생 살아온 집을 하루아침에 잃는다면 어떤 심정일까. 2015년 3월 19일에 개봉된 영화 〈리바이어던〉의 니콜라이는 권력이

---

21) 자해성 협박, 생활이 어렵다는 거짓말, 세금 내느니 죽겠다는 체납자들이 늘고 있다(조선일보, 2017년 7월 6일자). 반면 미국의 상위 5% 부자들은 2017년 11월 12일 세금을 더 내겠다는 공동서한을 의회에 보냈다.

휘두르는 시련에 속수무책으로 당한 피해자다. 술 취한 시장은 "네놈은 이제껏 그 어떤 권리를 가진 적 없었고 앞으로도 결코 없을 거야"라 소리친다. 시장(市長)의 관심사는 오로지 자신의 권력을 지키는 것이다. 그는 불안해질 때마다 주교를 찾아갔는데 주교는 "권력은 신에게서 나온다."는 말로 시장에게 암묵적 지지를 약속한다. 권력과 손잡은 종교 앞에서 정의를 찾는 것은 부질없는 일이다. 이 영화는 실화[22])에서 모티브를 얻었다. 민심에 무지하고 무감각한 공직자로 인해 억울하고 분한 민심이 발생하지 않도록 공직자 스스로 주의하고 경계해야 한다.

그 동안 국민은 속고 참기를 반복해 왔다. 선거 때마다 심판했지만 결과는 그 나물에 그 밥이었다. 정부간판과 집권당명칭만 바뀌었지 행정이나 정치는 달라진 게 없다. 역대정부는 마치 메시아처럼 새로운 사회를 제시하였다. 정의사회 구현, 보통사람의 시대, 참여정부, 국민의 정부, 선진화, 국민행복, 정의로운 나라 등 국민마음 미혹시키기에 충분한 수사를 구사하였다. 하지만 현실은 달랐다. 영국의 철학자 Karl Popper가 설파했듯 "지상에 천국을 건설하겠다는 시도가 늘 지옥을 만든다."는 소리가 공허하지 않았다. 공정하고 정의롭고 공평한 사회를 지향하며 사람은 모두 평등하다고 선언하지만 현실에서는 환대보다 모욕과 경멸이 횡행하고, 사람을 나이와 성별, 권력과 소득에 따라 다르게 대접, 차별한다. 지옥으로 가는 길은 선의(善意)로 포장돼 있다는 서양속담이 정책의 본질을 이해하는 데 제격이다.

역대 정부의 경제정책에서 선의 그 자체는 아무런 소용이 없었다. 아무리 뜻이 좋았어도 결과가 좋지 못하면 그게 곧 악(惡)이다. 울며 겨자 먹기로 낸 세금이 아깝게 느껴지는 것이다. 게다가 특정인의 사리사욕을 위해 좌지우지되거나 마치 삼정(三政) 문란처럼 역사책 속 고어(古語)가 버젓이 활개 치면 민심이 분노한다. 19세기 지방관들 부정부패의 결과로 야기된 삼정문란은 21세기 한국사회에 진행

---

22) 1994년 미국 Colorado Granby에서 <Killdozer사건>이 일어났다. 자동차 수리점을 운영하던 Marvin Heemeyer는 불도저를 개조·무장해 시청·전(前) 시장의 집·신문사 등을 습격한 뒤 불도저 안에서 권총으로 자살했다. 몇 년 전부터 그의 땅을 사려는 시멘트회사와 법정 다툼을 벌여온 Heemeyer는 소송에서 패하고, Granby 정부가 그에게 벌금까지 물리자 극단적 선택을 하였다.

중이다. 관료와 정치인의 무능·무책임·무계획에서 비롯됐다는 게 다를 뿐이다(매일경제신문, 2016년 11월 3일자). 그래서 세금내기 아깝다.

문재인 정부 초기에 증세논란이 일었다. 아직까지 조세에 대한 인식이 매우 부정적이다. 과세가 공평하지 않다23)는 의견이 압도적인 까닭은 형평과 공평성에 대한 불신이 크기 때문 아닐까. 반면에 요람에서 무덤까지 국민에게 복지를 제공한다는 스웨덴은 소득과 부의 분배가 공평하다. 조세부담률이 GDP의 51% 수준으로 높지만 국민들의 불평이 크지 않다. 국민 개개인이 정부의 세금집행에 대해 타당하고 공평하다고 믿고 있기 때문이다. 덴마크의 경우, 조세부담률이 스웨덴과 버금가지만 국민행복 만족도가 세계에서 가장 높다.

2012~2013년 UN이 발표한 〈세계행복보고서〉에서 1위를 차지했다. 세금부담률이 48%를 넘지만 국민들은 이를 적당한 수준이라 생각한단다. 세금으로 운용되는 복지국가시스템을 지지하는 공동체 의식도 강하다. 국민이 정부와 정치를 신뢰하기에 현재보다 세금을 더 낼 용의가 있다는 인식도 확산돼 있다. 복지증세든 큰 정부든 중요한 점은 정부가 국민을 위해 깨끗하고 바르게 봉사해야 한다는 것이다. 즉 존재를 부인당하는 사람들에게 도움의 손길을 뻗치는 일, 그들을 인정하는 일, 무차별적이고 무조건적으로 사회 안에 빼앗길 수 없는 자리를 마련해주는 일이야말로 절대적 환대다. 달리말해 법과 제도로 모든 사람의 존재를 인정하고 자리를 만들어주는 공공성의 강화에 힘쓰는 것이다(김현경, 2016). 특히, 공권력과 권위주의로 억압하고 규제하며 쥐어짜는 힘주는 모드에서 힘 빼는 게 바로 올바른 행정(行政)의 모습이 아닐까.

나아가 지능사회에 걸맞게 센스 있는 너지(Nudge) 행정이 필요하다. 종전의 팔꿈치 비틀고 옆구리를 꺾는 식의 강요나 강압 없이 팔꿈치로 슬쩍 건드리거나 옆구리 툭 찔러 자발적 변화를 유도하는 행정이다. 즉 정책의 목표는 시민들의 비합리적 행동을 금지하거나 경제적 인센티브에 의존하지 않고 변화시키는 것이다.24)

---

23) 소득세면세자가 미국 33%, 일본 15%, 영국 6%인 반면 한국은 47%로 나타났다(조선일보, 2017년 8월 9일자).
24) 로스앤젤레스 캘리포니아대(UCLA) 경영대의 베나르치 교수 팀은 미국의 너지 정책 담당 부

실상 정부가 모든 것을 다할 수 없을뿐더러 사실 그만
한 능력을 갖추지 못했다. 역대정부의 거창한 브랜드
정책인 동반성장, 창조경제, 녹색성장, 지역균형발전,
경제민주화도 큰 성과 없이 끝났다. 이젠 달라져야 한
다. 국정기조를 이루는 정책은 경제학적 타당성을 둘
러싼 논란에도 불구하고 거부하기 힘든 대의를 품고

있다. 그런데 경제주체와 협력해야 함에도 불구하고 돌격앞으로가 대세였다. 최
저임금, 정규직전환, 복지, 증세, 탈 원전정책 등이 그렇다(중앙일보, 2017년 8월 4일
자). 마치 소변기의 파리처럼 적은 비용으로 큰 정책효과를 가져오도록 바림직
한 변화를 유도하는 지혜와 센스가 요구된다. 거창한 프로젝트보다는 작지만 시
민들의 삶에 스며들 수 있는 정책들을 지속적으로 펼쳐나가야 한다.

　　너지(Nudge)식 행정은 강요나 강제 또는 기존의 경제적 유인에 큰 변화를 일
으키지 않는 범위에서 사람들의 의사결정을 효과적으로 변화시킨다. 큰 비용을
들이지 않고 사용할 수 있는 수단이기 때문에 정치, 경제, 사회, 문화의 각 분야
에서 이미 광범위하게 사용되고 있다. 국민생활과 직결되는 정책일수록 시장을
지렛대 삼아 정책을 추진하면 정책목표를 자연스럽게 달성할 수 있다. 이미 많은
정부기관이 Nudge팀을 운영하며 정책효율성을 높이고 있다. 먼저 퇴직연금의
저축률을 높이는 Nudge효과를 분석해 보니 Nudge프로그램에 1달러를 투입했
을 때 증가하는 연금저축액은 100달러인 반면, 전통적 프로그램의 연금저축 증
가액은 많아도 14.58달러, 적게는 1.24달러에 불과했다. 또한 에너지 절약에도
영향을 미쳤다. 이웃의 전기 사용량과 절전 방법을 기록한 보고서를 e메일로 특
정 주거지역의 주민에게 발송했을 경우, 보고서 작성과 운영에 들어간 비용 1달
러로 절약한 전기는 27.3kWh에 달했다. 이는 특정 계절에 절전하면 전기료를
할인해 준다거나 피크타임 절전을 유도하는 등 기존 방식의 정책들을 통해 아낀
3.41kWh와 14.0kWh의 전기량을 훌쩍 뛰어넘었다(동아일보, 2018년 4월 25일자).

---

　　서인 SBST와 영국의 너지팀인 BIT(The Behavioural Insights Team)에서 중점적으로 시행하
　는 정책을 중심으로 너지의 계량화를 시도했다.

또한 아일랜드 Trinity대 코스모 연구팀은 Nudge를 에너지 분야로 확장해 연구를 진행했다. 아일랜드 5,000여 가구에 피크타임(오후 5~7시)에 전기를 사용하면 더 비싼 전기료를 부과할 것이라고 고지했다. 단지 전기요금 정보의 고지만으로 전기 소비량의 감소를 예상했다. 또한 일부 가구에는 전기료고지서를 한 달에 한 번 발송하고 다른 가구에는 두 달에 한 번 발송했다. 여기서 고지서를 자주 받는 가구일수록 전기소비가 적을 것으로 예상했다.

마지막으로 전기사용량과 비용을 소비자가 실시간으로 확인할 수 있도록 일부 가구에 IHD(In Home Display)를 설치했다. 전기사용량과 비용을 실시간으로 확인할 수 있다면 소비량이 감소할 것으로 예상했다. 결과는 예상과 같았다. 전기료를 차별적으로 부과하는 정책을 세우고 그 사실을 알렸더니 피크타임의 전기 소비량이 현저하게 줄어들었다. 고지서를 한 달에 한 번 받는 가구들의 피크타임 전기 소비량도 두 달에 한 번 받는 가구보다 적었다. 또한 IHD를 통해 실시간으로 전기 사용 및 비용 정보를 확인할 수 있는 가구들의 전기 소비량 감소가 두드러지게 나타났다.

이처럼 명령, 지시, 통제하는 행정에서 벗어나 권유, 지원, 자율을 신장해야 한다. 특히, 납세행정에서 필요하다. 행동경제학자들이 말하는 심리적 환기란 납세를 강제하지 않고 관련된 심리 혹은 감정요인만을 자극하여 자발적으로 납세 순응정도를 높이는 방법이다. 일찍이 에너지절약이나 노후대비 촉진운동에서 널리 사용된 것처럼, 충실한 납세행위를 애국심 혹은 시민의 책무와 연관시키거나, 탈세 행위를 비도덕적 행동 혹은 죄책감과 연결시키는 방법이다. 심리적 환기는 세수 증대에 도움이 되면서도 납세 집행과 관련된 행정비용을 동시에 아낄 수 있는 일석이조의 방법이다.

실제로 전미경제조사회(National Bureau of Economics Research)에 발표된 한 연구에서 심리적 환기기법을 통해 납세순응도가 향상된 것으로 나타났다. 세금체납자 10만 명을 대상으로 행해진 4개의 실험 군25)에 각기 다른 납세고지서를 배부한

---

25) A실험 군에는 표준문안으로 작성된 납세고지서가, B실험 군에는 "90%의 납세자들이 기한 내에 납부의무를 이행하고 있다."라는 문구가, C실험 군에는 "체납자는 소수에 불과하다."

후 납세순응의 변화를 살펴보았다. 그 결과, B, C, D 실험 군 모두에서 납세순응도가 상승했다. 구체적으로, B와 D실험 군의 경우 납세순응도가 1.3%~2.1% 상승했고, C실험 군의 상승률은 5.1%에 이르렀다. 심리적 환기효과를 지니는 문구의 추가만으로 납세순응도가 상승하는 결과가 나타났다. 납세순응을 높이기 위해 조세형평이 필요하지만 조세체계를 무한정 조밀하게 운영할 수 없다. 이러한 상황에서 심리적 환기기법은 조세행정에 훌륭한 힌트를 제공할 수 있다. 많은 행정비용을 유발하지 않으면서 충분히 만족스런 결과를 기대할 수 있기 때문이다.

공직자의 현명한 선택은 국민 삶의 질을 높이지만 우매한 선택은 삶을 피곤하게 한다. 문제는 현명한 선택이 쉽지 않다는 점이다. 그런데 Nudge라는 외적 시스템을 효율적으로 활용하면 현명한 선택을 늘리는 데 유용할 수 있다. 국민이 세금을 더 낼 용의가 있게 만들려면 국민 삶에 이롭도록 사랑을 실천해야 한다. 이런 정부는 국민이 아플 때 같이 아파하고 과실은 솔직히 털어놓는 정부다. 원래 사람은 가까운 사람이 아프면 같이 고통을 느낀다. 이러한 감정이입이 뇌 차원에서 거울뉴런(mirror neuron)으로 존재한다. 인간 뇌에는 다른 사람의 몸짓을 보거나 말을 듣고 그 사람과 같은 느낌을 받게 하는 거울뉴런, 즉 이심전심 세포가 있다. 예부터 다정한 한국 상황에 잘 맞는 공직자 leadership이다. 지금처럼 국경이 모호해지는 글로벌 시대에서 자아실현의 기회를 더 많이 제공해 주는 국가를 선택할 준비가 된 사람의 마음을 단지 애국심교육으로 붙잡는 것은 불가능하다. 오직 공직자의 심술(心術)만이 민심을 새롭게 치유할 수 있다.


## 2. 민심: 통제가 아닌 창조하라!

정책이 민심을 얻으려면 선한 영향력을 끼쳐야 한다. 이를 위해 행정의 인간화가 필요하다. 행정에 약간의 인간적 살갗과 살집을 덧붙여야 한다. 정책에 인간

---

는 문구가, D실험 군에는 "납부된 세금은 의료보험이나 도로건설 및 유지보수에 사용될 예정입니다."라는 문구가 추가된 고지서가 배부되었다.

적 혈색을 가미하여 인간적 온기와 함께 인간적 영혼을 불어넣어야 한다. 그렇지 못한다면 정책이든 행정이든 앙상한 뼈대에 불과할 것이다. 사실 정책이란 개인적 자유, 사회정의, 경제적 능률 등이 결합된 고차원 방정식이다. 행정이론 역시 진리가 아니다. 사실과 대안을 찾게 해주는 분석엔진과 솔루션, 즉 끝없는 행정개선, 진보, 정부혁신에 쓸모 있는 도구인 인공지능을 활용해야 한다. 이러한 정책이 지향하는 당위성과 가능성을 높이기 위해 국민마음을 찾아내 사로잡아야 한다.

경영컨설턴트 Adrian J. Slywotzky는 《세상의 수요를 미리 알아챈 사람들: Demand(디맨드)》에서 인간에 대한 깊은 이해를 바탕으로 소비자자신이 원하는 것이 무엇인지 미처 깨닫기도 전에 그들이 진짜 원하는 것을 찾아내고 이에 걸맞은 창조적 신제품을 제시하는 사람을 수요창조자라 했다. 애플의 아이폰, 구글의 서치엔진, 도요타의 프리우스 등이 이전에 없던 새로운 수요를 창조한 사례들이다. 소비자심리를 정확하게 파악하고 소비자가 원하는 제품을 창출하였다. 오늘날 국민은 과거 정보가 제약되었던 시대의 우민(愚民)이 아니다. 홍보나 통제대상이 아니라 협력대상, 파트너로 이해해야 한다.

정부는 국민의 욕구나 수요를 정부바퀴 돌리는 에너지로 삼아야 한다. 문제상황이 발생하면 정보통제에 급급했던 정부, 인식부터 바뀌어야 한다. 공공수요 창출을 위해 첫째, 정책이 매력적이어야 한다. 유용성과 흥미, 그리고 감동을 소구력으로 국민과 시장의 감성적 공간을 차지해야 한다. 둘째, 고충이나 문제를 바로 잡아야 한다. 복잡하고 어렵고, 짜증스런 서비스가 아니라 One Click시대의 부응한 고충해소과정에서 기회를 찾아야 한다. 셋째, 변화하는 국민욕구에 맞춰야 한다. 행정도 과학이라는 점에서 과학적 발견을 수요를 창출하는 기회이자 재료로 삼아야 한다. 가령 호기심에서 우연히 발견된 하나의 아이디어에서 삶을 변화시킬 수 있어야 한다(에이드리언 슬라이워츠키 외·유정식, 2012). 이처럼 정책이 쓸모를 만들어주면 새로운 수요를 자극하면서 자원이 새롭게 분배되고 새로운 가치가 창출된다.

기존의 정부가 군림하고 통제했다면 이젠 매력과 창조성으로 민심을 유혹해

국민이 갈망하는 인공지능정부

야 한다. 정부역할에서 창조성의 본질을 정립해야 한다. 첫째, 무에서 유를 창출한다. 정부는 바람직한 사회의 설계를 위해 새로운 제도를 형성하면서 세상을 변화시킨다. 심지어 개발을 통해 자연까지 변화시킨다. 둘째, 사회병리나 문제를 개선, 치유한다. 시장실패의 보완 및 치유기능을 들 수 있다. 셋째, 권선징악이다. 정부는 안정된 질서와 공동체 유지를 위해 불의와 불법을 징계해야 한다. 이러한 역할은 창조의 어원적 의미와 밀접하다.

먼저 창(創)은 시작, 상(傷)함, 그리고 징계(懲也)나 경계하다의 뜻으로 쓰인다(說文解字詁林, 1975). 일반적으로 무(無)에서 유(有)를 만들어내는 의미로써 '처음으로 시작하다'는 뜻으로 사용된다. 또한 상하다(傷也)는 상처를 치료하여 새롭게 고친다는 뜻이다. 징계하다(懲也)는 잘못된 것을 바로 잡는다는 것으로 올바르게 하다는 내용을 함축한다. 따라서 새롭게 시작하다는 것과 올바르게 완성하다는 뜻에서 가치지향의 바램, 그리고 변화와 발전을 의미한다. 조(造)는 짓다, 만들다, 시작하다의 뜻으로 구성(構成)을 처음시작하다는 내용으로 쓰인다(說文解字詁林, 1975). 여기서 짓다(造)는 집을 짓다. 농사를 짓다. 밥을 짓다. 옷을 짓다. 약을 짓다. 그 속뜻은 무언가 만들어 세상을 이롭게 하는 일에 닿아있다. 어쩌면 정책도 의식주처럼 삶에 필수적 활동과 크게 다르지 않으리라. 또한 창조를 의미하는 영어의 Creation은 라틴어 Creo를 어근으로 하는 creatio에서 유래한 여성명사로서 '만들다'에 어원을 두고 있다(Encyclopedia of Regin, 1978). 즉 無에서 새로운 것을 발견하고, 기존 재료의 바탕에서 새로운 것의 발명이나 출산의 의미도 갖는다.

창조의 어원과 의미에서 알 수 있듯 원재료를 통해 새로운 것을 구상하거나 기존 것을 수정하고 다듬어 새로운 것을 만들어내는 것을 뜻한다. 또는 문자에서 보듯 창(創)와 함께 찰떡궁합을 이루는 신(新)에는 칼과 도끼가 있다. 기존 관습이나 관성을 과감히 잘라내고 찍어내는 것을 의미한다. 창조성은 인간에게만 부여된 것으로 인간 특성을 드러내는 근본이자 바탕이다. 따라서 창조성이란 인간에 특유한 독창적 성질로서 인간본성이다. 이러한 성질은 합리적으로 작용되기보다 초 합리적이

정부에 절실한 것은 ?

며 순간적으로 떠오르는 관념을 이용하여 자연스레 산출된다.26) 이러한 창조성 의미의 바탕에 사람의 삶에 절실한 사랑이 깔려야 한다. 사랑은 승화의 에너지다. 정부든 국민이든 상처, 고통, 억압, 증오, 분노 등을 승화시켜 창조성으로 발현해야 한다. 승화 없이는 긍정적 에너지로의 전환이 어렵다.

정부역할이 창조적으로 작용하려면 국민욕구(Needs)를 이해하고 행정수요(Demand)를 정확히 예측, 관리하면서 문제 해결에 직결된 솔루션을 제시해야 한다. 즉 해결책이 실제적 성과와 산출로 이어지도록 민심에 숨겨진 욕구파악 후 해결책을 찾아 수요로 전환하면서 장기적 관점에서 관리해야 한다. 국민 삶에 깊숙이 파고들어 희망과 방향을 찾아 정책으로 연결시켜야 한다. 정책은 사회적 디자인(Social Design)처럼 늘 수요자에게 다가서되 상대를 고려하는 마음에서부터 시작되어야 한다. 마치 훌륭한 낚시꾼이 물고기 입장에서 생각하듯 국민들에게 다가가기 위해 숨결이나 공기(空氣)까지 알아내려는 노력이 필요하다. 이것 역시 디자인의 콘셉트(Concept) 추출과정과 동일하다.

또한 디자이너에게 물건이 잘 팔릴 수 있는 디자인 요소와 배려가 중요하듯 정책에서도 항시 국민의 생활패턴과 그들의 욕구가 무엇인지 송곳처럼 날카롭게 찾아내는 데 심혈을 기울여야 한다. 시시로 변하는 정책수요자의 생활양식(Life Style)을 정확하게 이해하면서 정책의 예측 효과를 파악하여 고품질(高品質) 정책으로 다가가야 한다. 수요자 판단력은 이성적이며 선호스타일도 각양각색이다. 이런 수요자마음을 파고들기 위해 많은 인공지능 기반 도구를 적극 활용해야 한다.

지금은 상품이나 판매장소 등을 일컫는 재무자본이 아니라, 머릿속에 존재하는 이념이나 생각에 형태를 부여해 고객 앞에 제안하는 지적인 작업, 디자이너의 시대다. 기업이나 정부정책 역시 디자이너 집단이 돼야 한다. 지적 작업의 실행을 위한 환경이 얼마나 잘 갖춰져 있느냐, 지적자본이 얼마나 축적돼 있느냐가 조직 사활과 사업성패를 결정한다. 정부를 지적재산이 충만한 최고 정책디자이너 집단으로 만들어야 한다. 디자인이라고 해서 외적인 부분만 얘기하는 것이 아니라 체

---

26) 說文解字詁林(1975). 臺灣: 商務印書館.

험과 특별한 감성을 제안하는, 이른바 Lifestyle의 판매방식을 말한다. 이른바 선순환구조 만드는 정책디자이너가 필요하다(마스다 무네아키·이정환, 2015).

정책수요자의 선호패턴은 시대상황, 연령대, 직업 등에 따라 다양하기 때문에 그 흐름을 정확하게 읽지 못하면 정책이 성공할 수 없다. 물론 자신만의 스타일을 고집해서도 곤란하다. 통제나 지시자가 아닌 창조자로서 예리한 이성과 예민한 감성이 요구된다. 이를 위해 국민이 희망하는 가치와 민심에 숨겨진 감성적 언어를 찾아내 정책에 반영해야 한다.

공직자마다 국민이 느끼지 못한 채 숨어있는 욕구까지 찾아내 기술적 방법에 솔루션을 접목하려는 의지로 가득해야 한다. 기존 방법에 대한 새로운 해석과 변경을 통해 민심을 창출하는 노력이야말로 좋은 정책 만들기의 기본이다. 물론 쉽지 않겠지만 맹자는 말했다. "하늘이 누군가에게 중대한 임무를 맡기려 할 때는 반드시 그들의 마음을 괴롭게 하고, 근육을 수고스럽게 하며, 육체를 굶주리게 하고, 그 몸에 가진 것 없게 해서 그들이 하는 일이 뜻대로 되지 않게 한다." 정책을 통한 민심창출을 위해 고뇌하고 고통스러울 정도로 번민해야 가능하다.


## 3. 애민(愛民), 행정이 묻고 심리학이 답하다.

공직자는 수준과 성격이 다르지만 세상을 변화시킨다는 점에서 공통적이다. 정부에서 사회변화를 위해 만든 정책은 대부분 실패로 끝났다. 역대정부에서 문제가 불거지면 전쟁을 선포했다. 범죄, 부패, 사교육, 마약, 부동산투기 등 실로 다양하다. 그런데 결과는 어떠했나? 흐지부지되거나 뽑은 칼로 무만 자르는 격이었다. 그 근본원인은 심리를 제대로 파악하지 못했기 때문이다. 정책이 사랑 아닌 분노를 담았기 때문이다. 정부든 국민이든 사랑을 제대로 받지 못하면 비뚤어지기 십상이다. 정부가 정책을 만들면 사람들은 대책을 만들 정도로 영리하다. 하지 말라면 더 하고 싶은 게 사람의 심리다.

행정학은 문제해결 지향의 응용학문으로서 과학을 추구하면서 행정현장에서 합리성이 강조되어 왔다. 하지만 정작 행정이론과 실천은 국민에게 정확하거나 체계적이지도 이치에 맞게 느껴지지도 못하다. 행정학과 행정현장에서 인간을 간과했기 때문이다. 행정학이 처방성과 적실성을 높이려면 인간에 대한 심리적 이해, 설명, 예측이 필요하다. 더구나 공직자를 비롯하여 모든 인간의 판단과 결정에는 심리와 감성이 지대한 영향을 끼친다.

사회의 불공평, 정확한 데이터나 이론으로 정립된 법칙, 법·제도적 허점이 보이는 것도 생각 탓이다. 이성보다는 감성에, 합리성보다는 심리 쪽에 몸과 마음이 기우는 것이 어쩔 수 없는 인간의 본성이다. 인간은 끊임없이 완벽을 추구했지만 아주 체계적이고 끊임없이 오류를 범했다(마이클 루이스·이창신, 2018). 고위공직자일수록 심(心) stealer처럼 삶은 국민의 마음을 얻기 위한 사랑이자 투쟁의 연속이어야 한다. 행정학이 심리학과의 묘합(妙合)이 필요한 이유다. 더 이상 행정현장에서 형해화(形骸化)된 숫자나 꼼꼼한 합리주의를 고집한다면 국민에 체감되는 온도를 전할 수 없다.

심리학은 단순히 인간심리의 이해에 그치지 않는다. 타인의 마음까지 움직여 내게 유리하게 만드는 실전지식이다. 2002년 노벨경제학상을 수상한 심리학자 Daniel Kehneman은 인간행동은 합리적 이성보다 감정의 지배를 받는다며 행동경제학 이론을 내놓았다. 즉 인간은 합리적 선택을 하는 존재라는 기존 경제학의 토대가 잘못되었다면서 합리성 개념은 이미 비현실적이라고 강변했다. 프랑스철학자 Pascal은 팡세에서 "모든 사유는 감정에 항복한다."고 말했다. 그렇다. 상한 감정은 합리적 판단을 무너뜨리는 무서운 힘이 있다.

정부활동이나 국민반응 역시 합리성에 바탕을 둔 것으로 생각하지만, 실제로 심리적 요인이 많이 좌우한다. 행정현장에서도 인간존재와 진실을 그대로 받아들이는 노력이 요구된다. 기존의 합법성, 합리성, 효율성을 넘어 인간심리, 욕구, 충동, 착각, 통찰, 편향, 한계 등을 고려하여 행정현상이나 정책문제에 접근해야 한다. 특히, 행정현상에 대한 경이와 통찰력, 인간을 바라보는 따뜻한 시선이 필요하다. 그래야 수많은 대안가운데 최적의 대안을 선택한다는 합리모형의 한계, 똑똑한 공무원들의 어리석은 선택 등을 바르게 교정할 수 있다.

국민이 갈망하는 인공지능정부

모든 공직자는 민심을 바르게 알고 이해하며 존중해야 한다. 민심파악과 수렴을 위해 여론조사가 필요하지만 만능이 아니다. 불리한 조사결과는 보이지 않고 유리한 결과만 보일 수 있기 때문이다. 게다가 여론은 수치만으로 알 수 없다. 여론을 무시하거나 무지한 채 국민 앞에 오만한 권력은 오래갈 수 없다. 정부는 숨겨진 국민욕구를 파악하여 정책으로 바꿀 수 있어야 한다. 정책담당자는 국민들이 어떤 종류의 공공서비스에 대한 수요를 갖고 있는지 파악해야 한다.

일례로 조선시대로 거슬러가면 백성의견을 존중하고 애민을 실천했던 세종은 토지세법에 관해 직접 의견을 물었다. 1430년 공법이라는 새로운 세법 시안을 갖고 투표를 실시했다. 농업이 국가 근간이었던 당시 경작토지에 대한 세금 결정은 백성의 최대 관심사였을 것이다. 무려 5개월에 걸친 투표에는 17만여 명이 참여했고, 결국 9만여 명이 찬성해 세법 시행이 이뤄질 수 있었다. 지금 방식으로 사실상 국민투표였다. 왕이 모든 것을 결정한다는 조선시대에 세종이 전 백성을 대상으로 투표를 실시했다. 토지에 대해 세금을 부과하는 새로운 세법인 〈공법(貢法)〉을 추진하면서 세종은 최종적으로 백성들의 찬반 의견을 묻고자 했다. 투표 3년 전인 1427년 세종은 창덕궁 인정전에 나가 과거시험 문제를 내면서 공법에 대한 견해를 묻는 등 세법의 확정 이전에 미리 분위기를 조성한 셈이다(신병주, 2018).

국민들은 자신들의 니즈 충족을 위해 다양한 솔루션, 즉 정책을 살펴본 뒤 신중하게 반응한다. 마케팅과 달리 정책에서 니즈는 다음과 같이 분류될 수 있다. 첫째, 기본적 삶에 대한 니즈다. 의·식·주 등 삶을 영위하는 데 필요한 국토교통, 농림수산식품, 산업자원관련 정책과 서비스에 관한 기본조건들에 대한 욕구다. 둘째, 안전과 건강에 대한 니즈다. 재난, 안전, 소방방재, 국방, 치안정책과 공공서비스는 국민 개인과 가족의 건강에 민감한 니즈를 충족시킨다. 셋째, 사회적 관계에 대한 니즈다. 여성가족, 교육, 방송통신 및 공공서비스는 사회적 동물인 인간 누구나 나눠주고 받고 싶은 욕구를 가진다. 넷째, 자아실현의 니즈이다. 문화체육관광, 과학기술 등 사회적 이미지, 즐거움, 변화, 혁신에 대한 욕구를 의미한다. 사랑하는 사람에게 원하는 것을 주듯 정부는 국민욕구를 정책에 반영해야 한다.

모든 정책이나 공공서비스는 결과와 함께 과정이 중요하다. 좋은 공직자가 되기 위해 사회학, 심리학, 인류학적 소양이 필요하다. 기술을 좇기보다 인간을 이해하는데 힘써야 한다. 만일 관료가 골방이나 탁상에 갇혀 작업에 몰두한다면 정책은 현장에서 점점 멀어질 것이다. 그런데 역설적 희망이 있다. 성공한 과학자와 예술가는 엉덩이가 무거운 일 중독자였다. 마치 그들처럼 행정탁상에서 "아하! 그 분이 오셨어"를 경험하려면 용기와 끈기로 기다리며 알 품기 하는 어린아이 같은 마인드로 무장해야 한다.27) 아이다운 천진성과 어른의 원숙성(圓熟性)이 살아 숨 쉬며 정책아이디어와 공직문화에 체화되어야 한다. 사실 인간적 접근 없이 좋은 정책설계자가 될 수 없다. 더구나 국민에게 감동 주려면 정책에 마음과 사랑, 그리고 영혼까지 담아야 한다. 영혼(靈魂) 없는 관료란 자기 소신 없이 권력자가 시키는 일이면 무엇이든 해낸다는 말이다. 관료라기보다 기능공수준의 관원에 가깝다.

고위공무원조차 국가를 위해 왜, 무엇을 해야 하는지를 고민하기보다, 위에서 시킨 일을 어떻게 해낼까 궁리한다면 단순기술자와 진배없다. 공직은 무한책임의 막중한 자리다. 그렇기에 자신의 이해득실만 따거나 자기만족, 명예, 출세를 탐하기보다 국민존중의 마음가짐과 언행에 품격과 절도가 스며야 한다. 이것이 인류애행정의 모습이다. Nussbaum은 〈혐오에서 인류애로〉에서 인류애 정치란 존중과 상상력을 모두 포함하는 것이라 했다. 모든 존중에는 반드시 상상력을 동원하여 타인의 삶에 감정적으로 참여하는 능력이 포함되어야 한다고 역설했다(마사 C. 누스바·강동혁, 2015).

행정은 국민이 중요하다고 생각하는 문제를 찾아야 한다. 예리한 감수성이 필요하다. 특히, 안전 및 재난에 대한 민감도가 필요하다. 그 동안 재난사고가 빈번히 발생했다. 제천화재에 이어 밀양에서도 큰 화재가 있었다. 삼척과 울진에서 산불이 발생했다. 안전 불감증과 인재(人災)라는 단어가 이번에도 빠지지 않고 등

---

27) Pablo Picasso(1881~1973)는 어린아이처럼 그리기 위해 평생을 바쳤다고 한다. Friedrich Wilhelm Nietzsche(1844~1900)도 어린아이처럼 살아야 행복하다고 하였다. 어린아이의 유연성, 호기심, 애착심, 꿈이 필요하다.

장했다. 지난 뉴스를 다시 재방송으로 보는 느낌이다. 여러 번 겪고도 느끼지 못하면 병이다. 뭉크의 〈절규〉처럼 비명의 시간이 언제 종을 칠 것인지. 그렇게 많은 슬픔과 절망을 겪고도 고치지 못한다면 그것은 무감을 넘어 무능(無能)이다. 보통 남들보다 유독 민감한 사람들은 고통의 임계점이 낮다. 그래서 주변 상황이 좋지 않을 때, 더 큰 고통을 받는다. 하지만 그런 민감함이 치밀하게 일을 계획하게 하고 완벽한 마무리를 돕기도 한다.

세상에는 두 종류의 사람이 있다. 걱정만 하는 사람과 걱정거리를 만들지 않기 위해 준비하는 사람. 민감한 사람은 최악의 경우를 미리 상정해 대비한다. Ilse Sand는 두려움은 생존을 위한 인체 경고시스템이며, 두려움을 잘 느끼지 못하는 사람들의 무모함은 자신을 위험에 빠뜨리기 쉽다고 말한다. 역사적으로 지나친 낙관이 사람들의 삶을 불행하게 만든 경우가 많았다. 가까이는 IMF 사태가 그랬고, 멀리는 임진왜란이 그랬다. 우리가 사는 이곳에 희망이 멀다면 가망이라도 찾아야 한다. 두려움과 민감함은 그것을 작동시키는 역설적 기제다. 과도한 낙관론보다 이유 있는 비관론에 더 신뢰가 가는 이유다.

정부가 국민들이 중요하게 생각하는 문제에 해결책은커녕 공감하지 못하고 있다. 정부와 공직자들이 정치권에서 감당 못하는 민생문제의 의제화 감각부터 길러야 한다. 아리스토텔레스는 감각은 움직여지고 영향 받는 데서 발생하는 질적 변화라 했다. 그러니까 아직 실현되지 않은 능력(잠재력)이 감각으로 자극받을 때 실현되는 능력(현 실태)이 될 수 있다.

세상이 너무 빨라지면서 타인에 대한 세심한 배려나 사유가 사라지고 있다. 공직자에게 필요한 것은 공감과 인간애다. 현 세대는 위험을 무릅쓰거나 위험과 시험을 기피하려 한다. 세상이 정한 방식이나 프로그래밍한대로 살아가고 있다. 진정 하고 싶은 것이 무엇인지 생각하지 않고 지루한 모방과 안전한 반복만 보여주는 양상이다. 소통을 원하지만 정작 남의 이야기를 들으려하지 않는다. 위험을 감수하지 않는 세상에도 삶을 흔들고 균열을 가져오는 것, 그게 바로 사랑이다. 사랑이라는 강렬한 감정에 기회와 위기가 공존하는 셈이다.

행정에도 사랑이 범람했다. "친애하는 국민여러분~"은 연설문 서두를 장식한 상투어다.28) 심지어 공식회의석상에서도 사랑이 강조되었다. "성실한 국정운영 자세를 가지고 성심껏 임할 때에 사랑받는 장관, 사랑받는 기관장이 될 수 있고 더 크게 사랑받는 장부가 될 수 있을 것입니다. 오늘부터 이런 자세로~사랑받는 정부와 사랑받는 기관장이 될 수 있도록 심기일전해야 할 것입니다"29)(국정신문, 1994. 11. 7). 공직사회에서 사랑의 수사가 넘치지만 정작 국민 가슴에 와 닿지 않는다. 액자 속의 사랑, 박제된 사랑은 느껴질 수 없다. 정해진 잣대로 국민이나 정책대상 집단을 전유(專有)하려 한다면 순간 타자는 사라진다.

가짜 사랑은 자신의 이름으로 타자를 지우고 그 자리에 나를 채운다. 이처럼 사랑이 나의 이름으로 타자를 죽이는 과정은 끔찍하다. 행정 바깥의 모든 한 사람 한 사람의 국민이 타자다. 그 타자들은 결코 지배대상이 아니다. 타자들은 겉으로 고개를 숙일지언정 오만한 지배를 거부한다. 그러나 조종되지 않는 타자를 나포하는 것이 종종 사랑이라고 불린다. 타자는 우연히 다가온다. 이러한 근접성이 타자에 대한 책임성이다.

Emmanuel Levinas는 "사로잡히는 책임, 사로잡힘의 책임"이라 했다. 책임은 행정이 지니고 드러내야 할 가치다. 특히, 사람의 가치를 존중하고 중심에 두는 행정의 맥락에서 사랑은 능동적 지배가 아니라 타자 앞에 무릎 꿇거나 엎드리는 것이다. 그 자리에서 타자에 대한 환대가 생겨난다. 그런데 엎드림은 어렵고 힘들고 아프다. 이렇듯 사랑은 궁극적으로 감성이 아닌 의지이자 고통이다. 진정한 사랑은 타자를 자기화한다. 즉 상대 얼굴에서 나를 보듯 사랑에 빠진 연인들은 상대

---

28) 1963년 제5대 박정희대통령은 취임 때 "나의 사랑하는 삼천만 동포들이여!"라고 외쳤다. 1971년 7월 제7대 대통령 취임식에서도 "사랑하는 오천만 국내외 동포 여러분!"이라고 했다. 2번의 '사랑연설'을 빼고는 "친애하는 국민 여러분"을 애용했다. 국무총리, 장관 모두 국민을 친애했다. 전두환 대통령은 1980년 취임사에서 "친애하는 국민여러분, 본인은…" 이렇게 연설했다. 1988년에 노태우 대통령과 1993년 김영삼 대통령은 "친애하는 국민여러분~"이었다. 1998년 김대중 대통령은 "존경하고 사랑하는 국민여러분"을 애용했다. 2003년 노무현 대통령취임사에서 '존경하는 국민여러분'이 3번 나왔다. 2008년 2월 25일 취임한 이명박 대통령은 "존경하는 국민여러분"을 여덟 번, 2013년 2월 취임한 박근혜대통령은 "존경하는 국민여러분"을 다섯 번 외쳤다.
29) 1994년 10월 31일 김영삼 정부시절 청와대 국무위원 및 수석비서관 조찬에서 대통령의 발언내용이다.

     국민이 갈망하는 인공지능정부

를 자기처럼 대한다. 위태롭지만 절대적 믿음에 기반을 둔 세계다. 그래서 사랑이라는 환상은 채워질 수 없는 결핍이 만들어낸 상상력으로 인식된다. 그 상상력으로 지워지지 않을 불멸의 믿음이 창조되고 기꺼이 거기에 구속당한다.

이렇듯 사랑은 고귀하고 소중하고 안타깝다. 미국 뉴욕 9·11 추모기념관에 새겨진 말들, 세월 호 4주기에 단원고학생 부모들이 아이들에게 쓴 육필편지 110통을 묶은 책 「그리운 너에게」에서 예외 없이 사랑해로 시작해 사랑해로 끝난다. 모두 같은 말이었다. "사랑해, 사랑하고 사랑해, 엄청 사랑해… 사랑한다. 너무나도 사랑한다, 미치도록 사랑한다.…"가 닿지 못할까 봐 손끝이 떨리는 말, 영원히 마음에 품고 가는 말, 사랑은 살아가면서 가장 자주, 열심히, 뜨겁게 말할 가치가 있는 말 아닐까. 이런 사랑을 정부도, 정치도, 제발 모독하지 말았으면 좋겠다.

신학계에서 처음으로 책임윤리를 제기한 독일신학자 Dietrich Bonhoeffer (1906~1945), 그는 믿는 것만으로 구원받았다고 여기는 것이나 참회 없는 성만찬 등을 싸구려은혜라 비판했다. 비단 종교뿐일까. 국민에 공복으로 봉사한다며 립서비스하는 공직자, 말끝마다 국민을 위해서라고 되뇌는 정치인들, 본 적 없는 고객님을 사랑한다는 상업자본, 현세를 위해 내세를 파는 종교, 여전히 가짜 사랑과 값싼 은혜가 차고 넘친다. 삶에서 신조와 행동, 개인적 가치와 정치적 책임이 분리되지 않고 일치함을 보여야 하지 않을까. 진정 공직자는 오늘 우리에게 있어 누구인가? 공인으로서 타자(他者)를 위한 존재 아닌가? 공직자가 타자를 위한 존재라면 정부도 역시 타자를 위한 정부가 돼야 한다. 세상의 모든 존재가 자기만을 위해 있더라도 정부만은 타자를 위한 존재여야 한다.

행정학은 사회병리를 치유하는 학문이다. 공직은 상처받고 슬픔에 빠진 사람을 위로하고 희망 주는 전문 직업이어야 한다. 민생들, 눈에 보이지 않을 뿐, 크고 작은 갈등과 상처, 불안에 흔들리거나 슬픔의 밑바닥에 주저앉은 민심을 일으키는데 쓸모 있어야 한다. 즉 바닥에서 생각할 줄 아는 공직자, 내려와서 고민하는 관료로서 존재해야 한다. 올라갈 때나 내려갈 때나 한 결 같은 본분을 가르쳐야 한다. 바닥을 그저 최악의 상황이 아닌 나를 받혀주는 절실한 마음으로 바라보는 여유도 필요하다.

좀 더 강하게 표현하면 완전히 내려놓아야 한다. 가능할지 모르겠지만 고위 공직자일수록 정책언어나 정책행태에서 절벽에서 뛰어내리는 듯 절절한 느낌을 준다면 어떨까. 실제로 예술의 세계에서 완벽한 연주는 절벽에서 뛰어 내리는 느낌이라 한다, 그만큼 자신을 비우고 내어 던진다는 의미다. 이를 위해 행정에 자기뿐만 아니라 타자와의 교류, 공감, 상호작용이 원활하도록 심리학이 필요하다. 특히, 대통령을 비롯하여 고위 공직자는 국민들과 너무 멀어지지 않도록 노력해야 한다. 청와대나 탁상에 갇혀 국민들과 동떨어진 현실인식을 하지는 않는지 우려해야 한다. 역사적 사건과 권력의 심리적 효과에 대한 연구결과들은 19세기 영국의 사상가이자 정치가인 Lord Acton(1834~1902)경이 남긴 "권력은 부패하고 절대 권력은 반드시 부패한다."는 명언이 확고하게 뒷받침한다. 지위가 높은 사람들은 자기 합리화를 더 많이 하고, 권력이 시야를 좁게 만들며, 공감능력이 떨어졌다. 진정한 애민행정의 실천을 위해 우선적으로 고위공직자부터 담당분야, 대상에 맞는 특성화된 심리학이 필요하다. 국민마음을 올바르게 헤아려야 올바른 정책을 만들 수 있다. 남달리 예민하고 예리한 감수성과 통찰력으로 자기가 살아가는 세상과 삶의 속살을 응시할 줄 아는 사람이어야 한다. 궁극적으로 국민을 사랑하고 국민사랑을 받기 위함이다.

살아가면서 누군가를 사랑하는 것은 그의 입장이 되어 보는 것이다. 삶은 각자의 자리에서 구조와 상호작용의 일렁이는 공간에서 펼쳐진다. 그러면서 보이게 또는 보이지 않게 서로 연결되어 있다. 이러한 삶에 공감이나 감정이입을 통해 조금이나마 서로 진실 되게 다가갈 수 있다. 흔히 공감이라는 단어의 느낌 때문에 감정이입이 오로지 감정의 문제라고 착각하는 경우가 많다. 하지만 타인의 삶 속으로 들어가서 타인의 이야기를 자신 안에 새기고 이해하는 과정이다. 이해를 위해 공감이 필요하고, 공감에 이르기 위해 이해가 필요하다. 어떤 감정이입은 배워야만 하고, 그 다음에 상상해야 한다. 감정이입은 다른 이의 고통을 감지하고 그것을 본인이 겪었던 고통과 비교해 해석함으로써 조금이나마 그들과 함께 아파하는 일이다. 공감은 용서다. 이 모든 과정이 서로를 도우며 함께 이뤄지는 것이다 (리베카 솔닛·김현우, 2016). 이러한 감정이입은 상상하고 배워야 하는 기술이다.

오늘날 수많은 기업들은 특유의 기술을 갖기 위해 불꽃 튀며 경주하고 있다. 혁신할수록 과학이나 예술의 창조적 상상력이 커진다. 혁신기술과 작품은 경쟁력으로 평가받을 뿐만 아니라 삶의 행복에 기여한다. 그렇다면 정부가 가진 기술은 무엇일까? 바로 사랑을 더 큰 사랑으로 키우는 사랑의 기술이다. 어떤 기술보다 가치 있는 핵심기술, 영원히 변하지 않는 미래기술, 국민행복을 만드는 원천기술이어야 한다. 사랑 없이 정책은 존재하기 어렵다. 사랑이 밑바탕이 되지 않고서는 인간, 가족, 공동체의 행복을 지키는 정책이 성립될 수 없다.

사랑에 대한 정의는 차고 넘친다. 그만큼 정의내리기 힘들 정도로 다양하다. 사실 사랑은 대상에 몰두하는 것이다. 몰두한다는 건 그 사람을 그리며 생각한다는 뜻이다. 그 생각의 크기가 사랑의 크기 아닐까. 생각은 살아있다. 쉽게 바다를 채우고, 산맥처럼 높아지며, 꽃잎처럼 전율한다. 생각은 조용하지만 그렇게 살아 움직인다. 과연 공직자마다 국민을 바다만큼 산맥만큼 꽃잎만큼 생각하고 있을까? 사랑은 생각을 넘어 행동으로 옮기는 일이다.

### 사랑에 대한 정의

> 사랑이란 생각의 분량이다. 출렁이되 넘치지 않는 생각의 바다. 눈부신 생각의 산맥. 슬플 때 한없이 깊어지는 생각의 우물. 행복할 땐 꽃잎처럼 전율하는 생각의 나무. 사랑이란 비어있는 영혼을 채우는 것이다. 오늘도 저물녘 창가에 앉아 새 별을 기다리는 사람아. 새 별이 반짝이면 조용히 꿈꾸는 사람아.
>
> — 허형만 作 <사랑론>

가령 세상을 비추는 거울, 그림의 세계에는 그림을 아는 자, 사랑하는 자, 보는 자, 모으는 자가 있다. 한갓 쌓아두는 것은 잘 본다고 할 수 없다. 본다 해도 어린아이가 보듯 한다면 칠해진 것 이외에는 분별하지 못하는 것이니 아직 사랑한다고 할 수 없다. 안다는 것은 그림의 형식과 화법은 물론 그 정신까지 알아보는 것이다. 그러므로 그림의 묘(妙)란 사랑하는 것, 보는 것, 모으는 것이 아니라 잘 안다는 데 있다. 알아야 참으로 사랑하게 되고 사랑하게 되면, 참되게 보게 되고, 볼 줄 알게 되면 모으게 된다. 그때 비로소 수장하는 것은 한갓 쌓아두는 것이 아니다. 그림을 알아보는 것에 묘하여 수집한 그림들 한 폭 한 폭마다 제평해 놓으면서 화격(畫格)의 높고 낮음, 고아함과 저속함, 기이함과 바름, 죽은 것과 생생함에 대한 논의를 마치 흑백 나누 듯해야 그림을 깊이 아는 사람이다. 그림을 사랑하는 태도처럼30) 공직자들도 정책현장에서 정책문제, 정책의제, 해결책을 다룰 때 사랑하는 태도를 견지해야 한다. 그래야 정책이 과학의 단계를 넘어 예술의 경지로 승화할 것이다.

앞서 언급했듯 정부와 국민은 사랑하는 아니 사랑해야 할 사이다. 그렇다면 비밀이 없고 함께 나누어야 한다. 사랑하는 사이는 서로 통하고 협력한다. 근데 아직까지 정부는 비밀스럽다. 마치 비밀의 숲이나 정원처럼 잘못이나 실수, 실패도 국민 모르게 슬그머니 넘어가는 경우가 많았다. 이제는 투명한 정보공개, 공유로 비밀주의를 벗어나야 한다. 만일 벗어나기 힘들다면 이런 비밀주의는 어떨까. 정부에 숨겨진 능력, 일종의 문제해결과 가치창출의 비밀병기처럼 깜짝 놀라게 할 Surprise나 비법 같은 신비함을 드러내는 비밀주의는 환영할 만하다.

또한 국민에게 정부는 멀고도 가까운 존재다. 누구든 삶의 여정을 가려면 걸어야 한다. 국민은 정부나 관료의 생각과 정책 속에서 살아간다. 공공의 손이 도로를 깔고 통신선을 구축하고 배관을 설치한다. 그 위를 걷고 소통하고 교통하며 삶을 영위한다. 또한 정부와 관료는 미래를 향한 청사진을 그리고 국민들이 함께 걷기를 독려해야 한다. 걷기란 세계를 좀 더 높고, 먼 곳으로 보내는 일, 즉 진보(進步)를 뜻한다. 공적 공간에의 진입 가능성이 곧 시민으로서의 공적 생활을 영위하는 문제와 연결된다. 그래서 걷기는 행정적 서비스에 대한 요구인 동시에 정치적 목소리를 높이는 일이다. 가령 민주주의란 종종 일종의 경험이다. 공적 공간에서 육체적으로 한데 모이는 경험, 눈으로 확인하는 경험, 목표에 도달할 때까지 걸어가는 경험이다. 사람이 사는 세상에서 가장 위대하고 가장 아름다운 힘의 경

---

30) 석농화원(石濃畵苑)에 부친 유한준의 발문(중앙일보 2014년 1월 4일자)이며 유홍준 교수의 나의 문화유산 답사기 1권 서문 '아는 만큼 보인다'는 명제에 인용된 문장이다.

험이다. 공적 공간을 자유롭게 걸어 다니고 경험하는 일이 도시가 주는 영감을 창조적으로 활용하는 것뿐 아니라, 공적 생활에 참여할 권리, 나아가 시민으로서의 삶을 구성하는 주요한 요소다. 만일 공공장소가 없어진다면 결국은 공공성도 없어진다. 개인이 시민, 즉 동료 시민들과 함께 경험하고 함께 행동에 나서는 존재가 되는 것도 불가능해진다. 시민이 되려면 모르는 이들과 함께한다는 인식이 있어야 한다. 민주주의의 토대는 모르는 이들에 대한 신뢰 아닌가. 공공장소란 바로 모르는 이들과 차별 없이 함께하는 장소다. 공공성이라는 추상적 개념이 구체적 현실이 되는 것은 바로 공동체적 행사들을 통해서다.

국민들 삶의 여정에서 정부가 알 수 없어 혼란스럽고 수수께끼 같은 존재라면 미궁(maze)같은 정부이다. 가령 부처 간 정책엇박자나 불협화음을 드러낸다면 국민은 불안하다. 불안은 공포로 내몬다. 대국민 소통 이전에 부처 간, 조직간, 정책 간 먼저 조율하고 소통하라. 마치 오케스트라연주장에서 연주시작 전 악기를 조율하듯 오보에가 먼저 '라'음정을 내면 관악기와 현악기가 차례로 음정에 맞춰 자신의 악기를 조율한다. 같은 음높이가 되도록 악기상태를 조정한다. 그래야만 수십 명에서 100명이 넘는 연주자가 함께 소리 냈을 때 어울리는 연주가 가능하다. 이렇듯 서로 맞추기 위해 희생과 노력이 필요하다. 자기소리만 주장할 게 아니라 다른 소리에 어울리도록 하겠다는 목적을 잃지 말아야 아름다운 화성이 가능하다.

미궁은 하나의 복잡한 길이 아니라 여러 개의 길이며, 때로는 중심도 없다. 그 안에서 헤맴은 끝이 없고 최종적인 도착지도 없다. 만일 미궁이 대화라면, 미로는 주문이나 기도라고 할 수 있다. 미로에서는 자신도 모르는 사이에 꺾이고 뒤틀린 곳에서 길을 잃게 마련이다. 하지만, 그 길을 따라가다 보면 결국 어딘가에 이른다. 그 다음 왔던 길을 되돌아 나오면 된다. 미로 속 여정의 끝은 사람들의 짐작과 달리 한가운데가 아니라 다시 입구로 나오는 것이다. 출발했던 곳이 또한 진짜 끝이기도 하다. 그것은 순례나 모험을 마치고 다시 돌아온 집과 같다. 미로 안에서는 볼품없던 모퉁이나 여백도 중요하다. 왜냐하면 이 여정은 어딘가로 들어가는 여정이 아니라 무언가가 되어 나오는 여정이기 때문이다(리베카 솔닛

·김정아, 2017). 차라리 미로와 같은 정부가 낫다. 아니 더 나아가 광야와 같은 거친 삶에서 길을 예비하며 사막과 메마른 삶에서 대로를 평탄하게 하는 정부가 필요하다. 골짜기처럼 굴곡진 삶을 돋우어지도록 돕고, 산처럼 언덕처럼 삶의 고비와 부담을 낮아지게 하며, 고르지 아니한 곳이 평탄하게 하며 험한 삶이 평지가 되도록 선량한 정부역할이 요구된다.

시대가 변해도 국민행복, 빈부격차 해소, 바람직한 경제발전과 물가안정, 사회전체의 질서 유지 등 필요한 일들이 바뀌진 않을 것이다. 사회가 필요로 하는 것을 해결하고 사회적 가치를 추구하는 게 정부의 존재이유이기 때문이다. 성숙한 자아실현의 정부란 국민을 사랑하는 정부다. 정부의 국민사랑은 인류애 사랑이다. 모든 공직자는 자기를 사랑하듯 모든 사람을 가리지 않고 사랑해야 한다. 이른바 겸애(兼愛)다. 겸애란 다양한 사상들이 용광로처럼 들끓었던 춘추전국시대에서 정치적 갈등을 없애기 위해 묵가(墨家)에서 선택한 사랑이다. 이념과 지역에 따라 편견, 편중, 편애하지 않는다. 적을 없애려는 마음과 노력이다. 모두 다 사랑하는 박애주의에 가깝다. 당연히 반전주의(反戰主義) 성격을 지닌다. 갈등과 반목, 상쟁이 끊임없어 마치 전쟁터를 방불케 하는 한국정치와 정책현장에 제격이다.

오늘의 한국인들은 전쟁터 같은 삶을 살아간다. 거친 삶 속에서 과연 국민의 생명과 재산을 보호, 유지하겠다는 국가에 대한 인식은 밝지 않다. 그러면서 사람들은 진정한 자유를 꿈꾼다. 마치 그리스인 Zorba처럼. Nikos Kazantzakis는 Zorba를 진정한 자유인이란 이미지로 재해석했다. 수많은 외세에 둘러싸여 100년 넘는 기간 동안 전쟁의 상흔 속에 살아갔던 그리스인들을 상징한다. 내전이 거듭되면서 전쟁의 당위성마저 점점 사라졌다. 오스만 터키와의 성전을 주장하며 민족주의 색채가 짙었던 전쟁은 점차 왕정주의, 민주주의, 자본주의, 공산주의자 등 파벌 간 전쟁으로 비화됐다. 소설 속 Zorba가 조국이란 개념을 경멸할 수밖에 없는 상황이었다. "조국이라고 했어요? 당신은 책에 쓰여 있는 그 엉터리 수작을 다 믿어요? 당신이 믿어야 할 것은 바로 나 같은 사람이에요." 조국 같은 게 있는 한 인간은 짐승, 그것도 앞뒤 헤아릴 줄 모르는 짐승신세를 벗어나지 못한다고 체념하였다(니코스 카잔차키스/이윤기, 2009). 과연 대한민국 국민들이 생각하는 조국과 얼마나 다를까?

　　역사학자 Howard Zinn이 설파했듯 국민이 사랑해야 할 대상은 영속되어야 할 국가다. 애국은 나라사랑이지 특정 정부를 사랑하는 게 아니다. 어쩌다 정권을 잡게 된 정부를 무조건 따르는 것도 아니다. 누구도 자기입장을 가질 수 있다. 하지만, 입장자체가 나라사랑 여부를 가리는 잣대가 될 수 없다. 나라사랑방법과 의견들은 상이하다. 그런 것들이 공존하면서 부딪히고 때로 반목하지만 그런 와중에 가장 합리적 의견을 도출하는 것, 그리고 그런 의견들이 국가를 이끄는 정책이 되는 게 참민주주의다. 갈수록 믿음이 희박해지고 소망이 멀어지고 사랑도 메말라진다. 정부든 국민이든 사랑의 숙주여야 한다. 사랑이 시키는 대로 정부가 움직여야 하고 이에 국민은 자유의지로 반응해야 한다. 그것이 진정한 애민이요, 애국 아닐까.

국민이 갈망하는 정부

## 왜? 인공지능정부인가!

    " 나는 언제나 혁명적 변화에 끌린다.

                    - Steve Jobs(1955~2011) - "

# 무풍행정에 부는 인공지능 열풍

# 무풍행정에 부는 인공지능 열풍

## 문제의식과 초점

초진분보(秒進分步)의 시대가 가속화되고 있다. 항상적 변화가 정상적 상태로 당연시되면서 연속성과 확실성에 기초한 가치, 신념체계와 제도의 부적응이 야기되고 있다. 사람들은 빠른 속도를 추구하고, 세속적 정보와 쾌락에 빠져간다. 이런 변화를 직시하고 Risk를 관리해야 할 때다. 더 이상 행정도 변화의 무풍지대가 아니다. 행정은 생물이다. 소용돌이 환경에서 살아 움직이려면 창조적 발산이 필요하다. 행정행위는 본질적으로 창조활동이다. 가장 창조적이어야 하건만 창조적이지 못했다. 최고인재, 행정만능이라는 자아도취에서 깨어나야 한다. 창조성 사각지대에서 벗어나려면 환경 탓 말고 여건을 돌파하는 의지와 실천이 요구된다. 평온한 바다는 결코 유능한 뱃사람을 만들 수 없다고 무사안일 행정에 위기의식과 모험정신이 스며야 한다. 풍파 없는 항해를 단조롭게 여기고 고난이 심할수록 가슴을 뛰게 하라. 고난 속에 인생의 기쁨이 있단다. 맹자는 "우환 때문에 살고 안락함 때문에 죽는다(生於憂患, 死於安樂)"고 했다. 위기에 적극 다가가고 모험에 맞서야 한다. 모든 창조성은 미지의 세계에 있다. 누구나 알 수 있는 상식과 통념의 세계에서 창조성은 존재하지 않는다. 무풍행정에 불어오는 인공지능 열풍을 에너지삼아 행정역량을 높여야 한다. 그러기 위해서 공직자여, 위험하게 살라! 안전한 우물에서 탈출하라.

## 제1절   정부에 부는 새바람: 정부와 인공지능의 운명적 만남

### 1. 불확실성시대와 정부

바야흐로 초 경쟁, 초 복잡성, 초 연결, 초 지능, 초 가속의 시대에서 공·사조직환경은 역동적이다. 세상은 빠르게 변하면서 예측하기 어려운 불안정성이 고조되고 있다. 심지어 변화하는 속도마저 변한다. 항상 일정하게 흘러가는 것이 아니라 수량에 따라 빠르게도 느리게도 흘러간다.

만물이 변하는 세상에 멈추어 있는 것은 없다. 우리가 머물고 있는 지구는 여전히 시속 1,600㎞의 속도로 자전한다. 여기에 시속 10만㎞의 속도로 공전 중이니, 멈추고 싶어도 그럴 수 없다. 하루를 돌리고, 계절을 달리는 지구의 속도 위에 흐르지 않는 건 없다. 그러니 변화를 부정하는 사람은 이 세상에 존재할 수가 없다. 심지어 큰 변화 속에 불확실성이 고조되면서 각종 예측이 완전히 빗나

Pin Ball Game

가는 '마이클 피시현상'[1] 자주 나타나 혼란을 야기한다. 이런 상황에서 통제하거나 예측할 수 없는 고약한 문제로 가득 찬 세상은 단순한 Roulette Table Game이 아니라 어디로 튈지 모르는 Pinball Machine Game처럼 복잡하게 돌아간다. 그럼에도 환경변화에 아랑곳 않는 정부는 여전히 공룡처럼 느리다.

행정을 둘러싼 환경변화에 공직자는 선택의 여지가 없는 경우가 많다. 그렇다고 변화의 소용돌이를 한여름 소낙비처럼 고스란히 맞고 서 있어야 하는가. 그건 아니다. 환경을 변화시킨다는 것은 매우 어렵다. 그래서 정부가, 공직자가 달라져야 한다. 하지만 현실은 녹록치 않다. 변화에 둔감한 행정을 풍자한 유머다. 『포도밭주인, 일꾼 그리고 관리 셋이서 달팽이 솎아내는 일을 했다. 일이 끝나고

---

1) 해당 분야의 최고 전문가들의 예측이 완전히 빗나갔을 때를 일컫는다.

얼마나 모았는지를 점검했다. 두 사람은 통하나 가득 달팽이를 모았다. 그런데 같이 일을 했던 관리는 겨우 3마리를 잡았다. 포도밭농부가 어떻게 하루 종일 겨우 3마리밖에 못 잡을 수 있냐며 놀라서 물었다. "글쎄 말입니다. 저도 모르겠어요. 제가 달팽이를 잡으려고 하면 잽싸게 도망가 버리지 뭡니까."』

느림보 행정과 달리 격심한 경쟁과 격동적 변화가 일상화된 기업 및 시장 환경에서 벤치마킹이나 모방단계는 지났다. 기업은 시장선도를 위해 창조경영을 실천하고 있다. 탁월한 명성과 확고한 입지는 영원하지 않다. 항상 위기의식을 갖고 변화흐름을 정확히 읽어야 한다. 기업뿐만 아니라 행정도  기존에 하던 대로 하거나 남의 것 베껴서는 독창성이 생기지 않는다. 모든 것을 제로베이스에서 보고 새롭고, 좀 더 경이로운 것을 찾아내는 창조성이 요구된다. 마치 〈안개바다 위의 방랑자〉처럼 폭풍우 몰아치는 악천후를 뚫고 꿋꿋하게 앞으로 나아가듯 공직자도 어떤 위험도 무릅쓰는 창조적 마음과 자세가 요구된다.

Caspar David Friedrich의 안개바다

공직자로서 어떤 자세로 서 있는가? 본질적으로 자세는 곧 관점이다. 서 있는 자세는 인생에 대한 태도를 반영한다. 어떤 상황에서도 요동치 않는 공인으로서 우아함이나 고고함이다. 철학자 Maurice Merleau−Ponty(1908~1961)가 설파했듯 서 있는 것은 중력에 위협받아 객관적 존재의 평면에서 벗어나 있는 실존이다. 실존의 벼랑 끝에서 분투하는 존재로서 이전에 없던 새로운 것, 나만의 것을 만들기 위해선 관찰을 넘어 자신을 들여다볼 필요가 있다.

자신만의 관점을 만들어야 한다. 그래서 때론 고독하고 독립적이며 주체적이어야 한다. 스스로 왕따가 되거나 독불장군이 되어 휩쓸리지 말아야 한다. 더구나 치열한 경쟁의 도가니 속에서 살아가려면 스스로 삶의 주인이 되어야 한다. 자신 힘으로 생각하고 자기를 지켜야 한다. 자기 자신을 찾고 스스로 자신의 영웅이 될 것과 함께 자기 배려를 통해 성숙한 실천으로 공동체의 변화까지를 도모해야 한다. 즉 인간적 연민과 연대로 함께 사는 사회를 만들어야 한다. Hannah Arendt 에 따르면 "사유한다는 말은 항상 비판적으로 생각한다는 뜻이고, 비판적으로 사유하는 것은 늘 적대적인 태도를 취하는 것이다." 그러니까 사유는 비판이고 행동이다. 사유하는 사람만이 자기 인생의 품격을 지키고, 누구도 존엄을 잃지 않고 사는 세상을 만들기 위해 싸운다. "혼자 고독 속에서 하는 사유는 결국 활동적인 삶으로 연결"된다. 오직 사유하는 사람만이 기존 질서에 무조건 순응하지 않고 새로운 규칙을 제시할 수 있다.

더구나 행정은 불확실성과 미래예측이 어려운 상태에서 복잡하게 얽히고설킨 문제를 풀어야 한다. 창조성이 절실한 이유다. 실제로 미래예측은 다원고차함수를 푸는 것과 같다. 인구변동, 산업구조변화, 기술발전, 정치적 변혁, 경쟁국의 움직임 등 미래를 구성하는 변수들이 무수하게 많기 때문이다. 이러한 변수의 작용에 의해 야기된 고도의 불확실성은 합리적 판단범위를

소용돌이(Turbulent)의 장

넘어선다. 정책, 조직, 인사 등 불확실성이 커지고 상승작용이 야기되는 경우, 위험성이 증가한다. 이러한 상황에서도 편안함, 자기관조, 따뜻함을 잃지 않고 국민기대와 요구에 부응하면서 행정문제가 아니라 기회로 활용하기 위해 창조적 시각과 노력이 요구된다.

창조는 무얼 새롭게 만든다는 뜻이지만, 원래 영원에서 한 조각 베어냈다는 의미에서 비롯되었다. 창조성(creativity)은 라틴어에서 창조한다(to create)와 충족한다(to full)의 합성어다. 가령 창조행정은 국민만족을 통해 기업과 사회를 충만하게 한다는 뜻이다. 국민만족을 통해 국민과 사회를 풍요롭게 하는 행정이다. 제4차 산업혁명의 길목에서 한계에 부딪힌 행정, 창조성에 물어야 한다.

흔히 한국인은 스스로 똑똑하다 자부한다. 특히, 공직사회는 똑똑한 인재들이 모인 것으로 인식한다. 그런데 똑똑함이 진정 제4차 산업혁명시대와 가치에 부응하는 혁신적 제도를 만들어내고 변화를 주도하는 현명함인지, 아니면 안정을 추구하고 기득권을 유지하기 위한 똑똑함인지 돌이켜봐야 할 때가 아닐까. 지능의 척도는 변화하는 능력이라는 Einstein의 지적을 되새겨야 할 때다. 더구나 빛의 속도로 변화하는데 행정이 뒷걸음친다면 자칫 진공상태를 만들 수 있음을 경

계해야 한다.

정부와 공직자는 언제나 새로운 것에 대해 목말라 있어야 한다. 정체성을 버리지 않되 끊임없는 혁신을 해야 한다. 그 시작은 기존의 통념을 벗어던지고 매일같이 Reset하는 것이다. 주변의 나무 잎사귀를 보면 하루하루가 다르듯 싱그럽게 빛나기도 하고 벌레 먹어 구멍이 뚫리기도 하며 때론 바스러지기도 한다. 이렇듯 매일 반복되는 날들도 비슷해 보이지만 자세히 들여다보면 날마다 다르다. 성실한 일상을 통해 일상을 새롭게 발견하고 변화해야 한다. 일상에서 일어나는 모든 일들이 정교하게 포장된 하늘의 선물로 인식해야 한다. 그리고 인내심과 용기를 가지고 하나하나 포장지를 벗겨 나갈 수 있다면, 그 안에 보물처럼 감춰진 놀라운 선물을 얻을 수 있지 않을까.

John F. Kennedy는 "삶의 가장 큰 법칙 중 하나는 변화다. 어제와 오늘만 생각하는 사람은 미래를 놓친다."고 하였다. 불확실성 시대를 맞이하여 정부는 미래를 지향해야 한다. 새로운 시대의 행정 가치를 찾아 행정현상에 구체적으로 투영해야 한다. 불확실한 행정현상에 마주하기 위해 멀리 보는 망원경, 세심하게 보는 현미경이 필요하다. 여기에 더하여 확인된 진실이 세계의 전부가 아님을 일깨워주는 만화경이 요구된다. 우연하게 빚어내는 이미지가 추동하는 엉뚱한 진실도 놓치지 말아야 한다.

## 2. 수치보다 가치가 중시되는 시대: 柔·軟·知·創의 등장

지금은 바야흐로 양에서 질로 전환되는 시대이다. 수치(數値)보다 가치(價値)가 중시되고 있다. 창조세기의 길목에선 한국의 경제, 사회는 한계상황에 처해있다. 민생은 IMF때보다 어렵다고 아우성이다. 분야별로 이슈도 많고 문제도 넘친다.

현재 직면한 많은 사회적 이슈들은 복잡하고 비선형적인 문제이기에 기술로

만 해결되지 않는다. 게다가 문제는 본질 상 꼬여있다. 얽힌 것 풀어내야 답이 나온다. 어려운 문제일수록 창조적 접근이 요구된다. 그런데 해법이 잘 안 보인다. 드러났기에 알게 됐지만 알고 싶지 않은 게 하나 있다. 정부의 민낯이다. 지식축적량이 가장 많은 조직으로 70여 년 경륜의 정부답지 않다. 지식활용 및 공유가 저조하다. 지식은 창출하는 것보다 관리하는 것이 훨씬 어렵다. 지식의 경쟁력은 그것을 만드는 것만이 아니라, 만들어 낸 지식을 어떻게 엮어내고 관리하는가에 달려있다. 만들어만 놓으면 그대로 축적이 될 것이라고 생각하면 오산이다. 평가와 관리의 후진성을 극복하지 않고서는 절대로 지식 선진국에 들지 못한다.

이제 지식관리의 질적 전환을 시도할 때다. 또한 정부는 규모, 권한, 자원 면에서 가장 크고 강하다. 게다가 홍보니 혁신이니 정부수사(修辭)에 이르기까지 유행에 민감하며 외양은 화려하다. 그런데 주어진 문제는커녕 올바른 방향조차 잡지 못해 갈팡질팡하는 정부를 보면 당혹스럽다. 곳곳마다 문제가 얽히고설키는 형국인데 정부설계자인 국회 역시 한 결같이 우왕좌왕한다. 정부능력을 시험하는 국정난제들은 왕년의 경험이나 관례, 매뉴얼로 풀 수 없다.

21세기는 창조성 시대다. 변화속도가 빨라 짧은 시간이 지나면 과거 이야기가 된다. 더구나 디지털 전환이 가속화하면서 확산되는 인공지능이 로봇은 인간감정을 온전히 이해하지 못한다. 자칫 감정이 배제된 과학적 분석이나 합리성은 공감하기 어렵다. 이러한 상황의 타개를 위해 상상력과 창조성이 한층 강조된다. 창조성 발휘를 위해 필요한 상상력은 지상의 중력을 벗어난 영역이 있기 때문에 항상 출렁거린다. 상상의 통로, 가정법을 발생시키면 가려졌던 곳까지 확장되므로 불가능했던 기발한 질문이 가능해진다.

급변하는 환경 속에서 수요자의 니즈를 파악하기 위해 기업들은 상상력으로 무장하고 있다. 상상력의 힘이 강하지만 상상력만으로 부족하다. 상상력은 미래지향적이지만 비현실적이다. 다소 역설적으로 들리지만 상상력이 창조성으로 연결되려면 실현가능성 혹은 현실성이 뒷받침되어야 한다. 지나치게 허황되거나 수요자니즈와 동떨어진 상상은 곤란하다. 수요자 감성까지 읽는 상상력이 요구된다. 실례로 미국에서 매년 출시되는 3만개의 신제품 중 70~80%가 1년 내에 실패한다. 그 이유는 치열한 경쟁 때문이 아니다. 상상력을 한껏 뽐내 새로움만을 강조할 뿐 고객에 대한 깊은 이해와 공감이 부족했기 때문이다. 이처럼 상상력은 창조력의 한쪽 날개에 불과하다. 수요자가 진정으로 원하는 게 무엇인지 파악하도록 도와주는 공감은 창조력의 다른 쪽 날개다.

혁신은 창조성의 실천이다. 사회의 모든 분야에서 창조성이 발현되어야 한다. 특정기업의 창조경영만으로 창조의 물결을 헤쳐가기 어렵다. 무엇보다 행정을 비롯하여 공공부문이 창조적이어야 한다. 창조시대에서 요구되는 정부역할은 위험회피가 아닌 위험감수(risk-taking)

창조성이란

를 장려하는 것이다. 가장 훌륭한 투자는 위험부담이 크다. 행정에서도 세계최초, 세계최고, 사상초유의 정책을 발굴하여 국민과 기업에 감동을 주어야 한다. 정부가 혁신동력을 만드는 일을 하지 않으면 기회가 없을 것 같다는 절박감이 필요하다. 생각할 수 없는 것을 생각하고 볼 수 없는 것까지 볼 수 있는 상상적 통찰력 필요하다. 뜻밖의 흥미로운 발견(Serendipity)으로 시장, 기업, 국민에게 신선한 자극과 기쁨, 영감(Inspiration)을 제공하는 정책이 필요하다. 그러기위해서는 탁견을 갈구하고 창조성을 갈망하며 영감의 원천을 찾아야 한다.

예술이란 보편적인 것들에 의미를 부여하고 되살리는 의미와 함께 다양한 방식으로 미적 작품을 형성시키는 인간의 창조활동 아닐까. 우리를 둘러싼 대중매체나 현실의 것들은 점점 인간을 단순 쾌락추구 존재로 만들면서 진정한 사람 간 소통과 건강한 정신적, 육체적 즐거움을 멀어지게 하고 있다. 예술이나 예술가들은 이러한 현상을 막을 수 있는 힘을 지녔다.

모로코 출신인 프랑스의 세계적 아트디렉터 Ramdane Touhami는 자신의 노숙자 경험이 영감의 원천이라 하였다. 일상생활, 자연이나 심지어 쓰레기, 변기통까지 영감의 원천이 된다. 쓰레기더미를 뒤지고 다니면 당연히 노숙자나 거지를 생각한다. 하지만, 실제로 쓰레기 수집인에서 노숙자, 금속 수집가, 재활용 운동가, 대안건축물 건축가, 아웃사이더 아티스트에 이르기까지 다양한 사람들이 거리의 쓰레기에 눈길을 주고 있다. 쓰레기에 대한 의미 부여도 눈여겨볼 대목이다.

이들은 대단위의 사회생태계 속에서 공식적 폐기업자나 공중위생 관련기관보다 한발 앞서 나날이 쌓여 가는 쓰레기더미를 분류하고, 도무지 가치 있는 것이라곤 없어 보이는 가운데서 새로운 가치를 찾아내는 사람들이다.

재활용품을 포함한 쓰레기는 작게 보면 한 사람, 크게 보면 한 사회의 삶의 지표다. 무엇을 먹는가가 그 사람을 말해 주듯, 무엇을 사용하고 버리는가도 그 사람과 사회를 말해 준다. 그래서 도시에 넘쳐나는 쓰레기가 사회적, 인문학적, 문화범죄학적으로 분석되기도 한다(제프 페럴·김영배, 2013). 이렇듯 대상을 넘어 어떤 마음으로 바라보는가에 달렸다. 조직이든 사회든 창조성의 계기가 되는 기발한 착상이나 자극이 넘쳐야 한다. 일상을 그저 흘려보내는 것이 아니라 예술을 통해 의식하며 산다면 인생은 얼마나 풍요로워질 수 있을까. 그런데 아무리 창조적 기업, 창조적 과학자가 많아도 창조성을 죽이는 정부와 관료가 힘을 발휘한다면 창조국가니 창조행정은 말짱 도루묵이다. 양을 뛰어넘는 질에서 창조성이 발현된다. 이러한 창조성의 바탕에서 개인, 기업, 국가도 버티어 나가는 데에는 적절한 지도(地圖)가 필요하다. 무작정 만들고, 무조건 나아가고, 무시로 부수며 나아가는 게 아니다. 즉 현재 상황과 미래의 전망을 보여주는 사업 또는 정책의 지형체계를 갖기 위해 우선 행정 가치와 발상이 전환되어야 한다.


## 3. 행정 가치와 발상의 전환

「한 하급관리가 일정기간 지난 공문을 폐기하기 위해 상관에게 결재를 올렸다. "이 문서들을 폐기해야 하겠습니다. 그러세요, 그런데 복사를 다 해놓은 후 폐기하세요."」 문서중심 형식주의, 절차주의의 폐해를 풍자한 유머. 그냥 웃어 넘길 것인가?

매일매일 같아보여도 두 번 반복되는 것이 없다는데 행정엔 늘 동일한 실수, 똑같은 실패가 반복된다는 게 변함없다. 이러한 구태를 벗고 행정이 새로워지기 위해 순간순간 정성과 노력을 쏟아야 한다. 왜냐하면 각자의 삶의 모든 중

국민이 갈망하는 인공지능정부

대한 순간들은 단 한번뿐, 다시 돌아오지 않기 때문이다. 이렇게 다시 돌아오지 못함을 완전히 알고 있어야만 인간은 인간일 수 있다. 인생은 누구에게나 단 한 번뿐이다. 당연한 말이지만, 누구라도 인생을 두 번, 세 번 살 수는 없다. 그러기에 사람은 누구나 인생을 잘 살아보려고 애쓴다. 그런데 잘 산다는 게 과연 무엇일까?

많은 사람들은 단지 세상에서 성공하고 잘 사는 것으로 생각한다. 예를 들어 보다 많은 재물을 모으고, 보다 높은 권세를 차지하고, 보다 화려한 명성을 얻는 것으로 생각한다. 물론 이런 게 나쁜 게 아니다. 다만, 그런 것들만 갖고 인생을 잘 살았다, 못 살았다고 판단할 수는 없다. 왜냐하면 그런 성공을 했다 할지라도 인생이 잘못되는 경우가 허다하기 때문이다. 그러나 어떤 경우든 속임수를 써서는 안 된다. 그런 것을 전혀 모르는 척해서도 안 된다. 현대인은 속임수를 쓴다. 그들은 다시 돌아오지 못할 중대한 순간들을 모두 교묘히 피해가려 하고, 그렇게 해서 아무것도 지불하지 않은 채 탄생의 순간에서부터 죽음까지 가려 한다(밀란 쿤데라, 1999).

### 두 번은 없다.

두 번은 없다. 지금도 그렇고 앞으로도 그럴 것이다. 그러므로 우리는 아무런 연습 없이 태어나서 아무런 훈련 없이 죽는다.~
두 번의 똑같은 밤도 없고, 두 번의 한결같은 입맞춤도 없고, 두 번의 동일한 눈빛도 없다.~
- Wislawa Szymborska(1923~2012)

하지만 생각은 다르다. 생각하되 두 번 생각하는 게 바람직하다. 사람이니까 실수할 수도 있다고 안이하게 생각하지 말고, 실수를 줄이려고 노력해야 한다. 인간의 비합리적인 행동은 예측 가능하기 때문에 의식적으로 회피할 수 있다. 두 번 생각하는 습관을 갖자. 중요한 결정을 해야 하는 상황이라면, 천천히 곰곰이 생각하는 게 바람직하다. 직관만으로 가볍게 내린 결정으로 후회할 일을 만들지 말아야 한다. 생각조차 해보지 않고 내린 결정이, 심사숙고 후 잘못 내린 결정보다 더 후회스러울 있기 때문이다. 행정경험과 직관의 전수와 함께 합리적 사유의 방식이 존중되는 행정 풍토를 만들어야 한다.

〈주역〉의 문언편에 군자는 경건함으로 내면을 직시하고 의로움으로 당당하게 외부세계와 대면한다(敬以直內 義以方外)고 했다. 실제로 위대한 예술가들, 작가들, 과학자들은 모두 다른 사람들은 인식할 수 없지만, 자신만이 뚜렷하게 들을 수 있는 내면을 직시하며 소리를 들었다. 그들은 자신에게 찾아오는 일종의 영감을 섬세하고 용감하게 수용하여 다른 사람들에게 전달하는 통로로 여겼다. 그렇다. 살다보면 자신의 내면을 들여다보는 직내(直內)가 세상을 마주하는 방외(方外)보다 힘들고 어렵다. 자기의 약점과 결점을 인정하기 위해 큰 용기가 필요하다. 진정 자신이 원하는 것이 무엇인지 확인하는 것도 두려운 일이다. 하지만 경건함으로 내면을 똑바로 바라볼 수 있어야만 세상과 당당하게 대면할 수 있다. 직내(直內)가 바로 수신(修身)의 시작이다. 스스로 부끄러운 줄 알면서 권력과 부귀를 위해 직내를 포기한 사람들의 끝을 현실 속에서 목도하였다(팡차오후이·박찬철, 2014).

악(惡)은 히틀러 같은 악인에 의해 기획되지만 그 악을 구체적으로 실행하는 사람들은 평범한 보통사람들이다. 평범한 사람들 중에서도 누구보다 성실하고 부지런한 사람들이다. 이를 Hannah Arendt(1906~1975)는 〈악의 평범성〉이라고 정의했다. "나는 우리 모두의 내면에 Eichmann이 있고, 우리 각자는 Eichmann과 같은 측면을 갖고 있다는 말을 하려던 게 절대 아니에요. 내가 하려던 말은 오히려 그 반대예요. 그 사람 행동에 심오한 의미는 하나도 없어요. 악마적인 것은 하나도 없다고요. 남들이 무슨 일을 겪는지 상상하기 꺼리는 단순한 심리만 있을 뿐이에요." "다른 사람의 처지에서 생각하지 못하는 것이 무능력이에요. 그래요. 그런 무능력." 그러니까 악은 공감 능력을 상실한 메마른 가슴에 깃든다. 남의 입장에서 생각하지 못하는 것이 악의 참모습이다. 즉 타인의 입장과 자신의 행위에 대해 생각하기를 포기한 것이 결정적 결함이다. 이처럼 생각의 무능은 이성과 보편적인 공감 능력을 마비시키고, 말하기와 행동에서의 무능을 낳는다. Eichmann

국민이 갈망하는 인공지능정부

은 나치의 명령을 충실히 수행했지만, 그 명령이 무엇을 의미하는지에 대해선 생각하지 않았다. 명령의 옳고 그름을 따져 옳지 않은 명령을 거부할 줄 아는 도덕적 능력이 없었기에, 지시를 거부감 없이 받아들였다.

폴란드 사회학자 Zygmunt Bauman(1925~2017)도 "오늘날 악은 누군가의 고통에 제대로 반응하지 못할 때, 타인에 대한 이해를 거부할 때, 말없는 윤리적 시선을 외면하는 눈길과 무감각 속에서 더 자주 모습을 드러낸다. 또한 악은 애국심이나 의무감을 지닌 첩보요원이 어느 평범한 시민의 삶을 단호하게 파괴할 때 존재할 수도 있다"고 일갈했다. 일본의 소설가 무라카미 하루키(村上春樹:1949~)는 장편소설 해변의 카프카에서 Eichmann의 사례를 들며 기계적으로 행하던 일이 타인에게 어떤 영향을 미칠지 상상해보지도 않았기 때문에 그런 끔찍한 짓을 저지를 수 있었던 것이라고 언급했다. Eichmann을 통해 애국심이니 충성이니 하는 맹목적 가치들(특히 독재정권들이 즐겨 사용하는 수사들)이 악의 자양분이라는 사실을 확인할 수 있다.

예루살렘 법정의 판결문은 이랬다. "실제로 피해자를 살해한 사람과 거리가 얼마나 떨어져 있었는지 책임 범위에 조금도 영향을 주지 않는다. 오히려 책임의 정도는 자신의 두 손으로 치명적인 살해 도구를 사용한 사람에게서 멀리 떨어져 있을수록 증가한다. 무릇 책임이라는 것은 권한의 크기에 비례해야 한다. 하지만 역대 정부에서 법적 책임은 정확하게 반비례했다. 국정원 댓글 사태는 말단 직원의 책임일 뿐이고, 세월호 구조 실패도 출동한 해경들의 잘못일 뿐이다. 메르스 같은 전염병이 터져도 가장 큰 책임을 져야 할 복지부 장관은 전혀 책임지지 않고 더 좋은 자리로 영전해 갔다. 우려되는 것은 사회가, 기업이, 교육시스템이 점점 자신들에게 Eichmann 같은 사람을 강요하고 있다는 사실이다. 조직의 논리를 맹목적으로 따르는 행위는 충성으로 포장되고 부당한 지시라도 빈틈없이 수행하는 태도는 성실성으로 포장된다.

Eichmann이 되지 않기 위해서 공직자는 스스로 끊임없이 사유해야 한다. 공직자로서 자존심을 유지해야 한다. 그러기 위해 자신에게 말을 걸어야 한다. 자신에게 말을 건다는 건 기본적으로 사유하는 것이다. 전문적인 사유가 아니라 누구나 할 수 있는 사유다. 사유한다는 말은 항상 비판적으로 생각한다는 뜻이다. 비판적 사유는 늘 적대적 태도를 취하는 것이다. 특히, 악은 반드시 처벌받아야 한다. Arendt는 악인과 가해자가 처벌받아야 하는 이유는 피해자가 감내한 고통에 대한 보상이 아니라 피해자의 명예와 품위와 관련된 것이라고 말했다. 가해자가 처벌받아야 하는 이유가 피해를 당하거나 상처를 입은 사람의 명예 및 품위와 관련된다. 피해자가 감내한 고통하고 아무런 관련이 없다. 무엇인가 올바로 세우는 것하고도 전혀 관계가 없다. 명예와 품위의 문제이다. 독일인들이 그들 가운데 살인자를 두고서도 추호도 동요하지 않으면서 계속 살아갈 수 있다고 생각한다면, 그건 유대인의 명예와 품위에 반하는 생각이다. 현재 벌어지고 있는 부끄러운 상황들을 어떻게 마무리하는지도 한국사회의 명예와 품위에 관련된 일이다. 그들에 대한 법적 처벌은 우리 사회의 명예와 품위를 세우는 일이다(한나 아렌트·윤철희, 2016; 한나 아렌트·김선욱, 2006).

창조성 없는 정부에 의한 인간적 상처들이 적지 않다. 매일 낭떠러지에 서 있는 듯 불안을 느끼며 살고 있는 사람들이 부지기수다. 한국사회에서 청년들이 느끼는 미래에 대한 두려움과 불안을 느끼는 현실이다. 대형마트 기계실에서 아르바이트를 하다가 질식해 죽고도 학자금 대출 빚을 가족에게 남겨야 했던 청년의 이야기, 쓰레기 더미에서 발견된 세 살배기 아이의 시체와 무기력한 부모 이야기 등 고통스러운 삶의 조각들이다. 아무리 성실하게 살아도 희망이 보이지 않는다면 그것은 재앙사회이다. 어디 청년뿐이겠는가. 장애인, 불법 체류자, 독거노인, 유기동물… 그리고 이 땅의 모든 평범한 사람들이 최소한의 삶을 지켜낼 수 있도록 사회의 안전모가 절실하다. 창조성이 결여된 정부가 시민들의 삶에 남기는 상처는 아마도 깊은 무기력과 윤리의 붕괴일 것이다. 그것은 다시 정부 자체를 위협하는 결과로 이어진다(문인혜, 2018).

국민이 갈망하는 인공지능정부

**인공지능 바람과 함께 사라져야 할 안전 빵**

## 1. 벗어나야 할 우물 안 행정 – 쳇바퀴 돌리는 행정관리

어느 사회나 공직사회는 안전지대로 인식된다. 독일 공무원을 풍자한 유머다. 『대체 공무원 놀이라는 것이 뭡니까? 먼저 움직이는 사람이 지는 게임이지 뭐 …』 이렇듯 공무원들의 가장 큰 문제는 안전 빵이다. 쏟아내야 할 것은 많은데 채워지는 것이 없어서 새로운 발상, 대안, 창조성이 사라지고 해왔던 것 위주로 하면서 안전 빵이 선호된다. 가령 철 밥통, 무사안일, 현실안주, 복지부동, 모난 돌 정 맞는 풍토 등이 안전 빵의 산물이다.

그런데 현실은 역설적이게도 무사안일이 위험과 위기를 야기한다. 노를 젓지 않는 사람만이 평지풍파를 일으킬 수 있다. 여론이 들끓어야만 움직이는 무사안일, 방치하면 만사 귀찮아 게으름피우는 현상인 귀차니즘으로 진화한다. 즉 사람들이 현재의 조건을 벗어나는 것을 아주 싫어한다. 하던 대로 하고 싶어 한다. 변화를 시도했다가 손해를 봤을 때의 후회가 현 상태를 유지했다가 손해를 보는 것보다 크게 느낀다.

국민안전은 안중에 없는 안전 빵 문화로서 안전 불감증이 대표적이다. 특히, 장관부터 크고 작은 자리를 지킨 공직자퇴임사를 보면 한결같이 공직기간을 대과(大過)없이 마칠 수 있게 된 것을 다행스럽고 자랑스럽게 소회한다. 하지만 부끄러워야 할 일이다. 안이하게 살고자 항상 집단, 대세, 군중 속에 머무르며 자신을 잃어버렸다는 방증이다. 이러한 무사안일은 국민입장에서 볼 때는 물론 자신에게 있어서도 시간낭비 아닐까. 인간은 시간에 살고 시간에 죽는다. 그런 시간을 얕보는 무사안일은 죄악이다. 공직자로 산다는 것은 숨을 쉰다는 것이 아니다. 무엇에 가치를 두고 어떻게 살아가느냐 아닐까. 자기 삶의 선택과 결정은 책임감을 가지는 것이다. 달리 가장 훌륭한 자원은 자기 자신이라는 것을, 그래서 시간을 낭비하는 것은 곧 자신을 낭비하는 것임을 깨달아야 한다.

공직사회의 무사안일을 국민적 풍요로 승화시킬 수 없을까? 흔히 반복되는 일상의 지루한 삶, 지루함의 대명사인 반복이 무사안일로 빠질 수 있다. 하지만 의외로 새로운 것을 낳기도 한다. 가령 오선지에선 비슷한 음이 반복될 때 리듬이 만들어지고 멜로디가 탄생한다. 스포츠에서 비슷한 동작의 반복 속에서 신기한 묘기가 나타난다. 문학에서는 대구(對句), 수미상관(首尾相關) 같은 장치의 본질은 반복이다. 규칙적이라는 말이 고루하고 무거운 느낌을 벗어난다면 반복이 주는 풍요로움은 헤아릴 수 없다. 반복을 지루함으로 인식하는 사람과 리듬으로 인식하는 사람의 삶이 같을 리 없다. 공직도 변해야 한다.

"요즘 세상은 모든 게 너무 빨라. 젊은이들은 시간의 소용돌이에 빠져들었어. 사람들은 돈과 스피드를 최고로 여기고 그걸 얻기 위해 애쓰지. 문명화된 세상은 온갖 종류의 의사소통 수단을 원하고 있지." 괴테가 1825년 친구에게 쓴 편지의 한 대목이다. 당시 산업혁명으로 인한 시대변화상을 토로한 것으로 인류시간이 점점 빨라지고 있음을 이야기했다.

오늘날은 더 빨라지는 느낌이다. 이러한 시간의 흐름 속에서 자고이래로 열심히 살든, 게으름을 피우든, 창의적으로 사고하든, 진부한 패턴을 반복하든 시간은 흘러왔다. 우리가 살고 있는 지구상에서 시간이 멈출 일은 없기 때문이다. 그렇다고 인생이 다 거기서 거기며 별거 없는 것일까. 결코 아니다. 오랜 시간의 흐름 가운데 세상에는 오직 현재만이 존재할 뿐이고, 시간의 모든 조각에 우리 모두가 고스란히 담겨 있다. 그렇기에 순간에 충실하게 사는 것, 이것이 바로 시간의 지배에서 벗어나 시간을 멈추는 방법이 아닐까. 순간에 충실해 그 순간을 영원으로 만드는 길이요, 시간을 즐기는 것이다.

오늘날 제4차 산업혁명의 시대에서 누구보다 우리 스스로가 알고 있듯 그 어느 때보다 시간에 얽매여 살고 있다. 그런데 바쁘게 움직일수록 더 바빠진다는 게 문제다. 시간을 지킬수록 고통이 따르고, 여유를 갖으려 휴가라도 가려면 더 바빠야 한다. 심지어 Bono의 노래처럼 멈춰 서기 위해 뛰어가는(running to stand still) 신세다. 그런데 공직사회는 과연 어떨까? 공직사회야 말로 번쩍이는 순간이 절실하다. 그런데 너무 안정적이다. 그래서 생명력이 약하다. 행정에서 찾아보기 어려운 번뜩임과 창조성이야말로 개인 삶, 조직 활동, 국가운영에 반드시 필요하다. 그 이유는 끊임없이 직면하게 되는 불확실성에 대처하기 위함이다.

불확실성은 회피해야 할 현상이 아니다. 순수한 창조와 자유의 비옥한 토양이다. 불확실성은 우리가 존재하는 매 순간 미지의 세계에 발을 들여놓는 것을 의미한다. 미지의 세계는 신선하고 참신하며 늘 새로운 것을 창조해내기 위해 열려 있는 모든 가능성들의 장소다. 순간의 번뜩임 때문에 무슨 일이 일어날지 모르는 불확실성으로 가득한 세상에서 희망을 갖고 살아갈 수 있다. 더구나 불확실성에 직면할 때 뇌에서 가장 활성화되는 것이 감정이다. 어찌할 줄 모르는 당혹감, 약간의 설렘, 무서움과 두려움, 잘될 거라는 믿음, 즉 불확실성이 감정을 활성화시키는 기제(mechanism)이라 할 수 있다. 가령 뉴턴은 나무에서 사과가 떨어지는 것을 보고 중력을 발견했다. 아르키메데스는 욕조에 들어가자 물이 넘치는 것을 보고 "유레카!"라고 외치며 아르키메데스의 원리를 깨우쳤다. 이처럼 번뜩임은 삶의 전 방위적 영역에서 일어난다. 소설가 무라카미 하루키는 29살 되던 해에 야구경기를 관람하던 중 2루타가 포물선을 그리며 시원하게 날아가는 것을 보고 소설을 써야겠다고 결심했다.

과학적 발견이나 발명, 예술분야의 획기적 착상, 풀리지 않는 문제를 해결하는 기발한 아이디어, 삶의 전환점을 만드는 깨달음은 모두 두뇌의 번뜩임이다. 미처 생각지도 못한 방식으로 찾아오는 순간. 그런 모멘트는 개인 일생을 결정짓고, 학문과 예술의 차원이 달라지거나 조직, 국가와 역사의 향방을 바꾸어놓는다. 공직자도 공직수행과정을 눈물과 땀으로 준비한다면 번쩍하는 순간을 결코 놓칠 리 없다. 불확실성을 의연하게 받아들이되 자신의 감정을 잘 활용하는 자세가 새로움을 추구하는 삶 아닐까. 인생을 질서 정연하게 만들려고 애쓰지 말라. 확실한 삶은 죽은 삶이다(켄 모기(모기 겐이치로)·이경덕, 2007).

행정에는 기준, 규칙, 규격이 넘쳐난다. 문서를 비롯하여 언어도 표준이 정해진 듯 행정언어는 획일적이다. 언어는 사고를 지배한다. 관존민비사고는 기울어진 권위적이며 우월적 언어에서 너무 오래 편안함을 느끼고 있기 때문 아닌지 돌아보아야 한다. 일종의 질서이며 안정이다. 그래선지 행정에 신선한 감동이나 울림이 약하다. 이런 행정에 파격이 필요하다. 파격이 의외의 놀라움을 줄 때가 많다. 가령 시에서 가끔씩 틀린 맞춤법이나 어긋난 문법이 뜻밖의 깨달음을 준다.

작가의 틀린 맞춤법은 실수나 무지가 아니라 해맑은 순수의 영롱한 울림으로 느껴진다. 물론 그렇다고 공식적인 글쓰기에서 밥 먹듯 시적 허용이나 틀린 맞춤법을 용인하자는 게 아니다. 때로는 더 창조적일 수도 있고 때로는 더 아름다울 수 있는 언어의 자유로운 흘러넘침을 지나치게 가로막지 않는 게 좋다. 문법이나 맞춤법이 중요하시만 가끔 언어의 정해진 율법을 뛰어넘는 과감한 언어의 질주, 춤추듯 자연스럽게 덩실덩실 펼쳐지는 언어가 필요하다. 어느 게 맞고 틀리다는 것이 아니라 이건 왜 맞는지? 저건 정말 틀린 것인지? 끊임없이 질문할 줄 아는 열린 마음이 요구된다. 구성진 사투리도 해학이 넘치는 시적 허용도 언제든지 남의 눈치 안 보고 자유롭게 구사하는 사람들이 넘쳐나야 한다. 한글을 사랑하는 사람들이 가혹한 언어의 재판관이 아니라 아름다운 시적 허용의 사례를 밤새도록 끝없이 읊을 수 있는 낭만과 열정이 필요하다.

이러한 낭만과 열정으로 전환되는 승화는 인간의 가장 성숙한 방어기제다. 본능적 욕구나 참기 어려운 충동에너지를 사회적으로 용납되는 형태로 전환하는 작용이다. 승화는 다른 기제와 달리 욕구를 비난하거나 반대 또는 억압하지 않고 발산을 허용한다. 윤리적이나 도덕적으로 어긋나지 않는 방법으로 충족시킨다. 즉 충동에너지가 사회적으로 유용하게 전환한다. 공격충동이 복싱으로, 성적 충동이 스포츠나 춤으로 승화되기도 한다. 고흐의 정신분열증적 정신세계는 위대한 작품으로 탄생했다. 고통을 승화시킨 프리다칼로 등 위대한 예술가, 음악가 등이 승화의 사례이다. 승화는 역동적 과정이며 변동추구 성향이 강하다.

반면에 공공부문에서는 현상유지편향(Status Quo Bias)을 드러낸다. 현상유지를 선호하는 의사결정에서 나타나는 지각적 편향이다. 즉 현재의 성립된 행동을 특별한 이득이 주어지지 않는 이상 바꾸지 않으려는 경향이다. 이러한 현상유지

국민이 갈망하는 인공지능정부

편향은 사회적, 경제적, 정치적 분야에서 관찰되고 이용되고 있다(Samuelson & Zeckhauser, 1988). 심지어 이런 경향을 빗대어 러빗 부인과 토드는 파이에 '넣을 만한' 사람들을 고르며 "공무원 어때 아주 든든해~실속 넘치는 안전 빵~정치인 뱃살 파이~도둑놈과 사기꾼을 섞은 맛"이라 노래한다. 19세기 빅토리아 시대 영국사회의 부조리를 꼬집는 장면이다.2)

　　그 동안 능률성기반 행정관리 추구되었지만 능률적이지 못했다. 능률성의 투입대비산출에서 드러났다. 투입은 지속적으로 증가하지만 산출은 그에 미치지 못했다. 아직까지 산출의 개념, 범위, 측정이 모호하고 불분명하다. 게다가 정부산출에 대한 국민체감은커녕 불만을 가중시켜왔다. 심지어 황당 사례에서 보듯 능률성을 확보하지 못했다. 비록 다른 나라 이야기지만 6년의 결근사실을 아무도 몰라 월급만 챙겼을 정도다. 오히려 능률성이란 미명 하에 비능률성이 온존하였다. 능률성이라는 행정이념이 무사안일행정의 안전판노릇을 한 셈이다.

 황당 사례: 6년 결근 아무도 몰라 ~ 월급만 챙긴 스페인 '유령 공무원'

　　스페인남서부 도시 카디스의 한 공무원이 최소 6년 이상 제대로 출근하지 않았는데도 아무에게도 발각되지 않은 채 꼬박꼬박 월급을 탄 것으로 드러났다. 1990년 공무원생활을 시작한 호아킨 가르시아(69)는 1996년 수도국으로 발령받아 폐수처리시설 감독업무를 맡았다. 2010년 근속 20년이 됐을 때, 부시장은 장기근속 기념메달 수상자명단을 확인하다가 급여대상자 명단에 있던 그의 이름을 보고 "이 사람 어디 있지? 그가 아직 있었나? 은퇴했나? 죽었나? 생각했다" 한다. 사무실에서 가르시아 맞은편 자리에 앉던 상사는 몇 년째 그를 보지 못했다고 답했고, 부시장은 가르시아에게 전화를 걸어 무엇을 하고 있는지 물었다. 부시장은 "어제 뭘 했는지, 지난달엔 뭘 했는지 물었지만 그는 대답하지 못했다"고 전했다. 최소 6년, 길게는 14년 동안 제대로 출근하지 않고도 들키지 않은 채 세전 3만7천 유로(약 5천만 원)의 연봉을 받아간 것이다. 그가 출근하지 않은 동안 수도국에서는 가르시

2) 2007년 국내 초연 뒤 9년 만에 무대에 오른 스릴러 뮤지컬 <스위니토드>(연출 에릭 셰퍼) 얘기다. 1막의 마지막 '목사는 어때요?'는 극중에서 가장 유쾌한 넘버이면서 가장 끔찍한 대사를 담고 있다.

아가 시의회에서 일하고 있다고 생각했고, 시의회는 그가 수도국에서 일하고 있다고 여겼던 것으로 드러났다. 수도국은 가르시아를 상대로 소송을 제기했고 법원은 그가 최소 6년 동안 출근하지 않았고, 2007년부터 퇴사한 2010년까지는 아무 일도 하지 않았다며, 그의 세후 연봉에 해당하는 2만 7천 유로(약 3천 680만 원)를 벌금으로 내라고 결정했다. 가르시아는 법정에서 일과 시간을 지키지는 않았지만 사무실에 출근했다며 자신의 가족이 사회주의적 정치성향을 갖고 있다는 이유로 괴롭힘을 당했고 그래서 한직으로 쫓겨났다고 주장했다. 하지만 부양가족이 있고 나이 때문에 다른 직업을 얻지 못할까봐 괴롭힘을 당한 사실을 알리는 것을 꺼렸으며, 자신의 처지를 비관해 정신과치료도 받았고 철학서를 탐독했다고 그의 지인들은 전했다. 판결 이후 그는 시장에게 탄원서를 보내 벌금을 내지 않도록 해달라고 요청한 것으로 전해졌다(연합뉴스, 2016. 2. 13).

제4차 산업혁명으로 불리는 디지털 전환이 가속화되면서 인공지능의 바람이 거세다. 그런데 유독 행정은 무풍지대다. 아직까지 기존 패러다임에서 안주하고 있기 때문 아닐까. 과거 경험하지 못한 새로운 변화들은 돌발적 위험과 불확실성으로 다가올 수밖에 없다. 새로운 이슈, 새로운 현상들은 기존 시각이나 분석방법론으로 감지하기도, 이해하기도 쉽지 않기 때문이다. 그래서 새로운 현상이 과대평가되거나 반대로 일시적 유행으로 치부해 간과되기도 한다. 그 동안 행정패러다임은 경제이론의 세계관에 기초한 관리적 시각이 지배하였다. 관리주의 맥락에서 행정은 근대정신에 뿌리를 두고, 과학과 기술에 입각한 확실성에 기초를 두었다. 관리적 관점은 경영관점으로 불리는데 기본적으로 자유주의 시장원리에 의해 기업경영의 우월성을 인정하고, 행정을 경영논리로 접근한다. 이제 피할 수 없는 인공지능 열풍에 순응하려면 창조성으로 무장해야 한다.

## 2. 가보지 않은 길 가야할 행정 – 창조적 혁신의 행정관리

그 동안 산업시대의 행정관리는 능률성(efficiency)이 근간을 이루었다. 이어 등장한 품질(quality) 행정은 능률성의 한계와 문제점을 보완하고 질적 효율성을 제고시키는 행정패러다임 전환을 가져왔다. 이후 디지털경제와 지식사회가 본격화된 90년대 후반 이후는 기존 차원을 넘어 새로운 행정기반을 요청하고 있다. 과거에는 튀는 아이디어를 내는 구성원보다 조직관행이나 규범을 준수하며 명령이나 지시사항을 잘 수행하는 구성원이 바람직한 인재로 여겨졌다. 따라서 관리방식은 구성원들을 일사분란하고 효율적으로 움직일 수 있도록 통제하고 관리할 수 있느냐에 중점을 두었다. 하지만 환경의 불확실성과 복잡성이 커지는 상황에서 기존 관리모델은 한계에 직면할 수밖에 없다. 이젠 정부도 열심을 뛰어넘어 창조력이 요구된다. 마치 예술작품과의 만남을 통해 창의적 예술가와 대면하듯 창의적 정책과 서비스를 통해 창의적 정부, 관료들이 국민과 소통해야 그 존재의 미를 인정받을 수 있다.

인공지능 전환과 함께 21세기 관리 및 혁신패러다임이 창조성중심으로 바뀌어야 한다. 이미 기업들은 새로운 제품과 서비스 창출을 위해 관료화된 조직계층의 제거에 분투 중이다. 여기에 상상력과 새로움을 가미하여 인공지능기반 창조경영을 지향하고 있다. 그 결과, 이전에는 생각하지도 못했던 기술, 제품과 서비스로 고객을 감동시키며 블루오션을 만들어내고 있다. 창조성을 갖춘 기업이 게임의 법칙을 재편하고 있다. 창조의 물결은 시대적 트렌드로서 정부도 예외일 수 없다.

최대의 서비스산업이 정부야말로 고정관념에서 벗어나 유연한 사고로 창의적 정책이나 서비스를 국민과 기업에 내놓아야 지지와 신뢰를 얻을 수 있다. 정부, 독점의 영역을 비효율이 아닌 블루오션 영역으로 만들라. 정부야말로 차별화와 저비용을 통해 경쟁 없는 새로운 시장을 창출해야 한다. 높은 가치와 낮은 비용을 동시에 얻는 비 파괴적 창출이 진짜 혁신이다. 공공비즈니스를 바라보는 프레임 자체를 바꿔 미래를 개척해야 한다. 블루오션 시프트의 시행을 위해 정확하게 현재 상태를 파악해야 한다. 왜, 정부와 공공서비스를 신뢰하지 않는지, 국민의 요구를 어떤 식으로 해결할 것인지 체계적인 분석틀과 실천이 필요하다(김위찬, 르네 마보안·안세민, 2017).

나아가 익숙한 것과의 결별을 통해 다른 삶을 사는 것, 삶을 시처럼 사는 것,

내 삶을 최고의 예술로 만드는 것, 이것이 공직자로서 자기관리의 목적이어야 한다. 급속한 기술적 진보 속에서 기술을 현명하게 통제한다면 미래는 우리가 생각하는 것보다 더 밝을 것이다. 미래를 위해 디지털 윤리에 대한 강력한 리더십이 필요하다.

## 익숙한 것과의 결별

> 하루의 삶은 작은 것이다. 그러나 모든 위대함은 작은 것으로부터 시작한다.
> 신은 세부적인 것 속에 존재하는 것이다.
> 일상의 일들이 모자이크의 조각처럼 모여 한 사람의 삶을 형상화한다.
> 그러므로 우리의 하루하루는 전체의 삶을 이루는 세부적 내용이다
> 바로 일상이 작은 개울이 되어 강처럼 흐르는 삶이 된다.
> 그러므로 오늘이 그냥 흘러가게 하지 마라.
> 내일이 태양과 함께 다시 시작하겠지만 그것은 내일을 위한 것이다.
> 오늘은 영원히 나의 곁을 떠나가게 될 것이다.
> 아쉬워하라.
> 어제와 다를 것 없이 보내 버린 어제와 같은 오늘이 어둠 속으로 사라져버리는 것을 참으로 가슴 아프게 생각하라.
>
> – 구 본 형

공직자로서 살아가는 방법은 두 가지다. 되는 대로 그냥저냥 살아가는 것, 아니면 공직인생에서 무언가를 이루기 위해 더 나은 길을 찾아 성실히 사는 것이다. 물론 후자의 삶이 자기 자신뿐만 아니라, 다른 사람들의 삶, 더 나아가 인류의 미래까지 더 나아지게 만든다. 삶이란 한 개인의 안위를 위해서가 아니라 주위로의 영역확대를 모색하는 길임을 암시한다. 이런 맥락에서 행정도 창조성패러다임에서 예외로 남을 수 없다. 가장 먼저 공직자가 바뀌어야 한다. 만인의 꿈인 Don Quixote leadership을 고위공직세계에서 보고 싶다.

만인의 꿈 - Don Quixote leadership을 보고 싶다.

이룰 수 없는 꿈을 꾸고, 이루어질 수 없는 사랑을 하고,
견딜 수 없는 고통을 견디며, 싸워 이길 수 없는 적과 싸움을 하고,
잡을 수 없는 저 하늘의 별을 잡자.

- Miguel de Cervantes

전적으로 공직자의 마음과 태도에 달렸다. 무엇보다 안전 빵에서 벗어나려는 노력이 요구된다. 공직자는 경계선 위에서 상생의 길을 찾아 헤매는 존재여야 한다. 르네상스시기의 철학자이자 문학자였던 〈수상록(Les Essais)〉의 저자 Montaigne는 프랑스왕정의 시종무관과 조세심의관, 보르도 시장을 지내는 등 현실권력에 참여했다. 하지만 근본적으로 은둔적 기질을 갖고, 공직수행 시 권력과 법으로부터 거리를 두었다. 이렇듯 공직자는 오로지 민생을 위해 애타는 마음으로 공직을 수행해야 한다.

더구나 성장의 한계를 극복하고 새로운 신화창조를 위해 창조적 대한민국(Creative Korea)은 시급한 과제다. 그런데 창조적 한국은 정부에 달렸다. 행정이 변화할 수 있는 기회다. 기회를 놓치면 행정의 존재가 위협받을 수 있다. 현실적으로 한계에 직면한 행정은 문제해결능력과 가치창출능력이 의심받고 있다. 새롭게 변화하는 문제에 낡은 원칙과 도구로 대응해 왔기 때문이다.

행정과 창조성은 긴장관계다. 기존의 공식성을 벗어나 권위를 깨트리고 원리도 부정해야 한다. 그 동안 행정을 지탱했던 법치행정의 원리도 극복되어야 한다. 지금껏 행정은 시대에 뒤떨어진 법령에 의거하였다. 모든 행정활동은 합법적으로 제정된 법률, 명령, 규칙, 조례 등에 따라야 한다. 법률적합성을 의미한다. 이에 행정은 필연적으로 성문법주의 또는 양식주의를 수반했다. 그래서 항상 법과 규정에 매여 있는 공무원들은 사업 그 자체보다 행정 절차를 밟고 문서로 남기는 데 많은 노력과 시간을 소모하였다. 의사 결정에 거치는 단계가 많다 보니 상황변화에 기민하게 대응하지 못하는 것은 물론이다. 행정에서 만연한 기획의 그레

샴의 법칙(Gresham's law)이 깨져야 한다. 악화가 양화를 구축하듯 관리자는 일반적으로 실행이 용이한 일상적 업무와 정형적 결정을 선호한다. 실행이 어렵거나 쇄신적인 기획 또는 비정형적인 결정을 등한시 내지 경시한다.

이미 예술과 기업에서 창조와 혁신은 가장 소중한 덕목이다. 흔히 영감의 뮤즈가 화살을 쏴야 창작의 불이 붙는다는 예술세계에서 예술가들은 자기만의 독창성으로 남들과 차별화에 성공하지 못하면 살아남을 수 없는 경쟁 속에서 살아간다. 그들은 규제와 울타리, 금기가 없는 곳에서 새로운 것을 창조하고, 실험하고 혁신에 도전한다. 그리고 자기가 가장 좋아하는 일을 즐기면서 창조에 몰입한다. 그들이 창조적일 수 있는 근거다. 한때 실리콘밸리의 Worst Dresser로 불리며 거의 20년 농안 그 패션을 고수했던 Steve Paul Jobs(1955~2011)는 "그저 편하고 좋아서, 크게 신경 쓸 필요가 없어서" 입었다고 한다. 회색티셔츠만 입는 Facebook의 Mark Elliot Zuckerberg는 "내 옷장에는 회색티셔츠만 20벌 있다. 사소한 결정이 에너지를 소모한다."면서 아무것도 아닌 일에 시간을 낭비하고 싶지 않다며 "공동체에 기여할 수 있는 방법을 제외하고는 최소한의 의사결정만 하고 싶다."고 답했다. Albert Einstein(1879~1955)도 동일한 양복을 입었다. 그들은 선택의 피로를 줄이고 삶을 단순하게 만들어 자신의 뇌를 창조적인 곳에 썼다.

또한 생각이 지나치거나 욕심이 과하면 길을 잃는다. 복잡하면 꼬이고, 꼬이면 헤맨다. 누구도 두 길을 동시에 걸을 수 없다. 그래서 때때로 생각의 가지치기가 필요하다. 바쁘고 복잡한 세상에서 좀 느리고 단순하게 사는 것도 지혜다. 느린 것은 좀 더 천천히 여유를 갖고 관조, 음미하는 것이다. 단순의 출발은 버림이다. 잡다한 물건, 잡다한 생각을 버려야 심플해진다. 너절하게 펼치지만 말고 가치 있는 일에 주의를 기울이고 집중하며 마음을 쏟자. 폭넓게 보고 그 가운데 핵심만을 취해 간직해야 한다. 두껍게 차곡차곡 쌓아두고 한꺼번에 쏟아내는 것이 아니라 조금씩 아껴서 꺼내 쓴다. 그래야 수용이 무한하고 응대가 자유로워진다. 가난한 집 농사짓듯 한다면 당장에 써먹기 바빠 쌓일 여유가 없다. 허둥지둥 허겁지겁 부산스럽기만 할 것이다. 그러면 창조성의 순간을 포착하기 어렵다.

미국의 작가 Henry David Thoreau(1817~1862)는 삶을 살아가면서 불필요한

국민이 갈망하는 인공지능정부

일들 때문에 낭비되고 있다고 했다. 불필요한 결정을 하는 데에 많은 에너지를 소모한다면 효율성도 높지 않을 것이다. 매일 무엇을 먹을까, 입을까 너무 신경을 쓴다면 업무효율이 감소할 것이다. 삶이 단순하고 규칙적이어서 뇌가 선택이라는 값비싼 에너지를 많이 쓸 필요가 없어질 때 뇌는 뜻밖의 일을 한다. 비슷한 것 속에서 다른 것을 찾아내는 것이다. 늘 걷는 길 위에 핀 야생화를 발견하고, 버스 안의 풍경에서 아름다운 이야기들을 채집할 수 있다. 롤러코스터 타듯 격동적 변화가 아니라 잔잔한 호수의 파문 같은 변화에 민감해질 때 우리는 세상 많은 것에 귀 기울여 응답할 수 있다.

과학이며 예술이 행정에서도 덕목이 되려면 잘못된 관행과 법칙이 깨져야 한다. 업무량 증가에 상관없이 공무원 수가 증가한다는 Parkinson's Law가 사라져야 한다. 조직 내 구성원이 무능력한 수준에 도달할 때까지 승진하는 경향이 지배적인 경우에 드러나는 조직폐쇄성과 연공서열 타성을 그대로 방치할 경우, 정부는 무능한 자들로 채워질 것이다. 또한 아직 능력의 수준에 도달하지 않은 사람들이 작업을 수행한다는 Peter's Principle도 무력해져야 한다.

행정이 상상력과 창조력으로 충만하려면 공직자 한 사람 한사람이 자신의 일을 사명으로 깨닫고 한 걸음 한 걸음 정성을 다해야 한다. 제멋대로 제 기분대로 함부로 말하거나 행동하지 말아야 한다. 눈앞의 한 걸음 바르게 내딛어야 먼 곳에 도달할 수 있다. 또 아무리 발걸음을 내딛더라고 올바른 목표를 정해서 가지 않으면 정처 없이 떠돌 것이다. 마치 눈 덮인 들판을 걸을 때 뒷사람에게 꼭 필요하고 소중한 방향을 제시하는 전례로서, 옳은 발자취를 남겨야 한다. 잘못된 발걸음들이 법칙처럼 당연시되는 그릇된 풍토가 사라져야 한다. 작고 가까운 것을 소중히 여기되 그것에만 머물지 말고 잘 축적해 크고 먼 곳까지 도달하는 행정이 필요하다. 당연한 게 당연하게 여겨지는 사회가 성숙한 사회요 올바른 정부다.

하지만 현실은 그렇지 못하다. 그 동안 과학적 관리와 연계되어 주창된 행정원리는 정부규모나 복잡성이 증대하면서 한계가 노정되었다. 전통적 행정이론의 현실 부적합성에 대한 비판은 여러 면에서 행해지게 되었다. 행정이론에서 보편적으로 수용되고 있는 몇 가지 원리로서 효율성의 원리가 바뀌어야 한다.

## 야설(野雪)

눈 덮인 들판을 걸어갈 때 어지러이 걷지 마라.
오늘 내가 남긴 발자취는 뒷사람의 이정표가 되리니

- 이 양 연

효율성을 지탱하는 경제성은 능률위주의 유래하는 데 최소한의 경비를 투입하여 최대의 효과를 거둔다는 경제원칙과 통한다. 행정효율은 집단구성원 간 작업의 전문화로 증가된다. 즉 집단구성원을 명확한 권위구조의 계층화에 따라 조정할 때 증가한다. 기존 행정원리에 대한 시장이념과 경쟁원리가 강조되면서 자극을 주었다. 시장철학의 가장 큰 장점은 사람의 생각을 녹슬지 않게 해주며 창조적인 인간으로 만들어 준다는 점이다. 사실 절차와 관습 그리고 전통이 존재하는 이유는 사람들이 심리적으로 몰입하게 만들기 위함이다. 하지만 이러한 가능성과 효용을 발휘하지 못하는 경우 파괴적 창조와 혁신에 직면하게 될 것이다.

인생이란 누구에게나 처음이다. 한 번도 안 가 본 길을 가는 것과 같다. 그러면, 어떻게 해야 원하는 목적지까지 갈 수 있을까? 다행히 세상은 구석구석에 전환점이라는 의미 있는 지표들을 숨겨놓았다. 다만 사람들이 그걸 못보고 지나쳐서 문제가 된다. 심지어 자신이 전환점에 서 있었다는 사실조차 알아채지 못한다. 설령 알아챈다 하더라도 건설적인 고민 없이 단순하게 반응할 뿐이다. 이게 다 전환점을 단지 우연히 일어난 일로만 여기기 때문이 아닐까. 그러니 자기 인생에도 마치 구경꾼처럼 행동할 수밖에 없다. 열심히 걸어가지만 결국은 방랑자일 뿐이다. 여행자는 스스로 길을 걷는다. 하지만 방랑자는 길이 대신 걸어준다. 위대한 인물이 되길 바라는 것도 그렇다고 대단한 야심가가 되기 위해서도 아닌 스스로에게 자부심을 느끼기 위해서 용기를 내어 도전하는 삶이 진정 아름답다. 공직자여, 그대들의 삶에 물결을 일으켜라(에릭 시노웨이·메릴 미도우/김명철·유지연, 2013).

## 3. 융합과 함께 사라져야 할 부처칸막이

위대한 예술가는 홀로 성장하지 않았다. 고흐는 밀레에게 영감을 얻었고, 세잔은 에밀 졸라와 교류하며 예술성을 키웠다. 콧대 높은 예술가로 알려진 피카소조차 앙리 마티스, 알베르토 자코메티 등과 예술적 교류를 나눴다. 진정 국민을 사랑하는 애민행정이란? 내 것 네 것 구분 없이 소통하는 행정이다. 국민에 이롭게 하려고 자신을 넘어서는, 애타주의에 바탕을 둔 통합행정이다. 본래 행정은 공공문제를 해결하거나 바람직한 가치를 창출하는 협력적 활동이다. 행정활동의 성과는 일하는 방식에 따라 달라진다. 그래서 일하는 방식에 영향을 미치는 기술에 대한 이해와 활용이 중요하다. 비록 과거보다 개선되고 있지만 여전히 현실은 애민행정과 괴리감을 보여준다.

국내영화, <체포 왕>의 한 장면. 경찰들이 검거실적을 놓고 치열하게, 때론 치졸하게 공방을 겨루는 모습이다. 영화말미에 특이한 장면이 나온다.

「한 남성이 자살한다며 한강대교 아치 위에 올라가 있다. 밑에선 소방대원이 측정기로 정확히 다리 중간을 재고 분필로 경계선을 표시한다. 이 광경을 용산 및 동작경찰서 형사들이 가슴 졸이며 지켜본다. 곧이어 남성의 위치와 경계선을 가늠하던 소방대원이 "용산"을 외치자 용산경찰서 팀장이 급히 아치 위로 오른다. 자살하려는 남성이 "가까이 오지 말라"고 경고하자 팀장 왈, "그래 가까이 안 갈 테니까 네가 좀 뒤로 가면 안 되겠니." 주춤주춤 뒤로 물러서는 남성을 바라보던 소방대원이 이번엔 "동작"을 외친다. 그러자 팀장은 웃으며 동작경찰서 형사들에게 "이제부턴 니들이 알아서 해"라고 소리친다.」

경찰서 간 관할구역 다툼을 묘사한 장면이다. 공직사회의 속성을 드러낸다. 오죽하면 얼음덩어리를 관리들에게 맡기면 돌고 돌아 물방울만 남을 정도로 부처이기주의가 심각하다. 명확한 구분과 한계가 정해지지 않은 모호한 상태에서 자원이나 권한을 확보하거나 생색나는 일은 내 것이라며 경계확장에 혈안이다. 하지만 귀찮고

부처간 벽 허물기

책임소재를 둘러싼 상황에서는 네 탓 공방이 치열하다. 이처럼 끊임없이 울타리를 치고 말뚝 박는 단절은 사람과 부서 간 경계를 분명히 하고, 우리 일과 남의 일 사이에 확실한 구분선을 긋고, 내가 할 수 있는 일과 내가 할 수 없는 일 사이에 명확히 울타리를 친다. 이런 구별 짓기로 세상을 이끌거나 바꿀 수 없다. 이처럼 행정의 고질로 인식된 부처이기주의는 비능률의 소모적 행정의 지름길이다. 문제는 알면서도 고쳐지지 않는다는 사실이다. 역대 정부가 바뀔 때마다 부처 간 벽허물기를 위한 노력이 강조되었지만 공염불이었다.

세월호 침몰 후 8일째, 갈수록 복잡해지는 부모마음은 아랑곳없이, 모든 게 너무 느렸다. 어딜 가나 공무원이 북적댔지만 가족이 무엇을 물을 때 바로 대답하는 사람은 거의 없었다. 다들 빼놓지 않고 하는 소리가 "저희 소관이 아니라서…"였다. 23일 오전 9시에 아이 시신을 확인한 가족이 밤 9시 30분에도 팽목 항에서 서성거렸다. 자기 새끼의 젖은 이마를 매만지며 처절하게 오열한 부모가 이후 12시간 넘도록 절차로 고문당한 것이다.

시신을 보여주는 건 복지부, '가도 좋다' 허락하는 건 검찰, DNA채취는 해경과 경찰, 채취한 DNA는 국립과학수사연구원에 보내진다. 이처럼 업무분장 그 자체는 이해할 수 있다. 하지만 누가 뭘 맡고 있는지 정확하게 아는 사람이 왜 이렇게 적은지 납득하기 어렵다. 정부가 범정부대책본부를 꾸렸지만 가족이 DNA 채취 천막에 가서 "결과가 언제 나오느냐"고 물으면 거기 앉은 직원 한 명이 "길면 일주일 걸린다." 했다. 옆에 있던 직원은 "무슨 소리…. 최대한 빨리해서 사흘 뒤에 나오는 걸로 안다"고 정정했다. 그러면서 덧붙였다. "근데 저희 소관은 아닙니다."(조선일보, 2014. 4. 24.).

정부에 존재하는 경계 또는 벽 없애기는 불가능한 일인가? 그렇다면 경계를 제대로 활용하면 어떨까? 공직자 스스로 경계인이 되는 것이다. 기회주의자가 아니라 제3의 창조적인 길을 찾고자 고뇌하는 절박한 한계인의 심경이 필요하다. 정부 내 수많은 칸막이나 벽이 생명이 움트는 틈새가 되어야 한다. 마치 이름 없는 풀꽃이나 민들레처럼. 보도블록이나 아스팔트 틈새는 생명 잉태가 도저히 불가능해 보이는 좁고 메마른 곳이다. 캄캄한 틈에 먼지가 쌓이고, 빗물이 스며들어

국민이 갈망하는 인공지능정부

씨앗이 개화하는 풍경이 펼쳐진다. 씨앗이 먼지와 빗물과 오랜 시간 합작해 아스팔트를 뚫고 꽃을 피우듯 공직사회의 틈새에도 창조성의 꽃을 피워야 한다.

### 모든 경계에는 꽃이 핀다.

모든 경계에는 꽃이 핀다. 달빛과 그림자의 경계로 서서 담장을 보았다.
집 안과 밖의 경계인 담장에 화분이 있고 꽃의 전생과 내생사이에 국화가 피었다.
저 꽃은 왜 흙의 공중 섬에 피어 있을까 … 눈물이 메말라 달빛과 그림자의 경계로 서지
못하는 날 꽃 철책이 시들고 나와 세계의 모든 경계가 무너지리라'

- 함 민 복

오늘날 소통창구인 SNS나 인터넷이 되레 불통과 극단주의를 부추기면서 음모론과 증오를 확산시키고 있다. 사람들은 보고 싶은 것만 보고, 듣고 싶은 것만 듣고, 믿고 싶은 것만 믿는다. 자기입장과 가장 잘 들어맞는 것을 검색, 선택한다. 이처럼 비슷한 사고를 가진 사람들끼리 의견을 주고받는 과정을 거치면서 사고는 극단으로 치닫는다. 이로 인해 2008년 글로벌 금융위기를 야기했다. 다수의 전문가와 시장참여자들이 경제 낙관론과 부동산 불패론을 서로 키우는 바람에 닥쳐올 위험을 제대로 감지하지 못했다. 집단 극단화를 막는 가장 확실한 방법은 이종교배 조직을 통해 내 다양한 의견을 가진 사람들이 견제와 균형을 이루는 것이다(캐스 R. 선스타인 지음; 이정인 옮김, 2011).

영국의 과학자이자 소설가 C.P. Snow는 과학자는 셰익스피어를 모르고 인문학자는 열역학법칙에 무지한 현실, 즉 과학과 인문학이라는 두 문화의 소통부재가 복잡한 세상사의 해에 가장 큰 걸림돌이라고 지적했다. 제4차 산업혁명시대에서 어떤 영역도 독야청청할 수는 없다. 예전에도 그랬지만 낯선 분야와의 대화와 소통은 거부할 수 없는 정언명령이다. 특히, 정책현장은 이문화가 만나고 융해하는 현장이어야 한다. 한류와 난류의 교차해역에 영양분과 어종이 풍부하고 다양하다. 이처럼 두 문화가 맞닿은 경계지대가 제3의 문화다.

인문학과 과학의 양극현상은 모두에게 손해다. 지적 손실이며 창조성의 말살을 야기한다. 정부에 두터운 칸막이와 벽이 제거되어야 한다. 효율과 생산성에만 중점을 두는 공간구조와 배치도 결코 현명하지 않다. 열린 듯 닫힌 혹은 닫힌 듯 열린 공간이어야 한다. 물리적 공간이 트인다 해도 마음의 칸막이가 걷히지 않으면 소통은 여전히 어렵다.

물리적이든 심리적이든 정부 내 벽 없애기는 결코 불가능한 미션이 아니다. 물리적 장벽은 이미 구축된 정보통신기술을 제대로 활용하면 된다. 세계적 수준의 전자정부기반을 활용하면 어렵지 않고 웹 기술의 진화에 따라 그 가능성이 높아지고 있다.

디지털 플랫폼 정부의 구현을 위해 현재 부처(기관)별로 제각각 운영 중인 사이트부터 하나로 합치고 소프트웨어 장벽도 허물어야 한다. 개인이든 기업이든 업무처리를 위해 여러 관공서를 다니느라 속 터지는 일이 없도록 One Click 행정 시스템으로 정비해야 한다.

정보통신기술을 이용한 다양한 서비스의 확산은 긍정적 변화를 가져왔다. 가령 통신 및 방송의 융합은 새로운 서비스의 창출뿐만 아니라 경제발전의 기회를 제공하고 있다. 디지털기술의 발전으로 기술과 영역 간 상호 융합되어, 사용자들은 새로운 서비스를 경험하게 되고, 사업자들은 새로운 비즈니스 모델의 가능성을 넓히고 있다. 융합현상이 새로운 패러다임으로 자리잡아가고 있다. 이처럼 정보통신기술과 물적 기반의 토대에서 구축된 공공적 공간으로서 전자정부는 인공지능정부를 지향하면서 창조성과 상상력의 플랫폼으로 작동해야 한다.

하지만 경계해야 할 것이 있다. 미래사회를 다룬 소설이나 영화를 보면 과학과 문명의 발전에 따른 순기능보다는 역기능에 대한 비판과 우려의 시선이 강렬했다. George Orwell의 〈1984〉와 Aldous Leonard Huxley의 〈멋진 신세계〉도 마찬가지다. Dystopia 소설은 공통점이 있다. 국가권력이 감시와 통제를 진행하고, 개인의 사유와 비판의식을 교묘한 장치로 억압하는 것이다. 허구로만 치부하기 어려운 것이 문화예술계 블랙리스트가 우리에게도 작동하지 않았던가.

모든 것은 상호 연관되어 있다. 20세기 후반 이래 과학기술에서 가장 빈번히

국민이 갈망하는 인공지능정부

등장하는 화두인 융합도 모든 것이 모든 것에 상호 연결되어 있다는 전제에서 시작한다. 진정한 융합이란 무엇일까. 마치 비빔밥 같은 것 아닐까. 저마다 다른 특색을 갖고 있지만 흔히 비빔밥이라고 하면 고추장과 참기름, 온갖 고명과 나물, 그리고 상추나 새싹 채소 같은 푸성귀들이 올라간 것을 먼저 떠올린다. 한데 비벼지고 섞이는 것의 즐거움. 비빔밥은 함께 일하고 살아가는 인간의 삶을 다시 생각하게 한다. 여기서 "비빈다는 말은 으깬다는 것이 아니다. 비빌 때에는 누르거나 짓이겨서는 안 된다. 밥알의 형태가 으스러지지 않도록 살살 들어주듯이 달래야 한다. 어느 하나 다치지 않게 슬슬 들어 올려 떠받들어야 한다."

융합도 이런 것이다(조선일보, 2018년 6월 2일자). 이른바 다 학제(multidisciplinary), 학제 간(interdisciplinary), 초 학제(transdisciplinary) 등 융합의 정도와 범위에 대한 다양한 해석이 존재하나 학문적 경계를 뛰어넘는 연구자들의 융합은 새로운 지식의 지평을 넓히고 경험하지 못한 새로운 기술을 가능케 하는 원동력이다. 그래서 정부와 공공장소에서 보내는 시간을 마치 상상력의 풀밭처럼 느껴지게 할 순 없을까. 그렇지 않으면 마음은 척박해지며 아둔해지고 길들여진다. 빤하게 길들여지지 않은 공공영역과 장소로서 자유공간 확보를 위해 무엇보다도 그 공간을 거닐 자유 시간을 확보하기 위해 관료주의와의 투쟁이 수반되어야 한다(리베카 솔닛·김정아, 2017).

<br>

## 제3절 | 창조성 사각지대에 갇힌 정부, 관료주의 껍데기는 가라!

### 1. 창조성, 유행 아닌 운명

정부와 창조성의 만남은 운명이다. 도망치지 말고 맞서야 하는 상대임을 명심해야 한다. 공직자는 자신뿐만 아니라 국민에게 충실해야 한다. 자고이래로 창조성은 삶의 원천이다. 인간생활은 창조성의 명백한 표상들에 둘러싸여 있다. 예술, 문학, 과학, 건축, 대중문화 등의 모든 분야에서 창조성은 다른 요소보다도 가장 많은 영향력과 강력한 힘을 발휘하였다. 역사학자 Toynbee가 창조성은 사회번영을 위한 핵심요소라고 주장했듯 인간 활동과 사고의 중심이 되는 창조성은 인류역사에 걸쳐 이루어진 모든 혁신과 변화의 추동력이다. 하지만 단순함에서 고도의 복잡성에 이르기까지 수많은 설명에도 불구하고 오랫동안 정확한 정의나 과학적 연구에서 벗어나 있다.

## 명심하라

운명을 거역해서는 안 되지만, 도망쳐서도 안 된다
그대가 운명을 마주하고 나아간다면 운명도 그대를 다정하게 끌어 줄 것이다
멀리 저 밖으로 나가기를 원하면서 그대 민첩한 비상을 준비하고 있구나.
자신에게 충실하라. 또 남들에게 충실하라. 그러면 이 협소한 곳도 충분히 넓다.
인생을 진지하게 생각하지 않는 자 결코 성취하지 못하며
자기 자신에게 명령하지 않는 자 언제까지나 노예일 뿐이다
모든 큰 노력에 끈기를 더하라!

- Johann Wolfgang von Goethe

창조성은 전통적으로 예술과 문학과 밀접했다. 20세기 초반에 이르러 과학이 창조적 활동으로 간주되기에 이르렀다. 특히, 1950년 당시 미국심리학회 회장이었던 Guilford가 창조성에 대한 본질 탐구 및 창조적 교육향상을 주창한 이래 비로소 체계적 연구가 이루어지기 시작했다. 창조성에 대한 연구는 심리학, 교육뿐만 아니라 경영학에서 많은 연구가 이루어졌다. 또한 문학, 예술과 대조적으로 과학적 아이디어는 독창성과 적절성을 필요로 한다. 즉 과학에서 창조성은 새로운 아이디어 창출뿐만 아니라 객관적 진리의 타당한 표상을 생산하는 것이다.

실상 과학 및 예술영역에서 창조성 발현사례가 다양하지만 일반화가 어렵다. 창의력에 대해서 많은 학자들이 정의해왔으나 공통된 관점을 찾지 못하고 있다.

국민이 갈망하는 인공지능정부

창의력이란 사전적 의미로 새로운 생각을 해내는 힘으로 정의할 수 있다.

일반적으로 창의력, 창의성, 창조성은 서로 호환되어 사용되어지고 있다. 이 가운데 성공적 조직혁신을 위해 필요한 요소가 바로 창의성(Creativity)이다. 즉 새롭고 유용한 아이디어를 창출하는 능력 또는 과정으로서 기존 상품이나 경쟁사제품과 차별화할 수 있는 새로운 아이디어를 창출하는 창의성이 없으면 혁신은 성공할 수 없다. 창조성의 핵심요소로 전문성, 동기부여, 창조적 사고기술이 강조된다(신건권, 2015).

창의성이란 새롭고 유용한 산물을 생성해 낼 수 있는 인간의 능력이고 이러한 능력은 인지, 정의, 동기와 같은 다양한 속성으로 구성되며 그 사회와 문화에서 잘 키워주어야만 결실을 맺을 수 있다(최인수, 2011). Amabile(1983)은 모든 혁신은 새로운 아이디어를 찾는 창의성에서 시작된다며, 혁신의 출발점이 창의성임을 강조하였다.

창의성은 주로 확산적 사고의 요소를 포함하는 지적 능력의 일부분(Guilford, 1950, 1967)으로 인성적 특성(MacKinnon, 1962)을 지닌 문제해결능력의 한 형태로 인식된다(Newell, Shaw & Simon, 1962). 이러한 바탕에서 창의성은 새롭고(novel) 적절한 (appropriate) 산출물을 생성해내는 능력이라는 데 공감대가 확산되어 왔다(Lubart, 1994; Barron, 1988; Jackson & Messick, 1967; MacKinnon, 1962; Ochse, 1990). 여기서 새로운 것은 오래 전부터 많은 사람들에 의해 인식되었으며 확산적 사고가 주요 요인으로 간주되어 왔다. 그러나 적절성은 개인적 수준을 넘어 사회적으로 창의성을 인정받기 위해 전문분야에서 사회적 합의의 필요성이 제기된 이후 강조되었다(Amabile, 1983; Csikzentmihalyi, 1988).

이러한 관점에서 자아 실현하는 사람에게 기대되는 특성으로 이해된다(Maslow, 1971). 전문분야에서 창조성을 인정받기 위해 그 분야에서 이미 이루어져왔던 것을 터득해야 한다. 즉 주어진 영역의 문제 상황에의 적합성이 창의성의 중요한 관건이 된다. 물론 문제 상황에 적절한 산물, 혹은 해결책을 찾아내기 위해 그 분야에 관한 전문지식과, 일반적 사고력으로서 수렴적·논리적·비판적 사고가 필요하다.

창조성의 시각 및 관점에 대한 논의는 다양하다. 첫째, 인간적 측면에서 개인 수준에 초점을 둔 창조성 연구가 지배적이다. 사람의 기술, 특질, 능력과 동기부여 등이 창조적 기질을 만드는 요인으로 이해한다. 둘째, 과정적 측면이다. 개인이나 집단이 창조적 목표달성을 위한 정신적 활동으로 이해한다. 셋째, 환경적 측면에서 창조적 사고를 촉진하거나 저해하는 개인의 신체적 및 심리적 환경에 초점을 둔다. 화학반응처럼 세 가지 측면의 적당한 질적 수준들이 변화를 야기하는 것으로 이해한다.

지금까지 창조성 연구는 개인적 인지과정에 초점을 두었다. 심리측정과 인지적 접근에 의한 인지과정과 개인-환경 간 상호작용의 이해에 기여하였다. 이처럼 창조성 개념의 역동성과 복잡성에도 불구하고 개인적 수준의 창조성의 한계는 사회 및 환경의 맥락으로부터 고립되었다. 그리고 경험이나 지식, 사회-문화적 맥락의 변화를 충분히 반영하지 못했다. 따라서 단일의 관점보다 학제적 접근이 요구된다.

또한 이론적 접근가운데 첫째, 진화적 접근은 사회과정의 변이와 선택적 보존(유지)에 의해 창조성이 측정될 수 있다고 본다. 둘째, 초학제적 접근에서 창조성은 심리적 현상에 국한되지 않으며 상이한 문화적 패러다임과 다른 분야의 과학이 고려될 필요가 있다고 이해한다. 셋째, 사회-시스템적 접근은 사회적 맥락에서 창조성을 정의하되 개인적 견해를 배제하지 않고 커다란 사회시스템으로서 사회적 연결망, 문제영역에서 존재하는 것으로 접근한다. 넷째, 사회네트워크 접근은 창조성의 대인간 관계의 네트워크 내에서 창조적 개인이 대체될 수 있다고 주장한다.

창조성 연구는 근본적으로 인성(personality), 평가 및 측정, 그리고 행태관련 경험 등 세 가지 영역에 뿌리를 두고 있다. 이 가운데 창조성 측정이 가장 곤란한 도전적 과업이다. 그럼에도 불구하고 Torrance는 지능지수처럼 분기적 사고와 문제해결에 바탕을 둔 창조성지수를 개발했다. 이러한 연구결과는 높은 지능이 창조성과 자동적으로 연결되지 않음을 보여주었다. 비록 지능지수가 필요조건처럼 보였지만 창조적 아이디어를 낳는 데 충분치 않다. 창조성은 지능과 노력, 숙련의 결합능력에 의존하는 것으로 나타났다. 행정은 문제해결과 공적 가치의 창출활동이다. 행정환경의 불확실성이 커지면서 혁신요구가 거세다. 하지만 아직까지 행정규범, 의사결정체계, 조직 등은 혁신요구에 적절히 대응하지 못하는 게 현실이다.

## 2. 창조성과 행정, 그리고 관료제

맘에 쏙 드는 사람이 있다. 어떻게 해야 그 사람이 날 사랑하게 만들 수 있을까? 제아무리 열심히 계획을 짜더라도 정답은 알 수 없다. 설령 사랑이 이뤄졌다 해도 잘 짜인 계획 때문은 아닐 터. 상대방이 발신하는 각종 시그널을 그때그때 잘 수신하고, 민첩하고 적절하게 감응했기에 사랑에 성공했을 것이다. 소용돌이 상황에서 정부가 민심에 꽂히려면 예측이나 계획을 잘하는 것 못지않게 사랑할 때처럼 민감하게 반응하며 움직여야 하지 않을까.

행정이 창조성과의 만남은 외롭고도 괴로운 일이다. 때론 예민한 사람처럼 홀로 외로움을 선택해야 하고, 때론 관계에서 부딪히는 괴로움을 견뎌야 한다. 그래야 창조성을 제대로 만날 수 있다. 마치 No work, No pay이듯 창조성은 No Pain No Creativity가 적용된다. 공공문제 해결과 공적 가치창출에 창조적 행정이야말로 디지털 전환에 부응하는 정부 모습이다. 디지털 전환이 가속화되면서 창조성 무풍지대인 행정사막에 인공지능의 열풍이 한층 거세질 것이다. 아니 천둥과 소용돌이가 몰아쳐야 한다. 인공지능은 무능, 부패, 불공정, 비능률의 늪에서 건져줄 솔루션으로서 가능성이 커질 것이다.

인공지능에 의한 대체를 두려워할게 아니라 인공지능을 활용하여 창조성을 어떻게 발휘할지 고민해야 한다. 제 아무리 인공지능기술이 발달하더라도 인간의 창조성은 범접할 수 없다. 행정이 어떻게 창조성을 만나야할까? 행정의 근간인 관료제의 문제를 Weber는 쇠창살(iron cage)이라 불렀다. 하지만 예술가들은 쇠창살처럼 갇힌 공간에서 심오한 사유와 질문, 작고 사소한 것들에 대해 깊이 있게 성찰한다. 마치 무심하게 보이는 대추 한 알에서 심오한 것을 끄집어내듯. 공직자도 시인처럼 사유해야 한다. 시인은 작은 열매 하나에서 자연의 섭리를 보고 우주 법칙을 건져 올린다. 보이지 않는 것까지 볼 줄 아는 예리한 관찰, 사랑에서 비롯되는게 아닐까. 사랑은 관심, 관찰, 이해, 포용으로 발전한다. 대추 한 알에 대한 사랑이 삼라만상에 대한 사랑이 된다. 행정현상에 존재하는 것, 무심한 것조차도 눈길을 돌려야 한다. 모든 결실에는 아픔이 스며있다. 잘 익은 대추의 몸속에도 숱한 상처와 흉터가 새겨져 있다. 대추 한 알이 그럴진대 민초들의 삶에 아로새겨진 태풍과 천둥, 벼락같은 순간들도 깨달아야 한다. 또한 민생 속에 얼마나 많은 무서리와 땡볕, 초승달의 나날이 녹아 있는지 공직자들도 헤아릴 수 있어야 한다. 그래야 둥굴어진 정책이 민심을 녹일 수 있다. 제 아무리 인공지능이 발달하더라도 대추 한 알에 담겨있는 의미에 대해 인공지능은 인간처럼 사유할 수 없다.

## 대 추 한 알

> 저게 저절로 붉어질 리는 없다.
> 저 안에 태풍 몇 개, 저 안에 천둥 몇 개, 저 안에 벼락 몇 개
> 저게 저 혼자 둥글어질 리는 없다
> 저 안에 무서리 내리는 몇 밤, 저 안에 땡볕 두어 달, 저 안에 초승달 몇 날
>
> - 장 석 주

사람이 제도에 공간, 탁상에 갇혀있어도 정신은 자유로울 수 있다. 이는 전적으로 어떻게 생각하고 마음먹느냐에 따라 달라진다. 심지어 감옥에서 사색한 죄수는 수인(囚人)이 아닌 주인(主人)으로 살 수 있다(신영복, 1998). 많은 사람들에게 영감과 감동을 준 〈Don Quixote〉, 〈Robinson Crusoe〉, 〈史記〉, 〈世界歷史〉〈야생초편지〉 등 모든 작품이 쇠창살감옥에서 탄생했다.

한국행정의 유산, 다산 정약용은 기약 없는 유배지에서 저술에 몰입하여 결실을 맺었다. 나라의 개혁방안을 집대성한 〈경세유표(經世遺表)〉, 재판부터 법의학

까지 형법을 망라한 〈흠흠신서(欽欽新書)〉 등 기념비적 저서들을 쏟아냈다. 하지만 현대사회의 행정에선 도구적 합리성이 가치나 윤리, 초월성을 압도하면서 기계적 계산과 영혼 없는 통제 및 관리가 지배하고 있다. 가끔 관료는 상상초월의 방안을 찾아냄으로써 '영혼 없음'이 합리성의 벽을 뚫고 비합리성의 경지를 열만큼 강력함을 보여준다.

　　관료의 기계적 합리성을 우려했던 Weber도 한국 관료에게 깊은 인상을 받았으리라. 생각해보면 그리 이상한 게 아니다. 관료의 합리성은 곧 자기이익이다. 역사가 실증하듯 권력층에 무조건 복종함으로써 자기이익을 지킨다. 안타깝게도 Weber의 우려 섞인 예측이 한국에서 현실이다. 행정현장에서 지나친 규칙준수나 비정의(非情誼), 몰인격적 정부조직에 만연한 의미 없는 허식, 위장, 형식들이 관료제 껍데기(허울)들이다. 쇠붙이 같은 각질, 관료주의 껍데기는 결코 민초의 삶에 다가갈 수 없다.

### 껍데기는 가라.

> 껍데기는 가라, 사월도 알맹이만 남고 껍데기는 가라.
> 껍데기는 가라, 동학년(東學年) 곰 나루의, 그 아우성만 남고 껍데기는 가라.
> 그리하여, 다시 껍데기는 가라
> 이곳에선, 두 가슴과 그곳까지 내 논 아사달 아사녀가 중립의 초례청 앞에 서서
> 부끄럼 빛내며 맞절할지니 껍데기는 가라
> 한라에서 백두까지 향그러운 흙 가슴만 남고 그, 모오든 쇠붙이는 가라.
> 　　　　　　　　　　　　　　　　　　　　　　　　　　　　- 신 동 엽

　　민초의 삶은 어떤가? 들풀을 보면 바람이 불 때마다 풀잎은 이쪽에서 살짝 걸치면 저쪽에서 툭 쳐내는 식으로 다툰다. 튕긴 풀잎은 잽싸게 뒤로 물러났다 어느새 또 걸치고 든다. 다투는 풀잎소리는 바람 소리에 묻어 저만치 밀려간다. 잎 끝이 매섭지 않아 장난처럼 보이지만 풀잎들 사이의 다툼은 엄연한 전쟁이다. 뿌리 내린 영역을 굳건히 지키는 일이다. 한창 물오르는 5월, 기 싸움에서 밀리면

가을까지 그늘에서 버텨야 한다. 이처럼 절실한 민초의 삶이나 민생을 행복하게도, 풍요롭게도 할 수 없다면 관료주의는 그 자체가 해악이다. 허위와 겉치레를 걷어내고 순수한 마음과 순결한 사랑(알맹이)만 남겨야 한다. 규칙과 관행의 쇠사슬을 가치사슬로 바꾸려면 통렬한 전환이 요구된다.

행여 삶의 남루에 오염될까 봐 자신을 정책의 세계에 유배된 채 살아가는 천진난만이 필요하다. 끊임없는 자기성찰을 위해 자발적 은둔으로 스스로 유배시키고 사색과 성찰에 갇혀보는 게 어떨지. 동시에 오만, 편협, 타성, 무지의 감방에서 벗어나야 한다. 자신이 법률, 규정, 정책의 해석자를 넘어 국민 삶의 해석자가 되어야 한다.

행정에 필요한 가지, 그리고 행정이 추구해야 할 가치는 다름 아닌 사유다. 자유는 인간에 대한 존중과 사랑의 바탕에서 비롯된다. John Stuart Mill(1806~1873)은 양심, 종교, 언론·출판·집회·결사, 학문, 예술의 자유가 반드시 확보돼야 한다고 했다. 그래야 개인이 정치권력으로부터 자유로워질 수 있음을 역설했다. 자유를 위협하는 가장 큰 적(敵)으로 군주와 독재자다.

개인들이 만인의 만인에 대한 투쟁을 피하기 위해 국가를 만들었지만, 오히려 통치자에 의해 억압받는 존재로 전락했다. 개인의 정치적 성향을 통제하는 정치적 압제는 가혹하다. 압제를 극복할 수 있는 힘은 자유를 지키려는 개인의 각성에서 나온다. 각자 자신의 신체와 정신의 주관자가 되어야 한다.

자유를 지키려는 힘이 모아지면 부당한 정치세력으로부터 자유로워질 수 있다. 자유는 침해받아서는 안 되는 자연권이다. 자유가 제한받아야 하는 경우는 오로지 타인의 자유를 방해할 때뿐이다. 또한 얽매이지 않는 자유로움은 눈을 감고 현실을 외면하는 것이 아니다. 이러한 경우 잠시 편할 수는 있다. 하지만, 결국 자기중심적인 착각과 현실 간의 괴리를 견딜 수 없게 된다. 자유로움은 고정관념을 버린 개인적인 동시에 객관적인 사유라고 말한다. 늘 자신에 대해 회의하고 새로운 대안의 도출을 위해 고군분투한다.

만일 자유를 존중하는 자연스러운 질서가 깨지면 혼란이 야기된다. 주객이 전도되거나 목표와 수단이 도치되는 부자유스러운 현상이 발생한다. 가령 기업주

국민이 갈망하는 인공지능정부

가 직원의 인격을 무시하거나 웨이터가 배고픈 이들을 함부로 대하거나 승무원이 승객들에게 고압적이 된다. 교수가 학생 고충을 무시하며 의사가 환자의 아픔을 잊고 평론가는 작품을 자의적으로 재단한다. 정부가 사회적 약자를 무시하고 공직자가 공익을 빙자해 공권력을 소유하고 부리려는 일그러진 모습들, 직원은 사장 집 삽질, 학생은 교수 성추행 피해, 교사는 교장 심기경호 등 곳곳에서 약자들의 목소리마다 절절했고 사연마다 구구했다. 이 모든 게 혼란 속에서 벌어지는 일이다. 이건 분명 잘못된 관계이다. 이러한 혼란이 또 다른 질서가 돼서는 안 된다. 평등하게, 서로를 존중하고 신뢰하면서, 같이 참여하고 책임을 나누는 것이다. 서로 돌보고 돌봄을 받는 공동체를 만들어 함께 공유하고 협력하면서 의사결정 과정에 같이 참여하는 것이다.

자유의 핵심원리는 다양성이다. 개성을 파괴하는 것은, 그것이 어떤 이름으로 불려도, 본질은 폭정이다. 개성을 발전시키려면 자유와 생활양식의 다양성이 필요하다. 그 두 가지가 적절히 결합할 때 역사 발전의 원동력인 독창성이 발현된다. 오늘날 국가권력은 평등, 복지, 경제 활성화 등의 명목을 내걸고 더욱 비대해지고 있다. 반면 개인은 점점 자율성을 잃어가고 있다. 정부가 다수의 뜻을 좇아 개인의 삶을 정형화·획일화하기 때문이다. 국가가 다수의 이름으로 국민을 온순한 꼭두각시로 만들고 있지는 않은지(존 스튜어트 밀·서병훈, 2017) 뒤돌아 봐야 한다.

심지어 국가권력이 그들의 지배권 강화를 위해 결탁하여 정의를 훼손한다면 재앙이 초래될 것이다. 마치 권력과 돈, 명예를 다 쥐겠다는 과욕과 다를 바 없다. 일찍이 프랑스의 사상가 몽테스키외(1689~1755)가 「법의 정신(1748)」에서 역설했듯 만약 사법권이 입법권과 결합하면 시민의 생명과 자유가 권력에 의해 침해될 것이며 행정권과 결합하면 재판관은 압제자의 힘을 가질 것이다. 같은 사람이나 집단이 세 가지 권력을 모두 행사한다면 모든 것을 잃게 된다.

사회의 단편적이며 지엽적인 문제들은 정책의 촘촘한 의미망에 걸러지지 않는다. 주류의 시각으로 보자면, 자투리 중 자투리, 부스러기 중 부스러기들이다. 그럼에도 불구하고 아무리 용을 써도 분석할 수도 이해할 수도 없는 것을 모아 언어화해야 한다. 분석할 수 없다 해서 의미가 없는 게 아니다. 오히려 주류의 시선으로 분류될 수 없고, 이론의 칼로 나눌 수 없을 뿐이지 그 자체로 완결된 의미를 지닌 빛나는 존재들이다. 가령 나무의 나이테에 햇빛과 바람과 비, 나무가 견뎌온 그 모든 광대무변이 담겨 있듯 한 사람의 생 속에서는 그 사람이 견뎌온 서사가 담겨 있다.

기쁘고 슬프며 아프고 외로운 서사에 가만히 귀 기울이면 울림이 있다. 어떤 사람이든 다양한 서사를 내면에 담고 있다. 그 평범함, 보통다움, 아무 것도 아님과 접촉하는 것만으로도 가슴이 마구 쥐어뜯기는 것 같다. 선입견으로 재단하지 않고, 자기 목소리를 내기 위해 이야기를 끊지 않고, 묵묵히 한 사람의 이야기를 들어주는 게 쉬운 일이 아니다. 사람의 이야기를 온전하게 들어주는 것은 그 사람의 상처를 치유하는 일이다. 이야기는 살아 있기 때문에 베이면 피가 나온다. 그런 이야기를 받아들인 사람은 이미 타인이 아니다. 남의 이야기를 듣는다는 것은 어떤 인생 속으로 들어간다는 뜻이다.

공직자들은 저마다 다양한 삶의 가치를 교육 받았지만 실제로 다양성을 쉽게 인정하지 않는다. 자신도 모르는 사이에 드러나는 편견은 다른 사람에게 상처가 된다. 인류의 역사는 도미노처럼 벽을 하나씩 무너뜨려오는 과정이었다. 하지만 벽 안쪽 사람들이 스스로 벽을 무너뜨린 적은 한 번도 없었다. 벽 바깥사람들이 벽을 두드리기 시작하고 벽 안쪽 사람들 중 그 울림에 호응하는 사람들이 늘어나고, 그렇게 벽은 양쪽의 힘에 의해 무너졌다. 그런데 이런 역사의 흐름이 뒤집어지고 있다. 점점 더 편협해지고, 옹졸해져가고 있고, 공직사회에서는 점점 관용성과 다양성이 사라져가고 있다. 다름을 인정하지 않고 실패를 참아주지 않는다(기시 마사히코·김경원, 2016).

제4차 산업혁명의 진전에 따라 펼쳐지게 될 신세계, 과연 멋진 세계일까? 어떤 정부냐에 따라 인간 삶의 자유와 억압이 결정된다. Aldous Leonard Huxley (1894~1963)의 《멋진 신세계(Brave New world)》는 국가권력이 시민들의 정신을 완벽하게 장악하고, 극도로 발전한 과학기술 문명을 통제하는 계급사회를 그렸다. 작품 속 배경은 Ford기원 632년(서기 2496년)의 영국이다. Ford기원을 채택한 것은 Ford의 컨베이어 시스템이 서구경제를 가장 혁명적으로 변화시켰다고 봤기 때문이다. 신세계에선 모든 것이 포드주의에 따라 자동 생산된다.

소설 속의 세계는 하나의 통일된 정부 통제 하에 있으며 모든 것이 Fordism
에 따라 자동 생산된다. Mustapha Mond총통이 세계를 정복해 독재국가로 만들
었다. 공유, 안정이 이곳의 표어다. 인간을 독재자 의도대로 대량생산할 뿐만 아
니라 품질을 조절하며 신세계로 받아들인다. 심리적 안정과 행복문제까지 정부가
관리한다. 영화 〈아일랜드〉와 〈매트릭스〉처럼 아이들은 모두 인공수정으로 태어
나 유리병 속에서 보육되며 부모도 알지 못한다. 그리고 지능의 우열만으로 장래
가 결정된다. 과학적 장치에 의하여 개인은 할당된 역할을 자동적으로 수행하도
록 규정되고, 고민이나 불안은 정제(錠劑)로 된 신경안정제(Soma)로 해소된다. 정
열과 불안정이 문명의 최후를 의미한다고 여기는 신세계 문명인들은 한 달에 한
번씩 아드레날린으로 몸을 씻어낸 뒤 흥분대처 요법을 받는다. 이 때문에 사회는
안정적이다. 갈등이 없다. 가정을 꾸려 임신과 출산이 없다. 종교와 문학은 감성
을 유발한다는 이유로 사회 악으로 여긴다. 셰익스피어와 같은 말은 금기어다. 개
인의 자유는 경멸받는다. "신세계에선 누구도 불행하지 않다. 굶주림과 실업, 가
난이란 존재하지 않는다. 질병도, 전쟁도 없고 누구도 고독하거나 절망을 느끼지
않으며 불안해하지도 않는다. 아아, 얼마나 신기한가. 이런 사람들이 모여 사는
멋진 신세계여!"

Huxley는 생물학적 결정론이 사회적 안정과 개인의 행복을 보장한다는 신세
계에 대해 비극적 사회라고 결론짓는다. 그는 소설 마지막 장면에서 야만인, John
Savage의 입을 통해 하고 싶은 말을 한다. Savage는 신세계 외곽에 철저하게 격
리돼 있는 인디언 보호구역에서 자랐다. 그의 어머니는 신세계 사람들이 원시적
방법이라고 경멸하는 임신을 통해 Savage를 출산했다. Savage는 수면학습법 등
이 아닌 셰익스피어 작품을 읽으며 자랐고, 인간의 원초적 감성을 지녔다. Savage
는 총통에게 "나는 안락을 원하지 않습니다. 나는 신과 문학을 원해요. 진정한 자
유도 원하죠. 나는 죄도 원합니다."고 외친다. 총통이 "자네는 불행할 권리를 요구
하는군."이라고 하자 Savage는 "그렇습니다."고 대답한다. 인간이 인간 자신을 잃
어버린 신세계에 절망한 Savage는 자살을 택한다. Huxley는 인간에게는 행복과

안정보다 자유라는 가치가 더 중요함을 시사한다.

　인간에게 자신의 삶을 스스로 선택하고 실행할 자유가 없다면, 그 자체가 불행을 의미한다. 과학을 개인의 자유를 창출하는 수단으로 이용하지 않는다면 인간은 민족주의적 전체주의나 초(超)국가적 독재체제 가운데 하나를 선택할 것이라고 경고했다. 그러면서 과학기술 발달이 인간의 오만함과 결합하지 않도록 인류는 개인의 독창성과 사회의 다양성을 존중해야 하고, 관용과 인간성 회복을 위한 교육에 힘써야 함을 역설했다. 이러한 맥락에서 교육은 자신의 세계를 만들면서 생기는 생활근육이 되도록 교육정책과 교육 환경이 바뀌어야 한다.

## 3. 행정적 및 사회적 창조성

　유독 정부에는 낙관적 장밋빛이 진하다. 자신이 틀릴 리 없다는 자기 확신으로 무장하고, 주변에서 울리는 달콤한 이야기에 취하면 상황이 장밋빛으로 보인다. 이러한 긍정의 힘이 정부의 동력인지 몰라도 국민에겐 울분에너지다. 창조적 시각은 건강한 비관주의자다. 현실안주나 자만을 경계하고 파괴한다. 예산, 인력 타령 않고 결핍상황에서도 임무를 성공적으로 수행해야 한다. 설령 어려움이 있더라도 우리는 성공할 수 있고 결국 성공하리라는 불굴의 믿음을 유지해야 한다. 동시에 닥친 현실 속에서 가장 냉혹한 사실들을 직시할 수 있는 규율을 가져야만 한다. 냉정하게 현실을 직시하되 희망을 잃지 않는 마음과 태도가 중요하다.

　고위공직자 인사 시 애당초 문제적 인물을 거르지 못한 것도 문제지만 굳이 외부 판단을 빌려 그만두게 하는 모양새도 여태껏 본 적 없는 풍경이다. 유명무실한 미세먼지 대책도 그렇고, 공론화라는 구두선을 띄워놓고 어디로 튈지 모르는 대입제도 개편도 그렇다. 정책 불신이 팽배해도 장관들은 태평하다. 버스 운행을 책임진 사람이라면 지금부터라도 버스에서 누굴 내리게 할 것인지를 꼼꼼히 살펴보는 것이 문제 해결의 첫 단추다. 권력을 쥔 사람들은 유리한 패를 쥐었다고 반드시 게임에서 이기는 법은 아니라는 것을 유념해야 한다.

국민이 갈망하는 인공지능정부

'뭣이 중헌디'를 제대로 결정하는 것이 공직사회 지도자의 책무다. 특히, 고위 공직자일수록 공직에 전력하고 전념해야 한다. 장·차관은 해당 정책영역에서 중대한 정책결정에 몰두해야 한다. "판사는 판결에만 전념해야 한다. 비린내 나는 생선은 우리가 팔고, 육중한 기계음 들리는 공장 컨베이어벨트는 우리가 지켰다 … 우리는 법을 못 배웠으니까. 기꺼이 … 인정하며 … 법의 칼을 쥐어주었다.3)" 선량한 관리자로서 대리인의 역할에 충실해야 한다. 공직자, 그대들의 위에 법이 있고 법 위에 국민이 있기 때문이다.

정부에 창조성이 결여된 근거는 행정현장에서 정부 무기력이다. 공직자에게 절절함이 없기 때문이다. 절문이근사(切問而近思)라고 사방 문제투성이에 팔방 안개 속이다. 국민고통이나 기업고충을 역지사지해야 근사한 정책이 형성될 수 있건만 장밋빛 일색이다. 이젠 행정에도 파랑색을 볼 수 있어야 한다. 화가들은 영혼, 순수, 슬픔을 파랑으로 표현한다. 민심의 상처와 현실의 고통을 파란색에 담듯 공직자들도 정책현장을 장밋빛이 아닌 파랗게 바라보는 관점이 필요하다. 가령 Picasso는 인생에서 가장 힘든 시기에 그렸던 〈늙은 기타리스트〉에 진한 슬픔을 담았다.

정책현장에서 지배하는 Good Sense와 No problem이 무사안일 공직풍토가 문제의 본질이다. 이런 안전지대에서 혁신을 불러일으킬 문제아가 설칠 리 만무하다. 틀에서 벗어나는 것이 문제가 아니라 특별한 것으로 바라보는 시각이 필요하다. 사실 인류의 소산물인 과학적 발견과 기술적 발명은 자연에 대한 관찰과 생각에서 비롯되었다. 생각에서 창조적 아이디어가 샘솟고, 깊은 사고를 거치면서 창발(創發)적 아이디어로 확산된다. 중요한 것은 생각의 출발이 자연과 사물에 대한 시각적 관찰이라는 사실이다. 시각을 통해 투영된 자연으로부터 받은 감흥을 글로 표현하고(문학), 그 구성 원리를 이해·설명·예측하며(과학), 이미지를 구

---

3) 김주대 시인의 <반박 성명 발표한 대법관 13인에게 고함>.

축하고(회화), 소리로 표현하며(음악), 현실 속에 형상화 시키고(건축) 동시에 생활 도구로 응용하면서(기술) 문명이 진보와 발전 그리고 혁신하였다.

이렇듯 공직자도 정책이나 제도를 형성할 때 제대로 생각해야 한다. 이제 무사안일에서 벗어나 위험하게 살아야 한다. 끊임없이 질문을 던지는 것이다. 기존 것을 비판 없이 받아들이지 말고 한 번쯤 물음표를 붙여야 한다. 물음표를 붙이고 생각한 후 설령 달라질 게 없어도 무조건 받아들일 때와 이미 의미가 다르기 때문이다. 실제로 좋은 것은 위대한 것의 적이다. 왜 그런가. 대개 크고 위대한 것보다 좋은 것에 만족한다. 사람이 가장 중요한 자산이라는 말은 틀렸다. 적합한 사람이어야 한다. 적합한 사람들은 스스로 동기부여하고 최선의 성과를 낸다. 부적합한 사람이 있으면 올바른 방향은 의미가 없다. 어차피 위대한 성과를 일굴 수 없기 때문이다.

따라서 인재들이 자기 자리를 걱정하지 않고 일에만 전념할 수 있도록 해야 한다. 최고의 인재는 문제가 큰 곳이 아니라 기회가 가장 큰 곳에 배치해야 한다. 위대한 조직이 되려면 냉혹한 현실을 직시해야 한다. 이를 위해 사람들의 목소리를 듣는 문화를 조성해야 한다. 그래야 자신이 처한 현실에 정면으로 대응할 수 있고, 위기상황에서 강한 조직으로 거듭날 수 있다.

보다 나은 축적과 도약을 위해 엄격한 규율이 요구된다. 스스로 엄격하게 사고하고 규율 있는 행동을 하는 자율적 인재를 양성해야 한다. 춘풍추상(春風秋霜)이라고 공직자는 남을 대할 때는 봄바람처럼 부드럽게 대하되, 자신에겐 가을 서리처럼 엄격해야 한다. 위대한 조직으로의 전환에도 결정적인 행동, 혁명적 변화 같은 것은 없다. 일관된 행동과 결정을 축적해야 달성된다(짐 콜린스·이무열, 2011).

공직자는 현상계(자연)에 속하면서 시간에 종속된 감성적 존재이자 도덕적 행위주체로서 시간을 초월하는 예지적 존재이다. 인간으로서 행복추구욕구를 지녔고, 예지적 존재로서 인간으로서 의무를 다하며 도덕적 완전성을 추구하는 소명을 갖는다. 공직자의 인간다움은 신체적 능력이나 지식이라기보다는 바로 도덕적으로 행위를 할 수 있기 때문이다. 그래야 공직자로서 살아온 날만큼이나 축적된 많은 경험은 어디서 쉽게 구할 수 없는 보물지도처럼 가치를 발해야 한다.

국민이 갈망하는 인공지능정부

Immanuel Kant는 "내가 자주, 그리고 오랫동안 깊이 생각하면 할수록 내 마음을 늘 새롭고 더 한층 감탄과 경외심으로 가득 채우는 두 가지가 있다. 그것은 내 위에 있는 별이 빛나는 하늘과 내 마음속의 도덕률이다. 헤아릴 수 없이 많은 세계를 쳐다보노라면, 잠시 동안 생명력을 가지다가 우주 전체 속에서 한 점에 불과한 혹성으로 되돌아갈 수밖에 없는 물질로 이루어진, 동물적 존재로서의 나의 가치가 아무것도 아닌 것이 되어버린다. 그러나 도덕법칙은 예지자로서 나의 가치를, 인격성을 통해 무한히 드높여준다. 도덕법칙은 인격성을 통해 동물성과 그리고 감성계 전체와 독립해 있는 삶을 나에게 보여준다."고 고백했다(임마누엘 칸트/백종현, 2015). 이러한 도덕적 바탕에서 창조성이 요구된다. 그래서 공직사회는 Best인재보다 Unique인재가 요구된다. 창조적 혁신을 통해 국민이 깜짝 놀랄 수 있도록 제대로 사고(?) 칠 수 있어야 한다. 이제 창조성은 정부지도력의 덕목이다. 사회시스템과 제도를 만들고 운영하는 정부와 정치가 문제다. 하지만 현실적으로 제도가 창조성의 걸림돌로 작용한다. 제도는 환경에 조응하여 개념과 성격, 존속여부가 변한다. 가령 노예제도의 궤적은 도덕적으로 좋은 일에서 받아들일 수 있는 일로, 거기서 다시 의심스러운 일로, 받아들일 수 없는 일로, 부도덕한 일로, 불법인 일로, 그리고 상상할 수도 없는 일에서 생각해본 적도 없는 일로 바뀌었다.

앞서 언급했듯이 지금은 초가속의 시대라 불린다. 기술혁신과 발달, 세계화, 기후변화의 속도에 가속이 붙은 상태다. 이런 시대에서 최악의 상황을 피하면서 어떻게 최선의 성과를 얻을 것인가? 급변하는 세상의 흐름에서 중심을 잡으려면 더 열심히 노를 저어야 한다. 이른바 역동적 안정성이다. 가령 태풍을 만났을 때 태풍의 눈으로 들어가는 것이다. 고요한 태풍의 눈은 역동적 공간이면서 안정성도 느낄 수 있다. 보통 정치인들은 폭풍을 막는 장벽을 세우자고 제안한다. 헛고생이다. 태풍의 눈을 찾아내고 자신만의 눈을 만들어내는 것이다. 현재 한국의 정치와 행정은 창조적 파괴와 혁신을 북돋워주지 못하고 있다.

가속의 시대에 균형을 유지하기 위해 정부와 국회는 속도를 높여야 한다. 현재 최소한의 속도도 내지 못하고 있다. Alvin Toffler(1928~2016)에 따르면 시장에서 경쟁하는 기업들은 시속 100마일로 질주한다. 시민사회 단체들은 90마일로 달린다. 하지만 정부 및 관료와 규제기관들은 시속 25마일로 한참 뒤처져 움직인다. 교육체제는 10마일로 거북이 걸음이다. 정치권은 고작 시속 3마일로 굼벵이처럼 움직인다. 법조계는 그보다도 느린 시속 1마일이다.

가속의 변화시대에 가장 근본적인 혁신이 필요한 곳은 법과 정치다(토머스 프리드먼·장경덕, 2017). 특히, 제4차 산업영역에서 각종 규제를 둘러싸고 스타트업과 기존 사업자 간 갈등이 반복된다. 기술혁신으로 달라지는 사회·경제·노동 환경에 맞는 새로운 규칙이 필요하다. 사회가 급변함에도 오래된 패러다임시대에 만들어진 법령들이 많다. 변화로 인한 경제적·사회적 불확실성이나 기존 방식으로 풀리지 않는 문제로 인한 불안으로부터 사회구성원들의 사회적·경제적 자유도를 높이는 방향으로 새로운 규칙을 마련해야 한다.

만약 법·제도가 변화흐름의 가속도와 동시화하지 못한다면 기능장애를 야기할 것이다. 주요 제도들이 시대변화에 뒤쳐진다면 부(富)의 창출이 제약될 수밖에 없기에 제도의 혁신적 재편성이 필요하다. 시대에 뒤떨어진 제도의 개선과 함께 미래지향의 가치창출을 위한 제도 마련을 위해 심혈을 기울여야 한다. 낡은 제도의 개선과 새로운 제도의 마련은 고통스런 작업이다.

마치 글쓰기, 그리기처럼 결국 홀로 앉아 자신으로부터 쥐어짜 내는 것과 다름없다. 누구도 가르쳐줄 수는 없다. 작품 만드는 데 필요한 근육은 오로지 규칙적 운동을 통해서만 키울 수 있고 고생 없이는 조금도 커지지 않는다. 가령 평생 425편의 책을 쓴 Georges Simenon(1903~1989)은 소설 한 편을 완성하는 데 정확히 1.5ℓ 의 땀이 필요하다고 생각했다. 이렇듯 작가들은 크고 작은 벽에 부딪히면서도 작품에 심혈을 기울인다. Henry Valentine Miller(1891~1980)는 글 쓸 때 "새 비료를 뿌리기보다 매일 조금씩 땅을 다지라!"고 했다. 창작의 비밀은 매일의 반복에 있다는 것이다. 그렇다 제도를 만드는 것이나 정책을 펼치는 것도 별반 다르지 않다. 심혈 기울이고 꾸준히 한결같아야 한다.

국민이 갈망하는 인공지능정부

행정이 단순·반복적이며 기계·기능적 업무에 벗어나지 못하면, 인공지능(AI) 로봇에 의해 대체될 수 있다. 이미 일본은 인공지능기반 민원행정단계에 진입했다. 지바(千葉)시는 2017년 2월 AI를 시험적으로 도입해 8000여명의 어린이를 보육시설에 배당하는 작업을 맡겼다. 직원 30명이 50여 시간 해야 할 일을 불과 몇 초 만에 해냈다. 가와사키(川崎)시

등 자치단체들은 인공지능로봇에게 민원응답역할을 맡겼다. AI 공무원인 셈이다. 민원인이 "휴일에 애를 맡기고 싶다"고 메시지를 보내면 곧바로 "시간 외 보육 서비스에 대해 알고 싶냐"고 더 구체적으로 묻는다. 애매한 질문에도 기지와 재치를 발휘해 필요한 정보를 찾아 안내한다. 행정기관에 인공지능 로봇공무원이 배치될 시기도 빨라질 것이다. 이런 추세라면 2045년에는 직업공무원이 사라질 것으로 예상된다(서울신문, 2017년 10월 20일자; 전자신문, 2016년 4월 6일자). 그렇다면 정부에 중요한 것이 무엇인지 분명해진다. 공무원과 기계 간 협력으로 인간적 창조성을 높여야 한다. 인간과 기계사이의 협력이 창조성을 극대화하는 현상인 Kasparov법칙이 작용하여 행정이 업그레이드 돼야 한다. AI의 넘사벽(넘을 수 없는 4차원의 벽)은 바로 사랑과 창조성이다.

그런데 정부는 어떤가? 지금껏 정부는 능률성, 효율성을 추구해 왔건만 능률적이지도 효율적이지도 못하다. 각종 재난, 부패·비리 등 끊임없는 사건과 사고, 메르스·살충제계란·조류독감 등 문제 상황에 변함없는 우왕좌왕 대응 등이 정부 무능의 리트머스지 아닐까. 보다 적극적이며 전향적 이념전환이 필요하다. 디지털 전환시대를 맞이하여 인공지능기술을 능동적으로 활용해야 한다. 동시에 창조 패러다임에 부응하여 행정이념이 재설정되어야 한다. 창조성 발현을 위해서는 먼저 창조성 현실과 문제를 제대로 이해하고 발견해야 한다. 창조성이 행정 문턱 위에 살포시 앉아 있어도 창조성인줄 모른다면 아무 소용이 없다. 창조성을 발견하는 것은 평소 노력이고 훈련이다. 그러다 자연스럽게 습관이 된다.

국민이 갈망하는 정부
## 왜? 인공지능정부인가!

> " 초인이란 필요한 일을 견디어 나아갈 뿐 아니라 그 고난을 사랑하는 사람이다.
>
> — Friedrich Wilhelm Nietzsche(1844~1900) — "

# 왜, 인공지능정부인가?

# 왜, 인공지능정부인가?

## 목표와 문제의식

　디지털 전환 혁명은 모든 영역에 걸쳐 전 방위적으로 나타나고 있다. 그 동안 정부는 1978년 행정전산화구축사업 이후 43년 동안 전자정부 구축을 위해 노력하였다. 그 결과, UN의 전자정부 평가결과 2012년, 2014년, 2016년 세계 1위를 기록하였다. 2020년 OECD 디지털정부평가에서 종합 1위를 기록하여 전자정부를 선도하고 있다. 그런데 정부서비스나 정부경쟁력은 괴리를 보여주고 있다. 물론 정부기능과 역할이 매우 다양하기에 획일적으로 단정하기 어렵지만 형식주의, 무사안일, 비밀주의 등 관료주의의 병리현상으로 진단되고 있다. 이러한 현상 역시 세계의 모든 정부나 민간 기업조직에서 나타나는 현상이다. 다행스러운 것은 인공지능이 정부의 고질적 병리현상을 해결하는 데 기여할 수 있다는 점에서 의미가 있다. 인공지능이 정부의 개선과 혁신을 도울 수 있다는 점에서 디지털 전환 시대의 바람직한 정부의 진로를 설정하는 데 공헌할 것이다. 정보강국을 넘어 AI강국으로 도약하려면 정부와 국회에서 인공지능기술의 창조적 활용이 필요하다.

영혼 없는 관료: 나쁜 바리새인

## 1. 인공지능이 든 망치로 깨트려야 할 관료주의

고위관료에 대해 잘 모르는 이가 많다. 무려 1,633명(2021년 9월 기준)의 고위층이 자리를 꿰차고 있다. 공익창출을 위해 부여된 독점적 권한은 막강하다. 신분보장에 각종 인·허가권, 예산 집행권에 정보력까지 거머쥐었다. 하지만 공적 가치창출은커녕 자신영향력이나 사욕, 밥그릇 지키기에 골몰한 듯하다. 공적 가치를 훼손해도 책임조차 없다. 가히 대한민국은 관료의, 관료에 의한, 관료를 위한 관료공화국이다.

역대정권마다 비리, 특혜, 낭비가 끊임없지만 승승장구한다. 행정현상을 둘러싸고 노정된 부정적 증상들과 함께 스캔들, 직권남용, 전관예우가 그 조각들이다. 도대체 누굴 위한 존재인지 헷갈린다.

> ▶ 행정 현상을 둘러싸고 노정된 부정적 편린들
> "영혼 없는 관료, 과학자의 창의성 죽이는 과학 행정, 복지 부동, 복지 안동, 닫힌 행정, 졸속 행정, 녹장 행정, 발뺌 행정, 사오정 행정, 뒷북 행정, 이중 행정, 口蜜행정, 눈치 행정, 탁상행정, 민심 모르는 행정, 586시스템 386공무원, 고질적 행정 비리와 부패, 정책결정 손발 따로, 정책 따로 현장 따로, 고비용 저 효율 정부조직, 추락하는 정부경쟁력, 행정서비스 낙제, 해외투자 중복규제, 무역 대책 오락가락, 걸도는 팔당호 대책, 헛구호 정보통신정책, 중구난방 대북정책, 허점 투성이 실업대책, 고무줄 보건복지행정, 현실 무시 의료 행정, 자연파괴하는 환경정책, 문화정책 갈팡지팡 등…"

Hegel은 관료의 사명을 국민의 사유재산 보호와 국가와 국민에 대한 봉사로 규정했다. 그런데 법조출신 선출직공무원은 법을 무시하고, 경제관료 출신의원은 인기영합에 집착하면서 나라살림이 엉망이다.

작금의 관료부패와 무책임이 망국병이다. 물론 타락한 소수관료가 그 장본인이다. 심지어 일부관료는 스스로 영혼 없는 사람이라 했다. 실은 국민을 향한 영혼이 메마르고 권력지향에 시달린 영혼 때문이다. 게다가 양심까지 팽개쳤으니 공공의 적이다. 시인 김지하가 조롱했듯 제구실 못하는 장관, 국회의원, 장성, 고급공무원 등 오적(五賊)이 공익침해사범이다. 소설가 이문열도 삼치회(三癡會: 세 종류의 바보 집단. 안기부 대북파트와 검찰의 시국공안 담당, 경찰 대공분실을 지칭)와 오천사(五賤社: 김지하가 시 〈五賊〉에서 조롱한 재벌, 국회의원, 고급공무원, 군 장성, 장관)라고 조소했듯 본연의 사명을 망각한 특권층이야말로 공정사회의 천덕꾸러기다. 모두가 국민 덕에

국민이 갈망하는 인공지능정부

먹고사는 존재임에도 결코 국민을 위해 봉사하지 않는다. 디지털 전환과정에서 반듯한 인공지능정부를 구현하려면 개혁의 망치로 낡은 것부터 타파해야 한다.

1966년 쿠바영화감독, Tomas Gutierrez Alea는 「관료의 죽음」에서 풍자했다. "한 노동자가 죽었다. 가족은 연금을 타려 관공서를 찾았다. 하지만 연금신청 서류가 미비하다며 퇴짜 맞는다. 그 서류는 노동증인데 가족들이 관에 함께 묻었다. 미망인은 무덤관리인을 찾았다. 전직관료였던 관리인은 무덤 파는 허가서류가 없으면 관 뚜껑을 열 수 없단다. 가족들은 관공서를 찾아 하소연했지만 무관심할 뿐이다. 결국, 조카는 관리인을 죽이고 공동묘지에서 관을 훔친다. 그리고 또다시 연금을 받으려 수많은 관공서를 돌아다닌다." 과연 영화 속만의 허구일까?

미국의 현상학자 Ralph P. Hummel은 1977년에 펴낸 『관료적 경험(The Bureaucratic Experience)』에서 "관료와 정상인 간 의사소통이 불가능하다"고 질타했다. 그는 관료제를 비판하면서 공무원은 생김새가 인간과 비슷해도 머리와 영혼이 없는 존재라고 언급했다. 아직도 국민을 사례나 통계쯤으로 여기는 무능한 탁상관료의 무책임도 다반사다. 하지만 죄책감은커녕 수치심도 없다. 돌이켜보면 1998년 대한민국관료집단은 미국 경제학자로부터 수모를 당했다. 당시 워싱턴의 토론회에서 돈 부시 MIT교수는 "한국 금융위기와 관련, 무엇보다 관료무능이 호된 비판을 받아야 한다. 관료들은 금융기관자금이동을 제대로 포착하지 못했다. 그들은 정치와 결탁돼 있었다. 또 경제위기를 속이고 엉터리로 보고했다 … 한국 국민들은 저축도 많이 하고, 교육열도 강하며, 일도 많이 했다. 그런데도 IMF를 맞았다면 강간당한 감정을 가져야 한다. 한국경제개혁에 가장 큰 걸림돌은 관료들이다. 경제개혁 제대로 하려면 관료들을 모두 국외로 추방해야 한다."고 주장했다. 그로부터 10년 후 글로벌 금융위기에서 한국은 위기극복 모범국가로 칭송받았다. 물론 관료의 공이 컸다. 하지만 기업과 국민희생 없인 불가능한 일이다. 코로나19로 인해 위기는 현재진행 중이다. 그럼에도 여전히 부패하고도 무책임한 고위관료들이 국민을 슬프게 한다. 공공현장에서 허드렛일 하는 공익요원보다 못한 못난 관료 때문이다.

대한민국의 성숙과 도약, 창조적 관료에 달렸다. 법 탓, 예산타령, 조직평계

없이 오직 국민섬기는 열정과 창조력 깃든 정책으로 국리민복의 가치를 창출하는 관료야말로 진정한 행정가다. 이제 창조의 열기가 관료사회에 불어야 한다. 움켜진 권한만큼 성과와 책임을 물어야 한다. 불량관료 솎아내고 능력에 따라 차등 대우해야 한다. 그래야 민주적이고 공정한 사회다. 나아가 대한민국이 관료망국에서 벗어나는 첩경이다. 끗발과 위세 등등한 고위공직자들이 먼저 자유로운 영혼으로 기존의 가치를 뛰어넘어 인간존재의 의미와 삶을 재해석하고 그 가치를 새롭게 만들어 낼 수 있어야 한다.

지금 한국사회는 현실의 정치·경제·사회·문화·교육 등 각 분야의 가치를 균형 있고 조화롭게 통합하는 가치창조자가 필요하다. 복잡다단한 현실의 소리를 재구성하여 균형적 사고로 조화와 화합의 소리가 울려 퍼지게 하고, 사회적 가치 체계를 재구축하며, 구성원 개개인의 자긍심을 일깨워 가치 있는 삶을 살아가도록 이끌어 줄 초인(Übermansch)같은 고위공직자가 필요하다.


## 2. 관료망국론으로 힘을 얻는 인공지능공무원

인공지능 공무원, 과연 가능한 일일까? 가능하다면 언제쯤 이루어질까? 이미 인공지능(AI), 로봇노동자가 확산되고 있다. 미디어, 온라인 스토어, 은행에서 도입되었다. 금융 기술(Fintech)은 유럽의 주요 은행들을 지점 폐쇄에 이르게 했다. 정부에서도 준비과정에 있는데 만일 국가가 AI를 동원해 노동자를 대체하면 공무원은 사라질 수 있다.

인공지능과 로봇은 처음 출현한 지 60여 년 만에 벌써 여러 번 혁신을 거듭하고 있다. 정부에서 인공지능과 공무원 간의 협업이 한층 요구되고 있다. 국내·외에서 인공지능 공무원의 도입 사례가 점차 증가하고 있다. 핀란드(웰빙 및 보건 분야 인공지능 및 로봇 프로그램이 인공지능과 로봇의 활용을 지원), 일본은 이미 인공지능을 이용해 어렵고 복잡한 민원 행정을 해결하는 단계에 진입했는데 지바와 가와사키지역의 지방자치단체에서 활동하고 있다.

장차 AI정부에서 공무원은 AI를 창조성 파트너로 삼아야 한다. 민간부문에서 금융기업(KB)의 실험이 시작되었는데 AI에 인사업무를 맡겼더니, 인사 불만이 사라졌다고 한다. 정부에서도 「행정기본법」 제4조에 적극(積極)행정을 명문화하고 "공무원은 공공의 이익을 위하여 적극적으로 직무를 수행하고 국가와 지방자치단체는 적극적으로 일할 수 있도록 여건을 조성한다."는 내용이 포함되었다. 같은 법 20조에 '재량'있는 경우를 제외하고 자동화된 인공지능 시스템도 법령에 기초하여 행정처분을 내릴 수 있다는 '자동적 처분'조항을 신설하였다.

현재 정부 부처의 각 실·국장, 과장 등에 적합한 맞춤형 인재를 과학적으로 분석·추천하는 인공지능(AI) 인사정책지원 플랫폼이 시범적으로 도입되었다. 인사혁신처는 역량 있는 우수 인재를 적소(適所)에 배치하기 위한 인공지능형 인재 추천식별 및 지원 체계를 도입, 운영 중이다. 인사혁신처는 2045년까지 민원 담당 공무원의 75%, 전문 직무 담당 공무원의 50%를 인공지능 서비스로 대체한다는 계획을 내세우고 있다.

원래 관료는 혁신을 통해 창조적 가치를 만드는 존재다. 행정의 달인, 고건은 행정은 예술이라 소회했다. 물론 미국의 행정이론가 Waldo 역시 정책은 예술이며 과학이라 역설했다. 그런데 행정현장에선 감동이 전혀 느껴지질 않는다. 예술적 경지에 이른 진정한 프로관료가 없기 때문이다. 제 밥그릇 지키기에 여념 없는 관료가 즐비하다. 이념과 정권의 잣대로 정책을 다루기보다 민심이나 원칙을 중시하며 정권은 유한하지만 관료는 영원하다는 인식을 심어줘야 한다.

원래 Max Weber가 고안했던 관료제는 역량 있는 개인을 묶어 시너지창출을 극대화하는 조직화 산물이다. 실상 현재 행정울타리 밖에선 장르 간 경계가 사리지고 벽도 허물어지고 있다. 국가경쟁력 키워드도 융합이다. 하지만 유독 행정에선 통합소리만 요란할 뿐이다. 공직은 일부 개인이 아닌 다수 국민들에게 혜택을 주는 자리다. 많은 사람들에게 보다 효과적인 도움을 주는 위치다. 국민을 성공주역으로 만드는 조력자다. 이런 제구실하는 공직자에 의해 언제쯤 "나는 관료다!"라는 당당한 외침이 터져날 것인가. 진실한 고백은 믿음의 외적표현이자 증거다. 믿음의 능력을 외적으로 나타내는 원동력이다. 홍보가 아닌 정책신뢰로 국민마음사로잡고, 전문성에 청렴과 봉사정신으로 똘똘 뭉친 정책퍼포먼스로 국민에 희망을 줘야 한다. 돌이켜보면 산업화과정에서 관료는 대한민국 발전의 원천이었다. 의당 관직을 천직으로 여겼지만 어느새 경력 쌓기 위한 거쳐 가는 자리로 전락했다. 이런 관료에게 소신과 책임은 기대난망이다. 박봉의 생활고에도 국가와 국민에 헌신했던 청백리처럼 물적 수단에서 자유로워야 떳떳한 관료다. 법규준수는 기본, 정책포장이 아닌 정책본질을 보여주어야 유능한 관료다. 자리가 버거우면 미련 없이 떠날 줄 알아야 용기 있는 관료다.

비록 국민 개개인이 관료역량을 평가하기 어렵지만 누가 기억에 남는 정책을 폈는지 기억한다. 현재 관료에 대한 국민인식은 불쾌하다. 그 까닭은 관료가 문제해결의 주역이 아니라 문제의 장본인이기 때문이다. 부여받은 사명을 고뇌하면서 자신의 정체를 확립해야 한다. 관료, 그들만의 권한, 거머쥔 정보로 세상을 쥐락펴락하는 관료세상에서 벗어나야 한다. 국민에 눈과 귀를 열고 실시간 소통으로 민심을 느껴야 한다. 내가 누군지, 무엇 때문에 존재하는지 매순간 각성하고 일신해야 한다. 가수가 무대에서 열창(熱唱)하듯 관료도 정책현장에서 열창(熱創)으로 Creative Option을 개발해야 한다. 무능과 무사안일의 관료사회에 긴장과 경쟁을 자극하는 서바이벌 장치가 필요하다. 국민을 위해 가시방석이며 가시밭길이라는 마음과 자세가 필요하다. 아직도 많은 똑똑한 젊은이들은 신분보장이 안정된 직장으로서 공무원을 선호한다. 이런 인식이 창조성, 능력발휘를 위해 선호되는 공직으로 변해야 한다.

인공지능은 지금까지 나온 기술 중 가장 파괴적인 정부혁신 수단이 될 것으로 예측된다. 스스로 학습하고 의사결정을 내릴 수 있는 인공지능 기술이 수천년간 이어온 정부의 운영 및 정책메커니즘을 근본적으로 변화시킬 것으로 예상된다. Accenture의 조사에 따르면, 많은 사람들은 정부 서비스에 사용되는 인공지능 기술의 잠재적 이점을 알고 있다. 하지만, 많은 사람들은 정부가 AI 기술을 책임감 있게 사용할 것이라고 확신하지 못하고 있다. 실제로 미국·호주·영국·싱가포르·프랑스·독일 시민 6,000여 명을 대상으로 한 온라인 설문조사 결과, 국민 절반 이상(54%)이 정부가 제공하는 AI 서비스를 이용할 의향이 있다고 응답했다.

인공지능에서 파생되는 잠재적 혜택이 제시되면 더욱 큰 활용 의사를 드러냈다. 이로써 행정영역에서 인공지능 활용이 한층 가속화될 것으로 예상된다. 장차 인공지능 도구와 기술이 계속 발전함에 따라 정부 활용이 확대될 것이다. 예컨대 정부는 내부자 위협 파악, 군사 배치 계획 및 일정 지원, 서비스에 대한 일상적 질문 답변 등 미션 크리티컬 서비스에 AI를 도입하여 활용하고 있다.

공공서비스에서 인공지능의 활용이 점진적으로 증가하고 있다. 정부기관, 교육기관 및 의료제공업체는 시민의 요구를 충족하기 위해 현재의 기술에서 벗어나 인공지능이 뒷받침하는 최신 솔루션에 투자해야 한다는 인식이 증가하고 있다. 공공부문을 돕는 인공지능의 역할이 확대되고 있다. 실례로 공공부문에서 AI를 사용하여 기록 보관 및 시민 서비스, 법률과 규칙의 집행과 정책결정 부문에서 정책기능의 자동화가 점진적으로 이루어지고 있다. 이로써 정부는 보다 중요하며 심각한 문제에 집중할 수 있다. 또한 정부는 AI를 이용해 예산을 관리하고 부정행위를 탐지하며 에너지소비를 예측할 수 있다. AI 솔루션은 까다로운 문제 해결 외에도 증거 기반 정책 수립을 위한 데이터를 제공함으로써 부가적 활용 사례에 대한 지원을 강화하고 데이터 중심 의사결정을 가능하게 한다. 말 그대로 지능적 정부, 문제해결에 유능하고 가치창출에 탁월한 정부모습을 기대할 수 있다.

정부에서 인공지능의 채택이 증가하고 있다. 두바이 경찰은 2017년부터 로봇경찰을 버즈칼리파를 비롯한 관광지 배치를 시작으로 점차 확대하여 향후 2030년까지 경찰 병력의 25%를 로봇으로 대체한다는 계획을 밝혔다. 로봇경찰은 IBM, Watson, Google이 공동으로 제작하여 가상 도움 시스템(virtual assistant system) 기능을 탑재하였으며, 벌금납부, 범죄신고 등이 가능할 계획이다. 두바이국제공항에는 국내기업이 제작한 Transit 비자발급 로봇인 Amer Robot이 13대 설치되었다. Transit 비자는 두바이를 찾는 관광객이 가장 많이 발급받는 비자형태로, 무인로봇 발급기를 통해 비용 및 대기시간 절약이 가능하다. 중국에서도 역시 공항이나 기차역 등 공공장소에 로봇 경찰이 도입되었다. 약 1.6m 크기의 로봇경찰은 화재감시와 같은 모니터링 기능 뿐 아니라 얼굴 인식 기능 또한 탑재되어 의심스러운 사람이나 범죄 위험이 있는 사람들을 선별하여 주의 감시하는 역할도

수행한다. 또한 영국 런던 엔필드(Enfield) 구의회
는 IPSoft사와 협력하여 채팅봇 Amelia라는 새
로운 인지적 에이전트(cognitive agent)를 구축하
였다. Amelia는 자연어처리 기술을 기반으로 사
람의 목소리에서 감정을 읽어내고 적절하게 대
응할 수 있으며 이를 바탕으로 시의회 서비스

지원 및 주민 민원 대응, 각종 허가 및 인증 업무를 수행한다. Amelia가 수행 가
능한 자연어 처리 기술은 단순한 단어의 표면적 의미 외에 단어 이면에 숨겨진
의도까지 파악 가능하다. 또한 단순·반복적인 pattern－matching platforms과 달
리 사람같이 상황을 이해하고 상대방과 대화할 수 있다. Amelia는 사전 정보 및
상호작용을 바탕으로 의사결정지도(process map)를 작성하고 인간과의 상호작용
없이 미래를 예측하고 최적의 의사결정을 수행할 수 있다. 또한 상대의 목소리,
표정, 눈동자 움직임 등을 인식할 뿐만 아니라 SNS에 업데이트 되는 내용, 신용
카드 사용데이터 등을 종합적으로 분석하여 상대의 감정·상황 등을 인지할 수
있다.


## 3. 인공지능을 두려워하지 않으려면

한때 유행했던 창조의 반대말은 뭘까? 혹자는 창조경제를 이끌었던 공무원이
라고 냉소하였다. 가볍게 지나칠 농담은 아니다. 사실 창조의 적은 무감각이다.
모든 창조활동에 감(感)이 필수다. 감은 어떤 대상에 대한 반응, 기분으로 직관적
상황파악능력이다. 예술, 문학, 스포츠, 과학에서 창조성을 발휘한 인재들은 감
잡기 위해 내공을 쌓았다. 빅토르위고는 알몸으로 글을 썼고, 헤밍웨이는 연필을
뾰족하게 갈고 서서 글쓰기를 선호했다. 무뎌진 감각을 깨우려는 극한 노력이다.
창조적 성과를 위해 최고의 감각상태로 다듬어야 한다. 간절할 때 찾아온다는 영
감이야말로 창조성의 먹이다.

인공지능 전환시대에 정부가 걸림돌 되지 않으려면, 고위공직자 먼저 창조적이어야 한다. 그들이 거머쥔 정보는 곧 힘이다. 소관예산을 쥐락펴락하며 산하기관 인력까지 좌지우지할 정도로 권한이 막강한 게 가히 행정만능의 주역이다. 그런데 화려한 간판과 끗발에 비해 퍼포먼스는 식상할 정도다. 세칭 잘나가는 고급관료에 대한 기대가 헛발질 정책예측으로 무너지면서 시장과 국민의 불신이 깊다. 게다가 비단 어제오늘 일이 아니지만 고위층스캔들, 비리와 부패, 전관예우 등이 무감각한 공직사회의 편린들이다. 오죽하면 위장전입, 병역기피의혹, 탈세가 정부요직의 스펙(?)이라는 우스갯소리가 나돌겠는가. 위기, 책임, 염치로부터 둔감한 백년하청 공직사회가 인공지능 전환시대의 가장 큰 걸림돌이다.

세계 곳곳에서 디지털 전환으로 인해 가깝게 혹은 멀게 AI가 인간의 일자리를 위협할 것이라는 경고음이 계속 나오고 있다. 물론 AI가 위협하는 만큼 새로운 일자리도 동시에 생겨날 것으로 전망된다. 실제로 기업에서는 AI 인사담당자와 RoboAdvisor가 등장해 인사담당자, 은행PB 등의 역할을 수행하고 있다. 인공지능이 인간일자리를 전 방위적으로 침식할 것이란 주장에 힘이 실리고 있다.

이러한 가운데 대중들이 원하는 '인공지능이 대체할 직업'에 속칭 철밥 통으로 불리는 공무원이 올랐다. 뉴스투데이는 지난 2017년 8월 17일 "AI가 위협하는 3가지 직업' … 인사담당자 그리고?"제하의 기사를 통해 인공지능의 등장으로 위협받는 3가지 직업에 대해 소개했다. 그 결과, 공무원이 대체되어야 한다는 누리꾼들의 주장이 다수의 공감을 얻었다. 인공지능이 범접할 수 없는 창조적 공무원이 되기 위해 세 가지가 필요하다.

첫째, 우환(憂患)의식이 필요하다. 총체적 위기상황에서 잘나가는 기업인은 눈뜨고 잔다며 긴장하고 벼랑 끝 민생도 절박하다. 하지만 철 밥통 공직사회는 무풍지대다. 복지행정현장의 눈먼 돈, 주먹구구 경제전망, 엉터리 실업통계, 뜬구름 일자리대책이 안이한 탁상행정의 현주소다. Erich Fromm이 "공무원은 살아있는 존재의 반응보다 통계자료에 의해 만들어진 고정규칙에 의해 정책을 결정한다."고 무감각을 꼬집었다. 행여 손톱 밑 가시를 숫자나 머리로만 인식하지 말고 가슴으로 통감하여 과감히 제거해야 창조적 공공서비스가 체감될 수 있다.

둘째, 책임감이 절실하다. 신분보장, 각종 인허가, 예산집행의 막강한 권한만큼 책임의식을 강화해야 한다. 사후책임은 물론 사전적 책임감도 필요하다. 창조성은 무거운 실천적 책임의식을 요구한다. 목적달성을 위한 강한 의지와 책임의식으로 심사숙고할 때 아이디어가 생겨난다. 권한위임 없는 통제는 자율을 억압하면서 책임의식 부재를 초래한다. 적극행정을 위해 자유를 최대한 허용하되 면책제도가 면피수단으로 악용되지 않도록 해야 한다.

셋째, 염치 있어야 한다. 사회를 지탱하는 뿌리로서 염치는 선비정신의 핵심이다. 행정은 서비스랬다. 고위층부터 예의, 도덕으로 친절해야 품위 있는 행정이다. 건강한 창조적 정부의 최고덕목은 공직자 품격이다. 공직자의 자기정진과 절제로 천박한 관료주의를 막아야 한다. 몰염치행정의 오만, 자만, 발뺌, 변명 등 고질은 국민의 삶을 거북하게 하는 신발 안 돌멩이다. 빨리 털어내야 공정한 사회다. 상사에게 당당히 직언, 비판할 수 있는 용감한 모난 돌멩이들이 많아야 한다. 용기는 독창성의 자양분이다. 공인다운 기품과 수치감이 한층 필요한 이유다.

2021년 9월 현재 고위공직자는 1,633명이다. 장차관에 입법·사법부까지 더하면 2,000명을 웃돈다. 모두 수십여 년 공직경력을 자랑한다. 경험이 숫자 아닌 통찰로 발휘돼야 한다. 고위관료의 감은 위기상황에 빠르고 예민하며 정세판단이나 날카롭고 뛰어나야 한다. 이런 감은 감나무에서 감 떨어지듯 오는 게 아니다. 열과 성에 의한 담금질이 예감(銳感)의 열쇠다. 고위공직자마다 솔선하여 생산적 피해망상, 매순간 투우사(鬪牛士)처럼 절실하고 실패를 허용하지 않겠다는 광적 자기규율과 염치의식으로 촉을 갈고 더듬이를 세워야 한다.

## 제2절 인공지능, 정부를 Reset할 수 있을까?

### 1. 방치하기 어려운 정부

디지털 전환(제4차 산업혁명)은 일과 일하는 방식뿐만 아니라 일하는 주체까지 바꾸고 있다. 로봇이나 AI와 함께 일을 해야 하는 시대에서 사람, 혹은 조직은 어떻게 관리해야 할까? 인공지능은 파괴적 기술로서 모든 분야와 영역을 변화시키고 있다.

모든 변화의 총합은 놀라울 정도이다. 인터넷은 새로운 사업, 사업 모델, 사업 방식 등을 낳았다. 시간이 흐르면서 기업들은 기존 부서를 재정비하고, 새로운 내부 조직을 만들고, 새로운 기술을 가진 사람들로 새로운 역할을 고안해야 했다. 디지털 전환시대에서 기업의 조직화 방식은 근본적으로 상이하다. 이제 인공지능이 연구논문의 소재를 넘어 연구소의 실험과 기업과 공공조직을 변화시킬 정도로 영향을 미치고 있다. 이른바 디지털 전환 시대에 공무원은 어떠한 일(Work)을 해야 할까? 일의 형태는 다양하다. 사무(Office Work)는 관청이나 기업 등의 조직에서 구성원이 근무하는 과정에서 맡아서 하는 일이다. 사실 행정은 정보·지식집약 활동이다. 여기서 사무-행정은 일상적이지만 모든 부문에서 필수적 요소다.

그동안 민간부문은 따분하고 반복적인 허드렛일을 계속하기 위해 막대한 비용을 행정 인력에 투자했다. 하지만 이제 디지털 전환을 맞이하면서 인공지능이 직원의 전반적인 생산성을 높이는 동시에 업무 공간을 혁신하여 막대한 비용 절감 효과를 창출하고 있다. 이제 공공부문도 변화해야 한다. 아직도 정부 업무가 운영되면서 비효율, 낭비 등 많은 문제와 어려움에 직면하고 있다. 디지털 전환이라는 격동의 시기에 민간부문의 서비스를 경험한 시민들의 기대는 더욱 커지고 높아질 것이다. 인공지능 가운데 특히, 대화형 AI는 정부조직 및 공무원의 시간과 노력을 절감

하는 동시에 직원 소통과 참여도를 향상시켜 전반적인 수익성과 생산성을 높여줄 것이다.

나아가 개선된 인공지능기술과 솔루션은 국민생명과 재산의 보호자로서 국민 삶의 질 향상에 공헌할 수 있다. 여기서 인공지능 정부 구현의 기술적 조건으로서 디지털 플랫폼은 정부와 시민 간 다양한 상호작용으로 무한한 가치의 창출을 돕는 매개체로 작용하면서 정부 역량을 공유, 개선, 확장할 수 있어야 한다.

고질적 관료주의 병폐로 인해 방치하기 어려운 정부를 새롭게 정립(Reset)하는 기술로서 빅 데이터와 인공지능기술을 활용하여 효율적이고 투명한 지능적 시스템을 넘어 기술 및 산업부문으로 확장, 고도화시키면서 궁극적으로 국민 행복이라는 가치를 창출해야 한다. 예컨대 디지털 기반 행정서비스 도입으로 주목받는 덴마크 사례를 들 수 있다. 코펜하겐 외스터브로 지역의 한 시민이 가슴 통증과 함께 숨이 가빠졌다. 그래서 한국의 119 격인 112에 전화를 걸었다. 응급구조대원이 나이와 건강을 묻는 사이 인공지능이 숨소리 간격, 통증을 호소하는 목소리, 주변 소음 등을 분석해 심장마비가 예상된다는 진단을 내렸다. 인공지능은 구조대에 출동 경보를 울리고 시민의 집으로 가는 가장 빠른 길을 안내했다. 이처럼 덴마크에는 수십여 곳의 응급종합상황실, 구급차, 종합병원 등에 인공지능시스템(Corti)이 있다. 보통 사람이 듣기 힘든 미세한 환자의 숨소리·말소리를 분석해 심장마비를 예측한다. 그 정확도는 92%, 사람 의사는 73%다. 인공지능시스템은 심장마비처럼 발병 후 10분 이내에 생사가 결정되는 위급상황에 적실한 대응은 물론 피로나 집중력 저하에 따른 실수가 없다는 점에서 든든한 국민 안전 및 생명지킴이다.

이를 위해 표준화되고 통합된 데이터 거버넌스 체계를 기반으로 접근성과 원스톱 서비스로 발전해야 한다. 디지털 플랫폼을 통해 시민에게 전달되는 것은 솔루션과 서비스지 기술이 아니다. 시민들에게 저비용 고품질의 공공서비스를 시간적, 공간적 제약 없이 제공해야 국민을 행복하게 해주는 좋은 정부다.

좋은 정부되기란 좁은 문 들어가듯 어렵다. 그러나 국민은 행복해야 한다. 정부 역시 존재이유가 필요하다. 목하 좋은 정부란 유능함은 기본이며 깨끗하고 신실해야 한다. 이런 정부가 국민을 진심으로 섬길 때 국민 누구라도 행복할 것이다.

한국의 국가위상과 현실이 엇갈린다. 경제규모 세계 13위, 세계 9위의 군사대국, 올림픽 세계 7위 등 국가수준은 강국이다. UNCTAD 설립 57년 만에 처음으로 개도국에서 선진국으로 변경되었다. 명실상부하게 경제, 무역, 인구 등 인구경제지표는 세계적 수준에 이르렀지만 정부경쟁력 순위는 미치지 못하고 있다. 스위스 국제경영개발원(IMD)의 2021년 평가결과 경제성과는 전년 대비 9단계 상승한 27위를 기록했다. 하지만 정부효율성은 2020년 28위에서 6단계 하락한 34위를 기록했다. 이처럼 해외 유수기관의 평가에서 드러나듯 정부효율성, 부패지수, 규제수준, 신뢰성 수준 등에서 정부경쟁력은 수준 이하이며 중간수준에도 못 미친다. 정부개혁과 혁신, 그리고 국가경쟁력 제고를 외쳐온 정부로서 할 말이 없을 듯싶다. 정부운영은 예산을 낭비하고 빚을 늘리면서 방만하기 이를 데 없었다. 모든 격이 그러하듯 국가의 품격도 경쟁력이나 경제적 요소만으로 충족될 수 없다. 정신적이며 문화적 자산이 중요한 요소가 된다. 아무리 경제적 부를 축적해도 다른 분야와 균형이 깨지면 불완전하다. 그래서 국가서열은 외양만이 아니라 내실을 반듯하게 다져야 한다. 당장 국가서열 바꾸는 것보다 시급한 게 정부수준과 질을 바꿔 나라의 격을 높여야 한다. 정부가 가장 큰 비중을 차지한다. 따라서 국가를 변화시키려면 정부 먼저 변해야 한다. 산업화시대를 위해 정부가 경제발전에 크게 기여하였다. 하지만 지능화시대를 지나면서 걸림돌이 되고 있다. 시대변화에 맞게 정부는 정부다워야 한다. 국민에 부담주지 않고 사회질서를 유지하며 국가의 내일을 준비하는 정부여야 한다. 정부의 핵심은 공직자다. 공직자의식과 역량, 그리고 공직사회의 제도와 관행을 세계적 수준으로 탈바꿈해야 한다. 그래서 정부에 대한 국민의 인식이 긍정적으로 바뀌도록 해야 한다. 그렇지 않으면 정부가 제대로 설 수 없다.

## 2. 같은 하늘하래의 두 국가: 덴마크와 한국

변화불변의 원칙에 따라 만물은 변한다. 변화에의 적응은 유기체의 생존조건
이다. 그래야 성장하고 발전한다. 시장에서 승승장구하는 초일류기업과 상품은
끊임없는 혁신의 결과다. 소비자가 원하는 제품과 서비스를 창출하기 위해 변신
을 거듭한다. 그러면 변화와 혁신을 주구장창 외쳐온 정부는 어떤가? 누굴 위해,
얼마나, 어떻게 국민을 위해 변했나? 진정 소중한 것을 드러내며 시간흐름 속에서
완성되었는가? 정부실상은 변함이 없다. 정부혁신이 회의적인 이유다. 제대로 된
혁신은 기꺼이 희생을 감내한다. 희생이 담긴 사랑은 돌처럼 그냥 있지 않고 빵처
럼 만들어진다. 매일 매일 새롭게 만들어진다. 그렇기에 사랑과 유사하다. 혁신과
가장 잘 어울리는 단어는 창조성이다.

Ronald Reagan대통령은 "정부란 커다란 아기와 같아서 식욕은 왕성하지만
배설에 대해 책임지지 못한다."고 혹평했다. Thomas Pain은 "사회는 어떤 상태
에 있건 축복이다. 그러나 정부란 최상의 상태에서도 필요악일 뿐이며 최악의
상태에서는 참을 수 없는 악이다."고 일갈했다. 왜, 그럴까? 절박성의 약하기 때
문이다. 기업은 자기혁신 없인 절대로 존재할 수 없다는 간절함으로 혁신을 실
천한다. 즉 한치 앞 내다보기 어려운 불확실성 속에서 변화의 주도권을 잡기 위
해 시장과 기술의 한계를 돌파해야 한다. 그런데 정부혁신은 상징적이며 수사적
이다. 정부혁신이 공감 얻으려면 혁신에 간절함을 더해야 한다. 정부에도 위기
를 기회로 바꾸는 전략이 필요하다. 정부의 새로 고침으로 정부조직의 영혼을
되찾으면서 공직자의 위대한 도전이 시작되어야 한다. 미련 없이 후회 없이 파
괴하라!

행정연구자로서 자괴감을 느낀 적도 드물지 않다. 민생이 어렵고 고통스러울
때 그렇다. 까닭인즉 현실이 행정원론과 너무나 동떨어졌기 때문이다. 게다가 행
정지식이 무기력할 정도다. 하지만 행정학은 의학처럼 문제해결의 학문이다. 의
사가 환자 고치듯 관료 역시 국민고충 처리나 사회병리의 진단, 처방에 필요한
인술을 펼쳐야 한다. 또한 경영학이 이윤창출에 유용하듯 행정학도 공익창출에

국민이 갈망하는 인공지능정부

쓸모 있어야 한다. 행정은 공익수호의 주체이기 때문이다. 정부조직, 공권력, 법률, 예산 모두 공익창출 수단이다. 하지만 현실은 어떤가. 조직비대, 직권남용, 탈법, 혈세낭비 등 정부에서 쉼 없이 터지는 공익스캔들이 공분을 느끼게 한다. 그토록 반면교사의 실패사례가 허다했건만 학습이 없다는 것 또한 슬픔이다.

우리에게 교과서 같은 얘기지만 덴마크에선 현실이다. 국민이라서 가장 행복한 나라, 덴마크에선 물건을 잃어버려도 늘 거기에 있기 때문에 분실하는 일이 거의 없다한다. 밤이건 낮이건 범죄도 찾기 어려울 정도다. 한때 교통사고 없는 나라로도 불릴 정도니 진정 공익이 살아 숨 쉬는 국가다. OECD통계에 따르면 덴마크의 조세수입은 GDP의 48.8%에 해당될 정도로 부담이 크지만 국민들은 세금 뜯긴다는 생각대신 낸 세금만큼 돌려받는다는 믿음이 강하다. 덴마크를 찾는 한국 관광객을 안내할 때 가장 호응이 좋다는 곳은 덴마크 국회의사당인 Christiansborg Palace(궁전)이다. 현재 여왕의 알현실, 총리실, 대법원 및 왕실접견실로도 쓰이는 국회의사당 앞에 4가지의 모습을 가진 석상이 있다. 사통(四痛)으로서 이(齒)·귀·머리·위(謂)를 표현한 조형물은 각각 경청하는 모습, 고민하는 모습, 국민들을 살피는 모습 그리고 숙고하는 모습을 형상화했다. 특히, 사통 석상은 탈(脫)권위적인 덴마크 국회의 상징으로, 국민의 고통을 생각하는 건강한 정치를 염두에 두고 국회에 입문하라는 메시지를 던져준다.

국가와 국민을 위한 봉사하는 의원들은 석상들을 볼 때마다 본인들의 책임감을 머릿속에 각인시킨다고 한다. 실례로 덴마크 국회의사당에는 흔한 주차공간도 없다. 국회의원들은 의전차량이 아니라 자전거를 타고 출퇴근 한다. 물론 밖으로 보기에만 검소하고 깨끗한 게 아니다. 그 비결은 세계투명성기구의 부패인식지수에서 보듯 180개국 중 상위권을 차지할 정도로 정직한 정부와 성숙한 정치에 있었다.

덴마크가 행복한 나라로 많은 부분에서 선진국의 면모를 갖출 수 있었던 것은

단순히 정부에서 추구하는 탄탄한 복지제도 때문만은 아니다. 모든 사람들이 질 높은 복지 혜택을 받아도 실제로 행복감을 못 느끼거나 금방 둔감해질 수 있다. 덴마크가 높은 행복지수를 유지하며 선진국 반열에 오른 본질적인 이유는 높은 사회적 신뢰에서 만들어진 건강한 사회공동체, 즉 덴마크 사람들이 서로를 깊이 신뢰하는 '믿음' 때문이다. 이런 신뢰 사회 구축의 배경에는 덴마크의 정치가 있다.

덴마크 사람 대부분은 학벌과 직업에 대한 차별이 없고 남과 비교하지 않는 사회 시스템 안에서 걱정 없이 소신 있고 평등하게 살 수 있기 때문에 '행복하다'고 말한다. 행복한 나라가 되기 위한 뒷받침으로는 투명한 정치, 정부의 효율적인 운영, 그리고 높은 수준의 사회 신뢰도를 꼽는다. 국민들은 많은 세금을 내지만, 다양한 복지시스템을 통해 의료비와 교육비 등의 혜택을 받으며 사회공동체에 대한 강한 신뢰감을 갖고 행복하게 살고 있다.


## 3. 진정한 인공지능 정부

인공지능 열기가 뜨겁다. 인공지능 바람을 타고 정부도 인공지능정부를 추진 중이다. 주지하듯 한국의 전자정부는 세계 최고수준이다. 또다시 지능형 전자정부의 최강자를 향하고 있다. 끊임없이 변신하고 새로워지겠다는 정부, 국민입장에서 고맙고 든직하다. 과연 어떤 모습으로 변신할지 설레게 한다. 지능형 전자정부의 목표와 비전을 보면 희망적이다. 국민과 하나 되는 세계 최고의 지능적 전자정부 구현, 국민모두의 바램이다. 하지만 정부실상을 직시하면 기대보다는 우려가 앞선다. 과연 누굴 위한 인공지능정부인지, 어떻게 구현할 것인지 의문이 커간다.

먼저 인공지능정부 구축에 앞서 성찰이 먼저다. 전자정부의 경우 세계 최고수준이라 자랑했지만 과연 국민은 최고수준의 서비스를 체감하는지 살펴야 한다. 아직 다수국민들의 전자정부서비스에 대한 이해나 인식도 낮은 상태다. 국민기대를 앞서가고 국민상상을 초월하는 창조성으로 국민이목을 끌어야 한다. 또한 국민

국민이 갈망하는 인공지능정부

과 하나 되기에 앞서 정부 먼저 하나 되어야 한다. 아직도 여러 개 정부를 상대하는 국민은 번거롭고, 불편하다. 정보기술 혁신과 융합은 상상할 수 없을 정도로 빠르게 세상을 바꾸어놓았지만 정부기질과 본질은 옛 모습 그대로다. 산업시대의 관료제 정부형질이 온존하고 있다는 게 문제다. 관료주의가 건재한 행정현장에 문서위주의 형식주의, 칸막이중심의 부처이기주의, 독점적 비밀주의, 권위적 독선주의가 꿈틀거리고 있다. 그 까닭은 전자정부 구현과정에서 정부개혁이 실천되지 못했음을 실증한다. 관료주의는 정부혁신의 최대걸림돌이다. 그나마 정보기술의 성취에 힘입어 전자정부에서 양방향 의사소통이나 정보공개 활성화, 정보공유 촉진 등의 성과가 가시적으로 나타났다. 하지만 소수의 성공사례에 불과하다. 보물찾기처럼 어려운 모범사례가 행정전반에 균질적이며 보편적으로 체감되어야 한다.

성공적 인공지능 서비스는 조직개혁과 기술혁신의 시너지 산물이다. 하지만 관료주의는 정보기술의 가능성을 제약한다. 마치 고혈압과 당뇨의 합병증 환자가 운동 없이 신약만 복용하며 연명하는 꼴이다. 이런 상황도 신약의 한계효용체감으로 인해 자칫 백약이 무효할 수 있다. 신기술 활용효과의 극대화를 위해 끊임없는 조직혁신이 선결되어야 한다는 이치가 기업에선 상식인데 정부에 선 구두선이다. 장차 인공지능정부의 성패는 관료주의 혁파에 달렸다. 그렇지 않으면 현재의 우(愚)가 반복될 것이다. 다수 국민은 지능적이다. 한번 높아진 눈높이는 좀처럼 낮아지지 않는다. 설령 국민이 지능적이지 못하더라도 누구든 정부서비스 이용에 불편함 없어야 한다.

지난 2010년경 스마트바람이 거셌다. 스마트폰 열풍과 모바일 인터넷 대중화를 통한 소셜네트워크서비스(SNS)가 급부상하면서 소셜미디어 중심으로 미디어 환경이 급속도로 바뀌었다. 당시 정부도 스마트정부를 기치로 내세웠지만 마치 불통 스마트폰처럼 소통이 힘들 정도였다. 비싼 요금에 낮은 품질의 스마트폰처럼 고비용저효율의 스마트정부는 골칫덩이다. 이렇듯 기존 행정서비스가 인공지능기술로 제공된다고 인공지능정부도 아니다. 행여 능숙한 통제와 감시, 능란한 징벌, 징세, 징집에 인공지능기술이 오용되어 국민·기업을 성가시게 하면 스트레스정부다. 주어진 문제를 해결하지 못하고 정부가 문제로 인식되거나 둔감하고 느리면 스튜피드정부다. 물론 인공지능기술이 만능이 아니며 최종 목적도 아니다. 본래의 성능을 제대로 발휘하는 폰이나 가전처럼 정부본래의 기능에 충실하고 국민만족과 효용을 높여주어야 한다. 인공지능기술은 정부를 정부답게 만드는 수단이어야 한다. 인공지능기술을 정부혁신 도구로 삼아 보다 깨끗하고 투명한 정부, 공정하고 정의로운 법집행, 더욱 가볍고 얇은 조직의 저비용 정부, 국민 생각대로 신속하게 반응해야 제대로 된 인공지능정부다. 정부구호, 정부오피스나 일하는 방식만 인공지능기술로 바뀔 게 아니라 행정절차와 과정, 업무내용, 관료의식이나 행태가 모두 변해야 한다. 이처럼 진정한 인공지능정부의 전도(前途), 정부생각 보다 멀고 험난하다.

## 제3절 인공지능 도입이 시급한 정치-행정

### 1. 바로 잡아야 할 불공정세상, 관-민/중앙-지방 간 갑을관계

대한민국 국민은 봉이다. 참 쉬운 상대다. 어수룩하여 이용해 먹거나 이득을 얻기 쉽기 때문이다. 억울함을 당하고 억울하다고 호소라도 할 수 있다면 덜 슬프겠지만, 호소할 대상도 만날 수 없는 경우는 더욱 가슴 아프다. 일례로 국민청원(청와대 국민소통광장)에 억울한 사연들이 끊임없다. 옛날에 비해 민권이 향상되었고 국민 의견을 무시하기가 쉽지 않은 현실이다. 하지만, 뿌리깊은 관존민비 풍토로 인해 아직도 관은 높고 민은 낮다.

한때 민족중흥의 역사적 사명을 띠고 태어났다고 교시 받을 정도로 권력 앞에서 작은 존재, 을(乙)이었다. 일례로 부산저축은행에 이은 정전사태에서 순진한 호구였음을 입증했다. 사적 영역에서는 국민용례가 넘칠 정도로 가볍다. 그러나 천의 얼굴을 가진 국민은 시민, 유권자, 민중 등 다양한 뉘앙스를 풍기는 정중한 개념이다. 시대정신과 이념, 신조, 가치, 철학을 공유할 정도로 진중하다. 그래서 국가, 민주주의와 함께 정치적 수사(修辭)의 단골메뉴다. 노태우 정권시절 보통사람에서, 김대중 정권에선 정부를 장식했고, 노무현 정부 땐 대통령이었다. 국민인생 역전일까. "국민이 대통령입니다"라는 슬로건은 결국, 국민스스로 통치한다고 생각하게 함으로써 지배했던 고도통치술이었다. 이명박 정부에선 상전으로 변신했지만 실은 거반 립 서비스였다.

정권뿐만 아니다. 국민애용은 정당, 시민사회, 노동단체나 심지어 은행, 예능프로그램까지 자신의 변박과 존립을 위해 국민을 팔았다. 국민 앞세운 정치공방이나 집단갈등의 속내에서 국민은 늘 뒷전이었다. 특정집단이익이 불특정 다수국민의 뜻인 양 둔갑했다. 심지어 스캔들 정치인이나 재벌, 부패관료들은 항상 '국민여러분께 죄송하다'는 상투어로 두루뭉실 피해갔다.

지난 2021년 3월에 곪아터진 LH사태는 평범한 국민에게 '현실자각 타임'으로 다가온다. 그들이 내건 '더불어 잘사는 세상'에 장삼이사는 해당사항이 없음을 일깨웠다. 그들은 투기꾼이나 복부인의 전형인 기름진 얼굴, 살찐 몸집을 하지도 않았다. 오히려 해사한 표정으로 머리 조아리며, '내 삶을 책임지는 나라'를 만들겠다던 공복(公僕)들이다. 공기업 직원들로 시작해 국회의원, 지방의원, 지방자치단체장, 공무원 그리고 무수한 전관들…. 어디서 얼마나 더 튀어나올지 아무도 모른다. 특검이든 국정조사든 파면 팔수록 노다지일 것이다. 나쁜 짓을 해도 '유권무죄(有權無罪)'라더니 심하면 더 심했지 변한 게 없었다. 누구나 예외 없는 법치를 언급하기도 민망하다. 신종 관존민비이자 '권존민비(權尊民卑)'의 나라가 된 셈이다. 지금 국민이 목도하는 것은 권력과 정보를 가진 이들이 집과 땅을 움켜쥐고, 호의호식하며, 자녀 입시 특혜와 전관예우까지 알뜰히 챙겼다는 사실이다. 국민에게는 관념과 공상(空想) 속 유토피아를 주입해 마취시키더니 공정하고 정의로운 척하는 권력자들은 뒤에서 더 없이 욕망에 충실했다. 국민 위에 군림하는 것도 모자라 성실히 일하는 사람들을 좌절과 분노에 빠뜨리고 심지어 바보로 만들었다. 이보다 더한 공직자의 중죄가 또 있을까 싶다(한국경제신문, 2021년 3월 17일자). 국민들은 문제해결을 위한 LH 직원대상 정부 합동조사단의 1차 전수조사와 청와대 비서관급직원 대상 자체조사 결과에 대해 '신뢰하지 않는다.'가 73%로 '신뢰한다.'는 23%를 압도했다.[1]

　　국민은 결코 정치적 노리개나 이념적 장식품이 아니다. 정치꾼이나 정책기능공은 표나 수치로 허투루 여긴다. 하지만 정치·행정가는 정치적, 문화적 주체로 존중하고 두려워한다. 실상 국민은 공적 가치의 향유자이자 창출자다. 국가위기마다 헌신했고 국난에 호국으로 애국했다. 그 영령이 바로 국민정신이다. 국가대표선수 선전에 느끼는 국민적 자긍심이 고위층비리와 스캔들, 국회의원난투극에 일순간 분노감으로 치솟는 감정이 곧 국민정서다. 납세자로서 혈세낭비 꼬집고 주권자로서 관료부패와 정치무능 질타하는 신념이 국민상식이다.

　　복잡하고 다양한 국민이지만 그 뜻은 분명하다. 역대 총선에서 보여준 황금분할 민심이 현명한 국민마음이다. 이런 국민의 삶이 갈수록 고단하다. 가뜩이나 서바이벌인생인데 나라걱정까지 국민 몫이기 때문이다. 언뜻 어수룩하고 침묵하는 듯 보이지만 다수국민은 옳고 그름을 판단하고 잘잘못을 평가하며 세밀하게 기억한다. 물론 남녀노소 안 가린다. 누구나 주문처럼 외는 대한민국주권자로서 국민, 봉사자로서 공직자 등 정치행정원론이 현실에선 공론(空論)이다. 정치인, 관료 그들 역시 국민이다. 그래서 국민 위에 국민 없고, 국민 아래 국민 없어야 한다. 국민윤리와 정서, 철학의 주체로서 정체성을 바르게 깨달아야 한다.

　　국민은 바다와 같다. 물방울이 바다를 이루듯 내가 모인 게 국민이다. 그렇다고 국민을 물로 보면 큰 코 다친다. 국민 손 약손처럼 불우이웃 상처 보듬고 국민마음 엄마 품처럼 관용했다. 하지만 부정, 불의, 부당, 무능정치와 권력을 향한 국민심판은 늘 냉철했고 국민행동은 단호했다. 3·1의거, 4·19혁명, 5·18운동, 6·10항쟁처럼 시대마다 국민정신은 출렁거렸다. 성난 민심소용돌이는 절대 권력까지 뒤집는다. 루소가 그랬다. 민주주의 정부는 국민지성보다 현명할 수 없다고. 소비주권처럼 국민주권을 곧추 세워야 한다. 정권심판자이며 국가소유자로서 국민, 이젠 당당한 갑(甲)이이어야 한다. 이런 국민 우습게 보는 자들에게 국민은 매

---

1) 엠브레인·케이스탯·코리아리서치·한국리서치 등 4개 조사회사의 공동 지표조사결과이다.

서운 봉(棒)이다.

행복한 국민의 나라, 덴마크에서 정부역할이 한국과 다른 점은 국가주도의 경제성장이 아니라 산업계의 자율적인 전략과 노력을 지원하는 순수한 행정서비스의 개념으로 접근하였다. 이는 산업계와 정부 간의 상호 존중과 필수적인 서비스를 제공하여 산업의 경쟁력을 향상시키는 역할을 수행하였다. 이로써 기업이 국제시장과 글로벌 시장에 진입할 수 있는 계기가 되었으며 경쟁력 있는 중소기업과 대기업이 산업계와 정부의 협력으로 육성되었다. 정부는 제도정비를 지속적으로 수행하여 행정서비스가 효율적으로 작동할 수 있도록 노력하였다. 행정서비스 대상인 국민과 산업계와 지속적이며 긴밀한 소통을 통하여 문제를 해결해 나갔다. 즉, 행정서비스 제공이 정부중심의 행정편의주의가 아닌 수요자 중심의 서비스체제를 구축하였기 때문에 전체적으로 국가경쟁력을 향상시킬 수 있었다.

이처럼 중앙정부와 지방정부의 역할분담도 매우 중요하다. 가령 복지정책 서비스의 실질적인 수요자는 지역에 거주하는 주민이기 때문에 지역사정은 지방정부 및 지방자치단체가 중앙정부보다 현실적인 상황파악이 용이하다. 따라서 정책수립은 중앙정부가 실행은 지방자치단체가 수행하여 복지정책의 실질적인 효과를 극대화 시킬 수 있다. 이를 위해서는 지방정부 및 지방자치단체의 복지정책수행을 위한 자율권이 최대한 보장되어야 한다(최순영·박상철, 2016).

한국사회 특유의 갑을 문화는 관존민비(官尊民卑) 사상에 뿌리를 두고 있다. 관직 우월주의가 사회에 팽배하면 권력 지향적 가치관이 사회를 지배하고 사회발전을 어렵게 해 참된 민주주의의 걸림돌이다. 불공정하고 부당한 갑(甲)질 근절을 위해서는 정치·재벌·교육·노사관계 등 사회 전 영역에 걸쳐 개혁이 필요하다. 이미 민간부문에서는 불공정하고 불합리한 인간보다 인공지능을 신뢰하는 것으로 나타났다.

실제로 미국 IT회사 오라클(Oracle)과 리서치회사 퓨처 워크플레이스(Future Workplace)의 공동연구에서 64%의 근로자가 관리자보다 로봇을 신뢰한다고 답했다. 절반 이상은 이미 관리자 대신 로봇에게 조언을 구한 것으로 나타났다. 이러한 현상은 특히, 아시아에서 두드러졌다. 직원들은 AI시스템과 비교해 관리자 등 인간 동료에 대해 불신을 표명했다. 예를 들어, 인도 근로자의 89%와 중국 근로자의 88%가 관리자보다 로봇을 신뢰하는 것으로 나타났다. 싱가포르(83%), 브라질(78%), 일본(76%), 호주 및 뉴질랜드(58%), 미국(57%), 프랑스(56%), 영국(54%) 근로자도 관리자보다 로봇을 신뢰했다(The Scimonitors, 2019년 10월 16일자). 또한 코로나19 대유행이 야기한 경제적 불확실성으로 인해 사람들은 재정부문에서 불안·우울 및 두려움 등의 감정이 커졌다. 그 영향으로 인해 재무관리분야에서는 사용자 10명 가운데 6명 이상(67%)이 인간보다 인공지능(AI)을 더욱 신뢰하는 것으로 나타났다. 기업경영진 73%는 스스로의 판단보다 AI를 더욱 신뢰하고, 77%는 자체 재무팀보다 AI를 신뢰하는 것으로 집계됐다. 뿐만 아니라 소비자들의 경우 10명 중 5명 이상(53%)이 자산 관리에 있어 스스로의 판단보다 AI를 더욱 신뢰했다. 6명 이상(63%)은 개인 자산 상담사보다 AI가 더욱 믿을 만하다고 답했다.[2] 민간부문이 이럴진대 정부·정치부문은 두말할 필요 없다.

## 2. 인공지능 대체 시급한 저질정치

역대대선의 핵심 Agenda 공정, 민주화, 아직도 정치권에서 화두다. 지난 이명박 정부에서 주창된 공정사회, 동반성장이 경제민주화의 불씨를 당겼다. 산업화의 어두운 그림자인 불공정, 불균형, 반칙은 시정해야 한다. 이른바 재벌의 동네빵집, 문어발식 확장, 상속싸움, 기술탈취, 계열사몰아주기, 납품가 후려치는 탐욕스런 기업행동은 지탄받아 마땅하다.

창조적 자본주의, 깨어있는 자본주의, 자본주의 4.0 등 대안적 자본주의 논의와 함께 기업의 투명성, 공정성, 도덕성 제고는 건강한 경쟁사회의 토대로서 반드시 필요하다. 그러나 다수 국민들은 기업이 정당하게 부를 축적하길 바랄뿐 기업활동 자체의 위축을 원하지 않는다. 이런 사실을 도외시 한 채 정치권은 부르기

---

2) https://www.inews24.com/view/1343236.

쉽다고 공정이니 민주화니 18번 애창할 게 아니다. 국민이 진정 듣고 싶은 소리는 정치민주화다.

정치에 대한 불신은 비단 한국에만 국한된 문제가 아니다. 대부분의 국가에서 정치에 대한 불신이 큰 것으로 나타났다. 글로벌 금융위기 이후 또다시 불어닥친 코로나19 위기로 인해 사회경제적 불확실성이 커지면서 국가기능이 시장을 대신하는 리버스시대가 진행 중이다. 보이는 손이 커가는 상황에서 자칫 정치권력이 제구실 못한 경우, 국가쇠퇴의 위험성이 우려된다. 사회분열과 격차, 재정위기에서 보듯 근본적인 원인은 정치다. 국민의 투표권에 아부하는 인기 영합주의와 복지국가 환상이 재정적자를 심화시켰다. K. Popper는 "모든 정치적 이상가운데 인간을 행복하게 만들겠다는 소망이 가장 위험하다. 지상에 천국을 건설하겠다는 의도가 늘 지옥을 만들어내기 때문이다"고 역설했다. 정치트러블이 경제리스크로 전이되어 국가위기를 초래했다. 이러한 엄연한 사실과 심각성을 아직도 정치인만 모르는 듯하다. 정치가 국가경쟁력 걸림돌이란 사실부터 직시해야 한다.

역대 세계경제포럼(WEF) 조사결과에 따르면 한국의 정책결정 불투명성, 불합리한 규제, 예산지출낭비, 공무원 의사결정의 공정성 등 정치권을 비롯한 공공부문의 경쟁력은 바닥수준이다. 특히, 제도부문(2019기준 순위)에서 정부규제가 기업활동에 초래하는 부담(87), 부패지수(42), 정부정책 안정성(76), 정부의 변화대응력(36)은 경제규모에 한 참 뒤떨어져 있다. 기업하기 정말 힘들고 정치하기 참 쉬운 나라가 대한민국 현주소로 인식되면서 정치에 대한 국민적 불신의 골이 깊어간다. 정치의 고질병을 놔둔 채 경제민주화타령 일삼는 모습은 제 눈의 들보는 못본채 남의 눈에 티만 트집 잡는 뻔뻔한 짓이다.

**기계(AI)가 국회의원을 대신하는 것 어떻게 생각하시나요?**

스페인의 IE 대학 변화 거버넌스 센터(Center for the Governance of Change)의 연구원은 전 세계 11개국의 2,769명에게 자국의 국회의원 수를 줄이고 데이터에 액세스 할 수 있는 AI에 좌석을 제공하는 것에 대해 어떻게 생각하는지 물었다. 조사결과, AI의 명백한 한계를 인지하고 있음에도 불구하고 유럽인의 51%는 이러한 움직임에 찬성한다고 답했다. 거버넌스의 한 형태인 민주주의에 대한 믿음이 쇠퇴하고 있음을 반증한다. 그 이유는 정치적 양극화 증가, 확증편향 및 정보 분열과 관련된다. 특히, AI를 국회의원으로 대체하는 것에 대한 찬성은 스페인에서 높게 나타났는데 응답자의 66%가 지지했다. 그리고 이탈리아 응답자의 59%가 찬성했고 에스토니아의 56%가 찬성했다. 그렇지만 모든 국가가 AI에게 통제권을 넘겨주는 아이디어에 긍정하는 것은 아니었다. 기계는 해킹을 당하거나 인간이 원하지 않는 방식으로 행동할 수 있다. 영국에서는 69%의 사람들이 이러한 아이디어에 반대하였고, 네덜란드에서는 56%, 독일에서는 54%가 반대했다. 유럽 이외의 지역에서는 중국에서 설문조사에 참여한 사람들의 약 75%가 의회 의원을 AI로 대체한다는 아이디어를 지지했고, 미국 응답자의 60%는 반대했다. 의견은 세대에 따라 크게 달랐으며 젊은 사람들은 이러한 아이디어에 훨씬 더 개방적이었다. 25~34세 유럽인의 60% 이상과 34~44세인 56%가 이러한 아이디어를 지지하는 반면 55세 이상의 응답자의 대다수는 이러한 아이디어를 좋은 아이디어로 보지 않았다.[3]

지금껏 국가는 식민지배와 군부독재가 남긴 과잉 행정기제 그리고 분단구조가 낳은 안보위기로 과대 성장했다. 산업화에 이은 민주화에도 불구하고 관성으로 인한 정치권력의 일방적 지배가 계속되었다. 모든 공직자는 공복이요, 정치는 서비스란 얘기는 헌법조문에 불과하다. 국민위에 군림하는 정치위세가 여전하다. 과거에도 지겹게 봐왔는데 그 꼴이 변함없다. 당연한 서비스인 정책을 시혜로 착각하거나 국민을 숫자나 케이스로 취급할 정도로 권위적이다. 고압적 자세도 기업인 윽박지르며 국민은 안중에 없이 이해득실에 얽매인 정치싸움으로 부지하세월이다. 예측 불가능하며 부패한 정치권이 갑 입장에서 국민, 기업 우습게 보는

---

3) https://www.mobiinside.co.kr/2021/05/31/ai-mp/.

　　　　　　　　　　　　　　　　국민이 갈망하는 인공지능정부

행태부터 바로 잡아야 한다.

지금은 인공지능 전환시대이다. 하지만 아직도 정치인 의식과 행태는 농경시대의 유교의 권위주의적 잔재에서 벗어나지 못하고 있다. 사회적·경제적 환경이 디지털전환과 개방화의 가속화로 급속하게 변화하는데 정당구조와 정치문화는 계급질서와 상명하복이 강조되는 폐쇄적 권위주의의 한계에서 벗어나지 못한 현실이다. 민생을 외면한 채 법안 처리에 소홀한 사이에 표밭을 다지기 위한 지역구 현안 법안은 서슴없이 처리했던 국회는 부실한 정부에 대한 견제·감독은커녕 규제방치에 엉터리법안까지 양산하여 왔다.

지난 1966년 인분이 등장한 이후 2008년 12월 18일에는 해머, 전기톱, 최루탄, 테러까지 이어지면서 국제적 망신까지 자초하였다. 국회와 여야 간 대화와 타협이 통하지 않는 갈등구조, 국익과 직결되는 문제를 정치적 이슈와 결부시키는 모습은 수십 년 전부터 내려온 병폐다. 의회민주주의의 기본인 다수결 원칙조차 지켜지지 않았다. 갈길 먼 의회민주주의의 불편한 진실이다. 일례로 지난 19대 국회를 돌이켜보면 여야대치로 국회법이 규정한 본회의가 열리지 못해 42일 만에 의장단을 선출했다. 정부예산안처리, 정부조직법 늑장처리 등으로 식물국회라 비판을 받았다. 현행 국회법상 국정 전반에 대해 장관(국무위원)을 상대로 질의할 수 있지만 질의 시간 48시간 이전에 구체적으로 작성한 질문요지를 정부에 보내야 한다. 하지만 이 조차 무시되어 대정부 질의가 부실하게 운영되어 왔다.

돌이켜보면 지난 2011년 11월 22일 오후, 5년 가까이 끌어온 한·미 자유무역협정(FTA) 비준안의 국회 처리는 단 4분 만에 끝냈다. 한·미 FTA 체결 이후 4년 반 동안 협상문안을 꼼꼼하게 점검해 온 미국의회와 대조적 양상을 보여준다. 이렇듯 부실하고 불량한 국회야말로 개혁의 우선대상이다. 국내 여론기관의 조사결과, 국회가 법을 잘 지키고 있다는 질문에 국민의 5.3%만 긍정하는 것으로 나타나 법을 만드는 입법기관이 법을 가장 안 지키는 것으로 드러났다. 경제민주화 이전에 법위에 군림하는 국회가 직면한 바닥수준의 정치신뢰부터 회복하는 게 급선무다.

최근 시민사회 확장, 정부와 민간 간 협력과 파트너십이 강조되고 있다. 이런 상황에서 정치민주화와 의회민주주의의 실천이 요구된다. 특히 시민참여와 소통 확대를 통한 민주정치의 구현을 위해 권위주의 정치도 청산해야 한다. 시대적 흐름을 거슬러 경제민주화라는 명분하에 정치가 경제에 개입한다면 더 많은 규제와 간섭이 생기면서 국가권력은 더욱 커질 것이다. 개인과 시장의 자유는 감소하면서 경제활동의 주권이 권력에 귀속되는 상황이 야기될 수 있다. 심지어 정부나 정치인이 정치적 이익에 따라 국가권력을 이용하여 특정이익집단에 유리한 규제나 정책을 집행하는 과정에서 구성원 간 갈등과 분열을 초래하면서 궁극적으로 공동체의식을 와해시킬 수 있다.

국민이 신뢰하는 의정활동을 위해 비윤리적 행위를 제한하고 엄중한 책임을 부과해야 한다. 독일은 의원행동강령에서 의원직 인수 전 직업과 관련한 활동을 신고하고, 의원 재임 중 수행하는 다른 업무를 신고하게 해 정치비리를 차단하고 있다. 미국도 하원 의사규칙에 의원이 직위를 이용해 부적절한 보수를 받을 수 없도록 금지하고 있다. 연설과 기고의 사례금은 물론 단일품목으로 50달러 이상의 선물수수금지, 1년 중 한 곳으로부터 받은 선물의 총액이 100달러가 넘지 못하도록 해뒀다. 그리고 현금이나 현금등가물은 아예 선물로 받지 못하게 했다. 물론 한국국회도 국회법, 국회의원 윤리강령, 국회의원 윤리실천규범을 두어 청렴하고 윤리적 의정활동에 관심을 두고 있다. 그러나 세부적이고 구체적이지 못해 적용에 한계가 있다. 불명확한 내용과 절차를 개선하되 국회의원이 자신에 대한 규범을 엄격하고 세밀한 내용으로 만들고, 이를 지키지 않았을 경우, 추상같은 책임을 추궁해야 국회가 만든 법률이 비로소 존중받을 수 있다.

정치민주화의 선행 없인 정치효율을 기대하기 어렵다. 이른바 개방, 공유, 소통, 참여의 가치가 정치민주화과정에서 느껴져야 한다. 기업하기 참 쉽고 정치하기 정말 힘들어야 경제가 꽃필 수 있다. 성숙한 민주사회를 위해 4류 정치가 1·2류 기업 옥죄는 모습은 사라져야 한다. 정치권은 권력만능주의에서 깨어나 성장잠재력이나 민간창의를 높이는 정치역량부터 강화해야 한다. 그 동안 정치쇄신을 위한 흉내와 소리만 요란했지 국민여망이나 시대요구에 부응하지 못했다. 재벌개혁과 경제민주화이전에 자기혁신이 먼저다. 징치인 우월감과 특권의식을 버리고 창조적 혁신으로 환골탈태하면서 공정성, 민주화 선창할 때 국민은 장단 맞추며 춤까지 출 수 있다.


## 3. 한국정치에 실망하는 이유

국민은 왜, 한국정치에 실망하는가? 새 정치를 보여주지 못하기 때문이다. 핫 뉴스로 넘쳐나는 일신우일신의 세상인데 정치만 그 모양 그 꼴이다. 현안이 산적한 민생현장에서 날 선 공방뿐이다. 소모적 파괴력 넘치지만 창조성 빈곤한 게 대한민국 정치의 현주소다. 고비용저효율의 근육질 국회를 지성적 체질로 개선해야 한다. 반듯한 정치가 번듯한 정부를 만들 수 있다. 가령 예산수립이 바른지, 재정집행이 적절한지 정부 고삐 바로 잡아야 알뜰행정이 가능하다. 그런데 거꾸로 한술 더 떠 선심성 예산확보에 사활을 걸고 있다.

요지부동의 구태정치, 어제 오늘의 일이 아니다. 궁 즉통(窮 卽通)이건만 벼랑 끝 몰려도 해법 없는 한국정치야말로 변함없는 트러블메이커다. 이유인즉, 창조성 DNA인 네 가지가 없기 때문이다. 첫째, 새롭지 않다. 국정고비마다 반복된 역주행 정치의 시계추는 늘 과거형이다. 정치판 고함소리는 고장 난 레코드판소리처럼 들린다. 고질적인 상극과 대치정국, 권력형 비리와 부패가 데쟈뷰 정치다. 새로운 정치열망으로 표출된 정치물갈이는 영·미국 현역의원교체율 20%를 훨씬 웃돈다. 지난 19대 국회의원 중 148명(50.6%)이 뉴 페이스다. 21대 국회는, 현역 58% 물갈이 ⋯ 20대보다 9%포인트 늘었다. 하지만 사람 바뀌고 간판만 갈았지 낡은 정치는 달라진 게 없다. 혁신소리만 요란한 정치권, 말 아닌 행동으로 재탕공약, 판박이정책, 색깔 잃은 정치판부터 깨트리는 게 정치쇄신이다.

둘째, 유용성 없다. 어느 시대나 민생은 정치이념이자 정책요체다. 국회가 먼저 시대정신과 흐름을 정확히 읽고 민심변화를 꿰뚫어야 한다. 하지만 민심 챙기기보다 자기들만의 기득권유지에 급급했다. 제 구실 못하는 고비용저효율 정치는 식물국회라 불리고 국회무용론이니 국회망국론이니 존재이유까지 부정되었다.

서민 위한다며 복지논쟁 뜨거운 정치권은 착각하지마라. 국가안보와 재정현실을 도외시한 편향적 이념공방과 선심성복지에서 벗어나 국리민복을 위해 좌·우 넘어 앞으로 정진해야 쓸모 있는 정치다.

셋째, 적절하지 못하다. 함량미달 정치인의 막말과 추태가 꼴불견이다. 상임위, 청문회나 국정감사에서 본질 벗어난 부적절한 정치공세도 비호감이다. 정치기본인 대화와 타협을 무시한 채 억지가 다수결을 압도하는 몽니정치가 민주주의 장애물이다. 위법·탈법·초법적 의회운영과 특권남용은 법치는커녕 시대가치, 국민기대치에 어긋난다. 경제민주화에 골몰하는 정치권은 직시하라. 특권의식에 사로잡혀 시대흐름, 공과 사, 때·장소조차 분간 못하는 치태(癡態)부터 벗어나 법치에 근거한 상식수준의 국회운영이 민의에 적합한 민주정치다.

넷째, 정연하지 않다. 특히, 지난 18대국회는 정치가 최악의 혼란진원지였다. 난투극, 단상점거에 해머, 최루탄만행으로 난장국회라 불렸다. 파괴력 넘치는 국회에서 쏟아낸 엉터리법안과 무색무취공약으로 혼란스럽게 한다. 입장 바뀌면 이랬다저랬다 변덕부리고 오락가락하는 무정견으로 국민을 헷갈리게 한다. 순식간에 집안 어지럽히는 얘나 나라분란 일으키는 정치인이나 똑같았다. 통합외치는 분열증 정치권이 계파·정파·지역주의·이념편향으로 사분오열된 정치판부터 조화와 절제로 화합해야 질서 있는 정치다.

오류정치가 판치는 한국에서 민주주의 꽃이어야 할 선거가 국민에겐 고역이다. 최악이 아닌 차악을 선택해야 하는 유권자심정은 불편하다. 훌륭한 후보자는커녕 흠결이 덜한 후보를 찍어야 하는 선거가 부담이다. 마지못해 투표를 해야 하는 상황이야말로 대의 민주주의의 위기다. 한국정치 쇄신하려면 판을 갈아야 한다. 국회의 자성과 자체 개혁에만 맡겨둘 상황을 넘어섰다. 기존 정치세력과 구태와 구습의 파괴적 창조가 유일한 처방이다. 인공지능에 의한 리셋모드가 필요하다.

바야흐로 지금은 인공지능 전환시대다. 인공지능시대에 창조성은 개인, 기업의 생존가치다. 하지만 정치만 예외다. 오죽하면 지난 2013년 3월 현대경제연구원의 조사결과, 가장 창조성이 부족한 집단으로 단연 정치인(74.2%)이 꼽혔겠는가. 대한민국이 지향하는 창조경제의 성패, 네 가지 없는 정치판의 창조적 파괴에 달렸다.

254

머릿수로 헌정사상 최다인 19대국회, 대우도 최고다. 특별대우에 걸맞게 최선과 최상의 창조성 발휘하는 게 국민에 대한 도리다. 당장 국정무기력과 위기무의식, 민생무감각에서 벗어나 국정난맥과 국민의 막힌 가슴 뚫어줄 정치적 상상력 발휘를 위해 정당 간, 의원 간 치열하게 경쟁하는 게 국민에 희망 주는 창조적 정치다.

정치에서 인공지능 개발이 활발하게 진행 중이다. 인공지능 정치인에 대한 생각은 이미 20세기부터 논의되었다. 이후 이루어진 최초의 시도는 이른바 정치 토론에 최적화된 챗봇(chatbot) 형태의 정치인이었다. 2017년 11월 뉴질랜드에서는 세계 최초의 인공지능 정치인 샘(SAM)이라는 인공지능 여성 정치인—좀 더 정확히 표현하면 챗봇—을 개발했다. 샘은 인공지능 정치인으로 페이스북 메신저와 연결되어 페이스북 유저들과 대화를 나누고 복지, 인구구조 변화를 통해 바라본 뉴질랜드의 미래, 기후 변화 대처방안 등을 시민들과 토론하고 있다. 여기에 특정한 문제가 제시되면 자세한 분석은 물론, 페이스북 유저에게 여론 조사를 하고, 더 많은 사람들이 원하는 방향으로 정책을 제안하기도 한다.

또한 일본에서도 선거에 인공지능이 출마한 적 있다. 2018년 4월 15일 일본의 도쿄도(東京都) 타마시(多摩市) 시장선거에서 마츠다 미치히토는 일본의 선거법상 인간만 출마 가능해 인공지능을 대신해 대리출마 출마했다. 그는 당선된다면 인공지능을 활용해 더 나은 도시를 만들겠다고 공약을 제시했다. 하지만 선거결과 마츠다 미치히토는 3위로 낙선했다. 미국에서는 로봇 대통령인 로바마(ROBAMA, ROBotic Analysis of Multiple Agents)를 2025년까지 개발을 목표로 하고 있

인공지능대통령: Robama

다. 벤 괴르첼(Ben Goertzel)은 2015년부터 인공지능 로봇 대통령으로 미국 대통령인 버락 오바마와 로봇의 이름을 결합한 Robama를 개발 중인데 소셜미디어를 이용하여 법과 정책 의사결정을 지원하는 인공지능으로 주목받았다. 그 밖에 2018년 러시아 대통령 선거에서도 '앨리스'라는 인공지능 후보가 출마하는 등 인공지능 정치인은 확대되고 있다.

https://www.deviantart.com/furryo mnivore/art/Robama-110088913

장차 입법 서비스에서도 디지털 전환을 선도할 필요가 있다. 객관화된 인사

데이터 디지털화에 기반하여 입법을 실시한다면 누구나 신뢰할 만한 법을 만드는 데 도움이 될 것이다. 하지만 법인격을 부여하여 진짜 국회의원이 되는 것은 아직 시기상조다. 인공지능에게 공명심이나 권력욕 등 감정을 주는 것이 불가능하고 위험요소가 있다. 독립된 법인격으로써가 아닌 국회의원을 도와주는 역할이 현재로서 최선의 선택이다. 가령 마츠다 후보처럼 예산편성과정에서 인공지능을 활용해 불필요한 예산을 삭감하고 시내버스 노선을 인구나 시민들의 이동행태에 따라 최적의 노선으로 재확정하고 기존 행정문서를 모두 검토해 시의회 의원들의 의정활동과 비용지출도 개혁하는 등의 방식이 바람직하다.

현실 정치권에서도 인공지능 정치의 불안과 비판이 있다. 첫째, 인공지능 정치봇을 이용한 가짜뉴스 범람은 심각한 정치쟁점이다. 둘째, 정치과정이나 정책결정 과정에서 결정 책임을 회피하거나 힘을 싣는 수단으로 악용할 소지도 있다. 그럴 경우, 아무도 정치에서 책임을 지지 않을 수 있다. 셋째, 인공지능 알고리즘의 조작 가능성은 정치적 불확실성을 확대할 수 있다는 점에서 위험하다. 아마존 인공지능 면접과 이루다 사건에서 인공지능의 편견 강화나 사전적 인식의 위험성이 알려져 있다. 자칫 과학이라는 표피를 보고 진실을 파악하지 못할 위험성은 민주주의에서 시민의 정책결정을 혼란스럽게 할 수 있다. 넷째, 인공지능이 내린 결정의 인과 관계에 대한 역추적이 불가능하다는 점이다. 인공지능은 선행 심화 학습(deep learning)된 수백 가지가 넘는 변수들을 가지고 시나리오를 제시해주는데 실제로 왜 그러한 시나리오가 만들어지게 되었는지 설명하지 못한다. 이는 단순한 선호 의사결정이 아닌 고도의 이해관계 조정이 필요한 정치나 정책 결정에서 인공지능이 제시하는 대안을 정치인이나 시민이 용납할 수 있을 것인가의 수용성 문제로 연결된다.[4]

인공지능이 정치와 만났을 때 어떤 일이 벌어질까? 아마 쉽게 예측하기 힘든 논쟁이 될 것이다. 정치행위는 인간의 가장 고도의 사고와 환경적 및 주·객관적 요인이 결합된 산물이기 때문이다. 정치가 항상 선하지도, 악하지도 않은 것은 정

---

[4] https://www.pressian.com/pages/articles/2021101814112615130#0DKU.

국민이 갈망하는 인공지능정부

치가 고도의 인간 이성의 활동이지만, 가장 저급한 결정의 산물이기 때문이다. 이런 맥락에서 인공지능의 정치적 활용은 초기 진입장벽이 높고 부작용에 대한 신뢰감은 낮을 수밖에 없다. 하지만 인공지능이 인간정치인과 달리 사리사욕이나 당리당략이 없으며 최적의 예산배분과 정책결정이 가능하다는 장점을 잘 선용한다면, 우리의 삶은 더 편리하고 올바른 정치행위를 할 수 있다는 점에서 인공지능의 정치적 활용을 무조건 비판할 수만은 없다.

국민이 갈망하는 정부

## 왜? 인공지능정부인가!

" 차라리 고난 속에 인생의 기쁨이 있다. 풍파 없는 항해, 얼마나 단조로운가! 고난이
심할수록 내 가슴은 뛴다.

— Friedrich Wilhelm Nietzsche(1844~1900) — "

# 인공지능정부:
# 관료와 AI간 앙상블

# 인공지능정부: 관료와 AI간 앙상블

## 목표와 문제의식

　디지털 전환의 중추기술인 인공지능이 국가정책 Agenda로 부각되고 있다. 인공지능을 활용하여 산업육성과 기업경쟁력 강화를 위한 노력이 전개되고 있다. 인공지능 국가전략은 단순히 인공지능 기술개발과 산업육성을 넘어 국가사회의 당면과제 해결, 사회시스템의 혁신과 최적화, 국민생활의 질 향상 등을 위한 정부구현을 포함한다. 하지만 정부는 어떤가? 여전히 관료제정부에서 벗어나지 못하는 듯하다. 정책문제에 무기력하고 부패하며 불공정하고 낭비와 비효율에서 자유롭지 못하다. 모든 것이 인공지능으로 통하는 인공지능 전환시대에서 창조적 탈바꿈이 요구되는 정부에게 어떠한 모습, 지향, 가치가 필요한가? 디지털 전환의 심화 및 고도화에 부응하여 창조성, 청렴성, 공정성 그리고 책임성, 윤리의식 등으로 무장된 공직자에 의한 정부기능과 역할이 한층 요구된다. 본 장은 인공지능 전환시대에서 바람직한 인공지능 정부모습과 지향을 제시하고 실천방안의 탐색하고자 한다.

## 제1절 인공지능정부의 배경

### 1. 인공지능정부의 등장배경

디지털 전환의 가속화에 따라 모든 것이 변하고 있다. 특히, 디지털 전환의 중추기술인 인공지능(AI) 기술의 채택과 확산이 삶의 양식과 일하는 방식도 바꿔 놓고 있다. 항상적 변화가 일상화된 현실에서 정부는 어떤가? 개혁과 혁신의 사각지대인 정부에도 인공지능의 영향에서 자유롭지 못하다. 하지만 일하는 방식이나 운영원리는 예전 모습 그대로다.

오늘날 정부, 이대로 좋은가? 긍정보다는 부정이 앞선다. 과연 정부의 지능수준은 어느 정도일까? 지능을 문제해결과 가치창출 능력이라고 할 때 정부의 지능수준은 저조한 것으로 판단된다. 가치창출은커녕 문제해결에도 급급한 실정이다. 문제를 잘 해결하려면 문제를 정확하게 인식, 진단, 정의해야 한다. 현장에서 발생하는 문제는 다양한 요인에 의해 드러난다. 정책과 함께 경영(관리)와 의료는 인술(人術)로 평가된다. 실례로 의사와 경영자는 현장에서 수많은 문제를 경험하고 해결과정에서 지식을 축적한다. 이러한 과정에서 insight가 발휘되면서 위기의 순간을 극복한다.

정부는 오랜 역사와 연륜을 지닌 조직이다. 정부에는 수십 년의 경험을 보유한 공무원이 일하고 있다. 하지만 축적된 경험과 지식은 물론 전자정부구축과정에서 물리적 DB조차 제대로 활용되지 못하고 있다. 그 동안 지능형 전자정부 구현과정에서 행정정보시스템, 지식관리시스템 등이 구축되었지만 정부의 문제해결이나 가치창출과 관련되지 못한 채 분절적으로 구축, 운영되어 왔다. 하지만 인공지능기술의 혁신적 발달로 상황이 바뀌고 있다.

인공지능이 다양한 산업과 영역에 걸쳐 인간능력을 능가한 것으로 평가된다. 가령 금융부문에서 이미 AI가 재무계획 수립은 물론 투자전략 강화에 도움을 주고 있다. 의학에서 AI 진단시스템은 심장병 및 암 진단에서 의사들보다 훨씬 정확하다는 것이 증명되었다. 이러한 추세에 부응한 대부분의 국가전략은 공공부문에서 AI 사용으로 시민에게 더 나은 공공서비스를 제공하고 일상적 정부프로세스 자동화 및 행정운영을 통한 효율성 향상을 추구하고 있다. 나아가 AI가 정부의사 결정(예: 안전, 보건 또는 정책평가 등)을 개선하는 데 도움이 될 것으로 기대되고 있다.

사실 인공지능은 환경을 관찰하고 학습하며 얻은 지식과 경험을 기반으로 지능적인 행동을 취하거나 결정을 제안할 수 있는 모든 기계 또는 알고리즘을 지칭하는 일반적인 용어이다. 이처럼 광범위한 AI 정의에 해당하는 다양한 기술이 있다. 하지만 머신러닝에서 사용되는 기술이 가장 널리 사용된다. AI는 정확한 예측을 수행하고, 사기거래와 같은 이상 징후를 감지하는데 도움을 준다. 또한 디지털 이미지 또는 비디오에서 정보를 수집, 처리 및 분석하고, 오디오 또는 텍스트를 처리 및 이해하며, 유사한 요구를 가진 시민의 분류를 개선할 수 있다. 비록 목록이 완전하지는 않지만 AI사용은 정책 입안, 공공 서비스 제공 및 내부 정부 프로세스 강화와 같은 다양한 정부 업무를 개선하고 있다.

정부를 괴롭히는 문제를 꼽는다면 환경, 교육, 보건 일자리, 주택보급 및 안정 등을 둘러싼 정책선택을 들 수 있다. 물론 노사, 남북, 통일, 외교 등 행정 분야별로 정부가 해결해야 할 문제는 그 수를 헤아리기 어려울 정도이다. 더구나 갈수록 사회가 복잡해지고 전문화되며 다양해지면서 정책이 다루어야 할 문제영역도 복잡한 양상을 띠고 있다. 각각의 문제들은 구체성의 정도에 있어서 추상적 수준에 있는 경우가 대부분이다. 또한 문제의 대부분이 정치·경제·문화적 이해관계가 고도로 복잡하고, 기술적 측면과 밀접한 관련이 있어 문제해결을 위한 정책방안의 탐색이 용이하지 않다. 이처럼 공공문제의 해결에 기여하도록 AI의 기능을 개선 노력이 필요하다.

지난 2019년 10월 문재인대통령은 정부가 AI를 가장 능동적으로 활용, 지원하는 인공지능정부가 되겠다고 공언했다. 또한 세계 최고수준의 전자정부를 넘는 인공지능기반 정부로 탈바꿈하여 국민 삶과 긴밀한 재난·안전·보건·의료·환경·국방 등의 영역부터 수준 높은 서비스를 국민들이 체감하도록 하겠다면서 공공서비스도 스마트 폰 중심으로 바꿔 나가겠다고 강조했다(시사저널, 2019. 10. 28일자).

디지털 전환의 중추기술인 인공지능을 활용하여 산업육성과 기업경쟁력 강화를 위한 노력이 전개되고 있다. 바야흐로 인공지능이 국가사회의 당면과제 해결, 사회시스템의 혁신과 최적화, 국민생활의 질 향상 등을 위한 창조적 활용이 절실하다. 무엇보다 정부자체의 역량강화와 경쟁력제고가 시급하다. 정책문제와 상황에 무기력하고 부패하며 불공정하고 예산낭비와 비효율에서 정부를 자유롭게 하는 수단으로 적극 활용해야 한다.

인공지능관련 수사(rhetoric)도 넘친다. 모든 것이 인공지능으로 통하는 인공지능 전환시대에서 기업은 AI First를 모토로 조직과 사업의 탈바꿈을 시도하고 있다. 하지만 정부는 민간부문에 비해 인공지능의 적용 및 활용이 낙후되어 있으며, 사회과학적 연구도 척박한 실정이다(최영훈외, 2021). 창조적 탈바꿈이 요구되는 정부에게 어떠한 모습과 지향이 요구되는가? 디지털 전환의 심화 및 고도화에 부응하여 창조성, 청렴성, 공정성 그리고 책임성, 윤리의식 등으로 무장된 공직자에 의한 정부모습과 역할이 한층 필요하다.


## 2. 전자정부의 성과와 한계, 전망

그 동안 정부는 전자정부 구현을 위해 막대한 예산과 노력을 투입하였다. 그 결과, 지난 2010년 이후 3차례에 걸친 UN의 전자정부 평가에서 1위를 차지했다. 특히, 전자정부시스템의 민원처리 효율성과 이용편의성에서 최고 점수를 받았다. 전자정부를 선도하는 강국임을 입증한 셈이다. 이후 코로나19 위기상황의 극복과정에서 한국의 전자정부는 신속한 긴급재난지원금 지급, 잔여 백신 당일예약 서비스 등의 성과가 국제사회에서도 인정을 받았다.

전자정부의 이용실태도 개선되고 있다. 2020년 전자정부서비스의 인지도, 이용률, 만족도 등에 관한 실태조사결과, 전자정부서비스 인지도는 95.7%, 이용률은 88.9%, 만족도는 98.1%로 나타났다. 연령대별 이용률에서 10대가 가장 높았으며, 만족도의 경우 20대가 가장 높았다. 디지털 취약계층인 60대 이상의 인지도는 2019년에 비해 9.3% 상승한 79%로 나타났다. 전반적으로 국민 10명 중 9명이 전자정부서비스를 이용했으며, 그 중 98.1%가 서비스에 만족한 것으로 드러났다. 이용 빈도가 높은 서비스는 홈택스(86.5%), 정부24(84.1%), 국민건강보험(65.9%) 순이었다(행정안전부, 2020).

전자정부의 인지도나 이용률 증가는 디지털 전환과정에서 나타나는 당연한 현상이다. 서비스 만족도가 높게 나타났지만 아직까지 시민기대를 앞서가지 못하고 있다. 수요자인 시민과 기업에 느껴지는 실상은 여전히 행정은 분절적이며 통합된 서비스가 제공되지 못하고 있다. 아직까지 모든 시민이 전자정부에의 접근이 어렵고 전자정부서비스에 대해 유용성이나 새로움을 느끼지 못하고 있다. 세계적 수준의 전자정부기반이라는 외피를 갖추었음에도 수요자인 시민이나 기업에게 새로운 경험을 제공하지 못하고 있다. 그 까닭은 아마도 정부혁신의 결핍에서 비롯된 것으로 생각된다(한세억, 2021a). 전자정부는 행정효율에서 출발하여 사회 전반의 혁신을 요구하는 수준으로 확대되고 있다. 전자정부가 기술적으로 성숙, 고도화하고 있지만 국가사회 현안을 해결하는 수단으로 제구실 못했다. 특히, 행정자체의 고질적 병리의 해결에 무기력했다. 이를테면 경제규모에도 못 미치는 정부경쟁력, 낮은 투명성과 청렴성, 불공정한 법집행, 낭비와 비효율의 아이콘으로 인식된 정부예산 등으로 인한 정부불신 등이 불편한 현실이다.

현재 전자정부는 디지털 중추기술 기반의 효율성 제고, 생산성 향상, 시민참여와 소통 등을 목표로 하면서 지능형 전자정부를 지향하고 있다. 가령 인공지능 기술혁신과 진보는 3.0을 지향한다. 하지만 관료의식 및 행태, 정부조직, 행정절차 및 제도는 여전히 1.0 수준에 머물러 있다. 인공지능정부의 기술적 필요조건에 비해 정부개혁이나 혁신성과는 불충분하다. 행정이념과 철학도 산업시대의 관료주의 한계에서 못 벗어나고 있다. 행정기능의 준거로 작용하는 법률, 규칙도 변화되지 못하고 있다. 디지털기술 도입 및 적용에서 최고를 넘어 최선의 서비스를 제공하는 인공지능정부가 되려면 발상의 전환과 근본적 혁신이 요구된다.

한편, 정부는 제2차 전자정부기본계획(2021~2025년)에서 〈디지털로 여는 좋은 세상〉이라는 비전의 구현을 위해 지능형서비스 혁신, 디지털기반 확충, 데이터기반행정 강화 등을 3대 추진과제로 설정하였다. 첫째, 지능형서비스 혁신부문에서 국민이 원하는 곳에서 자유롭게 공공서비스 이용이 가능하도록 MyData와 전자증명서 활용을 확대할 계획이다. 가령 온·오프라인 신원증명을 모바일 운전면허증으로 지원한다. 둘째, 디지털기반 확충 차원에서 디지털 소외계층의 지원과 서비스 개선을 위한 민·관 협력을 강화한다. 셋째, 데이터기반 행정 고도화를 위해 수요자중심 공공데이터의 개방을 확대하며 누구나 데이터 활용이 가능한 기반을 조성한다. 또한 Cloud기반 스마트 업무환경 조성 및 데이터기반 과학적 행정을 확산시킨다. 이에 2025년까지 현재 50%를 밑도는 공공서비스 디지털 전환율을 80%로 높이고 행정·공공Cloud 전환 100%(2020년 말 기준 17%) 달성을 목표로 삼고 있다. 이를 통해 디지털기반 공공서비스 설계가 가속되고 국민이 원하는 방식의 서비스가 제공될 것으로 기대된다(행정안전부, 2021).

## 3. 인공지능 전환시대의 정부혁신 가능인자

인공지능 전환(AI Transformation)은 AI를 기반으로 업무방식과 절차, 문화를 변화하는 방법이다. 디지털 전환의 다음 단계다. 가령 디지털 전환을 통해 업무방식이 디지털화되면서 쌓아진 데이터를 AI기반 분석으로 업무를 혁신하는 방법이다. 인공지능 전환은 AI를 기반으로 업무방식을 비롯한 총체적 변화를 도모한다. 디지털 전환으로 구축된 데이터를 AI가 분석하는 것이 AI 전환의 시작이다. 인공지능 전환의 대표 영역은 고객서비스와 경험이다. 예컨대 고객은 기업의 콜센터에 문의할 때 신속한 답변을 기대한다. 만일 답변이 지체된다면 불만이 고조될 수 있다. 이러한 경우, 인공지능 전환을 이룬 조직은 AI로 하여금 신속한 고객답변 및 응대로 서비스만족수준을 향상시킬 수 있다. 이처럼 고객문의나 질문에 대한 답변을 AI기반 데이터분석의 바탕에서 신속하게 찾아내 상담사에게 전달 또는 대신 답하도록 한다.

인공지능의 성과로 인해 AlphaGo(Google), Watson(IBM) 등 기존 상식을 초월하는 거대규모의 인공지능이 출현, 인간감성과 욕구까지 이해하는 단계로 발전하고 있다. 이처럼 인공지능의 발전이 혁신을 거듭하면서 산업과 사회의 패러다임이 바뀌고 있다. 마치 불과 전기처럼 AI도 마찬가지다. 19세기에 기업가들이 전력을 활용하여 주거 및 사무공간을 밝히고 산업설비의 동력원으로 사용했듯, AI 기업가들도 딥 러닝으로 동일한 일을 하고 있다. 인공지능의 발달과 성과는 시장에서 비즈니스모델과 기업혁신의 가능인자로서 작용하고 있다.

디지털 혁신은 조직운영 방식의 근본적 변화와 내부 리소스의 최적화, 새로운 고객가치 제공에 그 목표가 있다. 이미 시장에서 선도적 기업들은 새로운 수익창출 및 경쟁우위의 실마리를 마련하고 있다. 그래서 디지털 혁신을 도모하는 기업이 증가하고 있다. 물론 기대수준의 성과를 이룬 조직은 많지 않다. 그 까닭은 간단하다. 기존 관행과 사고방식, 행태에서 벗어나지 못한 채 말로만 디지털 혁신을 외쳤기 때문이다. 바람직한 디지털의 전환과 혁신은 일선 현장담당자부터 최고위층까지 사고의 틀(frame)을 전환해야 한다. Vogl 등(2020)은 관료제 내부에 초점을 맞추면서 정부의 디지털혁신을 "전통적 관료주의 한계를 극복하고 새로운 행정의 복잡성을 다루기 위해 사람, 컴퓨터 알고리즘, 기계가 판독 가능한 전자파일과 문서를 결합하는 것"으로 정의하였다.

외화내빈의 전자정부 전철을 밟지 않는 인공지능정부를 위해 기술뿐만 아니라 일하는 방식과 절차, 문화까지 바꿔야 한다. 인공지능정부 구현을 위한 필요조건으로서 데이터중심 업무프로세스가 구축되어야 한다. 기술적 기반구조(Infra)를 갖추되 시민중심 관점에서 접근해야 한다. 정부와 국민, 나아가 사물을 연결시켜 시민 삶의 편의성을 높여야 한다. 또한 정부보유 데이터를 전 부처가 공유·활용할 수 있도록 데이터 플랫폼과 표준화, 상호운용·이동성을 촉진하는 Architecture가 마련되어야 한다(황종성, 2021). 스위스 국제경영개발원(IMD)이 발표(2020)한 국가별 디지털 전환의 적응력과 대응력, 기술개발능력에 대한 종합순위결과, 한국은 8위로 나타났으며 전자정부와 전자참여지수 등이 강점으로 드러났다. WEF(2020)가 발표한 Global AI Index와 일맥상통한다. 즉 한국은 디지털혁신과 전환과정에서 기반구조(infra)는 잘 갖추었지만 디지털 생태계의 구성요인 중 잠재력이 미흡한 것으로 나타났다.[1] 더구나 2021년 IMD평가에서 12위로 하락하였는데 특히, 기업의 디지털역량이 최하위권으로 나타났다.

　　전자정부의 중추기술로 작용한 정보통신기술은 정부의 정책결정을 지원하고 정책대상 집단에게 향상된 공공서비스를 제공하는 데 있다. 인공지능정부의 핵심기술로서 AI는 경제 산업기반, 국가안보 등에 영향을 미칠수 있다. AI는 기술개발뿐만 아니라 합리적 정책결정과 집행은 물론 정부 혁신에 적응되어야 한다. 인공지능 기술의 활용여부에 따라 정부역량과 경쟁력이 좌우될 것이다. 인공지능을 비롯한 지능형 정보기술은 새로운 서비스의 제공, 융합산업의 발전, 공공부문의 혁신을 가능하게 할 것이다(관계부처 합동, 2020).

<br>

## 제2절　인공지능정부의 정체성과 지향

### 1. 인공지능, 관료주의 종언을 고할 수 있을까?

　　역대정부의 전자정부 추진과정에서 전자정부 수사(修辭)가 바뀌었다. 이제 디지털 전환이 심화되면서 인공지능 전환을 맞이하고 있다. 물론 정보통신기술은 필요조건이다. 하지만 그것만으로 불충분하다. 정보통신기술은 정부형질 자체를 바꾸지 못했다. 전자정부솔루션은 HW와 정보기반구조에 치중하면서 처방성의 한계로 인해 정부혁신을 위한 Momentum을 제공하지 못했다. 정부는 관료, 조직, 절차, 제도의 복합체이며 정부의 외연은 정치와 밀접하다. 인공지능정부 구현을 위해 인공지능시스템(SW+HW +Platform+Analytics)이 관료제와 통합되면서 관료제 형질이 바뀌어야 한다.

---

1) https://www.pressian.com/pages/articles/2021031611541492540#0DKU.

현재 정부외양은 디지털기술의 성취에 힘입어 지능형 전자정부로 탈바꿈 중이다. 하지만 디지털기술만으로 충분치 않다. 행정의 본질이 달라져야 한다. 아직까지 정부의 일하는 방식과 절차, 공직자의식과 행태는 관료의 구태를 벗지 못하고 있다. 기존 관행과 규칙, 전례답습, 복지부동, 무사안일 등 관료주의가 팽배하며 공공적 창조성은 민간수준에 미치지 못하고 있다. 위기 상황의 절박함에 둔감한 채 자신들의 이념과 소신에 편향된 세계 속에서 편의대로 정책을 펼치거나 심지어 문제 상황을 무시한 채 밀어붙이기 일쑤였다. 게다가 행정수요자의 니즈가 탁상의 정책관료에 의해 무시되기도 한다. 이 외에도 무사안일주의, 전시적 욕구, 비밀주의 행정풍토 등은 인공지능정부 구현과정에서 사라져야 할 구습으로 국민과 기업에 부담이나 스트레스로 작용한다.

관료주의는 대규모조직이나 국가에서 발생하는 기능적 장애현상이다. 먼저 공식화된 조직 및 시스템에서 책임회피 수단으로 악용되는 경우가 빈번하다. 관료가 모든 결과를 시스템 탓으로 돌린다. 즉 관료가 책임 있게 결정하지 않으며 정해진 규칙이나 매뉴얼에 근거했을 뿐이라고 변명한다. 뿐만 아니라 경직화된 계층제, 몰인격적 관계, 형식주의, 연고주의 등이 그 요소로 지적될 수 있다. 하지만 그 기본 개념은 조직화된 관리권의 행사와 법률 및 규정의 집행에서 기인한다. 공식화 및 구조화된 시스템의 경직성이 초래하는 가장 큰 역기능은 바로 책임회피에 따른 비효율성이다.2)

국민이 원하는 것은 간소한 시스템의 엄격한 운영이다. 복잡한 시스템의 허술한 운영은 결코 아니다. 사실 관료제는 Max Weber가 가장 합리적인 조직구성 방법으로 인식했을 만큼 그 기본적 덕목은 명쾌했다. 하지만 관료주의 폐해는 창의성과 실험정신을 말살하고 있다. 그래서 관료주의는 지능적 행정의 걸림돌이다. 지금껏 비대한 정부에 이르도록 일의 경중이나 업무량 증감에 관계없이 공무원 수를 지속하여 증가시켰다. 이른바 Parkinson's Law가 실증된 것이다. 성과와 무관하게 승진하는 무능관료들은 전문성이 떨어져 무기력을 드러냈다. 무능한 자

---

2) 가령 정보시스템 도입으로 확산되었던 ARS을 들 수 있다. 당초 의도와 달리 시스템을 위한, 시스템에 의한, 시스템의 꽉 막힌 관료주의 흔적이 곳곳에 남아 있다.

가 능력이상의 자리를 맡으면서 비효율성이 초래된다는 Peter's Principle가 지배하고 있다. 게다가 역대 가장 큰 예산규모와 재정적자를 초래하고 있다. 관료가 자기 관할 하에 사용되는 예산의 극대화를 지향한 결과다. 영향력의 끊임없는 확장을 위해 공공서비스를 과잉 공급하는 Niskanen Model이 적용된 셈이다. 이렇듯 관료주의에 빠진 정부는 소득범위 내에서 효율적 소비를 도모하는 소비자와 이윤극대화를 추구하는 기업과 딴판이다(한세억, 2018). 부족하면 걷어서 쓰면 된다는 식이기에 재정적 효율성을 확보할 수 없다.

바야흐로 지금은 데이터가 중시되고 알고리즘이 강조되는 시대를 맞이하면서 정부형태의 대전환이 요구된다. 위계에 기반을 둔 관료제(bureaucracy)는 설 자리가 없어질 것이다. 변화의 시작은 인공지능을 장착한 로봇공무원이다(김광웅, 2018).


## 2. 인공지능기술과 정부

인공지능은 어떻게 정부에 도움을 줄 수 있을까? 정부 및 공공부문에서 인공지능은 다양한 혜택을 줄 수 있다. 첫째, 보다 정확한 정보, 분류 및 예측을 제공하여 보다 나은 결과를 도출한다(예: 정확한 문제 진단 및 상황 예측). 둘째, 갈수록 어렵고 복잡해지는 사회문제에 대한 해결책과정에서 긍정적 영향을 미칠 수 있다. 셋째, 정책입안자가 집행 이전에 대안적 정책옵션으로 실험하고 의도치 않은 결과를 발견하는 등 다양한 모의실험(simulation)이 가능하다. 넷째, 공공서비스를 불특정다수에게 제공시 시민요구와 관심사의 정확한 파악의 바탕에서 개인화된 서비스를 제공하여 공공서비스의 경험 개선에 기여할 수 있다. 다섯째, 반복적이고 시간소모의 작업을 자동화하여 일선 담당자의 시간절약 및 가치 있는 업무의 집중을 도와줄 수 있다.

이러한 편익의 활용을 위해 인공지능 채택이 증가하고 있다. AI 덕분에 브랜드에서 얻을 수 있는 개인화된 경험에 만족한 고객들은 모든 브랜드와 기관에서 동일한 경험을 기대한다. Accenture에 따르면 미국 시민의 92%가 디지털 서비스

국민이 갈망하는 인공지능정부

가 개선되면 자신의 의견이나 요구가 정부에 긍정적 영향을 미칠 것이라고 전망했다. 이에 정부는 기꺼이 AI에 투자하고 적용을 확대할 것이다.

AI가 정부에 제공하는 편익은 AI가 민간부문에 제공하는 것과 유사하다. 이를 크게 세 가지 범주로 분류할 수 있다. 첫째, 운영효율로 인한 비용절감효과이다. 현재 정부에서 일하는 많은 공무원들이 과도한 서류업무 부담을 가지고 있다. Deloitte에 따르면 미국 연방공무원 업무를 자동화할 경우, 연간 9,670만~12억 시간이 절약될 수 있다고 전망했다. 또한 자동화와 인공지능이 33억 달러~411억 달러 사이의 비용절감효과가 예상된다. 둘째, 새로운 서비스 개선이다. 자율주행 셔틀 및 개인 맞춤형 교육 등과 시민서비스용 애플리케이션은 정부가 시민들에게 제공하는 서비스의 질을 향상시킨다. 셋째, 데이터중심 의사결정이다. 정부는 매일 풍부한 양의 데이터를 수집하고 있다. 보다 나은 의사결정을 통한 서비스 개선과 운영비용 절감이 가능하다. 또한 공공부문에서 활용예측의 경우, 2017년 기준 공공영역에서 ANI활용을 통해 얻을 수 있는 부가가치는 2025년에 이르러 약 5조 6천만 달러로 예측되었다. 즉 공공의사결정의 최적화를 통한 효율과 생산성 증대, 일자리의 증대를 통하여 AI의 부가가치 향상과 함께 World GDP는 1.93% 추가될 것으로 전망되었다(Capgemini, 2017)[3].

정부를 비롯한 공공부문에서 이미 인공지능기반 실험이 시작되었다. 미국은 연방정부 차원에서 시민서비스를 위해 인공지능기반 인터페이스 구축을 시작했다. 이와 함께 레거시시스템을 업데이트하고 단순작업의 자동화를 위한 소프트웨어 사용을 확대하고 있다. 이 외에도 기반구조계획, 법적 판결, 부정행위 탐지 및 시민대응시스템 등에 대한 투자를 지속하면서 디지털 전환이 추진 중이다. 그러나 정부는 인공지능 배치 및 통합에서 민간부문보다 훨씬 뒤쳐져 있다.

인공지능기반 애플리케이션은 업무량을 줄이고 비용절감뿐만 아니라 일상적 업무로부터 벗어나게 할 수 있다. Tim O'Reilly가 제안했듯, 정부에서 인공지능 확장은 공공부문 현대화에 의미가 크다. 가령 빅 데이터기술은 민주주의 개선과

---

3) 중립적 전망은 약 4조 달러의 부가가치 창출과 1.4%의 추가 World GDP 향상, 회의적 전망은 약 2.5조 달러와 0.9%의 World GDP 성장이 예측되었다.

함께 공공부문시스템 부작용 제거에 큰 도움이 될 수 있다. Sensor 기술과 머신러닝시스템을 사용하여 정부감독을 강화하면 규제완화는 물론 감시규모와 범위를 확장할 수 있다. 이른바 알고리즘 규제(O'Reilly)는 새로운 데이터에 기초하여 조정할 수 있는 알고리즘(즉, 규칙집합)적 규제로 간주해야 한다. 딥 러닝은 의사결정 관리, 예측, 데이터 분류 및 정보합성 등에서 혁신적 발전을 보여준다. 즉 시민을 위한 공공서비스 개선과 공공서비스 전문가의 업무향상을 촉진할 수 있다. 궁극적으로 정부의 재편을 가능하게 한다.

인공지능기반 행정은 문서전달기반에서 벗어나 데이터기반 S/W계층의 디지털코드와 알고리즘, 플랫폼, Cloud Computing시스템, 블록체인으로 구성된 디지털기반구조 위에서 작동될 것이다. 인공지능기반에서 수집된 다양한 데이터에서 패턴을 파악하고 미래 동향과 이슈에 대해 정확하게 예측하는 방식으로 운영될 것이다. 관료제는 문서보관소(archive)나 사무실/부서(bureau)라는 공간적 제약에서 벗어날 수 있다. 디지털 데이터가 축적된 온라인 플랫폼 또는 Cloud Computing 시스템이 업무공간이 될 것이다(Eom, 2021; Muellerleile & Robertson, 2018).

인공지능시대의 정부에서 데이터과학기반 분석역량이 한층 강조될 것이다. 객관적 의사결정을 뒷받침하는 것은 관료적 전문성과 자율성, 과거로부터 축적된 문서파일, 표준화된 운영절차(SOP) 등이 아니다. 다양한 Sensor와 정보시스템을 통해 수집·축적된 데이터와 데이터 분석결과가 될 것이다(Eom, 2021; Vogl et al., 2020; Muellerleile & Robertson, 2018). 인공지능기술을 비롯한 디지털기술을 활용하여 고충민원에 대한 효율적 처리뿐만 아니라 민원데이터 분석의 바탕에서 정책문제 탐색과 해결과정에서 공론화 및 참여활성화, 정책현안의 발굴과 대응에 이르기까지 확대되면서 디지털 민주주의 기반 행정모형의 가능성이 높아지고 있다.

국민이 갈망하는 인공지능정부

## 3. 인공지능정부(AI Government)의 개념, 요소와 가치

### 가. 인공지능정부란?

정부는 인공지능정부를 "언제 어디서나 현명하게 국민을 섬기는 정부로서 지능정보기술을 활용하여 국민 중심으로 정부서비스를 최적화하고 스스로 일하는 방식을 혁신하며 국민과 함께 국정운영을 실현함으로써 안전하고 편안한 상생의 사회를 만드는 정부"로 정의하고 있다(행정안전부, 2017). 장차 인공지능정부는 시간과 공간, 인간적 한계를 벗어나 서비스를 제공하는 정부가 되어야 한다. 여기서 시민은 서비스 환경을 이용하게 된다. 서비스 환경(플랫폼)에 따라 서비스 만족도나 활용편의성이 결정될 것이다. 물론 기술적 기반구조와 혁신적 아이디어가 전달될 수 있는 조직구조 및 최적화된 기기 등 요소들을 포함한다. 디지털환경은 참여자들 간 협력에 영향을 받으면서 이해관계조율 및 갈등조정 등 정치적 성격을 드러낼 것이다. 그래서 디지털시스템 내 협력과 질서유지 및 참여자간 이해관계의 조정기능을 어떻게, 누가 수행할 것인지가 중요하다. 디지털 전환시대에서는 시민주권과 창조성이 정부기능의 한계를 보완할 수 있다는 신념과 공감대가 필요하다.

인공지능정부는 객관적으로 정의되거나 정형화된 형태를 지칭하지 않는다. 시민에게 최선의 서비스를 제공한다는 점에서 시민마다 원하는 행정모습도 다를 수 있다. 가령 시민의 수준, 입장과 욕구, 취향에 따라 인공지능정부에 대한 니즈가 달라질 수 있다. 지금까지 정부가 일방적으로 기준과 원칙을 정하고 시민에게 명령 및 통제하거나 획일적으로 규정된 목표수준을 추구하는 것은 인공지능 전환시대에는 맞지 않다. 오히려 시민 각자가 그리는 이상적이고 직관적 세계를 이해하려는 노력이 요구된다. 시민니즈나 희망에 따라 제공형태도 다양해야 한다. 인공지능 전환은 현재진행형이기에 인공지능정부 모습 역시 명확하지 않다. 그 바람직한 정부모습은 서비스 이용자인 시민으로부터 형상화될 것이다. 정부가 만들어서 보여주는 것이 아니라 시민들이 기대하는 모습의 탐색과정에서 인공지능 정부모습이 투영되어야 한다. 시민과 다양한 영역의 혁신자들의 소통공간에서 성공적인 정부모습이 구체화될 것이다.

인공지능정부는 시스템·과정·업무흐름 개선, 조직성과의 지속적 변화를 위한 동기부여, 변화에 민감한 반응 등으로 이루어진 신뢰가 바탕이 되어야 한다. 또한 시민과의 상호작용을 통해 서비스를 발굴하고 운영체계가 지속적으로 업그레이드되어야 한다. 이러한 변화는 행정조직 내부 활동에 커다란 영향을 미칠 것이다. 가령 스마트폰 운영체계(OS)의 업그레이드는 휴대전화 제조업체의 몫이듯 정부가 업그레이드된 공공서비스를 제공해야 한다. 즉 인공지능정부는 시민의 출생부터 사망에 이르기까지 지속적으로 개선된 서비스를 제공해야 한다. 이를 위해 시스템 간 연동과 상호작용이 가능한 표준 프로토콜이 요구된다. 또한 행정업무흐름 및 활동을 명확히 알 수 있도록 시민중심으로 모니터링하면서, 그 결과를 책임성과 연결시켜야 한다. 모든 행정영역에 인공지능 솔루션의 실행과 함께 국민의 적응과 수용이 이루어져야 한다. 인공지능정부는 행정영역별, 기능별, 부처별 솔루션과 프레임워크의 이음새 없는 연계와 적용을 통해 궁극적으로 자율운영정부의 구현을 도모해야 한다(한세억, 2021b).


## 나. 인공지능 정부의 차원, 기준과 요소

인공지능정부는 운영과 기능을 자율적으로 쇄신하는 정부다. 새로운 서비스나 기존의 문제를 개선한 성과물과 가치를 통해 시민만족과 감동을 넘어 새로운 경험을 제공한다. 인공지능정부의 개념을 일의적으로 규정하기 어렵지만 정부가 지향해야 할 궁극적 모습은 문제해결 및 가치창출 역량을 갖춘 자율운영정부다. 지속적인 정부혁신을 통해 수요자에게 책임성과 창조성 등을 체감시키는 정부다. 인공지능정부는 마치 유기체처럼 환경 및 상황변화 대응하면서 수준, 단계와 차원을 달리한다. 매일 새로워지는 정부를 위해 혁신노력의 일상화가 요구된다. 즉 수요자의의 니즈를 실시간 반영하는 정부로 변신해야 한다. 그 동안 전자정부의 추진은 정보공개, 정보접근성 향상, 시민참여 확대 등에 초점을 맞추었다. 이제는

국민이 갈망하는 인공지능정부

국가 및 국민의식수준이나 정보 활용능력도 한층 높아졌다. 이에 따라 국민생활에 스며드는 인공지능정부의 일상화와 효율화는 기본이며 유용성과 새로움이 가시적으로 드러나는 창조성에 초점을 두어야 한다. 국민생활패턴이나 기업의 비즈니스 패턴에 맞추고, 부처 간 장벽을 제거하여 기능적으로 연계·통합된 이음새 없는 정부로 거듭나야 한다.

마치 전자정부처럼 인공지능기술의 화려한 외피를 걸쳤다고 문제해결 및 가치창출능력이 저절로 확보되는 것이 아니다. 인공지능정부의 외양에 걸맞게 행정이념과 정책을 실천하려는 각고의 노력이 없다면 무능·무지·무책임한 인공지능정부라는 오명에서 벗어날 수 없다. 창조성 기반 인공지능정부의 내실은 〈그림 5-1〉에서 보듯이 사용자중심의 공유된 서비스로서 다양한 서비스채널을 통하여 선택적 서비스가 가능하며 사용자 위주의 가치 중심적 공공서비스를 제공하는 정부다(한세억, 2021a). 가령 시민 요구에 부응한 개인화 및 최적화기반의 맞춤형 행정서비스와 탄력적 조직구조 및 운영이 이루어진다. 인공지능기술과 솔루션이 조직, 문화, 제도에 내재화 및 통합되면서 자율성, 통합성, 다양성의 가치가 발현되는 이음새 없는 자율운영정부를 의미한다. 하지만 현재의 정부상황 및 수준은 커다란 괴리감을 드러낸다.

•• 그림 5-1  인공지능정부 내실

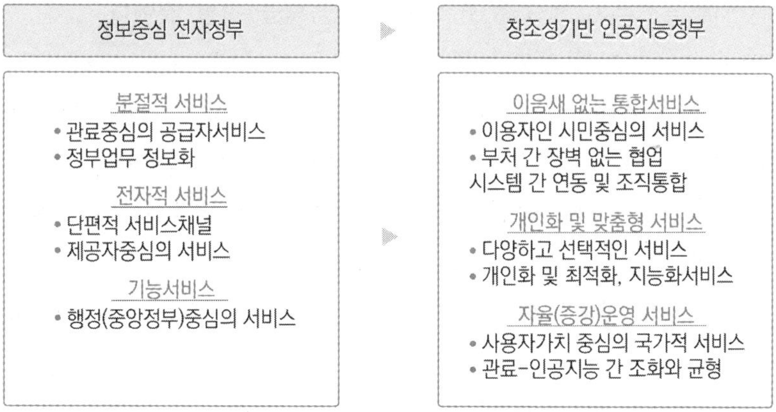

| 정보중심 전자정부 | ▷ | 창조성기반 인공지능정부 |
|---|---|---|
| 분절적 서비스<br>• 관료중심의 공급자서비스<br>• 정부업무 정보화<br>전자적 서비스<br>• 단편적 서비스채널<br>• 제공자중심의 서비스<br>기능서비스<br>• 행정(중앙정부)중심의 서비스 | ▷ | 이음새 없는 통합서비스<br>• 이용자인 시민중심의 서비스<br>• 부처 간 장벽 없는 협업<br>시스템 간 연동 및 조직통합<br>개인화 및 맞춤형 서비스<br>• 다양하고 선택적인 서비스<br>• 개인화 및 최적화, 지능화서비스<br>자율(증강)운영 서비스<br>• 사용자가치 중심의 국가적 서비스<br>• 관료-인공지능 간 조화와 균형 |

## 다. 인공지능정부의 가치: 창조성

인공지능정부가 담아야 할 가치는 무엇인가? 정부에서 추진하는 지능형정부는 6개의 핵심가치(공정, 투명, 유연, 신뢰, 창의, 포용)를 바탕으로 〈스스로 진화하는 WISE 정부〉 비전 달성을 위한 4대 목표(W.I.S.E.)를 추진방향으로 설정하여 과제를 추진하고 있다. 즉 마음을 보살피는 정부, 사전에 해결하는 정부, 가치를 공유하는 정부, 안전을 지켜주는 정부이다(행정안전부 2017). 시의 적절한 가치로 평가된다. 하지만 보다 능동적이며 실천적 가치가 요구된다. 지금껏 정부·관료의 역할의 지도원리였던 합법성, 합리성, 능률성을 초월해야 한다. 이른바 창조적 문제해결과 공익가치 창출을 위해 관료의 행동준칙인 조직규범과 가치, 표준운영절차를 비롯한 제반 법규 및 관행, 규칙들이 재정비되고, 국민기대와 요구에 부응할 수 있는 서비스 수단과 장치가 마련되어야 한다.

인공지능시대에서 행정서비스의 성패는 얼마나 신속하게 다양한 고객수요를 만족시켜주느냐에 달렸다. 이를 위해 공급자 관점에서 벗어나 수요자 입장에서 창조적 서비스를 제공해야 한다. 보다 중요한 서비스는 재화, 용역은 물론 솔루션에 기반을 둔 정보·지식이다. 그 동안 행정개혁 이념과 처방들은 수요자가 체감하는 행정프로그램으로서 효율성이나 만족감을 제공하지 못했다. 이제 인공지능시대의 정부혁신은 앞서 제기된 문제점의 해결은 물론, 새로운 시대변화를 반영하는 이념, 가치를 실천으로 체감할 수 있어야 설득력을 지닐 것이다.

기존 전자정부는 신 공공관리의 추동인자로서 인식되어 왔다. 하지만 전자정부 추진과정에서 경험했듯 수차례에 걸친 행정개혁 방향과 조치는 그 지향과 달리 국민요구나 가치 중심이라기보다 정부 또는 관료 중심적이었다. 뿐만 아니라 전자정부 구축과정도 기술 중심적이었으며 정보시스템 위주의 공급자 지향이 강했다. 이제 정부의 행정서비스체계를 일원화하고 데이터·정보·지식을 공유·공개함으로써 정부의 창의성과 청렴성, 투명성, 공정성의 가치가 가시적으로 측정 가능해야 한다.

인공지능기술의 혁신으로 다양한 창작물이 생성되고 있다. 인공지능 스스로 창작·서비스하는 시대가 열리고 있다. 이러한 상태에서 인간의 역할은 한층 중요하다. 인공지능에 대한 논쟁에서 제기되는 이슈가운데, 기술이 인간을 쓸모없게 만들 수 있다는 논의가 있다. 사실 인공지능의 결과로 일부 역할은 사라질 수도 있다. 하지만 기계 트레이너, 대화 전문가, 자동화 전문가와 같은 채택을 뒷받침할 다른 새로운 역할들이 요구된다. 공공부문 조직이 인공지능의 잠재력을 최대한 실현하는 과정에서 인적 요인의 가치가 중요하다. 실제로 인공지능 특성화 조직은 공무원과 기술이 공존하고 서로 보완하는 혼합 인력이 중요하다(Hila Mehr, 2017).

더욱이 디지털 전환시대의 행정맥락에서 창조성은 혁신과 밀접하다. 갈수록 행정문제가 복잡해지고 행정가치 창출을 위한 환경이 역동적으로 전개되면서 정책문제 해결과 정책가치 창출을 위해 창조성이 한층 요구된다(한세억, 2018). 기존의 합법성, 민주성, 능률성은 시대가 변해도 변함없는 기본적 가치이다. 하지만 시대적 상황과 특성의 변화에 따라 행정이념도 달라져야 한다. 〈그림 5-2〉에서 보듯 정부는 시민과 기업 그리고 국가적 차원에서 겪거나 장차 당면하게 될 문제상황에 대한 해결과 유의미한 가치창출능력을 갖추게 됨으로써 그 모습이 구체화될 수 있다. 이러한 능력을 지탱하기 위해 행정의 지도원리 또는 지도정신의 전환이 요구된다. 인공지능 전환시대에 상응하는 행정이념으로 창조성, 청렴성, 공정성, 효율성이 제시될 수 있다.

•• 그림 5-2  인공지능정부의 행정이념

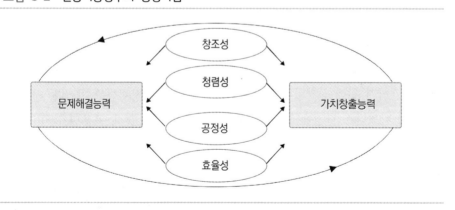

인공지능정부의 실천과제: 솔루션의 가능성과 한계

## 1. 인공지능정부의 기반구조

인공지능, 사물인터넷, 빅 데이터 및 행동/예측 분석, 블록체인 기술은 정부를 혁신하고 새로운 세대의 GoverTech4) 창업을 촉진하고 있다. 공공서비스와 국가기반구조의 지능화는 정부기능과 중요성 못지않게 기업과 시민에게 중요한 영향을 미친다. GoverTech시스템에는 Chatbot 및 공공참여를 위한 지능형 지원시스템, 공무원지원을 위한 Roboadvisor, IoT 및 블록체인을 이용한 국가기반시설의 실시간 관리, 자동화된 컴플라이언스/규제, 블록체인 분산대장에 안전하게 저장된 공공기록, 온라인사법 및 분쟁해결시스템 및 블록체인 스마트계약으로 인코딩된 법률/법률 등을 포함한다.

정부는 잠재적으로 새로운 데이터 기술의 주요 고객이다. 인공지능을 비롯한 디지털 전환의 중추기술을 매개로 사람, 기반 구조, 기술 및 솔루션, 다양한 정책수단이 이음새 없이 작용하여 서비스로서의 정부(Government as a Service) 모습이 투영될 것이다. 많은 정부가 데이터과학기술 기반 디지털 정부프로그램을 추진 중이다. 가령 에스토니아, 싱가포르 등을 들 수 있다. 하지만 대부분 개별 AI 또는 블록체인프로젝트로 구성되어 있다. 가장 포괄적 프로그램으로서 에스토니아 e-Estonia(e-estonia.com)는 모든 시민이 디지털 신원, 디지털 서명 및 개인기록을 가지고 있다. 사실상 모든 정부서비스가 디지털 및 온라인기반에서 제공된다. 가령 e-Residency는 전 세계 누구나 포함, 합법성 및 투명성에 기반을 둔 플랫폼에 접근하기 위해 신청할 수 있는 초국가적 디지털 정체성을 지녔다. 전자 거주자는 EU 비즈니스 환경에 접근할 수 있고 디지털ID를 통해 공공전자서비스를 사용할 수 있다.

---

4) GoverTech란 주로 정부운영 및 혁신관련기술로서 공공문제 해결을 위한 공공솔루션으로 제공된다. 가령 방산기술과 솔루션처럼 정부 및 공공부문에 특화된 기술 및 사업을 의미한다.

•• 그림 5-3  알고리즘기반 정부의 자동화 영역

| 공공서비스 | 공무원 지원 | 국가공공기록 | 국가의 물리적 기반 구조 | 법령 및 준수 | 공공정책 개발 |
|---|---|---|---|---|---|
| 시민에의 서비스 전달 및 상호작용 | 공무원 지원 및 서비스 전달 | 공공 기록물 및 문서 유통 유지 | 공공기반시설의 운영 및 유지 | 법법령 및 규정, 사법 및 정책의 유지 | 정책개발 및 공무원 정치인 지원 |
| • 시민과 상호작용<br>• 온라인서비스 전달<br>• 선거과정 | • 공무원 지원<br>• 사례 관리<br>• 영향 및 성과 모니터링 | • 형식(서식) 및 제출<br>• 교신<br>• 개인/시민 데이터<br>• 후방(Back) 업무 운영 | • 스마트시티<br>• 기반구조계획<br>• 교통 및 통신<br>• 환경모니터링 | • 법과 규정 (부호화, 검증, 모의 실험)<br>• 재판 및 기소<br>• Online Dispute resolution | • 정책모니터링 및 지원(공무원/정치인) |

* Government Data Facilities - public data portals, e.g. data.gov, data.gov.uk
* Internet of Things(IoT) - sensors, devise, network connectivity
* Artificial Intelligence(AI) - machine Learning, deep learning, statistical modelling
* Big Data Analytics - large, unstructured, heterogeneous data; patterns, correlations
* 행태 및 예측 분석 - 행태심리
* vBlockchain Technologies - distributed ledger, smart contracts

ALGORITHME 기반 정부

또한 공공부문 자동화에 대한 논의의 기초에서 알고리즘기반 정부를 살펴보면 〈그림 5-3〉에서 보듯 다양한 분야에서 인공지능 및 중추기술이 활용될 수 있다. ① 공공서비스: 시민과의 상호작용 및 서비스제공, 문의응답, 서비스자동화, 선거프로세스 등이 있다. ② 공무원 지원: 공무원 지원을 위한 지능형 도구, 공무원을 위한 Robo-advisors, 사례 관리, 영향/성능 모니터링 등이 있다. ③ 국가공공기록: 공공기록 및 서신, 양식 및 제출, 서신, 개인/시민 데이터 유지 등이 있다. ④ 국가 물리적 인프라: 공공시설의 유지 및 운영, 스마트 환경, 기반시설계획, 교통/통신/환경/보건/교육/보안 등을 들 수 있다. ⑤ 법령 및 준수: 법률 및 법령을 유지하고 법원, 사법부, 경찰 등을 관리하며 법률 및 법령(코드화, 검증, 시뮬레이션), 재판 및 기소, 분쟁해결 등이 있다. ⑥ 공공정책 개발: 공공정책 개발, 공무원 및 정치인 지원, 증거기반(데이터/전문가/여론) 정책지원, 정책입안자를 위한 Robo-advisors 등을 들 수 있다. 주로 공공부문 자동화에 초점을 맞추고 있지만,

시민참여방식과 교차영역과 관련하여 사회적 차원의 고려가 요구된다. 이를테면 공공정책 영역에서 공정성, 투명성, 사생활 및 책임의 문제에 대한 보다 질적이고 기술적 작업에서 포괄적 시스템의 구축노력이 요구된다.

　　정부데이터 지형은 공식기록 및 통계, 프런트엔드 행정서비스를 통해 얻은 2차 데이터, 블로그, 채팅, 트윗 및 비디오와 같은 웹 콘텐츠의 형태로 사용자가 생성한 데이터, 연결된 사람과 장치에 의해 수집된 감각 데이터 등을 포함한 다양한 소스로 정의된다. 예를 들어 CCTV, GPS 또는 교통데이터, 위성 및 항공사진, 쇼핑 또는 은행기록 등의 거래데이터가 있다. 또한 지리적 공간, 경제, 인구통계학적 통계자료, 실시간 및 과거자료, 텍스트, 숫자, 이미지 및 비디오 등과 같이 데이터형식에 따라 만들어질 수 있다. 정부부처 및 공공기관, 지방정부로부터 제공된 데이터가 다른 상업적 또는 비영리 데이터 소스로 확장될 경우, 경제, 정치, 과학 및 사회 혁신에 대한 수많은 기회를 제공한다(Safarov and Grimmelikhuijsen, 2017).

　　또한 공무원 지원과 전문 업무를 지원하는 도메인별 Robo-advisor와 국가기반구조의 실시간 관리를 위한 IoT 두 가지 핵심기술이 있다. 현재 Robo-advisor는 금융투자와 자산관리 조언에 초점을 맞추고 있으며 공무원에 대한 지원가능성을 보여준다. 첫째, 시민은 복지(예: 세금공제, 장애수당, 퇴직, 에너지효율), 서비스(예: 건강검진, 주택), 등록(예: 투표, 주차허가) 등에 대해 조언을 받을 수 있다. 둘째, 시민은 정해진 금액을 연금 또는 자선단체 등에 자동이체하거나 연금계획 및 저축 등 조언의 선택권을 가질 수 있다. 셋째, 전문가도움이 필요할 때 시민이 Robo-advisor와 상담할 수 있으며, Query를 전달할 수 있다. 하지만 디지털 자문서비스가 '모든 것에 맞는' 모델은 아니다. 즉, 인공지능의 'Hi-Tech'와 인간의 'Hi-Touch'의 장점을 결합한 Hybrid 모델이 커다란 이점을 제공할 수 있다.


## 2. 인공지능정부의 증강솔루션

　　정부서비스에서 인공지능 솔루션은 공무원의 직무만족도를 높이고 서비스의 질을 높임으로써 보다 효율적인 서비스를 제공한다. 공공부문에서 AI의 적용에 대한 예를 들면 다음과 같다. 챗봇이나 가상도우미를 통해 자주 묻는 질문에 답하거나 AI가 복지지급 및 이민 결정을 내리고, 사기를 감지하고, 새로운 인프라 프로젝트를 계획함으로써 공무원을 도울 수 있다. 이 외에도 AI 애플리케이션은 다양한 기능을 포함하고 있다.

첫째, 다수의 디지털 이미지 또는 비디오로부터 정보 수집, 처리 및 분석(Centre for Public Impact, 2017)이다. 둘째, 챗봇 및 가상 도우미를 통해 서비스 사용자 또는 시민/고객과 반자동 방식으로 상호 작용하거나 오디오와 텍스트를 이해하기 위해 자연어 처리(NLP)가 지원하는 텍스트 데이터(Chui 등, 2018; Eggers 등, 2017) 해석에 기초한 감정분석의 수행이다. 셋째, 범죄 예방 또는 경제와 사회의 미래 동향에 대한 지능 향상을 포함하여 인간 또는 자동화된(예: 알고리즘 기반) 의사 결정(Centre for Public Impact, 2017; Eggers et al., 2017)을 지원하기 위한 방대한 양의 데이터 분석이다. 넷째, 과거의 경험으로부터 사례 기반 지침과 프로세스 및 작업 자동화 지원(개인차원-수술운영 및 모니터링 및 보고와 같은 조직 차원) 등을 들 수 있다.

디지털 혁신은 디지털 전환의 중추기술의 활용 및 적용만으로 이루어지지 않는다. 새로운 디지털 전환의 중추기술의 활용이 야기하는 시민의식과 행태변화와 기대, 경험, 그리고 자원의 변화, 그에 대한 조직의 전략 및 운영 상 총체적 변화를 의미한다. 디지털 전환의 중추기술의 활용은 소비자행태, 조직의 운영자원 등에 대한 파괴적 혁신(disruptive innovation)의 가능성을 높여준다. 이처럼 파괴적 혁신에 따른 기회와 위협에 대해 기업은 서비스와 제품, 비즈니스모델과 프로세스, 조직혁신 및 가치창출전략을 새롭게 수립하여 대응해야 한다. 정부에서도 디지털 혁신과 관련된 주요주제 중 하나는 디지털 기술로 인해 변화되는 시민의 요구와 기대치를 이해하고 이에 대응하기 위한 전략과 계획을 수립 및 실행하는 것이다(Loonam et al., 2018).

행정에서 인공지능의 활용 사례를 인공지능의 활용 용도에 따라 자동화(automation)와 증강(augmentation)으로 분류(Bataller and Harris, 2016)할 수 있다. 자동화는 데이터의 단순 입력처럼 일상적 혹은 반복적 수행 작업이나 기능을 인공지능이 대신하도록 함으로써 창조성과 효율성을 향상시키는데 의미가 있다. 증강은 인간의 기술, 지식 및 경험을 강화하여 보다 생산적 혹은 효과적으로 업무를 수행하도록 최적의 조언을 제시하거나 의사결정을 지원하는데 활용되는 것을 뜻한다. 실제 적용사례로서 인간의 종합적 판단에 기계가 도전하는 분야는 행정 민원, 정보 수집 및 대응(미국 보스턴 시 사례), 보건당국의 식당 위생검사 및 식중독 예방 툴의 개발(미국 네바다 주 사례), 정부 민원 콜센터의 인공지능 기반 프로그램 구축, 부정부패 사례 적발 프로그램의 개발(중국 정부 사례) 등 다양한 영역으로 확대되고 있다.

또한 행정의 성격을 기준으로 할 때 두 가지로 구분이 가능하다. 관리요소가 강한 행정업무에서 인공시능이 상대석으로 활발하게 도입되고 있다. 반면, 정책적 요소가 강한 정책업무에 인공지능은 초기 단계라 볼 수 있다. 가령 행정(집행) 영역에서 사전에 설정된 규칙을 기반(rule-based) 대안을 제시하는 방식은 자동화 유형으로 분류될 수 있다. 아직까지 정책결정을 위한 목적에서 인공지능의 활용 움직임은 미흡하다. 인간 고유의 활동인 정책결정 주체를 인공지능으로 대체할 수 있을 것인가에 대해서 많은 논란이 예상된다.

장차 인공지능정부의 구현을 위한 증강솔루션은 〈그림 5-4〉와 같이 정책증강, 청렴성증강, 공정성증강, 예산지킴이 모델을 제시할 수 있다. 정부 스스로 개선과 변화를 위한 해결의지와 능력이 부족하다. 인공지능의 조력을 통하여 가능성을 높여야 한다. 첫째, 정책문제해결을 위한 정책역량을 강화하여 유능한 정부로 거듭나야 한다. 이미 기업비즈니스에서 검증되었듯 인공지능은 자동화뿐만 아니라 의사결정에서도 뛰어난 성능을 보여주고 있다. 정책집행에서도 정책지원(정책분석 및 평가 등), 증강(정책제안 및 추천 등), 자동화(보조금 심사 및 배분 등) 및 자율화에 적용되면서 기여가 예상된다. 정책증강과 관련하여 잘 구조화된 집행적 성격의 정책문제에 적용한다면 인간에 비해 우수한 성과를 낼 수 있으며 이상적 합리모형정책의 구현가능성을 드러낸다(은종환·황성수, 2020). 특히, 인공지능기반 정책결정은 인간과 달리 권력, 이권, 이념 등을 초월하기 때문에 부정부패에 연루될 염려가 없고, 편견에 사로잡히지 않는다. 또한 정경유착이나 권언유착의 염려도 없

•• 그림 5-4  인공지능정부의 증강솔루션

다. 오직 합리성의 기준에 의해서 움직이기 때문에 정책결정의 신속성과 정확성, 효율성과 효과성이 높아지고 사회적 비용이 줄어들 수 있다(Goertzel, 2016). 하지만 모든 정책영역에의 적용은 곤란하며 재량 및 판단여지가 적은 정형의 반복적 결정 및 집행업무에 적용하면서 인간적 창조성 발현에 집중해야 한다. 특히, 역동적 정책상황에서 비 구조화된 결정성격의 문제에서 한계가 존재하므로 인간의 역할이 필요하다. 이에 정책결정 증강모델은 휴먼－AI 피드백 루프를 생성하여 시스템과 상호작용으로 이해도와 효과를 제고하는 것이 바람직하다. 즉 정책담당자(시스템사용자)가 중요 사항을 모니터링하면서 조직 고유의 정책기능 프레임워크를 구축·학습하면서 정책전략 및 알려지지 않은 상황과 비교하여 벤치마크 및 index를 파악하고 중요한 문제와 사건에 대한 제안과 예측을 실시간으로 제공할 수 있다(한세억, 2021b). 이를 통해 지속가능한 정책개발 및 우선순위 추천, 정책품질 향상 등 파급효과가 기대된다. 장차 인공지능의 채택과 활용범위는 급속히 늘어날 것으로 전망되며 정책결정 분야에서의 적용이 크게 확대될 것이다. 업무유형과 단계별로 고려하되 보다 투명하고 개방적이며 민주적이고 융합적 접근에서 법적·제도적·윤리적 대응이 요구된다(윤상오·이은미·성욱준, 2018: 31－59).

둘째, 투명하고 깨끗한 정부로 탈바꿈해야 한다. 무능, 비효율과 함께 부패는 국민적 불신을 심화시키는 요인이다. 부패와 관련하여 역대정부마다 다양한 노력을 기울여 왔다. 하지만 부패와의 전쟁에서 승리한 정부는 없었다. 대한민국이 선진국으로 도약한 지금 부패방지라는 소극적 차원을 넘어 청렴성 구현의 위한 일환에서 인공지능기반 청렴성 증강솔루션이 요구된다. 정부의 모든 측면에서 투명성 증진을 위해 인공지능기술의 힘과 가능성이 기대되고 있다. 인공지능은 조기에 부패위험의 예방 및 완화에 도움이 될 수 있다. 이러한 맥락에서 청렴성증강솔루션은 부패 위험요소를 식별, 이상(부패) 현상을 표시하는 플랫폼을 설계하며, 부패유형에 따른 위험성 등급을 지정한 후 사전 대응의 알람을 보냄으로써 부패계획을 조기에 감지 및 예방에 초점을 맞춘 규정준수 프로그램을 시행할 수 있다. 이러한 바탕에서 사법기관은 공공데이터를 활용하여 부정부패 관련 자산과 이득을 효과적으로 환수하는 등 부패행위에 대한 처벌의 실효성을 제고할 수 있다.

셋째, 공정성을 기치로 내건 정부가 불공정의 역습을 받고 있다. 돌이켜 보면 인천국제공항공단(인국공)의 비정규직을 일괄 정규직화 하도록 한 문제, 2018년 평창동계 올림픽을 앞두고 갑자기 여자하키 선수팀을 북한 선수단과 단일팀으로 구성하여 출전하도록 한 문제, 조국 전 법무부장관 자녀들의 대학입학 과정이나 추미애 전 법무부장관 아들의 편법 휴가 등에서 나타난 부모찬스 개입 문제, LH 직원들이 개발정보를 부당하게 활용하여 한 특혜 투기 등에서 드러났다. 이러한 모습들이 반복되면서 국민들에게 문재인 정부의 불공정에 대한 반발심리가 크게 작용하고 있다. 명실상부한 선진국 정부답게 공정하고 공평하며 정의로운 정부로 전환해야 한다. 공정성 증강솔루션은 내부적으로 편향 및 편견이 제거된 공정한 AI의 개발과 함께 AI로 공정성 여부의 판단능력을 확보, 실천하는 데 기여할 수 있다. 공정성 증강은 불공정문제 해결을 위한 최적의 솔루션으로 특히, 법집행 공정성을 강화하고 자동화 방법으로 설정된 목표에 가장 가까운 최적의 효과를 기대할 수 있다. 공정한 정부와 사회를 위해 요구되는 인공지능기반 공정성 증강모델과 모니터링은 자동화되어야 한다. 가령 온도조절 장치, 휴대폰, 데이터베이스 서버 등 모든 장치에서 작동하는 수천 또는 수백만 개의 모델을 인간이 추적할

국민이 갈망하는 인공지능정부

수 없다. 법집행을 비롯하여 행정활동의 공정성 확보 및 모니터링을 위해 머신러 닝이 사용이 필요하다(한세억, 2021c).

넷째, 2022년 정부예산이 607조 7,000억 원으로 사상 최대 슈퍼예산이다. 정부의 씀씀이가 커지면서 나랏빚도 눈덩이처럼 불어나고 있다. 2022년 국가채무는 사상 처음으로 1,000조원을 넘어서고 국내총생산(GDP) 대비 50.2%에 이르게 된다. 엄격한 재정준칙을 도입하지 않고는 재정건전성이 악화될 수밖에 없다. 또한 정부는 예산 집행의 효과가 극대화되도록 재정 지출 시기와 방법을 조절해야 한다. 이런 상황에서 정부예산솔루션으로서 인공지능기반 예산지킴이 모델은 예산 집행의 적절성과 정확성을 위한 최적의 솔루션으로 예산집행의 효율성을 향상시키기 위한 자동화방법으로 그 가능성이 기대된다. 향후 보다 정교한 분석과 적용을 통해 예산집행의 효율과 적절성을 가속화하는 과정에서 예산배분 프로세스를 개선할 뿐만 아니라 의사 결정자들에게 새로운 통찰력을 제공할 수 있다(한세억, 2021d). 이처럼 인공지능기반 증강솔루션은 인공지능기술이 정부혁신의 효과적 솔루션이 될 수 있다는 점과 함께, 인공지능과 관료 간 조화로운 정부구현을 위해 실효성 있고 실천 가능한 대안으로서 의의와 가치를 지닌다.

장차 초 지능, 초 연결, 초 융합사회에서 다양한 서비스와 비즈니스 확장, 그리고 다양한 혁신으로 나타날 것이다. 규모의 효율성과 정교함의 수준이 조화를 이루면서 사회문제 해결과 가치창출로 이어질 것이다. 특히, AI를 비롯한 디지털 전환의 중추기술을 매개로 정부도 개인화(personalization)와 경험(Experience)을 중시해야 한다. 시대가 변하더라도 정부의 전략적 관심사는 시민의 안심과 안녕을 보장하고 공공부문과의 원활한 상호작용을 촉진하는 데 초점을 맞추어야 한다. 자율운영정부는 개별 기관(부처) 수준에서 달성할 수 없다. 기관 간 장벽을 극복해야만 구현이 가능하기에 정부 간 팀, 그리고 시민의 삶에 영향을 미치는 생태계의 다른 참여자들과의 협력이 중요하다. 자율운영정부 생태계의 참가자들은 단순한 서비스 제공에서 벗어나 시민과의 평생협업을 유지하는 방향으로 나아갈 것이며 정부개입은 예외적 현상으로 나타날 것이다.

## 3. 가능성과 한계: 관료와 인공지능 간 앙상블 정부

AI는 민간기업과 함께 정부에서 의사결정에 효과적으로 통합되면서 주류 기술로 부상하고 있다. 하지만 인공지능기술이 지닌 가능성에도 불구하고 인공지능정부 구현은 행정의 복잡성, 예측불가능성, 정치·경제·사회적 맥락과 상호작용 등으로 인해 난제(wicked problem)로 인식된다(엄석진, 2021). 사실 인공지능은 만능이 아니다. 인공지능기술과 솔루션이 정부조직에 체화되어 실효를 거두려면 조직문화, 공무원인식, 제도 및 절차에서 전환과 통합 병행되어야 한다. 정부의 디지털 전환과정에서 정부업무개선과 효율이 기대된다. 또한 스마트시민권과 민주주의를 강화할 수 있는 열린 정부를 위한 도구들이 가능성을 높여준다. 반면에 부작용으로서 인공지능기술의 지속적 피드백이 없을 경우, 인공지능의 판단방식이 악용되거나 경직된 인공지능의 낙후된 판단으로 서비스공백이나 예산 누수 등이 우려된다(김동욱, 2021) 또한 AI(Digital) Leviathan의 위험성도 내포한다. 광범위한 영향력을 갖춘 AI가 주도하는 사회에서 어떤 정부시스템이 필요할지? 방대한 알고리즘 관리 및 제어시스템에서 악용될 위험성은 어떻게 나타날지? 등의 의문과 함께 인공지능의 자율성 통제, 책임성 규정, 사생활 보호 등 당면 이슈와 과제(정소윤, 2019)에 대한 해제탐구 노력이 요구된다.

인공지능정부의 가능인자로서 인공지능기술의 가능성은 그 어느 때보다 크다. 가능성이 경험으로 체감되려면 인공지능정부 기반구조가 국민생활과 기업비즈니스의 플랫폼으로 작용되어야 한다. 변함없는 관료(의식·행태·스킬), 행정조직, 절차가 변해야 한다. 매일 새로워지는 지능기술혁신에 걸맞게 행정조직, 의식, 절차, 제도적 혁신의 실천이 정책역량 강화, 청렴성 향상, 공정성 제고, 효율적 예산으로 가시화되어야 인공지능정부의 내실이 갖추어질 수 있다. 서비스 수요자인 국민의 시간, 노력, 비용부담을 줄여주고 미래의 불확실성이나 불안정성에서 자유롭게 할 때 비로소 지능적 공공재로서 존재의의와 가치를 지닐 것이다.

장차 인지기술은 정부의 일하는 방식을 근본적으로 바꿀 것이다. 이러한 변화에 대응하여 정부는 전략적 인력계획을 마련하면서 인재, Skill 및 직무 간 상호

국민이 갈망하는 인공지능정부

작용을 고려해야 한다. 특히, 인력계획과 작업설계에서 창의성이 고양되도록 다양한 이슈와 기회를 분석해야 한다. 정책입안자들은 기술의 적용방법 및 선택과정에서 구성원이 소외되지 않도록 하되 조직의 가치창출과 비용절감에 초점을 맞추어야 한다. 나아가 시민들로부터 AI활용에 대한 신뢰를 얻기 위해 책임감 있는 AI기반 증강모델로 정부기능과 역할을 개선함으로써 시민들에게 새로운 경험을 제공해야 한다.

인공지능정부에서 적용될 자동화가 관료 자신의 욕망이나 권력실현을 위한 '사용 가능한 수단'으로 여기지 말아야 한다. 인공지능을 단순히 도구수준에서 다루는 계몽주의적 휴머니즘은 더 이상 통용되기 어렵다. 관료와 AI가 짝을 이뤄 '상호 보완적으로 작용할 수 있는 여지'로 인식해야 한다. 그래야 디지털기술의 문화적 의미가 작용을 할 수 있다. 인공지능은 결여된 인간을 강화하는 보철물이 아니다. 인간의 잠재력을 현실화하는 매체로서 작동할 때 인간 사회의 새로운 구조화와 존재론적 도약이 가능하다. 관료에게 인공지능은 협업과 협력의 파트너로 존재의미를 지녀야 한다. 관료와 인공지능이 새롭게 구성하는 앙상블(ensemble) 행정모습이 아닐까.

국민이 갈망하는 정부
## 왜? 인공지능정부인가!

**" 위대한 것이란? 방향을 결정하는 것이다.**

**— Friedrich Wilhelm Nietzsche(1844~1900) — "**

# 제6장

# 정책증강모델

# 정책증강모델

## 목표와 문제의식

　흔히 인공지능은 자동화에서만 탁월한 성능을 발휘하는 것으로 생각한다. 하지만 오해다. 인공지능은 의사결정에서도 뛰어난 성능을 보여주고 있다. 그렇기에 개인, 조직, 국가수준의 의사결정과정에 적절하게 활용할 줄 아는 능력이 중요해지고 있다. 이미 비즈니스 세계에서 기업은 하루에 수많은 결정을 인공지능 기반에서 수행하고 있다. 정부도 정책현장에서 공공 문제의 해결이나 공적 가치를 창출하기 위해 수많은 결정을 하고 있다. 그리고 모든 결정들은 국민과 기업의 삶에 직접 또는 간접적으로 영향을 미치고 있다. 더구나 갈수록 정책 환경이 복잡하고 다양하고 역동적으로 변화하고 있기에 올바른 정책을 결정하기가 어려워지고 있다. 이러한 상황에서 인공지능은 정부의 정책결정을 지원하면서 정책 역량의 향상에 기여할 수 있다는 점에서 그 가능성과 기대가 커지고 있다.

**정책증강모델의 배경과 필요성**

## 1. 정책증강의 배경과 의미

국민이 원하는 일을 알아서 척척 해주는 정부, 게다가 깨끗하고 투명하며 정부살림살이까지 꼼꼼하게 운영하여 낭비가 없다면 … 어디선가 국민 누군가에 무슨 일이 생기면 나타나 해결해주는 정부 … 꿈같은 이야기일까? 아니다. 실제로 정부지향을 새로운 디지털 경험으로 국민을 즐겁게 하는 전자정부를 만들겠다고 공언하였다(행정자치부, 2016). 이를 가능하게 하는 솔루션이 행정맥락에서 자율운영(주행)기술이다. 인공지능기반 정부에 자율운영(주행)기술의 접목으로 가능하다.

디지털 전환이 심화될수록 자율운영(주행)시대가 가속화될 것이다. 머지않아 모든 대상(devices)이 자율주행 및 운영하는 시대가 다가올 것이다. 가령 정책 Agent가 문제, 위기나 위험 상황 발생 시 스스로 인지와 예측을 통한 대응(행동 및 제어)이 가능해야 함을 의미한다. 인공지능기반 자율운영(주행)정부는 정부운영 및 관리부문의 자율운영(주행)기술개발의 안정화에 접어들면서 GaaS(Government as a Service·서비스로서의 정부) 중심의 서비스개발에 대한 관심이 높아질 것이다. 시대가 바뀌면 문제의 해결 방식도 달라져야 한다. 법 집행 및 시장거래에서 불공정 문제가 적시에 올바르게 관리되지 않으면 사회적 갈등과 혼란이 우려되는 상황에서, 디지털 전환의 가속화에 따라 인공지능의 활용이 확산 추세이다.

자율주행은 현재의 자동차, 선박, 비행기에 국한하지 않는다. 이미 오래 전부터 인간이 인식가능한 원천적이고 본질적인 자율주행 현상은 어디에나 존재했다. 스스로 존재하는 그분에 의해 창조된 현상들이 객관적 실체다. 우주(태양계), 지구(자연), 인간(자율신경계 등)을 들 수 있다. 자율주행시스템은 구성요소들의 질서정연, 가치, 새로움, 적절성의 특성에서 창조성을 드러낸다. 그것을 모방하여 인간은 다양한 영역에서 창조성을 발현하고 있다. 수많은 발명품과 제도 가운데 인공지능과 함께 정부 역시 인간의 사회·정치·기술적 산물로서 다양한 요소들이 복잡하게 얽힌 유기체다. 사람(공무원), 조직, 법·제도의 조합으로 의식, 판단, 행동한다.

오늘날 공·사 부문의 조직을 막론하고 생존을 위해 의사결정과 행동한다. 그 잘·잘못에 따라 사업 및 조직성패가 좌우된다. 지능증강장치(Intelligent Augmenter)로서 인공지능은 인식·이해·예측·판단·추론·행동능력 등을 실현하는 기술이다. 기존 컴퓨터는 미리 주어진 명령에 따라 빠른 연산을 수행하는 수준이었지만 인공지능기술은 개체 및 환경의 인식과 자율학습과 판단까지 실행할 수 있다. 나아가 의사결정에서 AI시스템은 팀 구성원 개개인의 업무향상 수준을 넘어 보다 신뢰할 수 있는 정보 분석, 추천(권장) 사항 및 후속조치를 취하는 과정에서 보다 높은 선택권을 부여한다.

정부의 정책은 국민 삶, 자연에 본질적으로 중요한 영향을 미친다. 지금껏 인간능력의 증강과 확장을 위한 컴퓨터기술의 개발로 의사결정의 질 개선을 위해 다양한 노력이 시도되었다. 최근에는 인공지능의 발전으로 많은 분야에서 현실화됐다. 가령 AI기반 의사결정지원시스템, 즉 지능형 의사결정지원 시스템(IDS)은 이미 금융, 의료, 마케팅, 상업, 지휘 및 통제, 사이버보안과 등 많은 영역에서 활용되고 있다. 이러한 시스템은 Active DSS, Knowledge–Based DSS, Expert Systems, Intelligent Decision Systems 등 다양하게 표현된다.

인공지능이 공직에 도입된다면 공직 전체 큰 틀의 변화를 가져올 것이기에 단순하게 인공지능이 공무원의 업무를 대신하는 차원을 넘어서 인공지능으로 업무가 대체된 인력에 대한 재배치, 추후 인력수급, 예산 조정과 전체적인 조직관리 등 공직시스템 전반에서 매우 복잡하게 변화와 조정이 예상된다. 정책수립에 필요한 자원을 인공지능에 입력하면 최상의 정책이 만들어질 것이다. 그렇지만 만들어진 정책이 그대로 정책현실에 반영되는 것은 아니다. 정책을 만드는 시간은 줄어들지만 그 정책을 확정하는 것은 공무원이 할 수밖에 없다. 수립된 정책이 미칠 영향을 예상하고 그 효과에 대해 고민하는 것은 인간의 몫이기 때문이다. 물론 결정된 정책안에 대한 시뮬레이션을 통해 이를 예측해 볼 수 있지만 정책수요자는 사람이기에 사람의 마음을 헤아리는 것은 결국 사람이다. 정책과 관련한 보고서를 작성하는 것은 인공지능이 할 수 있지만 이를 정책으로 입안하고 정책 수요자와 소통하는 것은 공무원의 역할이다. 그리고 입안된 정책에 대해 책임을 지는 것도 공무원이다.

오늘날 인공지능의 기술발달에 의해 그 적용범위가 폭넓게 활용되고 있다. 인공지능의 적용필요성이 증대되고 있는 정책은 공공 문제의 해결, 정부 목표의 실현과정에서 정책 대상 집단에게 실질적 영향이 전달된다. 국민생활과 직결되는 정부 활동이다. 예를 들면 경찰, 소방, 교육, 보건, 위생, 교통 등 그 범위와 내용이 다양하고 복잡하다. 인공지능은 정책결정뿐만 아니라 정책집행에서도 정책지원, 증강, 자동화 및 자율화를 향상시킬 것으로 기대된다. 현재 공공부문에서의 인공지능 활용은 기술 자체의 발전 속도나 민간부문에 비해 다소 뒤처져 있다. 장차 인공지능 정부의 구현을 위해 다양한 활용 사례를 발굴·추진함으로써 실무자들의 활용 수요를 이끌어낼 필요가 있다.


## 2. 인공지능기반 자율주행시대: 은행과 정부

인공지능은 여러 분야에서 인간을 넘어서고 있다. 마치 외부 정보를 인간처럼, 어떤 경우는 인간보다 탁월하게 인식·학습하고, 추론·행동할 수 있다. 인간처럼 계산하는 인공지능을 넘어 인간처럼 생각하는 인공지능을 만들기 위하여 이미 신경과학 및 뇌 과학과의 융합이 이루어지고 있다. 자율주행은 역동적이고 불확실한 환경에서 의사결정을 요구한다. 미래상황의 측정가능성을 고려하고 미래 예측 정확도의 추정변화를 최적화하여 정책에 반영할 수 있다.

인공지능은 더 이상 미래의 기술이나 비전이 아니다. 이미 널리 사용되고 있다. 보건, 경찰서비스, 금융, 정부, 산업분야에서 의사결정과 집행에 활용되고 있다. 이 가운데 금융서비스 업계에서 디지털 전환이 가속화되고 있다. 가령 은행, 카드, 투자, 보험, 증권 등으로 대표되는 금융업계는 정보통신 및 디지털 변화에 민첩하게 대응하고 있다. 전자은행(e-Banking)은 전자정부(e-Government)의 벤치마킹 대상으로 인식되었다. 디지털 상품 플랫폼 구축에서부터 챗봇을 활용한 고객서비스 응대에 이르기까지 빠르게 움직이고 있다. 디지털 결제시스템의 확대로 금융기관 및 신흥 디지털 플랫폼 강자들 공히 고객에 대한 전례 없이 많은 데이터를 확보할 수 있다. 금융서비스 상품마케터의 경우, 전환 가능성 높은 Target 고객을 찾아내고 이들의 행동을 예측하는 것과 같은 실행 가능한 Insight를 확보할 수 있다면 비교 우위를 갖게 된다. 이러한 지점에서 인공지능의 힘이 발휘될 수 있다.

장차 금융시스템은 자율화를 통해 은행은 모든 개인의 맞춤형 요구를 충족하고 보다 고객 중심적인 전략을 수립할 수 있다. 가령 Millennials 세대는 기술에 정통한 것으로 인식되지만, 기성세대는 개인적인 도움을 필요로 한다. 궁극적으로 '보이지 않는 은행업무' 및 '자율금융' 시대에 재무관리는 통합되고 번거롭지 않은 환경을 제공하기 위해 여러 서비스 제품군에 걸쳐 원활하게 작동하는 수천 개의 알고리즘에 아웃소싱 될 것이다.

금융서비스 분야의 디지털화가 확대되고 다양한 기술 플랫폼들의 융합이 증가하면서 금융 기업 마케터가 활용할 수 있는 광범위한 데이터 환경이 조성되고 있다. 인공지능 도구를 활용하면 예측기반 Intelligence로 기존 고객뿐만 아니라 잠재 고객에 대해서도 포괄적으로 이해할 수 있다. 나아가 고객의 구매주기별 꼭 맞는 맞춤 캠페인으로 꼭 필요한 사람에게 도달할 수 있다. 인공지능기반 고객중심 서비스 구현가능성을 높여주고 있다.

또한 기업에서 AI기반 의사결정 도구는 end−to−end의 중요하고 및 전략적 의사결정을 지원하고 있다. 기업은 인간개입과 질의로 시간이 많이 소요되는 프로세스를 필요로 하지 않는다. 이는 중요한 데이터기반 의사결정의 도움으로 짧은 시간 내에 쉽게 완료할 수 있다. 실시간 데이터의 급증으로 비즈니스는 AI 머신러닝 툴로 향하고 있다. 기업은 자동화된 의사결정 도구에 대한 투자와 관련하여 야기될 수 있는 잠재적 위험을 우려하고 있다. 이러한 우려상황에서 AI 기반 의사결정 도구는 인간 전문가보다 훨씬 효율적으로 위험을 평가할 수 있다.

인공지능 접목으로 개선된 알고리즘을 통해 금융기관은 미래를 보다 신속하고 정확하게 예측할 수 있다. 실제로 헤지펀드 관련 리서치기관(Eurekahedge)에 따르면, 2010년부터 인공지능을 활용한 유레카 헤지펀드지표의 수익률이 전통적인 퀀트투자보다 높은 것으로 나타났다. 여기에 자연언어처리기술과 감성분석(Sentiment Analysis)1) 기술이 접목되어 금융시장 예측력이 한층 높아졌다. 감성분석으로 뉴스나 방송에서 긍정적, 부정적 뉘앙스를 자동으로 캐치하여 의사결정에 활용할 수 있다. 기존에는 정형화된 데이터기반 알고리즘을 만들었다면 이제는 SNS와 뉴스기사, 애널리스트의 평가와 같은 방대한 글 자체를 분석하여 투자의사결정에 활용하고 있다. 뿐만 아니라 AI알고리즘은 트레이딩 외에 신용평가 및 심사, 투자자문, 준법감시 업무에 활용되고 있다. 고객신용 평가 시 금융정보는 물론 비 금융정보까지 대량의 데이터를 딥 러닝으로 자가 학습시켜 신용도판단 및 채무불이행 가능성을 예측할 수 있다. 이처럼 고객의 신용등급을 세밀하게 분석하여 금융서비스 사각지대의 고객에 서비스를 제공하고 있다. 수 만 가지 데이터를 접목시켜 정교한 AI신용평가시스템을 만드는 Fintech기업이 부상하고 있다.2) 이러한 현상과 전망들은 Ray Kurzweil이 역설했듯 인공지능을 중심으로 한 자율기술은 단순한 도구 제작에서 그치지 않고 더욱 강력한 기술을 창출하는 프로세스로 작용할 것이다. 자율금융 모델은 금융기관이 보다 나은 서비스와 비용 간 trade-offs의 필요성을 없애기 때문에 금융기관의 차별화를 위한 새로운 경쟁력 요소(Customization, Experience, Ecosystem)를 창출할 것이다. 이처럼 AI가 주도하는 금융은 삶을 더 쉽게 만들고, 돈 관리를 보다 효율화하기 위해 노력하고 있다. 하지만 핀테크 기업의 당면과제는 소비자신뢰 구축이다. 소비자들은 기업의 정책,

---

1) 감성분석이란 뉴스기사, 댓글 등 텍스트로부터 사람들의 의견, 심리, 감정 등 감성정보를 추출하는 연구방법을 의미한다.

2) 미국의 핀테크 기업(ZestFinance)은 SNS친구 수, SNS 포스팅 주제, 대출신청서작성 소요시간, 동호회가입정보 등 각종 데이터기반 신용을 분석하며 데이터 간 관계를 파악하여 대출심사를 하는 알고리즘을 개발했다. 데이터추가 시 알고리즘이 자동 업데이트된다. 기존 금융사들과 달리 평균보다 신용도가 낮은 고객들에게도 신용대출 서비스를 시행하고 있다. 홍콩의 핀테크 기업(Lenddo)은 트윗이나 페이스북 등 SNS 친구들 중에 연체자가 있는 경우까지도 고려하여 신용거래가 없는 사람의 신용위험도를 판단한다. 이처럼 SNS기반 신용평가 모형으로 필리핀, 멕시코, 콜롬비아 등에서 P2P(개인 간) 대출서비스를 제공하고 있다.

국민이 갈망하는 인공지능정부

데이터 무결(無缺)성, 소통의 투명성을 요구할 것이다. 소비자의 신뢰구축[3]은 자율금융의 구현 과정에서 중요한 핵심요소가 된다. 은행의 인공지능 전환노력은 정부의 인공지능 전환에 적지않은 시사점을 제공한다.


## 3. 자율정책증강(의사결정지원) 모델의 수준과 적용

바람직한 인공지능정부는 어떠한 정부일까? 국민을 위해 반듯하고 올곧은 행정을 펼치는 정부랄까. 행정(行政)에 새겨진 올바른 아비와 진배없다. 사랑으로 봉사하고 책임을 다하기 위해 학습하는 정부다. 유독 정부의 학습능력이 떨어진다. 붕어빵 정책, 판박이 비리와 부패, 동일한 재난재해, 한결 같은 정부비효율과 무책임 등 반복되는 실수와 실패가 국민을 힘들게 한다. 학습하는 정부는 실수와 실패를 반복하지 않는다. 국민 누군가 언제 어디서든 어려움과 고통을 겪으면 지체 없이 해결해주는 정부다. 국민안위와 삶의 질 향상을 위해 지혜와 통찰을 발휘하는 정부, 마치 만화영화의 주인공 로봇 장가, 마징가, 아톰처럼 … 정부가 상상 속 지능적 유기체(知能的 有機體)로 거듭나는 정부다.

인공지능의 활용에서 직면하는 어려움 중 하나는 어떤 언어를 사용해야 하는가이다. 인공지능은 기계학습부터 일반 지능까지 모든 것을 포괄하는 매우 넓은 용어이다. 몇 년 동안 직면하지 않을 문제를 완벽하게 처리할 수 있는 시스템을 설계하는 방법에 대해 생각할 수 있다. AI에 대해 이야기할 때 무엇을 의미하는지 명확화하기 위해 공통의 틀이 요구된다. 공공부문의 편익은 단순한 규칙을 넘어 기계가 판단할 수 있다는 방향으로 가고 있다. 아직 초기 단계이지만, 상이한 수준의 정교함이 나타날 수 있다. 자율주행자동차의 경우, 5단계의 수준이 합의되었다. 이러한 수준을 자율운영정부에 적용할 때 전반적으로 레벨 0에서 레벨 2, 3의 수준으로 기대된다. 또한 정부가 어디에서 시작할지, 어떻게 접근 방식을 테스트

---

3) 가령 자율금융의 세계를 규제하는 과정에서 발생할 다른 문제들은 디지털 ID, 데이터 개인정보 보호, 관행의 투명성 및 지적 재산권과 관련되어 있다.

할지, 그리고 어떻게 실행할 수 있는 적합한 팀을 구성할지 보다 정교한 논의가
필요하다.

### 정책(공공서비스에서) 인공지능의 수준

- 레벨 0-자동화 없음: 사람에 의해 모든 공공서비스가 수행됨.
- 레벨 1-단순 증강: 데이터 입력과 Profiling
- 레벨 2-밀착 감독: Routine Administration Systems.
- 레벨 3-반 자율성: 컴퓨터 Monitoring과 Running
- 레벨 4-자동화: 극단적이거나 특수한 상황이 아니면 컴퓨터에 의한 운영
- 레벨 5 완전 자동화: 인간개입이 요구되지 않는 완전 자율화 구현

AI기반 의사결정지원의 편익은 금융 외에도 많은 업계에서 활용되고 있다.
예를 들어 의료, 마케팅, 엔터테인먼트 및 커뮤니케이션, 전자 상거래, 명령 및
제어, 사이버 보안은 이미 IDS(Intelligent Decision Support System)라고도 불리는 시스
템을 사용하고 있다. 다음은 몇 가지 사례이다.

- AI로 작동되는 이미지 처리 소프트웨어를 통해 이미지를 사전 선택할 수
  있으므로 방사선 전문의가 암 검출을 보다 빠르고 효율적으로 결정할 수
  있다.
- 예측 유지보수 공장들은 생산 라인에서 AI 기술을 구현해 잠재적 기능 장
  애와 공급 부족을 감지할 수 있다.
- 반(Semi) 자율자동차는 이미지 프로세싱을 사용하여 경고신호를 이해하고
  운전자가 결정을 내릴 수 있도록 도와준다.
- 기상 예보, 재해 대응 기회 개선, 보다 효과적인 복구 계획 수립 등은 데이
  터 과학자들과 기후 과학자들 사이의 격차를 메우고 있다.
- 마케팅에서 AI는 사용자의 행동과 사용자가 서로 다른 브랜드의 접점에 걸
  쳐 어떻게 상호작용하는지 분석함으로써 마케터들이 구매자 페르소나를

　　　　　　　　　　　　　국민이 갈망하는 인공지능정부

모델링할 수 있도록 지원한다.

- 스트리밍 서비스, 전자 상거래 사이트 및 소셜 미디어에서 최적화된 콘텐츠 권장 사항(예: 소비자 통찰력, 구매 또는 소비 패턴을 기반으로 한 AI가 맞춤형 제안)을 제공할 수 있다.

인공지능기반 자율운영 정부는 본질적으로 민첩성(Agile)과 민감성을 지닌다. 또한 예상치 못한 환경변화에 탄력적으로 대응하는 학습역량을 스스로 개선하면서 지속적인 자기 학습을 향상시키기 위해 실패를 인정, 능동적으로 교정하는 정부다. 또한 상황변화에 신속하고 유연하게 대응하고 그 해결책을 창조하는 능력을 갖춘 정부로서 변화감지 능력, 의사결정의 신속성 및 자원을 재구성하는 전략적 유연성 등을 포함하면서 관료주의 정부기질과 대조적 양상을 드러낸다. 이처럼 문제해결과 가치창출을 위해 필요한 행위와 역량을 갖춘 정부로서 〈그림〉에서 보듯이 네 가지의 자율적 역량이 요구된다. 첫째, 자율진단(Self-Diagnosis) 역량이다. 문제가 불거지기 전에 Monitoring하는 자가진단은 스스로 부패, 불공정, 비효율 등 행정고질병의 탐지 행위를 선제적으로 예방하는 정부다. 둘째, 자율교정(Self-Correction) 역량이다. 신경망에 의해 스스로 생성된 기능, 성과, 리듬의 바탕에서 순간적 변화에 대한 자기 감독, 자기 교정 및 자기 조절능력을 갖춘 정부다. 셋째, 자율방향설정(Self-Direction) 역량이다. 스스로 욕구를 진단하고, 목표를 공식화하면서, 필요한 인적 및 물적 자원을 식별하고 스스로 방향을 설정(Steer & Guide)하여 적절한 전략을 선택 및 실행하고, 성과평가 역량을 갖춘 정부다. 넷째, 자율적응(Self-Adaptation) 역량이다. 역동적 상황 및 환경에 스스로 적응하면서 유연하게 반응하는 능력이다.

정책현장에서 자율운영 AI를 많이 이용할수록 시민들에게 보다 좋은 가치와 서비스를 제공하면서 새로운 시민경험을 제공할 수 있다. 사용자 경험의 개인화뿐만 아니라 자율운영 AI기반 정책은 데이터를 둘러싼 인간의 실수에서 벗어날 수 있다. 자율운영 AI를 통해 데이터 패턴을 빠르게 찾아내면서 보다 많은 통찰력을 표면화할 수 있다. 즉 통찰력 분석과 활용방법을 제안할 수 있다. 완전한 정책자동화는 보다 나은, 더 창의적인 정책 전략을 위한 공간을 만들어 줄 것이다.

## 제2절 정책증강모델의 데이터, 알고리즘

### 1. 정책증강을 위한 데이터 셋 구축

인공지능의 적용 및 활용을 위해 먼저 해야 할 일은 데이터 확보다. 인공지능 개발하기 위해 데이터는 필수적 요소이기 때문이다. 데이터가 많을수록 학습의 정확도가 높아지고 예측을 더 정확하게 할 수 있다. 또한 좋은 인공지능을 만들려면 인공지능에게 학습시키는 데이터의 질이 매우 중요하다. 특정한 작업을 위해 데이터를 관련성 있게 모아놓은 것을 데이터 셋이라고 하며 여러 형식으로 된 자료를 포함할 수 있다.

정책증강모델 개발을 위한 데이터는 여러 형식으로 된 자료를 포함할 수 있다. 데이터 파일, 또는 데이터베이스라고도 부르며 컴퓨터가 처리, 분석할 수 있는 정보의 셋이다. 〈그림 6-1〉에서 보듯 주로 정책문서, 관련법률, 정책자료, 연구문헌 등 Text자료가 활용되며 API형태로 주로 비정형화된 형태의 데이터를 획득한다. 또한 온라인 커뮤니티와 포털의 자료들도 비정형 데이터로서 Crawling 형태로 획득한다.

•• 그림 6-1  정책증강 학습을 위한 활용 데이터

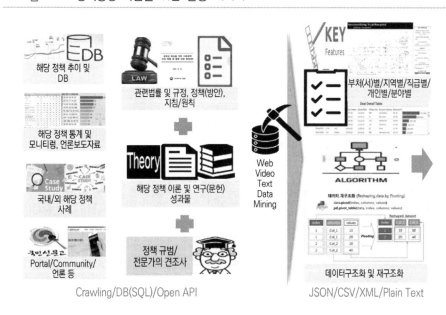

Crawling/DB(SQL)/Open API

JSON/CSV/XML/Plain Text

정책증강모델의 구현을 위해 구축하고자 하는 영역의 데이터를 기반으로 데이터 셋을 구축해야 한다. 아울러 데이터 셋의 구축과정에서 투명성과 편향성이 제거되어야 한다. 어떠한 데이터 셋을 통해 훈련을 반복했느냐의 차이가 인공지능의 모델의 성능과 성격을 드러낸다. 데이터 문제는 AI 프로젝트가 기대에 부합하지 못하도록 만드는 가장 큰 이유 중 하나이다. 문제정의 단계에서 목록화한 데이터를 수집하는데, 수집에 필요한 데이터의 양과 크기를 확인하고 각 데이터별로 유형(type)을 확인한다. 데이터 사용에 대한 법률과 라이선스 문제를 확인하고, 민감 데이터에 대해서는 삭제하거나 비 식별처리를 수행한다. 데이터 전처리를 위하여 수집된 데이터는 조작하기 편리한 상태로 저장하고, 원본은 유지한다.

데이터는 정부에서 운영 중인 통합(지식관리)시스템에서 확보할 수 있다. 개별 데이터를 코드, 정보, 금액별 데이터로 분리하여 분석한다. 즉 수집된 원시 데이

•• 그림 6-2   데이터 전처리

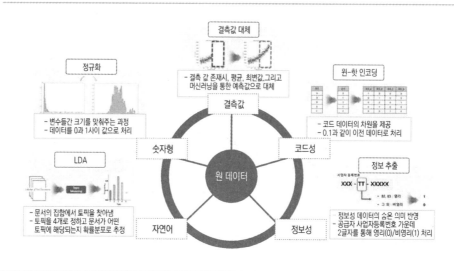

터는 모델의 학습데이터로 바로 사용할 수 없기 때문에 〈그림 6-2〉와 같이 학습 가능한 형태로 변환하는 전처리가 필요하다. 데이터 전처리는 데이터의 탐색과 정규화를 수행하고, 데이터에 포함된 이상값 제거, 누락 값 채우기, 행/열 제거 등을 수행하여 데이터를 정제한다. 먼저, 결측값은 평균값, 최빈값, 머신러닝을 통한 예측 값으로 대체한다. 그리고 코드성 데이터 중에서 사업자번호 등과 같이 의미 있는 데이터는 해당 자리수를 변수로 치환하고, 일반적인 코드 값은 one-hot encoding을 사용한다. one-hot encoding은 컴퓨터가 인식할 수 있도록 데이터를 변형해 주는 방식으로 단 하나의 값만 True이고 나머지는 모두 False인 인코딩 방법이다. 연속성 및 금액성 데이터는 정규화를 위해 log로 치환하고 평균과 분산을 동일하도록 위해 스케일링한다. 자연어는 형태소 단위로 나누고 품사 정보를 부착하기 위해서 Khaiii(Kakao Hangul Analyzer Ⅲ) 형태소 분석기를 사용하여 토큰화하고, 토픽별 단어의 분포 및 문서별 토픽의 분포를 추정해 주는 토픽 모델인 LDA(Latent Dirichlet Allocation) 전처리 방법을 사용한다.

모델 학습 전에 올바른 특성(feature)의 투입을 위해 모형개발 전 단계에서 특

•• 그림 6-3  데이터 특성추출

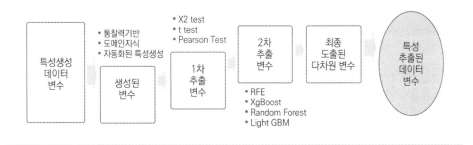

성공학(feature engineering)[4]을 실시한다. 즉 머신러닝 수행과정에서 해결하고자 하는 문제를 잘 설명할 수 있는 속성(features)을 생성하는 데이터 준비과정으로 모형의 성능에 큰 영향을 미친다. 즉 모델 학습에 필요하게 정의된 특성에 따라 데이터를 분해하거나 특성 조합으로 새로운 특성을 추출, 생성한다. 〈그림 6-3〉에서 보듯 전 처리된 데이터는 자동변수 생성 툴을 사용해 특징 추출을 진행한다. 특성이 생성된 변수는 특성선택 기법을 활용하여 특성이 추출된 변수로 만드는 과정이다. 변수 간 조합을 통해 생성된 변수를 X2 test, Pearson test 및 t test 방법을 통해 1차로 변수를 추출하고, 다시 XGBoost, RFE(Recursive Feature Estimator), Random Forest 및 Light GBM 방법을 이용해서 최종 변수를 추출한다.

이미지 데이터 셋과 자연어 전 처리의 예를 보면 다음 〈그림 6-4〉와 같다. 정책증강 모델 구현을 위한 데이터의 경우, 자연어가 주류를 이루고 부분적으로 이미지 셋(예: 건축 등)이 활용될 수 있다.

---

4) 특정 어플리케이션에 가장 적합한 데이터표현을 찾기 위해 특성을 다듬고, 선택(selection)하고, 스케일링(scaling)하고, 추출(extraction)하는 작업이다.

•• 그림 6-4   데이터 셋과 자연어 전처리

자연어 처리 전처리

데이터 셋과 전처리

이미지 분류를 위한 데이터 셋(MNIST Dataset과 Image)

## 2. 데이터기반 문제해결 사례

정부의 인공지능 활용이 법집행영역을 중심으로 증대하고 있다. 예를 들면 경찰은 잠재적 용의자 식별을 위해 안면인식기술을 사용하기 시작했다. 법원은 판결지침으로서 기계학습에 사용하기 시작했다. 영국의 지방정부에서는 3명 중 1명이 알고리즘이나 머신러닝 도구를 이용해 복지급여청구사례를 처리한다. 이 외에도 정책결정과 관련된 예측 및 예방 등은 〈표 6-1〉에서 보듯이 다양한 정 책분야에서 예측문제와 데이터중심 모델을 사용한 해결방법을 개괄적으로 보여 준다.

개별 사례들은 농업, 교육에서 경제, 세금 및 보건정책에 이르기까지 다양하 다. 예측 기능은 시정부 및 국제수준까지 중요한 역할을 하며 위성사진, 전자 건 강기록 및 교실 데이터를 포함한 다양한 데이터 Source를 사용하여 해결할 수 있 다. 또한 공공정책 수립에 얼마나 많은 예측 문제가 있는지, 기계 학습이 그것들 을 해결하는 데 어떻게 도움이 될 수 있는지 보여준다. 데이터 과학자와 기계 학 습 전문가는 종종 사회적 이익을 증진하는 프로젝트를 위해 무료로 일할 수 있다.

가령 Kaggle[5] 또는 DataKind[6]과 같은 기계 학습 경쟁 플랫폼은 기계학습 문제의 해결을 위한 좋은 출발점이 될 수 있다. 이러한 플랫폼은 특정 예측문제와 함께 데이터 셋을 게시하고 문제 해결을 위한 머신러닝 커뮤니티에 초대하며 좋은 해결책에는 보상이 주어진다. 웹사이트에서 완료된 예측대회를 검색하면 이미 해결된 예측문제와 접근방식이 무엇인지 알 수 있다.

●● 표 6-1  다양한 정책결정 영역에서 머신러닝기반 예측문제의 적용사례

| 정책 | 관련연구 | 방법, 데이터, 목표 | 결과 |
|---|---|---|---|
| 경제정책 | 위성이미지와 머신러닝을 결합한 빈곤 예측(Jean et al. 2016) | 공개적으로 활용 가능한 아프리카 5개국에서 지역소비지출 및 자산의 추정을 위한 고해상도 위성사진으로 훈련된 CNN 활용 | 저렴하고 확장 가능한 모델은 지역수준 경제 산출과 실태의 변이에 대해 최대 75%설명가능하다. 개발도상국에서 어떻게 빈곤이 설정 및 추적되는지 바꿀 수 있다. |
| | 휴대폰 메타데이터로 부터 빈곤과 부의 예측(Blumentstock, Cadamuro 등, 2015) | 개인의 과거 휴대전화 사용이력으로 사회경제적 상태의 유추하기 위해 자동 특성 엔지니어링 및 탄력적인 순수 정규화 활용 | 인구조사(Census)와 가구조사가 어려운 지역에서 위성사진보다 미세한 수준에서 저렴하고 시기적절하며 지역화 된 정보수집이 가능했다. |
| 농업정책 | 세계 및 지역 농작물 수확량 예측을 위한 Random Forests(Jeong 등, 2016) | Random Forests는 전 지구 및 지역규모에서 기후 및 생물물리변수를 사용하여 밀, 옥수수 및 곡물의 수확량 예측능력에서 다중 선형 회귀 분석과 비교 | Random Forest는 모든 성능 통계의 벤치마크에서 다중 선형회귀 분석을 능가하였다. 또한 농작물 수확예측에서 효과적이고 다재다능한 기계 학습방법을 보여주었다. |
| 보건정책 | 공중 보건 예측 모델링: 소아 납중독 예방(Potash et al. 2015) | 시카고의 어린이들이 자택에서 납중독 위험의 예측에 로지스틱 회귀 분석, SVM 및 Random Forests가 사용되었다. 데이터는 혈액검사, 가정의 납 검사, 부동산 가치평가 및 인구조사로 부터 획득 | 보건부는 동 모델을 통해 납중독발생전 예방우선순위를 어느 가구에 부여할것인지 대상을 설정하였다. 혈액 검사에서 독극물이 검출될 때까지 기다리는 것보다 개선된 방식으로 나타났다. |

---

5) https://www.kaggle.com.
6) http://www.datakind.org.

| | EHR 데이터를 사용한 예측모델링: 과제, 전략 및 기계 학습 접근법 비교 (Wu, Roy and Stewart, 2010) | 전자건강기록(EHR)의 데이터로부터 로지스틱 회귀 분석, SVM 및 부스팅 기법 을 사용하여 실제 진단 날짜 이전의 심부전 탐지 | 모형은 임상 진단이 시작되기 6달 전에 심부전을 예측할 수 있었다. 환자의 건강기록으로 미래의 질병과 표적 치료 예측을 위해 사용할 수 있음을 의미한다. |
|---|---|---|---|
| 공학(과학기술)정책 | 수도관 상태 평가: 드문 사건데이터를 위한 계층적 베타프로세스 접근법(Li et al., 2014) | 검사순위를 정하는 도시에서 수도관 고장 확률의 예측에 Bayesian 비모수 학습 및 기존 인프라 데이터 사용 | 실험결과, 해당모형이 현재의 모범사례 방법보다 우수하였으며, 사후 수리 및 유지 보수에서 상당한 비용 절감으로 나타났다. |
| 고용정책 | 기계 학습을 통한 인적 자본의 생산성과 선정 (Chalfin et al. 2016) | Stochastic gradient boosting 및 Lasso 회귀정규화기법이 경찰의 고용 결정의 향상과 교사의 종신 재직권 결정에 사용되었다. 조사데이터와 함께 인구통계학 및 강의실 데이터 사용 | 기계학습기반 고용결정은 잠재적으로 경찰의 과도한 무력사용을 줄이면서 경찰-지역사회 관계를 개선하였다. 이와 유사하게 보다 나은 교사고용의 결정으로부터 학생들도 이익을 얻을 수 있었다. |
| 조세정책 | 데이터 중심 의사결정을 위한 정보수집의 협업 (Kong and Saar-Tschansky, 2014) | 세무조사의 비용효율성 제고를 위해 여러 학습자와 다양한 데이터 조합의 출처 사용 | 접근법은 판매세 수익을 평균 4% 증가시키면서 정부의 수익원 강화하였다. |

## 3. AI기반 정책결정: 적용수준과 유형

인간은 의사결정에서 완전히 신뢰할 수 있거나 일관되지 않을 수 있다. 하지만 여전히 중요한 영향을 가지고 있다. AI기반 정책결정에서도 그 역할이 필요하다. 정책결정 자동화, 정책결정 증강 및 정책결정 지원은 AI와 분석이 규모에 따라 빠르고 일관되며 적응력이 뛰어나다. 그리고 고품질 정책결정을 추구하기 위해 배치될 수 있는 수준을 나타낸다. 그 차이점은 정책결정 과정의 다양한 지점에서 사용되는 분석기법, 그리고 누가 결정을 내리는가(또는 무엇이)에 있다.[7] 첫째, 정책결정

---

7) https://www.gartner.com/smarterwithgartner/would-you-let-artificial-intelligence-make-your-pay-decisions/.

지원은 인간(관료)이 인공지능 기술의 도움을 받아 진단 또는 예측 분석, 정책결정을 내린다. 주요 이점으로 데이터 중심 통찰력, 인간 지식, 전문 지식 및 상식의 결합 애플리케이션 등이 제공될 수 있다. 둘째, 정책결정

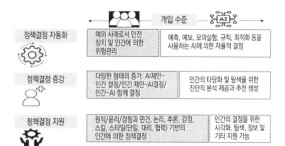

증강에서 AI시스템은 규범적 또는 예측분석을 사용하는 인간(관료)에게 정책결정 또는 다중 정책결정 대안을 권고한다. 많은 양의 데이터를 신속하게 분석하고 복잡성을 처리할 수 있는 AI 능력과 인간의 지식 간 시너지 효과가 있다. 셋째, 정책결정 자율화에서 AI시스템은 규범 분석 또는 예측 분석을 사용하여 결정을 내린다. 속도, 확장성 및 일관성 있는 의사결정의 이점을 제공한다.

AI기반 정책결정은 정책상황, 즉 시간과 복잡성에 따라 상이하다. 시간과 복잡성의 차원을 함께 적용하여 정책관료가 개별 정책결정을 평가하면서 자율화, 증강 또는 지원의 가치와 실현 가능성을 판단, 적용할 수 있다. 복잡성도 연속체에 따라 작동한다. 예를 들어 단순함에서 복잡함, 혼란스러움으로 확장되는 이

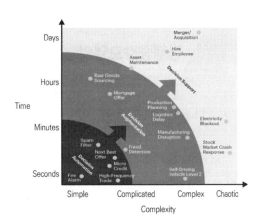

른바 Cynefin 프레임워크에 의해 매핑될 수 있다. ① 단순 상황: 안정적이고 예측 가능하며 명확한 원인과 결과에 따라 운영된다. 단순반복적인 업무에 해당된다. 예를 들어 급여처리 또는 콜 센터 라우팅 등이 있다. ② 복합적 상황: 원인과 결과를 식별하기 위한 전문 지식 또는 분석이 필요하며, 알려진 문제 해결에 전문 지식을 사용하는 경우가 많다. 가령 사기, 관리 및 캠페인 등이 있다. ③ 복잡한 상황: 여러 관계와 상호 의존성을 수반하며, 정책결정이 광범위한 요소에 어떻게 영

향을 미칠 수 있는지 알아보기 위한 시뮬레이션을 통해 체계적인 접근법이 필요하다. 가령 재난재해 및 사고의 발생 등을 들 수 있다. ④ 혼란스러운 상황: 불분명하거나 동적 상호의존성을 가진 알려지지 않은 원인과 결과를 지닌다. 작은 변화라도 외견상 불균형한 영향을 미칠 수 있다. 정책결정이 매우 어려우며, 실험과 학습이 필요하다. 가령 금융시장 붕괴, 전쟁, 자연재해 등이 대표적이다. 자동화는 몇 초에서 최대 15분 이내에 결정해야 하는 옵션이다. 의사결정 증강은 복잡한 의사 결정 또는 짧은 시간 내에 이루어져야 하는 의사 결정의 옵션이다. 복잡하고 심지어 혼란스러운 의사 결정이나 긴급한 의사결정이 해당된다. AI는 모든 상황에 적용된다. 시간이 지나고 기술의 발전에 따라, 실현 가능한 자동화 가능성의 한계가 복잡성 축을 따라 진전될 수 있다.

<br>

## 제3절 정책증강모델의 솔루션

### 1. 자율운영 정책증강 솔루션: 서비스영역과 프로세스

AI기반 정부의 자율운영 솔루션은 정부의 공통적 정책기능에 초점을 맞춘다. 중앙정부의 각 부처별, 지방자치단체별, 공공 기관에 이르기까지 정책영역에 맞춤형 적용으로 최적화된 정책 증강 기반의 정책역량 및 성과 향상에 기여할 수 있다.

AI는 컴퓨터의 능력으로 정의될 수 있는 모든 곳에 존재한다. 본질적으로 인간으로서 생각할 수 있는 방식으로 행동할 수 있는 AI 시스템은 세계와 상호작용하도록 설계되었다. 가령 음성인식과 같은 능력과 상황평가 및 목표실현을 위해 합리적 행동을 취하는 것처럼 지능적 행동이 가능하다. 일상생활에서 다양한 도구의 활용이 기하급수적으로 증가했다. 인공지능기반 자율주행 솔루션의 적용영

•• 그림 6-5  AI기반 자율운영 솔루션 적용영역

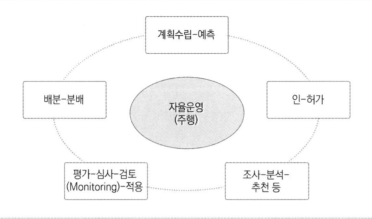

역은 〈그림 6-5〉와 같다. 1차적으로 단순·반복적이며 짧은 시간이 소요되는 업무를 자동화 우선대상으로 한다. 2차적으로 혼잡하며 시간단위의 업무를 대상으로 한다. 3차적으로 역동적이며 복잡한 업무를 대상으로 한다.

　첫째, AI기반 계획수립 및 예측 모델의 통합을 위해 기존 IT기반구조에 대한 기술 통합 등의 단계가 요구된다. ML, ANN, IoT 구성요소와 알고리즘의 결합으로 생성 가능하다. 다른 알고리즘에 비해 논리적으로 정확한 정책기능 및 재무분석을 할 수 있는 AI기반 시스템으로 널리 사용되는 머신 러닝 알고리즘(지도 학습)으로 k-Nearest Neighbors(kNN), Naïve Bayes classifiers(NB), Decision Trees(DT), Logistic Regression(LR), Support Vector Machines(SVM), Random Forests(RF)와 Artificial Neural Networks(ANN)이 가능하다. AI와 ML 알고리즘을 이용한 빅 데이터 분석은 전략(장기)에 대한 통찰력과 운영(단기)이 자동화된 방식으로 이루어지도록 한다.

　둘째, 인-허가시스템이다. 정부의 인·허가업무[8]는 다른 업무에 비해 정보시스템의 활용이 개선된 분야이다. 가령 건설 인·허가 민원업무의 신청에서 종결

---

8) 인·허가의 종류로는 허가, 인가, 특허, 확인, 공증, 통지, 수리 등으로 구분되나, 개별 법률에서는 허가, 인가, 승인 등이 혼용되고 있다.

까지 전 과정을 인터넷을 통하여 전자 처리함으로서 대민서비스와 민원행정업무를 개선하였다. 인·허가 업무에서의 부패는 주로 개발행위허가, 건축허가, 농·산지전용허가, 영업허가 등에서 발생하였다. 특히, 부당한 허가는 특정인에게 특혜를 제공하는 결과를 가져온다. 지방자치단체의 대표적인 규제행정으로서 인·허가 업무영역에서 지방자치단체는 권한 행사에 상당한 자율권을 가지기 때문에 인·허가 과정에서 부패가 많이 발생하고 있다.[9] 하지만 지방공무원의 잘못을 밝히는데는 어려움이 많고 공무원 스스로도 이를 잘 인정하지 않기에 인공지능의 활용이 필요한 영역이다.

셋째, 조사−분석−추천시스템이다. 사람들이 권고사항을 입력으로 제공하고, 이를 시스템이 취합하여 적절한 수령자에게 전달하는 시스템으로 성의된다 (Resnick & Varian 1997). 개별화된 권장사항을 산출물로 설명하거나 가능한 넓은 옵션 공간에서 흥미롭거나 유용한 객체로 사용자를 안내하는 시스템으로 의미가 확장되었다. 시스템은 온라인 정보의 양이 조사능력을 훨씬 능가하는 환경에서 매력을 갖고 있다. 추천시스템은 정보검색 시스템이나 검색 엔진에 비해 개별적이며 흥미롭고 유용한 것이 차별점이다. 시스템은 일치 정도에 따라 순위가 매겨진 쿼리와 일치하는 모든 항목을 반환하도록 되어 있다.

넷째, 인공지능기반 평가−심사−검토이다. 정부는 행정 및 정책현장에서 적절한 사업자 선택, 심사, 평가 활동이 필수적이다. 경쟁적 상황에서 공정성이 한층 요구된다. 한정된 예산 및 타당한 근거와 기준의 바탕에서 정책대상 및 범주에 대한 개선을 추구해야 한다. 특히, 업체 선택 및 평가에 적절한 의사결정이 필요하다. 최적의 실현 가능한 솔루션을 제공하기 위해 대상심사 및 선정, 평가 문제에 적용되는 인공지능기술에 대한 접근은 다양하다. 가령 EGC(Evolutionaray Genetic Computing), 인공신경망(ANN), 군집지능, 지식기반 등을 들 수 있다. 원칙적으로 능력 있는 AI 시스템은 사용자에게 원활하고 직관적인 경험을 제공할 수 있

---

9) 감사원의 감사결과를 사무별로 구분해 보면, 2011년부터 2015까지 지방자치단체에 대한 지적사항 중 인사관리(9.1%), 규제·감독(12.6%)과 함께 인·허가(15.8%) 부패가 가장 많은 비중을 차지하는 것으로 나타났다(조형석, 2018: 55).

국민이 갈망하는 인공지능정부

으면서 성능이 뛰어나고 설명 가능하도록 설계되어야 한다. 일련의 설계 원칙은 AI 시스템의 전반적인 능력을 평가하는 데 적용될 수 있다. ① 다기능성은 AI 시스템이 다양한 데이터 유형(예: 이미지, 숫자, 텍스트), 크기(예: 텍스트 해상도 및 길이)로 작업할 수 있는 능력을 말한다. 이를 통해 객체 감지, 음성 인식, 감성 분석 등 여러 영역에 AI 시스템을 배치할 수 있어 전체적인 가치와 성능을 높일 수 있다. ② 지속가능성(Sustainability)은 AI 시스템이 장기간 지속적인 개발, 교육, 배치를 지원할 수 있는 능력을 말한다. 시스템은 업그레이드 및 유지보수로 인한 시스템 다운타임을 최소화하기 위해 셀프 서비스로 설계되어야 한다. 이에 따라 전반적인 비용 성능이 개선된다. ③ 성능은 AI 시스템이 사용자에게 신뢰할 수 있는 결과를 도출하면서 데이터를 처리하고, AI 모델을 교육하고, 배치할 수 있는 능력을 말한다. 데이터 처리 알고리즘, AI 모델 아키텍처, 컴퓨팅 성능 등의 요소에 크게 좌우된다. OEM은 이러한 요소를 최적화하고 관련 메트릭(예: 정확도, 정밀도, 리콜, F1)을 사용하여 결과를 검증함으로써 효율성과 결과 신뢰성을 개선해야 한다. ④ 설명가능성은 AI 시스템이 사용자가 예측한 결과를 이해하고 해석할 수 있도록 정보를 제공하는 기능을 말한다. 이를 통해 시스템 성능을 효율적으로 모니터링, 디버깅 및 개선하고 예측 결과를 의사결정에 사용할 수 있는 자신감을 높일 수 있다. 또한 정책 진행상황 및 상태 모니터링 시스템은 프로젝트의 진행상황 및 성과에 대한 모든 것을 배울 수 있으며, 사업 진행 상태를 언제라도 파악할 수 있다. 물리적 기계 상태부터 성능 데이터 시스템에 이르기까지 시스템이 사용자를 대신하여 모든 것을 모니터링 하므로, 이전보다 쉽게 상황파악이 가능하다.

　　다섯째, AI 시스템은 공공부문 의사결정 가운데, 리소스 계획, 배치 및 관리를 지원하기 위한 최첨단 성능을 입증한다. 정부는 공익 증진과 함께 시민과 정책 대상 집단에게 최대한의 혜택을 제공하는 방식으로 인적 및 물적 제한된 리소스를 최적으로 할당해야 한다. 공공자원을 가장 효율적 방법으로 집행, 배분하고 사업집행과정에서 필요한 자원과 수단을 최적화하는 동시에 오류를 줄이고 유연성을 향상시켜야 한다. 특히, 중앙정부는 지방정부나 민간(기업)에게 공정하면서 최

적의 배분이 필요하다.10) AI 시스템은 무엇을 잘할 수 있을까? AI 지원시스템은
① 시간측면에서 규모, 수백만 프로세스를 몇 초 이내에 데이터 포인트의 수, 그
리고 실제로 해답을 제공할 수 있다. ② 지속적 개선을 위해 과거 데이터에서 학
습을 통해 향상된 인텔리전스를 통해 동시에 수만 개의 리소스 처리 및 배포가
가능하다. ③ 수백 개의 시나리오에서 모든 세그먼트를 실시간 관리할 수 있다.
나아가 분배나 배분, 할당을 동적으로 최적화하는 데 도움이 될 뿐만 아니라 단기
및 중기로 구분하여 처리할 수 있다.

　　이상에서 살펴보았듯이 탈세패턴의 파악, 교량검사 대상 인프라 데이터의 분
류, 보건 및 사회서비스 데이터 선별을 통한 아동복지 및 지원 사례의 우선순위
결정, 감염성 질병 확산의 예측 등의 적용사례가 있다. 이를 통해 정부는 보다 효
율적 업무 수행과 결과 개선 및 비용 절감이 가능하다. 인공지능 솔루션을 채택하
는 과정에서 다음의 사항이 고려되어야 한다. 즉 알고리즘이 정확하고 의식적으로
의도하지 않은 편향 여부를 점검해야 한다. 또한 작은 입력값 변경으로 출력이 유
의하게 변경되지 않도록 안정적이어야 한다.

## Applications

- 전자메일프로그램의 스팸필터: 원하지 않는 전자메일의 탐지 및 차단
- 사이버보안 솔루션의 AI: 공격, 손상 또는 무단 액세스로부터 네트워크, 프로그램 및
  데이터 보호
- 챗봇: 음성인터페이스 또는 문자 메시지를 통해 사람(시민)과 대화
- 부정행위 탐지: 데이터에서 부정행위 패턴의 탐지, 방지 및 관리
- 경찰 또는 사회(복지)서비스 분야의 AI: 법집행, 범죄예방, 공공안전, 아동복지, 사회
  프로그램과 같은 분야의 결정에 대한 지원 및 추진
- 인사영역 AI: 채용, 인재 유지, 교육, 혜택, 직원 만족도 등 주요 인사업무 담당

10) https://cmp.smu.edu.sg/sites/cmp.smu.edu.sg/files/pdf/6_AMI13_Data.pdf.

## Solutions

- 정책결정(계획수립-예측)
- 인-허가-신고
- 조사-분석-추천
- Monitoring(평가-심사-검토)
- 배분-할당-심사

한편, 모델의 단계별 필요사항을 살펴보면, 첫째, 기획단계에서는 효과적인 사업사례부터 시작하는 것이 중요하다. ① 업무 및 프로세스의 실행 방식에 효율성과 혁신을 가져오는 방법, ② 실현 가능한 솔루션으로 만드는 데이터 및 분석 기회, ③ 시스템과 조직에 미치는 영향 평가에 사용될 핵심 성과 지표를 고려해야 한다.

둘째, 개발단계에서 AI시스템 개발은 데이터 정리, 교육 시스템, 성능 테스트에 집중해야 한다. 조직은 전체 데이터 수집, 결합 및 준비를 위한 메커니즘을 만들 수 있다. 여러 소스를 시스템에 공급하되 머신러닝 툴 및 알고리즘은 데이터셋의 패턴을 식별하고 전문가의 교육과 테스트기반 예측 모델의 구축에 도움을 주어야 한다. 만일 시스템의 정답이 틀릴 경우, 전문가가 정답을 제시함으로써 전반적으로 정확성의 개선에 기여해야 한다.

인공지능시스템은 배치된 후에도 더 많은 데이터 활용과 인간과의 상호작용을 통한 학습과 발전을 위해 인지컴퓨팅 기능에 의존한다. 그리고 인공지능시스템이 자동으로 작동하기 전에 다양한 단계에 배치된다. 그러나 기존 정보 시스템과 마찬가지로 조직은 비즈니스 사례를 검토 및 관리해야 한다. 또한 프로젝트 진행 시 성과와 결과를 추적할 수 있는 측정지표가 마련되어 있는지 확인하고 시간 경과에 따라 개선 작업을 수행해야 한다.

## 2. AI기반 자율운영 솔루션: 알고리즘과 시스템구조

정책증강 모델 구현을 위한 알고리즘의 적용을 위해 다음사항이 필요하다. 첫째, 문제에 대한 명확한 진단과 정의가 필요하다. 둘째, 단순하고 구체적인 영역부터 시작하되 데이터와 기준이 되는 결과(baseline results)를 인지해야 한다. 이후 복잡한 영역으로 확장을 시도해야 한다. 이러한 방향에서 알고리즘은 주로 데이터 과학 시나리오에 따라 선택되어야 한다. 데이터를 사용하여 할 일은 무엇인가? 데이터 과학 시나리오의 요구사항은 무엇인가? 특히 정확도, 학습시간, 선형, 매개 변수 수 및 솔루션에서 지원하는 기능 수는 무엇인가? 등을 고려하여 알고리즘이 취사선택되어야 한다.

첫째, 정책현상은 비선형적 동적 세계이다. 확률론적 모델링은 항상 동일한 결과를 출력하지 않는다. 때로 틀린 결과나 최적해가 아닌 근사(近似)해를 출력한다. 여기에는 시공간 데이터 모델을 위한 다양한 시공간 연산을 설계하는 Spatio-Temporal Mode과 Gaussian Process State Space Model, Deep Gaussian process가 융합될 수 있다. Gaussian process state space model (GPSSM)은 비선형 동적 시스템으로, 여기서 알 수 없는 전환 또는 측정 매핑이 GP에 의해 설명된다. GPSSM에 대한 대부분의 연구는 상태추정문제에 초점을 맞추고 있다. 특히, 비선형시스템 식별이라는 어려운 과제를 다루기 위해 GPSSM에 대한 새로운 추론메커니즘이 활용될 수 있다.11)

둘째, 설명 가능(eXplainable)한 딥 러닝은 추천 및 판단 등 결과에 대한 이유를 사람이 이해할 수 있는 방식으로 제시하는 인공지능이다. 딥 러닝의 결론이나 계산과정을 설명 가능 혹은 해석 가능(interpretable)하도록 만들면서 모델의 정확성, 공정성, 투명성 및 최종 결과를 특성화하는 데 유용해야 한다. 정책은 정책대상뿐만 아니라 이해관계자 및 사회적 영향이 크다. 즉 정책은 국민의 생명과 재산권 등 기본적 권리와 직결되기에 정확성, 신뢰성, 책임성 등의 목표 구현이 반드

---

11) https://papers.nips.cc/paper/2017/file/1006ff12c465532f8c574aeaa4461b16-Paper.pdf.

국민이 갈망하는 인공지능정부

시 요구되는 의사결정 영역이다. 특정한 정책결정 및 판단에 대한 인과관계를 분석하여 그 원인과 작동원리를 제시하므로 불확실성 해소 및 신뢰향상에 기여한다. 설명 가능한 인공지능은 정보통신기술과 언어학,

심리학 등 융·복합적 기반에서 모델의 의사결정 결과를 사용자수준에서 설명하는 기술이다. ① 심층설명(Deep Explanation)학습은 변형된 혹은 hybrid 형태의 딥러닝 기술개발로서 은닉 계층의 노드가 의미 있는 속성을 나타내도록 심층신경망이 설명 가능한 특징들을 학습하도록 하는 기술이다. 가령 개와 고양이의 이미지에서 각 은닉 노드가 귀와 꼬리모양, 입의 위치 등을 표현하도록 학습해서 모델이 어떤 이미지를 개라고 판단했을 때 활성화된 은닉노드를 통해 판단의 이유와 근거를 알 수 있다. ② 모델귀납(Model Induction)은 블랙박스 모델을 설명 가능한 모델로 추론하는 기술이다. 여기서 LIME(Local Interpretable Model−agnostic Explanations)은 임의의 블랙박스 모델을 설명 가능한 데이터 주변에서 희소 선형 결합을 통해 국부적 설명이 가능하도록 만드는 방법이다. 가령 이미지를 분류하는 블랙박스 모델이 어떤 이미지를 개라고 판단했다면 이미 설명 가능한 다른 모델의 개에 대한 설명, 즉 개를 나타내는 픽셀들을 주어진 이미지와 대조하여 어느 부분이 개라고 판단한 근거인지 제시할 수 있다(한지연·최재식, 2017). 이처럼 설명 가능한 인공지능은 구체적이고 실제적 접근 방식이면서 알고리즘 사용자의 규범적, 사회적 통제 가능성을 내포한다.

셋째, 생성적 적대 신경망에서 ① 완전 연결 GAN은 적대적 과정을 이용하여 실제 데이터 분포를 포착하는 방법을 배우는 심층 생성 모델이다. GAN은 2개의 구성 요소 생성기 G와 판별기 D로 구성된다. 생성기 네트워크와 판별기 네트워크는 모두 Nash 평형에 도달하기 위해 설계된 최소−최대 게임에서 영감을 받은 역 전달 알고리즘을 사용하여 완전한 방법으로 동시에 훈련된다. 여기서 2개의

네트워크는 별도의 심층 신경 네트워크로 구현된다. 여기서 생성기의 목표는 (1) 새로운 표본을 생성하는 것이며 (2) 판별기를 속이는 것이다. 판별기의 목표는 실제 데이터 분포와 가짜 데이터 분포를 구별할 확률을 추정한다. 생성기는 무작위 노이즈 벡터 z(가우스 분포에 따름)를 입력으로 삼고 실제 샘플에 액세스하지 않고 생성된 샘플 G(z)를 출력한다. 판별기는 실제 샘플 P 데이터를 모두 수집한다. ② GAN 모델은 생성된 데이터를 제어할 수 없다. 특히 라벨이 부착된 클래스가 두 개 이상인 데이터의 경우 그렇다. 따라서 생성된 결과를 둘 이상의 라벨링된 클래스로 유도하기 위해 분포방향을 특정 라벨링된 클래스로 안내하는 추가정보가 필요하다. 이를 위해 조건부 생성적 적대 네트워크(CGAN)가 감독된 방식으로 데이터 생성 과정을 제어하기 위해 도입되었다. ③ InfoGAN은 원래 GAN의 복표 기능에 정규화 용어를 추가하여 구현한다. InfoGAN은 생성기의 출력 G(z, c)와 잠재 코드 c 사이의 상호 정보를 극대화하여 실제 데이터 배포의 의미 있는 특징을 발견한다.

넷째, 강화학습이 앙상블(Tunable AI+Hierarchical RL+Risk sensitive RL+Model based RL)로 활용되며 제한된 합리성(Bounded rationality)이 고려될 수 있다. 강화학습 Agent 개발 시 단일 고정 보상기능에 대하여 최대한 최적에 가까운 고정방침으로 수렴할 수 있도록 에이전트를 양성하는 표준적 접근방법이다. 향후 다양한 에이전트 동작이 필요할 경우, 이러한 방식으로 교육을 받은 에이전트는 일반적으로 전체 또는 부분적으로 재교육되어야 하므로 귀중한 시간과 리소스가 낭비된다. 다목적의 강화 학습을 활용하여 조정 가능한 에이전트, 즉 재교육 필요 없이 설계자의 선호에 따라 다양한 행동을 채택할 수 있는 에이전트가 필요하다. 이러한 기술을 개인과 집단 합리성 사이에 내재된 긴장이 존재하는 순차적 사회적 딜레마에 적용한다. 이러한 환경에서 하나의 고정된 정책 학습은 학습완료 후 상대방의 전략이 바뀌면 상당한 불이익을 받는다. 조정 가능한 에이전트 프레임워크가 순차적 사회적 딜레마에서 협력적 행동과 경쟁적 행동 사이에 재교육의 필요 없이 쉽게 적응할 수 있다. 또한 광범위한 행동과 반대 전략에 맞춰 단일 훈련받은 에이전트 모델을 조정할 수 있다는 것이 경험적으로 입증되었다 (O'Callaghan and Mannion, 2021).

국민이 갈망하는 인공지능정부

강화학습은 확장 과정에서 제기된 문제로 인해 어려움을 겪고 있다. 계층적 강화학습(HRL)은 다양한 수준의 시간 추상화에서 작동방법을 배우면서 문제들을 다루는 접근법이다. 학습알고리즘의 계층적 구조를 이해해야 한다. MDP와 HRL 방법은 여러 계층으로 구성된 정책을 학습한다. 각 계층은 서로 다른 수준의 시간 추상화 제어를 담당한다. 실제로, HRL의 핵심은 이용 가능한 일련의 조치들을 확장하여 에이전트가 기본 조치뿐만 아니라 매크로 조치, 즉 하위 단계의 조치들의 수행을 선택할 수 있도록 한다. 따라서 시간이 지남에 따라 연장되는 조치의 경우, 의사결정 순간 사이에 경과된 시간을 고려해야 한다. HRL의 가능성은 다음과 같다. ① 장기적 신뢰할당: 학습 속도 향상 및 일반화 향상 ② 구조화된 탐색: 원시 작업이 아닌 하위 정책을 사용하여 탐색 ③ 이전학습: 서로 다른 수준의 계층 구조가 서로 다른 지식을 포함하고 보다 나은 전달을 가능하게 할 수 있다. 여기에 위험을 제어할 수 있는 강화학습으로서 Risk sensitive RL이 추가된다.[12] 시행착오의 탐색과정에서 위험한 영역을 피한다. 즉 위험지표를 명시적으로 외부에서 부여함으로써 실행 시 회피하도록 하거나 사람의 샘플이나 조언을 바탕으로 위험한 상태공간을 피한다.

머신러닝은 데이터로부터 통찰력을 얻기 위해 여러 분야에서 점점 많이 사용되면서 정책현상에 대한 이해를 높이고 미래예측에 도움이 된다. 예측모델링의 성능은 사용 가능한 데이터의 양과 품질에 따라 달라진다. 실제 특정 작업을 수행하는 기계 학습에서 많은 부분 인간(전문가)에게 의존한다. 그러나 최적의 학습 전략은 인간과 기계의 상호 보완적 강점을 결합하는 것이다. 문제영역별 전문지식을 자동으로 추출하여 머신러닝과 통합하여 강력하고 신뢰할 수 있으며 효율적인 예측 모델을 구축할 수 있다.

솔루션은 문제의 성격에 따라 데이터와 알고리즘이 달라질 수 있다. 가령 정책지원대상의 적격성 분류문제의 경우, 정책대상에 관한 정형적 데이터를 바탕으로 한 회귀분석, 군집분석 및 Support Vector Machine 알고리즘을 활용한 모델개

---

12) https://thegradient.pub/the-promise-of-hierarchical-reinforcement-learning/.

•• 그림 6-6  인공지능기반 정책증강모델의 시스템구조

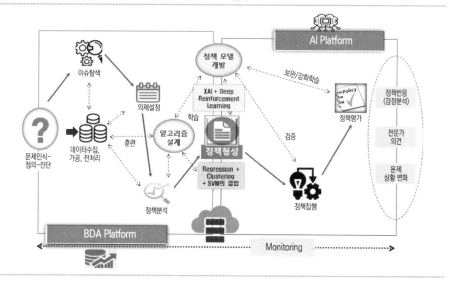

발이 가능하다. 반면에 질병, 감염 병 등 예상치 못한 사건이나 사고의 발생이나 고질적 난제의 경우, 정형 및 비정형적 데이터를 바탕으로 한 설명가능 알고리즘과 심층적 강화학습 알고리즘이 활용된 모델개발이 가능하다. 실제 정책현상에서 정책과정은 보다 복잡하고 역동적이기에 예측하지 못한 상황이나 변수들이 추가적으로 고려될 수 있다. 이처럼 인공지능기반 정책증강모델의 시스템구조는 〈그림 6-6〉과 같다(한세억, 2021).

정책증강 솔루션은 개별부처를 넘어 부처 간 융합정책에 적용할 수 있다. 가령 AI 에이전트를 통한 정책기획 서비스로서 교육정책부서는 보건, 행정, 건설 등 각 부처의 다양한 정보와 Nice 및 교육관련 정보의 입력을 바탕으로 구축된 데이터 셋 간 Mining을 통해 새로운 척도의 기반에서 보다 과학적이고 합리적인 계획 수립을 지원할 수 있다. 가령, 교통수준, 배후시설 등 물적 자원 현황과 지역 인구 수, 학령 아동 수, 교사 수 등 인적자원 현황 등의 데이터를 통해 클러스터링 알고리즘으로 가장 적절한 학교 부지를 추천할 수 있다. 또한 정책집행이 법령에 적합한지 또는 위배하는지 판단을 도와주거나 교사 임용 및 배치와 관련하여 교원의

수요예측에 활용할 수 있다. 이 외에도 데이터기반 제도 미 이행기관이나 업체를 가려낼 수 있고 위반수준에 맞게 과태료를 부과할 수도 있다.


## 3. 정책증강모델

AI기반 과학이 정책결정영역에 도입되고 있다. 정책결정은 장황하고 정치적이며 관료적이다. 그리고 제안된 정책을 뒷받침하는 증거를 정리하거나 그 효과를 입증하는 데 시간이 많이 걸린다. 정책들은 다루어야 할 광범위한 사회경제적 문제들보다 좁고 비효율성, 중복성, 모순을 내포하기도 한다.[13] 정책결정 과정에서 경쟁하는 정치세력의 균형을 맞추는 일은 결코 명료하지 못하다. 하지만 AI는 정책 입안자들이 사람들의 삶을 실질적으로 개선하는 보다 효과적이고, 목표지향적이며 비용효과적 정책을 만들 수 있도록 도와준다.

한편, 정책입안은 단일 활동이 아니라 문제확인, 정책형성, 채택, 집행 및 평가의 주기적인 5단계 프로세스다. 각 단계에서, AI는 정책 입안자들이 더 많은 가치와 영향력을 창출하는 데 도움을 줄 수 있도록 유용한 기능을 수행한다.

① 문제 및 상황 확인: AI 도구는 대량의 데이터를 신속하게 합성하고 패턴을 감지할 수 있다. 이러한 기능은 문제 상황의 진단에 유용하다. 가령 corona-virus 유행병, 환경 재난 또는 식량 부족과 같은 위기 상황에 유용하다. 머신러닝은 거의 실시간으로 통찰력을 제공하여 공공 리더와 정책 입안자가 신속한 조치를 취할 수 있도록 지원한다. 가령 호주의 Victoria 주 정부의 "증후군 감시" 프로그램은 병원에서 증상과 환자 특성을 추적, 보고했다. 사용 후 4개월 이내 공중보건 문제를 확인할 수 있었다. 이러한 조기 경고 도구의 중요성은 COVID-19와 관련된다.

② 정책형성: 정부는 정책 옵션의 예상 비용, 이점 및 결과의 분석과 예측을

---

13) https://www.bcg.com/publications/2021/how-artificial-intelligence-can-shape-policy-making.

위해 정기적으로 노력하고 있다. AI는 인구와 지리적 요인보다 작은 하위집단에 대한 신속한 통찰력을 제공함으로써 예측활동을 강화시킬 수 있다. 실례로 Quebec의 경제개발 전문가들은 AI 도구를 활용해 지역 간 경제, 노동, 교육 차이를 보다 정교하게 파악하고 있다. 정부는 정부, 민간, 타사 및 소셜 미디어 데이터를 분석하여 경제 개발 계획을 이전보다 빠르고 경제적으로 현지화하면서 미세조정할 수 있다. 중동정부는 국제무역 데이터에 패턴 감지 도구를 적용하여 국제수지의 개선과 무역정책을 수립했다.

③ 채택: 정치적 단계로서 AI의 중요한 역할이 가능하다. 입법기관은 법률을 통과시키며, 규제기관은 새로운 규칙을 공표한다. AI를 활용한 통찰력으로 국회의원이나 규제당국은 보다 정확한 의사결정 능력을 갖출 수 있다. 또한 정책의 잠재적 영향을 잘 예측할 수 있도록 문제를 정확하게 이해할 수 있다.

④ 정책집행: AI 도구는 현장의 피드백 자동화와 실시간 분석으로 정책을 보다 효율적으로 실행할 수 있도록 지원한다. 예를 들어 New Orleans에서는 응급 서비스 기관이 구급차 응답시간의 개선을 위한 데이터기반 정책의 창출을 시도했다. 시는 구급차가 가장 필요한 곳에 배치하기 위한 최적화 구축에 AI를 활용했다. 가난한 이웃들이 신속한 서비스를 받지 못하는 잘못된 관행의 방지를 위한 알고리즘을 설계하였다.

⑤ 평가: 정책은 현장에서 작동하지 않는 부분의 교정을 위해 수정한 만큼 유효하다. AI 도구는 정책이 부족하거나 사기에 노출될 수 있는 위치를 파악하여 교정 및 평가속도를 높일 수 있다. 영국에서는 AI가 탄소세 배출과 사업생산성에 미치는 영향의 추정에 활용되고 있다. 사실 배출실적이 없기 때문에 평가가 어렵지만 AI 시뮬레이션은 세율의 최적화를 통해 배출량을 억제하고 생산성을 유지하는 데 도움이 되고 있다.

정책과제의 서비스와 조직역량과 연계하면서 직원과 시민요구와 의견을 수용하면서 AI를 구현해야 한다. 책임 있는 AI의 원칙준수는 AI회의론자의 의견수렴과정에서 도움이 될 수 있다. 대부분의 성공적인 AI 프로젝트는 소규모로 시작하지만 확장성을 지니고 있다. 예를 들어 거대하고 복잡한 데이터 세트에서 패턴

320

•• 그림 6-7 AI기반 정책증강모델(AI based Wise Augmented Policy Model)

을 감지하여 정책 솔루션을 만들기 위해 초기에 제안된 정책에 대한 AI 지원 시나리오를 만드는 것이 필요하다. AI 시스템, 거버넌스 및 기능이 모두 향상됨에 따라 조직은 보다 큰 과제에 도전할 수 있다. 궁극적으로 정부는 주어진 임무와 완벽하게 통합된 광범위한 AI 전략을 지향해야 한다.

정부 및 공공기관은 변화하는 상황에 따라 유연하고 신속하게 목표를 달성하기 위한 의사결정을 해야 한다. 이른바 Wise Augmented Policy솔루션은 정책문제 해결을 위한 최적의 정책으로, 정책 룰을 강화하고 자동화 방법으로 설정된 목표에 가장 가까운 최적의 의사결정을 제시할 수 있다. 〈그림 6-7〉에서 보듯 설명 가능한 강화학습 알고리즘과 정책행위, 보상, 상태설정의 자동화를 위한 생성적 적대신경망(GAN)의 앙상블 알고리즘기반 모델로서 다양한 정책목표를 동시에 만족시키면서 모델성능 최적화를 진행하는 Parameter자동조정 및 Auto Reward 알고리즘을 지향해야 한다(한세억, 2021).

이처럼 정부가 AI를 정책과정에 도입함으로써 장기적으로 얻을 수 있는 이점 중 하나는 정책과 프로세스를 정의하고 교육, 보건, 노동과 같이 영역별 부서중심의에 기인한 사일로를 타파할 수 있다.14) 이러한 부서중심주의는 관련 데이터 세트를 분리하는 장벽 역할을 한다. 하지만 이를 결합할 경우, 보다 우수하고 광범위한 통찰력을 얻을 수 있다. 물론 동일한 주제 내에서도 중복 프로그램이나 관료적 미로를 야기할 수 있다. 이미 많은 국가에서, 사회적 혜택 프로그램의 계층(Layer)은 낭비와 의도하지 않은 결과를 발생시켰다. 하지만 AI는 정부에게 고용, 교육, 주거지원 등에서 최상의 결과를 제공할 수 있는 곳에 자원투입과 집중이 이루어지도록 도움을 줄 수 있다.

---

14) 의사결정 관리(Decision Management)의 경우, AI시스템에 규칙과 논리를 적용해서 초기 설정, 교육 그리고 유지 관리 및 조정에 사용되는 엔진이다. 이미 성숙한 기술로서 다양한 기업용 응용 프로그램에서 사용하고 있고 보다 자동화된 의사 결정을 지원 또는 수행한다. Advanced Systems Concepts, Informatica, Maana, Pegasystems, UiPath 등에서 제공하고 있다.

국민이 갈망하는 인공지능정부

국민이 갈망하는 정부

## 왜? 인공지능정부인가!

> 자기 책임을 방기(放棄)하지 않으며, 또한 그것을 타인에게 전가하지도 않는 것은 고귀한 일이다.
>
> — Friedrich Wilhelm Nietzsche(1844~1900) —

제7장

# 청렴성 증강모델

# 청렴성 증강모델

## 목표와 문제의식

　역대정부마다 부정부패와 비리척결을 중요의제로 설정, 수년간 노력해왔다. 반부패 대응전략으로서 부패방지법, 반부패 청렴운동, 반부패협약, 반 특권 시민도덕운동 등 다양한 반부패노력이 시도되었다. 하지만 부패와 비리가 끊임없다. 왜 그럴까? 그 이유는 첫째, 부정부패가 사회 내 불합리한 구조와 틀로 만연되어 있기 때문이다. 둘째, 권력형부패와 비리가 난무하는 가운데 정치·행정 불신과 윤리 및 도덕 불감증, 냉소주의 등이 확산되면서 정치개혁과 정부혁신을 저해하고 있기 때문이다. 셋째, 부패비리문화가 뿌리박혀 일종의 뇌물문화로 고착된 점 등이다. 이렇듯 정부고질병으로서 심화된 부패문제는 더 이상 방치할 수 없는 계제에 이르렀다. 디지털 전환의 중추기술로서 인공지능기술의 적용영역이 확대되고 있다. 머지않아 자율주행자동차처럼 다양한 영역에서 지능적 기계가 확장될 것으로 보인다. 국가운영관련 복잡한 행정 및 정책문제도 사람이 아닌 AI에 맡길 수 있음을 시사한다. 이를 통해 인간은 더 높은 청렴성 가치와 편익을 얻게 될 것이다.

**청렴성 증강모델의 배경과 필요성**

## 1. 청렴성의 가치와 의미

국가중추를 이루는 정부, 통치구조의 중핵으로서 왜, 존재하는가? 분명 국민이 겪는 고통과 불만을 해결하고 공동체를 위해 올바른 공적 가치를 창출하는 데 있지 않을까. 이를테면 공정과 정의, 자유라는 절대적 가치와 합법성, 민주성, 형평성, 능률성이라는 행정이념의 구현을 위해 존재한다. 한마디로 통치목적이 국민행복에 있다는 Locke의 사상과 통한다. 그러나 현상은 어떤가? 공성과 정의, 능률과 형평은커녕 공공부패와 비리로 인해 국민적 불만과 불신이 팽배하다.

영국의 Gladstone 전 수상은 개인이나 조직, 국가를 쇠망으로 이끄는 첩경은 부패라며 청렴의 중요성을 역설하였다. 동서고금을 막론하고 부패문제는 국가의 존망과 격을 좌우한다. 세계적 수준에서 반부패 논의를 주도하고 있는 UN, OECD, World Bank 등의 보고서에서도 정부부문에 대한 반부패의 논의가 주된 목적이다. 하지만 부패개혁의 대상과 내용은 정부에 한정되지 않고 모든 국가영역에서 다양하고 포괄적 수준으로 확대할 것을 권고하였다.[1]

주지하다시피 한국은 전자정부 강국이자 디지털정부 강국으로 평가되면서 디지털 전환 선도국가로 인식된다. 게다가 1964년 UNCTAD 설립 이후 개발도상국에서 선진국으로 인정받은 최초의 국가이다. 선진국 진입과 함께 청렴한 사회로의 성숙이 한층 요구된다. 이른바 투명성과 청렴성이 보장되어야 명실상부한 선진국이 아닐까? 그 동안 반부패 대응전략으로서 부패방지법, 반부패 청렴운동, 반부패협약 등 다양한 반부패노력이 시도되었다. 하지만 부패와 비리가

---

1) World Bank(1999)는 반부패 국가전략으로 ① 정부혁신관련 제도개혁 ② 법·제도개혁 ③ 경제정책의 개혁 ④ 재정통제부문의 개혁 ⑤ 공공감시와 시민사회의 활성화 등 다양하고 포괄적 방안을 제시하였다.

끊임없다. 공공부문에서 만연한 부패문제의 해결을 위한 새로운 접근과 처방이 요구된다. 더구나 디지털 전환의 가속화에 따라 인공지능의 활용이 확산되고 있다.

UN, OECD, IMF를 비롯한 많은 국제기구는 부정부패를 단순한 범죄행위를 넘어 빈곤의 원인이며 반인륜 및 반인도적이고 근본적 죄악으로 보고 있다. 부패비리가 만연한 사회는 곧고 바르게 살아가려는 구성원의 희망을 빼앗아간다. 또한 사회경제적 낭비와 폐해를 야기하며 경쟁을 왜곡시키면서 자본주의 원리이자 미덕인 자유롭고 공정한 시장원리를 원천적으로 파괴한다. 그리고 부패로 인한 뇌물 및 반대급부의 먹이사슬이 포괄적으로 형성되어 위화감을 조성하고 국가기강을 흔들어 결국, 국가쇠망이라는 비극을 초래한다. 이처럼 부작용과 악영향의 예방 및 해소를 위한 총체적 대응이 필요하다. 공직자의 직무관련 사익추구 예방과 공직과의 이해충돌 방지를 위해 제정된 「부정청탁 금지 및 공직자의 이해충돌 방지법」만으로 불충분하다. 반부패(청렴성) 역량의 증강을 위한 인공지능기반 청렴성 증강모델이 요구된다.


## 2. 한국사회의 부패와 이슈: 부조리한 한국사회의 현주소

일반적으로 부패는 공공부패와 민간부패로 나뉘며(박준·고길곤, 2017), 다시 공공부패는 고위공무원의 부패행위인 거대부패와 일선 공무원들의 부패인 작은 부패로 구분된다(Rose-Ackerman & Palitka, 2016: 26). 어떠한 유형이든 부패는 국가사회경제에 악영향을 미치기에 반부패노력이 요구된다. 또한 반부패도구로서 정보통신기술이 부상하였다. 그러면 정보강국으로 평가되는 한국의 부패 현주소와 실상은 어떠한가?

한국의 전자정부는 2020년 UN의 전자정부 평가에서 193개국 중 전자정부 발전지수에서 2위를 기록하였다. 온라인참여지수는 2018년에 이어 1위를 기록하였다. 이어 OECD가 실시한 디지털정부평가지수에서 종합 1위를 기록했다.

〈OECD 2019 공공데이터 개방지수〉 1위, 〈2020 UN온라인 참여지수〉 1위, 〈2020 UN전자정부발전지수〉 2위, 〈2020 IMD(국제경영개발연구원) 디지털경쟁력 인구 2000만 이상 국가〉 중 2위, 〈2020 블룸버그 디지털 전환국가 순위〉 1위에 연이은 쾌거로, 정보강국을 넘어 디지털강국의 면모를 여실히 보여주었다.

디지털강국으로서 한국의 부패수준은 어떠한가? 2021년에는 상승세를 보여주었지만 여전히 저조한 수준에 머물러 있다. 국제투명성기구(TI)가 공개한 국가별 부패지수(CPI)에 따르면, 한국의 2007년 부패지수는 10점 만점에 5.1로 전체 180개국 43위를 차지해 중하위권에 머물렀다가 2020년도 부패인식지수(CPI) 평과 결과는 역대 최고 점수인 61점으로 31위를 기록하였다.2) 그러나 OECD 정부신뢰도 조사에서 한국은 22위를 기록하였다. 국민 10명 중 6명은 정부를 신뢰하지 못함을 드러낸다.

불신이 팽배한 공공실상을 반영하듯 공적 가치를 창출해야 할 공직사회에서 부정부패로 얼룩진 사건사고가 끊임없다. 마땅히 청렴해야 할 윗물 공직자들의 권력남용이 비일비재하다. 가령 저축은행사건, 4대강사업관련 민·관 유착, 방위

•• 그림 7-1  청렴도 측정수준

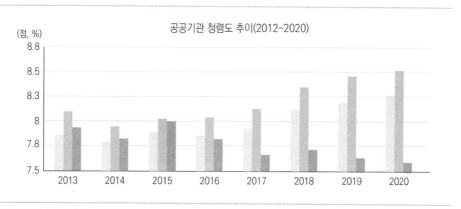

자료: 국민권익위원회(2020a).

---

2) 서비스의 우수성을 나타내는 '온라인 서비스', 유무선 통신 인프라 수준을 측정하는 '통신인프라', 국민 교육수준을 나타내는 '인적자본'을 통합하여 평가한다(행정안전부, 2020).

국민이 갈망하는 인공지능정부

산업체 공급비리 사슬, 인사 청탁을 유발하는 인사난맥상과 부조리, 전관예우로 일컬어지는 관료·판검사 및 경찰출신들의 부정부패 등이 전형적 사례들이다. 또한 각급기관의 부패행위를 보면, 유사한 부패가 계속되고 있다. 가령 원전납품비리, 군납비리 등에서 보듯 고치려 해도 효과가 없다. 그 까닭은 대부분 부패가 적발되면 일회적·단기적 처방에 그치거나 오랜 기간 지속된 부패는 고질적 관행으로 뿌리박혀 쉽게 고쳐지지 않기 때문이다. 심지어 부패유형도 고액임대차 계약, 자녀취업보장, 도시 관리계획변경특혜 등에서 보듯 지능·은밀(隱密)·고도화되면서 적발이 곤란하다. 또한 관피아 논란 등 퇴직공직자를 매개로 한 민관유착 등 구조적 비리도 심각한 수준이다. 이를테면 해운회사 이익단체인 해운조합에 선박안전관리 감독권한이 주어지고, 퇴직관료들이 관행처럼 해운조합의 자리를 차지하면서 형성된 정부와 해운사들 간 부조리하고 부적절한 유착관계는 결국, 세월호 참사를 야기하기에 이르렀다.

그나마 지속적인 반부패노력으로 중앙정부(45개), 지방정부(광역 17개, 기초 226개) 등 공공기관 대상 〈2020년 공공기관 청렴도〉 측정결과, 국가보조금 부당수령과 비리, 위법·부당한 예산집행, 금품제공 등 부정적 평가가 개선되고 있다. 〈그

•• 그림 7-2  청렴도 측정수준

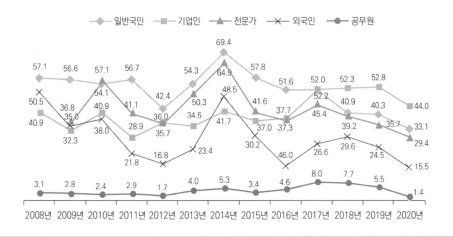

자료: 국민권익위원회(2020b).

림 7-1〉에서 보듯 종합청렴도가 2019년 비해 0.08점 향상된 8.27점으로 4년 연속 개선된 것으로 나타났다. 이는 공공기관업무에 대한 국민평가 개선과 내·외부 업무관련 부패경험비율의 감소에 기인한 것으로 분석됐다(국민권익위원회, 2020a).

한편, 공무원 부패수준과 관련하여 '공무원이 부패하다(매우 부패+부패한 편)'는 응답이 공무원은 1.4%인 반면, 일반국민은 33.1%로 공직사회에 대한 부패인식 차이가 크게 나타났다. 〈그림 7-2〉에서 보듯 기업인(44.0%), 일반국민(33.1%), 전문가(29.4%), 외국인(15.5%), 공무원(1.4%) 순으로 나타났다(국민권익위원회, 2020b).

또한 국제기구인 국제투명성기구(Transparency International)의 부패인식지수 (Corruption Perceptions Index)는 100점 만점에 50점대 수준으로 175개국 중에서 43위를 나타냈다. 〈그림 7-3〉에서 보듯 한국의 부패는 성제 및 완만한 상승을 보여주다가 2021년1월, 국제투명성기구가 발표한 부패인식지수에서 다소 상승하여 61점에 역대 최고의 성적인 33위를 거뒀다. 하지만 경제수준에 비해 여전히 낮은 상황(2021년 180개국 중 33위)이기에 디지털기술을 활용한 반부패 노력이 한층 요구된다(Transparency International, 2021).

•• 그림 7-3  한국의 부패인식 추이(1995~2019)

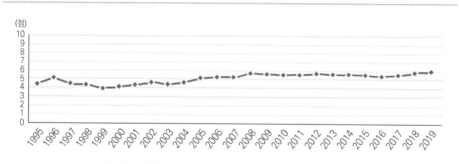

출처: Transparency International.

# 3. 정보통신기술과 부패문제의 해소가능성

오늘날 디지털 전환과정에서 부패를 비롯한 많은 과제들이 제기되고 있다. 이른바 국가 및 관료포획, 정치적 엘리트들의 자기거래, 그리고 부패로부터 파생된 불법적 재정흐름은 공정한 배분을 약화시키고 불평등을 조장하고 있다. 이러한 도전은 새로운 방식의 사고, 새로운 도구의 생성과 활용, 새로운 기회를 요구한다. 특히, FinTech, GovTech, CivicTech, Big Data Analytics, 인공지능 등 새로운 기술, 툴 및 기회가 등장하면서 세상이 변화하고 있다. 부패예방과 비리해소를 위해 향상된 접근 방식들이 잠재력을 제공한다. 또한 데이터의 폭증과 투명성 확대는 데이터 사용능력의 확장을 요구한다. 물론 신기술이 많은 자금의 신속한 이동과 도난당한 자산은닉수단으로 악용되기도 하지만 투명성과 반부패촉진에 대한 이니셔티브 강화에 동기를 부여한다(World Bank Group, 2019).

부패는 국가를 넘어 세계적 문제로서 해결할 수 있고 반드시 해결해야 한다. 국제적 수준에서 그 해결방법으로서 정보통신기술(Information Communication Technology)의 활용이 부정부패의 예방, 조사, 적발을 위해 효과적 도구로서 인식과 공감대가 확대되었다. ICT는 정보 공유와 시민참여 부문에서 대중의 접근성을 향상시키면서 반부패문제에 직접적 시민 참여를 가능하게 한다는 인식이 강화되었다(국민권익위원회, 2020c). 실제로 전자 Governance는 정부현대화, 효율성 증대, 공공서비스 제공 개선을 위해 ICT에 의존하면서 관심을 얻고 있다. 물론 ICT에 대한 기대와 전자정부에 대한 대규모 투자에도 불구하고, 영향의 증거는 엇갈리고 제한적이다. ICT 개입의 유형뿐만 아니라 맥락 요인들로 인해 전자정부 프로젝트의 실패율이 높게 나타나기도 한다. 디지털화는 통신이나 데이터 분석과 같은 작업을 수행할 수 있는 속도와 규모에 영향을 미치면서 공공과 민간부문을 변화시켰다. ICT는 부정부패 예방과 적발, 기소 등 반부패 분야도 마찬가지다. 비록 반부패를 위해 모든 것을 수행할 수 있는 단일 툴은 없다. 대신, 부패예방관련 다양한 부분을 해결할 수 있는 수많은 ICT 툴이 있으며, 다양한 과제의 해결에 적합하다. 이를테면 활용 가능한 도구를 6개의 광범위한 범주로 구분할 수 있다. ①

전자정부 서비스 및 디지털 공공서비스: 공공서비스 자동화, 정부운영의 투명성 제고 ② Crowd sourcing 플랫폼: 시민들이 부패를 공개적으로 신고할 수 있는 방법을 제공하여 사소한 부패의 해결에 활용, 부패가시성 향상 및 잠재적 동향 강조 ③ 내부고발 플랫폼: 시민들이 익명을 포함하여 부패 내부고발자로 활동할 수 있는 방법 제공 ④ 투명성(Transparency) 플랫폼: 부패행위를 폭로할 수 있는 정부운영에 대한 정보제공(플랫폼: UK−based WhatDoTheyKnow portal), 플랫폼 존재가 부패에 대한 "오싹한 효과"로 작용 ⑤ 뉴스보도 및 정보 확산 플랫폼: 특정 국가/지역의 부패 관련 사건에 대한 뉴스 및 정보 제공(Hungarian website K−Monitor), 부패에 대한 일반 국민의 인식 제고 및 퇴치 방안 마련 ⑥ 분산원장기술(DLT) & 블록체인 기술: 트랜잭션의 투명성과 높은 수준의 책임감 허용, 사기 및 속임수 기회의 감소 등이다.

반부패 도구로서 ICT는 반부패 인식 창출, 시민 참여 및 공공서비스 개혁에 성공할 수 있다. 그러나 잠재력이 과장되어서는 안 된다. 반부패의 핵심 원칙에 따라 ICT는 투명성, 참여 및 청렴성을 지원하는 데 큰 역할을 할 수 있다. 하지만 진정한 효과를 거두기 위해 사법체계와 언론자유, 활발한 시민사회를 포함하는 기능적 책임체계가 필요하다. 여기에 투명하고 분산적 Governance 시스템도 포함될 수 있다. 이를테면 블록체인 기술로 지원할 수 있다. 그렇지만 ICT만으로 반부패 활동을 주도할 수 없다. ICT와 연관된 툴은 지원 프레임워크 내에서 그리고 적합한 맥락에서 구현된다면 부패방지 포트폴리오에 강력한 요소가 될 수 있다. 예를 들어, 데이터가 숨겨진 패턴과 관계를 조명하여 정부에게 공공자금이 의도한 목적에 부합하도록 보장하는 더 나은 도구를 제공할 수 있다. 또한 Cloud Computing, 데이터 시각화, 인공지능, 머신러닝과 같은 기술 리소스는 정부 및 기업이 Cloud에서 거대하고 복잡한 데이터 셋을 집계 및 분석하고, 데이터 셋이 존재하는 곳의 그림자로부터 부패를 찾아낸다. 심지어 사전에 부패를 방지할 수 있는 강력한 도구를 제공할 수 있다. 이처럼 정보통신기술의 부패감소 기여는 디지털 전환의 촉진에 따라 청렴성 강화의 가능성을 높이면서 정보강국을 넘어 인공지능 강국을 향한 한국에 기회를 제공할 것으로 기대된다.

국민이 갈망하는 인공지능정부

**인공지능과 청렴성 증강: 데이터, 알고리즘**

## 1. 인공지능기반 부패문제 해결사례

세계 각국에서 반부패 노력이 진행 중이다. 특히, 보건의료분야의 지출증가 과정에서 부당하고 불법적 재정지출이 야기되면서 보건의료서비스의 접근성과 질을 하락시키고, 다시 부패로 연결되는 악순환관계에 있다. 이에 정부와 국제기구 및 단체는 보건의료에서 부패방지의 효율적 수행을 위해 다양한 전략 및 방법을 개발하면서 효과적 감시체계를 구축하는 등 다양한 노력을 기울이고 있다.

미국은 보건복지부소속 감사부서(OIG)와 법무부(DOJ) 등이 보건의료분야에서 협업기반 부패방지 전담조직을 구축·운영하여 부정부패의 탐지 및 적발하고 있다. 〈표 7-1〉에서 보듯 공공데이터의 개방 및 공유는 보건의료시스템의 투명성과 책임성을 향상시킬 수 있다는 기대에서 보건의료 부패예방 및 적발을 위해 데이터 Portal 등이 활용되면서 데이터의 투명성과 개방성을 확대하고 있다. 동시에 새로운 분석도구 및 방법의 개발로 데이터분석을 한층 강화하고 있다. 나아가 머신러닝이 가능한 알고리즘기반에서 데이터의 변칙 또는 패턴의 탐지와 함께 체계화되지 않은 데이터 셋의 유형화를 통해 부패를 식별하고 있다. 데이터 분석 기술을 활용하여 부당청구 등에 따라 이미 지급된 금액을 회수하는 것뿐만 아니라 보다 효과적이고 효율적으로 부패계획과 행위를 탐지할 수 있다(김민정, 2019).

영국은 보건사회복지부(DHSC)에서 〈2017~2020부정방지전략계획(Counter-Fraud Strategic Plan)〉을 수립·시행 중이다. 데이터 분석활용을 중심으로 보건의료분야 부패방지조직을 운영하고 있다. 이와 함께 부패방지수단(도구)으로서 공공데이터를 적극 활용하고 있다. 또한 Exiger와 TI(Transparency International) 간의 협력은 공공기록을 분석하여 부패위험을 식별하는 TI의 역량을 향상시키는 것을 목표로 하였다. 이러한 맥락에서 계약데이터 개방, 분석 및 활용을 선도적으로 추진하고 있다. 아울러 공공계약 데이터를 중심으로 국가 간 정보의 상호교환 가능성을 확대하

•• 표 7-1   주요국의 보건의료 부패행위 유형별 핵심데이터 개방 및 활용

| 구분 | 미국 | 영국 | 프랑스 |
|------|------|------|--------|
| 뇌물수수 | - Medicare 및 Medicare 서비스센터에서 원칙적으로 데이터 개방<br>- 데이터 개방플랫폼 운영을 통한 접근성, 적시성, 활용성 제고 | - 민간 차원에서 원칙적 공개<br>- 데이터의 정확성, 비교가능성 등의 측면에서 한계 존재 | - 사회연대보건부에서 원칙적 개방<br>- 개방플랫폼의 운영을 통해 접근성, 활용성, 적시성, 시민참여 제고 |
| 조달부패 | - 전자조달시스템기반 데이터 개방<br>- 보건복지부 내 부서계약정보시스템을 활용한 계약 유효성 검증<br>- Buy Master 프로그램기반 계약데이터 분석 | - 계약데이터 개방 및 분석 활용의 선도적 추진<br>- C5의 구성국가로 공공계약데이터의 국제적 상호정보교환 가능성 확대를 위해 노력 | - 공공조달금액이 EU 공공조달계약 지침 상 임계값 이상인 경우 전자조달플랫폼을 통한 공개입찰의무<br>- 보건의료 공공조달업무는 대부분 공동구매기관이 담당함.<br>- 전자조달시스템과 연계된 개별 구매포털을 통해 조달정보 공개 |
| 부당지급청구 | - 부패방지기관 간 데이터를 분석, 활용하여 부패예방 및 적발을 위한 긴밀한 협력체계 구축 및 조직 설립 운영(Medicare 부정단속반 등)<br>- 데이터 분석활용을 통한 부패예방 및 적발 | - 예외적 공개(연구목적 등)<br>- 부정방지기관(NHSCFA) 중심의 청구데이터 분석 활용<br>- 의료 및 보건서비스 제공기관을 중심으로 부패예방관련 첨단 Data 분석도구의 개발 | - 건강보험공단의 부정방지 및 감사부서의 데이터 분석 및 활용에 의한 부패 및 비리 탐지<br>- 연구개발 등의 목적을 위해 정보위원회의 승인 및 허가를 전제로 공개를 예외로 인정 |

자료: 김민정(2019).

기 위해 노력 중이다. 특히, 보건의료서비스 제공관련 부정방지기관(NHSCFA)을 중심으로 청구데이터를 분석·활용하고 있으며, 보건의료서비스제공기관은 최첨단의 부패방지데이터 분석 툴을 개발하였다.

프랑스는 사회연대보건부에서 개방방침의 원칙하에 개방플랫폼을 운영하면서 데이터에의 적시성, 활용성, 접근성, 시민참여를 제고하고 있다. 가령 보건의료영역에서 대부분 공공조달은 공동구매기관에서 관할하며, 전자조달시스템에 연계된 구매Portal을 통해 조달정보 등을 공개하고 있다. 또한 정보자유위원회의 승인을 전제로 연구목적 등에 한해 공개를 예외적으로 허용하고 있다. 그리고 건강보

험공단의 감사 및 부정방지부서에서 보유한 데이터에 대한 분석·활용을 통해 부정부패를 탐지하고 있다. 공공조달금액의 경우, EU 공공조달계약 지침 상 일정 기준 값 이상인 경우에 한하여 전자조달플랫폼을 통한 공개입찰을 의무화하였다.

중국은 2012년부터 인공지능시스템(Zero Trust)을 이용해 8,721명 이상의 공무원횡령, 권력남용, 정부자금 유용, 친족고용 등 범죄를 적발했다. Zero Trust는 중국과학원과 중국공산당 내부 감시기관이 공동 개발한 시스템으로, 중앙 및 지방정부의 150개 데이터베이스에 접근이 가능하다. 동 시스템은 수상한 부동산 이전이나 토지 획득, 주택철거를 비롯해 사회기반시설 건설 등을 잡아내는 데 유용하다. 또한 은행예금의 비정상적 급증사례도 감지 가능하며, 공무원 본인 또는 가족, 지인 이름으로 새 자동차를 구입하거나 정부계약에 응찰했는지도 확인할 수 있다. 이 같은 신호가 탐지되고 일정 기준을 넘어설 경우, 당국은 인지하게 된다. 어느 단계에서 상급자가 감시대상자와 접촉해 부패행동 중단을 경고할 수 있다. 그러나 중국 내 적잖은 지역에서 Zero Trust시스템에 대한 반감이 컸다. 심지어 마양, 화이화, 후난성 리현 등을 비롯한 일부 지역에선 시스템을 해체했다. 그래서 현재 중국 전체 행정구역의 1%에 불과한 30여 개 행정구역에서만 사용되고 있다(동아일보, 2019년 2월 4일자).[3]

멕시코는 지난 10년 동안 일련의 개혁조치를 통해 경제성장 촉진과 부패문제 해소의 성과를 이루었다. 멕시코 국세청(Tax Administration Services)은 AI 알고리즘과 분석도구를 이용해 납세기업 간 부정영업을 적발하는 프로젝트를 시범 실시했다. 6개월간의 실행노력의 결과 1,200개의 부정한 회사가 적발되었고 3,500개의 부정거래가 확인되었다. 부패와 관련한 불규칙한 활동의 식별과 분석에서 AI의 활용이 없었다면 보다 많은 기간이 소요되었을 것이다. 그 결과, 멕시코경제의 많은 분야에서 진일보의 성과가 나타났다. 가령 통신사업은 독점적 지배영역이었지만 경쟁체제가 자리 잡으면서 연결비용이 대폭 절감되었다. 합리적 연결성은 디지털 정부서비스를 지향하는 사회에서 핵심적 요소다. 이후 멕시코는 AI기반

---

3) https://www.donga.com/news/Inter/article/all/20190204/93985541/1.

솔루션을 통해 AI주도형 스마트 조달도입 등을 모색하고 있다. 이를테면 세계 10대 AI국가 전략과 함께 공공조달의 부정과 탈세의 적발을 위한 시범사업에 디지털 도구와 인공지능이 적용됐다. 즉 멕시코 경쟁력 연구소(IMCO)와 참여형 인텔리전스(OPI)는 수백만 개의 데이터기록에 대한 자동화된 Query(AI)기반 부패위험 식별을 위해 정부의 계약절차를 분석하였다. 데이터 셋은 2012~2017년 기간의 공공조달에 적용되었으며 9개의 상이한 Source에서 2억 3천만 개의 셀에서 600만 개의 데이터 셋을 구축하였다. 또한 프로젝트기반 1,500개 이상의 구매단위에 대한 위험 식별과 부패위험지수를 작성했다. 개방된 정부데이터 구축은 OECD 국가 중 높은 순위를 차지하였다. 부패위험 식별에 사용된 데이터 셋은 공개 및 공유되었다. 그리고 2015년 Transparencia Mexicana가 공식표준으로 도입한 〈오픈 업 가이드〉 프로젝트가 최초로 도입했다. 그리고 반부패법, 규제, 반부패기관이 자리 잡았다. 그러나 법집행은 미흡한 것으로 나타났다. 부패해소를 위한 사법당국의 대응의지나 능력이 부족했다. 지난 5년간 부패인식지수(CPI) 순위가 떨어졌다. AI 도구만으로 반부패노력에서 성공할 수 없다는 사례를 보여준다.

이 외에도 Ukraine에서는 TI 현지 지부가 자체 AI 툴을 개발하여 공공조달에서 부정 입찰 사실을 밝혀냈다. 즉 오픈소스 정부 조달시스템인 Prozorro를 감시하기 위해 도구를 배치하면서 Dozorro라는 이름을 붙였다. 또한 브라질 감리국은 공무원들의 부패 행위의 위험을 추정하기 위해 기계 학습 응용 프로그램을 개발했다. 범죄기록, 교육등록부, 정·관계, 사업관계 등의 변수가 분석에 포함되었다. 이후 동 프로젝트의 배후 팀은 기업들 사이의 부패한 행동의 가능성을 예측하는 유사한 도구를 개발했지만, 상이한 공공 데이터베이스의 정보 통합에서 문제에 부딪혔다. 브라질 법도 이러한 도구들의 예측에 근거한 어떠한 제재도 허용하지 않는다. AI 도구는 실제로 부패를 발견하고 예측하는 데 효과적이다. 하지만 유죄 판결과 형량을 확보하기 위해 범법자들을 법정에 세우는 데 어려움이 남아 있다.4)

---

4) https://www.u4.no/publications/artificial-intelligence-a-promising-anti-corruption-tool-in-develop ment-settings/shortversion.

국민이 갈망하는 인공지능정부

한편, 민간기업 Microsoft는 향후 10년간 Cloud Computing, 데이터 시각화, AI, 머신 러닝 및 기타 기술을 활용하여 투명성을 높이고 부패의 탐지 및 억제계획으로서 ACTS(Anti-Corrupt Technology and Solutions)를 발표했다. Microsoft는 ACTS를 통해 각국 정부가 전문 지식 및 기타 리소스를 활용하여 혁신을 이룰 수 있도록 지원하고 있다. 지난 2020년3월 이후 6개월 동안 중남미 및 Caribbean의 반부패, 투명성 및 무결성 촉진을 위해 미주개발(IDB)은행과 파트너십을 체결하는 등 ACTS 지원에 투자하였다. 또한 IDB 투명성 기금과 제휴하여 COVID-19 경기부양펀드의 사용에 더 큰 투명성을 가져올 수 있도록 지원하고 있다. 이와 별도로 Microsoft 연구진은 세계은행과 협력하여 AI의 부패방지 노력에 대해 조사하였다. 국제기구, 국가조달 데이터, 소유권 및 기타 기업 데이터베이스의 데이터셋을 사용하여 계약협상 중 입찰패턴의 링크 및 전 세계 소유권 정보 등을 노출하는 등 부패가능성을 암시하는 패턴의 탐지실험을 수행했다. 또한 AI를 통해 관계, 위치, 관할권 및 은행정보의 네트워크를 보다 효과적으로 Mapping하여 계약체결 이전에 잠재적 위험의 해결을 도모하고 있다. 이 외에도 선거검증도구인 Election Guard와 M365 for Campaigns를 공개하였다. 모두 민주주의 방어를 위한 프로그램이다. 가령 Election Guard를 사용하면 투표용지 인쇄 전에 터치스크린을 통해 투표용지를 선택할 수 있다. 해커가 투표를 변경했더라도 투표에 부착된 암호는 바꿀 수 없다. M365 for Campaigns의 경우, Microsoft의 Account Guard 서비스에 등록하면 조직이 운영하는 전자메일 시스템 전반에서 사이버위협 및 공격에 대해 알람을 받을 수 있다. Microsoft는 선거 인프라에 대한 위협의 차단을 위해 노력하고 있다. 가령 러시아에 거점을 둔 사이버범죄조직(Trickbot)이 2020년 미국 총선을 방해할 가능성이 있는 컴퓨터 네트워크를 통제하기 위해 사용하는 대부분의 기계를 무력화시켰다.[5]

또한 IBM 연구그룹은 케냐에서 반부패목적의 AI활용 전략으로 뇌물이나 부패가 발생하기 쉬운 시스템을 재설계하였다. AI 툴을 사용하여 무결성을 높이고

---

5) https://venturebeat.com/2020/12/09/microsoft-launches-effort-to-fight-corruption-with-ai-and-other-emerging-technologies/.

절차를 간소화하거나 상호 작용 지점을 줄일 경우, 시간이 지남에 따라 뇌물수수 기회를 줄 일 수 있다. 지난 2014년부터 케냐정부와 함께 사업용이성을 위해 세계은행과 협력하고 있다. 그 결과, 복잡한 규제, 비효율성, 그리고 시스템에 무력감을 느끼는 관료들을 뇌물의 주요 동인으로 확인했다. IBM 팀은 문제의 기술적 (알고리즘기반) 측면뿐만 아니라 프로세스 개선을 위해 다양한 측면의 과제를 해결했다. 그 결과, 케냐의 부패지수가 189개국 중 136위에서 61위로 향상했다.

외국사례는 범위가 제한적이며 인공지능 활용수준도 초보적이다. 보건의료 영역에서 데이터개방 및 공개를 중심으로 이루어지고 있다. 공공데이터 활용과 달리 부패방지 작업에 인공지능과 머신러닝이 어떻게 구현됐는지 보여주는 사례는 상대적으로 적다. 그마나 중국과 멕시코 등에서 인공지능기반 시스템이 적용되어 효과를 얻었지만 공직사회 반발로 인해 집행이 효과적으로 확산되지 못한 실정이다. 아직까지 반부패를 위한 종합적이고 범용의 솔루션은 부재한 상황이다. 인공지능은 과학기술의 산물로서 목적의 방향이 명료하게 설정되어야 하며 동시에 공직부패 및 청렴관련 데이터 확보와 관리가 선결되어야 한다. 이를테면 인공지능기반 청렴성솔루션이 공직사회에 공감대를 확보하고 효과를 발휘하기 위해 부패발생과 가능성이 높은 분야를 중심으로 단계적이며 점진적 접근이 요구된다. 특히, 공직사회 순응을 위해 청렴성 증강을 통한 공직역량 제고와 공직신뢰 향상에 효과적인 도구라는 점에 대한 공감대가 확보되어야 한다. 민간부문의 인공지능 기술혁신과 함께 적용가능성이 높아지고 있다. 인공지능기술은 금융범죄, 사기 또는 의심스러운 거래를 적발하기 위해 은행 및 금융기관에 의해 구현되는 경우가 많다. 이러한 노력들은 반부패 조직에 비슷한 도구와 교훈을 제공할 수 있다. 하지만 멕시코 사례에서 보듯 인공지능 솔루션의 실효성 확보를 위해 제도적 노력이 병행되어야 한다.

국민이 갈망하는 인공지능정부

## 2. 증강된 청렴성

인공지능은 반부패의 차세대 개척지로서 가능성이 기대된다. 하지만 필요조건으로서 데이터 셋으로부터 패턴을 찾아내는 노력이 요구된다. 데이터로부터 특성과 패턴 등 관심 요소의 감지를 위해 AI를 적용하면, 인간은 세부 사항에 초점을 맞추면서 오남용, 사기 또는 부정부패가 의심되는 부분에 대해 후속 조치를 취할 수 있다. 전 처리된 데이터로부터 훈련된 알고리즘으로 형성된 인공지능은 〈표 7-2〉에서 보듯이 부패방지단계별 관련기관에 활용되면서 부패방지효과에 기여할 것으로 예상된다. ① 예방: 공공데이터 개방 및 공유기반으로 정책투명성 및 개방성 확대와 함께 잠재적 부패위험의 완화 등 부패를 예방할 수 있다. ② 적발: 공공데이터의 활용으로 부패연결 상태를 용이하게 파악함으로써 부패수사 및 활동기제를 활성화하는 등 부패적발에 기여한다. ③ 조사: 공공데이터를 활용

●● 표 7-2 부패방지 단계별 인공지능의 활용

| 단계 | AI 활용조직 | AI 활용목적 | 부패방지효과 |
|---|---|---|---|
| 예방 | - 정책입안자<br>- 규제 및 감독기관(감사관/회계감사관)<br>- 시민사회단체 | - 공공데이터 공개 및 공표<br>- 잠재적인 부패위험 식별 | - 투명성, 개방성 확대 및 감독 강화<br>- 잠재적 부패위험 완화<br>- 정책 또는 규제개선 |
| 적발 | - 정책집행자<br>- 감독기관(감사관/회계감사관/의회)<br>- 탐사기자(부정부패고발전문기자)<br>- 시민사회단체 | - 부패행위에 대한 경고<br>- 부패네트워크식별 및 파악 | - 부패방지 수사제도 및 작동 기제 활성화 |
| 조사 | - 시민사회단체<br>- 탐사기자(부정부패고발전문기자) | - 부패제보에 대한 시민인식 제고 및 부패사건 폭로 | - 공식적 조사 및 제재 유도<br>- 정책 및 법제개선에 대한 사회적 분위기조성 |
| 수사 | - 사법기관<br>- 감독기관(의회 및 감사/회계감사관) | - 부패관련연결망, 유관 조직 및 체계에 대한 근거 | - 사법기관의 기소절차와 형사 및 행정고발 채널 강화 |
| 제재 | - 법률적 문서기록 및 법정 자료에 따른 집행기관 | - 부정부패 관련 자산 회수<br>- 효과적인 제재 | - 부패처벌의 실효성 제고<br>- 부패관련 자산회수 |

하여 시민의 부패제보를 활성화하며 이는 공식적 부패조사 및 제재를 유도하고 부패방지 법제 및 정책개선의 필요성에 대한 사회적 공감대 형성을 촉진한다. ④ 수사: 감독기관(의회 및 감사원)은 공공데이터를 활용하여 부패네트워크 및 관련조직의 부패행위와 증거를 한층 효율적이고 광범하게 수집할 수 있으며 부패행위에 대한 행정·형사상의 고발 채널을 강화할 수 있다(김민정, 2019).

현재까지 반부패업무에 인공지능이 어떻게 배치됐는지 보여주는 예는 상대적으로 적다. 일반적으로 금융기관이나 세무당국이 자금세탁, 사기 또는 탈세를 적발하기 위해 배치한다. 인공지능기반의 반부패 전략은 첫째, 기존에 적발하기 어려웠던 부정부패의 적발에 적용할 수 있다. 둘째, 이전에 부패하기 쉬운 절차를 피하기 위한 목적에서 새로운 인공시능 시원 프로세스를 설계할 수 있다.

오늘날 많은 거래나 상호작용이 상당 부분 디지털화되어 있다. 논란의 여지가 있지만 자동화된 의사결정시스템이 사회보장 프로그램, 법률분야, 치안, 보험 및 보안에 배치되어 있다. 돈세탁을 적발하는 데도 AI와 머신러닝이 적용된다. 세무당국은 AI를 이용해 탈세 위험을 예측하거나 공공조달에서 의심스러운 입찰자나 입찰자를 감시·확인한다. 국제투명성기구(Transparency International)는 공개기록의 검색을 자동화하고 분석역량의 강화를 위해 AI 솔루션을 채택하고 있다.6) 그러나 AI와 자동화된 의사결정시스템의 일부 적용은 논란을 야기할 수 있다. 편향된 알고리즘의 처리방법, 자동화된 의사결정과 경쟁할 수 있는 능력, 그리고 기계가 결정을 내릴 때 책임의 문제 등이 제기된다. 이에 따라 사생활 권리, 설명의 권리, 그리고 잊혀 질 권리 등이 어떻게 관련되는지 중요 이슈로 다루어지고 있다. 그럼에도 불구하고 AI기반 프로세스와 관련된 효율성, 명백한 중립성, 안정적인 성능, 비용 절감 등의 편익으로 인해 보다 많은 부패예방 및 해소 분야에서 AI 툴이 적용될 가능성이 높다.

---

6) https://www.u4.no/publications/artificial-intelligence-a-promising-anti-corruption-tool-in-development—settings.

## 3. 반부패 데이터와 알고리즘

인공지능기반 청렴성 증강솔루션 개발을 위한 선결조건은 문제의 진단과 정의의 바탕에서 적절한 데이터 확보와 처리에 있다. 그리고 알고리즘을 선택하고 이를 데이터에 적용, 훈련을 통해 학습모델을 생성한다. 일반적으로 알고리즘의 훈련을 위해 확보된 데이터는 동일한 크기의 데이터로 분할하여 사용한다. 청렴성 증강모델 개발을 위한 데이터는 〈그림 7-4〉에서 보듯 주로 정책문서, 관련법률, 정책자료, 연구문헌 등 Text자료가 활용되며 온라인 커뮤니티와 포털자료들도 비정형화된 데이터로서 Crawling형태로 획득할 수 있다. 또한 재산공개대상 공직자의 금융자료 등 정형데이터를 API형태로 수집할 수 있다.

AI기반 청렴성증강 솔루션의 핵심 요인 중 하나는 데이터 확보와 가공이다. 그러나 부패상황이 역동적이고 반복적이라는 점을 유의해야 한다. 또한 발생하는 데이터도 다양하며 방대하다. 그렇기에 상호 참조방법으로 다른 기법을 실행하면

•• 그림 7-4  청렴성증강모델 개발을 위한 데이터

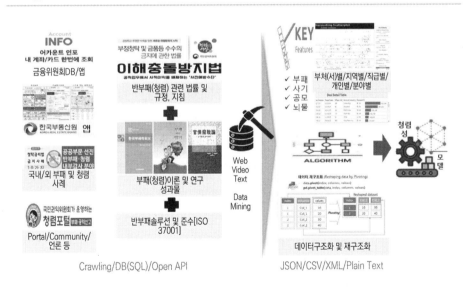

•• 표 7-3  분류기반 데이터 셋

| 데이터 셋 | 정 의 | 대표적 선행연구 |
|---|---|---|
| 신용카드 | - 많은 연구에서 신용카드거래 데이터 셋 사용<br>- 업종, 평균거래가액 등의 거래 패턴을 파악하여 활용함. | - "Transaction Aggregation as a Strategy for Credit Card Fraud Detection" -C. Whitrow et al.(2008), |
| 은행거래 | - 청구 데이터뿐만 아니라 재무 상태, 신용카드 정보, 사용자 정보로 구성되어 있음. | - "Fraudulent Electronic Transaction Detection using Dynamic KDA Mode -M. Vadoodparast1, Razak Hamdan, Dr.Hafiz(2015) |
| 모의 데이터 셋 | - 서로 데이터 마이닝 알고리즘 간 효율성 비교 및 최적의 검출 알고리즘 제시함.<br>- 제안된 방법은 실제 데이터를 통해 성능을 평가하는 것이어야 함 | - "Credit Card Fraud Detection Using Hidden Markov Model -Abhinav Srivastava et.al.,(2008) |
| 기타 | - 휴대폰 통화 기록<br>- Peer-to-peer 대출 데이터 | - "Automatic Detection of Compromised Accounts in MMORPGs -Jehwan Oh et al.(2012) |

대량의 데이터를 보다 효율적인 속도로 검사하는 데 유용하다.[7] 가령 이상거래 탐지의 경우 동일한 알고리즘을 사용하더라도 분석에 사용할 데이터에 따라 접근 방법이 다르므로 사용데이터에 따라 분류가 가능하다. 특히, 금융관련 이상거래의 탐지대상은 크게 네 가지 분류할 수 있다. 〈표 7-3〉에서 보듯 신용카드 결제 데이터, 시뮬레이션 데이터, 은행거래 데이터, 기타 데이터로 나눌 수 있다. 첫째, 신용카드 결제데이터는 카드사뿐만 아니라 대형매장 등에서 익명화된 데이터를 수집하기 때문에 이상거래 탐지분야에 가장 많이 응용된다. 신용카드 결제데이터는 크게 결제매장데이터, 카드정보, 결제정보, 이용자정보 등으로 구성된다. 둘째, 은행거래 데이터는 입금 및 이체 데이터, ATM기기를 통한 출금데이터, 온라인 뱅킹(online banking) 데이터, 주식 및 증권 데이터 등으로 구성된다. 은행거래 데이터를 통한 이상거래 탐지 시 결제데이터를 재정상태, 신용정보 등 이용자 정보와

---

7) https://medium.com/sciforce/artificial-intelligence-to-fight-fraud-and-corruption-edd16 244ce7b.

국민이 갈망하는 인공지능정부

연계된 분석이 가능하다. 셋째, 시뮬레이션 데이터는 실제 사용된 결제 데이터 수집이 불가능한 경우, 실제 상황과 비슷한 시나리오의 바탕에서 생성할 수 있다. 범용의 이상거래 탐지알고리즘의 연구와 방법론의 제안을 위해 많이 활용되지만, 자칫 정상과 이상거래 간 인위적 차이가 존재할 수 있다. 따라서 실제 거래된 데이터를 방법론에 적용하기 전에 정확한 성능의 평가가 어려울 수 있다. 이 외에도 크라우드 펀딩 혹은 P2P(Peer-to-Peer) 대출은 SNS기반에서 금융기관 개입 없이 이용자들 간 자금을 대여·출하는 시스템이다. Milad Malekipirbazari 등은 2012년부터 2014년 사이에 Lending Club에서 발생한 거래 데이터를 kNN, Logistic Regression, SVM, Random Forest 알고리즘에 적용하여 이상거래를 탐지하였다(Milad Malekipirbazari, etal., 2015).

## 제3절 청렴성 증강모델의 솔루션

### 1. AI기반 청렴성 증강모델: 프로세스와 시스템

청렴성 증강모델의 구축을 위해 수집 및 전 처리된 데이터를 바탕으로 알고리즘의 훈련이 필요하다. 알고리즘의 선택은 부패문제의 성격, 데이터 특성, 공공조직 성격 및 집행 순응성 제고 등을 감안하여 네 가지 알고리즘의 앙상블이 가능하다. 문제가 복잡할수록 알고리즘의 복잡성도 높아지는데 공공문제 성격과 범위가 복잡하고 광범하기에 다양한 알고리즘 결합이 요구된다. 즉, 모델형성과정에서 데이터수준과 처리상황에 따라 알고리즘의 변용이 필요하다.

첫째, 머신러닝 기반 알고리즘으로 회귀모형과 SVM, Clustering이 활용될 수 있다. 부패와 같이 이상(부패) 사례를 감지하고 판별하기 위함이다. 이상한 것은 가능한 빨리 찾아야 한다. 분류와 예측알고리즘이 효과적이지만 이상 징후 감지에 한계가 있다. 그래서 비 지도학습으로 Random Cut Forest는 이상감지에 가장 유력하게 쓸 수 있다. 실제 성능도 다른 알고리즘에 비해 보편적으로 좋은 편이다. 하지만 정답 값을 갖는 데이터가 전혀 없거나 매우 희소하다면 분류기반의 기계학습 알고리즘으로 이상감지를 찾아내기가 어려울 수 있다.

둘째, 부패식별 및 결과는 민감한 사안이다. 결과에 대해 납득할 수 있는 설명이 필요하다. 그래서 XAI(설명 가능한 알고리즘)으로 최종 산물 및 결과의 근거를 제시해야 한다. 이는 정보통신기술, 언어학 및 심리학 등 학제적 융·복합기술개발을 통해 의사결정 결과를 사용자수준에서 설명하는 기술이다. 기존의 분석 알고리듬을 통한 예측 및 분류뿐 만아니라 인과관계 분석을 통해 적절한 근거를 찾아준다. 또한 이용사가 인공시능기반 의사결정에 대한 이해 빛 결과에 대한 신뢰를 바탕으로 효과적 업무 수행을 지원하여 불신 및 불안감을 해소할 수 있다. ① 심층적 XAI는 일종의 Hybrid 형태의 딥 러닝 기술로서 Hidden Layer의 노드가 의미 있는 속성을 나타내도록 심층신경망이 설명 가능한 특징들을 학습하는 기술이다. 이를테면 양과 염소의 이미지에서 각 은닉 노드가 입의 위치, 뿔 모양, 귀 모양, 꼬리 모양 등을 학습해서 모델이 특정 이미지를 양으로 판단했을 때 활성화된 은닉 노드를 통해 판단근거를 제시한다. ② 모델귀납은 블랙박스를 설명 가능한 모델로 추론하는 기술이다. 여기서 LIME(local interpretable model−agnostic ex−planations)은 임의의 블랙박스를 설명 가능한 데이터 주변에서 희소 선형결합을 통해 국부적으로 설명 가능하게 만드는 방법이다. 가령 이미지 분류의 블랙박스 모델이 어떤 이미지를 양이라고 판단했다면 이미 설명 가능한 다른 모델의

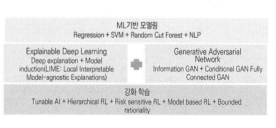

양에 대한 설명, 즉 양을 표현하는 픽셀들을 주어진 이미지와 대조하여 어느 부분이 양이라고 판단한 근거인지 제시할 수 있다(한지연·최재식, 2017).

셋째, 생성적 적대 신경망에서 ① 완전히 연결된 GAN은 적대적 과정을 이용하여 실제 데이터 분포를 포착하는 방법을 학습하는 심층 생성모델이다. GAN은

일반적으로 두 개의 구성요소 G(생성기)와 D(판별기)로 구성된다. 생성 및 판별 네트워크는 모두 Nash 평형에 도달하기 위해 설계된 최소-최대 게임에서 영감을 받은 역 전달 알고리즘을 사용하여 완전한 방법으로 동시에 훈련된다. 두 개의 네트워크는 별도의 심층 신경 네트워크로 구현된다. 여기서 생성기의 목표는 (1) 새로운 표본을 생성하면서 (2) 식별자를 속이는 것이며 식별자는 실제 데이터 분포와 가짜 데이터 분포에 대한 구별 확률을 추정한다. 생성기는 무작위 노이즈 벡터 z(가우스 분포에 따름)를 입력으로 삼고 실제 샘플에 액세스하지 않고 생성된 샘플 G(z)를 출력한다. 판별기는 실제 샘플 P데이터를 모두 수집한다. ② GAN 모델은 생성된 데이터를 제어할 수 없다. 특히, 라벨이 부착된 클래스가 두 개 이상인 데이터의 경우 그렇다. 따라서 생성된 결과를 둘 이상의 라벨링된 클래스로 유도하기 위해 분포방향을 특정 라벨링된 클래스로 안내하는 추가정보가 필요하다. 이를 위해 조건부 생성적 적대 네트워크(CGAN)가 감독된 방식으로 데이터 생성과정의 제어를 위해 도입된다. ③ InfoGAN은 원래 GAN의 목표 기능에 정규화 용어를 추가하여 구현한다. InfoGAN은 생성기의 출력 G(z, c)와 잠재 코드 c 사이의 상호 정보를 극대화하여 실제 데이터 배포의 의미 있는 특징을 발견한다(한세억, 2021).

넷째, 강화학습이 앙상블(Tunable AI+Hierarchical RL+Risk sensitive RL+Model based RL)로 활용되는 동시에 제한된 합리성(Bounded rationality)이 고려될 수 있다. 강화학습Agent 개발 시 단일 고정 보상기능에 대해 최대한 최적수준에 수렴할 수 있도록 Agent를 양성하는 것이 표준적 접근방법이다. 향후 다양한 Agent 동작이 필요할 경우, Agent는 전체 또는 부분적으로 재교육되기에 시간과 리소스가 낭비될 수 있다. 그렇기에 다목적의 강화학습기반에서 조정 가능한 Agent, 즉 재교육 필요 없이 설계자의 선호에 따라 다양한 행동을 채택할 수 있는 Agent가 필요하다. 이러한 기술은 개인과 집단합리성 사이에 내재된 긴장이 존재하는 순차적 사회적 딜레마에 적용된다. 사실 특정 환경에서 고정된 정책학습은 학습완료 후 상대방의 전략이 바뀌는 경우, 상당한 불이익이 예상된다. 그래서 조정 가능한 Agent 프레임워크가 순차적 사회적 딜레마에서 협력적 행동과 경쟁적 행동 간에 재교육의 필요 없이 쉽게 적응할 수 있고, 광범위한 행동과 반대 전략에 맞춰 단일 훈련받은 Agent 모델을 조정할 수 있다는 것이 경험적으로 입증되었다 (O'Callaghan and Mannion, 2021; 한세억, 2021).

　　이상의 다양한 알고리즘들을 앙상블로 하여 청렴성 증강모델 구축과정에서 고려사항으로 첫째, 청렴준수를 지원하는 인지AI를 고려할 수 있다. 조직에서 Risk관리 및 청렴가치 보호의 최전선에서 컴플라이언스, Risk 통제 및 감사업무 수행을 위한 접근방식과 방법론의 개발과 지원이 필요하다. 이러한 맥락에서 조직의 중요한 자산인 정보 및 데이터의 활용이 권장된다. 증가하는 정보 및 데이터가 상호 연결되면서 어디서나 분산 또는 조합된 정형 데이터(회계데이터, 각종 거래, 재무수치 등) 빛 비성형(작업문서, 계약, 부서 간 협업 플랫폼, e-메일 등) 데이터에 접근할 수 있어야 한다. 여기서 인지적 AI와 기계학습기술은 원천과 특성에 관계없이 데이터의 흡수, 스캔 및 처리할 수 있는 기능을 제시한다. 아울러 연결, 패턴 및 관계를 식별하고 가치 있는 통찰력으로 전환을 위해 자연어처리가 사용될 수 있다.

　　둘째, 사기 및 부패에서 신호를 감지하는 AI[8]에 대한 고려이다. AI기술은 조직내부 데이터와 외부데이터 소스(웹 페이지, 소셜 미디어, 공공데이터베이스 등) 간에 실행 가능한 정보 및 지능을 연결하면서 폭넓은 시야를 제공한다. 또한 조직 내 컴플라이언스 및 감사담당자의 권한을 강화하면서 이용가능한 방대한 정보에서 부정행위 및 부패계획과 관련된 약한 신호까지 탐지할 수 있다. 심지어 글로벌 조직 관점에서 이상여부를 식별할 수 있다. 왜냐하면 시장과 가족(인척) 등 다양한 관계에서 이루어진 접점의 포착이 가능하기 때문이다. 게다가 조직이나 개인의 제재전력까지 확인할 수 있다. 그래서 컴플라이언스 및 감사는 현장에서 통제권한을 행사하고 현장정보를 사용, 수집하면서 이상감지를 할 수 있다. 원격작업을 고려할 때 AI 응용과학과 기술에 의존하여 원시데이터에서 실행 가능한 지능을 넘어 전체적이며 실시간 수신되는 신호를 노이즈로부터 차단함으로써 불필요한 자원낭비를 줄이면서 반부패와 감사업무에의 집중을 지원하는 도구로 작용할 수 있다.

---

8) https://www.corporatecomplianceinsights.com/ai-ml-detect-corruption-fraud/

## 2. AI기반 청렴성 증강모델

앞서 언급했듯 부패문제는 그 성격에 따라 데이터와 알고리즘 및 조합이 달라질 수 있다. 가령 부패 및 일탈 적격성 분류문제의 경우, 정책대상에 관한 정형적 데이터를 바탕으로 한 회귀분석, 군집분석 및 Support Vector Machine 알고리즘을 활용한 모델개발이 가능하다. 반면에 위험, 재난 등과 같이 예상치 못한 사건이나 사고의 발생이나 고질적 난제의 경우, 정형 및 비정형적 데이터를 바탕으로 한 설명가능 알고리즘과 심층적 강화학습 알고리즘이 활용된 모델개발이 가능하다. 실제 정부에서 발생하는 부패현상과 과정은 복잡하고 역동적이기에 예측하지 못한 상황이나 변수들이 추가적으로 고려될 수 있다. 이처럼 문제해결지향의 인공지능기반 청렴성 증강모델의 시스템구조는 〈그림 7-5〉와 같다.

AI기반 청렴성 증강모델의 시스템에서 정부는 다양한 부패유형에 대한 사전 및 사후대응을 지원하는 부패탐지시스템(Corruption Detection System)을 사용할 수 있다. CDS 구성요소는 크게 데이터 및 정보수집, 이상거래 분석, 대응(조치)으로

•• 그림 7-5  AI기반 청렴성 증강모델의 시스템구조

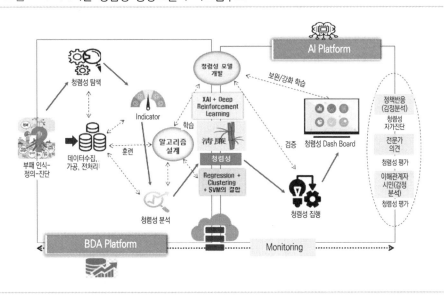

구성된다. 로그수집시스템은 실시간 발생하는 거래정보를 수집하고 대용량 데이터를 정제한 후 부패분석시스템으로 전달한다. 부패분석시스템은 전달받은 데이터와 고객 및 외부정보를 종합적으로 판단, 부패(이상)여부를 판단한다. 그리고 대응시스템은 분석시스템에서 비정상 또는 이상거래라고 판단된 거래에 대해 유형 및 상황별 대응시나리오에 따라 사용자 접속차단, 담당자에 확인알람 등 자동화된 조치를 즉각 수행한다. 이처럼 인공지능기반 탐지모델은 새롭게 발견된 거래 패턴에 대한 내용 학습으로 성능을 개선함으로써 부패거래분석 시스템에 수시로 반영시킬 수 있다.

## 3. 공정성 증강모델의 가능성과 한계

인공지능기반 청렴성 증강모델은 인공지능기술이 정부혁신의 효과적 솔루션이 될 수 있다는 점과 전자정부 강국의 기반에 인공지능을 접목하여 정부를 새롭게 변화시킬 수 있다는 가능성에 주목, 인공지능과 관료 간 조화로운 정부의 구현을 위한 실효성 있고 실천 가능한 대안으로서 의미와 가치를 지닌다.

청렴성을 모니터링하고 테스트하기 위한 자동화된 툴은 아직 존재하지 않는다. 청렴성증강 모델의 주요 알고리즘은 NLP기반에서 Explainable AI와 심층강화학습을 결합하여 기존 평가 데이터를 바탕으로 훈련한다. 주요 데이터로 정부데이터(내부계약 및 절차), 부패사건자료, Crowdsourced Data, 미디어텍스트 등을 활용할 수 있다. 또한 군집화알고리즘을 중심으로 선형회귀와 SVM을 결합하는 앙상블 기반으로 시험할 수 있다. 여기에 이상탐지와 예측모델을 보완적으로 활용할 수 있다. 즉, 서로 다른 그룹들 사이의 이질적 영향, 특정 그룹에 대한 불균형적 오류율, 그리고 보증되지 않거나 잘못된 연관성 등이 관찰 가능해야 한다.

부패탐지의 분석방법은 크게 오용(Misuse)탐지와 이상(Abnormal)탐지, 두 가지로 구분된다. 첫째, 오용탐지는 기존 이상거래 또는 사기거래에서 나타나는 주요 특징들을 조건화, 규칙화함으로써 새로 발생하는 부패 및 이상거래에 다중 조건

국민이 갈망하는 인공지능정부

(Multi Rule-Based)을 적용하여 필터링하는 방식으로 부패(이상) 여부를 식별한다. 이러한 방식은 빠르고 단순하지만 새로운 패턴에의 대응이 어렵다는 한계가 작용한다. 둘째, 이상탐지기법은 RDBMS에 저장된 구성원 기본정보, 거래정보 등의 속성(Attribute) 정보를 바탕으로 모델링하여 특이점을 찾아낸다. 이 방식은 복잡한 구조의 데이터를 종합적으로 판단하거나 발견이 어려운 부패 및 사기거래를 찾아낼 수 있지만 실시간 처리에 고성능 시스템이 요구된다는 한계가 있다.

인공지능모델에 금융 및 부동산거래 전체 데이터를 주고 이 중에 부패거래가 어떤 것인지 알려주면, 인공지능이 사람이 파악하지 못한 부패거래 패턴까지 종합적으로 파악할 수 있다. 즉 새로운 거래가 부패패턴과 얼마나 유사한지를 따져 부패 유·무를 식별할 수 있다. 부패탐지를 위한 인공지능 모델의 경우, 목적변수 Y의 값(Label)이 명확히 기재된 구조화된 데이터를 학습하는 지도학습 모델 중 이진분류 예측 모델(Binary Classification Prediction Model)로 분류된다. 여기서 이진분류 예측모델이란 '부패(비정상) 맞음' 또는 '부패 아님'과 같이 예측해야 할 목적변수 값이 두 가지임을 의미한다. 이진분류 예측모델의 기본 원리로서 로지스틱 회귀 (Logistic Regression)분석이 활용될 수 있다. 로지스틱 회귀분석은 수치형 데이터 예측 모델인 선형 회귀모델의 결과 값에 Sigmoid 활성화함수를 첨가하여 범주형 변수로 예측하는 모델이다. Sigmoid 활성화함수는 음의 무한대부터 양의 무한대까지의 실수를 0부터 1사이의 숫자로 변환시켜준다. 즉 부패탐지에서 0을 반부패, 1을 부패로 변환하여 데이터를 학습시킬 수 있다. 이처럼 로지스틱 회귀분석과 함께 사용가능한 지도학습 방법으로 의사결정나무기반모델이 활용될 수 있으며 Random Forest, GBM 등의 사용이 가능하다.

또한 부패탐지에서 잘 활용하지 않는 모델이었지만, 딥 러닝을 활용한 다양한 시도에 따른 좋은 성능을 갖는 모델들이 출시되면서 딥 러닝기반 부패탐지 연구에 활용가능성이 높아지고 있다. 즉 딥 러닝 모델과 Logistic Regression모델, 두 개 모델의 장점을 결합한 방식을 고려할 수 있다. 또한 kNN과 GAN 등 비지도학습모델을 적용하여 학습하지 않은 패턴에 대해서도 어느 정도의 정확성을 갖는 학습모델을 설계할 수 있다. 이처럼 지도학습 및 비 지도학습 모델이 적절히 융합된 앙상블 모델이 사용될 수 있다.

모델의 초기단계에서 중앙집권적 프로그램 구축과 함께 부패방지정책이 제시될 수 있다. 또한 규정준수기반 사전승인을 용이하게 하면서 직원의 질문과 우려를 반영하기 위해 〈준수(Compliance) 채널〉 웹사이트를 만들 수 있다. 그리고 정책에 대한 규정준수와 사전승인관련 질문을 위한 애플리케이션도 만들 수 있다. 그리고 규정준수 위험을 해결하기 위해 위험평가목록을 작성할 수 있다. 앞의 〈그림 7-5〉의 시스템 구조에서 나타냈듯이 위험 및 정보관련 적신호에 대한 평가 툴로써 부패Dashboard와 KPI(핵심 성능지표)로의 연계·변환이 가능하다. 아울러 Compliance Dashboard를 통해 감사팀은 각 이니셔티브에서 수행방식을 평가할 수 있다. Dashboard는 교육, 터치 포인트, 조사 및 위원회 등 다양한 분야에 중점을 둔다. 각 영역에서 정책 및 통제가 KPI에 연결된다. 예컨대 감사담당자는 지정된 기간 내에 사례가 처리되고, 종결사례가 적절하게 승인되고, 교정조치 계획이 구현되었는지 확인할 수 있다.

반부패를 위한 감사 및 규정준수프로그램의 측정을 위해 전통적 프로세스를

•• 그림 7-6  AI기반 청렴성 증강모델(AI based Corruption Detection Model)

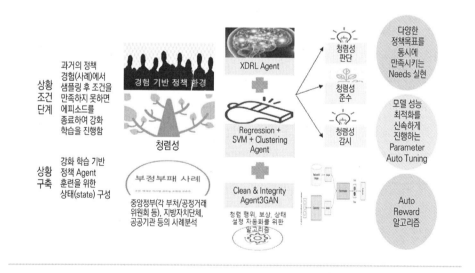

국민이 갈망하는 인공지능정부

우회하면서 대량의 데이터검토가 이루어지는 경우, 수동방식의 트랜잭션에 통합할 수 있다. 대신, 감사부서 안팎에서 솔루션 생성 목적으로 구축된 시스템에서 데이터를 추출하는 단일 저장소를 만들 수 있다. 그리고 조직의 자원계획시스템(가령 미지급계정관련)과 비용, 규정준수 및 조사기록, 제재 목록 및 국제투명성기구의 부패인식지수 같은 출처에서 외부 데이터를 가져올 수 있다.

정부 및 공공기관은 변화상황에 따라 유연하고 신속하게 의사결정을 해야 한다. 청렴성 증강(Integrity Augmented) 솔루션은 부패방지를 위한 최적화 방안으로, 정책 및 규칙을 강화하면서 자동화 방법으로 설정된 목표에 근사한 의사결정을 제시할 수 있다. 〈그림 7-6〉에서 보듯 설명 가능한 강화학습 알고리즘과 머신러닝(Regression+SVM+Clustering)간 결합의 바탕에서(정책행위, 보상, 상태설정의 자동화) 생성적 적대 신경망(GAN)의 앙상블 알고리즘기반 모델로서 다양한 정책목표를 동시에 만족시키면서 모델성능 최적화를 진행하는 Parameter 자동조정 및 Auto Reward 알고리즘을 지향한다.

한편, 청렴성증강 분석플랫폼은 부패 및 위험 식별에 사용할 수 있는 방대한 양의 데이터를 입력할 수 있다. 부패탐지와 통제에 유용할 뿐만 아니라 향후 부패 및 준수 위험에 대한 효과적 관리에 유용하다. 플랫폼은 재무, 컴플라이언스, 인적 자원 및 시스템의 데이터를 통합하여 부패 및 위험을 초래한 트랜잭션과 제3자에 대한 식별능력의 개선을 위해 작용한다. 플랫폼의 기초는 위험도 점수화 접근법으로, 특정 거래나 관계가 위험도 속성 수(예: 지급의 긴급성, 고위험 유형)와 고위험도 속성 가중치에 기초하여 더 높은 위험도로 간주될 수 있다.

초기에는 외부 전문기관의 도움을 받아 플랫폼을 구축하되 이후 내부 관리 솔루션으로 전환하도록 한다. 궁극적으로 AI기반 청렴성 증강플랫폼을 조직 전체로 확장, 운영하면서 모든 데이터에 액세스할 수 있어야 한다. 반부패 솔루션은 감독된 학습을 포함한 머신러닝 기술과 플랫폼을 결합하여 사용자에게 제공되어야 한다. 즉 데이터시각화 SW기반의 Dashboard 상 아이콘을 클릭하면 사용자에게 목록, 그래픽, 지도를 이용해 출장 및 엔터테인먼트 등 다양한 프로세스에 대한 데이터의 요약화면이 제공될 수 있어야 한다. 나아가 청렴성 증강모델은 반부패 규정준수라는 광범위한 주제에 국한되지 않고 자금세탁 방지, 독점 금지, 이해상충, 지불, 출장, 기타 규정준수 우려사항을 포함해야 한다. 즉 Dashboard에 조직운영 전반에 걸쳐 광범위한 위험요소를 반영하면서 총 위험점수로 나타낼 수 있다. 이를 통해 감사 및 컴플라이언스 팀이 리소스를 관리 및 통제해야 한다. 또한 데이터, 워크플로우 및 지속적인 평가를 통한 Risk기반 방식의 운영이 요구된다. 중요한 것은 모든 워크플로우가 지속적으로 수정 및 개선되는 과정에서 사용되는 데이터 셋의 생성뿐만 아니라 학습을 통해 개선된 정보를 모델에 지속적으로 제공해야 한다.

하지만 청렴성 증강모델의 필요성과 당위성에도 불구하고 현재의 청렴성 증강모델 구현을 위한 데이터수준 및 여건이 한계로 작용할 수 있다. 전자정부 구축 노력에 의해 디지털화되었지만 청렴성(부패)관련 정형 및 비정형데이터 구축 및 보유수준과 정도가 미흡하다. 특히, 부패데이터에 대한 접근이 용이하지 않다. 또한 청렴성 증강모델 구축에 대한 공직사회의 인식 및 이해증진과 함께 공감대 확보와 함께 법·제도적 여건이 마련되어야 한다.

AI기술은 반부패의 엄청난 잠재력을 지니고 있다. 하지만 빛이 있으면 어둠이 있다고 기술은 Privacy 침해와 감시의 위험증가와 같은 새로운 윤리적 문제를 야기한다. 장차 AI의 힘을 책임감 있게 활용하기 위해 사회적 고려와 함께 시민목소리의 수렴이 필요하다. 가령 자율주행자동차 사용을 위한 여론수렴과정에서 crowd sourcing과 유사한 접근방식이 활용되었듯 시민들이 반부패 AI솔루션 개발과 채택에의 관심과 관여를 촉진해야 한다. 이른바 시민중심 접근방식은 AI솔루션과 툴이 부패와의 싸움에서 희망적 포부를 충족시킬 수 있도록 지원할 것이다.[9] 특히, 부패는 모든 공공영역에서 발생소지가 크기에 전략적 접근과 함께 공공정책 및 부패방지단계별 부패위험의 파악과 함께 부패방지수단(기술)의 능동적 활용이 요구된다.

---

9) https://www.corruptionwatch.org.za/algorithms-and-artificial-intelligence-as-an-anti-corruption-tool/.

국민이 갈망하는 정부
## 왜? 인공지능정부인가!

"자랑스럽게 사는 것이 그 이상 가능하지 않을 때, 사람은 자랑스럽게 죽어야 한다.

— Friedrich Wilhelm Nietzsche(1844~1900) —"

# 공정성 증강모델

# Chapter 08

# 공정성 증강모델

## 목표와 문제의식

　공정성은 어느 사회든 사회제도와 구조, 그리고 정책 전반에 걸쳐 사회체제의 정당성과 지속가능성을 지탱하는 핵심 가치다. 복잡다기한 현실 및 정치적 함의를 떠나 사회제도와 정책구조 및 운영과 시대적 정합성을 평가함에 있어 공정성은 공동체 유지를 위한 필요조건임이 분명하다. 한국사회에서 공정성 화두가 단기간에 사회적 관심을 집중시킨 것은 단순히 정치권의 추진력으로 귀인(歸人)할 수 없다.

　한국은 전자정부 강국이며 디지털정부 강국으로 디지털 전환의 선도국가로 평가된다. 더구나 1964년 UNCTAD가 설립이후 개도국에서 선진국으로 인정받은 최초의 국가가 되었다. 선진국 진입과 함께 공정한 사회로의 성숙이 요구된다. 이른바 평등한 기회, 공정한 과정, 정의로운 결과가 보장되어야 명실상부한 선진국이 아닐까? 법집행 및 사회, 교육영역과 함께 시장거래에서의 불공정 문제가 적시에 올바르게 관리되지 않으면 사회적 갈등과 혼란을 심화, 증폭시키면서 부정적 결과를 야기할 위험성이 크다. 이러한 상황인식의 바탕에서 공정성 수호자로서 정부의 공정성 판단능력 증강을 위한 인공지능기반 공정성 증강모델의 개념구성 및 실천가능성과 한계를 탐색하고자 한다.

제8장 공정성 증강모델　　　　　　　　　　　　　　　　　　　　　　　　　　359

## 1. 공정성의 가치와 의미

제4차 산업혁명 또는 디지털 전환의 진행과정에서 인간에 대한 고려와 함께 인간을 배려하는 정책가치로서 공정성이 부상하고 있다. 공정성이 시대가치로 등장한 지금은 권력이나 돈이 많다고 제 멋대로 할 수 있는 시대가 아니다. 특권·특혜와 반칙으로부터 벗어나기 위해 촛불의 힘이 불공정한 정권을 교체했다. 하지만 공성성 가치로 내건 성부도 '공정의 역습[1]'을 받고 있다. 특히, 행정에 만연한 불공정이 정치를 넘어 경제에서도 팽배하다. 불공정한 문제의 본질과 과정을 진단하고 해결해야 했건만 그 동안 결과가 불공정하다며 인위적으로 그때그때 땜질하듯 처방하였다.

그래서 사회 구성원 모두에게 불공정하다는 인식이 확산되고 있다. 이를 반영하듯 최고 정책결정권자의 의지가 투영되었다. "교육, 채용, 직장, 사회, 문화 전반에서 국민의 눈높이에 맞게 '공정'이 새롭게 구축되어야 합니다. '공정'에 대한 국민들의 높은 요구를 절감했고, 정부는 반드시 이에 부응할 것입니다. 국민의 삶 모든 영역에서 존재하는 불공정을 과감히 개선하여 공정이 우리 사회에 뿌리 내리도록 하겠습니다."(2020년 1월 7일, 대통령신년사).

공정성 문제는 어느 사회든 사회제도와 구조, 그리고 정책 전반에 걸쳐 사회체제의 정당성과 지속가능성을 지탱하는 핵심 가치다. 여러 가지 현실 및 정치적 함의를 떠나 사회제도와 정책구조 및 운영과 시대적 정합성을 평가함에 있어 공정성은 공동체 유지를 위한 필요조건임이 분명하다. 한국사회에서 공정성 화두가 단기간에 사회적 관심을 집중시킨 것은 단순히 정치권의 추진력으로 귀인(歸人)할 수 없다.

---

1) 조국사태가 촛불정부로서의 민주적 정당성을 뿌리째 뒤흔드는 사건으로 비약하면서 전혀 예상치 못한 역습을 말한다.

최근 디지털 전환과정에서 벌어지는 각종 우려와 논쟁, 갈등을 야기하면서 시대정신으로서 공정성이 절실하게 요구된다. 디지털 전환이 혁신, 생산성 그리고 일자리 창출로 연결되면서 선순환 될 것이라는 생각은 이상에 가깝다. 현실에서 보듯 사업자 간, 계층 간 그리고 구제도와 신제도 간 갈등이 첨예하다. 이를테면 자동화에 따른 일자리 감소, 자율주행차가 제기하는 Trolley Dilemma,[2] 대기업과 지역상인 간 충돌, 대기업의 Smart Farm 추진과 영세농민간 상생의 문제, 기존 사업자와 스타트업 간 충돌, 알고리즘 담합에 의한 Digital Cartel 등 난관에 직면해 있다. 디지털 전환의 심화에 따라 플랫폼기업이 '승자독식(Winner-take-all)'하면서 경제적 이익을 누리고 있다. 이처럼 플랫폼기업의 독점에 따른 폐해와 부작용 방지를 위해 경쟁법을 통해 반경쟁적 행위를 규제하기 위해 현재 Google에 대한 EU 및 미국 법무부의 반독점소송이 진행 중이다.

현재 진행 중인 디지털 전환기를 맞이하여 사회·경제시스템 전반에 걸쳐 공정성을 어떻게 확보할 것인지 제도적 장치마련을 위해 고민해야 한다. 장차 다양한 영역에서 복잡다양하게 전개될 가능성이 높다. 불공정의 문제는 오랜 기간 누적된 사회적 부산물이다. 공정성문제가 적시에 올바르게 관리되지 않으면 사회적 갈등과 혼란을 심화, 증폭시키면서 부정적 결과를 야기할 위험성이 크기에 시의성 있는 대응이 요구된다.


## 2. 한국사회의 불공정성과 이슈: 불공정한 한국사회의 현주소

공정성문제, 거슬러 가면 지난 2010년 이명박대통령의 8·15 경축사에서 〈친서민 공정사회〉를 언급한 뒤 정의와 공정의 문제가 사회의 중심 화두가 됐다. 그만큼 한국사회가 불의와 불공정에 염증을 느끼고 있었기 때문일지 모른다. 당시 외교통상부장관의 딸 특채를 비롯해 청탁·뇌물·전관예우·로비·비자금 조성 등

---

2) 불가피한 사고의 순간, 기차가 생명을 구하기 위해 어떤 선택을 하는 것이 윤리적인지 묻는 사고 실험이다.

'반칙의 저수지'였던 부산저축은행 사태까지, 국민들로 하여금 불의한 현실에 분노케 하며 자괴감에 빠져들게 했다. 특히, 한국사회에서의 "법 집행"이 불공정하다는 인식이 74%(매우 39%+약간 35%)나 된다. 뒤이어 "소득/재산 분배"에 대해 71%(매우 32%+약간 39%), "취업기회" 71%(매우 27%+약간 44%), "승진/진급"에 대해서도 67%(매우 22%+약간 45%)가 불공정하다고 답했다(한국리서치 월간리포트, 2018년 2월 2일자).3) 전반적으로 공정한 경쟁의 필요조건인 법 앞의 평등, 기회의 균등 원칙이 한국사회에서 작동하지 않는다는 불신으로 자리 잡고 있는 고질병이다.

"유전무죄 무전유죄, 전관예우, 부모찬스 등을 비롯하여 서민들의 생계수단인 값싼 승용차나 소형 트럭을 불법주차 하면 어김없이 견인을 하고 값비싼 외제 승용차는 도로에 버젓이 불법주차 해도 견인하다가 파손돼 변상을 해야 할 문제가 생길까봐 겁이나 견인을 하지 않는다던지, 한 두 대의 불법주차 차량은 스티커를 끊고 수 십대의 불법주차 차량은 못 본 척 한다던가, 주식으로 수억 원의 시세차익을 얻어도 건강보험은 한 푼도 내지 않는데 반해 구멍가게라도 사업자등록만 내면 장사가 안 돼도 건강보험을 내야 하는 것…" 한국사회의 불공정한 법 집행의 사례들이다.

한국법제연구소의4) 법의식 조사결과, 다수국민(62.8%)은 한국사회가 법이 준수되지 않는 것으로 응답했다. 그 이유는 법대로 살다가는 손해 보기 십상이며, 법을 준수하지 않는 사람이 많기 때문이라 한다. 심지어 무전유죄·유전무죄에 동의한다(65.2%)는 부정적 인식이 강했다. 또 다른 법치에 관한 인식조사에서 가장 법을 지키지 않는 기관으로 국회를 지목했다. 정부의 법집행 역시 불공정하다는 응답이 다수(60.6%)였다. 흔들리는 법치주의 현주소다. 법질서 경쟁력평가지표 (2008)에서 한국은 OECD 26개 국가들 중 22위로 최하위권이며 국제경영개발원 (IMD)의 공공부문경쟁력조사에서도 50위권으로 나타났다(한세억, 2011).

이러한 현상의 까닭은 무엇보다 기회의 균등의 기본 전제라 할 수 있는 법

---

3) https://www.hrc.co.kr/infocenter/mreport/02_02/pdf/mrt02_02_01.pdf.
4) 한국법제연구소의 국민법의식 조사연구는 2008년 4월 30일~6월 7일까지 전국의 19세 이상 국민 3007명을 대상으로 실시됐다.

앞의 평등부터 제대로 구현되지 않는다는 인식이 강하기 때문이다. 법 앞의 평등은 모든 근대 국가에서 평등의 가장 기본조건이다. 즉, 법 앞의 평등이 형식적 평등이라면 사회경제적 평등이 실질적 평등이라고 볼 수 있다. 하지만 한국의 경우, 분배적 불공정보다 법 집행에서의 불공정을 더욱 심하게 느끼며 특히, 사법 불신에 대한 국민적 정서가 대단히 강하다.[5]

한국사회에서 '공정성'이라는 가치가 차지하는 비중은 어느 정도일까? 정치 분야에서의 '공정성'은 2019년 28.3%에서 2020년에 51%로 크게 상승하여 '안전', '인권' 등을 제쳤다. 경제 분야에서도 '공정성'의 비중이 상승하였다. 2019년에 '성장'이 36.3%로 가장 중요한 가치였으나 2020년에 21.2%로 줄어든 반면, 2019년 10.3%였던 '공정성'이 32%로 증가하였다. 이제 '공정성'이 '성장', '안정', '기회', '환경' 등을 제치고 가장 중요한 핵심가치로 부상하였다(중앙일보, 2021년 3월 9일자). 이러한 가치인식의 변화는 그 만큼 공정성이 훼손되고 있음을 드러내는 것이 아닐까?

국민권익위원회의 조사 결과, 일반 국민의 43.4%, 기업인의 45.1%, 전문가의 41.6%가 각각 불공정하다고 대답한 반면, 공무원은 14.6%만이 불공정하다고 응답하였다(국민권익위원회, 2020). 또한, 경향신문과 한국리서치의 여론조사(창간 74주년 기념) 결과, 응답자의 59%가 '우리 사회가 공정하지 않다'(별로 공정하지 않다 38%, 전혀 공정하지 않다 21%)고 답했다. 가장 불공정한 분야로는 응답자의 37%가 '정치권'을 지목하였다. 법조계(22%)와 언론계(11%)도 불공정이 심한 곳으로 꼽혔다. 항목별로는 응답자의 71%가 '법 집행'이 공정하지 않다고 답하였다. '부의 분배' 문제와 '대기업·중소기업 관계'(각 65%), 취업(50%) 분야에서도 응답자의 절반 이상이 공정하지 않다고 답하였다(경향신문, 2020년 10월 6일자).

또한 경기연구원이 1,200명을 대상으로 실시한 '공정한 가치' 설문조사에서 공정성에 대한 인식을 분야별로 질문한 결과, 모든 분야에서 5.5점 이하(1점 '매우 공정하지 않음', 10점 '매우 공정')로 나타나 공정성에 대한 부정적 인식을 드러냈다. 교

---

5) https://hrcopinion.co.kr/archives/11716.

육 분야는 5.3점으로 평균에 근사하였으나, 법 집행은 3.4점으로 가장 낮았다. 특히, 대기업-중소기업 관계(3.6점), 경제·사회적 분배구조(3.8점), 재산 축적 기회(3.9점), 소득에 따른 납세(4.0점) 등 경제민주화에 대한 불공정 인식이 낮게 나타났다(수원뉴스, 2020년 1월 12일자).

이처럼 불공정으로 인한 피해의식에 빠진 사람과 그렇지 않는 사람 간에는 세상을 바라보는 눈이나 의사결정 과정이 상이하다. 일반적으로 피해의식에 빠진 사람들의 특징은 냉소적이고 반정부적 성향을 드러낸다. 심지어 주변 사람들을 잘 믿지 못하고 의심의 눈초리로 바라보거나 경계심을 갖기도 한다. 세상은 공정하다는 믿음이 흔들릴수록 사회 통합과 신뢰 확보를 위한 노력과 비용이 소요된다. 불공정에 불평등과 차별이 위험 수위를 넘는 심각한 현실을 더 이상 방치하기 어렵다.

그 동안 경제·사회·교육 등 전 분야에 걸친 불공정성 문제와 함께 디지털 전환 과정에서 불거진 불공정이 우려와 갈등을 야기하면서, 시대정신으로서 공정성이 한층 절실하게 요구된다. 가령 현행 공정거래관련법의 경우 온라인 플랫폼의 특성을 모두 포섭하지 못하여 입법 공백이 존재하는 데다, 온라인 플랫폼 중개거래에 대한 판매자와 소비자 의존도가 커지고 플랫폼 사업자의 경제적 지위가 우월해지면서 불공정행위가 늘고 있다. 그러나 규제당국(공정거래위원회와 방송통신위원회)은 선제적 규제를 위한 합의점을 찾지 못한 채 대책 마련에 난항을 겪고 있다.


## 3. 인공지능과 불공정 법집행의 해소가능성

인공지능기술의 진보 덕분에 법집행의 미래가 크게 향상될 수 있다. 하드웨어와 소프트웨어의 성능이 지속적으로 향상되면서 머신러닝이 용이해졌다. 이에 따라 법집행기관은 법의학 및 조사 등에 AI를 도입하기 시작했다. 그 동안 법집행기관이 직면한 가장 큰 문제인 증거부족, 범죄자의 경로 추적 등은 어느 정도 해결될 전망이다. 또한 무고한 시민이 범죄자로 오해받을 억울하고 부당한 일도 줄어 들 수 있다. 법집행기관은 자체적 AI를 구성할 수 있다. 다른 분야는 디지털화를 통해 보다 정확하교 효과적인 데이터수집 및 분석에 집중할 수 있다. 법 집행기관은 모바일 기기의 지문 스캐너, 서로 다른 건물의 RFID 카드 보안 강화, 위치 추적 시스템 등에 AI를 사용한다. AI가 법집행기관을 변화시킬 방법은 다음과 같다.[6]

첫째, 스마트 감시(Monitoring) 시스템이다. 감시시스템은 많은 건물, 외부환경 및 구역의 사건을 단순히 기록하는 데 사용되고 있다. 일반적으로 경찰들은 감시 카메라로 녹화한 영상을 수십 번 돌려 보고 분석해서 용의자를 특정 짓는 데 많은 시간을 할애한다. 하지만 AI 발전과 함께 첨단 스마트 감시시스템이 도입되면 시스템이 생체인식 얼굴탐지시스템을 이용해 범죄자를 인식하고 해당 인물의 움직임을 정확하게 추적할 수 있다. 이 기술은 점차 차량의 색상, 모델 및 번호판 감시, 의심 가는 개인이 착용한 의류 브랜드 특정 등의 기능까지 확장될 것이다. 또한 해당 정보를 수집하고 분석해 경찰관이 요청한 내용에 대해 더욱 정확한 결과를 내놓는다. 이러한 메커니즘은 법집행기관이 용의자 추적에 사용하는 시간과 자원을 절약할 수 있다. 그리고 확실한 증거를 확보해 용의자나 증인이 거짓 증언을 하지 못하도록 만들어 엄정한 수사를 용이하게 만든다.

둘째, 문자메시지를 통한 알림이 경고이다. AI시스템은 인터넷을 통해 감시시스템을 실시간으로 연결하고 사건 발생 즉시 경찰의 정보시스템에 범죄자에 관한 정보를 알린다. 예를 들어 누군가가 속도위반을 했다면, 곧바로 해당 인물의 휴대전화에 벌금사실을 알리는 문자 메시지가 도착할 수 있다. 또한 심각한 범죄가 발생했을 때도 근처 경찰서에 곧바로 통보되기 때문에 경찰관이 범죄 현장에 즉시 출동할 수 있다.

셋째, 향상된 기록 저장 및 관리이다. 수사과정에서 증거가 사라지거나 잘못 특정된 증거 때문에 다 잡은 범죄자를 놓치는 사건이 발생하기도 한다. 일례로

---

6) http://www.aitimes.com/news/articleView.html?idxno=46765.

미국의 전직 경찰 국장인 에드워드 데이비스는 "사건 파일에 오타가 있거나 리포트가 제대로 정리되지 않아서 범죄자가 법의 심판을 받지 않고 자유롭게 풀려난 일도 있다"고 말했다. AI 시스템을 사용하면 바쁜 경찰관들이 실수없이 사건 파일을 작성하고 증거를 보관할 수 있다. 예를 들어 사건 파일을 글로 쓰는 것보다 음성 인식 기술을 활용해 경찰관의 목소리로 작성하면 보고서의 신뢰도가 높아진다.

넷째, 거짓말 탐지시스템이다. 거짓말 탐지시스템은 수많은 영화에 등장한 바 있어 친숙하다. 하지만 이 시스템은 현재 인간의 개입에 크게 의존하고 있다. 고도로 훈련된 전문가들이 기계를 사용해 얻은 정보를 분석해 용의자의 거짓말 여부를 판단한다. 하지만 AI의 발전으로 생체 인식 검사가 더욱 정확해지면서 전문 인력 없이도 거짓말 탐지기를 이용한 용의자 심문이 가능하다. 생체 인식 검사와 AI가 용의자의 거짓말을 더 정확하게 식별할 수 있다면 판결이 더 공정해질 수 있다. AI의 진보 덕분에 법 집행기관은 신뢰도 높은 시스템으로 시민의 안전을 지킬 수 있다. 경찰과 사법부는 정확하고 지능적인 기계의 도움으로 범죄율이 높은 지역을 관리하고 더 많은 범인을 검거할 수 있다. 이 외에도 법집행기관에서 사용할 수 있는 첨단 기술이 새롭게 개발되고 그 적용 범위도 넓어지고 있다.

## 제2절 인공지능과 공정성 증강: 데이터, 알고리즘

### 1. 인공지능기반 공정성문제 해결사례

인공지능은 자체적으로 편견을 가질 수 있다. 기업의 사례에서 알 수 있듯 편향된 데이터로 왜곡된 판단을 내릴 위험성이 크다. 나아가 사람에게 의도하지 않은 부정적 영향을 미칠 수 있으므로 수많은 판단결과로 누군가를 차별할 수도 있다. 이러한 차별 문제는 수학적 방법론만으로 해결할 수 없다. 가령 편향된 데

국민이 갈망하는 인공지능정부

이터를 바탕으로 훈련된 인공지능의 판단은 불공정하기에 신뢰를 줄 수 없다. 신뢰할 수 없는 인공지능은 비즈니스를 비롯하여 사회와 조화를 유지할 수 없으며 활용과 확산이 어렵다. 아직 인공지능의 역할은 제한적이며 단순한 정보탐색 및 제공이나 일상적 편의를 돕는 데 그친다. 당장 기업의 비즈니스에서 계약과 상거래, 사람의 생명을 다루는 의료, 법집행영역에서 인공지능이 널리 쓰이기 어려운 이유다. 믿을 수 있는 데이터로 투명한 판단과정을 거쳐 사람들에게 설명가능하며 이해될 수 있는 결과를 제공할 수 있어야 한다. 인공지능은 인간과의 상호작용을 통해 성장해야 할 존재다. 물론 데이터의 증가와 알고리즘 혁신, 연산능력 확장 등에 의해 인간을 대신하거나 도와서 판단·결정하는 사례와 범주는 점차 확대될 것이다. 인공지능이 일상생활과 업무흐름, 정치·사회·문화적 상황 속으로 스며들수록 윤리(Ethics) 문제는 밀접하게 관련될 것이다.

## 가. 법집행의 공정성과 적용사례

법집행이란 법률·규칙·명령이나 재판 및 처분 등의 실행을 의미한다. 법집행의 공정성은 법을 직접적으로 적용하는 과정이다. 특히, 법집행기관의 재량권 행사나 규정준수 과정에서 차별이 없음을 말한다. 법질서의 확립은 법집행의 공정성의 바탕에서 이루어져야 한다. 법집행의 공정성은 국가와 공공기관이 제정한 강제규범을 시행하는 과정에서의 공정성이다. 이를 위해 규범이 공정하다는 전제가 요구된다. 즉 모든 사람에게 법이 공평하게 적용되어야 한다. 모든 국민은 누구나 헌법과 법률에 정한 바에 따라 기본권을 지니며 법은 이를 보장하는 역할을 한다. 법집행의 공정성은 절차적, 실체적 공정성을 포함한다는 점에서 그 동안 한국사회에서 뿌리박힌 전관예우, 유전무죄·무전유죄, 재벌특혜, 권력층에 관대한 처벌 등은 법집행과정에서 반드시 해소되어야 한다. 그래야 법질서가 바로 잡힐 수 있다.

그런데 아직까지 법집행 시 경제적 및 사회적 지위에 따라 차등 및 차별이 주어진다는 인식이 팽배하다. 원래 법은 공정성이 생명이다. 공정성이 결여된 법은 법으로서 작용하기 어렵다. 공정성을 평가하는 지표는 부문 또는 대상별 공정성의 진단도구로서 사용된다. 법집행 공정성 평가지표는 평가대상의 상태를 객관적으로 측정할 수 있어야 한다. 이를 위해 정확한 자료 확보와 활용가능성이 매우 중요하다. 하지만 공정성에 대한 논의가 오래되지 않았으며 정확한 자료 확보 및 적절한 활용이 쉽지 않다.

공정성 알고리즘은 적용의 당위성과 필요성에도 불구하고 정부를 비롯한 공공부문에서 활용사례가 적다. 반면에 민간부문의 경우, 금융영역에서 그 적용이 빠르게 진행되면서 광범위한 활용사례를 통해 잠재적 비즈니스 기회를 확대시키고 있다. 일본의 예를 들면, 2018년 일본 요코하마(橫浜) 은행은 AI기반 카드론 프로모션을 시작으로 2019년 삼징물산(미쓰이)이 AI를 활용한 여신(대출)서비스 플랫폼의 제공을 시작하면서 적용을 확대하였다.

국내에서는 IBK기업은행이 국내 최초로 2020년 9월 인공지능을 활용하여 부동산 담보대출 가능금액을 심사하는 〈AI부동산 자동심사시스템〉을 도입하였다. 동 시스템은 국토교통부, 법원, 국토정보공사 등에서 수집한 공공데이터를 바탕으로 AI가 서류발급, 권리분석, 규정검토 등을 수행해 대출가능 여부, 금액 등을 자동으로 심사하는 시스템이다. 은행영업점에서 부동산 담보대출을 상담 시 은행 직원이 주소만 입력하면 3분 안에 대출 가능금액 등 사전심사 결과가 나온다. 심사가능 부동산은 주거용 집합건물(아파트, 연립 등), 오피스텔 등이다. 기존 부동산 담보대출 상담을 위해 확인이 필요한 서류도 많고 규정도 많아 짧게는 1시간, 길게는 며칠의 시간이 소요되었으며 고객들이 몇 차례에 걸쳐 은행을 방문해야 했다. 하지만 상담에 필요한 시간을 획기적으로 단축하고 고객 편의성과 직원의 업무효율성 모두 높여주었다. 동 시스템은 IBK 1st Lab(퍼스트 랩) 입주기업인 탱커펀드와 협력하여 개발했다. 앞으로 대상 부동산을 상업용 집합건물, 공장, 토지 등까지 확대하고, 시스템 활용도 영업점 상담 외에 비대면 부동산담보대출까지 확대할 계획이다.[7]

---

7) https://www.asiatime.co.kr/1065596300702667?1=1.

한편, 데이터 편향을 줄이기 위해 편향성과 관련된 변수를 찾아 조정하는 데 초점을 맞추고 있다. 대표적 사례는 2017년 구글에서 개발한 WIT(What-If Tool)이다. 말 그대로 일부 데이터가 바뀌면 결과 값이 어떻게 변할지 그래픽으로 표현해 준다. 개발자가 만든 모델에 툴을 간단히 결합한 뒤, 특정 변수의 수치를 바꿔보면 그 변수가 불공정한 결과에 얼마나 영향을 미치는지 보기 쉬운 형태로 나타난다. 가령 채용 AI에 입력된 지원자정보에서 성별을 남성에서 여성으로 바꿔보거나 나이를 20세에서 40세로 변경하면 성별과 나이가 합격과 불합격을 가르는 데 불공정한 영향을 얼마나 끼치는지 도표로 표시된다. 이렇게 데이터의 불공정성을 측정하면 개발자 의도와 달리 차별적 결과를 내놓는 특정 변수를 발견할 수 있다. 그 변수를 '보호변수(Protective Attribute 또는 Sensitive Attribute)'로 지정해 불공정성을 최소화할 수 있다. 보호변수는 AI판단에 영향을 주지 않도록 설정한 변수를 의미한다. 공정한 AI를 만들기 위해서는 성별, 인종, 지역 등 편향된 결과를 유발할 수 있는 요소를 보호변수로 지정하고 결과에 미치는 영향력을 조절하는 것이 중요하다. 보호변수를 지정했다면, 다양한 알고리즘을 통해 보호변수의 영향력을 조절할 수 있다. 가령 2018년 IBM이 내놓은 〈AI 공정성(Fairness) 360〉이라는 오픈소스 Tool Kit(소프트웨어개발도구 모음)는 편향을 완화할 수 있는 10가지 알고리즘을 포함하였다. 이 가운데 AI가 학습할 데이터에서 보호변수의 가중치를 수정하는 알고리즘, 학습과정 중 보호변수의 영향을 감소시키는 알고리즘도 있다. 이처럼 보호변수 조절 외에도 AI의 학습 전후에 편향성을 감지하고 완화시킬 수 있는 알고리즘도 포함돼 있다. 이처럼 공정한 AI를 만들기 위한 다양한 방안과 도구가 마련되고 있지만 안타깝게도 완전히, 절대적으로 공정한 AI를 개발하는 일은 사실상 불가능하다(동아사이언스, 2021년 3월 13일자).[8]

장기적으로 알고리즘 시스템의 정확성 및 공정성 향상은 실제 작업을 통해서만 수행할 수 있는 보다 적절한 데이터 셋의 생성에 좌우될 것이다. 그러나 적절한 데이터의 생성을 위해 민간 부문에서 데이터 수집에 비용이 수반될 수 있다.

---

8) http://dongascience.donga.com/news.php?idx=44645.

또한 보호등급의 적격 구성원에 도달하기 위해 기존 알고리즘 표준에 따라 급여 적격성을 높이는 것이 포함될 수 있다. 예를 들어, 신용회사들은 기존 자격기준에서 놓치는 보호계층 구성원들에게 대출을 연장하고 신용도를 잘 식별하기 위해 결과를 검토할 수 있다.[9]

## 나. 공정성 문제를 내포한 적용사례

최근까지 의사결정 지원은 규칙기반의 결정론적 알고리즘을 기반으로 개발되었다. 하지만 인공지능이 발전하면서 의사결정 규칙은 확률론적 알고리즘으로 대체되었다. 확률론적 알고리즘은 데이터에서 기존 패턴을 학습하여 추론하고, 일

•• 표 8-1 공정성 문제가 있는 AI의 적용 사례

| 구분 | 주요 이슈 |
|---|---|
| 재범 예측 | 재범가능성을 예측하기 위한 COMPAS와 같은 자동화된 시스템(예: 죄수가 범죄를 저지를 가능성)이 공개되었을 때, 백인보다 유색인종에게 더 자주 공개하지 않는 것으로 나타났음(Angwin et al. 2016). 실제 범죄의 수와 비교했을 때 동 제도는 인종적 편견을 가지고 있는 것으로 나타났음. 당초 인종에 대한 명확한 정보가 제공되지는 않았지만 가족구조인 ZIP코드에 대한 정보 또는 교육이 대용물(proxies)로 제공되었음(Chouldechova 2017). |
| 인적 자원 | 취업원서를 심사하고 유망후보자를 가려내기 위해 AI가 활용되고 있음. 공정성 법률은 성별, 인종 또는 장애에 의해 명시적이거나 암묵적으로 차별할 수 있는 시스템을 금하고 있음. 아마존 사례(Barocas et al. 2018)는 AI의 배후에 있는 확률론적 알고리즘이 다른 데이터를 대용물로 사용할 수 있다는 것을 아직 명시적으로 제공하지 못할 수 있음을 보여주었음. 가령, 출생지가 인종의 대용물로 사용될 수 있음. |
| 이미지 분류 | Google Images를 사용하여 학습한 알고리즘은 대부분 백인으로부터 추론하는 방법을 배웠음. 이에 따라 흑인의 사진을 개체로 잘못 식별하여 분류하거나 아예 무시하는 오류 발생 가능성이 높음(Zou and Schiebinger 2018). 이것은 스마트폰 로그인을 위한 얼굴인식의 정확성을 시사함. |
| 자연어처리 | 텍스트 표현에 신경망을 사용하면 기존 편향이 연산적 표현에서 복제되었음을 강조할 수 있음(Garget et al. 2018). 그 결과, 생성된 텍스트에는 일반적으로 인종차별적이거나 소수자에 대한 차별으로 간주되는 내용이나 단어가 포함될 수 있음. |

---

9) https://www.brookings.edu/research/fairness-in-algorithmic-decision-making/.

단 배포되면 불확실성 하에서 보이지 않는 데이터에 대한 예측을 제공한다. 이로 인해 개인이나 집단은 편견이나 체계적 불공정성에 따른 차별대우를 받을 수 있다.

## 2. 증강된 공정성

공정성 모니터링 및 테스트를 위한 자동화된 툴(tool)이 아직 존재하지 않는 다. 그러나 툴이 존재할 수 없거나 불가능할 것이라는 뜻은 아니다. 서로 다른 그룹 간에 이질적 영향, 특정 그룹에 대한 불균형적 오류율, 보증되지 않거나 잘못된 연관성 등 여러 가지 측면에서 공정성을 테스트할 수 있어야 한다. 또한 툴이나 모델들은 시간이 경과되면서 성능에 따른 변화가 불가피할 것이다.

앞서 언급하였듯이, 인공지능 기반 공정성은 두 가지로 살펴볼 수 있다. 〈그림 8-1〉에서 보듯이, 인공지능 자체와 인공지능 외부(경제·사회적 공정성)로 구분할 수 있다. 첫째, 인공지능 알고리즘 자체에 관한 공정성 확보의 문제이다. AI의 공정성은 자동화된 의사결정 프로그램에서 드러난 편향 사례가 증가하면서 부각된 이슈이다. 가령 아마존의 AI 기반 채용 프로그램에서 여성보다 남성을 선호하는 성별에 대한 편향이 관측된 바 있다. 미국 탐사보도 전문매체 ProPublica도 2016년에 미 사법부가 사용하는 위험평가 소프트웨어가 흑인 공동체에 대해 편

•• 그림 8-1  인공지능의 공정성 유형

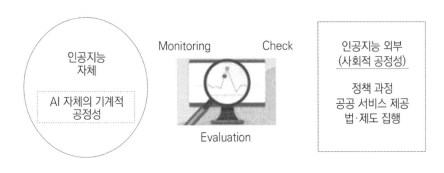

향된 예측 값을 도출한다는 내용의 기사를 발표한 바 있다. 즉 과거에 유죄판결을 받았던 사람들의 재범가능성 추정 시 COMPAS라는 알고리즘을 사용했는데, 백인보다 흑인이 고위험도 판정을 받을 가능성이 2배에 가깝다. 인종 및 연령, 성별에 대한 AI의 차별은 이미 여러 차례 논란거리였다. MS에서 개발한 대화형 AI Tay의 인종차별적 발언이나 국내 AI스타트업 스캐터랩이 개발한 대화형 AI 〈이루다〉의 성희롱 및 혐오 발언 등이 그 예다.

AI의 공정성은 알고리즘의 공정성과 일맥상통하다. 특히, AI는 의사결정 과정이 전통적 알고리즘보다 불투명하다. 공정한 AI는 설명 가능한 AI 등과 밀접하다. 공정성의 개념은 영역에 따라 다를 수 있기 때문에 영역별 공정성 개념을 확립하여 그에 맞는 수학적 판단 기준(척도·지표)을 개발해야 한다. 첫째, 모델 자체의 내부적 공정성(편향 방지) 확보를 위하여 AI의 잠재적 편향 정도를 평가하는 감사를 수행할 수 있다. AI 검증은 AI가 현행법률, 규정 또는 정책의 준수를 입증한다. AI 감사는 용이성(auditability)과 허용 가능성(affordance)이 요구되며, 논리적 워크스루(walk through)와 코드 확인을 통하여 자동 또는 수동으로 수행될 수 있다.

둘째, 외부적 공정성은 법 집행이나 배분 등의 과정에서 인공지능 기반 공정성을 바탕으로 인간의 주관이나 편견을 찾아내고 확인하여 배제하는 것이다. 그 주요한 기준이나 근거로 법령, 지침 등을 들 수 있다. 이를테면, 지원 대상 및 자격 심사, 각종 심사 및 선정 관련 업무를 공정하게 처리하기 위한 수단으로 작용한다. 가령, 경쟁정책을 수립·운영하거나 공정거래 관련 사건의 심결·처리하는 정책 기능을 돕기 위하여 인공지능을 사용하는 것은 초기 단계이다. 의사결정 및 공정성 판단을 위하여 불공정성의 패턴을 감지하고 증거 기반 프로그램을 개발하며, 결과를 예측하고 효과를 분석하는 능력은 AI의 핵심 영역에 해당된다. AI가 단기적으로 정책입안자를 대체하지 못하겠지만, 포괄적이고 빠르며 엄격한 정책입안이나 판단에서는 가능하다. AI는 대응능력이 뛰어나고 공정한 정부 기능과 역할의 이행을 도울 수 있으며, 장기적으로는 AI가 주류에 진입하면서 공공정책 수립에서 실현 가능한 목표가 될 수 있다.

그러나 AI는 무위험 옵션이 아니다. 자칫 원시 데이터에서 지식을 생성하는

국민이 갈망하는 인공지능정부

엔진으로서의 알고리즘은 기존의 차별적 관행을 강화할 수 있다. 심지어 안면인식과 같은 도구는 사생활 보호를 침해할 수 있다. 이러한 부작용이나 단점들로 인하여 잠재력을 가진 AI 능력을 포기하는 것이 아니라, 책임감·투명성·공정성과 같이 소위 '책임감 있는 AI 원칙'의 준수를 강화해 나가야 한다.

법 집행은 정부의 고유 업무 기능이다. 공정성이 결여된 법 집행은 실효를 거두기 어렵다. 하지만 아직까지 인공지능기반 공정성 활용 사례는 미흡한 상황이다. 공정성 알고리즘은 인공지능 자체의 내부적이며 기계적 공정성이 선결되어야 한다. 동시에 사회적 공정성에 대한 알고리즘의 개발이 이루어져야 한다. 그러나 현재까지는 두 가지 측면 모두 불완전한 상태이다. 내적 공정성 확보는 인공지능업체 및 개발 역량의 강화로 해소될 수 있는 반면, 사회적 공정성 확보를 위해 기술뿐만 아니라 정부노력이 병행되어야 한다. 그 이유는 공정성이 적용되는 분야와 영역이 매우 광범하고 다양하므로 포괄적 적용이 어렵기 때문이다. 다만, 정책 영역별로 전문화되고 세분화된 공정성 적용은 현실적으로 가능하다. 부분적으로 인공지능 활용에 의한 성과가 높은 영역이 있는 반면, 상대적으로 미흡한 영역이 있다. 더구나 판단 요소로 사용하는 경우, 공정성 판단이 정량화 기반에서 총체적(holisitc) 판단이 가능해야 한다는 전제가 선결되어야 한다. 특히, 인공지능기반 공정성 적용에서 시급하고 중요한 부분은 국민생활이나 기업 활동과 밀접한 법 집행 영역이다. 인공지능기반 솔루션의 적용을 확대하기 위하여 영역별로 불공정 현상에 관한 데이터의 구축이 선결되어야 한다. 정부는 법 집행의 공정성 확보 및 자동화 문제의 솔루션을 통하여 유연하고 신속하게 공정성을 제고할 수 있다. 즉, 불공정 해소를 위한 솔루션이 필요하다.

한편, 공정한 AI 연구내용을 최근 주목받은 내용으로 주로 글로벌 IT기업(예: IBM, Google, Facebook)을 중심으로 공정한 AI 개발이 이뤄지고 있다. 주요 연구 주제로 공정성을 측정하는 척도설계와 분류문제에서 공정성기준 마련 등이 있다.[10] 또한 공정한 AI 알고리즘 개발 시 대부분 공정성이 AI 성능과 역방향으

---

10) http://www.aitimes.com/news/articleView.html?idxno=136224.

로 설정돼 있어 공정성예측의 성능을 저해하는 경우가 많다는 게 현실이다(AI Times, 2021년 2월 23일자).

## 3. 공정성 문제의 데이터와 알고리즘

### 가. 불공정문제의 정의 및 데이터

인공지능기반 공정성 모델 구축을 위한 첫 단추는 문제 인식과 정의, 데이터 확보이다. 불공정의 현상은 사건과 사고 등의 문제로 투영되어 있으며, 그 개념은 법으로 규정되어 있다. 가령, 자유로운 시장경쟁을 저해할 수 있는 공정하지 않거나 정당하지 못한 방법 등을 사용하여 거래하는 행위를 말한다. 첫째, 일반 불공정거래행위는 공정거래법 제23조 제1항 및 동법 시행령 제36조 제1항 별표 1에서 9개 주요 유형이 제시되어 있다. 즉, 일반 불공정거래행위의 유형의 경우 ① 거래 거절 ② 차별적 취급 ③ 경쟁사업자 배제 ④ 부당한 고객 유인 ⑤ 거래 강제 ⑥ 거래상 지위 남용 ⑦ 구속조건부거래 ⑧ 사업 활동 방해 ⑨ 부당한 자금·자산·인력의 지원 등이다. 둘째, 소비자를 기만하거나 오인시키는 부당한 표시·광고 행위는 「표시·광고의 공정화에 관한 법률」에서 규제하고 있다. 셋째, 거래상 지위를 이용하여 불이익을 주는 행위들을 규제하기 위한 법제가 공정거래특별법으로 정비되어 있다.[11]

시장거래 영역에서 공정성 판별을 위한 모델 개발을 위한 데이터는 〈그림 8-2〉에서 보듯이, 주로 정책 문서, 관련 법률, 정책 자료, 연구문헌 등 텍스트(text) 자료가 활용된다. 온라인 커뮤니티와 포털 자료들도 비정형화된 데이터로서, 크롤링(crawling) 형태로 획득할 수 있다. 또한 공정성 판단과 평가를 위한 증거 및 자료에는 다음의 사항이 포함된다. ① 프로그램, 정책 부서, 정부 문서의 검

---

11) 「하도급거래 공정화에 관한 법률」(1984년)과 「가맹사업거래의 공정화에 관한 법률」(2002년), 「대규모유통업에서의 거래공정화에 관한 법률」(2012년), 「대리점거래의 공정화에 관한 법률」(2016년)이 입법화되어 있다.

•• 그림 8-2  공정성 증강 모델 개발을 위한 데이터

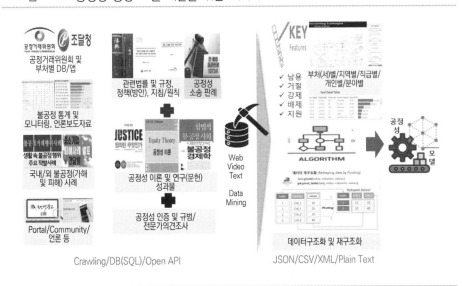

토 ② 다양한 프로그램 재무, 활동, 출력 및 데이터뿐만 아니라 고객 만족도 데이터, 영역별 거래 데이터 및 기타 데이터의 검토 및 분석 ③ 인터뷰(프로그램의 직·간접 고객 및 관리자, 프로그램 관계자 등)와 설문조사(survey) 자료를 활용할 수 있다. 이러한 데이터는 전 처리 과정을 거쳐 알고리즘을 훈련시킬 수 있는 데이터로 변환되어야 한다.

### 나: AI 기반 공정성(심사) 증강 모델: 알고리즘

오늘날 AI 알고리즘의 혁신적 발달과 용용 확산에 따라 인공지능시스템(Agent)의 성능이 획기적으로 개선되고 있다. 물론, 문제의 성격에 따라 데이터와 알고리즘이 달라질 수 있다. 가령, 정책 지원 대상의 적격성 분류 문제의 경우, 정책 대상에 관한 정형적 데이터를 바탕으로 한 회귀분석, 군집분석 및 서포트 벡터 머신(Support Vector Machine) 알고리즘의 기반에서 딥러닝 알고리즘의 결합이 필요하다. 특히, 공정성 판단의 이유와 근거를 설명하는 설명 가능 알

고리즘(XAI, ·Explainable AI)과 함께 데이터 생성을 위한 GAN (Generative adversarial network, 생성적 적대 신경망)과 강화 학습 알고리즘의 앙상블이 고

ML기반 모델링
Regression + SVM + Clustering

Explainable Deep Learning
Deep explanation + Model induction(LIME: Local Interpretable Model-agnostic Explanations)

Generative Adversarial Network
Information GAN + Conditional GAN Fully Connected GAN

강화 학습
Tunable AI + Hierarchical RL + Risk sensitive RL + Model based RL + Bounded rationality

려될 수 있다. 예상치 못한 사건·사고의 발생이나 고질적 난제의 경우, 정형 및 비정형적 데이터를 바탕으로 심층적 강화 학습 알고리즘의 융합이 가능하다.

문제 해결에 적합한 기준으로 충족된 알고리즘이 전처리(preprocessing)된 데이터로 훈련 과정을 거쳐 모델이 구축되면, 업무 담당자가 공정성 영역별 기본 항목으로 정보를 확인할 수 있는 공정성 체크리스트(check list)를 바탕으로 자가진단을 실시할 수 있다. 공정성은 궁극적으로 인간의 판단 영역이다. 다만, AI 툴은 공정성 판단 및 결정을 내리는데 지원적 도구로서 도움을 줄 수 있다. 즉, AI 시스템이 어떻게 동작되는지 파악할 수 있는 공정성 대시보드(dashboard)를 설계하고 구축할 수 있다. 만일, 공정성이 의심스러운 경우, 경보(또는 최소한 조치)를 발생시킬 수 있다. 대시보드는 로그 데이터(log data) 외에 다양한 소스(Source: 민원, 수요자, 공익 신고 등)로부터 데이터를 수집하여 표현할 수 있다. 또한 온라인 업무 및 판단 지원을 위하여 운영되는 헬프 데스크(help desk)에 요청된 로그, 전자문서 형태로 제출된 리포트, 사전에 다양하게 설정된 변수들 간의 상관관계 등을 종합적으로 분석 및 시각화할 수 있다.

공정성진단 DashBoard를 통해 제공된 정보의 바탕에서 대상자들은 조직에서 자신의(수준 기여도, 온·오프라인 활동 참석/참여 정도에 대한) 상대적 위치에 대한 파악이 가능하다.

## 제3절 | 공정성 증강모델의 솔루션

### 1. AI기반 공정성(심사) 증강모델: 프로세스와 시스템

공정성을 모니터링하고 테스트하기 위한 자동화된 툴은 아직 존재하지 않는다. 여러 가지 방법으로 공정성을 시험할 수 있다. 즉, 서로 다른 그룹들 사이의 이질적 영향, 특정 그룹에 대한 불균형적 오류율, 그리고 보증되지 않거나 잘못된 연관성 등이 관찰 가능해야 한다. 공정한 알고리즘(모델)뿐만 아니라 시간이 지나도 공정하게 유지될 수 있는 머신 러닝 시스템을 구축해야 한다. 그러기 위해서 인간능력을 강화하는 도구, 즉 공정성을 감시하기 위한 도구와 Dash Board가 마련되어야 한다.

그 동안 인공지능은 많은 양의 데이터와 빠른 연산처리능력, 그리고 혁신적 알고리즘이 결합되어 널리 보급 및 활용되고 있다. 실제로 AI 기술이 거의 모든 산업에 도입되면서 인공지능시스템(Agent)의 성능이 획기적으로 개선되고 있다. 물론 문제의 성격에 따라 데이터와 알고리즘이 달라질 수 있다. 가령 정책지원 대상의 적격성 분류문제의 경우, 정책대상에 관한 정형적 데이터를 바탕으로 한 회귀분석, 군집분석 및 Support Vector Machine 알고리즘을 활용한 모델개발이 가능하다. 반면에 예상치 못한 사건이나 사고의 발생이나 고질적 난제의 경우, 정형 및 비정형적 데이터를 바탕으로 한 설명가능 알고리즘과 심층적 강화학습 알고리즘이 활용된 모델개발이 가능하다. 실제 정책현상에서 정책과정은 보다 복잡하고 역동적이기에 예측하지 못한 상황이나 변수들이 추가적으로 고려될 수 있다. 이처럼 문제해결지향의 인공지능기반 공정성모델의 시스템구조는 〈그림 8-3〉과 같다.

공정성모델의 구현을 위해 요구되는 핵심도구 중 하나는 Python 라이브러리다. 예측, 라벨, 그룹 멤버십(예: 성별 또는 나이), 샘플링 가중치(모델의 경우), 또는 라벨, 지상 진실, 그룹 멤버십 및 샘플링 가중치(라벨의 경우), 모델 유형에 대한 일부

•• 그림 8-3   AI기반 공정성 모델의 시스템구조

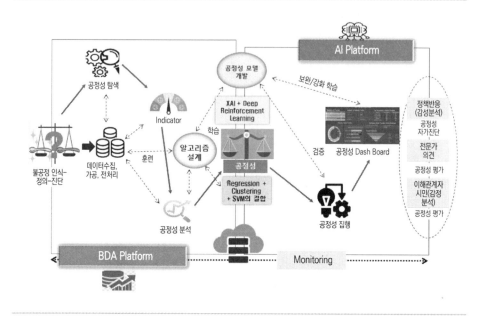

메타데이터(예: 분류 또는 회귀) 및 원하는 metrics를 필요로 하는 간단한 API를 제공
한다. API는 출력으로서 (a) 정보 metrics, 통계적 신뢰도 및 파워, 결과 해석방법
에 대한 내레이션이 포함된 전체 보고서를 제공하고 (b) 지속적인 모니터링을 위
해 데이터베이스에 metrics를 기록하는 옵션을 제공할 수 있다.

　　공정성은 인간적 문제라는 것을 인식해야 한다. 툴이 전체 작업을 수행할 것
으로 기대할 수는 없다. 일종의 소프트웨어로서 공정성 문제를 근본적으로 해결
할 수 없다. 그러나 인간을 돕고, 무엇이 공정하고 부당한지에 대한 결정을 내리
는 데 도움을 줄 수 있다. 인간을 공정성 고리에서 벗어나게 할 수 없으며 바람직
하지도 않다. 오히려, 공정성 고리에 책임이 있는 인간들에게 수천 개의 모델을
감시할 수 있는 능력이 요구된다. 즉, 시스템이 어떻게 작동하는지 한눈에 볼 수
있는 공정성 대시보드를 설계, 구축해야 한다. 의심스러운 것이 발견되면 경보를
생성하거나 최소한 조치를 연기할 수 있는 도구가 필요하다. 경보 피로도 문제지

만 사람을 고릴라로 부르는 것이 보다 심각한 문제임을 인식해야 한다.[12]

행정은 다양한 유형의 불공정에 대한 사전·사후대응을 지원하는 공정성탐지시스템(Fairness Detection System)을 사용할 수 있다. FDS는 정보수집, 이상거래 분석, 대응 등으로 구성된다. 가령 로그수집에서 실시간 거래정보를 수집하고 대용량 데이터를 정제하여 공정성탐지시스템에 전달한다. 공정성탐지시스템은 로그수집에서 전달받은 데이터와 고객 및 외부정보를 종합적으로 판단하여 공정(이상) 여부를 판단한다. 만일 시스템이 불공정이라고 판단한 조치나 거래는 유형별 대응시나리오에 따라 사용자 접속차단, 담당자에게 확인알람 등 자동화된 시스템 조치를 수행한다. 인공지능 탐지모델은 새롭게 발견된 거래패턴에 대한 내용을 학습하여 성능을 개선하여 공정성분석시스템에 수시로 반영시킨다.

FDS의 분석방법은 오용탐지(Misuse)와 이상탐지(Abnormaly), 두 가지로 구분된다. 첫째, 오용탐지의 경우, 기존 불공정거래에서 나타나는 주요 특징들을 조건화, 규칙화(Rule)하여 새롭게 발생하는 불공정거래에 다중 조건(Multi Rule-Based)을 적용하는 필터링방식으로 불공정 여부를 식별한다. 이러한 방식은 단순하고 빠른 구조지만, 새로운 패턴에 대응이 어렵다는 단점이 있다. 둘째, 이상탐지기법은 RDBMS에 저장된 구성원 기본정보, 거래정보 등의 속성(Attribute) 정보를 바탕으로 모델링하여 특이점을 탐지한다. 이러한 방식은 복잡한 구조의 데이터를 종합적으로 판단하여 발견하기 어려운 불공정거래와 사례를 찾아내지만, 실시간처리를 위해 고성능시스템이 요구된다는 단점이 있다.

## 2. 공정성 증강모델

AI기반 공정성(Fairness) 모델은 공정성 문제 해결을 위한 최적의 솔루션으로, 법집행 공정성을 강화하고 자동화하는 방법으로 설정된 목표에 가장 가까운 최적

---

12) https://www.oreilly.com/radar/machine-learning-tools-for-fairness-at-scale/.

의 효과를 기대할 수 있다. 〈그림 8-4〉에서 보듯 설명 가능한 강화학습 알고리즘과 Support Vector Machine, 그리고 공정성 행위, 보상, 상태설정의 자동화를 위한 생성적 적대신경망(GAN)의 앙상블 알고리즘기반 모델로서 다양한 정책목표를 동시에 만족시키면서 모델성능 최적화를 진행하는 Parameter 자동조정 및 Auto Reward 알고리즘을 지향한다. 다만, 부처(기관)별 업무성격과 법집행의 공정성과 관련하여 보건, 교통, 세무, 환경 등 일반 국민생활에 밀접한 행정기관의 법집행과 함께 형사사법의 집행을 담당하는 검찰, 경찰, 법원, 교정기관 등의 형사사법기관에 맞게 Customizing을 통하여 적용하는 것이 바람직하다.

공정성 솔루션에 사용되는 사기 및 이상탐지기법의 경우 업무성격이나 각 분야 특성에 따라 다르게 정의, 적용될 수 있기에 한계점이 존재하나. 일부 AI 모델은 특정 결과가 참인지 거짓인지, 가능성 있는지 또는 가능성 없는지, 긍정인지 부정인지 등의 예측을 위해 설계되었다. 또한 시스템은 통계 모델에 의존하기 때문에 성능이 가장 뛰어난 시스템일지라도 오류가 발생할 수밖에 없다. 이러한 시스템 오류가 그룹에 다른 영향을 미칠 수 있는지 이해하는 것이 중요하다.

AI기반 공정성 증강모델을 사용하여 시장에서 불공정 요소를 식별하고, 이상

•• 그림 8-4  AI기반 공정성 모델(AI based Fairness Model)

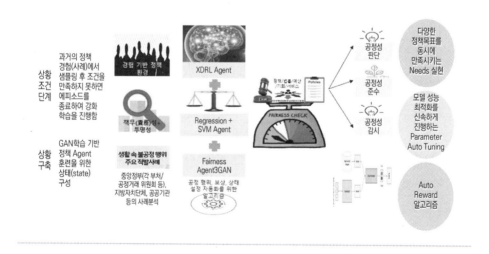

국민이 갈망하는 인공지능정부

현상을 표시하는 플랫폼을 설계하며, 불공정 유형에 따른 위험성 등급을 지정한 후 사전 대응의 알람을 보냄으로써, 불공정 조기 감지 및 예방에 초점을 맞춰 규정 준수 프로그램을 시행할 수 있다. 또한 공정성 증강모델의 도입은 불공정사례 발생건수가 많은 분야에 우선순위를 두는 것이 바람직하다. 이를테면 공정거래법의 다른 축으로서 경쟁제한영역(소비자 선택의 폭을 제한하거나 자원의 효율적 배분을 침해하는 일련의 행위로서 일정한 거래분야{거래의 객체별·단계별 또는 지역별로 경쟁관계에 있거나 경쟁관계가 성립될 수 있는 분야}의 경쟁이 감소하여 특정 사업자 또는 사업자 단체의 의사에 따라 자유롭게 가격·수량·품질 기타 거래조건 등의 결정에 영향을 미치거나 미칠 우려가 있는 상태를 초래하는 행위)에의 적용이 가능하다.

오늘날 인공지능은 각 영역에서 문제 해결사가 되기 전에 채택되고 있다. 그럼에도 불구하고, AI는 수많은 과제를 해결해왔고 해결할 수 있다. 거의 모든 것에서 기술에 의존하는 세상에서, 다음의 질문들에 대한 올바른 답을 찾는 것이 매우 중요하다. '어떻게 하면 AI가 소수만이 아닌 모두에게 이익이 되도록 사용될 수 있을까?', '사회적 불평등을 완화하고 기존 편견과 차별이 축소할 수 있을까?', '새로운 AI 관련 부작용을 최소화하면서 AI 기술이 제공하는 편익과 기회를 어떻게 최대한 활용할 수 있을까?' 만일 이러한 질문에 대한 해답이 없다면, 기회의 공정성, 접근성, 평등을 모델로 한 사회적 계약을 설계할 수 없다.

정부의 불공정은 정부의 비효율과 부패와 함께 고질적 병폐로 인식된다. 디지털 전환 시대를 맞이하여 이를 해결하기 위한 시의성 있는 문제 해결 방법과 수단이 활용되어야 한다. 여기서 인공지능 솔루션이 그 해결책이 될 수 있다. 시장에서 경제행위주체들은 세상이 공정한 법칙과 제도에 의하여 유지되어야 한다는 신념과 함께 당연히 공정할 것이라는 믿음을 갖고 있다. 비록, 시장이 공정하지 않더라 하더라도 애써 믿음을 유지하려고 한다. 그러나 자신의 노력에도 불구하고 통제할 수 없는 원인에 의하여 원하는 결과를 얻을 수 없다면, 불신과 불만을 넘어 혼란이 야기될 수 있다. 국가 및 공공기관의 준법의지와 실천의 바탕에서 공정성과 신뢰성이 확보되어야 건강한 공동체 유지와 함께 양질의 거버넌스가 작동할 것이다.

## 3. 공정성 증강모델의 가능성과 한계

알고리즘의 불공정이든 경제·사회·법적 불공정이든, 불공정은 모두 사회구성원들에게 당혹감을 넘어 상처를 준다. 심지어 평판을 손상시키면서 법적 책임까지도 야기한다. 따라서 AI 기반 공정성 솔루션의 경우, 비즈니스 영향과 별개로 보다 나은 공공질서와 시장 거래를 만드는 시스템으로 작동해야 한다. 특히 시스템 자체의 공정성뿐만 아니라 시장이 공정하게 유지될 수 있는 머신러닝 시스템을 구축해야 한다.

그러나 절대적으로 공정한 AI의 개발은 사실상 불가능하다. 아직까지 그 누구도 공정싱이라는 개념 자체를 하나로 정의할 수 없나. 기관이나 개인이 바라보는 공정성도 제각각이기 때문에 공정성 개념을 영역별로 확립하는 것이 우선 과제이다. 더구나 공정성도 계속 진화하고 있다. 과거에 공정하다고 생각하였지만 지금은 불공정한 것으로 여겨지는 사안들이 무수하게 많기 때문에 공정한 AI 모델을 만들었다고 끝낼 수 있는 일이 아니다. 마치 컴퓨터 바이러스 백신 프로그램을 업그레이드하듯이 공정성 증강 모델도 상황 변화를 반영하여 끊임없이 수정되어야 한다.

또한 공정하고 포괄적 AI 시스템이라 하더라도 만능은 아니다. 이해관계자들 사이에 존재할 수 있는 긴장감의 균형을 세심하게 유지하면서, 모든 대상에게 공정하게 작용하기 위한 노력이 지속되어야 한다. 가령, 안면인식기술과 같은 경우, 공정성 문제의 해결을 위하여 대표적 데이터 세트(data set)로 AI 시스템을 훈련시켜야 한다. 그리고 보편적 공정성에 도달하기 어려운 (혹은 불가능) 도전적 이슈를 다루면서 이해관계들 간의 균형을 관리해야 한다. 최선의 공정한 시스템이 구축되도록 잠재적 통계편향이 학습 과정에서 어떻게 적용될 수 있는지에 대하여 비판적 사고와 실천이 요구된다.[13]

기술적 구현 노력과 함께 정책 결정이나 집행의 오류나 실패로 인한 공정성

---

13) https://ai.facebook.com/blog/how-were-using-fairness-flow-to-help-build-ai-that-works-better-for-everyone/.

훼손을 예방하려면, 개인과 기업의 활동 또는 재산·이익에 영향을 미치는 경우, 법적 보호조치가 적용되어야 한다. ① 실질적 적법 절차 보호의 경우, 정부가 정당한 목적의 달성을 위한 합리적 수단으로서 심의, 의결의 정당성을 보여야 한다. ② 절차적 적법 절차 보호는 피해당사자에게 다른 개인과 동일한 절차를 받고 특별한 불이익 절차가 적용되지 않도록 조치하고, 청취 기회 등이 제공되어야 한다. ③ 행정 및 절차적 보호는 행정절차법(Administrative Procedure Act)에 포함되어 있다.

또한 고급 분석(Analytics)의 기반에서 내린 의사결정은 투명하고 설명 가능한 것인지 확인해야 한다. 보다 구체적으로 ① 알고리즘 기반 의사결정이 사용되고 있음을 시민(정책 대상)에게 알려야 한다. ② AI 시스템이 언제, 어떤 목적으로 사용되는지 공지해야 한다. ③ 왜, 관계자들이 조치를 취했는지에 대한 정보를 공개해야 한다. ④ 데이터와 코드를 모두 공개해야 한다. 개인정보 보호를 위하여 데이터를 부분적으로 삭제하거나 수정할 수 있지만, 가능한 한 많이 공개해야 한다. 일단 모델이 구축되면, 사용 이전에 해당 모델과 결과가 충분히 투명하고 적정한 법적 절차와 요건을 충족시킬 수 있도록 설명해야 한다.

아울러 정부는 심의·의결 및 처분 과정에 반영되어야 할 가치들을 표현해야 한다. 이를 구체적으로 살펴보면 다음과 같다. ① 가장 중요한 목표는 공정한 결과에 대한 의사결정을 정착시킬 수 있는 모델의 구축이다. ② 명확한 목표 설정과 예측 및 분석의 경우, 예측되는 대상을 명확히 정의해야 한다. ③ 전문가들로 팀을 구성하여 제3의 전문가들과의 협력 하에 모델을 구축한다. ④ 도메인별 전문가들로 구성된 별도의 팀을 구성하여 필요한 정책 질문을 탐색하고, 커뮤니티 구성원 및 주요 이해당사자들과 상호 작용하여 공정성을 보장한다. 또한 모델이 의도된 설계에 따라 구축되도록 기술전문가와 긴밀히 협력해야 한다.

공정한 AI는 기업 및 공공조직에 커다란 영향을 미칠 수 있다. 가치 제안과 가치사슬 및 수익 모델과 어떻게 연계되는지에 대하여 보다 나은 이해가 요구된다. 이는 조직 측면에서 거버넌스(Governance)와 강하게 연결된다. 즉, 공정한 AI와 조화로운 거버넌스 관리구조, 그리고 윤리지향이 조화를 이루는 방향으로 탐색되어야 한다.

국민이 갈망하는 정부

# 왜? 인공지능정부인가!

" 선에도 강하고 악에도 강한 것이야말로 가장 강력한 힘이다.

– Friedrich Wilhelm Nietzsche(1844~1900) – "

# 예산지킴이 모델

# 예산지킴이 모델[*]

## 목표와 문제의식

국가예산은 올바른 운용 여부에 따라 국가사회경제에 순기능으로 작용할 수 있고 그릇된 경우 부실재정으로 인해 국민적 부담을 안겨줄 수도 있다. 그렇기에 국가재정의 효율적 집행은 매우 중요하고 시급한 과제다. 하지만 여전히 나랏돈은 눈먼 돈이라는 인식이 팽배하다. 실제로 정부보조금, 출연금 등의 과다·허위청구가 끊이지 않는다. 그동안 정부 내에서 빚어진 기구 및 예산 늘리기 경쟁, 비용개념 결여, 무사안일, 책임부재 등이 정부비효율이 심화되고 있다. 이렇듯 정부고질병으로서 심화된 예산낭비 및 비효율문제는 더 이상 방치할 수 없는 계제에 이르렀다. 이러한 문제 인식의 바탕에서 본 장에서는 디지털 전환시대를 맞이하여 인공지능기반 예산집행의 효율성 극대화를 위한 예산지킴이 솔루션의 탐색 및 실천과제를 모색하고자 한다.

---

[*] 본 장의 내용은 수정·보완하여 2022년 6월 국회예산정책처의 「예산정책연구」 제11권 제2호에 게재될 예정임을 밝혀둔다.

예산지킴이 모델의 배경과 필요성

## 1. 정부예산의 가치와 의미

그동안 정부 내에서 빚어진 기구 및 예산 늘리기 경쟁, 비용개념 결여, 무사안일, 책임부재 등이 정부비효율을 심화하는 고질적 요인이다. 또한 매년 예산 및 결산자료가 공개되지만 재정집행 효율성 등 다양한 분석을 위해 모든 예산에 대한 구체적 집행내역과 정보가 공개되어야 한다. 기획재정부의 예산안 편성지침의 경우, 각 프로그램 단위로 세분화하여 편성되도록 하지만 여전히 예산항목에 대한 구체적 활동프로세스나 원가정보가 명시되지 않고 있어 성과평가 기준이나 집행효율성을 분석하거나 판단하기 어렵다(이진석, 2014). 인공지능 정부구현을 위해 반드시 극복해야 할 고질병이다.

정부의 예산규모가 팽창일로다. 코로나19 위기라 해도 정부지출 증가속도가 지나칠 정도다. 그마저도 비효율적 집행으로 밑 빠진 독에 물 붓기가 아닌지 우려와 경고신호가 잡힌다(서울경제신문, 2021년 7월 28일자). 2021년 정부총지출은 555조 8000억 원이다. 2020년 512조3,000억 원보다 8.5% 커진 규모다. 기획재정부에 따르면 2021년 2차 추가경정예산 편성이후 국가채무는 963조9,000억 원에서 2024년에는 1,260조1,000억 원까지 급증할 것으로 예상된다. 동 기간 국내총생산에서 차지하는 국가의 채무비중은 47.2%에서 54.7% 상승이 예상된다. 지난 2018년 기준 35.9%에서 3년 새 국가채무 비율이 무려 10%포인트 이상 급증하여 6년 만에 60%에 이르게 된다.

2020년 코로나19 극복을 위해 4번의 추가경정 예산안이 편성됐다. 이 중 이월·불용 등의 사유로 미 집행된 금액이 1조 2,166억 원에 달했다. 다른 곳에 쓰였다면 성장의 마중물이 됐거나 재정건전화에 사용됐을 돈이 곳간에서 잠든 셈이다.[1]

---

1) ttps://www.sedaily.com/NewsVIew/22P37KG7VB.

●● 그림 9-1 예산의 기능

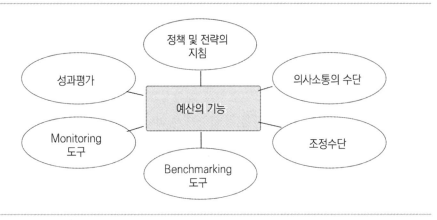

이렇듯 정부고질병으로서 심화된 예산낭비 및 비효율문제는 더 이상 방치할 수 없는 계제에 이르렀다.

　　예산은 정책집행의 중요수단으로서의 기능 외에 다양한 기능을 수행한다. 〈그림 9-1〉에서 보듯 국가전략지침, 성과평가, 소통 및 모니터링, 조정, 벤치마킹도구로서 기능을 수행한다. 하지만 중앙정부의 예산기능이 순기능적으로 작용하지 못하는 상황이다. 가령 중앙정부의 경우, 예산운영 측면에서 투명성 저해요인은 불필요한 예산편성, 부적절한 회계처리 및 편법 집행, 내부통제 미비로 인한 회계부정, 그리고 비효율적 예산낭비 등으로 구분할 수 있다. 먼저 불필요한 예산편성은 품목별 투입중심 예산지출구조의 경직성에서 비롯된다. 이는 예산편성 시 예산과목에 대해 체계적 분석이나 예측이 없이 예산의 과다한 요구로 이어지며 다시 집행과정에서 불요불급한 예산지출을 유발하는 동시에 지출의 관행화로 차년도에 불요불급한 예산편성으로 반복되면서 예산체계의 경직성을 초래한다.

　　불요불급한 예산편성은 예산편성에서 사업경과를 고려하지 않은 채 전년 대비 일정액 증액 편성하는 전례답습 예산과다편성, 사업계획의 변동내역에 대한 고려 없이 편성된 과다계상 예산, 소요경비 추산기준의 왜곡 또는 비현실적 기준의 획일적 적용으로 편성된 과다계상 및 이미 지원 받은 예산에 대한 차감 없이 전액 신청하는 부당청구 등을 들 수 있다. 이러한 예산지출구조의 경직성에서 비롯된 예산편성은 예산액의 사전인출, 사고이월 또는 불용액 발생, 일부 전용 후 불용처리 등 예산집행의 투명성을 저해하면서 예산집행의 변칙적 행태를 유발한다.

둘째, 부적절한 회계처리 및 편법집행으로 인한 예산의 목적 외 사용, 부당전용 및 사고이월, 부당한 국고인출 및 관리, 불용처리 및 회피목적의 연도 말 예산집행, 회계증빙에 의거하지 않은 편의적 예산집행 등을 들 수 있다. 예산의 목적외 사용은 예산집행지침과 절차를 무시하고 임의로 예산을 사용하는 투명성 저해사례에 속한다. 그리고 예산의 부당전용 및 사고이월 역시 예산 집행과정에서 빈발하는 투명성 저해요인이다. 또한 예산회계법령 등의 근거나 적절한 절차 없는입법과목의 임의적 무단 전용은 물론 연도 말 집행 잔액에 대한 불용처리 없이임의로 사고이월 처리하는 경우다. 현행 예산제도 하에서 예산불용 발생 시 차년도 예산편성 시 예산삭감 등 불이익이 발생할 수 있다. 이처럼 예산 집행과정에서 절약의 동기부여보다 편성예산을 관행적으로 소진하는 경향이 매 회계연도 말에 빈발하고 있다. 특히, 채무의 미확정이나 구매물품 납품의 미완료상태에서 대금의 선 지급이나 연도 말 매매예약 상태에서 대금이 지급되는 등 예산회계 원칙을 위반하면서 예산낭비가 초래되고 있다.

셋째, 내부통제 부실에서 비롯된 회계부정은 명확한 예산회계통제가 미비하거나 또는 설정되어 있더라도 이행이 준수되지 않아 횡령 및 유용 등 회계부정이발생한다. 가령 예산회계서류의 허위작성 및 변조, 허위영수증을 이용한 회계부정 등이 있다. 마지막으로 비효율적인 예산 운용과 낭비의 경우 약정수준을 초과하는 예산 부담 행위, 투자 사업의 분산 시행으로 인한 비효율성 발생, 예산을 도외시한 무리한 사업 추진, 관행 등에 의존한 업무처리로 인한 지속적인 비효율등이 지속되고 있다(이종운, 2009).

## 2. 정부예산 낭비의 실태 및 현주소

지난 2008년 이후 5년간 감사원 감사에서 드러난 8,000여 건의 회계 관련 지적사례 중 반복·공통의 낭비사례가 200여건으로 나타났다. 이를 통해 지적된 예산낭비 10대 유형은 ① 기금관리 잘못 ② 목적 외 및 불요불급한 예산집행 ③ 계약 및 공사 관리 잘못 ④ 중복 또는 과잉투자 ⑤ 국고보조금 및 출연금 관리 잘못 ⑥ 사업타당성 검토 잘못 ⑦ 과시 및 선심성행사 ⑧ 공무원의 도덕적 해이 및 부정 ⑨ 국·공유재산 등의 미온적 관리로 인한 국고수입증대 기회 상실 ⑩ 불합리한 제도 등으로 압축됐다(뉴시스, 2008년 2월 10일자). 또한 예산절감 지침서에서 10대 유형별 예산낭비 사례가 소개되어 예산낭비 재발방지를 위한 사업내용 설명과 문제점 및 예산낭비 발생 원인까지 함께 제시하였다. 동 지침서는 단순히 과거의 낭비사례를 드러내는 데 그치지 않는다. 일종의 예산절감을 위한 타산지석으로서 의미를 지닌다.

한국조세재정연구원(2013)은 재정집행의 비효율성을 실무 관점에서 예산단계별로 세 가지 유형으로 〈표 9-1〉과 같이 제시하였다. 예산 편성, 집행, 그리고 성과평가 및 결산단계로 구분한다. 즉 예산편성과정에서는 정해진 절차와 규정을 벗어나거나 합리적 의사결정이 배제된 채 예산편성이 이루어진 사례가 확인된다. 예산집행과정에서는 편성된 예산이 당초 계획된 목적이나 취지를 벗어나 집행되거나 집행과정에서 관리체계 부실 등이 주로 비효율성을 심화시킨 것으로 드러났다(이진석, 2014). 그리고 사업평가 및 결산과정에서는 객관적 평가가 미흡하거나 체계적인 성과관리가 이루어지지 못해 차기 연도 예산에 대한 환류에 문제를 드러냈음을 알 수 있다. 올바른 국회의 예산심의 및 결산심사단계가 필요한 까닭이다.

그런데 아직까지 정부예산안에 대한 국회심의과정에서 매년 거르지 않고 발생하는 현상이 "나눠먹기 예산", "쪽지예산"이다. 이러한 사업은 대다수 타당성이 낮을 뿐만 아니라 중장기적으로 사업결과물의 유지와 관리에 소요되는 비용까지 수반하여 매우 심각한 비효율성을 낳는다. 이를 빗대어 국회의 예산심의를 "3실

•• 표 9-1  예산단계별 비효율성 유형과 사례

| 구 분 | 예산의 비효율성 사례 |
|---|---|
| 예산편성 | • 우선순위가 낮은 사업의 결정/정치적 결정<br>• 사전조사와 상반되거나 결과를 무시한 예산편성<br>• 중복투자나 유사한 사업결정<br>• 수요와 비용예측 및 사업타당성 조사 미실시<br>• 업무규정 및 절차위반의 사업결정 및 예산편성<br>• 입법이전 사업결정 및 예산편성<br>• 잘못된 사전조사로 인한 과다예산 편성 |
| 예산집행 | • 당초 사업목적과 취지에 벗어난 예산집행<br>• 연말 집중된 밀어내기 및 늑장집행<br>• 예산집행점검 및 관리 부실/주민반대 및 반발로 인한 사업집행 지체<br>• 과다 및 낭비적인 지출/구매 및 계약비리<br>• 빈번한 사업계획 변경으로 인한 예산낭비<br>• 과도한 예산의 전용/만성적인 이월/법규위반에 의한 집행 |
| 사업평가 및 결산 | • 부실한 성과관리/부정확한 사업평가나 성과측정<br>• 평가결과의 왜곡/성과평가, 관리 및 환류제도의 미비 |

자료: 한국조세재정연구원(2013) 자료 가공.

(정실, 밀실, 부실) 심사"로 표현되기도 한다(서경호, 2017). 엄밀하게 국회의 예산심의 및 결산단계에서 인공지능기반 검토 및 탐지작용이 이루어진다면 비효율적 정책 (사업)은 점차 줄어들 수 있을 것이다.

한편, 국회 예산정책처의 2018회계연도 결산 보고서에 따르면 2018년 총지출은 434조 1,000억 원이었다. 2018년 추가경정예산 3조 9,000억 원을 반영한 예상 지출규모는 432조 7,000억 원인데 얼핏 보기에 당초 계획대비 1조 5,000억 원을 집행했으니 정부살림을 잘 짠 것처럼 보인다. 하지만 자세히 보면 그렇지 않다. 일반 및 특별회계와 기금을 모두 합쳐서 원래 계획보다 총 5조 1,000억 원이 집행되지 못했다. 또한 지방교부세 정산 등 세입세출 외 지출이 6조 6,000억 원 발생하여 총지출 규모가 예산안과 비슷해졌을 뿐 당초 계획대로 재정이 집행되지 못한 것이다. 2018년 추경으로 총지출 규모가 늘었지만 정작 필요한 사업에는 제대로 돈이 쓰이지 못한 꼴이다. 가령 관광산업 융자지원 사업(문화체육관광부)의 경우, 추경을 통해 300억 원 증가한 5,250억 원의 예산이 배정된 것이다. 그러나

4,920억이 집행되면서 330억 원이 남았다. 본예산만 제대로 활용했더라도 충분한 사업이었지만 공연한 추경으로 재정을 낭비한 셈이다. 이처럼 사업 수요에 대한 세밀한 검토 없이 과다하게 예산을 책정한 탓이다. 애시 당초 제대로 계획을 수립했다면 비효율적 집행이 발생하지 않았을 것이다(동아일보, 2019년 8월 22일자). 그런데 이 같은 비효율이 매번 발생하고 있다. 보고서에 의하면 2015~2018년 동안 예산집행실적이 70%를 하회하는 사업이 190개로 나타났다. 이들 사업의 전년 이월액 등을 합친 예산은 4조 6,163억 원이었는데, 실제 집행은 1조 7,549억 원에 불과했다. 이렇듯 직전 4년간 평균 집행실적이 미진한 사업의 경우, 2015년 113개에서 2018년 190개로 증가하였다. 정략적으로 예산증액 궁리에 골몰할 뿐 어떻게 나랏돈을 효율적으로 쓸 것인지 찾아보기 어렵다. 또한 정부가 예산을 집행하며 회계오류를 범하고도 뒤늦게 발견한 액수만 매년 조원 안팎인데 지난 9년 동안 90조 4,000억 원에 달한다. 오류수정손익 발생액 90조 4,161억 원에 대한 부처별 분석결과, 국토교통부가 가장 많은 33조 1,787억 원(36.7%)으로 나타났다. 이어 국방부(31.1%) 28조 1,004억 원, 해양수산부(9.7%) 8조 7,545억 원 등의 순으로 나타났다(헤럴드경제, 2021년 7월 11일자).

또한 지난 6년(2013~2018년) 동안 정부가 세수예측을 제대로 한 적은 단 한 번도 없었다. 특히, 2021년에는 본예산 대비 61조의 세수 오차를 들어내며 엉터리 세수추계를 드러냈다. 물론 현실적 측면에서 여러 변수가 많아 100% 정확한 예측은 사실상 불가능하다. 하지만, 과도한 오차율 발생은 분명 문제이며 변명의 여지가 있을 수 없다. 잘못된 세수예측은 정부가 계획한 세입예산에 비해 적게 들어오는 결손 사태를 맛보거나 때로 예상보다 수 십 조원이 넘는 초과 세수 발생으로 이어지고 있다.[2] 모자라도 문제, 남아도 문제인 것이 세수다. 하지만 세수추계가 들쑥날쑥 하면 재정집행에 차질이 빚어질 수밖에 없다. 그만큼 계획성 있는 경기대응이 어렵다는 의미다. 부족한 세수를 메우고자 무리한 징세행정이 이루어질 수도 있다. 국세수입 예산편성에 있어 정확도를 높이기 위한 다양한 시도가

---

2) 국회예산정책처(2019), <2018회계연도 결산 위원회별 분석>.

요구된다. 개별납세자의 기존 신고 자료를 활용하는 미시적 시뮬레이션 모형개발 등 새로운 방안도 검토해야 한다.[3] 정부는 오차율 발생의 원인으로 민간소비 및 수출·수입 증가, 부동산·주식거래 증가 등 예측하지 못한 경제지표의 변동을 꼽고 있다. 물론 정부의 원인진단도 일리가 있지만 오랜 시간 동안 세수추계 오차 문제가 거론되어 왔다는 점을 감안하면, 개선을 위한 노력이 부족한 것 아니냐는 지적이 가능한 대목이다. 불명확한 세수추계는 재정운용의 비효율성을 야기할 수 밖에 없다.

## 3. 디지털 예산회계시스템 운영과 문제점

정부는 기존 재정정보시스템이 기관별로 관리되어 통합된 재정정보의 제공이 어려웠으며 재정제도의 혁신을 뒷받침할 시스템 기반이 필요하여 2007년에 디지털예산회계시스템(이하 dBrain으로 약칭)을 출범하였다. 동 시스템은 예산편성·집행·회계결산·성과관리 등 재정활동 전 과정이 수행되고, 그 결과로 생성된 정보가 관리되는 재정정보시스템이다. dBrain은 전반적인 재정활동 지원, 재정혁신 뒷받침, 재정자금출납의 전 과정을 전자화하고 재정운영현황의 실시간 재정관리, 재정통계 분석정보 산출 등의 역할을 한다. 즉 정부의 예산편성, 집행, 자금관리, 국유재산/물품관리, 채권/채무, 회계결산까지 모두 하나의 시스템에서 처리할 수 있도록 구성되어 있다. 또한 국가재정운용계획수립, 예산총액배분 자율편성제도, 성과관리예산제도 등 재정혁신을 지원하기 위해 프로그램 예산체계를 기반으로 구축되었으며, 자금과 자산·부채를 상호 연계관리하고 국가재정의 재무정보를 정확히 산출할 수 있도록 복식 부기·발생주의 회계제도를 반영하여 재정위험관리 기반을 마련하는 등의 특징을 지녔다. dBrain은 사업관리·예산·회계·통계분석 등 단위업무 시스템과 한국은행, 국방부, 국세청 등 46개 기관과 63개 외부시

---

3) http://www.joseilbo.com/news/htmls/2019/08/20190816382203.html.

국민이 갈망하는 인공지능정부

스템과 연계·구성되었으며, 중앙·지방공무원 및 일부 공공기관 사용자들은 재정포털을 통해 시스템에 접속하여 업무를 처리하고, 생산된 주요 재정정보를 홈페이지를 통해 제공하고 있다. 2019년 기준 디지털 예산회계시스템(디브레인·dBrain)은 하루 평균 공무원 6만 5천여 명이 접속해 4조8천억 원을 수납하고 8조7천억 원을 집행하는 데 쓰이고 있다.4)

하지만 디지털예산회계시스템(dBrain)은 정보 분석이 어렵고 시스템 업그레이드가 불가능하며 중앙과 지방재정 연계 기능 등이 미흡하다는 단점과 함께 문제점이 지적된다. 첫째, 예산정보와 결산정보의 연계문제이다. 둘째, 예산정보와 성과정보의 연계문제이다. 셋째, 결산정보와 성과정보의 연계문제이다. 디지털예산회계시스템이 가동된 2007년 당시 정부거래에 대한 적합한 회계처리가 어려웠고 사업의 원가정보 산출이 불가능하여 재정사업의 성과관리가 어려웠다. 그러나 「국가회계기준에 관한 규칙」, 「국가회계처리지침」, 「원가계산준칙」 등이 마련된 현재에도 문제는 남아있다(황혜신, 2010).5) 이 외에도 내역사업 관리문제로서 세부사업 단위로 예산편성 및 집행이 이뤄지고 있으나, 세부사업이 너무 큰 단위로 구성돼 실질적인 사업관리가 오프라인(off-line)상에서 이뤄지는 경우가 존재한다. 사업의 이력관리문제로서 예비타당성조사와 실제사업 간에 연계가 미흡하고 총사업비 관련 집행 등 유의미한 재정운용정보의 제공이 불가하다. 또한 과목구조 개편이나 조직개편 등에 따른 사업변경 시 전년도 자료만 조회가 가능하여 시계열 자료 확보가 어려우며 정책변화에 유연한 사업관리가 곤란하다.6)

따라서 디지털예산회계가 재정혁신 기반으로서 역할을 수행하기 위해 성과관리제도와의 상호 연계, 재정업무 총괄기관의 필요, 정책의지와 인식변화 등이 요구되었다. 이에 2019년 〈차세대 예산회계 시스템 구축 추진단〉이 출범 이후 지난 2022년 1월 20일 차세대 디지털예산회계시스템을 개통하였다. 사업범위는 현

---

4) 디지털예산회계시스템 홈페이지 www.digitalbrain.go.kr.
5) https://blog.naver.com/kipfmanager/40193608195.
6) 기재부(2019) 디지털 예산회계시스템 현재 문제점 및 개선 방향'-1(출처: 기재부 나라장터 공고 제안요청서 일부 내용 발췌).

재의 예산, 지출 등 11개 기능을 개선함은 물론 부담금, 채권 관리, 융자 관리 등 6개 신규기능을 추가하고 그 기능을 모듈화하였다. 또한 OLAP, EIS를 대폭 개선하고 GFS, 국가채무, 재정관리, 부채통계 등을 확대해 구축하며 지방 및 교육재정과의 연계를 도모하고 있다(정성호, 2020).

## 제2절 인공지능기반 예산지킴이

### 1. 정부(공공) 재정데이터의 투명성과 신뢰성

인공지능기술은 금융 및 재정영역에서 직면한 많은 문제를 해결할 수 있는 잠재력을 가지고 있다. 프로세스의 최적화를 통해 공공 재정관리(PFM) 및 세무 관리를 효율화시키면서 보다 적은 비용으로 많은 작업의 수행 요구 충족을 지원하고 있다. 뿐만 아니라 예산통제의 개선과 대량의 데이터에서 이상 징후를 발견함으로써 회계오류를 줄이고 위험을 식별하며 세금부정 및 금융범죄를 예방할 수 있다. 뿐만 아니라 일상적 프로세스를 자동화함으로써 데이터의 통찰력을 활용하여 보다 나은 의사결정을 내리는 등 중요한 위치에 자원을 집중할 수 있다.

예산집행 감시도구로서 공공데이터의 역할 및 효용이 크다. 공공데이터를 개방·활용함으로써 시민사회와 정부는 국내외 공적자금의 흐름이나 지출에 대해 보다 정확하고 적시성 있게 모니터할 수 있다(OECD, 2017). 이에 따라 정부 활동이나 지출에 대한 정보제공으로 정부책임성을 향상시킬 수 있다. 궁극적으로 부패방지와 통제를 통한 청렴성 제고에 기여할 수 있다. 특히, 공적자금 집행의 효율성 여부와 관련하여 정부의 입증책임을 강화시켜줌으로써 공적 자금의 용처와 지출방식에 대한 명확한 인지를 가능하게 한다. 뿐만 아니라 세밀한 시민감시와 통제(public scrutiny and control)가 원활하도록 정보의 분석, 처리, 통합을 용이하게 한다.

IMF는 회원국의 재정투명성과 건전성을 강조하면서 글로벌 경제위기의 예방을 위해 노력하고 있다. 재정투명성은 국가재정정보의 공개와 밀접하게 관련된다. 국가재정의 구성 요인들은 광범하고 다양하기에 공공 빅 데이터와 관련성이 높다. 특히, 재정운영이나 예산집행은 다양한 이해관계자의 정치적 행태와 게임 양상, 그리고 참여자들의 의사결정 과정이 직·간접적으로 드러나기 때문에, 자칫 재정정보를 있는 그대로 공개하는 것은 문제의 발생소지가 크다. 이에 따라 재정정보와 함께 분석결과의 공개과정에서 빅 데이터 기술의 적용은 필수적이다.

IMF의 재정투명성 규약(Code of Good Practices on Fiscal Transparency —Declaration on Principles)은 4대 구조[7] 하에 10개 원칙, 45개 세부 코드 규정으로 규정되어 있다. 정부역할과 범위는 기타 공공부문, 민간경제와 비교할 때 책임의 명확성이 강조된다. 그래서 예산과정의 공개원칙에 기 수립된 일정 준수, 잘 정의된 재정정책의 목적에 의해 조정되어야 하며, 예산 집행−감시−보고의 명확한 절차가 있어야 한다고 명시하고 있다. 또한 국민의 정보이용 가능성을 보장해야 한다. 국민이 제공받는 재정투명성은 재정건전성의 확보와 재정활동에의 국민 참여 기반을 마련하여 재정민주주의를 이루는데 필요하다. 재정 투명성의 실현 방법도 다양하다. 예산편성, 재정수입의 확보과정, 예산의 계획·편성·운용·집행과정과 환류 및 성과의 공개 등을 통해 실현할 수 있다(길준규·강주영, 2007).

재정투명성은 재정정보의 공개로부터 이루어진다. 그 핵심은 재정정보에 대한 자유로운 접근이다. 인터넷 등 보편적 접근채널을 통해 시의적절하고 균일한 이용이 보장해야 한다. 또한 재정정보의 완전한 품질 보증을 위해 데이터 수준의 검증과 독립적이며 객관적인 감사를 거쳐야 한다. 정보공개 수준과 접근수단, 그리고 품질완전성에 대한 보증은 국가재정의 수입과 지출에 대해 관심과 참여하려는 국민을 고려할 때 생성된 재정정보는 빅 데이터의 특성을 지닌다. 더욱이 재정적 의사결정에 필요한 간접적 재정정보를 포함하면, 재정정보공개를 통한 재정투명성의 확보를 위해 빅 데이터는 필수적 수단이다. 그럼에도 불구하고 한국의 경

---

7) 정부의 역할과 책임의 명확화, 공개된 예산 과정, 정보에 관한 국민의 이용가능성 보장, 재정정보의 완전성에 대한 보증이 4대 구조를 이루고 있다.

우, UN평가결과 전자정부 세계 1위 연속 2회 수상, 온라인참여지수 1위 수준에 비교할 때, 한국의 재정투명성은 미흡한 것으로 판단된다(이현숙, 2012).

국가재정의 투명한 운영은 정부가 보유한 재정정보를 국민에게 투명하고 정확하게 접근 가능하도록 적시에 제공하는 것을 의미한다. 재정정보를 기반으로 국가재정의 운용과정에 적극 참여하고, 이러한 개방 및 공개과정을 통해 재정집행기관이 스스로 합리적이며 효율적으로 재정을 운용하도록 유도함으로써 투명성을 제고할 수 있다. 또한 재정운용내용을 적극 공시함으로써, 스스로 부정행위 억제와 효율적 운용방안 모색 등을 유인할 수 있다는 점에서 재정투명성은 중요하다(곽관훈, 2006). 이에 선진국 정부에서는 재정정보를 예산과정(편성·집행·결산·성과평가) 및 단계 등에서 체계적이고 종합적으로 공개하기 위해 다양한 노력을 펼치고 있다. 일반적으로 재정투명성이 우수한 국가일수록 신용등급, 재정규율, 부패 등에서 더 나은 평가를 받는다(Hameed, 2005).

재정정보포털을 통한 정보공개에 대해 「국가재정법」의 제9조에 '재정정보 공표에 관한 사항'이 명시되어 있다. 그러나 형식 및 절차에 대한 구체성이 미흡하고 국민이 편리하고 자유롭게 접근할 수 있는 정보통신기반의 자료제공에 한계를 내포하는 문제점을 지닌다. 이 외에도 인구변화 등이 고려된 장기추계 등 재정상황에 대한 내용의 미흡, 정보공표 시기의 불분명 등이 문제점으로 지적되었다(국민의 재정정보 이용가능성 보장, 국가재정법 97조의 2항). 실제 국가수행 사업단위(프로그램-단위사업-세부사업)의 내용, 목적, 추진상황 등을 파악할 수 없기에, 시스템 열람 및 개방전략 마련, 시의적절한 데이터 업데이트 등이 요구된다.

또한 정부가 운영하는 재정정보 사이트(www.digitalbrain.go.kr)에 나라살림(기획재정부 발간), 국가재정운용계획, 예산안 편성 및 집행지침, 총사업비 관리지침, 예비타당성 운용지침, 국유재산 관리처분 기준 등이 담겨 있다. 하지만 일반인이 접근하기에 다소 어렵고 복잡하며 세부 정보는 막혀 있다. 또한 「공공기관의 정보공개에 관한 법률」에 사전정보 공표항목에 따라 국가시책으로 시행하는 공사 등 대규모 예산이 투입되는 사업에 관한 정보와 행정 감시와 통제를 위해 필요한 정보의 경우, 사전 공개범위, 방법, 시기, 주기 등을 미리 정하도록 공표하였다. 그러나 부처별 공표정보 중 재정정보의 내용수준, 방식, 범위에 일관성이 없기에(상이한 부처별 훈령) 실효성이 약하다. 또한 공공정보인 재정정보공개를 토대로 한 재정투명성 및 효율성 제고 측면에서 구축·운영 중인 디지털예산회계시스템(dBrain)의 이용권한 제한과 함께 재정정보 열람을 위한 제도적 일관성이 미흡하다. 이는 결국, 시스템 구축의 취지 및 재정제도의 개혁노력이 다소 미약했던 것으로 인식된다. 재정정보의 공개를 위해서 예산 당국 이외에 시민에서 관계 부처장까지 재정 정보를 열람할 수 있되, 예산 과정 상 권한에 따라 차등적으로 열람할 수 있는 일관된 제도가 요구된다(이현숙, 2012).

## 2. 인공지능(AI)기반 예산책정: 기회와 과제

인공지능기반 예산시스템은 빠르고 자동적이며 쉽고 함축적이며 직관적 시스템이다. 인공지능기반 예산시스템은 수동관리방식과 절차에서 기인하는 다양한 시행착오를 거치지 않고 사업별 예산에 대한 실시간 관리 및 예산집행을 최적화할 수 있다. 정부지출의 최적화를 위해 우선 목표 KPI와 규모를 설정하여 AI로 하여금 각 예산항목(사업별)이 주기별(주/월/분기/반기) 규모와 CPI를 얼마나 생성할 수 있는지 예측할 수 있다. 이러한 예측의 바탕에서 인공지능은 예산의 적정 비율을 항목(사업별)별로 배분할 수 있다. 사업이 집행되기 시작하면 사업별 세트의 성능 데이터가 실시간 AI로 다시 전송되어 모델을 보강한다. 또한 AI는 최신 데이터를 활용하여 새로운 예측을 통해 지속적인 예산최적화가 가능하다. 이처럼 AI는 분명히 합리적 시스템으로 배정하면서 수 있다. 보다 나은 의사결정과 함께 알고리즘 의사결정의 정확성이 기대된다(Grove et al., 2000).

예산책정 프로세스에서 자원배분 및 할당은 의사결정 프로세스다. 분배 및 배분 결정의 합리성을 높이면 투자수익(효율)을 개선할 수 있다. 이처럼 AI기반 예산은 배분 및 할당 프로세스의 개선과정에서 다양한 기회를 제공할 수 있다. 이러한 기회는 기본적 예산기능과 관련된다. 즉 ① 벤치마킹을 위한 툴로서 ② 의사

소통의 도구로서 ③ 모니터링 및 성능 평가 툴로서 역할수행이 가능하다. 예를 들어, 벤치마킹은 NLP(자연어처리) 또는 Text Mining이라는 텍스트분석을 사용하여 개선할 수 있다. 동 기법은 텍스트 데이터에서 정보를 추출하는 방법이다. 정보 추출(IE)을 사용하면 다양한 출처에서 모든 종류의 구조화된 정보를 추출할 수 있다. 증거기반 의사결정 지원을 위해 이해관계자의 기대와 요구를 보다 잘 식별할 수 있다(Gandomi & Haider, 2015: 137-140).

이미 기업들은 마케팅 및 재무부문의 관리업무에서 투자수익률을 보다 잘 측정할 수 있도록 지원과정에서 새로운 통찰력을 얻고 있다. 그 결과, 최적의 영업 전문가 수의 실현이나 한계효용 감소의 파악, 고객의 영향 요소 등을 포함한 구매 결정 예측을 위한 최적화된 지출 패턴을 생성할 수 있다. 하지만 긍정적 전망에도 불구하고 AI기반 예산과정에서 제기되는 과제와 한계도 고려해야 한다. 가령 데이터 품질 저하, AI 모델 설계에서의 편견, 직원의 실직 우려 등이다(Gartner, 2019: 1-8).

## 3. 인공지능기반 문제해결: 사례분석과 시사점

### 가. 국내사례

국민권익위원회는 지난 2013년 10월 정부합동 복지부정 신고센터 설치이후 2018년 4월까지 총 4,241건의 정부 보조금 부정수급 신고를 접수하였다. 이 중 997건이 수사 및 조사된 결과, 719명이 형사처분을 받았고, 관리·감독 소홀로 인해 공무원 212명이 징계를 받았다. 지난 4년간 정부 보조금 부정수급 적발금액만 812억 원이었다. 그 중 683억 원이 환수되었다. 분야별로 보면 보건복지를 비롯하여 노동, 산업자원, 해양수산, 농림 등 5개 분야에서 전체 적발액수의 98%를 차지했다. 국고 보조금 부정수급의 경우, 2019년 한 해만 약 20만 건이 확인, 860억 원이 환수 결정된 정부의 고질적 문제다. 이에 기획재정부는 2017년 7월부터 부정수급의심 징후를 포착하는 부정 징후 탐지시스템(SFDS)[8]을 도입해 최근 2년간 약 5,053억 원 규모에 해당하는 11,466건의 부정 징후 의심사례를 각 부처에 통보하였다.[9] 과거에 사람이 10년 동안 적발한 부정수급 패턴(feature)을 인공지능에 학습시킨 후 수급자 정보를 빅 데이터와 matching시켜 상습적인 부정수급 사례를 시스템이 미리 알려준다. 부정수급 외에도 가족 간 거래·인건비 지급 등에 대한 정상소명이 완료된 경우, 이상사례에서 자동으로 제외하는 등 정확도가 높아질 전망이다. 향후 부처별 시스템 연계와 통합을 바탕으로 보조금 지급제한 처분대상자가 정부의 다른 보조금 신청 시 일종의 '블랙리스트' 등록을 통해 보조금지급이 거부되도록 개선하면서, 보조금 이외의 국가지원 사업(R&D·출연금·융자금 등) 전반으로 확대할 계획이다.


### 나. 해외사례

캐나다 연방정부에서 재무분석가는 CDN $1000를 초과하는 여행비용을 수동으로 검토한다. 하지만 AI가 모든 비용을 한 번에 신속하게 분석, 검토하여 비용을 결정할 수 있다. AI를 통해 가장 위험도가 높은 비용을 우선적으로 검토하여 오류, 누락 또는 비용규칙 위반가능성이 가장 높은 비용의 검토 및 클레임을 자동으로 승인하여 효율적으로 업무를 수행할 수 있다. 캐나다 정부는 AI 알고리즘의 투명성과 이들이 자동화된 정부 서비스 배치에 어떻게 적용되는지를 의무화하는 수단으로 알고리즘 영향평가(AIA)를 채택한 선도국가다. 캐나다는 예산집행에 대한 승인, 모니터링, 평가를 총괄하는 컨트롤타워를 구축하였으며, 지난 2007년부터 지출관리시스템(Expenditure Management System)을 만들어 개별 정부 사업의 승인, 예산지출, 사업결과 보고 등을 총괄하고 있다.[10]

---

8) 국고보조금 부정 징후 모니터링은 대한민국이 사실상 유일하다. OECD 국가 중에서 부정징후 모니터링 및 부처별 통보와 관련해 별도로 확인되는 사례가 없을 만큼 사실상 대한민국 사례가 유일하다.

9) 하지만 통보받은 부처는 약 1.5% 수준에 해당하는 172건만을 자체 적발하는 수준에 그쳤다. 또한 적발된 부정수급 유형별로 심각한 도덕적 해이사례가 확인되었다.

10) https://www.mindbridge.ai/blog/ai-government-finance-accounting/.

## 다. 시사점

정부예산은 눈먼 돈이라는 인식에서 정부의 각종 보조금 편취 등 부패행위가 갈수록 지능화, 은밀(隱密)화되면서 적발이 어려운 상황에서 시스템 구축과 함께 부패신고의 효율성 제고를 위한 신고자 보상금 및 포상금 제도가 활성화되고 있다. 그 결과, 2018년 상반기 총 13억 원의 보상금이 지급되었다(국민권익위원회, 2018). 국가보조금 부정수급은 심각한 범죄다. 부정수급자의 도덕적 문제로 단정하여 해결하는 수준을 넘어 근본적 문제에 대한 검토와 함께 보다 효과적이며 정교한 대응방안이 요구된다.

현재 정부의 예산집행과정에서 인공지능 활용은 초기단계이지만 AI는 징부효율, Risk 완화 및 운영통찰력 등 편익을 제공하고 있다. AI기반 정부재정통제, 감사도구, 예측기능에 활용함으로써 정부재정 관리의 효율성, 정확성, 절약에 기여할 것이다. 또한 재정 및 금융데이터의 기하급수적 증가에 따라 무작위 샘플링을 포함한 현재의 감사 및 제어기법은 실수 및 부정행위 탐지에 한계에 직면하고 있다. 하지만 AI는 100% 자료검토 수단을 제공해 위험거래와 관련 당사자를 탐지할 수 있다. 가령 Simulated Annealing의 확률론적 기법을 사용할 수 있다. 기술적으로 최적화 문제에 대한 솔루션 발굴에 사용된다. 데이터기반 훈련의 반복과정에서 알고리즘은 특정 상태를 유지하거나 약간의 확률로 근사한 상태로 이동하고 목표 값을 다시 계산한다.

디지털 전환과정에서 정부조직도 IoT(Internet of Things), IoS(Internet of Services), BDA(Big-Data-Analytics) 또는 인공지능과 같은 혁신적 변화에 직면해 있다. 혁신은 정부예산 수립 및 집행방식에 영향을 미치기 때문에 예산효율성에 대한 논의는 중요한 의미를 갖는다. 정부는 동기부여 및 혁신기반에서 예산장애물의 해결을 위한 솔루션 중심의 예산접근 방식의 보장과 함께 민첩성 확보와 조직목표 달성을 위해 정확한 정보를 확보해야 한다. AI는 기존 예산방식의 개선과 함께 새로운 기회를 제공할 수 있다. 가령 출장 및 개인경비 사용관련 데이터처리에 정보통신기술이 적용되면 업무효율을 높일 수 있다. 가령 Cloud · 인공지능기반의 경비 및 출장관리 자동화 솔루션이 재무업무 혁신에 기여할 수 있다. 출장의 특성을 고려하면 언제, 어디서든 발생 가능한 지출과 항공사, 문구점 등 구매처가 불특정한 지출패턴도 Cloud AI기반 솔루션으로 관리 가능하다. 정부예산과정의 디지털 전환을 위해 모바일과 Cloud, 플랫폼과 인공지능을 갖춰야 한다. 물론 디지털 전환의 조건을 하루아침에 갖추기는 어렵다. 특히, 재무회계는 보수적 운영으로 인해 제약이 작용한다. 무엇보다 기존 레거시 시스템에서의 지출 및 관리자자 시차의 괴리에 따른 업무적 비효율성 등이 개선되어야 한다.

<br>

## 제3절   AI기반 예산지킴이 모델: 구성요소와 구조

### 1. 예산문제와 데이터, 알고리즘

#### 가. 예산낭비와 비효율 문제인식 및 정의

예산지킴이 모델은 예산의 적정한 사용여부를 판단할 수 있다. 즉 예산집행 내역의 사용일자, 사용목적, 사용처, 사용금액, 증빙자료 등 다양한 정보를 통해 불인정 여부를 판단한다. 가령 사용일자가 사업기간에 포함되지 않거나 사업과 무관한 용도로 집행된 경우에 불인정으로 판단한다. 모델의 적용영역은 다양하게 선정되어야 한다. 가령 건설 및 복지처럼 정책영역 및 기능 상 이질성이나 예산낭비 유형 및 발생빈도 면에서 상이한 성격이 반영되어야 한다. 하지만 예산낭비유형은 확인된 대상에 초점을 맞추어야 한다. 또한 분야별·단계별로 볼 때 건설사업은 기획단계에서 설계오류에 의한 과잉·과소공급으로 인한 사업타당성 훼손, 집행단계에서는 설계변경에 따른 예산낭비가 상대적으로 두드러진다. 또한 보건복지의료사업의 경우에 부정수급이나 횡령 등 불법·부당행위에 의한 예산낭비가 두드러질 수 있기에 개별 사례의 종합분석을 통해 단계별 예산낭비형태를 구조화할 필요가 있다.

## 나. 데이터 정의 및 준비, 처리

문제정의 단계에서 목록화한 데이터를 수집한다. 수집에 필요한 데이터의 양과 크기를 확인하고 데이터별 유형(type)을 확인한다. 데이터 사용에 대한 법률적 문제와 라이선스 여부를 확인하고, 민감한 데이터는 삭제 또는 비식별 처리한다. 수집된 데이터는 추출·변환·로드가 용이하도록 편리한 상태로 저장하고, 원본은 유지한다.

또한 데이터는 예산부처 및 사업부서에서 운영 중인 통합재정시스템에서 확보할 수 있으며, 특정기간에 집행된 전체 데이터를 사용한다. 즉 분석대상 데이터의 Column, 레코드 건수와 대상데이터 등의 확인을 통해 최종 모델링 대상 데이터를 식별한다. 이러한 과정을 거쳐 대상 Column 중에서 중복, Null 및 불필요한 Column을 제거하고 최종 Column을 모형설계에 사용한다. 또한 개별 데이터는 코드, 정보, 금액 데이터로 분리, 분석한다. 즉 수집된 원시(raw) 데이터는 학습데이터로 사용할 수 없으므로 학습 가능한 형태로 변환하는 전처리 작업이 필요하다.

데이터 전처리는 데이터 탐색과정에서 정규화를 실행하고, 데이터에 포함된 이상값 제거, 누락 값 채우기, 행/열 제거 등을 통하여 데이터를 정제(cleansing)한다. 먼저, 결측(缺測)값은 평균값, 최빈값, 머신러닝을 통한 예측 값으로 대체한다. 그리고 코드성격 데이터 중 사업자번호 등과 같이 의미 있는 데이터는 해당 자리수를 변수로 치환하고, 일반적 코드 값은 one-hot encoding을 사용한다.11) 또한 연속성 및 금액데이터는 정규화를 위해 log로 치환하며 평균과 분산이 동일하도록 스케일링한다. 자연어의 경우, 형태소 단위로 나누고 품사정보의 부착을 위해 Khaiii(Kakao Hangul Analyzer III) 형태소 분석기를 사용하여 토큰화하고, 주제

---

11) one-hot encoding은 컴퓨터가 인식할 수 있도록 데이터를 변형해 주는 방식으로 단 하나의 값만 True이고 나머지는 모두 False인 인코딩 방법이다.

(topic)별 단어분포 및 문서별 topic분포를 추정하는 모델인 LDA(Latent Dirichlet Allocation) 전처리 방법을 사용한다(김용국, 2021).

　　모델 학습 전에 올바른 특성(feature)의 투입을 위해 모형개발 전 단계에서 특성공학(feature engineering)[12]을 실시한다. 즉 머신러닝 수행과정에서 해결하고자 하는 문제를 잘 설명할 수 있는 속성(features)의 생성과정은 모형의 성능에 큰 영향을 미친다. 즉 모델 학습에 필요하게 정의된 특성에 따라 데이터를 분해하거나 특성 조합으로 새로운 특성을 추출, 생성한다. 앞서 제시된 〈그림 6-3〉에서 보듯 전 처리된 데이터는 자동변수 생성 툴을 사용해 특징 추출을 진행한다. 특성이 생성된 변수는 특성선택 기법을 활용하여 특성이 추출된 변수로 만드는 과정이다. 변수 간 조합을 통해 생성된 변수를 X2 test, Pearson test 및 t test 방법을 통해 1차로 변수를 추출하고, 다시 XGBoost, RFE(Recursive Feature Estimator), Random Forest 및 Light GBM 방법을 이용해서 최종 변수를 추출한다.

　　데이터의 특성을 고려하여 예산과정에 활용되는 자료들을 살펴보면, 다양한 측면에서 그 특성의 유사성으로 인해 빅 데이터 분석·활용 전략의 적용이 가능하다. 하지만 정부를 비롯하여 공공(재정)데이터는 필드가 체계적으로 정리된 정형데이터가 아닌 텍스트, 그림, Excel 파일 등이 혼재된 비정형 데이터가 주류를 이룬다. 또한 예산과정 특성 상 실시간 분석이 어려우며 다양한 자료의 종합분석이 요구된다. 이로 인해 방대한 데이터기반의 과학적 의사결정보다 직관과 경험이 강하게 작용했다. 게다가 생성자료는 대부분 보조자료로 활용되거나 버려지고 있다. 이제 디지털 전환시대에서 빅 데이터의 보편적 활용과 함께 당장 효용이 없더라도 데이터관리차원에서 저장과 Tag 및 Sementics기반 키워드검색이 가능하도록 재가공 및 분석이 요구된다. 과거 예산과정에 생성된 데이터에서 발견하지 못한 패턴이 사후 발견되고 데이터기반 예산과정에 적용가능도록 과학화·효율화를 도모해야 한다. 지금까지 근거자료는 의사결정에서 일회성에 그쳤거나 예산과정 단계별로 축적되지 못했다. 이에 국가 아카이브, 데이터 열람 및 분석플랫폼 및

---

12) 특정 어플리케이션에 가장 적합한 데이터표현을 찾기 위해 특성을 다듬고, 선택(selection)하고, 스케일링(scaling)하고, 추출(extraction)하는 작업이다.

•• 표 9-2 예산낭비 및 비효율 데이터(공통요소)

| 구 분 | 요소(특성) | 답변 | | 중요도 |
|---|---|---|---|---|
| 사업타당성검토 | 타당성 검토기준 및 요소 | - 적정<br>- 부 적정 | - 인정<br>- 불인정 | 해당법령 및 지침 |
| 중복/과잉투자 | 중복요소 | - 있음<br>- 없음 | | 해당법령 및 지침 |
| 관리 잘못 | 국가보조금, 출연금, 계약 공사, 기금 | - 있음<br>- 없음 | | 해당법령 및 지침 |
| 과시 및 선심성 | 정책의 유사성 | - 있음<br>- 없음 | | 해당법령 및 지침 |
| 불요불급 | 예산 목적 외 사용 | - 있음<br>- 없음 | | 목적, 근거<br>해당법령 및 지침 |
| 불합리한 제도 및 관행 | 관련 법률 및 규정 | - 있음<br>- 없음 | | 해당법령 및 지침 |

Cloud시스템, 예산과정관련 데이터 분석인력 확보 등 데이터 환경여건이 조성되어야 한다.

한편, 현재 구축·운영 중인 재정정보시스템은 세금, 예산을 비롯하여 국민생활과 밀접한 정보를 담고 있다. 또한 생성된 정보가 매우 방대하고 복잡하기에 데이터 추출하고 정제작업이 매우 어렵다. 게다가 복잡성의 증가에 대응하여 새로운 방법론의 개발, 적용과 정보탐색이 요구된다. 이러한 재정정보는 빅 데이터의 특징을 지니면서 데이터처리에 어려움이 있지만 새로운 통찰력과 기회를 제공해 준다는 점에서 가치 있고 유의미한 정보추출 작업이 요구된다. 또한 국제기구(IMF)의 권고에 따른 재정 투명성 확보노력의 이행뿐만 아니라 재정정보시스템의 효과적 운영과 합리적 예산과정을 위해 빅 데이터 활용이 필수적이다. 다만, 데이터의 투명성과 함께 재정정보시스템이 보유한 DB 또는 재정정보를 어떤 수에서 누구에게 공개할 것인지에 대한 명확한 법적 근거가 마련되어야 한다. 그리고 재정정보시스템의 기반에서 연동될 예산편성, 집행, 결산, 사업관리과정에서 생성된 방대한 데이터 중 다수가 확정되지 않은 내용을 포함하고 있으므로 재정정보의 공개방침에 예산과정의 시간 태그(tag)에 따른 차별적 데이터 연산처리의 알고

•• 그림 9-2 예산지킴이 모델 개발을 위한 데이터

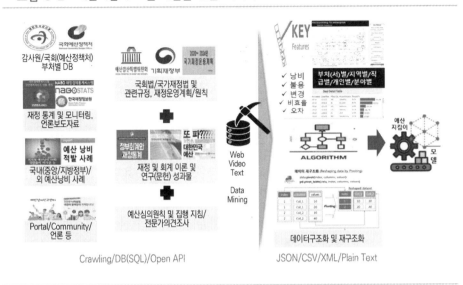

근자에 이르러 SNS 게시 글, 메시지, 전자문서 등 비정형 데이터에 대한 활용 가치가 새롭게 조명되고 있다. 데이터의 기술적 형태의 차이 외에 수집 대상이 되는 데이터의 내용적 특성에 대한 분류를 정의해야 한다. 필요한 데이터를 그 자체로 모으지 않고 내용과 특성에 따라 구분하는 까닭은 데이터 수집체계와 구성을 보다 효율화하면서 데이터의 품질향상과 분석의 정확도를 높이기 위함이다.

리즘이 고려되어야 한다.

예산흐름과 단계가 역동적이고 예산관련 정부재정의 범위와 요소가 광범하기에 데이터 확보와 처리가 쉽지 않다. 그럼에도 불구하고 효율적 예산집행을 위해서 구별되어야 할 특성을 예산낭비 및 비효율 데이터(공통요소)로 구분하여 〈표 9-2〉와 같이 나타낼 수 있다.

근자에 이르러 SNS 게시 글, 메시지, 전자문서 등 비정형 데이터에 대한 활용 가치가 새롭게 조명되고 있다. 데이터의 기술적 형태의 차이 외에 수집 대상이 되는 데이터의 내용적 특성에 대한 분류를 정의해야 한다. 필요한 데이터를 그 자체로 모으지 않고 내용과 특성에 따라 구분하는 까닭은 데이터 수집체계와 구성을 보다 효율화하면서 데이터의 품질향상과 분석의 정확도를 높이기 위함이다.

예산지킴이 모델 개발을 위한 데이터는 〈그림 9-2〉에서 보듯 주로 정책문서, 관련법률, 정책자료, 연구문헌 등 Text자료가 활용되며 온라인 커뮤니티와 포털자료들도 비정형화된 데이터로서 Crawling 형태로 획득할 수 있다. 또한 재산공개대상 공직자의 금융자료 등 정형데이터를 API형태로 수집할 수 있다.

## 다. 알고리즘

예산낭비와 비효율문제의 해결에 관한 알고리즘의 적용을 위해 다음사항이 필요하다. 첫째, 문제에 대한 명확한 진단과 정의가 필요하다. 둘째, 단순하고 구체적인 영역부터 시작하되 데이터와 기준이 되는 결과(baseline results)를 인지한다. 이후 복잡한 것들을 시도해야 한다. 이러한 방향에서 알고리즘은 주로 데이터 과학 시나리오의 두 가지 서로 다른 측면에 따라 선택되어야 한다. 특히 정확도, 학습시간, 선형, 매개 변수 수 및 솔루션에서 지 원하는 기능 수는 무엇인가? 등이 고려되어 알고리즘이 취사선택되어야 한다.

개별부처마다 서로 다른 업무영역과 운영기관을 가지고 있다. 하지만 제한된 관리 리소스만으로 통제업무를 운영하면서 재정적 사각지대가 존재할 수 있다. 단순히 비효율이나 낭비, 사기나 오류가 발생문제가 아니라 언제, 왜, 어떤 규모로 발생했느냐의 문제이다. 또한 알고리즘을 선택할 때 사용 편의성, 학습시간과 함께 정확성이 고려되어야 한다. 특히, 정확성을 최우선적으로 고려해야 한다. 많은 경우, 초기에 실행하기 쉽고 빨리 결과를 얻을 수 있는 알고리즘을 선택하기 십상이다. 하지만 소기의 결과를 얻었고 데이터에 익숙해졌다면 많은 시간을 정교한 알고리즘의 활용에 할당해야 한다. 그래야 데이터에 대한 올바른 이해와 함께 결과의 개선이 용이하다. 최상의 알고리즘은 가장 높은 정확성의 달성에 그치지 않는다. 최고의 성능의 발휘를 위해 세심한 튜닝(tuning)과 함께 광범위한 학습이 지속되어야 한다.

예산지킴이 모델의 구축을 위한 알고리즘으로 규칙기반 전문가 시스템은 1960년 Newland Simon에 의해 개발된 인공지능의 한 분야이다. 문제해결을 위해 컴퓨터에 전문 지식을 입력한 지식 기반 전문가 시스템에서 유래되었다. 전문가 시스템은 지식 기반 프로그램이며 특정 문제를 해결하는 전문가 수준의 솔루션을 제공한다. 특히, 정부예산은 가장 중요한 관리 과제 중 하나이다. 예산(재무)관리시스템의 복잡성으로 인해 재무관리에 대한 전반적 평가가 어렵다. 이러한 복잡성을 처리할 수 있는 정부재정관리 평가방법으로서 퍼지규칙 기반 시스템

(FRBS)은 많은 다른 유형의 데이터를 사용하고, 강력한 입력 측정을 생성하며, 전문가의 복잡한 상황 판단을 포착할 수 있는 방법론이다(Ammar et al., 2002).13)

또한 Risk Based Sample(위험 기반 샘플링)을 통해 저 위험 거래에 대한 검사를 체계적으로 줄이고 위험증거에 따라 고위험 거래에 대한 검사를 비례적으로 증가시킬 수 있다. RBT(Risk Based Testing)는 위험확률을 기반으로 하는 소프트웨어 테스트 유형으로 소프트웨어 복잡성, 비즈니스 중요도, 사용빈도, 결함발생 가능영역 등을 기준으로 위험을 평가하는 작업이 포함된다. 위험 기반 테스트(RBTC)는 소프트웨어 애플리케이션의 특징 및 기능에 대한 테스트의 우선순위를 정하는데

효과적이지만 결함이 있을 수 있다. 반면에 RBS는 기본 통계 개념을 검사와 관련된 정책과 운영에 통합한 것이다. RBS는 검사를 위해 통계적 배경을 사용하여 위험을 보다 잘 식별하고 위험과 자원의 균형을 맞출

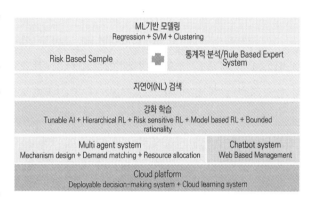

수 있다. RBS 전환에서 중요한 점은 거래의 투명성, 예측 가능성, 이해 관계자와 거래가 방어 가능하다. 그리고 검사를 필요 조치로 사용하기 위해 의미 있는 근거를 제공한다. 가령 오류예산 경고는 임계값을 기반으로 하며, 오류예산의 특정 비율이 사용되었을 때 알려준다. 예를 들어 7일 기간에 대한 오류예산의 75%가 사용되는 경우, 알림(alert)을 표시하고 50%가 소비되면 경고(Warn)한다(선택사항).14)

---

13) https://www.researchgate.net/publication/230293070_Evaluating_City_Financial_Management _Using_Fuzzy_Rule-Based_Systems.

14) https://docs.datadoghq.com/monitors/service_level_objectives/error_budget/.

## 2. 인공지능기반 예산지킴이 솔루션: 시스템구조와 모델

오늘날 법제화된 감사를 포함하여 재무관리 및 감사기법은 회계, 급여 및 비용 관리시스템에서 발생하는 대규모 데이터 폭증에 맞춰 확장할 수 없다. 이러한 문제에 대응하여 개방형 데이터는 재정투명성을 가능케 하지만 대량 데이터의 부정행위, 오류 및 누락을 식별하는 데 필요한 엄격하고 전문적인 분석이 어렵다. 하지만 AI는 기계 학습과 NLP(자연어 처리) 기술을 혼합하면 감사 및 재무담당공무원이 전문적으로 처리하는 데 필요한 방대한 양의 데이터를 적시에 처리하여 납세자에 대한 신뢰와 책임을 충족하는 데 기여할 수 있다.[15]

예산지킴이는 수동 작업의 감소와 고비용 인적 모니더링을 대체할 수 있다. 플랫폼에서 지출을 추출하여 실제 지출액을 목표예산과 비교한다. 그리고 매월, 사용자지정 날짜범위 내 또는 지출 대비 지출속도를 모니터링 한다. AI기반 예산지킴이 솔루션은 예산프로세스를 크게 개선할 수 있다. 사용자는 외부시스템 및 보고서의 데이터를 자동으로 통합하여 데이터 사일로를 제거할 수 있다. 시계열 예측 및 고객 지불 예측을 사용하여 정확도가 향상될 수 있다. 현금흐름 예측을 저장하고 실제 재무결과와 비교할 수 있는 기능을 통해 예측성과의 측정과 정확한 예측을 준비할 수 있다. 또한 반복적인 스프레드시트 기반 프로세스를 지능적이고 자동화된 솔루션으로 전환시켜줄 것이다.

나아가 정부의 재정적 책임에 대한 국민적 신뢰의 회복에 도움을 제공할 수 있다. 또한 담당자(부서/부처) 별 예산집행 실태의 실시간 파악 및 관련자(부서) 공유할 수 있다. 정부 부처가 국민에게 설명할 수 있는 AI 자동화를 활용하고, 적절한 감독으로 AI 사용에서 신뢰를 보장하면서 발전의 토대를 마련해야 한다. 예산이 어떻게 흘러가는지 실시간 파악되면서 집행의 효율성의 확보를 위한 규율이 필요하다. 아직 얼마나 절약해야 하는지 보여주는 멋진 알고리즘은 없지만, 예산에 대한 통제력을 얻는 데 유용하다.

---

15) https://www.mindbridge.ai/blog/ai-restores-public-trust-fiscal-accountability-of-governments/.

국민이 갈망하는 인공지능정부

| 구분 | 세부내용 | | 설명 |
|------|----------|---|------|
| 데이터 | 사용 데이터 | | - 분석대상 정책 Text 및 영상<br>- 정책대상 집단의 반응자료(SNS) |
| 개념 | 증강(Augmentation) | | - 상호작용을 통한 정책예측력 및 효율성 향상 |
| | 이상<br>탐지 | abnomaly | - 정상(적격)인데 비정상(비 적격)으로 예측(오 분류)<br>- 비정상(비 적격)인데 정상(적격)으로 예측(오 분류) |
| | | cnomaly | - 정상(적격)인데 정상(비 적격)으로 예측(정 분류)<br>- 비정상(비 적격)인데 비정상(비 적격)으로 예측(정 분류) |
| 프로<br>세스 | 자료<br>속성 파악 | 자연어처리[16] | - 기존의 정책추이 및 관련법령자료<br>※ 자연어처리는 부서별 예산집행 및 영향정도를 측정에 기여함. 특히, 소셜미디어 모니터링을 통하여 예산집행과 성과에 대한 의견수혐 가능 |
| | | 통계적 확률<br>(추정 및 검정) | - 정책통계 및 이미지<br>※ 통계적 확률기반 사업집행의 합리성 및 객관성 확보에 기여함. 특히, 대규모 국책사업에 대한 사전타당성의 합리성 및 객관성 확보 |
| | | 규칙기반분석 | - 해당 정책추이 및 통계 |
| | | Clustering | - 해당 정책통계<br>※ 예산분배, 대상선정 및 추천(이상탐지 및 추천) |
| | | SVM | - 해당 정책판단 |
| | 분석방법 | | 1. 심층강화학습: Q-러닝 기반 MARL: Multi-Agent Reinforcement Learning<br>2. 설명가능 AI: ① sensitivity analysis(SA)와 ② Layer-wise relevance propagation(LRP)<br>3. 회귀분석: 최소자승<br>4. Clustering: DBSCAN 알고리즘 |
| | 분석결과 | | Accuracy/Sensitivity/Specificity/AUC |
| 의미 | 활용성 | | 수치형 자료뿐만 아니라 이미지 자료와 함께 텍스트 자료를 분석함으로써 정책예측력과 효율성을 높일 수 있음. 강화학습 기법에 정형 데이터뿐만아니라 비정형 데이터 분석도 중요함. |

예산지킴이 솔루션의 구성요소로서 데이터, 예산집행의 적절성 판단을 위한 기본 개념(이상탐지)과 프로세스(알고리즘과 분석방법과 결과)와 의미를 정리한 분석개

념도는 〈표 9-3〉과 같이 나타낼 수 있다.

인공지능은 대규모의 데이터와 신속한 처리능력, 그리고 강력한 알고리즘이 결합되면서 향상된 성능으로 광범하게 보급되고 있다. 실제로 AI 기술이 거의 모든 산업에 도입, 활용되면서 인공지능기반 Agent가 지각, 인식, 이해, 소통, 의사 결정, 행동영역에서 탁월한 성능을 보여주고 있다. 물론 문제의 성격에 따라 데이터와 알고리즘이 달라질 수 있다. 가령 정책지원대상의 적격성 분류문제의 경우, 정책대상에 관한 정형적 데이터를 바탕으로 한 회귀분석, 군집분석 및 Support Vector Machine 알고리즘을 활용한 모델개발이 가능하다. 반면에 질병, 감염 병 등 예상치 못한 사건이나 사고의 발생이나 고질적 난제의 경우, 정형 및 비정형적 데이터를 바탕으로 한 설명가능 일고리즘과 심층적 강화학습 알고리즘이 활용된

•• 그림 9-3  AI기반 예산지킴이 모델의 시스템구조

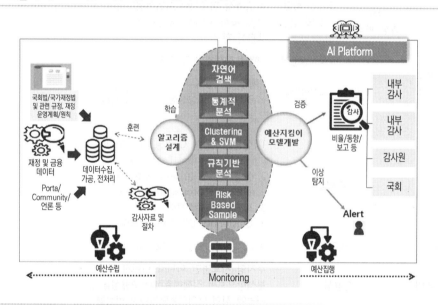

---

16) 자연언어처리(NLP)는 통계와 기계 학습 방법을 통해 문장 구조, 의미, 정서 및 의도를 이해 하고 텍스트를 분석하여 필요한 분야에 사용하거나 지원한다. 사기탐지 및 보안, 광범위한 자동화 그리고 비 구조화된 데이터 마이닝 응용 프로그램에 사용된다. Basis Technology, Coveo, Expert System, Indico, Knime, Lexalytics, Linguamatics, Mindbreeze, Sinequa, Stratifyd, Synapsify 등이 제공한다.

모델개발이 가능하다. 실제 정책현상에서 정책과정은 보다 복잡하고 역동적이기에 예측하지 못한 상황이나 변수들이 추가적으로 고려될 수 있다. 이처럼 문제해결지향의 인공지능기반 예산지킴이 모델의 시스템구조는 〈그림 9-3〉과 같다.

모델의 시스템은 데이터의 자동수집체계의 마련과 함께 정기적 업데이트로 최신 데이터가 유지·관리되어야 하며, 분석된 데이터들은 빅 데이터 허브 플랫폼에 탑재되고 지속적인 데이터 현행화 작업을 통해 수요자들에게 실시간으로 제공해야 한다. 가령 미국정부 예산은 이해하기 어렵기로 악명 높다. 그런데 Barack Obama 대통령 재임 중 백악관에 의해 작성된 트리 맵은 미국의 2016년도 예산을 정부프로그램 맥락에 맞도록 시각적으로 분류하였다. 기본적 트리 맵 차트임에도 긍정적 반응을 얻을 수 있었던 것은 전달방식에 있다. 비록 혁신적 Tree Map도 아니고 대화형 데이터 시각화도 아니다. 하지만 중요한 것은 납세자와 세금이 어디로 흘러가는지 의사소통하는 데에 대화형 데이터 시각화를 사용했다는 점이다. 복잡하고 모호한 주제를 간단 명확한 시각화를 통해 설명되었다는 점에서 의미를 지닌다.[17] 이 외에도 각종 시스템 데이터의 자동수집체계를 마련했고, 정기적인 업데이트로 최신 데이터 유지·관리하며, 분석한 데이터들은 빅 데이터 허브 플랫폼에 탑재하여 지속적인 데이터 현행화 작업을 통해 수요자들에게 실시간으로 예산현황을 제공했다는 점에서 의미가 있다.


## 3. 예산지킴이 모델의 가능성과 한계

인공지능기반 예산지킴이 모델은 예산집행의 적절성과 정확성을 위한 최적의 솔루션으로 예산집행의 효율성을 향상시키기 위한 자동화방법이다. 또한 설정된 목표에 가장 가까운 최적의 효과를 제공할 수 있다는 점에서 가능성을 기대할 수 있다. 〈그림 9-4〉에서 보듯 설명 가능한 강화학습알고리즘과 Support Vector

---

17) https://www.tableau.com/ko-kr/learn/articles/best-beautiful-data-visualization-examples.

•• 그림 9-4 AI기반 예산지킴이 모델(AI based Budget Keeper Model)

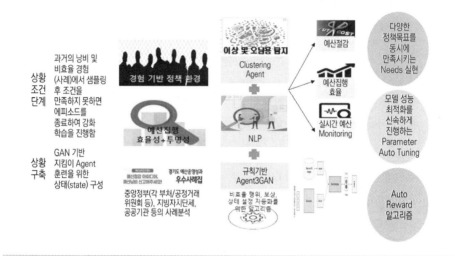

Machine의 적절성 집행, 보상, 상태설정의 자동화를 위한 생성적 적대신경망 (GAN)의 앙상블 알고리즘기반 모델로서 다양한 정책목표를 동시에 만족시키면서 모델성능 최적화를 진행하는 Parameter자동조정 및 Auto Reward 알고리즘을 지향한다. 다만, 부처(기관)별 업무성격과 예산집행의 적절성 및 적법성과 관련해서 해당기관 및 업무성격에 맞게 Customizing을 통한 적용이 바람직하다.

향후 인공지능기반 예산지킴이 모델은 보다 정교한 분석과 적용을 통해 예산 집행의 효율과 적절성을 가속화하는 과정에서 예산배분 프로세스를 개선할 뿐만 아니라 의사 결정자들에게 새로운 통찰력을 제공할 수 있다. 하지만 성공적인 예산배분과 집행은 인지적이며 지능적 배분과 연계뿐만 아니라 감정적, 사회적 지능적 결정에 달려 있다. 바람직한 모델의 구축과 운영을 위해 정확한 데이터 및 정보 활용의 지원을 위한 기술과 인력 간 조화와 상호작용이 요구된다. 이런 맥락에서 합리적이며 선량한 관리자로서 인간의 개입이 견지되어야 한다.

아울러 예산과정에 인간행동과 조직성공에 대한 복잡성과 역동성의 반영을 위해 다양한 관점과 이론이 요구된다. 즉 디지털 전환시대의 경제, 사회 및 심리

연구에 대한 통찰력과 함께 예산프로세스의 성공 요인, 예산목표 설정에 대한 참여의 적절성, 빠르게 변화하는 환경영향 등에 대한 고려가 요구된다.[18] 또한 인적 및 조직적 저항 등 제약요인들이 작용할 수 있다. 그러므로 인공지능 도입에 대한 신뢰와 투명성이 요구되며 구성원의 인공지능 활용역량도 한층 강화되어야 한다. 그리고 인공지능기반 예산지킴이 모델 적용에 대한 신뢰구축과 함께 모델의 통합을 위한 프로세스개선이 필요하다. 그러나 정책이나 제도가 하루아침에 바뀌지 않기에 사전에 충분한 변화관리 및 개선노력이 이루어져야 한다. 아울러 예산과정과 재정회계에 영향을 미치는 글로벌·국제기구규범과 기준 등에 대한 고려도 필요하다.

재정은 국민이 정부에 국가를 운영하라고 맡긴 세금이다. 먼저 정부가 아껴 쓸 의무가 있다. 현재로서 문제투성이 예산안을 국회가 정밀하고 정확하게 심사할 가능성은 희박하기 때문이다. 더 늦기 전에 방만한 정부 운영과 비효율적 요소를 제거하면서 디지털 전환의 시대적 변화요구에 대응해야 한다. 물론 인공지능기반 예산지킴이 솔루션은 만능이 아니다. 인공지능 솔루션의 도입과 함께 재정집행 비효율성 개선방안으로 첫째, 예산프로세스와 성과중심 예산제도에 대한 객관적 성과평가체계가 마련되어야 한다. 둘째, 예산편성 단계에서 정확한 수요조사에 의해 사용자원 활용프로세스와 단위당 원가정보와 활동기준에 의한 최적의 예산편성체계가 구축되어야 한다. 셋째, 예산집행 단계에서 기존 수립된 최적예산으로 집행될 수 있는 예산시스템이 구축되고 차기예산 편성과 이월도 최적예산 기준에 의해 이루어져야 할 것이다. 마지막으로 중앙정부와 공공기관 간 상호 연계된 활동기준 예산시스템과 함께 부처 및 공공기관별로 예산집행 활동과 프로세스의 기반에서 예산단계별 세부지침이 마련, 시행되어야 한다.

---

18) https://digitaleweltmagazin.de/en/fachbeitrag/opportunities-of-ai-in-budgeting-approaches/.

국민이 갈망하는 정부
**왜? 인공지능정부인가!**

> ❝ 어느 정도 깊이 괴로워하느냐가 인간의 위치를 결정한다.
>
> – Wilhelm Nietzsche(1844~1900) – ❞

# 누굴 위한 인공지능정부인가?

# Chapter 10

# 누굴 위한 인공지능정부인가?

## 목표와 문제의식

　인공지능과의 상호작용이 증가하고 있다. 이미 많은 사람들은 부지불식간 인공지능을 활용하며 소통하고 있다. 인공지능은 우리 삶의 점점 더 많은 측면에 파고들 것이다. 사람을 위한 인공지능이 되려면 국민들이 일상생활에서 인공지능을 자유롭게 이용할 수 있고 다양한 일들을 편리하고 신속하게 처리할 수 있는 환경을 갖추어야 한다. 바야흐로 인공지능이 행정에 도입되는 것은 막을 수 없다. 이미 민간부문에서는 인공지능의 활용이 특이한 현상이 아니듯 행정에서도 일상화가 멀지 않았다. 하지만 행정은 경영 및 산업계가 추구하는 가치와 달리 행정이 지향해야 할 가치들이 있기 때문에 인공지능의 적용에 있어 신중함을 기해야 한다. 동시에 다른 국가와의 경쟁에 뒤쳐지지 않고 민간부문과의 균형을 위해 속도관리가 요구된다. 인공지능 역시 인간이 개발한 과학기술의 산물로서 완전무결한 것이 아니다. 행정영역에의 적용은 시장 및 비즈니스에서의 적용과 다른 성격을 드러낸다. 즉 기업에서는 능률성과 이익창출이 우선이지만 행정에서는 보편성, 형평성, 민주성 등 사회적 및 공공적 가치를 추구하되 특히, 약자를 위한 인공지능정부여야 한다. 그래야 모든 국민을 위한 인공지능정부로서 존재의의를 인정받을 수 있다.

**보편적 인공지능정부**

## 1. 보편적 인공지능과 정부

Sundar Pichai 알파벳·구글 최고경영자(CEO)는 2021년 스위스 다보스에서 열린 세계경제포럼(WEF) 콘퍼런스에서 "인공지능은 인류가 작업하고 있는 가장 영향력이 큰 것들 중 하나로서 불이나 전기보다 더 영향력이 심대하다"고 말했다. 불과 전기는 문명발달과 함께 필수적인 요소로서 인류의 생활과 밀접하다. 사실 전기 없는 인공지능은 생각하기 어렵다. 인공시능은 천문학석 양의 데이터를 수집·연산·분석·학습하는 과정에서 완성된다. 인공지능의 성능 개량과정에서 값싸고 안정적인 다량의 전력 공급이 필수적이다. 그래서 경제적이고 정전 없는 전력공급을 보장하지 못하는 나라에서 인공지능 시대로 들어가는 것은 꿈도 꿀 수 없다. 마치 전기처럼 인공지능이 생활 및 비즈니스과정에서 적용 및 체화되면서 핵심요소로 자리 잡고 있다.

모두를 위한 인공지능은 공익을 위한 인공지능이다. 인공지능이 공익을 담당한다는 것은 형평성과 민주성을 내포하고 공공의 이익에 대한 효율과 효과의 극대화를 기본 전제로 한다. 이미 챗봇과 같이 행정부문에서 간단한 민원처리를 담당하는 인공지능이 존재한다. 챗봇과 더불어 더 행동적이고 적극적인 공공적 인공지능이 상용화될 것으로 예상된다. 예를 들어 신체적으로 장애를 가지고 있는 사람들을 위해 다리가 되어주는 로봇다리를 넘어서 눈과 귀뿐 아니라 신체적 일부가 될 수 있다. 또한 모두를 위한 인공지능은 불과 전기처럼 누구나 접근 가능한 인공지능을 의미한다.

보편적 서비스란 모든 국민이 언제 어디서나 제공받을 수 있는 기본적인 서비스를 말한다. 이를테면 전기통신서비스의 경우, 정부는 2000년부터 시내전화, 공중전화, 도서 및 선박 통신 등 음성서비스를 중심으로 보편적 서비스로 제공해 왔다. 이어 2020년에는 OECD 국가 중 8번째로 초고속 인터넷이 보편적 서비스로 지정됨에 따라 어디서나 인터넷을 이용할 수 있게 되었다. 이제 디지털 전환 시대의 진전과 함께 인공지능의 발달과 보급 확산으로 마치 불과 전기처럼 활용될 것으로 전망된다. 대한민국 국민이면 누구든지, 언제, 어디서든 동일하게 서비스를 받을 수 있어야 한다. 인공지능 정부서비스에 소외되거나 차별 받지 않도록 인공지능 사각지대가 사라져야 한다.

또한 보편적 인공지능정부는 인간성의 가치를 지향하되, 운용되는 상황이나 환경에 관계없이 어떤 문제도 해결할 수 있어야 한다. 특히, 내-외부적 편향, 편중, 편협성을 탈피해야 보편적인 인공지능(정부)이라 할 수 있다. 즉 인공지능이 운용되는 환경에 관계없이 어떤 문제도 해결할 수 있는 기계 습득 용어로 파라미터를 갖지 않고 편중되지 않아야 보편적 인공지능이라 할 수 있다.

인공지능이 공익을 위해 당연히 공적 사무를 담당하는 정부에 많은 지원과 역할이 기대되는 것이 당연하다. 인공지능에게 공적인 매뉴얼과 평등, 형평, 민주성에 대한 개념을 교육하고 편견은 좋지 않다는 것을 가르쳐야 한다. 이때 인공지능은 사회적 약자에 대한 편견을 내포해서는 안 되며 폭력적이고 외설적인 행동을 배제시켜야 한다. 이러한 인공지능을 만들기 위해 정부는 투자와 지원을 아끼지 말아야 한다. 공익 전반에 대한 내용을 습득하여 스스로 행동할 수 있도록 해야 한다. 가장 중요한 것은 모두를 위한 인공지능이 정치적 목적으로 악용돼서는 안 된다. 편향된 정치성향을 갖게 되면 그것은 공익이 아닌 정치수단으로 오·남용될 수 있기 때문이다. 이러한 문제를 막기 위해서 공익을 보호하고 창출해야 하는 정부(관료)는 명백하고 객관적 기준에서 작동하도록 하고 만일 인공지능이 무리하거나 잘못된 모습을 보였을 때 그 책임을 관료에게 명백히 물어야 한다.

우리 모두는 다양성을 갖고 있기 때문에 그 다양성을 충족해 줄 다양한 인공지능이 필요하다. 아이들의 눈높이, 학력이 다소 낮은 사람들의 눈높이, 노약자 임신부의 눈높이에서 그들이 원하는 적절한 요구를 반영해야 한다. 정부의 지원은 인공지능에게만 적용되는 것이 아니다. 사회적 약자뿐 아니라 조직, 사회 구성원이 모두를 위한 인공지능을 사용할 수 있도록 인공지능에 대한 눈높이 교육을 실시해야 한다. 특히 인공지능 권한의 가속화에 따른 새로운 변화에 어색한 노약자와 소외계층 등을 배려해야 한다. 예로 들면 사회봉사자들을 모집하여 노인들이 인공지능을 쓸 수 있도록 도와주는 경우와 사생활에서 직접 시범을 보여야 한다. 아이들의 경우 빠르고 거부감 없이 새로운 기계와 기술을 배우지만 잘못된 사용으로 변질될 수 있으므로 각별한 지도와 주의가 필요하다.

모두를 위한 인공지능이 공익을 실현하기 위해서는 한정된 범위가 아닌 최대한 다양한 범위를 살펴 법과 제도를 만들어 한다. 이때 정부는 최대한 일어날 가능성이 있는 대안을 실험하고 관찰하여 제도화하고 관료집단 스스로가 인공지능을 충분히 사용하면서 인공지능을 습득해야 한다. 공공적 인공지능은 공공장소나 정부에서 사용하는 챗봇 무인발급기에도 음성인식 기능이나 점자를 설치하여 누구나가 인공지능을 제약없이 사용할 수 있도록 해야 한다. 공익은 개개인의 이익이 만나 공통으로 달성되는 목표점이다. 특히, 장애인의 경우 자신들의 신체적 결함과 정신적 결함을 충족하기 위한 목적 즉, 개인의 이익으로 공익 인공지능을 사용할 것이다. 하지만 넓은 측면으로 보았을 때 비장애인과 장애인이 각자 횡단보도를 건널 때에도 서로 같은 신호등 색깔과 같은 위치에서 같은 방향으로 걸을 수 있게 된다. 모두를 위한 인공지능정부는 공정하고 따뜻한 정부의 역할을 수행해야 한다. 누구나 자신에게 기준을 세워주길 바라고 행동 지침을 마련해 주길 바랄 것이다. 하지만 정부는 공익을 위한 인공지능을 관리하고 교육하기 위해 공익 인공지능으로 개인의 이익을 과대하게 챙기기 위해 발생하는 불법적인 행위를 규제하고 기준도 엄격하게 적용해야 한다. 이제 모두가 인공지능을 쓰는 시대가 오는 만큼 모든 사람을 위한 인공지능 정부역할은 갈수록 중시될 것이다. 이에 과거의 소극적이고 폐쇄적 태도에서 벗어나 기업과 시장보다 더욱 적극적으로 인공지능에 대한 이해와 활용의 촉진을 위해 열린 마음과 자세를 갖추어야 한다.

## 2. 보편적 인공지능정부의 내용

인공지능 보편화를 위하여 국민들의 각 연령에 맞는 다양한 인공지능 정책들을 개발해야 한다. 인공지능 개발에 앞장서는 기업들을 지원하고 인재들을 양성하여 인공지능을 발전시켜야 한다. 또한 인공지능의 발전과 함께 인공지능이 보편화 되면서 혼란이 생기기 않도록 제도를 마련하고 규제를 정비하여 인공지능을 통한 범죄나 오·남용에 대해 피해예방과 최소화를 위해 제도와 규제를 정비해야 한다. 아울러 인공지능에 대한 올바른 윤리 교육을 사회 전반에 실시하여 인공지능이 안전하고 편리하게 보편화될 수 있도록 노력해야 한다.

### 가. 보편적 인공지능정부의 개념과 의미

AI시스템은 세계와 상호작용하도록 설계되어야 한다. 가령 음성인식능력과 상황평가 및 목표실현을 위해 합리적 및 지능적 행동이 필요하다. 일상생활에서 다양한 도구 등의 효과적 활용이 기하급수적으로 증가하고 있다. 공동체로서 사회는 가능한 한 많은 사람의 안녕과 행복이라는 가치를 추구한다. 따라서 공동체 생활에서 인공지능은 사각지대에 놓여있는 사회적 약자와 취약 계층의 접근성이 보장되도록 개발하고 활용되어야 한다. 다시 말해 인공지능 개발 및 활용 전 단계에서 사용자의 다양성과 대표성을 반영하면서 성별, 연령, 국가 등 개인 특성에 따른 편향과 차별을 최소화해야 한다. 그리고 상용화된 인공지능은 모든 사람에게 공정하게 적용되어야 한다. 이로써 인공지능이 주는 혜택은 특정 집단이 아닌 모든 사람에게 골고루 분배되어 사회적, 국가적, 나아가 글로벌 시대의 관점에서 인류의 보편적 복지를 향상시키는 방향으로 인공지능 정부가 운영되어야 한다.

## 나. 보편적 인공지능정부의 필요성

국민 모두가 인공지능시스템을 함께 누리는 생활이 되도록 인공지능정부의 서비스에서 소외지역, 계층, 대상이 없어야 한다. 이를 위해 취약계층이 인공지능에 손쉽게 접근 가능해야 한다. 현재 스마트폰이 대중화되고 대한민국에서 어딜 가든 손쉽게 와이파이를 연결할 수 있다. 그럼에도 취약계층은 그렇지 못하기도 한다. 코로나19 시대로 학교를 가지 못하는 청소년들 중 컴퓨터, 스마트폰, 와이파이가 없어서 수업을 듣기 어려운 계층이 여전히 존재하고 있다. 요즘 누가 밥을 굶고 다녀라고 말할 수 있지만 굶고 다니는 사람들이 실제로 존재한다. 그렇기에 미래에 인공지능이 스마트폰처럼 당연한 도구로 사용되더라도 이를 갖고 있지 않는 계층이 분명히 존재할 것이다. 그렇기에 정부에서 와이파이와 스마트폰과 함께 인공지능 등이 보편적 보급을 위해 노력해야 한다. 아울러 이들에게 인공지능을 사용하는 정보, 데이터 등의 이용하는 방법 등을 교육하는 후속조치가 마련되어야 한다. 그리고 기술 취약 계층을 위한 사생활 침해 예방 교육도 실시해야 한다. 사생활 침해와 개인정보를 인지 없이 동의하여 제공하는 경우, 개인정보의 안전이 위협 받을 수 있다. 이에 개개인의 정보를 안전하게 지킬 수 있고 동의하고 싶은 의사가 있을 때 동의할 수 있도록 개인정보 보호 교육을 하면서 인공지능산업 및 서비스기반 새로운 산업이 독식 되지 않도록 견제해야 한다. 대기업이나 상위계층에서 인공지능이 먼저 이용되고 개발되어질 것이 분명하다. 하지만 이로 인해 계급 격차와 갈등, 그리고 나아가 빈익빈 부익부가 더욱 심화되는 결과를 낳을 수도 있다. 나아가 인공지능의 적용 확산과 함께 불평등이 심화되는 상황에 대응하여 보편적 서비스 개념과 함께 인공지능 복지맥락에서 삶의 질을 향상시키면서 인간성의 가치가 발현되는 방향으로 노력해야 한다.

국민이 갈망하는 인공지능정부

## 다. 보편적 인공지능정부의 가능성과 시사점

인공지능은 딥 러닝과 데이터 폭증을 촉매로 삼아서 발견의 시대에서 실행의 시대로 진화하고 있다. 기업과 각국 정부들은 현재의 인공지능 능력을 실행에 옮기고, 획기적 기술을 통해 생산성 증대 여지를 최대화 할 수 있는 방법을 모색하고 있다. 인공지능기술이 더욱 강력해진 이유는 거의 모든 영역에 적용할 수 있기 때문이다. 지금까지 경험한 가장 유사한 사례로 전기를 들 수 있다. 현재의 인공지능기술 이행기는 인간이 생활 전 부문(방에 불 켜기, 요리, 기차 동력원 등)에 전기를 도입하기 시작했던 때와 비교할 만하다. 이를테면 인공지능은 암 진단에서부터 물류창고 내에서 운영되는 자동화 로봇에 이르기까지 다양한 분야에 응용되고 있다. 이제 민간영역을 넘어 공공부문으로 확산될 것이다. 이에 따라 국민 모두가 사용하기 쉽고(easy to deal with) 국민이 제공하는 정보에 바탕을 둔 (informed by you) 디지털 전환시대에 적합한 공공서비스를 적시에 발굴, 제공해야 한다.

## 3. 보편적 인공지능정부의 실천과제

보편적 인공지능정부 구현을 위한 조치로서 전 국민을 대상으로 한 AI Literacy(이용 능력) 함양이 요구된다. 먼저 보편적인 인공지능의 활용을 위해 정부는 미디어 소외계층에 대한 교육프로그램을 마련해야 한다. 흔한 예로서 음식점에서 Kiosk를 통해 주문이 이루어지고 있다. 하지만 고령층은 아직까지 낯설다. 한국은 고령사회에 진입한지 꽤 오랜 시간이 지났다. 노인비율이 높은 상황에서 노인계층을 디지털 소외계층이라고 부르기도 한다. 실제로 패스트푸드점에서 Kiosk를 활용하지 못한 노인부부가 주문하지 못하고 다시 나오기도 했다. 이처럼 소외계층에 대한 배려가 필요하다. 정부는 소외계층 대상으로 교육프로그램을 제공해야 한다. 반대로 인공지능사용에 대한 윤리·도덕적 이유와 문제에 대응하여 인공지능사용 대한 윤리교육도 필요하다. 일상생활에서 사용하는 제품에 인공지능을 접목시킴으로서 개인의 정보가 뜻하지 않게 유출되기도 한다. 유출된 정보를 악용하거나 오·남용을 막기 위한 대응방안도 마련되어야 한다.

정부는 인공지능의 보편화를 위해 보건복지를 비롯하여 다양한 정책영역에 활용해야 한다. 현재 인공지능을 사용한 사례로 치매노인의 위치를 파악하기 위해 신발에 스마트위치추적을 넣은 〈꼬까신〉, 수도계량기에 측정 스마트기술을 위해 특정시간대 사용량을 체크하여 독거노인이나, 취약계층에 대해 관리하는 〈스마트 계량이〉가 있다. 이처럼 인공지능기반 제품을 사용할수록 인공지능기술 발전에 대해 초점을 맞추게 되면서 인공지능산업이 빠르게 성장할 수 있다.

시민들에게도 인공지능관련 정책에 대해 스스로 참여하여 그 편익을 직극 활용할 수 있는 기회를 제공해야 한다. 시민들은 인공지능과 관련하여 어떤 정책을 펼치고 있고 어떠한 법과 제도가 있는지, 현황은 어떠한지 잘 알지 못한다. 따라서 시민들에게 인공지능에 관한 지식이나 정보를 접할 권리, 사회 제 분야(금융, 사법, 행정, 치안, 보건 의료, 고용 노동, 교육, 언론 등)에서 인공지능의 도입과 확산에 대한 의사결정에 참여할 권리, 개인정보 등의 영역에서 충분한 정보에 근거한 동의 등을 보장해야 한다. 이렇듯 시민들이 인공지능을 활용 및 구축과정에 직접 참여함으로써 정부와 시민 간 힘의 균형을 유지해야 공정한 사회도 만들 수 있다. 나아가 시민이 역량을 발휘할 수 있는 사회적·정치적·경제적 기회를 만들어주는 것도 포함될 수 있다. 이러한 포괄적 역량이 갖추어질 때 비로소 시민은 인공지능기술에 관해 자신의 시민적 권리를 온전하게 행사할 수 있다. 인공지능 시민권 및 시민의 의무와 관련한 과제는 국가가 수행해야 할 중요한 책무이기도 하다(김건우, 2019).

또한 인공지능의 발전을 도모할 수 있는 다양한 지원 및 홍보가 필요하다. 인공지능의 안전한 사용을 위한 윤리적 규제와 함께 적정선 내에서 최대한의 발전을 위한 다양한 뒷받침도 중요하다. 즉, 적절한 규제와 발전을 위한 노력이 조화를 이루어야 한다. 인공지능의 발전을 위해 인공지능 연구에 대한 국가적 차원의 지원과 관심을 늘리고, 국민들에게도 적극 홍보해야 한다.

인공지능 인재양성을 위한 체계적인 교육이 요구된다. 인공지능의 편익과 혜택이 국민들의 생활 속에 자연스럽게 스며들기 위해서 단순히 인공지능의 수준만 높아지는 것이 전부가 아니다. 제아무리 인공지능이 똑똑하에 개발된다고 하더라도 많이 사용되지 않으면 무용지물이 될 수 있다. 인공지능이 모두를 위해 바람직한 역할을 수행하도록 인공지능이 무엇인지, 어떤 점에서 우리를 도와줄 수 있는지, 어떤 부분에서는 해를 가할 수 있기 때문에 조심해야 하는지 등에 대해 정확한 내용의 교육을 실시할 필요가 있다. 특히, 어린 세대들은 초등학교, 중학교, 고등학교처럼 학교에서 기본 과목으로 개편하여 인공지능에 대해서 접하고, 배우며, 익숙하도록 해야 한다. 또한 초·중·고등학교 공교육에서 AI 인재양성 기초수업을 시작하여 컴퓨팅 사고력을 향상시키고, 기본적인 알고리즘 개념과 코딩 능력을 기초부터 탄탄하게 익힐 수 있도록 교육시스템이 필요하다. 현재 인공지능 산업에 대한 인력도 매우 부족하고 일반 국민들의 관심도 낮기 때문에 교육 체제를 마련한다면 어린 아이들은 직업을 생각할 때 인공지능관련 직업을 생각할 수도 있고, 흥미를 느끼게 될 수 있다. 아울러 미래에는 인공지능 격차가 더욱 커질 것으로 예상되는 만큼 인공지능 기초교육이 시급하다.

모두를 위한 인공지능을 위해 정부 차원에서 시민들에게 인공지능에 대한 인식변화와 상식 수준의 교육을 실시해야 한다. 초·중·고등학교 및 대학교에 인공지능 수업을 개설하여(대학교는 교양강의 형태로 개설) 인공지능 전문인력의 수준은 아니더라도 사람들이 전반적으로 인공지능의 서비스 이용 및 사용법과 원리를 간단하게 이해하도록 하며 인공지능에 대한 부정적 측면을 해소하는 동시에 긍정적 측면을 부각시킬 필요가 있다. 초·중·고등학교에서는 주로 인공지능의 이용 및 사용법과 인공지능이 사회에 가져

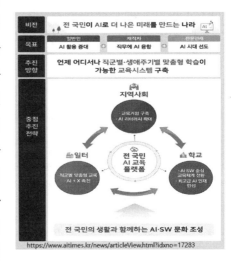

https://www.aitimes.kr/news/articleView.html?idxno=17283

다 줄 장점을 위주로 교육하고 대학에서는 인공지능의 원리 등에 대해 살펴보는 교육이 바람직하다. 이를 통해 인공지능 활용이 높아지면서 인공지능 시장이 활성화될 수 있다. 또한 시장이 확대되어 인공지능 기술에 대한 연구와 서비스 제공도 자연스럽게 확대됨으로써 인공지능 기술과 인력을 확보할 수 있다.

## 제2절 맞춤형 인공지능정부

### 1. 맞춤형 정부의 의미와 제안: <정부야, 찾아줘>

지금은 데이터가 넘치는 시대이다. 정보의 홍수 속에서 사용자 개개인에게 어울리는 정보를 추천하는 큐레이션 서비스가 부상하고 있다. 큐레이션은 디지털 자산을 선택, 보존, 유지, 수집 그리고 아카이빙(archiving) 하는 것을 말한다. 기존 큐레이션 서비스는 사용자 인터넷 사용기록 등을 저장한 쿠키를 이용해 사용자의 관심사를 어느 정도 파악하거나, 포털 사이트, 쇼핑 앱 등의 검색기록을 바탕으로 사용자 개인의 취향에 맞춘 정보를 제공해왔다. 이러한 큐레이션 서비스에 인공지능이 더해지면서 사용자에게 가까운 추천서비스로 발전하고 있다. 매일 새로운 볼거리와 매체가 쏟아져 나오는 콘텐츠 홍수 속에서 인공지능(AI)을 활용한 개인 맞춤형 서비스가 주목받고 있다. 개인 맞춤형 서비스란 이용자의 성향을 파악해 1대1로 소비자 원하는 콘텐츠를 추천해주는 서비스다.

국민이 갈망하는 인공지능정부

# 맞춤형 기술의 이치

"발을 잊는 것은 신발이 발에 꼭 맞기 때문이고 허리를 잊는 것은 허리띠가 허리에 꼭 맞기 때문이다. 마찬가지로 시시비비를 잊는 것은 내 마음이 외물(外物)과 꼭 맞기 때문이다. 내적 동요가 없고 질질 끌려 다니지 않는 것은 일이 때에 꼭 맞기 때문이다. 시작과 끝이 꼭 맞으면 맞음 그 자체도 잊어버린다. (忘足(망족) 履之適也(구지적야) 忘要(망요) 帶之適也(대지적야) 知忘是非(지망시비) 心之適也(심지적야) 不內變(불내변) 不外從(불외종) 事會之適也(사회지적야) 始乎適而未嘗不適者(시호적이미상부적자) 忘適之適也(망적지적야)."

- 장자 달생편

개인 맞춤형 서비스를 제공하는 초(超)개인화 기술이 시장에서 대표적 소비 트렌드로 부상하고 있다. 국내 스타트업들은 채용 서비스, 수학 풀이검색 서비스, 아기울음 분석 서비스 등에 인공지능을 접목해 초개인화 기술을 구현하고 있다. 이들은 개인 맞춤형 서비스 기능을 확대하고, 해외시장 진출 범위도 더욱 넓혀나 가고 있다.

인공지능 정부는 모든 국민을 위한 정부를 지향한다. 초 연결 지능사회가 도 래하면서 사람과 기기 등에 생성된 대량의 데이터가 모든 산업의 발전과 새로운 가치창출의 촉매로 작용하고 있다. 특히, 개인정보의 비중과 가치가 증가하고 있 다. 기업은 이를 활용해 맞춤형 서비스 제공, 신 서비스 및 상품 개발 등을 준비하 고 있다. 디지털 전환시대에는 다양한 고객의 가치와 지역화, 개인화(고객 맞춤형) 에 이르게 되었다. 정부도 모든 국민 개개인의 요구에 맞춘 서비스를 제공해야 한다. 국민 각자에 필요한 서비스를 알아서 척척 해주는 정부가 바람직한 인공지 능정부의 모습이다.

일상생활에서 제품을 구매하기 위해 인터넷 검색을 하면, 이후 SNS, 유튜브 등에 검색했던 제품 광고 알고리즘의 기반에서 〈정부야, 찾아줘〉라는 서비스를 생각할 수 있다. 정부가 나의 맞춤식 정책을 찾아준다는 뜻이다. 정부는 사회문제

해결을 위한 정책, 복지 서비스 등 여러 가지 정책을 내놓고 있다. 하지만, 홍보가 제대로 이루어지고 있지 않아 관심 있게 찾아보는 사람만 혜택을 받을 뿐, 몰라서 정책 혜택을 못 받는 경우가 많다. 나의 세금으로 이루어진 정책(공공서비스)인데 정작 나와 해당 정책이 필요한 사람이 혜택을 받지 못한다면 정책효과는 거둘 수 없다. 이를 보완하기 위해 〈정부야, 찾아줘〉는 인공지능 알고리즘을 이용하여 시민 개개인의 상황을 고려한 맞춤형 공공서비스를 추천, 제공할 수 있다.

맞춤식 정책의 추천방법을 두 가지로 구분할 수 있다. 첫째, 개인의 성별, 연령, 소득수준 등 전자정부에 저장된 개인정보를 분석하여 공공서비스와 정책의 대상일 때, 인공지능이 알아서 문자메시지 등의 알림을 보낸다. 둘째, 개인이 검색한 정보가 쌓여 알고리즘을 통한 정책 알림이다. 이는 전자징부가 주도하여 국민 사용 빈도수가 높은 어플이나 SNS에 광고를 띄울 수 있도록 전자정부 자체 시스템을 만들어야 한다. 가령 대학생의 국가장학금 신청 서비스를 확장하여 개인이 인터넷에서 검색했던 단어와 정보들을 조합 및 분석하여 인공지능정부 자체 시스템을 통해 개인에게 맞춤 정책 광고를 띄우는 것이다.

국민들이 정부 온라인 사이트에 들어가서 찾아보는 번거로움 없이 맞춤형 추천을 통해 눈에 보이지 않지만 국민 옆에 있는 인공지능정부를 실현하게 된다. 〈정부야, 찾아줘〉 서비스는 인공지능정부 자체 시스템을 만들어야 한다. 전문가와 협력하여 시스템을 만들고, 최대 활용을 위해 공무원을 대상으로 한 교육도 실시되어야 한다. AI시스템만 만들고 활용 방법을 모르면 무용지물이다. 공무원 교육과 시스템 사용에 대한 피드백, 국민의견을 수렴하면서 계속적인 개선이 필요하다. 또한 정부가 교체되면서 한 시절에만 서비스 되지 않도록 지속적으로 제공되어야 국민의 지지를 받을 수 있어야 한다. 그리고 인공지능 알고리즘으로 이루어지는 〈정부야, 찾아줘〉는 개개인 맞춤 서비스를 위해 개인정보를 이용하기 때문에 해킹, 사생활 침해 등 부작용이 야기될 수 있다. 시스템 운영과정을 투명하게 공유하여 국민 신뢰를 받고, 정기적인 시스템 점검을 통해 보안에 힘써야 한다. 만약 개인정보 활용에 대해 동의하지 않아 〈정부야, 찾아줘〉 시스템을 받지 않겠다는 국민이 있다면 〈정부 24〉를 통해서 손쉽게 '개인정보 활용 동의하지 않음'을 신청할 수 있도록 해야 한다. 또한 만 17세가 되면 주민등록증을 발급 받을 수 있는데, 이때 〈정부야, 찾아줘〉 시스템의 개인정보 활용 동의 여부를 결정할 수 있도록 한다. 이러한 경우, 미성년자 해당 정책은 어떻게 소식을 받느냐는 의문이 생길 수 있는데, 양육자에게 정보를 제공하여 놓치는 경우가 없도록 한다. 그리고 인공지능 시대 맞춤 서비스이기 때문에 정보 소외 계층이 생기기 마련이다. 그들에게는 〈정부야, 찾아줘〉 자체 시스템을 통해 분석된 맞춤 정책을 지자체에서 우편으로 보내주는 형식으로 적극적인 행정 서비스를 제공해야 한다. 〈정부야, 찾아줘〉는 인공지능 시대에 정부가 국민으로부터 신뢰성, 보안성을 인정받는 서비스가 될 것이며, 맞춤 서비스를 통해 국민들의 만족도를 높힐 수 있는 바람직한 인공지능정부로 자리 잡게 될 것이다.

## 2. 맞춤형 정부의 내용

정부가 본격적으로 인공지능을 행정에 도입하려는 시도가 미흡하다. 정부행정이 어떻게 인공지능기술을 활용하여 정부행정 효율을 제고할지에 대한 논의도 충분하지 않은 실정이다(안준모, 2021). 모두를 위한 인공지능 사회에서는 정부도 예외가 아닐 수 없다. 정부도 당연히 인공지능 서비스를 제공하고 시민들이 쉽고, 편리하게 이용할 수 있어야 비로소 인공지능기반 사회에 도달할 수 있다. 이를 위해서는 공무원의 인공지능 역량을 향상시켜야 한다. 공직에서 전산업무가 도입되기 이전에는 공직사회에서 모두가 종이를 가지고 업무를 처리했다. 이후 전산업무가 도입되면서 컴퓨터 사용에 대한 역량이 요구되었다. 현재 공직사회에서 컴퓨터 활용 작업을 하지 못하는 공무원은 당연히 행정역량이 뒤처지며 비효율적으로 행정업무를 수행할 수밖에 없다. 미래의 인공지능 정부도 마찬가지다. 공무원의 인공지능 역량이 떨어진다면 당연히 비효율적인 행정업무가 초래될 것이다. 당연히 모두를 위한 인공지능 사회는 뒤쳐질 수밖에 없다. 따라서 정부도 인공지능을 빠르게 받아들이는 동시에 인공지능을 업무에 창의적으로 활용하는 역량을 제고하기 위해 노력해야 한다.

## 가. 국민 맞춤형 정부

초 개인화 기술은 실시간으로 소비자의 상황과 맥락을 파악하고 이해해 소비자가 가장 원하는 경험을 서비스와 상품을 통해 적시에 제공하는 것이다. 이에 따라 국민이 한눈에 확인할 수 있는 〈국민 맞춤형〉 서비스의 혁신형 비즈니스 모델을 구축하는 것이 맞춤형 인공지능정부의 지름길이다. 이미 기업들은 초개인화 기술을 통해 실시간으로 소비자 상황과 맥락을 파악하고 이해해 소비자가 가장 원하는 경험을 서비스와 상품을 통해 적시에 제공하고 있다. 가령 스다트업들은 일상생활에서 겪은 경험이나 아이디어에 착안해 맞춤형 서비스를 개발했다. 서비스 개발과정에서 구글의 맞춤형 머신러닝 모델 텐서플로, 자연어 처리 API 등을 활용해 AI 기술을 적용하고 있다.

빅 데이터를 분석하여 관심이 있는 고객에게 맞춤형으로 서비스를 제공할 수 있다. 맞춤형 서비스를 위해 고객이 무엇을 좋아할지 정밀하게 찾아내야 한다. 요즘 말로 취향 저격이 필요하다. 고객의 선호를 알아내려면 행동에 관한 정보를 수집해야 한다. 어떤 검색어를 입력해서 어느 웹사이트에 접속했는지, 혹시 일자리를 찾고 있는 것은 아닌지 등 고객에게 필요한 것이 무엇인지 알 수 있다면 고객에 딱 맞는 서비스나 정책을 보여줄 수 있다.

또한 인공지능의 중요한 활용 분야로 맞춤형 광고가 손꼽힌다. 인공지능을 시시하게 광고 따위에 활용한다고 생각할 수 있다. 하지만 그렇게 볼 일은 아니다. 구글의 경우, 벌어들이는 돈 대부분은 광고 수입이다. 사람들이 광고를 클릭할 때마다 구글은 돈을 번다. 광고를 클릭할 확률 1%를 높이면 구글의 수익이 1% 증가하는 셈이다. 어마어마한 금액이다. 이용자에게 광고를 보여주는 데 최첨단 인공지능기술이 동원되고 있는 셈이다. 그런데 인공지능이 맞춤형 광고를 잘하려면 많은 이용자 데이터를 학습해야 한다.

국민이 갈망하는 인공지능정부

## 나. My Data

기존 정보 주체가 원하는 곳에서 본인의 개인정보를 한 데 모아 활용할 수 있는 '개인정보 이동권(My Data)'이 전 분야로 확산되고 있다. 영국, 미국, 프랑스 등에서 My Data형태의 정보 제공을 시행하고 있다. 모두를 위한 인공지능 사회는 먼저 인공지능이라는 도구가 모두에게 제공이 되고 인간의 행동과 말뿐만 아니라 인간 자체의 생물학적 반응들도 모두 데이터화가 될 수 있어야 한다. 그렇다면 데이터의 허락여부와 어떻게 만들어지고 작용하는지 공개되어야 한다. 그래서 인공지능 개발 기업이나 공공기관에서 인공지능의 데이터를 어떻게 축적하고 안전하게 어떤 테스트를 거쳐 개발했는지 공개하도록 법률로 명시해야 하고 잘 시행되도록 감시해야 한다. 또한 가장 우려되는 부분인 사생활 침해의 경우 정부가 가이드라인을 세워서 인공지능을 만드는 회사에서 지키도록 해야 한다. 유통과 사용의 과정에서 안전성이 지켜지고 가이드라인이 바르게 준수되는지 파악해야 한다. 인간을 인간이 아닌 데이터로만 보고 인간의 존엄성이 무시되는 경우는 피해야 한다.

데이터와 추론 알고리즘의 조합으로 탄생한 개인화 기술은 사업자나 소비자에게 대체로 이득이다. 사업자는 구매 가능성이 높은 사람에게 집중적인 판촉 행사나 광고를 집행함으로써 영업 효율을 극대화할 수 있고, 소비자는 자신에게 필요한 상품과 서비스 위주로 제안을 받으면서 보다 스마트한 소비가 가능해진다. 나와 전혀 상관없는 스팸 광고를 조금이나마 피할 수 있다는 것도 장점이다. 개인화 서비스를 경험한 사람이 일 방향 푸시서비스로 돌아가기 힘든 이유이기도 하다. 소비자의 눈높이는 갈수록 높아지고, 개인화 서비스를 제공하는 기업들 간의 경쟁도 갈수록 치열해지고 있다. 살아남기 위해서 경쟁자보다 친절하고 높은 수준의 맞춤 서비스로 진화하고 있다. 지금까지 비동기적 개인화를 넘어, 24시간 실시간으로 개개인을 마크하는 초개인화 서비스를 지향할 것이다. 이른바 수동에서 능동으로, 실시간으로 진화하는 개인화과정에서 실시간성에서 나아가 계절과 날씨, 사용자의 최근 기기 사용기록 등을 바탕으로 심리상태를 유추해 그에 걸맞은

음악을 추천하는 등 나와 비슷한 사
람들을 위한 추천이 아니라 오직 나
를 분석한 맞춤형 추천이 이뤄지는
것이 개인화를 넘어선 초개인화 시대
의 방향성이다.[1] 이에 부응하여 정부
는 지난 2019년 10월 29일 국무회의
에서 「디지털 정부혁신 추진계획」을
발표했다. 〈디지털로 여는 좋은 세
상〉이란 비전아래 추진되는 디지털
정부혁신 계획은 인공지능·클라우드

-자료:정부(디지털 정부혁신추진계획, 2019)

중심의 디지털 전환시대 도래에 부응한 정부의 맞춤정책으로서 의미를 지닌다.


### 다. 서비스 사례와 시사점

아마존의 Alexa나 구글의 Nest Labs, 애플의 Siri 같은 calm tech기술은 사용
자 삶의 패턴과 기호를 파악한다. 그래서 구체적인 지시 없이도 문제를 해결해
준다. 이를테면 냉장고가 비면 무엇을 주문할 것인지 신경 쓰지 않아도 알아서
늘 먹는 식료품을 주문해주고, 에어컨 리모컨을 일일이 조작하지 않아도 최적의
실내온도를 알아서 유지해준다. 기상시간에 좋아하는 음악을 자동으로 켜주고,
그날의 날씨정보와 교통 상황을 브리핑해준다. 출근할 때는 편안한 마음으로 운
전석에 앉아 있기만 하면 된다. 시동, 주행, 제동, 주차 등 모든 동작을 자율주행
자동차가 알아서 해준다.

장차 인공지능은 인간이 활동하는 모든 공간에서 맞춤형 정보를 제공할 것이
다. 데이터를 모으고 스스로 학습하고 진화하는 인공지능을 통해 라이프 스타일
의 혁신이 기대된다. 집에서 쓰는 제품들을 하나로 연결하고, 나아가 자동차와 모

---

1) https://www.epnc.co.kr/news/articleView.html?idxno=93544.

든 공간에서 개인 맞춤 경험을 제공할 것이다. 상품 개발 역시 기존에 하드웨어에 집중했다면 이제는 소프트웨어나 솔루션으로 초점이 맞춰지고 있다. 인공지능이 탑재된 상품들이 소비자들의 삶을 크게 바꿔놓고 있다. 상품혁신에서 지속적인 데이터 수집과 스스로 학습하고 진화하는 AI가 중요한 역할을 한다. 예를 들면 로봇청소기는 어떤 공간에서 한 번 부딪히면 그러면 안 된다고 학습하고, TV도 주변 환경이나 패턴을 기억해서 해상도가 맞춰지는 식이다. 자동차의 경우 평소 운전 습관을 파악해 사고를 예방해주는 역할을 해줄 것이다.

현재 진행중인 AI의 기술과 상품서비스는 4단계를 거쳐서 일어난다. 즉 1단계 최적화, 2단계 개인화, 3단계 추론화, 4단계 탐구화 단계를 거쳐 만들어진다. 1단계에서 산업 노동력을 줄어주는 역할을 한다. 2단계에선 개인의 습성을 파악해 맞춤 서비스를 제공한다. 현재 AI는 2단계에 있다. 3단계 추론화 과정에선 새로운 문제점들을 모아 해결점을 제공한다. 마지막 4단계에선 가설을 만들고 새로운 관점을 찾아낸다.[2] 기계가 스스로 탐구를 하고 라이프 스타일을 제공해줄 것이다. 이러한 추세에 부응하여 정부도 국민 맞춤형 정책 및 공공서비스를 개발하고 제공해야 한다.

현재 정부에서 제공 중인 〈정부24〉의 혁신적 진화가 요구된다. 로그인만으로 정부의 각종 혜택을 쉽고 편리하게 확인할 수 있는 〈보조금24〉가 중앙부처 서비스(305종)을 대상으로 전국 개시(2021. 4. 28)하였으며, 인공지능기술의 발달에 맞추어 확대될 전망이다. 인공지능 스피커를 통하여 건강, 교육, 병역, 교통 등 생활 속 맞춤형 서비스를 제공하고 있다. 국민(시민) 개인별 맞춤형 서비스를 알아서 제공하는 것으로, 항상 만족한 결과를 준다는 의미다.

인공지능기반의 맞춤형 콘텐츠 추천서비스가 빠르게 확장되고 있다. 이용자 편의를 증진한다는 점에서 긍정적인 효과를 내고 있지만, 개인 정보 침해, 부당한 차별, 표현의 자유 침해 등의 부작용도 우려된다. 특히, 사회·정치적 측면에서 그렇다. 인공지능 기반의 개인화가 심화됨에 따라 사회적 결속이 약화되고 양극화

---

2) http://www.sisajournal-e.com/news/articleView.html?idxno=223504.

가 가속화되는 문제가 발생할 수 있다. 또한 알고리즘 기반의 개인화 시스템은 자유로운 아이디어 교환을 어렵게 함으로써 정치적 담론의 공정성과 품질 훼손이 우려된다. 첫째, 과도한 개인화 서비스로 다양한 정보에 노출될 기회가 제한됨으로써 사회적 응집력에 대한 부정적인 영향을 미칠 수 있다. 특히, 주요한 정책 이슈와 관련하여 유권자들을 성향에 따라 분류하고 집단별로 맞춤형 뉴스만을 제공할 경우 공론의 장은 파괴되고 토론에 대한 시민의 역량을 저해하여 사회적 결속을 저해할 수 있다. 둘째, Facebook과 Instagram 등 소셜네트워크 서비스를 통해 이용자의 커뮤니티나 개인정보를 바탕으로 개인 맞춤화된 가짜 뉴스와 잘못된 정보가 더욱 쉽게 전달될 수 있다. 대중을 상대로 한 허위정보 유포의 폐해가 확산된다면 소셜네트워크 서비스를 넘어 미디어 전반에 부정적 영향을 미칠 수 있다. 셋째, 사회의 양극화를 심화시킬 수 있다. 정보편식 현상이 사회 전반에 퍼진다면 사회적 분류(social sorting)를 만들어내고 이는 결국, 정치적·사회적 파편화 및 양극화로 이어질 수 있다.

인공지능기반의 개인화 시스템의 부작용이 당장 큰 위협으로 다가오지 않을 수도 있다. 하지만 정책 입안자와 미디어 전문가가 올바르게 처리해야 하는 사회·기술적 시스템으로서 그 적용은 사례별 면밀한 검토의 바탕에서 승인되어야 한다. 그러한 과정 없이 미디어 부문에 무분별하게 적용할 경우, 편견이나 편향을 강화하고 차별을 조장하며 민주주의를 뒷받침하는 투명성을 훼손하는 문제를 야기하면서 자칫 사회적·정치적 위기에 직면할 수 있다는 점에 유의해야 한다.


## 3. 부처(기관)별 Jarvis 24

"○○을 위한 추천, ○○님이 좋아할 만한…" 요즘 온라인서비스에서 쉽게 접할 수 있는 문구다. 오직 나를 위해 엄선된 제품과 콘텐츠라는 문구. 왠지 조금이라도 더 눈길을 끈다. 실제로 꽤 괜찮은 추천을 받을 수 있다. 이를 개인화 혹은 맞춤형 서비스라고 부른다. 처음엔 온라인 쇼핑상품이나 포털의 뉴스추천 등에 주로 적용됐지만, 그 범위가 늘어 어느새 생각보다 많은 일상 영역에서 개인화 서비스를 경험할 수 있다.

인공지능정부는 국민들의 각 연령에 맞는 여러 정책들을 만들어야 한다. 인공지능이 보편화 되려면 각 연령에 맞는 정책 및 사업에 반영되어야 국민들이 잘 활용할 수 있다. 하지만 정책이 특정 대상이나 계층이 치우쳐 있다면 모든 국민들이 활용하기 어렵다. 그렇기 때문에 각 연령에 맞는 정책들을 개발하되 필요한 여러 사람이 이용할 수 있어야 한다. 가령 현재 10대들이 인공지능을 가장 많이 접하고 잘 활용할 수 있다. 그렇기 때문에 10대들에겐 인공지능 교육에 대한 정책들을 많이 개발하여 스스로 인공지능을 활용하면서 더욱 좋은 방향으로 개발할 수 있도록 돕는 정책이 필요하다. 청년들에겐 일자리 문제가 중요한 관심사항이다. 인공지능정부가 되려면 인공지능을 활용하는 기업들과 연계하거나 인공지능 전문가 또는 에이전트를 공무원으로 임용한다면 인공지능 관련 인재들이 기업, 정부 등에서 일할 수 있다. 노인들에게 노인돌봄서비스를 인공지능을 이용하여 개발한다면 보다 많은 복지정책을 펼칠 수 있다. 노인돌봄서비스는 노동력이 많이 요구되는 서비스다. 노인들을 위한 인공지능을 개발하여 노인을 돌보는 노동력을 인공지능이 대체한다면 노인들은 더욱 편리한 서비스를 제공받을 수 있고 정부도 노인들을 위한 편리한 복지정책을 펼칠 수 있다.

맞춤형 인공지능정부에서는 마치 Iron Man에 등장한 Jarvis처럼 개개인의 비서 느낌으로 만들어진 AI 프로그램이 필요하다. 빅 데이터, 블록체인, 딥 러닝 기술에 삼성의 빅스비, 애플의 시리의 AI 기술까지 협업하여 스마트폰 앱을 만들어서 단순한 민원업무처리, 고지서 안내, 개개인의 정보를 확인하여 개인에게 맞는 혜택 안내부터 생활 보조시스템까지 만들어서 모든 가구에 연동시키면 집안일까지 수월하게 처리할 수 있다. 또한 범죄 위험도가 높다면 GPS와 같은 걸로 위치를 관공서에 전달하고 자동 신고 접수가 되는 시스템이 필요하다. 게다가 휴대폰과 자동차기업들과 협업한다면 자율주행시스템까지 정부차원에서 관리가 가능해지기 때문에 윤리적으로 발생할 문제에 효과적으로 대응할 수 있다. 하지만 새로운 기술에 적응하기 힘든 노약자들을 위해 무상으로 배우기 쉽게 프로그램 내에서 자체적으로 교육을 하거나 공공장소에서 교육을 한다면 우려가 불식될 수 있다.

페이스북 창시자인 마크 저크버그는 Jarvis를 직접 코딩을 하여 만들었다. 영상을 통해 공개된 Jarvis는 개인 비서처럼 인사를 나누거나 하루 일과를 확인해주는 것은 물론 집안의 조명을 끄고 켜거나 토스트기를 작동시키는 등 간단한 집안일도 수행했다. 또한 초인종이 울리면 카메라를 통해 방문자의 얼굴을 인식해서 알려주기도 했다. 이처럼 빅 데이터, AI, 딥 러닝 등 다양한 기술을 사용하여 단순히 사적인 업무를 처리해주는 AI 비서가 아닌 공적인 업무와 사적인 업무 둘 다 처리하고 다양한 정보를 빅 데이터 기술을 활용하여 제공해주는 비서를 구상할 수 있다. 이를테면 〈JARVIS 24〉는 국민 맞춤형 비서로서 국민의 실생활 실태를 소사하고 계속해서 의견을 수렴하면서 부족한 부분을 개선해야 한다. 뿐만 아니라 국민을 위한 맞춤형 복지정책으로서 국민이 정부를 디지털 전환시대에 능력 있는 정부, 믿음직한 정부로 인식할 수 있다. 인공지능이 알게 모르게 생활 곳곳에 적용되어 고객 맞춤형 서비스를 제공하고 있다. 장차 보다 다양한 분야에서 인공지능이 적용된 초개인화(Hyper Personalization) 공공서비스의 제공을 위해 한층 세밀한 대응노력이 요구된다.


## 제3절  민주적 인공지능정부

### 1. 민주적 정부의 의미

인공지능, 빅 데이터를 비롯한 디지털 전환시대의 중추기술들은 기존 전자민주주의를 어떻게 바꿀 수 있을까? 공공부문에 인공지능 도입과 활용이 확대되면서, 민주주의의 디지털 혁신 가능성과 조건에 대한 긍정 및 부정적 논의가 활발하다. 하지만 시대가 변하더라도 국민을 주인으로 섬기는 민주적 정부여야 한다는 점에서 변함이 없다. 민주적 정부를 지향하면서 인간 중심적이며 윤리적 가치와 규범을 실천하는 반듯한 정부여야 한다. 특히, 자동 의사결정(ADM) 시스템이 인권 및 민주주의와 일관되도록 민주주의에 미치는 영향에 대한 논의와 실천이 필요하다. 물론 민주적 인공지능정부는 앞서 살펴본 맞춤형, 보편성의 가치와 밀접한 관련성을 지니면서 조화와 균형을 이루어야 한다.

AI 시대의 디지털 민주주의 구현 과정에서도 행정은 중립적이고 객관적인 관점에서 데이터의 수집과 활용, 전자 플랫폼 구축 및 AI 도입 등을 위한 계획 수립과 의사결정, 시스템 구축 등을 담당함으로써 민주주의 발전에 기여할 수 있다. 디지털 혁신은 정보기술의 도입과 활용만으로 이루어지지 않는다. AI 등 새로운 정보기술이 가져올 파괴적 혁신기회의 활용과 위협에의 대응을 위한 계획과 실행, 그리고 기존의 가치 창출 경로의 변경 및 새로운 가치 창출의 실현, 기존 조직의 재구조화 및 장애요인 극복 등 다양한 활동이 함께 이루어져야 한다. 이와 같은 활동이 일관되고 종합적으로 수행되기 위해 추진주체로서의 관료제 역할과 역량이 요구된다. 보다 크게 전문성과 책임성을 바탕으로 디지털 중우정치와 디지털 전체주의의 폐해를 막고 기술 대기업과의 관계를 공적 가치에 입각하여 재설정하면서 정부역량을 제고해야 한다. 물론, AI 시대의 민주주의에 대한 정부 내·외부로부터의 위협에 대응하여 관료제의 역량과 윤리의식, 그리고 AI 시대에 부합하는 관료제에 대한 정치적 통제에 대한 논의도 더욱 활발히 이루어져야 한다(엄석진, 2021).

## 2. 민주적 정부의 내용

### 가. 민주적 인공지능정부의 개념과 의미

인터넷 등 전자정보통신기술이 이용되고 있는 현실을 민주주의와 관련하여 칭하는 용어들이 많다. 원격 민주주의, 모뎀 민주주의, 사이버 민주주의, 디지털 민주주의, 온라인 민주주의, 전자 민주주의 등으로 나타났다. 더 나아가 지능정보기술에 기반한 데이터 기반 민주주의(Data–driven Democracy), 헤테라키 민주주의(Heterarchy Democracy), 알고리즘 민주주의(Algorism Democracy)까지 등장하고 있다. 여기서 원격 민주주의(Tele Democracy)란 원거리 통신을 가능하게 만들어 준 전자 통신매체를 이용한 민주주의를 의미한다. 모뎀 민주주의(Modem Democracy)는 개인의 컴퓨터를 지역이나 단체의 네트워크에 접속시켜 주는 모뎀을 이용한 민주주의다. 사이버 민주주의(Cyber Democracy)는 인터넷이 제공하는 가상공간을 통하여 정치과정에의 다양한 참여가 보장되는 민주주의이며, 디지털 민주주의(Digital Democracy)는 정보의 전달과 공유가 편리해진 디지털 방식이 도입된 민주주의이다. 온라인 민주주의(Online Democracy)는 컴퓨터 시스템들이 네트워크에 연결된 상태를 통해 자유롭게 정보를 전달하거나 교환하는 민주주의이며, 전자 민주주의(Electronic Democracy)는 민주적 결정수단으로 인터넷을 이용하는 민주주의로 설명되었다. 이처럼 명칭과 의미와 함께 중요한 것은 인공지능 등 와해(瓦解)적 기술을 도입하여 공공부문 시스템 혁신을 도모해야 한다. 인공지능이 정부 자체의 형질을 혁신함으로써 정부의 민주성, 효율성, 능률성, 생산성, 투명성, 책임성, 정확성 등을 국민과 기업에 체감시키는 정부여야 한다(홍일선, 2018). 하지만 민주적 정부의 본질적 의미는 앞의 그림에서 보듯 국민을 호구로 여기는 정부에서 국민을 주인으로 섬기는 정부로의 형질적이며 근본적 전환을 이루는 정부를 의미한다.

## 나. 민주적 인공지능정부의 필요성

AI 등 디지털중추기술의 활용을 통해 개별 고충민원 처리의 효율성 개선뿐만 아니라 민원 데이터 분석을 통한 주요 정책 문제의 탐색 및 장·단기 정책과제의 해결을 위한 공론화와 참여, 부처별 정책 현안의 발굴과 대응에 이르기까지 디지털 민주주의 기반의 새로운 행정모형의 가능성이 커가고 있다. 그 가능성은 인공지능의 잠재력과 긍정적 가치를 최대화하여 선량한 영향력을 발휘하는 정부로 구체화되어야 한다.

디지털 지능사회에서 실행되고 있는 민주주의는 기존의 민주주의에 단순히 ICT 기술이 접목된 것에 불과한 것이 아니다. ICT와 인터넷의 기술적 요소를 기반으로 하여 정보와 지식의 접근기회 증대를 통해 정책과정을 포함한 공적인 정치과정에 국민이 직접 참여함으로써 국민의 의견이 국가의 의사결정 및 정책결정에 반영되도록 하는 정치적, 행정적 활동으로 정의할 수 있다(김구, 2018). 뿐만 아니라 디지털 지능사회는 빅 데이터의 기술적 기반이 지능적 시민을 등장하게 함으로써, 기존 정치질서와 다른 시민의 지위를 확보할 수 있게 해준다는 면에서 민주주의의 수준을 향상시켰다고 평가될 수 있다(조소영, 2020).

2019년 5월 경제협력개발기구(Organization for Economic Cooperation and Development, 이하 OECD)는 최초로 정부 간 합의를 이룬 AI 권고안(OECD Recommendation of the Council on Artificial intelligence, 이하 AI원칙)을 수립하였다. 동 원칙은 신뢰 가능한 AI 구현을 위한 5가지 원칙과 5가지 정책 고려사항을 내용으로 한다. 신뢰할 수 있는 AI를 위한 관리책무(stewardship) 원칙을 이루는 5가지는 포용적 성장, 지속가능한 개발 및 웰빙 인간중심의 가치 및 공정성, 투명성 및 설명가능성, 견고성(Robustness), 보안성(Security), 안전성(Safety) 책임성(Accountability)이다(OECD, 2019). 동 원칙 중 AI 활용에 따른 민주주의 가치 및 인권 훼손을 방지하기 위한 책무내용은 '인간중심의 가치 및 공정성' 내용이다. AI 행위자(actors)가 AI시스템 수명주기 전반에 걸쳐 법규, 인권 및 민주주의 가치를 준수해야 한다고 명시하고, 수호해야 할 민주주의 가치로 자유, 존엄, 자율성, 프라이버시, 데이터 보호, 비차별 및 평등, 다양성, 공정성, 사회정의, 국제적으로 인정받는 노동권을 포함하고 있다. 아울러 민주주의 가치 수호를 위해 AI 행위자가 이에 부합하는 메커니즘과 보호 장치의 구현이 요구된다(조소영, 2020).

### 다. 민주적 인공지능정부의 가능성과 시사점

디지털 지능사회에서 인간의 삶과 의사결정은 데이터를 중심으로 점점 자동화되고 있으며, 이를 데이터기반 민주주의라고 한다. 그리고 디지털 지능사회에서 비로소 자발적 참여와 책임성을 지닌 시민들의 역량을 강조하는 국가－시민－시장의 공치형(共治型) 민주주의 모델인 헤테라키 민주주의가 실현된다고 한다. 또한 인공지능 로보틱스 블록체인 사물인터넷 등이 의사결정과정에 접목되어 정책결정의 능률성과 합리성을 쇄신함으로써 민주주의가 실현되는 알고크러시(알고리즘 민주주의)가 이루어지고 있다고 전망된다(이민영, 2020).

하지만 인공지능기술의 활용과정에서 데이터 분석 만능주의, AI 만능주의 등 기술결정론의 사고를 넘어 AI기반 민주 행정에 대한 종합적이고 균형 잡힌 시각이 필요하다. 또한 빅데이터 분석과 AI 기반의 민주주의의 장점과 단점을 종합적으로 조망할 필요가 있다.

정보기술의 발전은 빠른 정보전달과 파급력을 통해 시민들이 여론조사나 찬반투표 다수 선호인들을 모은 정책발의 등과 같은 즉각적이고 직접적으로 정책결정에 직접 참여할 수 있도록 만들어 줌으로써, 형식적인 참여 민주주의로서의 푸시버튼 민주주의(push－button democracy)가 실현되고 있다. 이러한 상황은 즉각적인 여론조사나 찬반투표 등을 통해 사안별로 표출된 국민의 여론에 기반한 정책결정 및 집행을 가능하게 함으로써 국민이 직접 국가기관을 통제하고 국정운영에 관여한다는 인식을 줄 수도 있다. 그러나 정보기술이 제공해주는 소통의 확대와 참여 활성화가 직접 민주제의 이상적 실현을 꿈꾸게 했음에도 불구하고 실제로 숙의 민주주의와 대의 민주주의를 위협하는 포퓰리즘으로 귀결될 수도 있다는 우려를 낳고 있다(윤평중, 2019).

국민이 갈망하는 인공지능정부

## 3. 인간중심의 민주주의 거버넌스 실천과제

디지털전환 중추기술이 만들어 준 빠른 변화의 궤도 안에서 증대된 편의성과 용이성을 체험하고 있다. 원론적이고 고전적이라 여겼던 민주주의에 대해 다시 생각하게 되는 지점에 있다. 디지털 전환시대를 살아가고 있는 사회적 정치적 공동체에게 민주주의라는 헌법원리가 재고(再考)되어야 하는 이유는 인터넷의 탈 공간성, 탈 시간성, 탈 인격성, 탈 형식성이라는 속성에 기한 새로운 형태의 의사교류 장(場)의 형성 및 디지털 기술을 바탕으로 하는 정치참여 변환과 밀접한 관련성을 갖는다.

인공지능이 특정 누군가의 전유물이 되지 않도록 인공지능을 보편화시켜야 한다. 또한 인공지능도 특정 기업, 기득권, 전문 기술자만 다룰 수 있도록 해서는 안 된다. 특정인만 인공지능을 활용하거나 그 활용으로 인한 인공지능의 판단이 모두에게 적용되어서는 곤란하다. 인공지능은 사회 구성원 모두가 활용할 수 있게 공개되어야 하고 저렴하게 이용할 수 있어야 하며 인공지능 개발과 이용에 제한이 있어서는 안 된다. 정부는 시민들이 인공지능을 차이나 차별없이 보편적으로 이용할 수 있도록 인공지능기반 서비스를 제공해야 한다. 결국, 바람직한 인공지능 사회로 나아가기 위해서 인공지능의 투명성, 책임성, 윤리의식 및 보편적 이용가능성이 필요하다. 모두를 위한 인공지능 사회는 인공지능 시장의 확대와 기술발전으로 이룰 수 있으나 모두를 위한다는 시점에서는 인공지능이 바람직하게 제공 및 이용되어야 한다. 바람직하다는 기준은 인공지능이 투명하게 공개될 수 있고, 인공지능에 피해를 입어도 알고리즘을 공개하고 해석할 수 있으며 피해를 구제받을 수 있는 사회이다. 그리고 특권층이 인공지능을 이용하여 소수의 이익이 존재하는 사회가 아닌 시민 전체가 인공지능을 이용하여 공익 및 공리가 극대화되는 사회이다.

디지털 지능사회는 정보이용자에게 편의성과 시간적 효율성의 극대화를 가능하게 해주는 반면, 그 실현과정에서 민주주의를 위협하는 상황도 만들어 내고 있다. 공적 정보의 효율적인 전달 뿐만 아니라 네트워크 활용을 통해 공적 문제에 관한 다양한 관점 및 주장 제기, 상호의견 교환이 가능한 공개적 토론 공간의 창출로 온라인 공론장은 숙의민주주의를 구현할 가능성이 높다. 반면에 부정적 역기능으로 인해 그 기대를 버려야 할지 고민되는 상황이다(김송은·남태우, 2018). 첫째, 인공지능에 대한 지나친 의존성으로 인한 인간자율성 및 자기결정권의 약화의 문제이다. 둘째, 인공지능을 활용한 정보조작 및 편향, 그리고 허위정보의 양산으로 인한 불평등하고 부당한 선택 및 결정의 문제이다. 셋째, 데이터의 집중 및 독점의 가속화와 인공지능의 데이터 처리능력 고도화에 따른 정보독재체제 또는 정보감시사회의 문제 등의 해소 및 예방을 위해 노력해야 한다(이중원, 2019). 디지털 지능사회가 가져온 소통의 확대와 참여의 활성화가 애초 기대와 달리 여론공간을 왜곡시키는 결과를 불러왔다. 토론과 표현방법은 늘어나고 다양해졌지만 갈등과 대결은 격화되고 논의의 심화와 지평 확대는 이뤄지지 못한 채 진영별 극단화로 치닫고 있다(구본권, 2020). 이처럼 디지털 중추기술에 대한 우려는 정치 분야에서도 다르지 않다. 디지털 중추기술 기반의 정치환경은 개별 유권자의 확증편향과 여론 양극화를 심화시키기 쉽기 때문이다(캐시 오닐/김정혜 역, 2017).

인공지능 윤리기준은 인공지능의 개발·제공·활용에서 준수해야 할 기본 원칙이다. 인공지능은 궁극적으로 인간의 편의를 도와주고 공익 증진에 기여할 수 있도록 모두의 가치를 포함하여 보편적 기준으로 기능해야 한다. 정부는 인간성이라는 최고 가치를 설정하고, 인공지능을 개발하거나 활용할 때 인간 존엄성, 사회 공공선, 기술의 합목적성 등의 기본 원칙을 고려해야 한다. 또한 투명성, 공공성, 안전성, 인권보장 등의 요건을 수립하여 인간 중심 서비스를 구축하여야 한다. 인공지능에 대한 신뢰 수준을 높이고 사회적 수용성을 높이기 위해 인공지능 윤리 자율점검 체크리스트를 개발하여 보급하고 개발자·제공자·이용자 모두에게 제공될 수 있는 인공지능을 개발하여야 한다. 또한 학생, 일반시민 등을 구분하여 생애단계별 인공지능윤리 교육프로그램을 마련하여야 한다. 분야별 세부기준을 마련하고 윤리기준을 지속적으로 보완하되 궁극적으로 인간을 위협하거나 인간과 동급의 인공지능이 아닌, 인간을 위한 인공지능이 개발되어야 한다.

디지털 중추기술에 대한 우려와 경계를 사회적 합의로 도출하여 입법함으로

국민이 갈망하는 인공지능정부

써, 사회적 정치적 궤도를 만들어야 한다. 인공지능은 기술의 문제가 아니다. 정치·경제·사회문화·윤리·철학 등의 모든 영역이 결합된 종합분야이다. 가능성이 높은 반면 검증은 충분하지 않은 영역이기도 하다. 따라서 인공지능에 대한 규제체계의 도입과 설계는 단계적으로 접근해야 하며, 투명하고 개방적으로 그리고 융합적이면서 무엇보다도 민주적으로 접근해야 한다(윤상오·이은미·성욱준, 2018).

인공지능사회에 새롭게 등장한 민주주의 개념으로서 알고크러시는 인공지능 로보틱스, 블록체인, 사물인터넷 등이 의사결정과정에 접목되어 정책결정의 능률성과 합리성을 쇄신함으로써 민주주의가 될 수 있다는 가능성을 다시 한 번 생각해 볼 필요가 있다. 정책결정의 능률성과 합리성을 쇄신하는 과정에서 수렴되는 국민들의 경험적 의사가 대의제의 원리를 포기하게 할 만큼의 정당성을 갖는 것인지, 더군다나 알고리즘에 의한 지배의 대상으로 전락하거나 스스로 정보선택의 주체가 되지 못하고 알고리즘이 제공하는 확증편향적인 정보에 기반한 정보의 외통수로 변질되고 있는 것은 아닌지 성찰해야 한다. 또한 편의성과 능률성이 합리적 사고체계를 통한 숙의의 과정을 단절시켜가고 있는 것은 아닌지 자성해야 한다. 조작되고 선택된 정보의 세계에 갇히지 않도록, 기록의 추적을 통해 스스로 우리가 미처 예상하지 못한 감시의 대상으로 전락하지 않도록, 우리가 바라는 민주주의의 주인으로서 우리자신의 몫(권리와 책임)을 감당해야 한다. 그리고 디지털 중추기술에 대한 규제구조화의 문제를 해결하는 동시에 시민의식을 스스로 제고함으로써 단순한 참여를 넘어선 숙의의 주체가 되기 위해 노력해야 한다. 알고리즘 운용의 전 단계에 걸친 투명성과 정보공개 확보의 범위와 기준을 구축하는 중심이 알고리즘 설계자나 국가가 아니라 선량하면서 성숙한 국민이어야 하는 중요한 이유이다(조소용, 2020).

덧붙여, 국민이 진정 원하는 정부는 어떤 정부일까? 디지털 플랫폼정부도 아니다. 전자정부도 아니었다. 물론 인공지능정부도 불충분하다. 디지털플랫폼이든 전자정보든 모두 수단이며 기술이다. 정부를 치장하는 장식에 불과하다. 지금까지 그랬다. 세계에서 1등이라던 전자정부로 인해 국민이 얼마나 행복했으며 삶의 질이 나아졌는가? 역대정부마다 자기만족 수단으로 자화자찬의 홍보꺼리에 지나지 않았다. 국민이 갈망하는 정부는 국민이 원하는 것, 이를테면 정확한 예측과 적실한 집행, 청렴과 공정, 능률성을 스스로 알아서 운영되는 정부다. 이처럼 단순하고 명료한 것을 디지털, 정보통신, 인공지능기술을 활용하여 실감나게 구현해야 유능한 정부다. 행여 시스템구축이 목적인 양, 아니 기술채택이 전부인양 착각하지 말고 기술로 국민을 어떻게 안전하며 즐겁고 행복하게 해줄 것인지 국민이 체감하는 성과로 공감되도록 제대로 명심하고 실행해야 한다.

- Good Bye 관료주의, Good Morning 창조성 -

행정은 사랑이다. 아직은 생뚱맞게 들린다. 더구나 행정학도가 웬 사랑 타령? 이라며 의아하게 생각할지 모른다. 그런데 정작 행정이야말로 가장 절실한 게 사랑이다. 간절한 사랑이야말로 창조성 메마른 행정을 적셔줄 우물이다. 또한 인공지능 전환시대에 정부존재의 근거이다. 가장 쉬운 것 같지만 가장 어려운 것, 그 중 하나가 사랑 아닐까. 정부에 창조성이 샘솟게 하려면 잃어버린 사랑을 회복하는 게 먼저다. 마치 정부가 엄마처럼 느껴져야 한다. 세상의 많은 사람들은 갑자기 들이닥치는 삶의 절박한 순간에서 '엄마!'를 뱉는다. 비명처럼. 이렇듯 정부 손길이 절절한 민초에게 비명처럼 외쳐질 순 없을까.

소싯적 필자에게 왜 태어났느냐 물으면, 주저함없이 민족중흥의 역사적 사명을 띠고 태어났다고 답했다. 머릿속에 암기된 국민교육헌장에 근거했다. 그 시대에 유년교육을 받았던 사람들의 무의식에 잠재했던 구절이다. 사실 인간은 누구나 태어날 때 호흡을 위해 "응애"하며 울음 터뜨린다. 세상을 향한 "응애(應愛)"는 어찌 보면 사랑해달라는 사회적 욕구의 표출이다. 이쯤 되면 사랑은 본능이다.

광활한 우주의 창백한 푸른 점, 지구로 부름 받은 사람이 살아가면서 홀로 아닌 서로 사랑해야 한다는 것, 신의 명령이다. 자기를 넘어 가정, 학교, 지역, 국가, 인류로 그 울타리가 확장될수록 사랑도 깊어지고 넓어진다. 사랑도 끊임없이 배우고 익혀야 한다. 공동체로서 국가에 대한 사랑은 더욱 그렇다. 그래서 국가마다 나라사랑을 교육한다. 그러나 교육으로 완성되지 않는다. 사랑은 일방적이거나 강제할 수 없다. 강요된 사랑의 끝은 비극이다. 자발적 동기부여의 바탕에서 애민과 애국에 열정, 헌신, 책임이 필요하다. 먼저 정부가 국민을 사랑해야 한다.

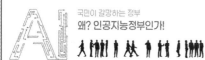
공직자의 마음, 성품과 목숨까지 다해야 한다. 마치 소방관 기도처럼.

　오늘날 대부분 국가에서 불신받는 정부. 불신정부의 공직자들이 인공지능에 의해 대체되지 않으려면 사랑을 실천해야 한다. 사랑은 애태우는 게 아니라 애타는 것이다. 국민에 대한 애타는 마음이 생기면, 주체할 수 없는 열정이 생성된다. 행정현장에서 절박하게 몸부림치듯 정책개발과 집행에 몰입하면 시쳇말로 숙여주는 정책(Killer Policy)이나 히트정책 나오지 말란 법 없다. 행정현장은 국민 삶의 체험 장이다. 공직자의 진심과 간절함이 정책에 스미어 묻어나면 공공적 창조성이 자연스레 발현될 것이다. 우선 관료주의와 미련 없이 작별하라. 관료주의는 공직자 영혼을 시들게 한다. 시든 영혼에서 사랑을 기대하기 어렵다. 차갑고 건조한 행정현장이 36.5도의 온기를 유지해야 민심이 깃들 수 있다.

　정부의 창조성 발현, 어렵지 않다. 사랑하면 된다. 말 아닌 행동으로 애민을 실천하면 국민 마음 활짝 열린다. 지갑도 열고, 목숨까지 던진다. 굳이 병역과 납세의무로 구조화된 나라사랑을 강요하지 않더라도 숙연하고 흔쾌히 감당하리라. 정부와 국민은 피할 수 없는 운명적 사랑의 관계다. 사랑이 창조적 정부를 향한 변곡점 에너지다. 국민 삶의 질 높이고 국가발전 이루는 일, 정부변화에 달렸다. 창조적 정부, 결코 불가능한 일(Mission impossible)일까. 아니다. 공직자가 간절하면 (Die hard) 할 수 있다. 아니 간절하면 가능하다. 공직자 그들도 사랑받기 위해 태어난 존재이며 국민이다. 이렇듯 사랑을 실천하는 정부, 이런 정부를 한껏 자랑하는 팔불출 국민이 되고 싶다. 충심으로.

참고문헌

## 제1장  정부레퀴엠: 정부는 죽었다.

Allison, Henry E.(1975), 《Benedict de Spinoza》, San Diego: Twayne Publishers.

Fredrick Appel(1999), Nietzsche contra Democracy, New York: Cornell University Press, p. 143.

Spinoza, Baruch(2005), Curley, Edmund, 편집, 《Ethics》, New York: Penguin Classics, 144-146.

김승섭(2017), 「아픔이 길이 되려면: 정의로운 건강을 찾아 질병의 사회적 책임을 묻다」, 동아시아.

김승희(2014), 「흰 나무 아래의 즉흥」, 나남.

김언수(2006), 「캐비닛」, 문학동네.

김원영(2018), 「실격당한 자들을 위한 변론」, 사계절.

남유랑(2018), "이봄 영화제: 〈죽은 시인의 사회〉," Le Monde Diplomatique.

롤프 젤린/유영미(2018), 「예민함이라는 무기」, 나무생각.

미제스, 루트비히 폰(1999), 「개입주의: 경제적 분석」, 해남.

박성진(2006), 강자와 약자에 대한 니체의 정치철학 연구, 인하대학교 대학원 석사학위 논문.

박희봉(2016), 「좋은 정부, 나쁜 정부」, 책세상.

브룬힐데 폼젤 지음·토레 D. 한젠 엮음 박종대 옮김(2018), 「어느 독일인의 삶」, 열린 책들.

양영은(2018), 삶을 예술가처럼 산다는 것, 아무에게나 허락되지 않는 그 희열과 대가.

에리히프롬/김석희(2012), 「자유로부터의 도피」, 휴머니스트.

에릭 클라이넨버그/홍경탁(2018), 「폭염사회」, 글항아리.

에버릿 딘 마틴/김성균(2012), 「군중행동」, 까만양.

이동용(2016), 「망각교실: 니체의 '반시대적 고찰'로 읽는 현대의 한계 논쟁」, 이파르.

이진우(2018), 「니체, 알프스에서 만난 차라투스트라」, 아르테.

프리드리히 니체/최성환(2004), 「유고(1880년 초 – 1881년 봄), 책세상.

프리드리히 빌헬름 니체·장희창(2004), 「차라투스트라는 이렇게 말했다」, 민음사.

한스 요나스/이진우(1995), 「책임의 원칙 – 기술시대의 생태학적 윤리」, 서광사.

헨리 해즐릿/강기춘(1999), 「경제학의 교훈(Economics in one lesson)」, 자유기업센터.

## 제2장  행정과 사랑, 창조

KBS명견만리제작팀(2016), 「명견만리」, 인플루엔셜.

Latane, B., Williams, K., & Harkins, S. (1979). Many hands make light the work: The causes and consequences of social loafing. Journal of personality and social psy – chology, 37(6), 822.

군터 뒤크/김희상(2016), 「왜 우리는 집단에서 바보가 되었는가」, 비즈페이퍼.

김용성(2016), 「배려의 경영학」, 한국경제신문, 2016년 1월 29일자.

김현경(2016), 「사람, 장소, 환대」, 문학과 지성사.

니코스 카잔차키스/이윤기(2009), 「그리스인 조르바」, 열린책들.

래리 오스본/장혜영(2013), 「당신의 열심이 위험한 이유」, 새물결플러스

리베카 솔닛/김정아(2017), 「걷기의 인문학: 가장 철학적이고 예술적이고 혁명적인 인간의 행위에 대하여」, 서울: 반비.

리베카 솔닛/김현우(2016), 「멀고도 가까운: 읽기, 쓰기, 고독, 연대에 관하여」, 서울: 반비.

마사 C. 누스바움/강동혁(2015), 「FROM DISGUST TO HUMANITY: 혐오에서 인류애로 성적 지향과 헌법」, 뿌리와이파리.

마이클 샌델/김명철(2014), 「정의란 무엇인가」, 와이즈베리.

밀란 쿤데라(1999), 「농담」, 민음사.

박병상(2017), 「어쩌면 가장 중요한 이야기: 환경재앙과 회복에 관한 한 생물학자의 잡문 일침」, 이상북스.

신병주(2018), 「조선산책」, 매일경제신문사.

에이드리언 슬라이워츠키 외/유정식(2012), 「디맨즈(Demamd)」, 다산북스.

이주희(2014), 「강자의 조건」, MID.

족첸 뾘롭 린뽀체/이종복(2018), 「감정구출」, 담앤북스
한국행정연구원(2017), 「2016년 사회통합 실태조사」.
황태연(2011), 「공자와 세계」, 청계.
황태연(2015), 「감정과 공감의 해석학」, 청계.

## 제3장  행정환경과 창조성

A. T. Kearney, 매일경제 Creative Korea팀, 창조 혁명 보고서, 매일경제신문사, 2005. 6.

Abramson, M. & Littman, I.(2002). What Do We Know about Innovation? In Abramson, M. & Littman, I.(eds.) Innovation. Oxford: Rowman & Littlefield Publishers Inc.

Amabile, T. M(1983). The Social Psychology of Creativity. New York: Springer − Verlag.

Amabile, T. M.(1983). The Social Psychology of Creativity. New York: Springer − Verlag.

Brewster Ghiselin, The Creative Process, A Symposium, The Regents of the University of California, 1952.

C. K. Prahalad & M. S. Krishnan(2009), 새로운 혁신의 시대, 박세연역, 비즈니스북스.

Calvin W. Taylor(1966), Climate for Creativity; Report on The Seventh National Research Conference on Creativity.

Clayton M. Christensen(2003), The Innovator's Dilemma, Harvard Business Press.

Csikszentmihalyi, M.(1996). Creativity: Flow and the psychology of discovery and invention. New York: Harper Collins.

Dror, Y(1989), Public Policymaking Reexamined. Trans−action Books.

Egan, T. M.(2005). "Factors influencing individual creativity in the workplace: An ex − amination of quantitative empirical research", Advances in Developing Human Resources, Vol. 7 No. 2, pp. 160~181.

Financial Times, April 1, "Sinking Underlines South Korean view of state as monster"

Ford, C. M. (1995), Creativity Is a Mystery. in Ford, C. M. & Gioia, D. A. eds., Creative Action in Organization, Thousand Oaks: SAGE Publications, Inc.

Fox, M. & Kim, K. (2004). Evaluating a Medicaid Home and Community−Based Physical Disability Waiver. Fam Community Health, 27(1): 37~51.

Gardner, H.(2000). 지식기반 사회와 창의성 교육의 과제: 이화여자대학교 사범대학 교원

교육 85주년 국제학술 심포지엄 기조강연.

Giles Hirst, Daan Van Knippenberg, Chin—Hui Chen, and Claudia A. Sacremento, (2011), How Does Bureaucracy Impact Individual Creativity? A Cross—level Investigation of Team Contextual Influences on Goal Orientation—Creativity Relationships, Academy of Management Journal, Vol. 54, No. 3, 624—641.

Guilford, J. P.(1950) Creativity, American Psychologist, Volume 5, Issue 9, 444—454.

Howard Gardner(2009), A Changing Culture of Creativity, Future, Inspiration & Wisdom.

Joseph S. Nye(2001), Globalization's Democratic Deficit: How to Make International Institutions More Accountable, March 2001 meeting of the Trilateral Commission in London.

Kaplan, A(1982), Moral Responsibilities and Political Realities. Policy Sciences 14: 205—223.

Kaufman, J. C. & Baer, J.(2006). Hawking's Haiku, Madonna's math: Why it is hard to be creative in every room of the house. In R. J. Sternberg, E. L. Grigorenko & J. L. Singer(Ed.), Creativity: From potential to realization(pp. 3~19), DC: American Psychological Association.

Keith Sawyer(2007), Group Genius: The Creative Power of Collaboration, BASIC BOOKS.

Kernbach, Sally & Schutte, Nicola S.(2005). The Impact of Service Provider Emotional Intelligence on Customer Satisfaction. The Journal of Services Marketing, 19(7): 438~444.

Kickert, W.(1997). Public Governance in the Netherlands: An Alternative to Anglo— American 'Managerialism'. Public Administration. 75: 731—752.

Kingdon, John W.(1984), Agenda, Alternatives and Public Policies. Little, B개주 and Company.

Malcolm Gladwell(2008),Outliers:The Story of Success, Little, Brown and Company.

Mayer, J. D., & Salovey, P.(1993). The intelligence of emotional intelligence. Intelligence, 17(4), 433—442.

Nonaka, I. & Takeuchi, H. (1995), The knowledge creating company, NY; Oxford University Press.

Richard Luecke(2003), Managing creativity and innovation, Boston, Mass.: Harvard

Business School Press

Robinson, A.G & Stern, S(1997), Corporate Creativity, Berret−Kpehler Publicher, San Francisco, paperback edition 1998.

Rogers, C.(1959). Towards a Theory of Creativity. In Anderson, H. H.(Ed.). Creativity and its Cultivation . NYC: Harper and Row. 69−82.

Samuelson, W. & R. J. Zeckhauser. (1988). Status quo bias in decision making. Journal of Risk and Uncertainty, 1, pp. 7−59.

Senge, Peter (1990). The Fifth Discipline: the Art and Practice of the Learning Organization. NY: Currency Doubleday

Shalley, C. E., Zhou, J. & Oldham, G. R.(2004). "The effects of personal and con− textual characteristics on creativity: Where should we go from here?", Journal of Management, Vol. 30, No. 6, pp. 933~958.

Sternberg, R. J. & Lubart, T.(1999). Toe concept of creativity: Prospects and paradigms. In R. J. Sternberg(Ed). Handbook of Creativity. Cambridge, England: Cambridge University  Press.

Theodore Levitt(2002), Creativity is not enough, Harvard Business Review, August.

Zhou, J. & Shalley, C. E.(2003). "Research on employee creativity: A critical review and directions for future research", Research in Personnel and Human Resources Management, Vol. 22, pp. 165~217.

강윤호(1999). 지방정부 관료의 동기와 예산 극대화 행태. 한국행정학보, 33(4), 189− 210.

기시 마사히코·김경원(2016), 「단편적인 것의 사회학: 사회학자, 사람의 이야기를 듣다/ 쓰다」, 이마.

김문조(1998). 정보사회: 본질과 유형. 정보화시대의 미디어와 문화. 서울: 세계사.

김위찬·르네 마보안/안세민(2017), 「블루오션 시프트」, 비즈니스북스.

마스다 무네아키/이정환(2015), 「지적자본론: 모든 사람이 디자이너가 되는 미래」, 민음사.

마이클 루이스/이창신(2018), 「생각에 관한 생각 프로젝트」, 김영사.

문인혜(2018), 「선아」, 이야기꽃.

박동건·최대정·이은정(2007), 조직 감성역량 키우기, 삼성경제연구소.

박세정(2000), 경영의 논리: 행정개혁의 이념으로서의 기여와 한계, 한국행정학회.

신영복(1998). 감옥으로 부터의 사색, 돌베개

이대희(2005). 감성정부와 이성정부의 비교론적 고찰. 「한국사회와 행정연구」, 16(1):

1~34.

이정모(2011), '21세기의 창의성 개념의 재구성,' [한국교육과 미래 비전], 한국교육개발원.

이화자(2002). 광고 그리고 창의성. 서울: 커뮤니케이션북스.

임마누엘 칸트/백종현(2015), 『실천이성비판 1』, 아카넷.

제프 페럴/김영배(2013), 「도시의 쓰레기 탐색자」, 시대의창.

존 스튜어트 밀/서병훈(2017), 「자유론(개정판)」, 책세상.

짐 콜린스/이무열(2011), 「좋은 기업을 넘어 위대한 기업으로」, 김영사.

캐스 R. 선스타인/이정인(2011), 「우리는 왜 극단에 끌리는가: Going to extremes: how like minds unite and divide」. 프리뷰.

켄 모기(모기 겐이치로)/이경덕(2007), 「창조성의 비밀」, 브레인월드.

토머스 프리드먼/장경덕(2017), 「늦어서 고마워」, 21세기북스.

팡차오후이/박찬철(2014), 「나를 지켜낸다는 것: 칭화대 10년 연속 최고의 명강 수신의 길」, 위즈덤하우스.

한나 아렌트·김선욱(2006), 「예루살렘의 아이히만: 악의 평범성에 대한 보고서」, 한길그레이트북스 81, 한길사.

한나 아렌트/윤철희(2016), 「한나 아렌트의 말: 정치적인 것에 대한 마지막 인터뷰」, 마음산책.

행정자치부(1999), 늦었지만 이제부터라도.

## 제4장  왜, 인공지능정부인가?

Helliwell, J., Layard, R., & Sachs, J. (2019). World Happiness Report 2019, New York: Sustainable Development Solutions Network.

최순영·박상철(2016), 행정환경과 정부특성 비교연구Ⅶ: 덴마크의 행정과 정책연구. KIPA 연구보고서 2016－21, 한국행정연구원.

## 제5장  인공지능정부: 관료와 AI간 앙상블

Bataller, C. and Harris, J.(2016), "Turning Artificial Intelligence into Business Value. Today," accenture.

Capjemini Consulting(2017), Unleashing the potential of Artificial Intelligence in the Public Secto.

Centre for Public Impact.(2017). Destination unknown: Exploring the impact of Artificial Intelligence on Government. https://resources. centreforpublicimpact.org/

production/2017/09/Destination−Unkn own−AIand−government.pdf

Chui, M., Manyika, J., Miremadi, M., Henke, N., Chung, R., Nel, P., & Malhotra, S. (2018). Notes from the AI frontier. Insights from hundreds of use cases. In McKinsey Global Institute. https://www.mckinsey.com/~/media/McKinsey/FeaturedInsights/ Artificial Intelligence/Notes from the AI frontier Applications and value of deep learning/Notes−from−the−AI−frontier−Insights−from−hundreds−ofuse−cases− Discussion−paper.ashx.

Eggers, W., Schatsky, D., Viechnicki, P., & Eggers, D. W. (2017). AI−augmented government: Using cognitive technologies to redesign public sector work. In Deloitte Center for Government Insights. https://www2.deloitte.com/content/dam/ insights/us/articles/3832_AI−augmented−govern ment/DUP_AIaugmented−gov− ernment.pdf

Eom, S. J. (2021). The Emerging Digital Twin Bureaucracy in the 21st Century. PPMGSymposium on the 21st Century Bureaucracy. PMRA.

Goertzel, Ben. (2016). Creating an AI Sociopolitical Decision Support System, ("ROBAMA"−ROBotic Analysis of Multiple Agents)(an informal, rough "vision document").

Hila Mehr(2017), Artificial Intelligence for Citizen Services and Government, Harvard Ash Center Technology & Democracy Fellow.

Loonam, J., Eaves, S., Kumar, V., & Parry, G. (2018). Towards digital transformation: Lessons learned from traditional organizations. Strategic Change, 27(2): 101−109.

Madaio, Michael, et al. "Identifying and Prioritizing Fire Inspections: A Case Study of Predicting Fire Risk in Atlanta." 2015. https://www.cc.gatech.edu/~bdilkina/papers/ madaio 2015identifying.pdf.

Muellerleile, C., & Robertson, S. L. (2018). Digital Weberianism: bureaucracy, in− formation, and the techno−rationality of neoliberal capitalism. Indiana Journal of Global Legal Studies, 25(1): 187−216.

Safarov, I., Meijer, A. and Grimmelikhuijsen, S.(2017) Utilization of open government data: a systematic literature review of types, conditions, effects and users. Inf. Polity, 22, 1−24.

Smith, Stephen F., et al. "Smart Urban Signal Networks: Initial Application of the SURTRAC Adaptive Traffic Signal Control System." ICAPS(Citeseer, 2013).

http://citeseerx.ist.psu.edu/viewdoc/download?doi=10.1.1.433.5935&rep=rep1&type=pdf.

관계부처 합동(2020). 「포스트 코로나 시대의 디지털 정부혁신 발전계획」.

김광웅(2018). 「좋은 정부」. 21세기 북스.

김동욱(2021). AI 도입사례 분석: 행정기관과 공공기관을 중심으로. 「AI와 미래행정」, 박영사.

엄석진(2021). AI정부: 개념, 논쟁 그리고 전망. 「AI와 미래행정」. 박영사.

윤상오·이은미·성욱준(2021). 인공지능을 활용한 정책결정의 유형과 쟁점에 관한 시론. 「한국지역정보화학회지」 21(1). 한국지역정보화학회. 31−59.

은종환·황성수(2020). 인공지능을 활용한 정책의사결정에 관한 탐색적 연구: 문제구조화 유형으로 살펴 본 성공과 실패 사례 분석. 「정보화정책」. 제27권 제4호. 한국지능정보사회진흥원.

정소윤(2019). 인공지능 기술의 행정 활용에 관한 연구동향 및 쟁점 분석. 「한국지역정보화학회지」. 제22권 제4호. 한국지역정보화학회. 175−207.

최영훈·신영진·김두현(2021). 사회과학분야의 인공지능에 관한 문헌분석. 「한국지역정보화학회지」. 24(1). 한국지역정보화학회. 61−94.

한세억(2018). 「행정과 창조성−창조시대의 행정이론과 실천」. 청목출판사.

한세억(2020). 「모든 사람을 위한 인공지능」. 박영사.

한세억(2021a). 인공지능정부의 지향, 가치와 실천(증강솔루션). 한국지역정보화학회. 추계학술대회 발표논문.

한세억(2021b). AI기반 정부의 자율운영(주행) 솔루션: 적용영역과 절차, 실천과제. 한국정책학회 추계 학술대회. 2021. 9. 9.~10.

한세억(2021c). AI기반 공정성 모델 구축 및 운영: 가능성과 한계. 서울행정학회 추계학술대회. 2021. 11. 19.

한세억(2021d). AI기반 지방재정지킴이 모델구축 및 운영: 가능성과 한계. 한국지방정부학회 추계 학술대회. 2021. 11. 12.

행정안전부(2017). 「지능형정부 기본계획」.

행정안전부(2020). 「2020년 전자정부서비스 이용실태조사」.

황종성(2021). AI정부의 데이터와 플랫폼. 「AI와 미래행정」. 박영사.

## 제6장 정책증강모델

Bataller, C. and Harris, J.(2016), "Turning Artificial Intelligence into Business Value.

Today," accenture.

Blumenstock, J., G. Cadamuro, and R. On. 2015. "Predicting Poverty and Wealth from Mobile Phone Metadata."Science350(6264). https://doi.org/10.1126/science.aac 4420.

Chalfin, Aaron, Oren Danieli, Andrew Hillis, Zubin Jelveh, Michael Luca, Jens Ludwig, and Sendhil Mullainathan.(2016), "Productivity and Selection of Human Capital with Machine Learning." American Economic Review 106 (5): 124−27. https://doi.org/ http://dx. doi.org/ 10.1257/aer.p20 161029.

David O'Callaghan, Patrick Mannion(2021), Exploring the Impact of Tunable Agents in Sequential Social Dilemmas, Cornell University.

Dunn, W. (2015). Public Policy Analysis . Routledge.

Eggers, D. W., Schatsky, D. & Viechnicki, P.(2017). AI−augmented government Using cognitive technologies to redesign public sector work. Deloitte university press.

Harris, S.(2015). The social laboratory. Foreign Policy. https://foreignpolicy.com/ 2014/07 /29/the−social−laboratory/(accessed July 22).

Jean, Neal, Marshall Burke, Michael Xie, W Matthew Davis, David B Lobell, and Stefano Ermon(2016). "Combining Satellite Imagery and Machine Learning to Predict Poverty." Science 353(6301): 790−94. https://doi.org/10.1126/science.aaf 7894.

Jeong, Jig Han, Jonathan P. Resop, Nathaniel D. Mueller, David H. Fleisher, Kyungdahm Yun, Ethan E. Butler, Dennis J. Timlin, et al. 2016. "Random Forests for Global and Regional Crop Yield Predictions." PLoS ONE 11 (6): 1−15. https://doi.org/10.1371/journal.pone.0156571.

Kleinberg, Jon, Jens Ludwig, Sendhil Mullainathan, and Ziad Obermeyer. 2015. "Prediction Policy Problems." American Economic Review: Papers & Proceedings 105 (5): 491−495. https://doi.org/10.1257/aer.p20151023.

Kong, Danxia, and Maytal Saar−Tsechansky.(2014)."Collaborative Information Acquisition for Data−Driven Decisions." Machine Learning 95(1): 71−86. https://doi. org/10.1007 /s10994−013− 5424−x

Li, Zhidong, Bang Zhang, Yang Wang, Fang Chen, Ronnie Taib, Vicky Whiffin, and Yi Wang.(2014). "Water Pipe Condition Assessment: A Hierarchical Beta Process Approach for Sparse Incident Data." Machine Learning 95 (1).https://doi.org /10. 1007/s10994−013−5386−z.

M. Wooldridge, An Introduction to MultiAgent Systems, (John Wiley & Sons, West

Sussex, England, 2002).

Phillips－Wren, Gloria, Ichalkaranje, Nikhil (Eds.) 2008, Intelligent Decision Making: An AI－Based Approach, Springer https://www.springer.com/gp/book/9783540768289

Potash, Eric, Joe Brew, Alexander Loewi, Subhabrata Majumdar, Andrew Reece, Joe Walsh, Eric Rozier, et al.(2015), "Predictive Modeling for Public Health: Preventing Childhood Lead Poisoning." KDD '15－Proceedings of the 21th ACM SIGKDD International Conference on Knowledge Discovery and Data Mining, 2039－47. https://doi.org/10.1145/2783258.2788629.

Rudin, Cynthia, and Kiri L. Wagstaff(2014). "Machine Learning for Science and Society." Machine Learning 95 (1):1－9.https://doi.org/10.1007/s10994－013－5425－9.

Tao Chena, Wenshan Guoa, Xian Gaob, Zhehao Liang(2020), AI－based self－service technology in public service delivery: User experience and influencing factors, Government Information Quarterly, at: https://www.researchgate.net/publication /343856175

Van Pelt, X(2001), The Fusion Factory: A Constrained Data Fusion Approach. MSc. Thesis, Leiden Institute of Advanced Computer Science.

Wu, Jionjlin, Jason Roy, and Walter F. Stewart. 2010. "Prediction Modeling Using EHR Data: Challenges, Strategies, and a Comparison of Machine Learning Approaches." Medical Care 48 (6): 106－S113. https://doi.org/10.1097/ML R.0b013e 3181de9e17

Y.K. Dwivedi, L. Hughes, E. Ismagilova, G. Aarts, C. Coombs, T. Crick, A. Eirug(2019), Artificial intelligence (AI): Multidisciplinary perspectives on emerging challenges, opportunities, and agenda for research, practice and policy.

김정해·조세현·오윤경(2018), 국민 중심 사회문제 해결을 위한 효과적 정책수단 활용에 관한 연구: 환경·복지·안전 분야를 중심으로, 한국행정연구원.

양현채 외(2020), 「과학기술행정 혁신을 위한 인공지능 활용방안」, 과학기술정책연구원

은종환·황성수(2020), 인공지능을 활용한 정책의사결정에 관한 탐색적 연구: 문제구조화 유형으로 살펴 본 성공과 실패 사례 분석, 정보화정책 제27권 제4호, 한국정보화진흥원.

이혁우(2009), 정책사례연구대상으로서의 예기치 못한 결과, 행정논총(제47권 1호), 서울 대학교 행정대학원.

한세억(2021), AI기반 정책결정증강모델: 개념적 접근과 구현과제, 한국정책학회 하계학 술대회 발표논문.

한지연·최재식(2017), "설명가능 인공지능", 한국소음진동공학회, 27(6), 8－13.

허필선·박광만·박원주·조기성·류원 (2013). 공공정보 민간 활용 시장 및 파급효과. 〈전자통신동향분석〉, 28권 4호, 118-131

## 제7장  청렴성 증강모델

Aarvik, P. (2019) Artificial Intelligence —A promising anti—corruption tool in devel—opment settings? 2019:1. U4: Anti—Corruption Resource Center. Available at: https://www.u4.no/publications/artificial—intelligence—a—promising—anti—corruption—tool—in— development—settings.pdf.

Abed, George T., Davoodi, Hamid, R.(2000), Corruption, Structural Reforms, and Economic Performance in the Transition Economies, IMF Working Paper; WP/00/132, IMF.

C. Friedrich(1966). Political Pathology, Political Quarterly, Vol. 37.

David H. Bayley.(1966). The Effects of Corruption in a Developing Nation, University of Denver.

David O'Callaghan, Patrick Mannion.(2021). Exploring the Impact of Tunable Agents in Sequential Social Dilemmas, Cornell University.

European Commission.(2014). Report from the Commission to the Council and the European Parliament: EU anti—corruption report. COM(2014) 38 final Brussels.

Grace, E. et al. (2016). 'Detecting fraud, corruption, and collusion in international development contracts: The design of a proof—of—concept automated system', in 2016 IEEE International Conference on Big Data (Big Data), pp. 1444-1453.

Gunning, D. et al. (2019) 'XAI—Explainable artificial intelligence', Science Robotics, 4(37). doi: 10.1126/scirobotics.aay7120.

H. L. Nathaniel(1964). Economic Development through Bureaucratic Corruption, American Behavioral Science, Vol. 8, No. 3.

IMF Staff Discussion Note. (2016). Corruption: Costs and Mitigating Strategies. May.

Kearns, M. and Roth, A. (2019). The Ethical Algorithm: The Science of Socially Aware Algorithm Design. Oxford University Press.

Ledivina V. Cariño ed(1986), Bureaucratic corruption in Asia causes, consequences and controls. by Ledivina V Cariño; Ma C Alfiler;. Print book. English. Quezon city JMC Press.

M. McMullan(1961), A Theory of Corruption, Sociological Review, Vol. 9.

Makarova, M.(2017). the Anti−Corruption Civil Society in Sweden as Part of Sustainable Policy Networks.

Milad Malekipirbazari and Vural Aksakalli(2015), "Risk Assessment in Social Lending via Random Forests," Expert Systems with Applications, Vol. 42, No.

Miller, T. (2019). 'Explanation in artificial intelligence: Insights from the social scien−ces', Artificial intelligence, 267, pp. 1−38.

OECD(2017). G20/OECD Compendium of Good Practices on the Use of Open Data for Anti−Corruption.

Omidyar Network(2014), Open for Business: How Open Data Can Help Achieve the G20 Growth Target.

Open Data Charter(2018). Open Up Guide: Using Open Data to Combat Corruption.

Rose−Ackerman, S., & Palifka, B. J. (2016). Corruption and government: Causes, consequences, and reform. Cambridge University Press.

Transparency International(2021)−http://www.transparency.org.corruption.perception. index.

World Bank Group(2019). Anti corruption Initiatives.

World Bank(1999). World Development Indicators. World Bank, Washington DC.

국민권익위원회(2020a). 「2020년 공공기관 청렴도 측정결과」.

국민권익위원회(2020b). 「2020년 부패인식도 조사결과」.

국민권익위원회(2020c). 「2020년 제1차 G20 반부패실무그룹회의 참석 결과보고서」.

김민정(2019). "공공데이터를 활용한 부패방지 사례분석−주요국 보건의료분야를 중심으로−," 감사원 감사연구원.

김용근(2007). "경찰청렴도와 조직유효성과의 관계에 관한 연구," 원광대학교, 박사학위논문, pp.137−138.

박경철(2016). "영국의 반부패전략과 반부패법제," 「강원법학」 47, 1−34.

박준·고길곤(2017). 공직부패에 대한 인식과 경험간 괴리는 왜 발생하는가?. 한국행정학회 학술발표논문집, 2503−2529.

서기용(2014). "경찰공무원의 직무특성과 젠더(gender)가 부패인식에 미치는 영향 연구," 서울대학교 석사학위논문.

윤광재(2005). "국가경쟁력과 부패인식과의 상관관계에 대한 연구," 「한국부패학회보」 제10권 제3호, 한국부패학회, 69−88.

한세억(2011). "청렴한 정치행정을 위한 부패개혁의 과제," 한국반부패정책학회 세미나.

한세억(2021). "AI기반 정책결정 증강모델: 개념적 접근과 구현과제," 한국정책학회 하계 학술대회, 2021. 6. 17.~18.

한지연·최재식(2017), "설명가능 인공지능", 한국소음진동공학회, 27(6), 8−13.

## 제8장 공정성 증강모델

Angwin J, Larson J, Mattu S, Kirchner L (2016) Machine bias. ProPublica https://www.propublica.org/article/machine−biasrisk−assessments−in−criminal−sentencing. Accessed 14 Aug 2019.

Barocas S, Hardt M, Narayanan A (2018) Fairness and machine learning. http://www.fairmlbook.org. Accessed 01 Apr 2020.

Chouldechova A (2017) Fair prediction with disparate impact: a study of bias in re−cidivism prediction instruments. Big Data 5(2): 153−163. https://doi.org/10.1089/big.2016.0047

Garg N, Schiebinger L, Jurafsky D, Zou J (2018) Word embeddings quantify 100 years of gender and ethnic stereotypes. Proc NatlAcad Sci USA 115(16): E3635−E3644. https://doi.org/10.1073/pnas. 1720347115

Zou J, Schiebinger L (2018) AI can be sexist and racist: it's time to make it fair. Nature 559(7714): 324−326.https://doi.org/10.1038/d41586−018−05 707−8

강송희(2020), 기계학습 공정성 관련 연구 동향, Monthly SW Oriented Society, No 68, 소프트웨어 정책연구소. https://spri.kr/posts/view/22898?code=industry_trend

권상우(2009), 불공정한 법 집행 사례 근절돼야, 한남일보 2009년 11월 16일자.

김병관(2011), 한국사회의 공정성 문제:원인과 과제, 지식의 지평.

김용국(2021). 인공지능기반 연구비집행내역 불인정 판단시스템에 관한 연구. 배재대학교 대학원 박사학위논문..

김태완(2011), 정의와 공정은 한국사회를 도약케 할 무형의 가치, 월간조선 7월호.

이영철(2021), 인공지능 알고리즘에 의한 불공정 거래행위의 법적 규제−공정거래법상 부당한 공동행위를 중심으로−, 상사법연구 40권1호, 171−263, 한국상사법학회.

장원재(2011), 교통부문 공정성 평가지표 개발 연구, 한국교통연구원.

한세억(2011), 대한민국 선진화, 공맹(公盲)퇴치에 달렸다. KERI 칼럼.

한준(2018), 사회적 공정성과 신뢰의 관계, 한국의 사회동향, 통계청 통계개발원.

Gandomi, A., & Haider, M. Beyond the hype: Big data concepts, methods, and analytics. International Journal of Information Management, 35(2). 2015.

Gartner. 3 Barriers to Adopting Artificial Intelligence in Financial Planning and Analysis, p. 1−8. 2019.

Grove, W. M., Zald, D. H., Lebow, B. S., Snitz, B. E., & Nelson, C. Clinical versus mechanical prediction: a meta−analysis. Psychological assessment, 12(1), 19. 2000.

Hameed, F. "Fiscal Transparency and Economic Outlook" IMF WP/05/225. 2005.

OECD. G20/OECD Compendium of Good Practices on the Use of Open Data for Anti−Corruption. 2017.

Salwa Ammar, William Duncombe, Yilin Hou, Ronald Wright. Evaluating City Financial Management Using Fuzzy Rule−Based Systems, December 2002, Public Budgeting & Finance 21(4): 70−90. 2020.

곽관훈. "재정의 투명성 제고를 위한 정보공개 관련 법제의 개선방안" 서울: 한국법제연구원. 2006.

국민권익위원회(2018). 지난 4년간 정부보조금 부정수급액 683억 거두어 들여. 보도자료.

길준규·강주영(2007). "주민참여를 통한 재정투명성 확보방안" 한국법제연구원.

김성주·진성만(2020). 지방자치단체의 불용액 실태분석 및 관리체계 개선 연구, 한국지방행정연구원.

김용국(2021). 인공지능기반 연구비집행내역 불인정 판단시스템에 관한 연구. 배재대학교 대학원 박사학위논문. .

법제처, 현행 정부 예산회계제도의 문제점과 정부회계의 개선 https://www.moleg.go.kr/mpbleg/mpblegInfo.mo?mid=a10402020000&mpb_leg_pst_seq=130297.

서경호. "역사는 밤에 이루어진다… 쪽지예산의 패밀리 비즈니스," 〈중앙일보〉 2017년 12월 7일자.

이종운(2009). 현행 정부 예산회계제도의 문제점과 정부회계의 개선, 법제논단.

이진석(2014). 재정집행의 비효율성 분석에 관한 시론적 연구: 활동기준예산 모형을 중심으로, 예산정책연구 제3권 제2호 2014. 11. pp. 107−132, https://doi.org/10.35525/nabo.2014.3.2.0. 2014

이현숙(2012), 연구개발사업 예산편성과 집행의 효율성 강화를 위한 Big Data 활용 방안의 탐색, 한국과학기술기획평가원.

정성호(2020). 재정정보관리시스템 연계를 위한 법제 및 거버넌스 체계 개편 대안, 한국재정정보원.

한국조세재정연구원(2013). 「재정집행의 효율성 제고를 위한 제도적 개선방안」. 2013.

황혜신(2010), "통합재정정보시스템(디지털예산회계시스템) 평가 및 개선방안", KIPA 연구보고서 2010－25.

## 제10장 모든 국민을 위한 인공지능정부

OECD(2019), Recommendation of the Council on Artificial Intelligence. C/MIN3/FINAL

구본권(2020), 국내 디지털 민주주의 현주소와 개선방향, KISO저널 38, 7－8면.

김건우(2019). 차별에서 공정성으로: 인공지능의 차별 완화와 공정성 제고를 위한 제도적 방안. 법학연구, 61, 133－134.

김구(2018), 전자민주주의 실현을 위한 탐색적 논의, 2018년도 (사)한국지방정부학회 추계학술대회 발표논문집, 500면.

김송은·남태우(2018), 전자정부는 직접민주주의를 제고하는가?, 한국정책학회 동계학술 발표논문집, 4면.

리뷰리포트, 맞춤형 콘텐츠 추천서비스의 사회적 문제와 권고사항, Media Issue & Trend_Vol. 36(2020. 9).

안준모(2021), "인공지능을 통한 행정의 고도화: 기회와 도전", 『한국행정연구』 제30권 2호, 5.

엄석진(2021). 인공지능 시대의 민주주의와 행정: 「국민신문고」 민원시스템 고도화 사례를 중심으로. 「한국행정연구」. 제30권 제2호. 한국행정연구원.

윤상오·이은미·성욱준(2018), 인공지능을 활용한 정책결정의 유형과 쟁점에 관한 시론, 「한국지역정보화학회지」, 제21권 제1호, 55－56면.

윤평중(2019). 직접민주주의의 부활인가, 포퓰리즘의 대두인가, 월간중앙 2019년 5월호.

이민영(2020), 딥 페이크와 여론형성, 미국헌법연구 제31권 제1호, 207면.

이중원(2019), 인공지능과 민주주의, 「철학과현실」, 제123호, 129－130면.

조소영(2020). 인공지능과 민주주의. 공법연구, 49(2), 147－167.

캐시 오닐/김정혜 역(2017), 「대량살상 수학무기」, 흐름출판.

홍일선(2018), 전자민주주의에 관한 헌법적 논의,「강원법학」, 제53권, 197－199면.

찾아보기

## 저자약력

### 한세억(韓世億)

저자는 서울대학교 행정학박사를 취득하였으며, 현재 동아대학교 행정학과 교수로 재직 중이다. 한국지역정보화학회장(2015~2016)을 역임하였으며, 삼성전자, 한국정보문화진흥원, 대통령소속 국가전산망조정위원회 사무국, 한국능률협회매니지먼트 등 공·사조직을 경험하였다. 행정·입법고시 출제 및 채점위원, 중앙정부(국무조정실/과학기술정보통신부/행정안전부/국민권익위원회 등) 및 지방정부(부산시/제주도/자치구 등), 공공기관(한국정보화진흥원/한국자산관리공사/한국남부발전 등)과 기업에서 자문 및 특강(창조성/혁신/정부3.0/규제개혁/청렴)강사로 활동하였다. 최근 인공지능 및 정보기술전략·계획분야 강사(NCS)로 활동 중이며, 인공지능정부 구현을 돕는 솔루션개발 및 서비스회사 도우리에이아이를 창업하였다.

□ **주요 연구업적**
• 학술지논문, "AI기반 청렴성 증강모델: 탐색적 접근과 실천과제(2021)" 외 80편
• 학술대회 발표논문, "AI 기반 정책결정 증강모델: 개념적 접근과 구현과제(2021)" 외 138편
• 「모든 직장인을 위한 인공지능(2022)」 외 저서 24권
• 연구보고서, <베트남 전자정부 역량 강화를 위한 공공행정컨설팅> 외 37권
• 정보화계획수립(ISP) 및 정보화컨설팅보고서, <울산광역시 남구 지역정보화계획> 외 7권

□ **정보화 관련 수상**
• 2002, 정보화촉진 국무총리 표창
• 2016, 행정안전부장관 표창
• 2018, 정보화역기능예방 국무총리 표창

□ **학내 봉사활동**
• 법무·감사실장(2013~2016)
• 사회복지대학원장(2016~2019)
• 사회과학대학장(2018~2019)
• 인공지능정부연구소장(2022~현)

국민이 갈망하는 인공지능정부

초판발행        2022년 4월 20일

지은이          한세억
펴낸이          안종만 · 안상준

편  집          양수정
기획/마케팅      정성혁
표지디자인       이소연
제  작          고철민 · 조영환

펴낸곳          (주) **박영사**
                서울특별시 금천구 가산디지털2로 53, 210호(가산동, 한라시그마밸리)
                등록  1959. 3. 11. 제300-1959-1호(倫)

전  화          02)733-6771
f a x           02)736-4818
e-mail          pys@pybook.co.kr
homepage        www.pybook.co.kr
ISBN            979-11-303-1528-7  93350

* 파본은 구입하신 곳에서 교환해 드립니다. 본서의 무단복제행위를 금합니다.
* 저자와 협의하여 인지첩부를 생략합니다.

정  가          30,000원